白话明史

白话明史

博文◎编著

中国华侨出版社

图书在版编目（CIP）数据

白话明史 / 博文编著 . — 北京：中国华侨出版社，2016.7
ISBN 978-7-5113-6130-1

Ⅰ . ①白… Ⅱ . ①博… Ⅲ . ①中国历史—明代—通俗读物 Ⅳ . ① K248.09

中国版本图书馆 CIP 数据核字（2016）第 159812 号

白话明史

编　　著：博　文

出 版 人：方　鸣

责任编辑：秋　月

封面设计：中英智业

文字编辑：小　雪

美术编辑：玲　玲

经　　销：新华书店

开　　本：720 毫米 ×1040 毫米　　1/16　　印张：26　　字数：608 千字

印　　刷：北京德富泰印务有限公司

版　　次：2016 年 9 月第 1 版　2019 年 1 月第 2 次印刷

书　　号：ISBN 978-7-5113-6130-1

定　　价：59.00 元

中国华侨出版社　北京市朝阳区静安里 26 号通成达大厦三层　　邮编：100028

法律顾问：陈鹰律师事务所

发 行 部：（010）88866079　　传　真：（010）88877396

网　　址：www.oveaschin.com

E-mail：oveaschin@sina.com

如发现印装质量问题，影响阅读，请与印刷厂联系调换。

前　言

　　中国的历史源远流长，为将中国历史说清楚，历代历史学家用毕生精力著书立说，为后世留下大量历史典籍。但是，多数史书体例庞大、晦涩艰深，吓退许多读者；也有一些历史通俗读物，虽然读起来轻松愉快，但亦史亦说的方式，却不能起到正史的作用。鉴于此，编者在参考大量历史文献的基础上，编辑了这套既是严谨的正史，又可以轻松阅读的"白话中国大历史"丛书，包括《白话汉史》、《白话唐史》、《白话宋史》、《白话明史》、《白话清史》5部。

　　明朝是汉族地主阶级建立的最后一个王朝，也是中国历史发展进程的一个重要转折时期。明王朝将封建帝制文化传统推到了极致，是中国两千年帝王政治的集大成者。其对于中国政治传统、文化传统的影响既深且巨。

　　元朝末年，农民起义反抗蒙古贵族残酷的统治，朱元璋趁机而起，攻下南京，于1368年称帝，建立了明王朝。14世纪晚期和15世纪初期的近70年，即洪武至仁宣时期，是明王朝的大发展时期。在这一时期，明朝政府励精图治，国力稳定，社会经济全面恢复并有所发展。到15世纪初期发展到高峰，出现"仁宣之治"，综合国力在亚洲乃至世界都首屈一指。对外经济文化交流发达，航海家郑和先后七下西洋，历经亚非30多个国家和地区。周边和海外60余国与明朝建立了朝贡关系。明朝版图最大时，东西11750里，南北10940里。幅员之广，远迈汉唐。但到了16世纪，即从正德年间开始，明王朝进入了衰落期。这一时期，明朝政治衰象显现，皇帝腐化，朋党林立；赋役混乱，财政匮乏；农民起义此起彼伏，边疆、海疆频频告急。虽有张居正改革的短暂中兴，但明王朝的没落已不可避免。直至天启、崇祯年间，政治极端混乱，党争激烈，宦官专权。满族贵族南下争雄，西方殖民者侵占台湾，南北农民揭竿而起。明王朝招架无力，节节败退。1644年，李自成率农民起义军入北京，崇祯皇帝在景山自缢，明朝最终灭亡。可以说，它诞生于轰轰烈烈的元末农民战争的硝烟之中，但又被波澜壮阔的明末农民大起义狂潮所淹没了。

　　《白话明史》讲述了从明朝建立到灭亡近300年的历史，涵盖政治、经济、军事、文化、科技、宗教、思想等各个领域的历史大事和兴亡嬗变，生动描写了发生在各个历史时期的历史故事，将历史上那些成功的经验、失败的教训、治世的良策、祸乱的渊薮一一道来。

　　为了帮助读者更方便、更轻松、更快捷地了解当年的明朝史，本书用全新的"白话"理念诠释明朝历史，以通俗生动、浅显易懂的文笔叙述严肃的历史故事，通过编写体例和艺术设计等多种要素的有机结合，从文献资料、考古发现、民间传说、学术论证等多种角度，全面详细地剖析历史事件、解读历史人物、研读历史智慧，力争通过颠覆传统史书之死板和索然无味的白话语言给读者提供有关明代历史更丰富、更全面的信息，让读者以看演义的轻松心情，获得真正的历史知识。

　　回味中国历史，品味千年文化；纵观风云变幻，感受时代变迁。本书力图通过对明朝近300年间重要事件和重要人物的回顾反思，帮助读者探寻明朝兴与衰的因由与契机，感受当年的雄浑质朴、清丽温婉。一书在手，遍阅明王朝恢宏壮丽的历史；一卷在手，尽览大明帝国近300年的盛世传奇。

目 录

第十一章 王朝末日

第一章　开国奠基

元朝末年，政治败坏，政权解体，人民生活在水深火热之中。不堪忍受压迫的人民揭竿而起，在众多义军中，红巾军是一支最主要的农民起义力量。出身贫贱的朱元璋投奔义军后，崭露头角，迅速崛起。后来经过一系列的南征北伐，平定了陈友谅、张士诚、方国珍、陈友定等割据势力，于洪武元年（1368年）在应天（今江苏南京）称帝，建立了明王朝。朱元璋称帝后，为了医治战争的创伤，缓和社会矛盾，采取了一系列新政，如移民屯田、制定科举等，为明朝的进一步发展奠定了基础。

1.朱元璋的崛起

明太祖朱元璋是明朝的开国皇帝，他是通过领导农民起义推翻旧王朝，从而建立新王朝的。明朝建立后，他采取了一些有力的措施，为明朝前期的社会发展与繁荣打下了基础。他在历代皇帝之中称得上是个具有传奇色彩的人。

朱元璋（1328~1398年），幼称重八，初名兴宗，字国瑞，父辈是贫苦农民。祖居为金陵句容（今属南京市）朱家巷，他祖上因为无法忍受官府的苛捐杂税，几度流浪，几经迁徙，直到他父亲这辈才在濠州（今安徽凤阳）安定下来。先是住在钟离东乡，后来又搬到西乡，最后终于在孤庄村落下了脚。

他父亲名世珍，乡人都叫他朱五四，一辈子做佃客，生活十分贫困。然而这日后的帝王——大明天子，居然就出自这个布衣黔首之家。

（1）投奔义军

朱元璋出生时，元朝的社会矛盾已经非常尖锐。元顺帝至正三年（1343年），濠州大旱。次年春天，淮河流域又发生了蝗灾，田野一片荒芜，庄稼颗粒无归。继而又大闹瘟疫之灾，人畜死亡的现象随处可见，钟离附近的几个村庄，全都变成了鬼蜮之乡。

朱元璋家里也未能幸免于难。首先是64岁的老爹朱五四染病不起，离开人世，后来长兄和母亲也相继身亡。昔日家中的和睦欢乐、父疼母爱的景象，在不足半个月的时间里，全都没了踪影。这种家破人亡的惨痛深深打击了朱元璋的心灵，他觉得自己仿佛是跌进了万丈深渊，一时间变得孤苦伶仃，无依无靠，真不知自己该何去何从。后来，他想起幼时曾许过愿，长大要舍身于皇觉寺，做一名和尚。于是他跑到皇觉寺剃了头发，当了一个小行童。他在寺里住了下来，给寺里干些粗杂活计以谋生。但寺里的生活也并不好过，因为旱蝗肆虐，地方灾情严重，寺里的和尚也没人施舍，主持高彬法师只好罢粥散僧，逐个打发寺里的和尚出门云游，自谋生路。朱元璋在寺里待了50多天，也只好托钵四处流浪。

他乞讨流浪了三年，直到至正七年（1347年）底，听说家乡太平了，才回到寺里。这三年中，他踏遍了淮西、豫北的名山大川、通都大邑，对这一带的风土人情、地势山川也颇为熟悉。他见了世面，开阔了眼界，丰富了社会阅历，也磨炼出了他的坚强意志，当然他也饱尝了颠沛流离的艰辛和痛苦。正是这种艰难困苦的生活造就了他勇敢坚毅的性格，也铸造了残忍、多疑的个性。这段时期的生活经历，极大地影响了他以后的事业。

然而，就在朱元璋四处云游时，中国社会发生了巨大变革，社会上广泛流行着"明王出世，普救众生"的说法。至正十一年（1351年）五月，农民军首举义旗，八月彭莹玉、徐寿辉在蕲水（今湖北浠水）起义，攻下蕲水。起义很快便在全国兴起，由于他们都用红巾包头，所以被称为"红巾军"。次年二月，定远（今安徽定远）郭子兴、孙德崖等五人也率众在濠州应声起义，袭杀州官，占据濠州城，后来他们全归于刘福通领导之下。

本来居于清静之门的朱元璋在这轰轰烈烈的农民起义的影响下，也心绪难平。一天，在郭子兴部队的汤和写信给朱元璋，说他已是军中的小头目了，邀他去投奔红巾军。汤和是朱元璋儿时的伙伴，幼时他们曾一起放牛，嬉戏，现在当军官吃粮了，朱元璋能不为此动心吗？恰在此时，皇觉寺被乱兵烧毁，朱元璋于是放下钵盂，投奔了郭子兴的红巾军。这一年朱元璋已是25岁。

因为朱元璋打仗有勇有谋，又粗通文墨，入伍后没多久便得到郭子兴的赏识，于是郭子兴把他由一名普通士卒提升为亲兵九夫长，并且让养女马氏与他结成夫妻。朱元璋成了元帅郭子兴的女婿，顿时身价百倍，士兵也对他刮目相看，敬呼他为"朱公子"。因为地位的变化，他不再用"重八"的旧名，而取了一个官名叫元璋，字国瑞。

（2）仁慈的马皇后

马皇后是郭子兴的养女，被郭子兴嫁给了朱元璋。马皇后很仁慈，又爱好书籍，朱元璋的文书都是由她保管的。朱元璋能力出众，郭子兴对他有所怀疑。马皇后想方设法讨好郭子兴的妻子，调解双方的矛盾。朱元璋攻下太平后，马皇后带领将士的女眷们缝衣做鞋，还拿出自己的钱财出来犒赏将士。

朱元璋当上皇帝后，马氏被册封为皇后。当初朱元璋因为得罪郭子兴而被关押了起来，连饭都不让吃。马皇后偷了烧饼，揣在怀里偷偷拿给朱元璋吃，结果烧饼太烫，把她皮肤都烫伤了。军队缺粮的时候，她总是把好吃的省下来给朱元璋吃，自己却经常饿着肚子睡觉。朱元璋经常把这些事拿出来回忆，称赞马皇后贤德。

马皇后管理内宫很辛苦，但一有空就学习古代管理内宫的经验。宋代出了很多贤明的皇后，她就要求女官把宋代管理内宫的方法记录下来，让嫔妃们每天学习。有人说宋朝治国过于宽厚，马皇后说："过于宽厚总比过于严酷要好吧。"

朱元璋脾气暴躁，经常生一肚子气回宫。马皇后等朱元璋回宫后就婉转劝导，好几次让朱元璋打消了乱杀人的念头。有人控告参军郭景祥的儿子要刺杀父亲，朱元璋大怒，要把他儿子杀掉。马皇后说："郭景祥只有一个儿子，我怕万一是诬告的话，郭景祥就没有后代了。"后来查出果然是诬告。宋濂是太子的老师，他的孙子宋慎被牵连进胡惟庸一案，所以宋濂也要被连坐处死。马皇后劝说道："老百姓家请个老师还能以礼相待，更何况皇帝家？再说宋濂早就退休了，他孙子的事他肯定不知道的。"朱元璋正在气头上，根本听不进去。吃晚饭的时候，马皇后摆出一副悲伤的样子，也不吃酒肉。朱元璋觉得奇怪，问她是怎么回事。马皇后说："我是在为宋先生祈福。"朱元璋非常感动，第二天就宣布赦免宋濂。吴兴富豪沈秀（也就是沈万三）帮助修筑城墙，还请求让他出钱犒赏军队。朱元璋很生气，说："一个老百姓竟然要犒赏我的军队，简直是犯上作乱！一定要杀了他！"马皇后说："法律是用来惩治不法之徒的，不是用来惩治不祥之物的。一个百姓居然富到能和国家并肩的程度，对他来说当然不是好事。老天爷自然会降灾给他，不用陛下操刀了。"朱元璋就没有杀沈秀，只把他发配到云南去了。朱元璋曾经下令让重罪犯修筑城墙，马皇后说："罚罪犯作劳役本来没有什么不对，但那些囚犯已经很疲惫了，如果还让他们干重活的话，我担心会死很多人。"朱元璋就下令赦免了他们。

有一天，马皇后问道："现在天下百姓生活安定吗？"朱元璋说："这不是你应该问的事。"马皇后说："陛下是天下人的父亲，我当然就算天下人的母亲了，母亲为什么不能问儿女生活是否安定呢？"遇到灾荒之年，马皇后就带领宫里所有人吃素，还准备饭菜救济灾民。马皇后曾经尝过朝廷供应给大臣的伙食，觉得不好吃，她就劝皇帝要改善伙食，对贤德之士一定要优厚。有一天朱元璋视察太学回来，马皇后问有多少学生，回答是几千人。马皇后高兴地说："人才这么多啊！他们每个月有国家发的补助，可他们的妻子儿女又怎么办呢？"从此明朝就建立了供应太学生家属衣食的制度。

马皇后平时穿得很朴素，衣服很旧了也舍不得换新的。她让人用丝织成被帐送给老弱孤寡，剩余的布料和丝她亲手缝成衣服赏赐给王妃和公主，让她们知道养蚕织布的艰难。大臣的妻子进宫拜见的时候，马皇后对待她们像对待自己亲人一样。

马皇后的家人很早就失散了，朱元璋帮她找到家人后，打算封他们做官。马皇后谢绝道："把官位赐给外戚不是好事。"由于马皇后的坚持，这事就作罢了，但马皇后并非不关心家人，每次说起早逝的父母都会泪流满面。

洪武十五年八月，马皇后患了重病。她对朱元璋说："生死有命，即使是祈祷祭祀也没用的。医生也不能让人起死回生，如果吃了药没有效果的话，我担心陛下会为了我而怪罪医生的。"所以她坚持不吃药，不久她就去世了，享年51岁。朱元璋悲痛得大哭，从此不再立皇后。

（3）屡立战功

当时濠州城中有郭子兴、孙德崖等五位元帅，他们之间勾心斗角，谁也不服谁，攻占濠州近半年，竟想不到去扩大地盘，只是死守濠州孤城。于是，朱元璋回到老家钟离乡招兵买马，不久招募到徐达、周德兴等七百余人。郭子兴喜出望外，又封他做镇抚，让他来领导这些人。至正十三年（1353年），在五个月的守城作战中，濠州起义军死伤较多。朱元璋意识到，几支起义军长期待在濠州，不是内讧迭起，便是被敌军打败。因此，他决计离开濠州，向外扩大地盘，发展势力。

至正十四年（1354年）六月，他征得郭子兴同意，只带领徐达、汤和、吴良、吴祯、花云、陈德、顾时、费聚、耿再成、耿炳文、唐胜宗、陆仲亨、华云龙、郭兴、郭英等24位贴身兄弟南下定远讨伐。这时定远张家堡驴牌寨，有民兵三千人，由于缺粮，进退维谷，被朱元璋设计收编。另外，他还收编了缪大亨在横涧山的义兵二万余人。定远被攻占以后，朱元璋又招降了当地的冯国用、冯国顺兄弟。冯氏二兄弟是读书人，通兵法，朱元璋十分信任他们，向他们请教取天下大计。冯国用说："金陵的地理形势是龙蟠虎踞，是建立帝王都城的风水宝地，可以先攻打下来当做根据地，然后四出征战。只要倡仁义，收人心，不近财宝女色，要平定天下并不难。"朱元璋言听计从，将冯留在军中做参谋以计议大事。

在朱元璋进军滁州（今安徽滁县）途中，定远人李善长又来军中谒见。地主阶级出身的李善长是个文人，颇有智谋，他劝说朱元璋以汉高祖刘邦为榜样，为人要豁达大度，知人善任，不出五年便可称王天下。李善长的一席话更使朱元璋立下雄心大志，也使他更加明白读书人的用处。朱元璋十分信任李善长，将他留在自己身边出谋划策。从此，朱元璋对有学问的读书人特别器重，礼贤下士。

至正十三年（1353年）七月，朱元璋率部占领了滁州。没有多久，郭子兴率其部万余人从泗州来到滁州，看到朱元璋率领的三万兵马，号令严明，军容整齐，非常高兴。但郭子兴没有远大理想，只想统领滁州，朱元璋对郭子兴说："滁州乃一山城，舟楫不通，商贾不集，非英雄所居之地。"郭子兴这才打消了原来的念头。不久，朱元璋率军夺下和州（今安徽和县），由于他发现士兵染上了抢掠奸淫的恶习，便决心整顿军纪。他召集诸将，申明纪律，释放了军中被抢来的全部妇女，深得百姓拥护。渡江攻下太平（今安徽当涂）后，一士兵违反军纪，立即被斩首示众。那时候，群雄称霸，以荼毒生灵为代价，只是为了换取奢华、享乐的生活，而朱元璋以夺天下为目的，约束军队，严明军纪，因其仁义之声远近闻名，不少地方举城归降，使朱元璋胜出群雄。至正十五年三月，郭子兴病亡，这时刘福通已经派人把韩林儿接到亳州（今安徽亳县），立为皇帝，称小明王，国号宋，年号龙凤。郭子兴死后，郭天叙被任命为都元帅，朱元璋为左副元帅，军中文告均用"龙凤"年号。

至正十五年（1355年）五月，朱元璋因和州缺粮，准备南渡长江夺太平，恰巧赶上巢湖水师李普胜、赵普胜要与朱元璋合作。不久，李普胜想对朱元璋下毒手，从而窃取他的军队，却反被朱元璋灌醉后淹死在江中了。于是赵普胜逃归徐寿辉，巢湖水师大部分为朱元璋所有。六月，朱元璋取采石、太平，改太平路为太平府，以李习为知府，朱元璋为元帅，李善长为帅府都事，汪广洋为帅府令史，陶安做令史。这时，又有一批儒士开始受到朱元璋的重用。

朱元璋在取下太平后，便打算攻占集庆（今江苏南京）。前面提到，定远人冯国用早在两年之前就曾向朱元璋建议攻取金陵，占领太平后，陶安也说："金陵是古代帝王的都城，攻取它后就等于占领了有利地形，从此可以所向无敌。"朱元璋于是决定朝集庆开进。七月，张天祐攻城失败，九月，郭天叙、张天祐再次攻城，由于投降元帅陈野先的出卖，郭、张二帅为元集庆守将生擒遇难。至正十六年（1356年）三月，朱元璋亲率水陆大军，三攻集庆，城破，杀福寿等元将，元水寨元帅康茂才投降。朱元璋把集庆路改名为应天府，置天兴建康翼统军大元帅府。随后，朱元璋又先后拿下镇江、金坛。七月，宋政权升朱元璋为枢密院同签。不久，宋政权又在应天设江南等处行中书省，宋政权以平章授于朱元璋。

当时，朱元璋虽然占据了应天这个牢固的基地及其附近的城镇地区，但东有张士诚，西有徐寿辉，南有元军，仍然面临较困难的境况。针对这样的形势，朱元璋采取了巩固东、西战线、出击东南的战略，成效显著。

张士诚，小名九四，泰州白驹场人，以操舟运盐为业。平时因为经常受到富户及弓兵丘义的欺侮，心存愤恨，至正十三年（1353年）正月，红巾军起义爆发后，张士诚与其弟士义、士德、士信及李伯升等十八人，杀死了丘义和很多地主，又集合了受官役之苦的盐丁，起兵反元。然后乘胜攻下泰州，很快军队发展到一万多人，并连克兴化、高邮。张士诚起兵反元，但并没有决心推翻元朝的黑暗统治，因此渐渐被元朝统治者的安抚所驯化。占领泰州后，元曾多次招降，但他当时还未投降。当元攻打下兴化之后，高邮知府李齐又被劝降。行省授以民职，不久又反。至正十四年（1354年）正月，自称诚王，国号大周，改元天祐。

至正十六年（1356年）六月，朱元璋开始同张士诚接触。此时张士诚的势力已达到朱元璋控制下的镇江。为了巩固自己的基础，朱元璋派杨宪去平江与张士诚通好，并写下书信与张士诚道："吾与足下东西境也，睦邻守国，保境息民，古人所贵，吾甚慕焉，自今以后，通使往来，毋惑于交构之言，以生边衅。"但张士诚自恃高邮战役的大胜，且兵多将广，实力雄厚，遂将使官杨宪扣留而向镇江出兵，结果在龙潭大败，退守常州。朱元璋乘胜包围常州，俘获张士诚的两员大将，形势对张士诚十分不利。十月，张士诚请和，甘愿以每年输贡粮二十万石、黄金五百两、白金三百斤作为犒军之资。朱元璋得书后寸步不让，致书张士诚，责怪道："挑起战端，责任完全在你"，"我非常讨厌你的浮言夸辞"。随后他向常州增兵。至正十七年（1357年）又克长兴（今浙江长兴）、泰兴（今江苏泰兴）、江阴、常熟，张士诚之弟张士德在常州被俘，直到至正二十六年（1366年）朱元璋大举进攻张士诚，双方战争频频，始终处于相持状态。

与徐寿辉部的接触，开始于剿湖水师分裂后。至正十八年（1358年）初，陈友谅、赵普胜进据池州，与朱元璋军在青阳、石埭、潜山有所交锋，赵普胜被杀后，陈友谅便以朱元璋为进攻重点。至正二十年（1360年）五月，陈友谅沿江而下，攻池州，不胜，转攻太平，双方交战中，朱元璋守将花云、朱文逊等战死。陈友谅在采石杀徐寿辉做了皇帝后，又向东去攻打应天，结果在龙湾遭到大败，逃到江州。朱元璋乘胜取太平、安庆，他的手下于光、欧普祥降于袁州，吴宏降于饶州，王溥降于建昌，胡廷瑞降于龙兴，陈友谅愈发孤立无援。

朱元璋也向由元朝控制的东南地区发起攻势。至正十七年（1357年），邓愈、胡大海受朱元璋之命攻克徽州、休宁，进攻婺州（今浙江金华），战胜了由杨完者率领的苗军。九月，朱元璋命费子贤取武康（今浙江德清西）。十月，命缪大亨取扬州，"青军"张明鉴投降。至正十八年（1358年）六月，邓愈、胡大海取浦江（今浙江浦江）。十一月，朱元璋亲自征战婺州，一月之间便将其攻克。至正十九年（1359年）二月，朱元璋命邵荣攻湖州（今浙江湖州）。五月，朱元璋又被韩宋朝廷升为江南行省左丞相。八月，命常遇春攻衢州，九月克之。十月，胡大海克处州。至正二十年（1360年）五月，胡大海攻信州。至此，朱元璋的部队占领了皖南、浙江的许多城市，在南方稳下脚来，便开始对陈友谅发起了一系列进攻。

2.建国称帝

洪武元年（1368年）正月，朱元璋在应天称皇帝，国号明。

（1）消灭张士诚

随着军事上的节节胜利，朱元璋的地位也不断提高。他虽然形式上臣属于宋政权，但其独立的野心愈加强烈。至正二十一年（1361年），小明王封朱元璋为吴国公，但宋政权已不再插手他的作战部署和政策措施。早在至正二十年（1360年）陈友谅进攻应天时，朱元璋就采纳了刘基的主张："士诚自守虏，不足虑。友谅劫主胁下，名号不正，地据上游，其心无日忘我，宜先图之。陈氏灭，张氏势孤，一举可定，然后北向中原，王业可成也。"所以从至正二十年以后，朱元璋以西线为攻打重心，直到至正二十三年（1363年）五月，由于张士诚派吕珍进攻安丰，为了救小明王，朱元璋不得不亲率大军北上。陈友谅在情势所逼下，为了挽救败局，孤注一掷，发动了著名的鄱阳湖大战。朱元璋以少胜多，陈友谅战败，最后在至正二十四年（1364年）他所建立的大汉割据政权结束。

而张士诚则抓住鄱阳湖大战的时机，要挟元朝政府，至正二十三年（1363年）九月，张士诚自称吴王，元朝没有批准他的请求。元朝向其要粮，张士诚不给。此后，他与元朝断绝了关系，还试图突破朱元璋在江南地区的防线，曾派谢再兴攻东阳，派李伯升率六十万大军第四次夺诸暨，派张士信攻长兴，都没有成功。至正二十五年（1365年）二月，又派李伯升、谢再兴等五次攻诸暨，结果均遭失败。

朱元璋在同陈友谅的战斗结束之后，在至正二十五年二月，发动了对张士诚的全面进攻。朱元璋采取了"先取通泰诸郡县，剪其羽翼，然后转取浙西"的策略，先后进行了三个阶段的战争：第一阶段是占领张士诚在苏北、淮河流域的地盘；第二阶段是占领江南地区的城镇，以此来包围平江；第三阶段是围攻平江。

至正二十五年（1365年）十月，朱元璋一面发布文告，指责张士诚，一面令徐达、常遇春、胡廷瑞、冯国胜、华高等出兵取淮东、泰州等处，到至正二十六年（1366年）四月，泰州、通州、兴化、盐城、高邮、淮安、濠州、徐州、宿州、沛县、邳州、安丰等地先后被攻克，张士诚在苏北和淮水地区的全部占领区也被夺取。

这年五月，当苏北被攻克时，朱元璋又欲进军江南，并发表了《平周檄》。这篇檄文虽仍旧使用"皇帝圣旨"和"龙凤"年号，却是以地主阶级的立场来指责张士诚。文中还大肆攻击污蔑红巾军，这表明朱元璋已公开背叛农民起义，所以对张士诚的战争从性质上讲已是进行封建统一的战争。

八月，朱元璋令徐达为大将军、常遇春为副将军，率师二十万攻张士诚。到十月，湖州、杭州、绍兴、嘉兴等地被先后攻占，朱军已经形成了对平江的包围圈。张士诚的重要将领吕珍、李伯升、张天骐、潘元明等均投降朱元璋。

十月，向平江围攻。朱元璋用叶兑的锁城法，徐达、常遇春、华云龙、汤和、王弼、张温、康茂才、仇成、何文辉等分兵在平江各门、各方驻扎，四周筑长围以困之。又搭建了三层的木塔，监视城中动静，每层施弓弩火铳；还日夜用襄阳炮进行炮轰。张士诚先是依仗城坚，死命坚守；到城内粮草已尽，城外又没救兵援助时，只好拼命突围，但未成功。朱元璋派人劝降，也遭拒绝。至正二十七年（1367年）六月，张士信在阊门督战，正挟妓欢饮，结果中炮身亡。九月，城破，周仁、徐义、潘元绍等皆降，张士诚率军巷战，最后自杀未遂，被关押到应天，自缢而死。不久，无锡、常熟也被攻下，张士诚的割据势力被消灭。

（2）平定方国珍

接着，朱元璋又乘胜消灭了方国珍的势力。

方国珍（1319~1374年），又叫谷珍，台州黄岩（今浙江黄岩）人，世世代代都以贩盐谋生。至正初，黄岩人蔡乱头起义之后，元发兵追捕，平民也跟着遭殃。至正八年（1348年）春，方国珍被仇家陈氏诬告，方国珍一怒之下杀掉陈氏而被官府追捕，他只好和其兄国璋、弟国瑛、国珉以及其他畏罪潜逃的乡民逃命到海上，聚集数千人谋起反来，不仅打劫漕运粮，还扣留海运官员。元朝廷江浙行省参知政事朵儿只班去镇压，却兵败被俘。方国珍本是欲报私仇起兵，并无反抗元朝封建统治的意思，因此，被俘获的朵儿只班成了方国珍向元朝伸手要官的一张王牌。当时，方国珍迫其上书朝廷下招降之诏，元顺帝怕海运受阻，下诏授方国珍庆元定海尉，方氏兄弟也都捞了一官半职。方国珍回到家乡后并未解除他的武装，在乡里横行一方，元廷与他之间进行了数次谈判，方国珍凭借自己控制的军队，狮口越张越大。元朝政府一怕影响漕运，二怕他与红巾军相勾结，所以既要羁縻他，又要解除他的武装。

至正十年（1350年）十二月，方国珍再次烧掠沿海州郡。十一年（1351年）二月，元命江浙行省右丞孛罗帖木儿、浙东道宣慰使都元帅泰不华夹击，孛罗帖木儿反被方国珍俘获。元廷只得又授官予方国珍兄弟。十二年（1352年）三月，方国珍又向元朝挑衅，把泰不华杀掉。十三年（1353年）方国珍派人悄悄进入京师，贿赂权贵，于是元又授其以徽州路治中、方国璋广德路治中、方国瑛礁州路治中，但方国珍并未就此结束他在海上烧杀抢掠的活动。

到至正十五年（1355年）以后，方国珍的表现更猖狂。至正十六年（1356年）三月，他又向元朝投降，被封为海道运粮万户兼防御海道运粮万户，其兄方国璋为衢州路总管兼防御海道事。次年八月，方国珍又被元朝升官做了江浙行省参知政事，且受命去进攻还没有投降的张士诚。双方在昆山大战，方国珍大胜。恰好这时张士诚向元朝廷乞降，两个叛徒握手言和了。后来方国珍仍旧占据温台庆元等地，虽然有的元官很不服气，但元廷必须依靠方国珍，利用他的船只运粮，所以拿他也没有办法。

至正十八年（1358年）底，朱元璋的军队已经东下衢州、婺州，向在温台、庆元诸路占据的方国珍逼近，朱元璋遣蔡元刚至庆元劝说方国珍投降。方国珍与他的部下商量道："如今元朝将亡，豪杰并起，只有朱元璋号令严明，所向无敌，现在他又攻下婺州，恐怕咱们不能与之对抗，不如暂时表示顺从，藉为声援，先静观形势变化再采取其他措施。"至正十九年（1359年）正月，方国珍遣使奉书献给朱元璋黄金五十斤、白银百斤和别的礼品。三月，又以温、台、庆元三郡之地献给朱元璋，并派去次子方关作为人质。九月，朱元璋授方国珍为福建等处行中书省平章政事、方国璋为行省右丞、方国瑛为行省参政、方国珉为江南行枢密院签院，并令奉龙凤为正统。但方国珍并无诚意投降朱元璋，虽说他接受了朱元璋的职位，却是心怀鬼胎，待其成败变化。他提出借口，不以"龙凤"纪年，暂且以"至正"作为纪年。

果然，没过多久，方国珍在刘仁本、张本仁等人的怂恿下，在接受朱元璋封职仅有一个月后，就又接受了元朝封他的江浙行省平章政事的官职。并于至正二十年（1360年）开始，到至正二十三年（1363年），方国珍年年为张士诚安排大批海船运送其十余万石粮到元大都，元顺帝非常高兴，封他为江浙行省左丞相赐爵衢国公。方国珍仍旧横行在庆元、温、台一带，但又害怕朱元璋来攻，只好伪装"怕惧谢罪，以金宝饰鞍马献"。

至正二十七年（1367年）四月，朱元璋的军队把湖州、杭州等张士诚统治区攻占下之后又向平江围攻，此时方国珍自知难保，又耍出了新的诡计，他一方面坐山观虎斗，一方面暗地里北通扩廓帖木儿，南交陈友定。朱元璋给他写信，指出他有罪状十二条。七月，朱元璋又责令方国珍贡粮二十三万石，并写信威胁他，方国珍惶恐不已，日夜运珍宝，集海船，准备下海逃跑。

这年九月，朱元璋拿下平江，平定张士诚后，遣军分两路进攻方国珍。参政朱亮祖一路攻台州，方国瑛败逃黄岩；朱亮祖又攻温州，方国珍侄方明善逃走；朱亮祖分兵取瑞安，在乐清打败方明善，追至楚门海口，征南将军汤和一路先取余姚、上虞，进攻庆元，方国珍逃入海中，汤和带兵紧追至定海、慈溪等县。十一月，朱元璋又令廖永忠率舟师入海，与汤和合击方国珍，方国珍意欲逃出海面，却遇有大风，未遂，于是黔驴技穷，不得不纳款投降。朱元璋终于平定了这方割据势力。

（3）南征陈友定

朱元璋在消灭了方国珍的势力后，随即令胡廷瑞为征南将军、何文辉为副将军，领军去攻打陈友定。

陈友定，一名有定，字安国，福州福清县（今福建福清）人。徙居清流（今福建清流），出身贫寒。后为富户罗氏之婿，因做买卖赔了本，充当驿卒。至正十二年（1352年），南方红巾军入闽，陈友定在其家乡清流的明溪、曹坊等地，因袭击红巾军有功，被提携做了明溪寨巡检。后汀州府判来募兵，陈友定随元军成功镇压汀州、延平（今福建南平）、建宁、邵武等地起义军，又被升至清流县尹。至正十九年（1359年），陈友定派他的手下康泰等取邵武，攻汀州、延平、将乐（今福建将乐）。至正二十一年（1361年），邓克明取汀州后进攻建宁，结果被陈友定打败，又损失了汀州。陈友定因此被升任福建行省参知政事。至正二十五年（1365年），元置福建行省分省于延平，以陈友定为平章，驻守闽中八郡。由于当时福建远离北方，而且同北方交通不畅，陈友定在福建成了土皇帝，专门负责福建军队的钱粮物资。当张士诚、方国珍停输海运粮后，陈友定从福建运粮数十万石至大都，得到元顺帝的嘉奖。可见，陈友定对红巾军和朱元璋是顽抗到底的。至正二十五年（1365年）二月，陈友定向处州进攻，被朱元璋部下胡深打败，朱元璋乘胜遣朱亮祖、胡深、王溥三路追击，在进攻福宁时胡深中伏被陈友定俘杀，平闽计划未能实现。以后，陈友定又占领兴化（今福建莆田）、泉州（今福建泉州）、漳州（今福建漳州）等路。

至正二十七年（1367年），朱元璋军队入杉关，克汀州，取邵武，占长阳，所向披靡，陈友定的部将纷纷投降。十二月，朱元璋又令汤和、廖永忠等率舟师由庆元出发攻打福州。洪武元年（1368年）正月，朱元璋军队占领建宁，围困延平，陈友定服毒自杀，未遂。后俘送应天，不久被杀，其附近各路、州、县相继投降。

朱元璋借助于红巾军的势力崛起，他在长时间内也是打着红巾军的旗号进行活动的。至正十八年（1358年）十二月，他亲自攻克婺州，更名为宁越府，在这里设置中书分省。他将两面大旗竖立在门前，上书"山河奄有中华地，日月重开大宋天"，口号与韩宋是一致的。然而在其势力日渐扩大的时候，朱元璋并不想推进农民起义的事业，而是一心要称帝为王，建立一个新的王朝。因此，和许多红巾军队伍不同，朱元璋在自己势力所到之处，并非坚决打击地主，而是与其尽量妥协。他的军队纪律严明，不事杀掠，这是其成功的重要因素之一。不过，这里面却含有保护地主阶级利益的政治思想。同时，他也优待重用读书人。至正二十年（1360年）三月，他征召了浙东名士刘基、宋濂、章溢、叶深。刘基参与了后来很多大事的决策，例如先图陈氏，后取张氏，关于北伐的方略首先明确提出的人就是刘基。宋濂以文学奉侍朱元璋，为朱元璋起草了许多文书。这些儒生名士对朱元璋建立"帝王之业"发挥了很大作用。"宫莺去尽野鸡栖，憔悴江南谁是主？"江淮一带地主阶级虽害怕红巾军，但又觉得已经不能依靠元朝，希望出现一个维护他们利益的新的帝王。于是朱元璋因势而起，成为了地主阶级的新代表人。

朱元璋的蜕变在他的一系列政治军事行动中都有表现。在占领集庆后不久便弃红旗而改用黄旗。他在与陈友谅、张士诚的争战过程中，同元将察罕帖木儿、扩廓帖木儿之间没有中断书信往来。打败陈友谅后，至正二十四年（1364年）正月，他自称吴王，立长子朱标为世子，设立百官，这是朱元璋政权性质发生变化的标志。至正二十六年（1366年）八月，他在声讨张士诚的《平周榜》中已用地主阶级的口吻诬蔑红巾军起义是"妖言既行，凶谋遂逞，焚荡城郭，杀戮士夫，荼毒生灵"。而他自己则是"灼见妖言不能成事，又度胡运难与立功"，因此才出面收拾这各自为政的局势。这年十二月，朱元璋派廖永忠去滁州迎接韩林儿，路上，将其淹死在了瓜步（今江苏六合东南），宣告了红巾军韩宋政权的灭亡。

朱元璋在江南不断攻地的同时，始终注视着北方元廷的情况。在与张士诚的战争还没有结束时，至正二十七年（1367年）正月，他便以扩廓帖木儿拘留自己的使者为借口，作书发出了北伐的警告。此后，双方在徐州一带小有冲突，他看出元方上疑下叛，将帅嫌隙，元朝灭亡时日已到，遂在这年十月率部北伐。

一天，朱元璋集合诸将讨论北方局势，然后问道："现命诸公北伐，诸公有何计策？"猛将常遇春答道："用我们强大的百战之师直接攻入元都，可速战速决。"朱元璋说："元建国百年，大都的守备必定坚固。孤军攻城，粮饷若是没有储备，元方援兵四集，我们就会失利。我主张要先攻打山东，继下河南，再拔潼关控扼门户，这样整个形势便可归我方掌握，然后进克大都，再向西席卷山西和陕西。"将领们一致赞同这个战略部署。于是，朱元璋任命徐达为征虏大将军，常遇春为副将军，而且还妥善安排了其余将士的任用。他又对将士宣布了纪律，要求在这次征战中，"非必略地攻城而已，要在削平祸乱，以安民生。凡遇敌则战，若所经之处及城下之日，勿妄杀人，勿夺民财，勿毁民居，勿废家具，勿杀耕牛，勿掠人子女；民间或有遗弃孤幼在营，父母亲戚来救即还之"。

在将士临行时，朱元璋又向中原各地发布了由宋濂起草的著名的北伐檄文。他在檄文中指责元帝"荒淫失道……于是人心离散，天下起兵"。他宣言，"当此之时，天运循环，亿兆之中，当降生圣人，驱除胡虏，恢复中华，立纲陈纪，救济斯民"。这样一来，他便明确地将元末红巾军反对阶级压迫、民族压迫的性质转变成了单纯的民族斗争性质；把广大农民反抗元朝封建统治的群众运动转变成了个别圣人建朝称帝的事业。至于这个圣人，当然就是朱元璋自己。现在这个圣人遣兵北伐了，决心"拯生民于涂炭，复汉官之威仪"。檄文宣布，他们是号令严肃、秋毫无犯的师旅，中原各地"民人"不要逃避。檄文还宣布，蒙古色目"愿为臣民者，与中夏之民抚养无异"。所以，这一檄文不仅对当时的汉族地主阶级有很大的号召力，而且在很大的程度上加速了敌人的瓦解。

洪武元年（1368年）正月，朱元璋在南京登上帝位，建国号为明。如此一来由朱元璋领导的明军北伐之举更显出"吊民伐罪"的性质。朱明军队势强且军纪严明，其颁布了一系列政策，又大大缓解了汉族地主、蒙古贵族和色目上层之间的矛盾，因此北伐时势如破竹，毫不费力。徐达率军先抵淮安，遣人往沂州招谕王宣、王信父子。王宣是靠组织"义兵"被元朝授予淮南淮北义兵都元帅的，自从察罕帖木儿阵亡后，扩廓帖木儿忙于内战，王宣父子乘机攻掠山东全境。王宣被徐达招降后再次反叛，遭到了徐达的镇压。接着莒州、滕州、益都、东平、兖州、济南、济宁、密州、登州、莱州、东昌等地，也先后被占领，元朝守将逃的逃，降的降，四散而去。由征戍将军邓愈率领的偏师也由襄阳北略南阳，一路畅通无阻。

洪武元年（1368年）正月，在北伐胜利进军的凯歌声中，朱元璋于应天登基称帝，国号大明，建元"洪武"，从此开始了明王朝的统治。

3.洪武新政

朱元璋即位后，实行了一系列新的政策，借以巩固其统治。

（1）户口制

明朝建立以后，朱元璋为了建立有效的赋役制度，对地主隐匿田产、户口而逃避赋役的行为予以打击。他下令各地认真清理、统计全国户口和耕地数额，编制了赋役黄册和鱼鳞图册，从而形成了严密的户口和财产登记制度。

洪武元年（1368年），朱元璋要求在各地作战的总兵和地方官员注意收集户口版籍。同年，制定"均工夫"役法，而且还编制了应天十八府州、江西九江、饶州、南康三府的均工夫图册。洪武三年（1370年）他又下令按户登记姓名、籍贯、年龄、丁口、产业，实行户帖制，将户帖发放给各户，全国户籍则在户部汇总。在江南一些地区还试制了"小黄册"。

明政府也十分重视查核全国的土地。洪武元年（1368年）朱元璋派官员到浙西核实田亩，攒造鱼鳞图册。后来又令国子监监生武淳等人到各地丈田绘鱼鳞图。鱼鳞图册按

"随粮定区"原则，以税粮万石为一编造单位，称一区。把每区的土地丈量之后，绘成图册，册上记载所有田亩面积、四周界至、土地沃瘠、户主姓名。因总图形状象鱼鳞，故而得名为"鱼鳞图册"。

黄册以户为主，以人为经，以田地为纬，田地分别归于地主，作为征派赋役的根据。鱼鳞图册以田地为主，以地域为经，以人为纬，作为解决土地纠纷的凭证。两种册籍相互配合，相互补充，相互核对，相互牵制，形成了一套严密完整的户口、田地和赋役管理制度。

（2）立卫所制和将兵法

洪武初年，中央军事机关为大都督府，朱元璋任命亲侄子朱文正为全国最大的军事长官大都督。全国都司、卫所的军队都由大都督府统率。后来，朱元璋觉得大都督府的权力过大，就在废中书省的同时，把大都督府一分为五，设立左、右、中、前、后五军都督府，各都督府分别统领各自所属的都司、卫所，各府的长官分为左、右都督，掌管军事。五军都督府和兵部既互相配合，又互相牵制。各都督府只管军籍、军政，没有指挥和统率军队的权力；兵部虽有颁发军令，铨选军官之权，但不能直接指挥和统率军队。如有战争，则决定权在皇帝手中，兵部奉旨颁发调兵命令，由皇帝亲自任命军事统帅，然后率领由各卫所调集的军队去作战，结束战事之后，兵归卫所，主帅还印。这一制度使皇帝握有总指挥权和将帅的任免权，而军籍、军政的管理和军队的调发指挥权限分开，将不专军，军不私将。这样，不仅避免了悍将跋扈、骄兵叛变的弊端，而且更重要的是使皇帝牢牢控制住了军权。

立国之初，朱元璋和刘基经过研究磋商，在编制和训练军队方面，创立了一种卫所制度。卫所军队有四个来源：一是从征；二是归附；三是谪发；四是垛集。军人列入军籍，世代沿袭、儿孙代代当兵，都督掌管军籍，普通地方行政官吏无权管辖军人。军队耕战结合，平时既要屯耕，也要进行军事训练，并且还担负保卫边疆和镇守地方的任务，具有武装力量和生产力量相结合的性质。卫所把全部军士都编排进来，每112人编为一个百户所，每十个百户所编为一个千户所（1120人），每五个千户所编为一卫（5600人）。卫所的军官分别为百户、千户、卫指挥使。百户所以下的军事单位是总旗（约50人）、小旗（约10人）。全国各地都有洪武朝卫所，但主要集中在京师重地。

（3）诏令办学

洪武二年（1369年）十月，朱元璋告谕中书省官员说："学校教育，到元代其弊已极……治国之要，教化为先，教化之道，学校为本……宜令郡县皆立学校。"十月三十日便下诏令地方郡县开办学校。

为了能使地方贯彻好立校兴学政策，明政府明确规定：府学设教授一人，训导4人，生员40人；县学设教谕一人，训导二人，生员20人。师生每月除供应每人六斗米外，有司还要供应鱼、肉。学官月俸，多少不等。学生学习，专治一经，以礼、乐、射、御、书、数设科分教，要学以致用。同时还对学校规章等其他相应教学措施作了规定。地方学校培养出来的学生，资历深的可以定期保送到京师国子监继续深造，也可以参加科举考试，求取功名；入学十年以上还没出路的，由学校推荐，可往吏部保送，充任下级官吏。

北方学校教育较南方相比尤为落后，缺乏师资而且师资水平很低。为了改变这种局面，朱元璋在洪武二十年（1387年）命令吏部从南方选出大批教学经验丰富的教官充实北方学校，以此来提高北方的教学水平。

明代前期，除上述府州县学外，地方社学也聘请儒士培养民间子弟，还有"御制大诰"及本朝律令的学习内容；地方武学也聘请武师专教武臣子弟学习武艺，等等。

朱元璋诏令天下郡县皆立学校，对提高全社会的文化素质、稳定明王朝统治都具有积极意义。

（4）制定科举

洪武三年（1370年）五月，国家人才紧缺，朱元璋颁发科举诏令，于八月设科取士。

明代科举考试分文武二科。二科考试都明确规定了考试时间：子、午、卯、酉年为乡试；辰、戌、丑、未年为会试；乡试在八月，会试在二月，皆九日为第一场，复三日为第二场，又三日为第三场。中乡试者称举人，京师会试中胜出者有资格参加殿试。三年一大考，皇帝亲自把关殿试，殿试及格而被录取的都称为进士。进士分一、二、三甲，一甲三人，第一名称状元，第二名称榜眼，第三名称探花，赐进士及第；二甲若干名，赐进士出身；三甲若干人，赐同进士出身。凡中进士者，均可封官。

文科考试以"四书五经"为主要内容。初场试五经义二道，四书义一道。二场试论一道。三场试策一道。三场考试通用推行的八股文答题（每篇文章必须包括破题、承题、起讲、入手、起股、中股、后股、束股八部分），因考试只重形式而内容不实，明代科举制又因而被称为"八股取士"。

武科试士的内容同文科有些差别。武举初试马上箭，二场试步下箭，三场试策一道。六年一大武举考试，考中者称武状元等。武科重技勇，考试的内容也因时局的变化和要求略有改动。

明代科举取士录取名额由社会需要而定。明初所需文官数额大，录取时也较多；明中期，逐渐放宽乡试名额而缩小会试名额，而且在录取进士名额时，注意地域间的南、北分布平衡。洪熙元年（1425年），限定取士名额，南人16名，北人14名，武科则没有限定。

在明初期，明代科举制对于扩大官僚机构、稳定统治政权起到了积极作用。因其以孔孟之道和程朱理学来束缚读书人的思想，是一种文化专制制度，所以读书人为了猎取功名，埋头"四书五经"，写空洞的八股文，成为名副其实的书呆子。这种举士制度禁锢了人们的头脑，严重阻碍了文化科学的发展。

（5）发展农耕

明代，随着炼铁技术的提高，铁质农具也得到改良，农耕种田更加追求集约经营，十分重视精耕细作，提倡"宁可少而精密，不可多而草率"。

在整地上，讲求深耕达七八寸，以使土壤彻底松软。如果在麦、稻两熟田地，将水田改成旱地时需开沟做垄，使垄背凸起如龟背，便于排水。翻耕时讲究先浅后深，头遍打破皮，二遍揭出泥，争取时间灭茬保墒；将旱地改为水田时则要分层深耕晒垡，从而来改良土壤结构。

在选种和播种方面，重视收集、选育新种和优良种子，而且为便于早播还要提前浸种。如早稻浸种一般在清明节前，有的在春分前便开始浸种，称"社种"，浸种时间提前半个月。浸种方法也有了改进，原来是"昼浸夜收，不用长流水，难得生芽"，明代改为"用稻草包裹（稻种）一斗或二三斗，投于池塘水内，缸内亦可"，"浸三四日，微见白芽如针尖大，取出于阴处阴干"（王象晋《群芳谱》）。

施用追肥。当时不仅在施用追肥的时间、数量、次数以及肥效上有了科学的认识，而且对于土壤与肥壤结合方面的认识也加深了，并总结出了一些规律。如羊粪适宜旱地，猪粪适宜水田，灰粪和牛粪则适宜于土质贫瘠坚硬的田地，土性带泛浆之田宜用骨灰蘸秧根、石灰淹苗足，等等。

在防治病虫害方面也积累了些经验，如冬天铲草根、添新土用来杀灭越冬幼虫及虫卵，用药物、棉籽油等拌种来避免虫蚀，把石灰、桐油撒在叶子上可用来杀虫等。

在充分利用田地的时间和空间方面也有科学的分配方法。宋元时发展起来的稻麦一年两熟的轮作方法，被推广运用到其他作物的种植之中。并且从一年的轮作发展为若干年的轮作，间作、套作技术也提高很多。江南地区双季稻种植广泛，甚至还在福建广东等地出现了一年三熟之稻。江南水稻除与小、大麦轮作外，还和豌豆、蚕豆、油菜等其他作物轮作，北方则以大、小麦与黍、粟、豆、薯等轮作。棉麦轮作、棉稻轮作、棉豆间作、桑豆间作等技术，也在经济作物推广的基础上发展起来。

（6）农工商立法

明朝初年，因为经年战乱，全国流民充斥，农业生产非常缺乏劳动力，因而太祖朱元璋加强农业立法，用以恢复与促进农业发展。

朱元璋曾下达了禁止贩良为奴的禁令，禁止人身买卖，以解放劳力，投入生产。明初则大力推广移民垦荒，实行屯田，包括军屯、民屯、商屯、戍罪屯、赎罪屯等。

从农业发展需要出发，明政府加大了水利建设，整治堤岸塘堰，疏浚河道，还专门设置了掌管水利的营田司。规定：如有盗决河防者，杖一百；盗决圩岸陂塘者，杖八十；不修河防圩岸，或修而失时者，笞三十至五十杖；由此造成人员、财物损失者，笞五十至六十杖。

为核查全国田亩，还编造黄册与鱼鳞册。耕民按亩交赋，赋役程度比前朝减轻很多，极大地提高了农民的生产积极性。

由于农业立法的推广，全国垦田面积和人口大增，到洪武二十六年（1393年）分别达到8507623顷和60544812人，使社会生产得到了恢复和发展。

此外，明朝的工商立法明确、具体。明初建立的匠户匠籍制度，加大了手工业者的集中管理力度，发挥了技术优势，促进了手工业的发展。

明朝律例对手工业产品的质量与规格要求十分具体。规定：造器物、缎匹不合格，工匠均受笞刑或以坐赃论。有关官吏也受处罚并赔偿损失。

在手工业生产管理方面，明朝法律规定：不经批准非法营造者，按坐赃论；营造所需物资不实报笞五十；多领物资者，以监守自盗论；工匠未按期交货，官吏不如期拨料者均处笞刑。

明代商业立法以重农抑商为基础，而且对盐、茶采取官营专卖政策。早在元至正二十一年（1361年）所定的《盐法》便有贩盐者取税1/20以助军饷的规定；洪武元年（1368年）定《盐引条例》规定贩私盐者绞；后来又在《大明律》中规定：凡贩私盐、私茶者杖一百、徒三年，如携武器者加一等，拒捕者斩。买私盐者杖一百。盐法规定要取得吏部所颁"监引勘合"的凭证才可以经营盐业。早在元至正二十年（1360年）朱元璋便定《茶法》，取其1/30作为税赋收入的补充。明令严禁贩卖私茶，由官府专卖。洪武以后则规定设"茶引所"收购茶叶；贩茶者也一定要持有吏部"茶引勘合"，没有或持有过期凭证的按贩私盐律治罪。

《大明律》中的市场管理法规定：统一度量衡，市面上所用均须经官府核查，违者治罪；加强管理机关平抑物价的责任；对不法商人操纵市场、哄抬物价的不轨行为予以严厉打击，触犯此条规定者视其轻重处以笞、杖刑；严禁私人从事海外贸易，明确规定货卖海外和下海者杖一百，将人口、军器出境者处以绞刑，关口将土渎职与犯人同罪等。

（7）移民屯田

明洪武三年（1370年）六月，分布于苏、松、嘉、湖、杭五郡的四千余户无田耕种的百姓，遵从朱元璋令迁徙到"田多未辟"的临濠，就垦农业，免征三年移民租税，这便是明代大规模移民屯田的开端。

洪武四年（1371年）六月，徐达驻师北平，因为除去了沙漠中的威胁，所以把北平山后35800余户居民分散到各府卫进行屯田；同年又移漠北和山西一带"沙漠遗民"32000余户到北平屯种，江南140000户少地、无地农民还奉命迁到凤阳屯种。洪武九年（1376年）十一月，山西、真定一带无田的百姓迁到凤阳屯田；十五年（1382年）九月，广东番禺、东莞、增城等处24000多名降民迁移泗州屯田；二十一年（1388年）又将山西泽、潞二州无地百姓迁往彰德、真定、临清、归德、太康等空旷地带，置屯耕种。

除了省与省之间的大规模移民屯田之外，各省内也发生了迁徙情况。洪武二十五年（1392年），登、莱二州5635户农民就耕于东昌，二十八年（1395年），东昌三府外来移民达58124户。

明朝的移民屯种，政府为其提供耕牛种子，免除三年租税，三年之后每亩纳税一斗，不再加收其他赋税。这一举措极大地激起了百姓垦田种植的积极性，加速了开辟荒芜田地的进程，扩大了自耕农的比例，从一定程度上改变了元末土地高度集中的局面，推动了明初经济的恢复和发展。

（8）封王封臣

洪武二年（1369年），明太祖朱元璋考虑到历代地方割据和叛乱严重威胁皇权，吸取宋、元两代皇室孤立的教训，诏定诸王国邑与官制，大封诸子，屏藩王室。

由洪武三年开始，朱元璋的25个儿子和一个曾孙被先后封王。选择其中一部分授予兵权，如秦王樉、燕王棣、宁王权等，令他们在北方驻守，节制沿边兵马，以防御蒙古残余力量；还有一部分驻守在内地各省，如鲁王檀等，用于监视地方官吏。

为避免握权大臣篡权谋反，明太祖规定，诸王有移文朝廷索取奸臣和举兵清君侧的权力，同时因担心诸王权力太大对中央集权的统治构成威胁，又申明诸王"惟列爵而不临民，分藩而不赐土"，即分爵而不裂土。

另外，因江、浙等系京畿重地和国家财源所在地，为避免干扰国家经济和政治活动而不予分封；闽、粤不封，则因其地远险恶，皇权难以控制。

明太祖分封诸王，皇子以亲王身份建藩就国，实则是继承了古代的分封制，对明初加强皇权统治起到了一定的作用。但是，所封诸王，拥兵自重，在封国内目无王法，终于造成"枝强干弱"的割据局面。

洪武三年（1370）十一月一日，朱元璋在奉天殿举行隆重庆祝仪式，以表彰文臣武将的开国功勋，并大封功臣。

诸将的功绩都记录在大都督府兵部。吏部定勋爵，户部准备赏赐物品，礼部定礼仪，翰林院撰制诰，皇太子、诸王在两旁侍立，皇帝左右则排列着文武百官。诏封左丞相李善长为韩国公，右丞相徐达为魏国公，常遇春之子常茂为郑国公，李文忠为曹国公，邓愈为卫国公，冯胜为宋国公，又封了六公之下的十八侯：汤和首位为中山侯，唐胜宗为延安侯，陆仲亨为吉安侯，周德兴为江夏侯，华云龙为淮安侯，顾时为济宁侯，耿炳文为长兴侯，陈德为临江侯，郭子兴为巩昌侯，王志为六安侯，郑遇春为荥阳侯，费聚为平凉侯，吴良为江阴侯，吴祯为靖海侯，赵庸为南雄侯，廖永忠为德庆侯，俞通源为南安侯，华高为广德侯，杨璟为营阳侯，康铎为蕲春侯，朱亮祖为永嘉侯，傅友德为颍用侯，胡美为豫章侯，韩政为东平侯，黄彬为宜春侯，曹良臣为宣宁侯，梅思祖为汝南侯，陆聚为河南侯。并赐诰命、铁券、赏物等。又在该月的三十日，册封汪广洋为忠勤伯，刘基为诚意伯。而且还诏告各位公侯：身享富贵，应通达古今之务以成远大之器，不可苟且自足。

此后，朱元璋根据诸武臣的战绩，或封侯伯，或晋封公，以此激发武将建功立业之心。洪武十一年（1378年）汤和被朱元璋封作信国公，洪武十二年（1379年），又封仇成为安庆侯，金朝兴为宣德侯，蓝玉为永昌侯，谢成为永平侯，张龙为凤翔侯，吴复为安陆侯，曹兴为怀远侯，叶升为靖宁侯，曹震为景用侯，张温为会宁侯，周武为雄武侯，王弼为定远侯。

（9）《元史》成书

明洪武四年（1371年）二月，宋濂主编完成《元史》。

《元史》是作为记录元朝史事的纪传体史书，共210卷。其中本纪47卷、志58卷、表8卷、列传97卷，包括上至成吉思汗下迄元顺帝约160年间蒙古、元朝的历史，主要是记录元朝史事。该书以史实、后妃功臣列传及诸家编写的行状、墓志、表、志，以及《经世大典》等资料为依据，因此保存了很多原始史料，尤为珍贵的是天文、历史、地理、河渠等四志材料，是研究元史的基本资料之一。

《元史》比较完全地采用纪传体皇朝史的形式对元代历史进行了记录，视野宏大，内容丰富，并且在某些方面独具特色，是其他书所无法比拟的。由于元朝的十三朝实录和《经世大典》已全都失传，《元史》的记载使之得以存其精华，具有极为重要的文献价值。《元史》的本纪和志占全书篇幅过半，而本纪占全书近四分之一，可以说《元史》的史料价值比其他某些正史的记载更高一等。

《元史》的修撰只用了11个月，其成书之速也带给它很多的缺陷、讹误，一些史事没能够进行详细考核订正，未曾使用元代的一些重要资料，蒙古族的源流发展、中西交通等重要史迹，也都没有进行详细记载。译名、史实也存在不少错误，处理资料上缺乏融会贯通之功，有的照搬沿用案牍原文，文辞欠缺斟酌推敲，故为后来学者指摘挑剔。但无论如何，《元史》是记述元代历史的最可信赖的著作，为后人研究元代历史提供了宝贵资料。

（10）制作牌符

明洪武四年（1371年）五月，太祖朱元璋诏命工部制造用宝金牌和军国调用走马符牌。用宝金牌共有两枚，分别由中书省、都督府收藏，在调遣军队时使用。走马符牌分金、银两种，各20个，宽2.5寸，长5寸，用铁打制而成，贯以红丝绦，平时在内府保存，适于紧急军务在身的遣使佩戴。后来，走马符牌也为用宝金牌代替，宽3寸，长9.5寸，上钑二凤，下钑二麒麟。

朱元璋在同年六月又下诏，命礼部参考旧典，制定武臣金银牌制，以供在外武臣作为随身携带的证物之用。金银牌具有相同的规格，宽2寸，长1尺，上钑双龙，下钑二伏虎，用红丝带悬挂。指挥所佩戴的金牌，上有双云龙、双虎符；千户所佩戴的是镀金银牌，只有一条云龙、独虎符；百户佩戴的是素银牌符。全国共有500个双云龙、双虎符金牌，2000个独云龙、独虎符镀金银牌，11000个素银牌，上有朱元璋亲笔题撰的阳文："上天佑民，朕乃率抚，威加华夷，实凭虎臣，赐尔金符，永传后嗣。"符牌制乃明王朝加强军事集权的重要标志。

（11）铁榜诚功臣

明初，一些加官晋爵的开国大臣，仗势欺人，横行乡里，连奴仆杀人也隐匿不报。洪武五年（1372年）六月，朱元璋为了保全功臣，命工部制作铁榜申诫功臣，厉禁纵容奴仆仗势为非作歹。

铁榜共有9条命令以申明律令，责令公侯奉公守法，不可以侵犯百姓利益。如命公侯不得接受官军贿赂，不可强霸官民山场、湖泊、茶园及金、银、铜、锡、铁冶炼者，不得容许家仆侵夺田产财物，不得倚仗权势欺压百姓等。但凡违背上述命令者都有受杖、充军、受刑、处死等相应处罚规定。铁榜公布后效果较好，但某些武将仍旧我行我素，目无法纪。如蓝玉专横恣暴，储庄奴数千人，鱼肉乡里；郭英私养家奴150多人，滥杀无辜；周德兴营造宅第，逾制豪华；朱亮祖专擅不法、贪得无厌等。这些最终导致洪武十三年（1380年）胡惟庸案和洪武二十六年（1393年）蓝玉案的爆发。两次党狱，致使那些元勋和有功将才全被杀尽了。

朱元璋制作铁榜警诫功臣，对明初抑制豪强、整顿吏治、稳定社会秩序起到了积极的作用，对剥夺公侯兵权、加强皇权也有一定的现实意义。同时，它也暴露出朱元璋唯恐公侯掌握兵权的心理。

第二章 铁腕政治与屠戮功臣

朱元璋为了加强皇权，实行铁腕政治。他建立特务制度，大兴文字狱，严密控制臣民。他除掉了恩威震主的胡惟庸，并罢去丞相之位，独揽大权。他在军事、监察等领域也是如此，从而完成了中国君主集权政治。朱元璋疑心颇重，他对辅助其立国的文臣武将采取了兔死狗烹的办法，刘基、宋濂、李善长、徐达、蓝玉等均被除掉，其残酷超过历代开国之君。

1.刘基之死

明洪武八年（1375年），刘基为胡惟庸所潜，忧愤而死。

刘基曾辅佐朱元璋完成帝业，开创明朝天下。他足智多谋，才能出众，是杰出的政治家、军事家和文学家，被喻为魏徵、诸葛亮再世。

（1）旷世奇才

刘基（1311~1375年）字伯温，处州青田（今属浙江）人，出身官僚世家。在家庭影响下，他从小才智超群，14岁进处州（今浙江丽水）郡学，习《春秋》。17岁，拜名儒郑复初为师，攻读宋儒周敦颐、二程开创的"濂溪学"、"洛学"。他博览群书，经史子集、天文兵法无所不通，而"尤精象纬之学"。元顺帝元统元年（1333年），年仅23岁的刘基就锋芒初露考中了进士，当时的人们都很器重他。老师郑复初曾对他父亲说："此子必高公之门矣！"秘书监揭曼硕对人说："此魏徵之流，而英特过之，将来济时器也。""有进贤老大邓祥甫者，一见诧异曰：'吾尝语人王佐之学，率不省，子善自爱。'尽出秘书相示。"

元至元二年（1336年），刘基位居江西高安县丞，为官清正廉明，因为打击权贵而声名远播。但是，在极端腐败的元末社会中，正直守法的官员很难得到重用，特别是统治集团为了巩固军事统治，实行民族压迫政策，人民被划分为四个阶层，蒙古人最高贵，色目人第二，汉人第三，南人最下。所谓"南人"指的是元朝最后征服的原宋朝统治下的以汉人为主体的各族人民，刘基自然属于"南人"之列。才华横溢的刘基始终由于"南人"的身份在官场上到处受到排挤、打击。29岁时，刘基复审一起人命冤狱，尽改原判，因而得罪了检察官，被降为职官掾史。30岁时因同幕府官僚发生意见分歧而被迫辞官，不久补升江浙儒学副提举，行省考试官，又由于多次上书弹劾御史失职数事，受到御史大臣重重阻挠，激愤之下刘基再次辞官。先在江苏丹徒隐居，后又寓住浙江临安，每天在西湖与酒为伴，排解心中忧愤。

这时，全国各地的农民起义一浪高过一浪。至正八年（1348年）十一月，首先是方国珍在浙江台州起兵，腐败无能的元朝统治者，为了镇压农民起义，被迫起用刘基为江浙省元帅都事。刘基得到重用，仍旧为元朝忠心耿耿。他建议筑庆元城，用以围攻起义军，并且极力反对招抚。方国珍大惧，厚赂刘基，遭其拒绝。方国珍收买刘基不成，便派人由海路到大都（今北京）去厚赂朝中重臣，使朝廷下诏招抚。刘基因此被元廷扣上了"失天子悯念元元之至意"的罪名，撤了他的职务，把他关在绍兴府，气得刘基多次想自尽以求解脱，幸亏门人密理沙等拼命拦阻，他才活了下来。从此他放荡不羁，一天到晚在绍兴游山玩水，作诗赋词，他自比为屈原、贾谊："上壅蔽而不昭矣，下贪婪而不贞"，"进欲陈而无阶兮，退欲往而无路"，用来抒发自己不满于元朝统治集团的情绪。

此时方国珍不断壮大自己实力，其他各地农民军也都纷纷起义，江浙行省自感无能，被迫再次恢复刘基的官职，先命他"招安山寇吴成七等"。刘基自募"义兵"，采取剿抚兼施的办法，血腥镇压了那些拒命不服的起义者。后又与行省枢密院判石抹宜孙互为犄角，相互声援，联合起来打击方国珍。因镇压有功，他先后被江浙行省提拔为枢密院判、行省郎中，然而当报到朝廷时，由于朝中当权者排挤汉人，便借口刘基原只担任过儒学副提举，其资格只够上迁总管府判，事实上反倒降了级又丢了兵权。在仕途上三起三落、到处碰壁的刘基不再对元政府抱有希望，绝望之下，他置元世祖像于案上，北向而拜曰：臣不敢负世祖皇帝，委实因为走投无路。于是就逃归青田，时值元顺帝至正十六年（1356年）。

落泊而归、怀才不遇的刘基，此时开始冷静下来，考虑自己今后的出路。他一向把距离他最近的割据势力方国珍看成海盗，连姑苏（今江苏苏州）的张士诚，亦为刘基所不齿，他曾说："吾生平忿方国珍、张士诚辈所为！"当然不可能去投奔他们为其效力，于是决定投靠应天的朱元璋。确实，在刘基看来，在元末群雄中，有雄才大略、能成大业的除了朱元璋外再无他人。还在十年前第一次罢职时他就隐隐约约地萌发过这个念头。那次，刘基"与鲁道源、宇文公谅日纵酒西湖，见有异云起，时基已醉，放言曰：'嘻，此所为天子气，应十年，我其辅之'"。至正十六年（1356年），朱元璋攻下南京，刘基更加觉得他非同一般。然而，朱元璋到底是与"圣朝"对立啊！在自己以前创作的诗歌中，不是也直斥他为"盗贼"吗？这样，饱读经史和饱尝仕途坎坷的刘基，心事重重，下不了决心，索性采取静观时变的办法。他一方面集乡练自保，抵制方国珍攻击；另一方面，发愤写作，著《郁离子》十卷十八篇以见志。

（2）著书明志

当刘基在青田隐居撰写《郁离子》之际，农民起义的烈火愈演越烈。北方红巾军以夺人之势挥师三路北伐，向元大都进逼，刘福通则率部占领汴梁；徐寿辉、陈友谅的南方红巾军继续在长江中游发展；江淮之间活跃的另一支红巾军，在主帅郭子兴死后归朱元璋统辖，朱元璋以应天为中心建立了自己的大本营；割据长江三角洲的张士诚、割据浙江沿海的方国珍，对元朝分进时合。总之，反元起义的烈火在黄河上下、大江南北熊熊燃烧，元朝的统治岌岌可危。

在这种阶级冲突与民族冲突异常激烈的局势下，作为一个胸藏韬略的儒士和一个由"卫元"向"反元"思想转变的英雄，刘基所需的是理顺自己的思想，总结元末政策，得出经验教训，从而为未来新皇朝的建设作准备。他正是在这种情况下创作出来了《郁离子》。它继承了先秦诸子以寓言比喻政事、讲述哲理的传统，对元末错综复杂、尖锐激烈的社会矛盾作了揭露，并提出为解决这些社会矛盾所作的种种设想。此后，在辅佐朱元璋创建明朝的过程中所提的各种策略均与《郁离子》所述思想一脉相通。

《郁离子》首篇《千里马》，叙述千里马驵骏，仅仅由于产在北方，便"置之外牧"，不受重视。《八骏》篇首先赞扬穆天子和造父因马的良劣而有差别地对待，这样，"上下其食者莫不甘心焉"。但是后来主持者对马的良劣无法识别，而只是单纯地以产地来区别对待。以至最后盗贼蜂起时"王无马不能师，天下萧然"。显然，寓言主要是要揭露元朝统治集团推行的以"种族取人"的民族歧视政策，不能知人善用。接着，作者对元朝统治集团的暴戾恣睢与昏乱吏治用了很多笔墨予以抨击。《燕王好乌》等篇把那些"蔽王耳目"，迎合王意，贬黜逆己者，"得宠而矜"的人比作群乌。在《好禽谏》篇中，借卫懿公好鹤，为狄人所灭的故事，来比喻元朝统治即将灭亡。《宋王偃》篇，曲折地反映了元朝统治者的好大喜功，任意征伐。《芈叔课最》、《云梦田》、《治圃》等篇，揭露了统治者以"聚敛无度"、"多括为功"的政策。《蜀贾》篇将当时吏治的昏乱作为重点来描写。《贿赂失人心》篇展现元代官吏"求贿"而轻于国是的腐败状态。在《食鲐》、《贿亡》等篇中，刘基更用毒鱼通侯鲐来比喻好贿，将"亡其身以及其家"。在其著名散文《卖柑者说》中，有力地抨击了那些坐高堂、骑大马、饱食终日、无所事事的文武官员们，揭露他们的丑恶本质。

此外，在《郁离子》中刘基还十分详细地阐述了自己的社会政治主张。在《郁离子》的最后一篇《九难》中，刘基通过"郁离子"（作者自称）与随阳公子的对话，抒发了自己的理想抱负。

在对元末社会动荡不安根源认识的基础上，刘基为未来的统治者开出了"以大德戡大乱"的药方。在《灵邱夫人》篇，他巧妙地将民喻为"蜂"来阐发这样的道理：养民为政事之本，善养民者，国势熇熇；废怠于此者，国势凉凉。刘基主张，养民之道"在于宽仁"。在《术使》篇中，他不仅直接对"什一之征"的赋税制进行了讽刺，而且明确地指出：重赋苛敛将逼迫人民"铤而走险"，使"狙公卒馁而死"。在《麋虎》篇中，刘基更以"虎逐麋，麋奔而阚于崖，跃焉，虎亦跃而从之，俱坠而死"的寓言，向元朝统治者发出逼迫过度会导致被统治阶级要与上层统治者同归于尽的警告。在《天地之盗》篇中，刘基还阐述了一个带有民本主义色彩的思想：统治者应向自然界索取财富，善于做"天地之盗"。在《井田可复》篇中，他提出了"复井田"的主张，要人民可以"不饥不寒"地生活。

尽管刘基主张要待民宽仁，却认为绝不可废除威令。他指出，施威令实际上是施德政，因为"其法至于杀，而生人之道存焉"，也就是"刑期于无刑"。如若只用宽纵治世，"是启侥幸之心而教人犯也"。这是从宋元"宽纵失天下"而引出的教训。刘基为此坚决反对招安造反的首倡者，因为这实际上是"劝天下作乱"，而决不是"敷文德"的表现，刘基称这种威福并施的统治为"道"。要因势利导，引导国人走上统治者设计的轨道。

刘基十分重视使用人才，这是吸取元朝统治者所用非人、自取灭亡的教训。在《鲁班》篇中，他举出修葺住房的例子，明确地提出去腐恶、换新材、各因其能的建议；而且还特别强调："其取材也，惟其良，不问其所产。"他认为应当唯才是举，摒弃一切的宗派偏见。在《任己者术穷》篇中，他指出："不任人而专任己，于是谋者隐，识者避，巧者拙，廉者匿，而圆曲顽鄙之士来矣。"在《琴弦》篇里，他借乐师师旷之口讲出大弦为君、小弦为臣的比喻，批评晋平公抹杀大弦小弦的差别，凭借君主的地位而侵犯臣权，以致"上下失其统"，这是刘基对理想政治中君臣分工、协作关系的设想。刘基还向未来的统治者进言，提出了用人之长、守信于民、纳直言、去讳矜等建议，认为圣明君主都必须要具备这样的施政才能。

刘基的这些主张，都是在元末弊端基础上提出的对统治者非常有利的一些建议。当然，刘基作为一个抱负远大的政治家，是不会满足于"思垂空文而自见"的境遇的。

（3）谋略建功

至正十八年（1358年），朱元璋来到婺州，并平定括苍。翌年，置中书浙东行省。

为了加强新生政权的稳固，他迫切需要当地武装力量的支持，然而地方上有名望的豪族叶琛、章溢以及刘基等人却在山里结寨自保。朱元璋早就仰慕刘基的学识才智，派处州总制孙炎邀他出山，刘基犹豫不决，孙炎便写给他一封长达几千字的书信，信中阐明了利害关系。陶安和宋濂也来信相劝，他母亲也劝他出山。于是，刘基拿定了主意，于至正二十年三月，雄心勃勃离开青山到达应天，时年50岁。

与此同时，叶琛、章溢等人也先后投靠朱元璋，对朱元璋来说，在浙东的元朝抵抗力量由于刘基等地方豪强的合作和支持而日益减少了，地方的秩序安定也有了保证。另一方面，刘基等人文化素养很高，深谙治国平天下的道理，有他们的帮助，朱元璋便如虎添翼，军事方面也取得了更辉煌的胜利。

朱元璋在刘基一到应天便马上召见他，"从容与论经史及咨以时事"。刘基也立即将时务十八策呈给朱元璋，分析内外形势，详细讲述灭元兴邦的大计方略。朱元璋喜出望外，相见恨晚，以上宾之礼待他。

当时朱元璋左右有陈友谅、张士诚夹攻。比较起来，张士诚富，陈友谅强。张士诚乃私盐贩子出身，遇事斤斤计较，疑心重，顾虑多，比较保守；而陈友谅是打渔出身，野心大，有冒险进取之心。朱元璋在应天，陈友谅居上游，可顺流而下，他把朱看作笼中之鸟，可手到擒来。他派出使者和张士诚相约：由东西两方进攻朱元璋，瓜分其领地。朱元璋向刘基讨计，他分析东西两方情况说："张士诚胸无大志，只想保住那块地方，首鼠窜伏，阴阳于元，是个自守虏，不会构成威胁，而陈友谅则要提防。他拥有精兵大舰，地处上流，以自我为中心，集中力量除掉陈氏，上游无事，张士诚没有援手，一举可定。然后北向中原，可成王业也。"刘基这番精辟的分析，避免了朱元璋两线作战的危险。如若先向张士诚进攻，陈友谅一定全军出动，到时腹背受敌，胜负就很难说了。因此朱元璋听后大喜曰："先生神机妙算，请知无不言。"

陈友谅于至正二十年（1360年）攻占太平，袭击龙江，所向披靡。朱元璋欲发兵抵御，而部下却迟疑不决。有主张投降的，有主张奔据钟山的。只有刘基没有发表意见，朱元璋召之入内，刘基激动地说："先斩了主张纳款和奔钟山的再说！敌人现在志骄气盛，如果我们采取诱敌深入的方针，然后派伏兵突然袭击，胜券在握。"朱元璋采纳了刘基的建议，结果大获全胜。

陈友谅于至正二十一年又发动军队攻下安庆，朱元璋欲亲自带兵征讨，刘基极力赞成。安庆城坚，无法攻下，刘基又建议撇开安庆，由江州（今江西九江）进攻，出其不意，再捣陈友谅大营。陈友谅从梦中惊觉，疑神兵天降，仓促应战，带妻儿逃向武昌。江州降，汉龙兴（今江西南昌）守将胡廷瑞派子去投降，并且以降后自己仍统领手下为交换条件。一时间，朱元璋面有难色。刘基急中生智，从后面对着朱元璋的坐椅踢了一脚。朱元璋醒悟，许之。结果，胡廷瑞降后，其他汉将接二连三遣使来降，江西地方一举拿下。

先前，刘基母亲富氏病逝，他因忙于战事，无暇抽身。这时刘基请求回家葬母，回青田后，正赶上苗军挑起兵变，金华、处州守将胡大海、耿再成等被杀，震动浙东。刘基便替守将夏毅安抚附近地区人民，又与平章邵荣等一起谋复处州，平定了战乱。方国珍对刘基向来怀有敬畏之心，这时特地遣使吊丧，刘基借回谢之际，盛赞朱元璋威德，方国珍便从此向朱元璋纳土入贡。虽然刘基在家服丧，但每每有军国大事，朱元璋总是派人来求教于他，刘基条分缕析，悉合机宜。不久召还，路过建德，正巧赶上张士诚进攻，守将李文忠决心与之对抗到底，刘基制止他说："敌军三天后就会撤退，我们在后面追击便可生擒他们。"三日后，刘基登城望曰："贼兵退了。"众人见张营森严壁垒，到处是旗帜飘扬，且闻鼓声阵阵相应，不敢进军。刘基拼命催促，等部队赶到张军驻地，才发现除了一座空营，剩下的就是老弱残兵了。于是遣兵追击，一直追到东阳，才将他们俘获。

朱元璋原信弥勒教，属红巾军的一支，名义上由红巾军领袖小明王韩林儿领导。后来他南下又开创基地，仍遥奉韩林儿为帝。到过年的时候，中书省都要设御座行礼。刘基到应天后，只有他一人不行礼，并说："彼一牧竖耳，奉之何为！"因此密见朱元璋，而且告诉他，在群雄四起之际，若要完成大业，就不能受别人束缚，要完全自主独立。朱元璋听后大悟。

刘基在至正二十三年（1363年）回到应天，当时张士诚大将吕珍袭击安丰（治所在今安徽寿县南、安丰塘北），将刘福通杀害，朱元璋欲相救，刘基极力劝阻说："救小明王出来，当如何安置？是继续让他当皇帝？还是关起来杀掉？如果是后者，又何必救他？若是前者，救之又有何意义？"朱元璋则认为，安丰若失守，则应天失去屏蔽，救安丰即是保应天。遂出兵，吕珍不敌而逃。朱元璋先把小明王关在滁州，后又派廖永忠把他沉进水中淹死。

陈友谅果然在朱元璋出兵救安丰时，乘虚而入。陈军号称六十万，围洪都（今江西南昌）。洪都被围三月，几陷敌手。守将朱文正遣张子明来报，朱元璋便派二十万大军，西上迎战，并对刘基说："我不该有安丰之行，假如友谅乘我不在，应天空虚，顺流而下，我进无所成，退无所归，大事去矣！"双方在鄱阳湖酣战激烈，一日数十战。有一次，在炮火密集的激战中，刘基心明眼快，叫朱元璋速换坐舰，随即他原来坐的船马上被击碎了。陈友谅站得高看得远，以为朱元璋必死，大喜。而朱元璋乘舟愈发逼近，汉军大惊失色。双方在湖中相持多日，刘基又建议将军队移至湖口阻挡对方，以决胜负。陈友谅穷蹙无奈，进退维谷，慌乱之中中箭而亡。鄱阳湖一战是朱、陈之间的决战，决定了朱元璋最终的胜利。这一仗朱元璋亲自督战，刘基则处处献计，观测天象预测成败，功不可没。日后，朱元璋对刘基次子刘璟说："他的天文，别人看不懂……鄱阳湖厮杀一片，他都有功。"

友谅一死，武昌也就降服了，其后朱元璋东取张士诚，北伐中原，遂成帝业，大致上都是按刘基的战略部署。

（4）冤死谗奸

明朝建立后，国家初创，百废待兴，刘基为之呕心沥血、鞠躬尽瘁，贡献卓越。

刘基在至正二十七年（1367年）被封为太史令，制定《戊申大统历》。值太白金星在紫微垣出现，群臣惴惴不安，害怕会出现血光之灾。刘基发觉后，马上向朱元璋进密言下诏说自己有罪，以回天意，众心乃定。逢大旱，刘基上请处理滞狱，朱元璋便令他去平定，刚批示完毕就大雨如注。刘基遂趁此时机要求定立法制，避免滥杀无辜。朱元璋从之，没多久便编成了律令，是为洪武三十年所颁《大明律》之张本。一日，朱元璋梦见一人头上有血，以土傅之，便想要杀死一批犯人来应验这个梦。刘基故意假装分析这个梦说："头有血，众也；傅以土，是众且得土也，应在三日。"于是朱元璋停刑三天，不久传来海宁归顺的捷报。朱元璋大喜，让他把囚犯全都释放。这时刘基最受朱元璋信任，言无不听。中书参政张昶是元故臣，上书颂功德，刘基当众叱之，说你想做赵高第二吧！张昶脸色为之一变，便暗中派人窥伺刘基阴事。齐人翼岩，飞章弹劾刘基专擅，朱元璋怒诘之，查出系由张昶所使，便把他杀了。

洪武元年（1368年），刘基依据那时"民困必须苏，用兵不能少"的需要，吸取古时军屯法和府兵制之长处，奏请创立军卫法。即在全国各地设立卫所，常驻军队，士卒战时从征，平时屯垦，由朝廷掌握调编任将的权力，目的在于缓解百姓的负担，安定地方，增加兵源，集中兵权。这一制度对朱元璋统一疆域、巩固政权发挥了积极作用。不久，刘基任御史中丞，仍兼太史令。当时国家初创，凡诸大典制都由他和李善长、宋濂等稽定。御史中丞章溢奏请定处州税粮，朱元璋命参照宋制，亩加五合，唯青田不加，曰："以太史故，令其乡人传为美谈。"

统治阶级的内部矛盾随着政权的日益稳固也逐渐暴露出来。从朱元璋政权的基础看，它有两支基本力量：淮西集团和浙东集团。朱元璋建国称帝后，淮人在政治、军事、经济上占了绝对优势，而浙东集团被排挤、受压抑，他们自然不甘心放弃，千方百计设法获取朱元璋的信任。就这样两大派系斗争越发尖锐激烈。这种矛盾反被朱元璋所利用，重用淮人又用浙东势力来监视淮人，加强和巩固自己的权力。当时，左丞相李善长功高望重，为众人敬仰，只有刘基与之分庭抗礼，李善长不乐。一次，李善长由于过失受谴，御史凌悦乘机弹劾，刘基反出面为其辩护，说李功勋卓著，且能调和诸将。朱元璋惊讶地说："他多次企图加害于你，你为何反倒为其开脱呢？看来，你既有大功，又诚实忠心，可以代他为相。"刘基叩头答："这使不得，好比要换柱子，必须使用大方之木，若以小木代之，将加速倾覆。臣愚笨，当不得此重任。"后李善长罢相，朱元璋欲拜杨宪为相。杨宪和刘基素来交好，刘基却力言不可，说："杨宪有才，但气度不够。"朱元璋问："汪广洋如何？"答曰："此人褊浅，比杨宪有过之而无不及。"然后又问到了胡惟庸，刘基说："为相犹如驾车，他恐怕会推翻你的车吧！"朱元璋说："做我宰相的，只有先生最为合适了。"刘基力辞："臣疾恶太甚，又不耐繁剧，为之恐辜负您的一片好心。天下其实人才济济，要明主仔细去发现了。至于目前诸公，确实没有合适的。"果真，这些话后来都应验了。杨宪因怙宠、汪广洋以巽懦、胡惟庸因大逆，都没落得好下场。

北伐军攻克河南后，朱元璋赴汴梁，刘基和李善长留守应天。刘基谓宋元以宽纵失天下，宜肃纪纲。于是朱元璋诏令诸御史纠劾时不要有任何回避，宿卫宦侍有过者，皆启禀皇太子置之于法。中书省都事李彬由于贪欲服法，李善长因和他有很好的交情，请刘基拖延处理此案，刘基不徇私情，马上上报，报可，方祈雨，即斩之。李善长从此与他断绝了关系。朱元璋回应天后，李善长攻击刘基在盛夏祈雨时，杀人祭坛下。其他怨恨刘基的人也相互诉苦诬告。朱元璋留下折子没有处理。正逢大旱，朱元璋要求大家广为进言，刘基奏："士卒死后，其妻悉处别营，凡数万人，阴气郁结；工匠死，暴尸野外；吴将吏降者皆编军户，足干和气。"朱元璋按刘基的主张办完这些事，然而十天之后仍未降雨，心中恼火，恰逢刘基丧妻，就批准他告老回家。这时朱元璋方有在凤阳建造中都的意思，又锐意出塞追歼残元主力王保保。刘基在回乡之前进言说："凤阳四散之地，非天子宜居；王保保未可轻也。"后来果然又如他所说。

这年冬天，朱元璋念及刘基劳苦功高，亲自修书，召他回京，赐赉甚厚，进兼弘文馆学士，并追赠其祖、父皆永嘉郡公。洪武三年十一月，朱元璋大封有功之臣，授刘基诚意伯。到了第二年，才又允许他回家。刘基回青田后，仍关心朱元璋起居情况，撰《平蜀颂》。遇到大事，朱元璋也经常向刘基请教。曾亲笔写信询问天象："即今天象叠见，天鸣已八载，日中黑子或一或二或三，或一日二见，不知灾祸何年何月何日至？"刘基就详细地写了一个奏本，主要内容是：霜雪之后，必有阳春。现在国家刚刚建立，应当叫老百姓休养生息，安居乐业。

刘基性格刚强，疾恶如仇，不能忍受不平之事。因此他与许多权贵不和。加之洪武初年，他位高不居，功成身退，不愿为相，使性本狐疑的朱元璋对之不满，触犯了"寰中士大夫不为君用，是自外其教者，诛其身而没其教，不为之过"的禁条。他屈己藏身，消极逃遁，反为小人提供了一块禁脔，日后他们凭借自己手中的权势，没费多大气力，就把刘基轰下了台。

早先，刘基上书说，瓯、括间有一块叫谈洋的空地，南抵福建，是盐盗的集散地，方国珍也是在这开始组建队伍的，请设立巡检司加以弹压。豪右奸民因此不满。碰巧茗洋逃军叛乱，地方官吏害怕上司切责，按下不报。刘基叫长子刘琏奏其事，奏章没有先向中书省关白。时胡惟庸方任左丞相，新仇旧恨一块报，遂暗中唆使所善地方官吏上书诬刘基，说谈洋地有王气，刘基想据之为墓地，民不给，就叫立巡检司驱逐民众。朱元璋非常迷信，听后颇为所动，遂夺去刘基俸禄，刘基大惧，慌忙间赴京谢罪，不敢私自回去。不久，胡惟庸取代汪广洋做了右丞相，见朱元璋对刘基日渐疏远，便假装和他交好。洪武八年（1375年）正月朔，胡惟庸曾挟医前来探病，刘基饮其药，觉肚中有个拳头般的块状体，又过了三个月，病情转坏。朱元璋听说后遣使护送他返乡，而且亲自写下意味深长的话："君子绝交，恶言不出；忠臣去国，不洁其名。"刘基刚到家里，病情即恶化，一月之后便去世了。享年65岁，谥"文成"。

刘基死后不久，胡惟庸案发。朱元璋方想起刘基生前所言，十分后悔。他对刘璟说：你父为我忠心不二，临终前都还惦记我，如今我才知道他是被奸臣暗算了。我要向天下公布他的好处。又安慰道："你父亲是有分晓的，如今我做皇上的也是有分晓的，终不会负了他的好名声。"洪武二十三年（1390年），朱元璋颁诰，令刘基子孙世袭诚意伯爵禄。

2.蓬莱水城

洪武九年（1376年），备倭城——蓬莱水城建成。

明代海上倭寇经常骚扰沿海地区，尤其是明中期之后更为严重，甚至向内地入侵，烧杀抢掠。自明初以来，沿海要冲便设置防御据点，这些海防建筑体系分为卫、所、堡、寨等，山东蓬莱水城作为其中的典型，体现出了明代海防据点的形制和特点。

蓬莱水城又称备倭城，作为明代典型的海防要塞，它北面临海，南接府城，背山控海，地势险要。明洪武九年（1376年），登州升格为府，并修筑水城，在此设立了水军师府，历代又进行过多次修建，成为停泊战舰、驻扎水师军队、出海巡哨的军事要塞。

蓬莱水城分作两大部分：一部分以小海为中心，包括水门、防波堤、平浪台及灯楼等海港建筑；另一部分主体为水域，包括炮台、敌台及水闸等军事防御设施。水城环海依地势而建，呈不规则长方形，周长约2200米，土筑城墙，后以砖石包砌。城墙的高度由于地势原因差别很大，西、北地处山崖，城墙较低矮；东南是平地，城墙比较高峻，平均高约7米，墙原在8~10米间，墙顶做女儿墙雉堞。整个城墙开了两个门，北为水门，又称关门口，通向大海，东西与城墙相接有高大门垛，底宽9.4米，深入水下达11米多，完全由砖石筑成，十分坚固；南是通向州城的城门，土建城楼。在北西东三面城墙都建有敌台，伸出城外5.5米，高与城齐。有两座炮台，分别在水门的东北、西北方向设立，东炮台高过城墙2.5米，西炮台建在山岸上，两座炮台与水门呈犄角之势，形成严密的防御体系，控制着进出海路。作为水城内主体部分的小海，居城正中，呈南北狭长形状，面积达7万平方米，是操练水师、停泊船舰的地方。小海的北面转折向东，形成一个东西长100米、南北宽50米的迂回缓冲地段，而不与海直接相连，最后北折入海。正对水门设立作为缓冲地段的南岸平浪台，接于东城墙，全部以块石包砌成，台上是水师驻地。自水门外沿东城延伸向北，是防波堤，全由块石堆积而成，成为一道屏障。小海北端的迂回缓冲地段为平浪台、防波堤，其规划布局很讲究科学性，海浪经过防波堤势力减弱，再经过平浪台的转折迂回，风浪减缓。水门外是海浪汹涌，但小海内却是风平浪静，在退潮时小海深度亦能保持3米以上，不用等待涨潮，船舰随意出入。

蓬莱水城在选择港址、规划港湾布局、军事防御设施配置及许多工程建筑技术上，都表现出了明代工匠的高超技艺和设计规划的科学性。在我国海港建设史上无论作为军事战略要地，还是一般的海港来说都具重要的地位。

3.胡惟庸伏诛

明洪武十三年（1380年），朱元璋以谋反罪并诛胡惟庸、陈宁等人，株连15000人。

（1）结党营私

胡惟庸（？～1380年），凤阳定远人，至正十五年（1355年），朱元璋攻下和州后归附义军，授元帅府奏差，寻转宣使。此后，任宁国县主簿，进知县。当时太师李善长操纵政权，胡惟庸以黄金二百两贿赂他，从此青云直上，先迁吉安通判；至正二十四年（1364年），设湖广行省，又被提升为湖广金事。朱元璋称吴王，在李善长引荐下，胡惟庸被召为太常少卿，当了没多久又升为太常寺卿。明朝建立后，更是春风得意，几年后便位极人臣。洪武三年，入中书省，拜中书参知政事。洪武六年（1373年）正月，右丞相汪广洋因"无所建白"出迁广东参政，从这时到同年七月，"帝难其人，久不置相"，胡惟庸以中书左丞"独尊省事"数月，七月代替汪广洋升为右丞相。洪武十年九月，又迁左丞相，右丞相仍由汪广洋担任。从洪武六年汪广洋第一次罢相后，中书省的大权实际上由胡惟庸一人独揽。到洪武十三年（1380年）正月为止，他做了长达七年的丞相。

徐达、刘基极为鄙视胡惟庸的人品，徐达"深疾其奸"，曾多次"从容言于帝"。为此，胡惟庸曾十分想和徐达搞好关系，但徐达憎恶他的为人，根本不搭理他。胡惟庸又变换手法，企图贿赂徐达守门人福寿来加害徐达，但被福寿揭发。当徐达获知此事之后，并没有问罪于他，只是向朱元璋进言，说胡惟庸不具备做丞相的资格。

胡惟庸任相时，淮西集团的政敌杨宪在洪武三年就已被杀掉了，胡惟庸独相数年，汪广洋在洪武十年尽管与他同居相位，但汪为人"宽和自守，居相位默默无可否"，在中书省仅仅是"浮沉守位而已"。因此，除了皇帝以外，胡惟庸觉得刘基是对他在政治上唯一构成威胁的人。由于刘基曾与朱元璋论相，胡惟庸更是耿耿于怀，伺机报复，这种艰难处境刘基也深有感触，隐居青田故里的时候，为了避祸，每日"惟饮酒弈棋，口不言功"。即使韬晦如此，还是防不胜防，最终被胡惟庸陷害致死。

刘基死后，胡惟庸也没有放过他的长子刘琏。洪武十年，刘琏做江西参政，朱元璋很赏识他，"常欲大用之"，但后来被胡惟庸的党羽逼得坠井而死。

（2）君相之争

胡惟庸的起家同李善长关联很大。他出任丞相后，又"以兄女妻其从子佑"，这样两家又有了亲戚关系，往来愈发密切。李善长是淮西集团的领袖，位列勋臣第一，虽然在洪武四年（1371年）致仕，但李家的权势很大。朱元璋又在洪武九年（1376年）把女儿临安公主许给了李善长的儿子李琪，李家遂为皇亲。朱元璋曾打算立杨宪为相，说："杨宪可居相位。"杨宪也"数言李善长无大材"。为此胡惟庸对李善长说："杨宪为相，我等淮人不得为大官矣。"在以李善长为首的淮西集团的迫害下，不久杨宪被判处极刑，罪名是"劾汪广洋不公不法。李善长排陷大臣、放肆为奸"。从杨宪被治死罪之后，朱元璋"以惟庸为才，宠任之。惟庸亦自励，尝以曲谨当上意，宠遇日盛"。在明初"无一日无过之人"的年代，竟能"独相数岁"，胡惟庸做到这一步实属不易，说明他十分受朱元璋赏识，但这种赏识，并非是才干上的赏识，而是朱元璋推行高度集权的君主专制统治所需要的赏识。本来，从人品、学识、才干上来说，丞相这一职，最合适的人选当属刘基。朱元璋也曾对刘基说："吾之相，诚无逾先生。"但这也仅仅是说说而已，从明太祖欲将皇权强化到更高的程度来看，显然刘基又不是十分适合的。

朱元璋决定罢中书省、废丞相，是在相权和君权的矛盾日益加剧下形成的。胡惟庸赢得了朱元璋的宠信，骄恣渐露，在朝中有恃无恐，尤其是在刘基死后，"益无所忌"。自己占据丞相之位多年，掌握生杀大权。他不按正常上奏的途径行事，内宦外宦及各司上奏的文件，都先拿来自己翻阅，对自己有害，就藏起来不予上报。四面八方急于升官的或是以前丢官的文臣武将，争相向其献媚，并以重金贿赂于他，这样一来，丞相的权势炙手可热，恩威震主，对君权威胁极大。朱元璋为此十分不安，他必须考虑政治体制的变革问题而避免大权被人夺取，于是头脑中便开始酝酿"弃中书省，废丞相"的念头。但丞相制度延续了一千多年，废除它不仅需要相当的时间而且要等待时机成熟。于是继争夺相权的激烈倾轧之后，接下来的就是更加残酷的君权与相权的斗争。

首先进行改革的是地方行政体制。洪武九年（1376年）六月，"改行中书省为承宣布政使司……悉罢行省平章政事左右丞等官，设布政使一员"，又增改了按察使司、都指挥使司，各司对六部和皇帝负责。这样中书省便失去了实权，丞相的权力也因此而被削弱。接着在洪武十一年（1378年）三月，"命奏事毋关白中书省，上于是始疑胡惟庸"。这是两项非同一般的政治手段，丞相的实际行政权力，几乎都被剥夺了，这对胡惟庸来说是危险的信号。对这种日益逼近的威胁，胡惟庸不可能无动于衷，他是非常熟悉朱元璋嗜杀成性的残忍本性的。要么坐以待毙，要么铤而走险，以胡惟庸的阴险狡诈和他在政治上经营多年的政治基础，他自然选择后者。因为不断激化的相权与君权之间的矛盾斗争，对抗是双向的，不可能有一方处于完全被动无所作为的状态，否则双方矛盾便不会发展到无法调和的地步，这是事物变化发展的一般规律。据说，当时胡惟庸定远旧宅的井中忽生石笋，高出水面数尺，又有传言说胡家三代祖坟上，夜里有火光照耀如白昼，这被阿谀奉承的一些小人说成是好兆头。胡惟庸知道后更加坚信是上天在帮他，谋反之心更坚决了。他的家人因殴打官吏，被人上奏，朱元璋大怒，把他的家人杀了，并"切责丞相"，胡惟庸却不谢罪。朱元璋又因中书省办事违慢，多次"诘问所由"，同时开始重新追究刘基的死因。胡惟庸对这些感到极为恐惧，于是对其同党说：皇上草菅功勋旧臣，与其坐以待毙，不如先发制人，千万别束手就擒。他暗中结交吉安侯陆仲亨、平凉侯费聚，利用手中的权势和金钱来威胁引诱。陆仲亨因在陕西擅自动用驿站的车马而被怒责，被安排在代县做捕盗。费聚奉命安抚苏州军民，因贪恋酒色，被责往西北招降蒙古残部，无功而返，也被朱元璋切责。现在他们与胡惟庸往来频繁，常在胡家饮酒。胡惟庸对他们说："我们做的尽是些违法乱纪之事，一旦东窗事发，该怎么办？"胡惟庸把自己谋反的计划告诉了他们，并让他们在外召集军马，作为外应。又与御史陈宁在中书省"阅天下军马籍"，下令都督毛骧找来卫士刘遇贤和亡命之徒魏文进做心腹。另外，派明州卫指挥使林贤下海勾结日本人，遣元故臣封绩致书元嗣君脱忽思帖木儿，以向其臣服作为交换条件请求为其提供兵力援助。

就在君相之间杀机隐现的时候，又接二连三发生了几件事，将双方的矛盾激化。

《明史》记胡惟庸的儿子，"驰马于市，坠死车下，惟庸杀挽车者，帝怒，命偿其死，惟庸请以金帛给其家，不许"。《明史纪事本末》说："乘马奔入挽辂中，马死，惟庸杀挽辂者。"而《国榷》则说是"误践人死"。这三种说法不一，我们不必去证实他到底是自己坠死车下，或是马死，或是误践致死，但胡家草菅人命这一点是肯定的。朱元璋对胡惟庸十分严厉，"命偿其死"，胡惟庸请求用金帛作为赔偿，又遭到制止，这更加剧了胡惟庸的恐惧感。于是胡便和御史大夫陈宁、中丞涂节密谋造反，暗地里通知各方追随他的武臣及同党。这时日本贡使私见胡惟庸，双方商定，日本以舟载精兵千人，伪装进贡，到时候与府中力士一齐抓住朱元璋。如果失败，就乘机掠夺一番泛海回日本。

洪武十二年（1379年）九月，占城来贡，胡惟庸没有将其报告皇帝，有太监看到后奏明朱元璋。朱元璋大怒，虽然胡惟庸和汪广洋给皇上磕头谢罪，但把责任任推给礼部，礼部又推给中书省，朱元璋更加生气了，把与此事有关的大臣一律囚禁下狱。

十二月中丞涂节说是胡惟庸毒死了刘基，朱元璋认为汪广洋应该知道这件事，当问他时，汪却矢口否认，朱元璋非常生气，认为他结党朋欺，把他贬到了海南。后又追究他当年不把杨宪的罪行揭露出来，当舟停太平时，传命赐死。很明显，下一步就该轮到胡惟庸了。

汪广洋被杀，他的姜陈氏自愿从死，朱元璋知道后更为震怒，说坐罪没籍官员的妻女，只配给功臣家当奴隶，又怎么做了文臣的妻妾。于是命令法司进行一番勘查。结果胡惟庸及六部官员都受到牵连。

（3）太祖废相

洪武十三年（1380年）正月，御史中丞涂节由于怕东窗事发，向朱元璋奏发了他们的谋逆之事，谪为中书省吏的御史中丞商暠"亦以惟庸阴事告"。朱元璋废除丞相的时机已经成熟，他亲自审问，结果以谋逆罪诛左丞相胡惟庸、御史大夫陈宁，"夷三族，尽诛其僚党"，又由于涂节告发太迟，"亦弃市"。

另有一种说法，是胡惟庸诡称他家中的井中涌出醴泉，邀请皇帝临幸。御驾行至途中，被宦官云奇拦住，想要揭露胡家正埋伏士甲以等待时机杀害皇帝，但自己由于过度紧张而没说出话来，朱元璋十分恼恨，左右卫士几乎打断了云奇的手臂，但他仍奋指胡惟庸的家。朱元璋这才恍然大悟，登上皇城向胡家眺望，果然见胡家"壮士裹甲伏屏间数匝"，于是"亟调禁兵捕擒之"。

这种说法富于戏剧性，而不合乎情理。首先，从洪武十二年（1379年）九月到十三（1380年）年正月，朱元璋和丞相之间的矛盾斗争越发激烈，废丞相只是早晚的事，仅在案发之前数日杀汪广洋就明确地说明了这一点。君臣之间并非相互信任，而是关系异常紧张，怎么可能"邀帝临幸"，而又竟然"帝许之"呢！其次，朱元璋身为皇帝，出行不可能如此草率，凭他多疑的性格和丰富的经验，"井出醴泉"之类的话在没有预先了解清楚的情况下岂能轻易相信，应不会轻举妄动。再次，洪武初年，大明帝国建立不久，政务繁多，朱元璋"忧危积心，日勤不怠"，难得有如此雅兴。

关于胡惟庸谋反一案，一般都认为没有足够的依据，有些扑朔迷离。或许这是人们比较注意强调朱元璋嗜杀多疑和意欲废除丞相这一动机，而忽视了相权的抗争这一方面。从双方政治斗争的逻辑上分析，应该说胡惟庸是有谋反企图的，有其必然性。其实有很多记载这个事件的资料，王世贞就曾说："史之纪兹事详矣。"说朱元璋完全是在罗织罪名，似乎不确。

另外，胡惟庸、陈宁一伙为人都十分残暴。上边提到胡惟庸因儿子骑马而造成草菅人命一事即可见一斑。史载陈宁"在苏州征赋苛急，尝烧铁烙人肌肤，吏民苦之，号为陈烙铁"。朱元璋因此事而责怪陈宁，他却没有改正。他的儿子也多次劝谏，陈宁大怒，"捶之数百"，竟将其子活活打死。"太祖深恶其不情，曰：'宁于其子如此，奚有于君父耶！'"

事情并没有因胡惟庸的死而了结。洪武十八年（1385年）有人告李善长的弟弟李存义实为胡惟庸的同党。几年后由李存义又牵连李善长，说李存义多次受胡惟庸的指使而进说李善长，胡本人亲自往说，并答应事成之后，"当以淮西封地为王"，李善长最后的态度是"吾老矣，吾死，汝等自为之"。林贤与日倭串通一事在十九年十月败露，二十一年（1388年）蓝玉征沙漠，俘获封绩，李善长却把他藏了起来，二十三年五月，封绩被捕，这时李善长家奴卢仲谦告发李善长与胡惟庸来往的情况，而陆仲亨家奴封帖木亦揭发仲亨与唐胜宗、费聚、赵庸三侯同胡惟庸密谋造反的情况。

李善长所犯罪行是"知逆谋不发举，狐疑观望怀两端，大逆不道"，朱元璋以星相变动为借口，认为该变动大臣，赐太师李善长自缢，诛其妻女弟侄全家七十多口。说李善长想谋反，似乎证据不足，但知情而不报，做"观望怀两端"，并非就没有可能。实际上无论他是告发胡惟庸，还是支持胡惟庸，其后果都具有危险性。

吉安侯陆仲亨、延安侯唐胜宗、平凉侯费聚、南雄侯赵庸、荥阳侯郑遇春、宜春侯黄彬、河南侯陆聚等都没能逃脱干系，并且追坐了很多已故的人，如营阳侯杨璟、济宁侯顾时等。

直到洪武二十五年（1392年），仍有靖宁侯叶升以胡党伏诛。

朱元璋借口要肃清逆党，而进行大规模杀戮，坐诛者三万余人，株连蔓引，十几年都没安定下来，并作《昭示奸党录》，布告天下。胡惟庸认罪后，朱元璋罢中书省，升六部尚书秩正二品，改大都督府为中左右前后五军都督府，直接对皇帝负责。并规定明朝的皇帝都不能设丞相，臣子有敢请求设立丞相的，判重刑。

朱元璋以建立一个高度集权的君主专制社会为目的，而以丞相为首的中书省这一行政权力机构对其妨碍甚大，他不让刘基当丞相，就说明他根本就可以不必设丞相，他认为相权可以造成对皇权的制约和威胁，而胡惟庸一案，则提前了朱元璋废相这一变革的时间。通过对胡惟庸由受宠遇到谋逆伏诛过程的了解，可见明初君主政治的黑暗。

4.君主极权政治

洪武十三年（1380年），朱元璋从诛丞相胡惟庸入手，对朝廷机构进行了改革，中国封建社会君主极权政治完成。

明王朝刚刚建立的时候，大多沿用元代旧的各级政权和机构体系。在中央，设中书省，总揽全国政权；设大都督府，统揽全国军务；建御史台，以振朝廷法度。在地方，行中书省仍然作为最高的权力机构。不久，朱元璋从实践中意识到，只有全面改革这种政治体制，自己的权力和地位才能得以巩固，一切权力才能集中于皇帝一人，并为皇位的稳定性和连续性打下坚实根基。于是从洪武九年（1376年）开始改革自前代承继下来的官制。改革依据这样的基本原则：始终贯彻对上（皇帝）集权，对下（中央和各级机构）分权，并使其犬牙相制，互相抗衡，"权不专于一司"。改革的步骤是自下而上，先地方后中央，同时上下穿插进行。

中国地方建制，始于秦朝，基本上是实行州、县两级制，至宋代演为路、州（府、军、监）、县三级，演变倾向于不断制约和削弱地方权力，扩大中央集权，加强皇权。元代，对地方政权机构进行过一次重大改革，把行中书省作为地方最高行政机构，使地方的权力提高到绝无仅有的高度。行省以下依次为路、府、州、县。明建立前后，一直沿用这一制度。但经过一段时间的实践，朱元璋认为行中书省的建制，对控制地方，对皇权的集中，以及对政权的巩固都极为不利。于是，洪武九年（1376年）下令废除行中书省。浙江、江西、福建、北平、广西、四川、山东、广东、河南、陕西、湖广、山西等十二行省，都改作承宣布政使司（简称布政司）。以布政使司管制全省地方，提刑按察使司理司法；都指挥使司领军务，史称"都、布、按三司"。原来行省的权力，一分为三，变为军、政、司法三权分立。三司各有职权，各司其职，互不干扰，直接对中央负责，实际是向皇帝一人负责。布政司以下的行政机构，简化为府（或直隶州）、县（或属州）二级，分设知府、知州、知县，任命权全归于皇帝，实行一长负责制。

在完成地方改制的基础上，朱元璋又以改革中央机构作为重心。中央机构的设置，历代变化不小。秦至西汉设三公九卿，以丞相居重权。三国以来，相权分散，演为三省并重。自隋至唐，开始形成三省六部制，而且日渐完善。宋代，相权更加削弱。元代，并三省为一省（中书省），下辖六部，丞相权力极大。明代建国之初，沿用元制。后来朱元璋认为中书省权重和丞相"擅专威福"，是秦汉以后国破君亡的根源，只有废中书省，罢丞相制，皇统万世不易方可有保障。于是洪武十三年（1380年）在杀丞相胡惟庸之后，罢中书省，废丞相制，至此废除了实行了1000多年的丞相制，这是一次中国封建官僚统治体制的巨大改革。

废丞相制、罢中书省之后，"折中书之政归六部，以尚书任天下书"，尚书的官秩也随之升到了二品。六部中，各部互不相扰，直接向皇帝负责。此外，朱元璋为直接控制军权需要，又改节制中外诸军事的大都督府，为中、左、右、前、后五军都督府。碰到战事，元帅由皇帝任命。至此，皇权、相权、军权三者之间的尖锐矛盾暂时得到解决，皇帝一人遂总揽全国军政等大权。

与此同时，朱元璋进一步扩充监察机构，扩大监察之权，并充分使其发挥作用。洪武十五年（1382年）置都察院，是中央的重要机构之一，与刑部、大理寺合称为"三法司"。

明代的官制，经过明太祖朱元璋的全面改革，已经迥异于汉、唐了，最突出的一点是"政皆独断"，一切权力归于皇帝之手。这次改革，进一步加强了秦、汉以来的专制主义中央集权。

5.宋濂辅政

宋濂（1310~1381年），字景濂，号潜溪，浦江（今属浙江）人，是明初擅长文学的著名大学士。朱元璋时，以其博洽经史，延至幕府，备作顾问，参与谋议。"洪武中，以文学承宠渥"，太祖十分信任他，称赞他"学通今古，性淳而朴实，有古人之风"。

（1）出山辅政

宋濂幼时体弱多病，有时甚至接连数日昏迷不醒，家人四处求医，乞神佑护，好不容易才长大成人。但他自小却天资聪敏，悟性很高，且勤学好问，6岁时已能吟诗赋词，名声在乡里传播，有"神童"之称。十五六岁时，同里一位德高望重者张继之，听说他记忆力极强，曾亲自考问他，结果也感到这孩子天赋非凡，于是就建议宋濂父亲将他送到有名望的老师那儿学习，让他将来成就大器。

宋濂先拜大学者刘梦吉为师，学习儒家经书，通"五经"，后来又跟从著名理学家吴莱学习，受益匪浅，最后拜在大文章家柳贯、黄缙的名下。宋濂本性聪慧异常，加之学习刻苦，所从的老师又多为饱学宿儒，因此，到元顺帝至正初年，他就已扬名天下了。

元朝于至正九年（1349年）征召宋濂为翰林院编修。此时，入主中原80多年的元朝，其鼎盛时期已逝，皇帝昏庸，奸臣专权，朝廷内部为权力勾心斗角，甚至互相残杀，官场上下腐败贪污成风，到这样的朝廷里供职，分明是自断前程。宋濂断然以"亲老"为理由，坚辞翰林院编修不就，而是到龙门山隐居读书写作。他在龙门山一待就是十年，但他报效国家的信念并没有因为隐居十年而泯灭，他一直在密切关注着天下形势的发展，每一次社会动荡，他都会有清醒的认识。而十年的著述立说，又使他积淀了深厚的学识和底蕴，使他能够去面对一个动荡的社会，施展自己的经世才华。

至正十六年（1356年）三月，朱元璋亲率大军，占领集庆后，马上改集庆路为应天府，七月置江南行中书省，建立了军事、政治、经济等方面的机构，把应天府作为其向外扩张的根据地。为了营建以应天为中心的根据地，朱元璋率先派兵攻占了浙东地区，雄心勃勃地拓展势力。而与此同时，为了扩大社会影响，朱元璋也十分留意延用文人。他每到一地，都礼贤下士，妥善地安排前来应聘的儒生，量才而用，发挥他们的最大才能和作用。不管朱元璋这样做出于什么动机，但毕竟由于文人的大量涌入，给朱元璋的队伍注入了新鲜血液，使其显示出良好的发展态势。而且由于朱元璋的这种做法，也使这些文人在对元朝统治者失望之余，看到了希望。

至正十八年（1358年）十二月，朱元璋兵克婺州。200多年前，婺州曾是理学中心。"婺学"大师吕祖谦在此倡导经史致用，反对空谈性命之学，对浙东影响极大。到元朝末年，斯风尚存，浙东出了许多著名学者，宋濂便是其中之一。朱元璋早有耳闻，而今又有胡大海推荐，马上派使者樊观携书信、重金，去龙门山邀请宋濂出山，建功立业。宋濂高兴地答应下来，成为郡学五经师。次年三月，在李善长推荐下，他又与刘基、章溢、叶琛一道被召至应天。宋濂到应天就向朱元璋提出了"不嗜杀人"的建议，被朱元璋欣然采纳，并被命为江南儒学提举，给太子讲"五经"，寻改起居注。这是宋濂出山辅政的开始。

（2）宠辱不惊

从至正十八年（1358年）宋濂出山，到洪武十年（1377年）致仕，前后19年。在这19年的时间里，朱元璋非常尊重和信任具有渊博知识和高尚品行的宋濂，并一直"留在身边，充当顾问"。

宋濂是一个饱学之儒，在儒学长期熏陶下，精通经史，深谙世之兴衰的道理，他希望朱元璋用儒家的思想来统治天下。

一次，他趁朱元璋请他来讲解《春秋左氏传》的机会向朱元璋进言道："《春秋》乃孔子褒善贬恶之书，苟能遵行，则赏罚适中，天下可定也。"

作战的时候，朱元璋喜欢黄石公《三略》等兵家书籍，宋濂就进言不应只看兵书，"《尚书》二《典》、三《谟》，帝王大经大法毕具，愿留意讲明之"。

统一天下后，朱元璋出于对国家长治久安的考虑，也经常和他一起研讨帝王之学，探究治国的策略。太祖曾问他哪本书是帝王之学里最为重要的，他举出真德秀的《大学衍义》，太祖就命人在宫殿的两庑壁上抄录下来。除自己观览外，当诸大臣会集时，还让宋濂分析给大家听。宋濂就乘此时进言"君人者兼治教之责，率以躬行，则众自化"，倡言人君要以身作则，应用礼义治理民心，用教育引导人民，而不能仅仅依靠刑罚的手段。

宋濂所讲的这些道理，对太祖都产生了深刻的影响。虽然明初朱元璋对文人的态度反复无常，他的"文字狱"亦发展到令人发指的地步，但是朱元璋"好儒"的记载也有不少，这或许与宋濂的影响有直接关系。因此太祖每当和群臣谈起宋濂来，皆称其"淳谨君子，辅导有方"。

在宋濂辅导太子的十余年里，一言一行地教太子遵守礼法，引导他走上正道。在他同太子讲解学业，谈到政教及前代兴亡事情时，如果他认为太子的意见是对的，就说"应该如此"，若是不对，他便说"不该如此"，绝不迎合太子。至正二十五年（1365年），他返乡省亲，太祖与太子赏赐他很多。他上书道谢，并在信中继续鼓励太子要以"孝、友、恭、敬、进德、修业"为努力目标，"毋怠惰、毋骄纵"。朱元璋看到这封信，非常高兴，找来太子，亲自讲给他信中的内容，又写信褒奖宋濂，还叫太子回信表示感谢。

宋濂辅佐尽心，赢得朱元璋和太子的信任，更加上忠厚谨诚的品质，使他能久居庙堂之上。

宋濂久居宫禁，严格约束自己，对朝中诸事绝不向外人道及。他在自己屋中写下"温树"两个大字来时刻警醒约束自己。每当有人问起朝内之事，他就指给他们这两个字作为回答。"温树"的典故，原来是汉成帝时孔光的故事。当时孔光官至御史大夫，谨慎持重，对家人也不讲朝中之事，家人或问宫内温室树皆何木，孔光也沉默不作答。宋濂用这两个字，其用意不言自明。但若是太祖问宋濂，宋濂却坦诚相告，即使是问到家事，亦一一道之。有一次，宋濂和朋友在家中喝酒，太祖秘密派人侦察。第二天，太祖问宋濂说："你昨天喝酒没有？跟谁一起喝？用些什么菜肴？"宋濂如实回答了太祖，太祖十分高兴，笑着说："一点都不错，你果然没有骗我。"太祖有心要他涉政，他拒绝道："我除了舞文弄墨，不会别的。"因此，太祖更厚待他。每次在便殿朝见，都要设座命茶。早晨，则叫他陪同进膳，下朝后，经常咨询再三，直到夜半才散。宋濂不善喝酒，有一次，太祖跟他开玩笑，强要他喝，宋濂三杯酒下肚，便摇晃起来。太祖看他跟跟跄跄的醉态，高兴得哈哈大笑。然后太祖亲御翰墨，赋《楚辞》一章作为赏赐。太祖曾亲手调甘露汤给宋濂喝，并说："此能愈疾延年，愿与卿共之。"又让太子朱标为宋濂挑选良马，还亲自写了一首《白马歌》，以示宠耀。

宋濂最终以诚信，尤其是自己高尚的品行，赢得了太祖的信赖。他长期侍从内廷，却总不道人长短。有一次，朱元璋向他问及群臣的好坏，宋濂只举出那些正直的大臣，对其他人则只字未提。太祖问他，他就说："我会说他，是因为他和我是朋友，我了解他，才说他好；至于我没有交往过的那些人，我不知道他的好坏，所以没有资格去说。"还有一次，主事茹太素上了封万言书，太祖看了十分生气，便征求廷臣的意见。有的廷臣为讨好太祖便说这书不好，恶意诽谤，不合乎法度等。独独问到宋濂时，宋濂说："他是尽忠于陛下的！既然陛下广开言路，为何又要深究臣子之责。"过了一会儿，太祖仔细看完上书，觉得有的很值得采纳实行，就召集那些廷臣斥责一顿，并说："如果不是宋濂就要误给他定罪了。"在朝廷上太祖常说："古人最高等的是圣人，其次是贤人，再次是君子。宋景濂在我身边做事十九年，未曾讲过一句谎话，未曾批评过一个人的短处，宠辱不惊，始终若一，称他为贤人也不为过。"

朱元璋于洪武九年（1376年）为褒奖宋濂的功劳，特封他的次子宋璲为中书舍人，长子宋瓒之子及长孙宋慎为礼仪序班，并对他们多方教诚。朱元璋笑着对宋濂说："卿为朕教太子诸王，朕亦教卿子孙矣！"洪武十年（1377年），宋濂借病老请求返乡，朱元璋赐他《御制文集》一部及绮帛若干，皇太子赠送其衣三袭。太祖对宋濂说："朕最慎于赍予，嘉卿忠诚可贯金石，故以是赐。"宋濂此时68岁，太祖又说："藏此绮三十二年，作百岁衣可也。"太祖还亲自写诗为他饯行，"白下开樽话别离，知君此后迹应稀"，以表达对他的依依惜别的情谊。宋濂致仕后，太祖为了表示对宋濂的恩宠，亲自为他的祖父、父亲赠官，并书写赠官的封词。

宋濂归乡后，朱元璋经常在朝上询问宋濂的情况。几个月后，宋濂也回朝拜见了太祖。太祖在端门迎候他，久别重逢，两人都万分高兴。太祖亲命仪曹诸官给宋濂寓邸送去醇酒、精膳以及其他物品；太祖游观宫阙，盘旋禁御，都叫宋濂同行。两人还像从前一样，宋濂陪太祖在便殿进膳，太祖咨询宋濂国事，天晚才散，其恩礼之优，是其他君臣不敢奢望的。宋濂这次来朝，到年底才离开，一共停留了两个多月。

（3）扬名天下

宋濂一生饱读经书子集，写得一手好文章，当时的人都以能得到他的文字为荣。相传刘基曾对太祖评论当代文章时说，天下文章以宋濂为第一，自己甘拜下风。

宋濂一生著书很多，后人将其编为《宋学士全集》75卷，其中包括《銮坡集》20卷，《翰苑集》20卷，《芝园集》30卷，《朝京稿》5卷。他在文学方面最出名的是散文，诗文次之，仅《列朝诗集》收其诗61首。他的散文"雍容浑穆，如天闲良骥，鱼鱼雅雅，自中节度"。但因为他自小受到正统儒学熏陶，所以其文章又"醇正有余，恣肆不足"。不过他散文中的传记很有特色，既吸收了古代传记之精华，又加以自己的风格，褒贬人物寓于叙述之中，很能反映人物的个性。如《秦士录》、《王冕传》、《李凝传》、《胡长儒传》、《杜环小传》、《记李歌》等，是其传记中的名篇。

宋濂在朝19年，长期供奉翰苑，因文才好受到明皇重用。明初有关在朝郊庙、山川、百神的典礼，朝会宴享，律历衣冠制度，四裔贡赋赏劳的仪节，以及元勋巨卿碑记刻石的言辞，都由宋濂来执笔，他因此被推举为开国文臣之首。在宋濂负责主持下，明初编写了几部书籍。

洪武二年（1369年）初，宋濂由家省亲回来没多久，朱元璋就令宋濂负责修《元史》。官修史书的做法，由唐代沿袭下来，以后历经宋、元，渐成惯例。历代新皇朝，都很重视编写前朝史书。明朝刚建立，修史的重任就落在宋濂身上。宋濂果然尽职尽责，从这年二月开始，到八月即完成除元顺帝以外《元史》159卷，次年又仅用了6个月时间，继续修完《元史》顺帝部分53卷，《元史》的编纂，在他主持下只用了不到一年时间。在今天看来，虽然宋濂主持编修的《元史》由于成书仓促，许多史料没有加以订正核实，书中舛误不少，而且编次也不免混乱芜杂，但其成书时间之短，恐怕在"二十四史"中所仅见，而且整部书的编写，"发凡举例，一仰于濂。濂通练故事，笔其纲领及传记之大者，同列敛手而已……书成，濂之功居多"。因此被称作"太史公"。

洪武六年（1373年），宋濂升为侍讲学士，知制诰，同修国史。他在这一年负责编纂的书有好几部。先是奉命编写《辨奸录》，此书主要搜集历代奸臣故事，同年七月成书刊行。然后他又负责了《大明日历》和《皇明宝训》的编纂。《大明日历》共100卷，洪武六年九月着手，七年五月纂成。这是一部明朝开国史，逐日记载了自起兵至洪武六年底的历史。据宋濂说，太祖有六个方面超过前代皇帝："一曰一统内外；二曰得国之正；三曰治政诘戎，群仰成算；四曰敬天勤民；五曰家法之严；六曰兵政有统。"书成后，又在宋濂建议下，仿唐朝《贞观政要》体列，缩编为《宝训》五卷，公开刊行。

史书记载宋濂"居功不傲，德重而不居。既司制作之柄，造门求文之士，先后相继"。宋濂以自己的文才而名扬四海。高丽、安南、日本，甚至出两倍的价钱购买他的文集，可见宋濂的影响之大。

（4）贤人末路

宋濂在朝19年，虽然受到朱元璋的尊重和信任，但其官位却起伏不定，官职最高才达到正五品。

洪武二年（1369年）八月，由于他修纂完成《元史》，被授予翰林学士，正五品官。然而到次年八月，由于失朝而被贬为七品编修。洪武四年（1371年）调升为国子监司业，是正六品，没过多久又因奉命考据祭祀孔子的典礼，没有按时上报，又被贬为正七品的浙江安远县知县。过了一年，又被调任礼部主事。洪武五年（1372年）改为詹事府赞善大夫，是从六品，也就升了半级而已。当时太祖留意文治，征召张唯等几十个名士，其中年少俊异的，都授予编修，并令在宫中文华堂学习，这时宋濂即做了他们的老师。洪武六年（1373年），宋濂由赞善大夫升为翰林院侍讲学士，知制诰，同修国史，兼赞善大夫，是从五品，直到他离开朝廷，他的官职都没有再变动。从洪武二年的翰林学士，到六年的侍讲学士，当官好几年，其职位反不如他刚入官场时高。

宋濂事奉太祖多年，对太祖每一举措都十分了解，他也深知"伴君如伴虎"的道理，一生言行谨慎，不求有功，但求无过。因此，洪武六年（1373年）太祖想让他参预朝政，他婉言谢绝了，这反而赢得了太祖更大的信赖。

洪武十年（1377年），宋濂已68岁，告老回乡。他在青萝山畔盖了间草屋，闭门著述，布衣疏食。

但这样一个被朱元璋称为"贤人"的人，最后也未得善终。本来宋濂致仕后，每年需要入一次朝，洪武十三年（1380年），因身体欠佳，太祖允准可不来朝。没想到上朝时太祖因忘记此事，而很不满意宋濂未上朝。太祖偷偷派人视探，正见到宋濂和乡人饮酒作乐，勃然大怒，要处死宋濂，后经皇后和太子解释，事乃作罢。但当丞相胡惟庸因为谋反罪被处死后，其孙宋慎被名列胡党，子宋璲也受牵连而死。宋濂全家系狱，朱元璋想一并处死宋濂，后经马皇后、皇太子说情，才改为全家流放茂州（今四川茂汶羌族自治县），当时宋濂拖着71岁的病弱之躯，千里跋涉，于洪武十四年五月，行至夔州（今重庆奉节）途中，终因老病而死，终年72岁。

宋濂死后，知事叶以从把他安葬在莲花山脚下，永乐十一年（1413年），蜀献王仰慕宋濂德业，命孙恪重新把他移到华阳城东厚葬。弘治九年（1496年）四川巡抚马俊请求复其官职，春秋祭葬，朝廷予以批准，正德中，追谥"文宪"。

6.佛道并举

在中国传统社会里，宗教在各朝各代所受礼遇有很大差别，不仅皇帝的德识喜恶会影响佛教的生存发展，更重要的是社会结构的变革会直接影响到宗教在整个社会政治、经济、文化生活中的地位和作用。另外，宗教在"前朝"的地位和作用，也对它在新王朝的命运影响很大。

（1）尊崇佛教

宋元以来，佛教按照许多研究思想史的学者的说法是在"走下坡路"。其实佛教在继续其本土化的进程上没有停步，它在思想观念上走向"三教圆融"，更加便宜修行。它不仅与统治阶级关联很大（如被称为"黑衣宰相"的慧琳和元代的"帝师"），同时还渗入社会中下层民众生活的各个方面，如庙会、法会、超度亡灵、预告福祸等。

朱元璋采取与国策一致的佛教政策：在利用中有所整治，目的是为了更好地服务于封建专制，使佛教成为维护明王朝的有力工具。从而形成出家人"善被两间，灵通上下，使鬼神护卫而听德"，老百姓则"皆在家为善"的"清泰"局面。他登基没多久，就在南京蒋山召集僧人开会，为各大寺院选派住持，举办法会，为国"祈福"。在其后的几年中"复用元年故事"。洪武六年（1373年），朱元璋又下诏，把由唐宋沿袭下来的"计僧售牒"改为免费发给，并放宽僧人的活动范围。

朱元璋执政期间前后陆续印制了许多有关佛的论文、诗篇，《明太祖文集》收文章46篇，收入《护法集》的诗文有36篇。洪武十年（1377年），朱元璋诏天下沙门讲《心经》、《金刚》、《楞伽》三经，以示对佛教的尊重。

朱元璋不仅亲自规定了和尚应当念什么经，而且还将佛教的仪式"标准化"，并在全国推行。这一方面是鼓励，同时也是一种约束。在宋元时期，佛教教规约束力差，教团组织繁多，且过多参与政治。朱元璋对此十分清楚，因此他当皇帝后曾经下诏对众僧说："如今为僧的多不通晓佛法"，以后要"昼则讲说，夜则禅定，以深通佛法为长"、"违者论罪"。

为了使佛教成为自己国家专制的统治工具，朱元璋首先从严格教规僧戒、正本清源入手整顿佛教。洪武二十四年（1391年），朱元璋特意颁布了《申明佛教榜册》，其目的是"今天下之僧，多较世俗，甚至不如世俗之人……理当清其事而成其宗。令一同禅者禅，讲者讲，瑜伽者瑜伽，各承宗派，集众成寺。有妻室的愿意还俗可以，愿意走也可以。僧录司一如朕命，行下诸山，振扬佛法以善事"。

其次，因为有些政敌遁入寺院、削发为僧，某些"囚徒逋卒"改名易姓，"削发顶冠，人莫之识"，针对"诸僧所为多不法"这一状况，朱元璋从制度上加以限制，洪武二十七年（1394年）下旨严加限制僧徒参加世俗事，尤其不许参与政事。

再次，限制僧人数量，减轻人民负担。从南北朝到宋元，僧徒多时达二三百万，最少也有十万多，他们不耕而食，连当过和尚的朱元璋也感到"近日崇尚太过，徒日盛，安坐而食，蠹财耗民，莫甚于此"。便下令各地州县，合并寺院，控制僧人的增加。洪武十年（1377年），朱元璋令翰林学士宋濂考查僧徒，"皆通《般若心经》、《金刚般若经》、《楞伽经》"者可继续为僧，"不通者，令还俗"。洪武二十四年（1391年）又用翰林学士议，"令礼部清理释道二教，凡州府寺观虽多，但存其宽大可容众者一所，并而居之。毋杂处于外，与民相混。余寺观为丛林，以居贫民"。同时，限各府不得超过40人，州30人，县20人，并且规定男40岁以上、女50岁以上才允许出家。除此之外，朱元璋还禁止私自剃度或建立寺观。

最后，健全僧官制度。

洪武五年（1372年），在定六部职权范围时，以礼部之祠部"掌祭祀、医药、丧葬、僧道度牒"。洪武二十九年（1396年）改祠部为祠祭清吏司，"凡天文、地理、医药、卜筮、音乐、僧道人等，并籍领之"。明代废除了宋元时期的功德使和宣政院，祠祭司负责宗教政令大纲，主管僧道试经给牒、僧籍档案、选补中下级僧官、分配寺观名额等。

在健全政府管理机构的同时，还在佛都内部设立僧官。以往各朝很多僧官有秩禄俸，但明代政权对各级僧官的品阶俸禄、仪仗伞盖和服饰冠戴，进行了明确规定。洪武十五年（1382年），朱元璋诏令天下，中央设立僧录司"总其教"。

善世为僧录司最高首领，编制二人，皆正六品秩同翰林院侍读、侍讲、六部主事，月给米十石，左善世负责京邑寺院的经业教习。另有阐教二人，从六品，秩同翰林院修撰，月给米八石，负责监督众僧人的举止仪表，并职掌佛经的印刻；讲经二人，正八品秩同六科都给事中，月给米六石五斗，负责解释经义，接待各方施主和外国僧侣；觉义二人，从八品，月给米六石，负责督查僧纪戒律，处分犯戒的僧尼。此外还分别在府、州、县设立了僧纲，僧正，僧会。佛教的最高管理部门是僧录司，寺庙住持的铨选任命，度牒的填发，全国寺院花册和僧尼名籍册的编制、汇总，申报礼部全由它来负责。

（2）控制道教

朱元璋年轻时的出家经历，使他在了解宗教及其教团根底方面胜于历史上任何帝王。他因此"对宗教采取利用与约束相并用的政策"，即"笼络其首领，又控制其势力的发展"。

朱元璋尚在推翻元政权的"义军"之际，就跟义军的第四十二代"天师"张正常建立联系。元顺帝至正二十一年（1361年）身为吴王的朱元璋一方面派人"访求天师，多有招聘礼请入山，依前住持道教"，另一方面命令部下"但系龙虎山宫观殿宇及供器什物，诸人毋得作践损坏，亵渎神明，旧管山园田地房屋，悉听为主，诸色军民人等不许夺占，违者治罪"。后来，朱元璋又直接写信给张正常，张正常对此表示赞同，从而定下了"辅国济民"的基调。

朱元璋确实曾将自己的说法付诸行动。元顺帝至正二十六年（1366年），因战乱而民间病疫者多，朱元璋下令张正常放符并普施符水救济民众，由于求符水的人太多，张正常便来井边施符，"人争汲之"，朱元璋命部下作亭于井上，命名为"太乙泉"。

在朱元璋建立起明王朝之后，他所采取的宗教政策和他争取各种宗教力量支持以得天下时没有本质的不同，让一切宗教为其政治统治服务，这是任何一位想要长久统治天下的皇帝所必须考虑的。朱元璋登基之始，曾对宋濂等朝臣说："秦始皇、汉武帝好尚神仙以求长生，疲劳精神，卒无所得。使移此心以图治，天下安有不一？"这说明虽然他当过和尚，但对宗教与国家的关系能够有较清醒的认识。

朱元璋并不信奉某种宗教，而是有限制地加以利用和控制，招揽名流来祀天敬神，同时对教团严加约束，防止其泛滥而损害政治与经济。在朱元璋当政期间，他对道教的限制便体现了这一点。

首先，他控制道教领袖的权力，减少宗教神职人员的特权。洪武元年（1368年），朱元璋登基，张正常入京朝驾，朱元璋不仅没有给他加封，反而以"天有师乎"为由，免去了元朝所封给他的"天师"称号，"改授正一嗣教真人，赐银印，秩视二品"。洪武三年（1370年），朱元璋又下令凡寺观庵院"除殿宇梁栋门窗神座案棹许用红色，其余僧道自居房舍，并不许起斗拱彩画梁栋及僭用红色什物床榻椅子"。

其次，他在意识形态上把道教看成是养生治国之道。朱元璋是个三教合一论者，洪武七年（1374年），他曾将自己注释的《道德经》出示群臣，其意图是纳道教为"养生治国之道"。他举老子所说的"五色令人目盲，五音令人耳聋"与"圣人去甚、去奢、去泰"之类的话对群臣说："老子所语，岂徒托之空言，于养生治国之道，亦有助也。但诸家之注，各有异见，朕因注之，以发其义"。不过三教之中朱元璋更重视儒家对国家的影响，洪武元年（1368年）召见孔子55世孙，洪武十五年（1382年）下诏天下民众都要尊祀孔子，释道等教"皆有蠹政扰民，造反作乱嫌"，唯儒教"维人心，扶世教"，不存在弊病。所以诏下之后，朱元璋又亲自去太孔庙拜孔子像。这无疑是提倡儒教，抑制道教了。

再次，对道观加以清理，限制出家人数。洪武六年（1373年）朱元璋下诏，无论僧道斋醮，若"杂男女，恣饮食，有司严治之"，并允许百姓处理惩罚，"凡火居道士，许人挟诈银三十两，钞五十锭，如无，打死勿论"。洪武二十四年（1391年）他又下令清理释道二教，规定各府州县的道士都集中归附于"宽大可容众者"，不许"杂处于外"，但可以还俗。为了控制国家的劳动力和赋税人口，规定男40岁以上，女50岁以上才允许出家，而各级行政区域也限制道、姑人数，即"府四十人，州三十人，县二十人"。

最后，成立道录司以检束天下道士。道录司作为管理全国道教的最高机构，设左右"正一"二人，相当于六品官员；左右"演法"二人（从六品）；左右"至灵"二人（正八品）；左右"元义"二人（从八品）；神乐观提点一人，知观一人，龙虎山真人一人（正二品），阁皂山、三茅山各灵官一人，太和山提点一人，"道录司掌天下道士，在外府州县有道纪等到司分掌其事"。洪武十四年（1381年）编制"黄册"，以国家颁发的度牒作为正式凭证。

7.徐达之死

明洪武十八年（1385年）二月，一代名将徐达去世。

（1）徐达从军

徐达（1332~1385年），字天德，籍贯濠州钟离永丰乡（今安徽凤阳东北）。他出身贫寒，艰苦的生活让他磨炼出一副魁梧的身材。他性格坚毅，遇事善于思考。明太祖朱元璋在削平割据群雄、推翻元朝统治、为建新朝所进行的战争中，徐达长期担任最高军事统帅，历经百战，功勋卓著，他"以智勇之资，负柱石之任"，"廓江汉，清淮楚，电扫西浙，席卷中原，威声所振，直连塞外"，被誉为明朝"开国功臣第一"。

至正十三年（1353年）六月，22岁的徐达听到朱元璋回家乡招募兵士的消息，毅然仗剑从军，投奔朱元璋，他追随朱元璋南征北战的戎马生涯从此开始。

这一年，徐达等随朱元璋先后拿下了河州新塘、三汊河、阳泉，保住达鲁花赤营寨，占领了徐官仓寨，使朱元璋部势力日益壮大。至正十四年（1354年）五月，徐达随朱元璋攻克全椒，七月攻克滁州。至正十五年（1355年）春正月，在滁州驻扎的朱元璋部队因缺乏粮草，便进攻和州（今安徽和县）以筹军粮。徐达率军先行，与张天祐、汤和一道攻下和州，由于攻打和州有功，徐达被提升做了镇府。

徐达刚做镇府没多长时间，起义军中发生了一起非常事件：孙德崖因其部队缺粮，来到和州请朱元璋资助他，朱元璋顾及大局，不计前嫌收留了他的部队。郭子兴则因过去与孙德崖有矛盾，亲自从滁州赶来和州，把朱元璋训斥了一顿。孙德崖听说后很担心，想悄悄地溜走。朱元璋挽留不住，只好为其送行。朱元璋与部分孙德崖属下官兵走在前面，走出城外三十里左右时，城中有人来向他报告，说郭子兴和仍在城里没走的孙德崖部打了起来，郭子兴捉住了孙德崖，并把他扣押在城里。朱元璋听到后，大吃一惊，想劝说郭子兴放走孙德崖。孙德崖部下误以为这是朱元璋策划的阴谋，便扣押了他并扬言要杀他以为孙德崖报仇。徐达在城里听说朱元璋被孙部下扣留，生死未卜，就毅然请求替代朱元璋作为人质，来平息这件事。后经多方调解，孙、朱都被对方释放，才算平定了这场危机。然而，在这次事变中，徐达的舍身相救，使朱元璋深受感动，因而他们的关系比原来更近了。

不久，郭子兴得病而死，朱元璋成为这支起义军的实际首领。朱元璋觉得只据有知州很难实现自己的远大抱负，而要渡过长江向南发展，却因为找不到渡船而苦恼。正在犹豫之时，巢湖水军头领赵普胜、俞廷玉、俞通海、廖永安、廖永忠等率军归附。朱元璋大喜，对徐达等说："方谋渡江，而巢湖水军来附，我的事业一定能成功！"于是，至正十五年（1355年）六月，朱元璋派兵遣将，安排作战方法："采石大镇，其备必固。牛渚矶前临大江，彼难为备御。这次去攻打，一定可以把其攻克。"徐达与诸将听命，分别领兵向牛渚矶进发。常遇春奉命为先锋，先登上岸，徐达等率军一拥而上。经过了一阵激烈的战斗后，元军兵力不支，溃败逃窜，徐达等占领了牛渚、采石。

朱元璋受到胜利的鼓舞，又根据其形势，决定进攻周围州县。他对徐达等将领说：

"这次渡江作战打了胜仗，理当乘胜而攻打太平，如果到各军掠取财物回去再攻打，只怕就得不到江东了。"徐达等表示赞同。为坚定将士们的信心，朱元璋采取"置之死地而后生"的策略，下令把渡船缆绳砍断，把船推到江中，顺流漂下。军士们都十分吃惊，朱元璋趁机说道："成大事者不窥小利。此去太平甚近，舍此不取，将奚为？"士兵们只好听命。他们吃饱饭，就从观渡向太平进发，由太平桥直抵城下。纵兵急攻，守城元军无法抵挡他们的进攻，守将完者不花等弃城而逃，元万户纳哈出等被俘。

至正十六年（1356年）朱元璋亲自出征集庆，徐达作为开路先锋，率水陆军士齐头并进。至江宁镇，攻破陈兆先营垒，陈兆先以所部投降，俘获3600多名兵士。十月后，再攻集庆，在蒋山大败元兵。元御史大夫福寿督兵出城接战，被徐达等击败。朱军乘胜攻城，冯国用带领陈兆先部的降兵攻下城门，杀入城中。福寿战死，蛮子海牙逃奔张士诚，永军元帅康茂才率军民五十余万降附。占领集庆后，朱元璋改集庆路为应天府。

在渡江攻拔采石、太平，进攻集庆的战役中，徐达英勇善战，屡立战功，成为朱元璋手下的得力战将。

（2）战功赫赫

占领应天后，朱元璋有了根据地，也基本上解决了粮食问题，但军事形势极为严峻：元将定定在东边据守镇江；青衣军张明鉴据扬州；张士诚占据平江、常州，后来又占据了浙江西部部分地区；元将八恩尔不花驻守徽州，右抹宜孙驻处州，石抹宜生驻婺州，而衢州又有宋伯颜不花防守；天完徐寿辉则攻占了池州。为改变这种不利局面，朱元璋在占领应天后，于当月任命徐达为大将军，统兵东下，进攻东线的要地镇江。

大军出发之前，朱元璋为了整顿军纪，防止士兵进城后抢掠，故意找徐达的错处，说要按军法论处。暗地里让李善长当着众人的面苦苦求情，才给他松绑，而且当面告诫说："我从起兵开始至今，没有乱杀过人，现你们去攻城，不要伤害无辜，在攻城时，不要烧杀抢掠，如有违犯则按军法论处，纵容军士的军官也一并处死。"徐达等率军进攻镇江，没用两天就把守城的元军打败了，杀其守将定定、段武。徐达率军从仁和门入城，部队军纪严明，因此很得老百姓的拥护。

徐达由于攻打镇江而升任统军元帅。他在安抚地方百姓、督促他们进行农业耕作的同时，仍然攻下了金坛、丹阳等地，巩固了这个位居最东边的前沿阵地，防止张士诚的西侵。

同年七月，朱元璋在应天自称吴国公，设立了自己的行政机构及军事管理机构江南行枢密院，任命徐达为同金枢密院事。徐达身为江南行枢密院同金、镇江统军之帅，在抵御了张士诚的多次进攻后，乘胜进围常州。

但是，常州守敌死守城池，不肯出降，加上城内兵粮充足，徐达等攻打不下。朱元璋为示公允，即依军法降了徐达及其属下一级官职，并写信责备徐达说："虐降致叛，老师无功，此吾所以责将军，其勉思以补前过。否则必罚无赦！"徐达由于久攻常州不得而受到朱元璋的指责，还要应付张士诚军的一次次反扑。但徐达沉着指挥部队作战，并没因受这些困扰而有所贻误，使张军的企图难以得逞。同时，在城外三十里外驻扎的常遇春、廖永安、胡大海等率部前来增援，内外呼应，张军大败，生擒敌将张德。残敌溃逃奔入城内。见常州危急，张士诚便派了手下悍将吕珍夜间潜入城内，加强防守能力。徐达督军轮番猛攻，吕珍眼看士气低落，支撑不了，便弃常州而逃。到至正十七年（1357年）三月，终于胜利地打完了长达半年之久的常州攻坚战。朱元璋在常州设立长春枢密院，由徐达担任金枢密院事，汤和担任枢密院同金，统兵镇守该城。

接着，徐达乘胜进攻宁国，俘获十万余降兵，战马二千匹，然后又出师宜兴、常熟、江阴马驮沙（今江苏靖江）等地，朱元璋尽据了宜兴的靖江一线地区。

经过两年多的征战，朱元璋已经逐渐稳固了以应天为中心的江南政权，大体控制了今江苏、安徽南部和浙江西北部地区。作为朱元璋手下主要战将的徐达立下了显赫战功。

至正二十三年（1363年）四月，陈友谅"忿其疆土日蹙"，建造高数丈的巨舰，集合起号称大军60万的人马，倾巢而出，进围南昌。朱军守将朱文正、邓愈、赵德胜、薛显率领全城将士殊死搏战，坚守85天，陈友谅屯兵在坚城下，前进不得。南昌守军浴血奋战，为朱元璋从容调兵遣将平定陈友谅赢得了宝贵时间。

七月初六，朱元璋命令徐达回师救援南昌。朱元璋在龙江（今江苏南京兴中门外）誓师，亲率大军二十万进击陈友谅。陈友谅闻讯后，遂解南昌之围，返回鄱阳湖应战。这场决战关系到双方的生死存亡，史称"鄱阳湖之战"。徐达作为主攻部队，率军先行，首先与陈友谅在康郎山（今江西南昌康山）相遇，徐达部初战告捷，一举击败陈友谅前锋，斩杀1500余人，缴获巨舰一艘。接着俞通海等乘风发射火炮，焚毁敌船20余艘，烧死、溺死很多敌军。双方整整在康郎山鏖战一天，湖水被血染成了红色，炮火硝烟把天空都遮得暗无天日。当天晚上，为防止东线张士诚利用鄱阳湖大战之机来袭，朱元璋派徐达撤回应天防守。朱元璋指挥将帅士卒继续与陈友谅在鄱阳湖上血战，陈友谅被击毙，陈军主力全被歼灭，取得鄱阳湖大战的胜利。

徐达回到应天后，对部队严格训练，以增强东线的兵力。缉查奸细，修缮城池，使张士诚无缝可钻，不敢贸然来犯。

鄱阳湖大战后，朱元璋还师应天，徐达等率军攻克庐州。不久，朱元璋令其再次回湖广前线作战。徐达领兵先后攻克了江陵、夷陵（今湖北宜昌）、湘潭州（今湖南湘潭）、辰州（今湖南沅陵）、衡州（今湖南衡阳）、宝庆（今湖南邵阳）、靖州（今湖南靖县）等地；将陈友谅的残余势力彻底消灭，占领湖湘地区。徐达在消灭陈友谅割据集团的战役中，历数十战，战功赫赫。朱元璋在至正二十四年（1364年）正月称吴王后，为表彰徐达的功绩任命他为左相国，位居众将之首。

至正二十五年（1365年）十月，徐达等奉命率马步舟师水陆并进，攻克淮东、泰州等地。大军渡过长江，一举攻克泰州海安坝，进围泰州。浴血奋战了一个多月，泰州终被攻克，而且擒住了守将严再兴五千兵士。之后，徐达又攻下通州、兴化、濠州等地。徐达在这些战斗中，师出迅捷，变化无穷，充分表现了他卓越的作战指挥才能。

至正二十六年（1366年）八月二十日，朱元璋任命徐达为大将军，常遇春为副将军，率军20万讨伐张士诚。徐达用反间计使张士诚的老巢平江陷于孤立无援的境地。次年，徐达亲率将士攻破葑门，大军一拥而上，进入平江城内，张士诚匆忙间率兵巷战，但其手下将士已无斗志，纷纷投降。死到临头的张士诚，纵火焚死其妻儿，闭门上吊自杀，被其部将解救，徐达将其押送到了应天。攻取城池的那天，徐达严格约束部下，立下军令："掠民财者死，毁民居者死，离营二十里者死！"率军入城，纪律严明，老百姓丝毫未损，因此深得民心。徐达论功封信国公，是此次封赏的最高爵位。

（3）蒙冤身死

至正二十七年（1367年）十月二十一日，徐达为征虏大将军、常遇春为副将军，率师二十五万由淮入河北占领中原地区。十二月攻克济南，收俘元军3855人，马429匹。在北伐军取得节节胜利的形势下，次年正月朱元璋在应天登基建制，建国号为大明，建元"洪武"。徐达被封为中书右丞相，兼太子少傅。

逃至上都的元顺帝，仍保持一套政府机构，且有一定的军事实力。洪武二年（1369

年）二月，徐达统帅大军攻取山西、秦陇。在扫平山右、出师秦陇的作战过程中，徐达乘扩廓帖木儿北出雁门关进攻北平之机，乘虚直捣太原，一举倾覆扩廓的营地，使其进退失据，平定山西。他抓住陕西元军李思齐、张思道遥遥观望、举棋不定的时机，直入奉元，进逼临洮，围困庆阳，降李思齐，斩张思道，威震关陇。徐达用兵变幻出奇，料敌制胜，其过人的胆略和指挥才能又一次表现出来。

徐达平定关陇后，明朝已占领了北方的今河南、河北、山西、陕西、宁夏、甘肃一线。但扩廓帖木儿仍在沈儿峪（今甘肃定西西北）驻扎，火儿忽答在云州（今河北赤城北云州镇）驻扎，纳哈出驻屯金山，失喇罕驻军西凉州（今甘肃武威）。扩廓帖木儿在西北活动猖獗，趁徐达平定关陇军队回京师之际，向兰州大举进攻。洪武三年（1370年）春，徐达征尘未洗，又受命为征虏大将军，率李文忠、冯胜、邓愈、汤和等分兵两路，来扫清在北方出没的元朝残余力量。徐达从潼关向西进军，出西路捣定西，进攻扩廓。此次徐达率军北征，取得较大胜利，元朝残余势力被迫撤向应昌、定西一线北侧。从此，明朝开始稳定其北方的防线。

同年十一月，朱元璋亲自到龙江迎接北伐回朝的徐达等将士。随后，大封功臣，徐达被授开国辅运推诚宣力武臣，特进光禄大夫、左柱国、太傅、中书右丞相参军国事，封魏国公，岁禄五千石，子孙世袭。

洪武五年（1372年）正月，为了进一步打击残余元军，徐达再次以征虏大将军的身份率军北征。这次军事行动规模很大，分兵三路，"肃清沙漠"。徐达从雁门关出塞，作为中路军，直趋和林。三月，徐达部队抵达山西边境，派蓝玉为先锋，出雁门关向北挺进。蓝玉在野马川打败扩廓部流动部队，徐达率军至土剌河（今蒙古人民共和国境内土拉河）。扩廓败逃后，与贺宗哲合为一军，在岭北设下埋伏，抵制徐达部队。扩廓、贺联军拼死进攻，明军被挫，死伤达几万人。徐达处变不惊，收缩战线，坚守营垒，才免遭大败。然后，徐达整顿军队返回，敛兵守塞。扩廓军队见此未敢贸然追击。

由于一时难以消灭元军残余力量，明朝对北方的战略从以攻为主转为以防御为主。从此，徐达长期在北平、山西一带练兵备边，在北平镇守了十几年。

徐达镇守北平期间，先后三次将山西农民迁徙到北平屯田种地，来加强北方的防备力量。徐达将他们分散到长城沿线各卫所，按其户籍服役课税。发给军户衣服、食粮，使应军差；分给民户田地、牛、种子，使纳租税。前后移民达35000多户，19万余人，建立屯田点250余个，开垦1300多顷荒地。徐达的这些措施缓解了北方军队的粮饷供应问题，逐渐稳定了明朝北部边疆。同时，徐达对士卒加以严格训练，缮治城池，加强守备，时时防备元军残余的侵扰。明朝建国后，在文臣地位日渐提高之下，过去立下汗马功劳的武臣渐渐受到冷遇，但徐达始终受到朱元璋的重用，为防御明朝北方的安全殚精竭虑。

尽管朱元璋厚待他，但徐达非常耿直，谦虚谨慎，位居显位而不骄不躁。他常年征战在外，戍守边疆，在京城里竟连一处像样的住所都没有，这又促使朱元璋格外地亲近和喜爱他。为此，朱元璋曾打算赏给他原吴王府宅。然而，徐达毅然不肯接受。朱元璋灌醉了徐达，把他抬入邸中安寝。次日酒醒，徐达惶恐万分，连称死罪。朱元璋很高兴，又另外给其建立府宅，赐名"大功"。当时明朝已经建制，昔日功臣未免恃功跋扈，朱元璋对此十分厌恶。徐达开国功称第一，当然最遭猜忌，徐达追随朱元璋数十年，早已摸清朱元璋的心思。他力求免祸，处处小心谨慎。洪武十七年（1384年），星相学家声称："太阴数犯上将"，应在徐达功高震主，由此，朱元璋明显地疏远了他。

这一年徐达在燕京居住，背上生了个大疖子，名叫背疽，俗称"搭背"。俗话说：

"病怕无名，疮怕有名。"徐达得的正是有名的疖子，可以说无药可救。朱元璋很挂记他，便下诏让徐达到京师养治。洪武十八年（1385年），徐达回到南京。在医生的精心调治下，徐达的病情有所好转。

朱元璋听说徐达的病情好转，心里也很高兴，他亲自来到徐达住的地方探望他。见皇帝来了，徐达欲起身跪拜，朱元璋连忙制止，并在徐达床边坐了下来，和徐达闲谈起来。朱元璋猛然发现徐达身边有一本兵书，心里非常不高兴，脸色立即阴沉下来，一会儿便起身告辞了。朱元璋回到宫中，便有些心神不宁，怀疑起徐达来，他决心要除掉这个可疑之人，以免后患。于是派人给徐达送去一盘蒸鹅，其用意十分明显，因生背疽之人最忌吃蒸鹅，会引发死症，徐达吃了蒸鹅，病情果然加重，没多久就死了。

徐达死时年54岁，被追封中山王，谥"武宁"。赐葬钟山，配享太庙，名列功臣第一。

8. 空印案和郭桓案

洪武十八年（1385年）三月，郭桓贪污案发，它和空印案一起，成为朱元璋整顿吏治的典型。

（1）整治贪污

为了保住朱家的天下，缓和封建统治阶级和广大人民群众的矛盾，朱元璋集中力量，大规模地打击清洗贪污害民、营私舞弊的中央和地方官吏。按照明初的规定，各布政司和府、州、县都必须每年派计吏到户部，报告地方财政收支账目。所有的钱粮、军需等款项，必须由府报布政司，布政司报部。一层报至上一层，直到户部审核的数目完全符合各布政司收支款项总和的数目，方准许结账。整个表册如果有一丁点不一致的地方，都被驳回，重新填制。布政使司距离京师远的有六七千里，近的也在千里上下。重新填写表册倒不很困难，最麻烦的是重新填好的表册需要盖上原衙门的官印才合乎手续。盖这颗印，来回的时间就得用上个把月甚至一年的时间，这样报账的时间就很容易错过，为了减少麻烦，节省时间，避免户部的挑剔，各地的计吏按照习惯都带有先盖好官印的空白表册，防止被驳回。这种空白表册用骑缝印盖好后，除了向户部报账外，并不能作别的用，各地计吏年年都如此，都不觉得会出现什么问题，这成了公开的秘密，不但方便省事而且合情合理。不料，多疑的朱元璋忽然发现了这个秘密，觉得这里面定有名堂，由于朱元璋对这事惩治严厉，大行杀戮，各地方衙门主印长官数百人一律处死，佐贰官则杖一百后到边地充军。

案发后，很多人都因此案受到株连，此后很久才平息。

"郭桓案"是指洪武十八年（1385年），御史余敏、丁廷举告发北平布政使司、按察使司官吏李彧、赵全德等与户部侍郎郭桓及胡益、王道享等人勾结舞弊、吞盗官粮事件。朱元璋接到告发，下令逮捕他们，令法司拷讯。因事情牵连到礼部尚书赵瑁、刑部尚书王惠迪、兵部侍郎王志、工部侍郎麦至德等，于是将赵瑁等人弃市。最后自六部左、右侍郎以下，郭桓等数百人都处以死刑，追赃粮700万石。"犯人"的供词牵涉到各布政使司官吏，入狱被杀者又有几万人。追赃又牵涉了全国各地的许多大地主和中等以上的地主，地主们破产的不计其数。总的来说，郭桓的罪状有以下两个方面：

一是收受地方钱钞。郭桓等人在收受浙西地区的秋粮时，应合上仓450万石。但郭桓只上缴60万石上仓、钞80万锭入库，按照当时来计算，可抵200万石，余有190万石未曾上仓，郭桓等人收受浙西等府钞50万贯，致使府、州、县官黄文通等通同刁顽共同作弊。

二是分受夏税秋粮，归己所有。应天等五府州县有数十万亩没官田地夏税秋粮，官吏张钦等通同作弊，并无一粒上仓，与郭桓等尽行分受。

总共算来，郭桓等人侵盗官粮约700万石。其所盗仓粮，"以军卫言之，三年所积卖空"。

案件定罪后，三吴一带、浙东西地区的一些富豪名门多受牵连。其案件株连人之广，打击面之大，是朱元璋万万没有想到的。许多地主和官僚纷纷上告，表示不满和恐慌。他们当然不敢申诉买卖官粮这一严重犯法行为是应该的、合法的，而是指斥、攻击、告发处理这起案件的御史和法官，并说"朝廷罪人，玉石不分"。于是一时间舆论沸腾，情势严重。朱元璋也觉得这个矛盾如继续发展下去，对自己的统治十分不利，于是下诏分析郭桓等人的罪状，一面又将原审法官右审刑吴庸等人处以磔刑，以平息众怨。并下令："朕诏有司除奸，顾复生奸扰吾民，今后有如此者遇赦不宥！"以此缓解同地主官僚的矛盾。

（2）株连过甚

这两起整治贪污的案件，在封建社会里，虽然说不能完全杜绝贪官污吏，但它对安定社会秩序、澄清吏治，毕竟起了一定作用，确实为贪赃枉法之人敲响了警钟。

但这两起大案打击面过大，也冤杀了不少好人，因为朱元璋定案时没有证据，只是凭自己的怀疑就定罪。近年来，有的学者认为，"空印案"纯属是个捕风捉影、定性错误的案件。在案发的时候，湖广按察使金事郑士元受到牵连，其弟郑士利曾上书为之鸣冤，朱元璋没有听其申诉，把他和郑士元都罚到江浦去做苦工。被处死的清官方克勤，就是后来建文朝大臣方孝孺的父亲，生活非常简朴，一件布袍穿了十年也没有更换，一天只吃一餐带肉的菜，老百姓歌颂他是"我民父母"。前面提到的郑士元，不但刚直而且有才学。任职其间，荆、襄卫所军队掳掠妇女，官吏都不敢过问，他找到卫所军官，叫他们把掳掠妇女全都释放。安陆有冤狱，他冒着触怒御史台的风险，替他们上书平反。这两位能干的清官，都因"空印案"牵连而死。

因这两起大案持续时间很长，到后来，朱元璋一旦怀疑某人不轨，就将其下狱处死。如洪武七年（1374年），苏州知府金炯认为，全府的税粮不均，使官、民田之间轻重过于悬殊，主张将两者摊平，这个想法得到了户部尚书滕德懋的支持。朱元璋接得奏书，担心国家收入受到损失，坚决反对，还对他们的建议产生怀疑，认为他们图谋不轨。于是，朱元璋派人暗中查访金炯，发现他家的民田比官田少，遂以"自私自利对皇上不忠"的罪名处死了他。并把滕德懋抓进了大牢，不久以"盗用军粮一十万石"的罪名处死他。滕德懋死，朱元璋暗中派人查看滕的妻子，滕的妻子正在家里纺麻，来人告诉她，滕德懋因偷盗军粮十万石，已被处死。谁知这位妻子听后镇静自若，以略带讽刺的口气说："我丈夫偷盗国家那么多粮食，却从不捎些回来赡养我们妻儿老小，他可真是该死！"官员报告朱元璋，朱元璋对此不能理解，也不相信，便派人检查滕德懋的肚肠，结果发现里面全是粗粮草菜，于是，又下令买棺收拾滕的尸首，送其家中安葬。即便是"郭桓案"，虽然定性是正确的，但供词牵涉诸省很多官员，死者数万人，使得许多地主都倾家荡产，造成了株连过甚的现象。

9.设置特务机构

洪武时期，朱元璋采取特务手段，侦察臣僚私下的言行，此事对后世影响很大。他这么做，一方面是由于他猜疑多虑的性格所致，更重要的是为了便于控制臣僚。身为一国之君，他无法容忍臣僚对他有所欺瞒，他要求他们对自己要绝对忠诚。

朱元璋派遣检校的活动开始于建立明朝之前。检校的职务是："专主察听在京大小衙门官吏不公不法，及风闻之事，无不奏闻。"有的人甚至以专门告发别人隐私谋生。钱宰被征编《孟子节文》，散朝回家，吟诗道："四鼓冬冬起着衣，午门朝见尚嫌迟。何时得遂田园乐，睡到人间饭熟时。"次日在朝上，朱元璋问他：昨日所吟诗不错，不过我并没有"嫌"迟啊，改作"忧"字如何？吓得钱宰出了一身冷汗，忙磕头谢罪。国子监祭酒宋讷面有怒容独自在家静坐，第二天朝见时，朱元璋问他因何生气，宋讷大吃一惊，照实说了，后直到朱元璋拿出派人暗中给他画的像来，宋讷方明白是怎么一回事。吏部尚书吴琳告老还乡返回黄岗，朱元璋放心不下，派人去打听，等使者回来报告说吴琳正在家务农，朱元璋听了才高兴起来。

洪武十五年（1382年）四月，朱元璋为了打击元勋功臣，把在自己身边负责警卫事务的亲军都督府的仪鸾卫改为锦衣卫，有侦察、缉捕、审判、处罚罪犯的权力。这个特务机构很正式，有指挥、佥事、镇抚、千户、百户，所指挥的人员有将军、力士、校卫，皇帝直接控制这个机构。在它之下还设立了镇抚司，掌本卫刑名，兼理军匠，有自己的法庭和监狱，民间所称的"诏狱"就是指它。朱元璋交给锦衣卫处理重大案件，自己则亲自掌握，锦衣卫也只对皇帝负责。朱元璋让锦衣卫在朝廷上执行廷杖的刑法，很多大臣都惨死杖下。

在地方上各府县的关津要塞，朱元璋还设置了巡检司，有巡检和副巡检，都是从九品官，带领差役、弓兵，时刻防备，负责盘查把关、缉捕盗贼、盘诘奸伪。朱元璋这样做，觉得仍然不能达到对广大民众控制约束的目的，于是又把执行检查的任务赋予里甲。里甲内的百姓没有出入自由，如果到百里之外，事先必须向地方政府领取路引（通行证），如果没有文引，就被擒拿送官，而且里甲对所属百姓要有所了解，对无正当理由外出的要报告官府，不报者以连坐处置。

这样，朱元璋通过这些机构布下了一张监视网络，城市、乡村、官僚、百姓都处处设防，都处于严密的监视和控制之下。明初兴起的几起大狱，多由这些机构所引发。因此，不少达官重臣也难逃厄运。朱元璋曾经说过："譬如人家养了恶犬，则人怕。"这充分暴露了他专制帝王的丑恶面目。

朱元璋利用特务手段，施行恐怖统治，一时对强化皇权颇有成效，但同样他又不愿后人仿效。洪武二十年（1387年）胡案快处理完时，朱元璋下令焚毁锦衣卫刑具，移交犯人给刑部。又过了6年，待处理完蓝玉案后，他再一次下诏，以后一切案件都要交给朝廷三法司审理，锦衣卫不能再处理内外刑狱公事。

朱元璋希望凭借他一个开国皇帝的能力，为子孙后代创造条件，以保证朱明王朝永远统治下去。可惜没过几年，他的四子朱棣当上皇帝后，又重新利用锦衣卫来镇压建文帝的臣下，还设置了提督东厂、厂卫等新的特务机构，并一直持续到明朝灭亡，对明朝政治造成了极为恶劣的影响。

10.统一全国

明太祖称帝后，在进行改革和建设的同时，厉兵秣马，南征北战，长达20年之久，于洪武二十一年（1388年）最终实现了统一大业。

明王朝建立后，朱元璋开始统一全国。当时明政府仍面临十分严峻的形势，大量元朝残余势力仍活跃在北方，而南方则有广东的何真、四川的夏政权和云南的蒙古贵族梁王把匝剌瓦尔密等割据势力。朱元璋为统一全国，派出重兵，同时进行北伐南征。

在北方，北伐军仍按原定计划进取河南，元河南王扩廓帖木儿因为遭李思齐所部进攻，由泽州撤退到了晋宁。三月，徐达军抵汴梁，元守将左君弼降，此时是洪武元年（1368年）三月。四月，常遇春攻下洛阳，并乘胜进取潼关，李思齐退守凤翔。朱元璋亲临汴梁，指挥进兵元都。闰七月，徐达接连攻下卫辉、彰德、广平。攻克临清后，徐达命诸将"各率马步舟师大会于临清"，而后沿运河长驱直上，破德州、长芦、直沽（天津），进据通州。元顺帝得知，魂飞魄散，于七月二十八日逃往上都。元顺帝虽已离开大都，但仍有大量的军队。

徐达取元大都时，冯宗异已攻下了潼关，朱元璋命冯宗异不要乘胜西进，只宜把守潼关，遏其援兵。攻下元大都后，徐达、常遇春向西进军，攻陷秦晋。

洪武二年（1369年），明军打到大同。二月，进兵陕西，张思道闻风而逃，元军进入奉元路，从此改名为西安府。常遇春、冯宗异等进克凤翔，李思齐率部逃往临洮。此时张思道在庆阳，诸将认为张的实力不如李，主张先攻庆阳。徐达认为不然，临洮西通番戎，北界河湟，今以大军压境，李思齐假如不向西逃走，则必死无疑。于是冯宗异攻临洮，顾时克兰州，临洮降。临洮既克，旁郡自下。朱元璋传令速取庆阳、宁夏。五月，徐达攻下平凉、延安，庆阳降而复叛，徐达派兵四面围住庆阳，庆阳城险兵悍，久围不下，至八月，城中无粮，开门投降。秦晋地区基本平定。洪武二年（1369年）四月，明置陕西、山西行省。

明军攻占元都后，南方两广地区仍属于元朝管辖。广州军阀何真，在红巾军刚兴起的时候，组织"义兵"镇压起义有功，元朝提升他为广东道宣慰司都元帅。元至正二十三年（1363年）升任广东行省参知政事，成为割据一方的军阀。攻占福建延平后，朱元璋即令廖永忠和朱亮祖等率水军自海道攻广东。三月，明军于潮州登陆，何真"籍所部郡县户口、甲兵、钱谷"，奉表请降。四月，廖军至东莞受降。明军占领了广东全境。

元顺帝逃亡后，命扩廓帖木儿兵出雁门关，由保安州经居庸关攻北平，徐达侦察后得知，料北平之兵完全可以防守，遂趁扩廓率师远出、太原空虚之机，直捣其巢。扩廓已至保安州，闻徐达不救北平，直捣太原，匆忙间又领军队打回太原，前锋万骑与明军相遇，傅友德、薛显率敢死士卒数十骑冲向敌阵，敌军稍退。此时明军兵力远逊于扩廓，只能智取，遂趁夜劫营，扩廓无备，跣足跃马，仅有十八骑相从，逃出阵外，亡命甘肃，其兵四万人归降。

之后，北伐军又打回上都，元顺帝再次被迫向北逃亡，洪武三年（1370年）四月在应昌（内蒙古达里诺尔西南）死去。洪武八年（1375年），扩廓帖木儿病死。洪武二十年（1387年），辽东纳哈出归降。

当时广西地区仍在元行省平章也儿吉忍统治之下。朱元璋在平定福建后，即命湖广行省平章杨璟、左丞周德兴等率师自湖广进兵广西。洪武元年正月，杨璟部进抵永州，久攻不下，直到四月，才攻克了永州，进围静江。朱亮祖平广东后，也带领军队进入广东，经梧州、郁林到达静江，与杨璟部队汇合联手攻城。经两月激战，破静江城，也儿吉忍被俘，南宁、梧州望风而降，平定广西。

明洪武五年（1372年），徐达、李文忠、冯胜分三路出击，进入沙漠，明军数万人阵亡，损失较大，洪武六年以后，明朝北边以战略防御为主，腾出兵力平定四川、云南。

四川明玉珍自从建立夏国后，出于保境安民的需要，不过问境外事。元至正二十六年（1366年）明玉珍死，年仅十岁的儿子明升继位，夏国官员相互攻讦倾轧，政治混乱不堪。洪武四年（1371年）正月，朱元璋以汤和为征西将军，率廖永忠、杨璟等从湖广出发，由瞿塘逆长江而上，直取重庆，傅友德部从秦陇陆路进攻成都。傅友德部进展顺利，四月，连克阶州（甘肃武都）、文州（甘肃文县）、江油及绵州。六月，占领了汉州。汤和部却费了很大气力，先是攻打瞿塘未果，被迫屯兵在大溪口，后来在朱元璋催逼下，廖永忠选精兵抬舟翻山，再顺流而下，上下夹击，才通过瞿塘，攻入夔州。汤和率部六月二十二日到达重庆，明升见势而降。七月，傅友德破成都，夏丞相戴寿降。四川平定。

梁王及大理段氏分别把持云南。洪武十四年（1381年），朱元璋命傅友德、蓝玉、沐英进攻云南，并亲自制订进军云南的战略部署，从永宁出兵乌撒（云南镇雄县），大军随之从辰、沅进入普定，分别据守要害地形，然后进兵曲靖，阻其关口。下曲靖后，分兵应援乌撒，大军直捣云南，使敌互相牵制，疲于奔命。云南既克，再分兵大理，派人诏谕，可不战而下。

众将得令后由东北向云南进攻。郭英、胡海洋率五万明军从四川南下趋乌撒，这里是云贵川三省交界处，地理位置极为重要。

主将傅友德、蓝玉等进攻普定。在曲靖，梁王布下十万精兵抵挡明军。傅友德、郭英等日夜兼程，乘浓雾趋曲靖，进至白石江边。曲靖守将达里麻忙将精锐部署在江边，准备决战。明军假装退兵渡江，暗中派数十人从下游渡江，绕到敌军阵后，鸣金鼓，树战旗，迷惑敌军。果然达里麻中计，撤兵御背后之敌，明军趁其阵乱渡江，矢石如雨下，生擒达里麻，元军横尸十余里，曲靖平。兵败的消息传到梁王耳中，他弃昆明城逃走，不久自杀。明军出师仅百余日就拿下昆明。

蓝玉、沐英等于洪武十五年（1382年）进兵大理。由于大理有苍山为屏，西面又临海，易守而难攻。段氏闻明大军逼境，聚众死守下关。下关十分险要，主攻的重任落在蓝玉军的肩上，他分兵成犄角之势，一路从洱海东趋上关，一路直抵下关。夜半，蓝玉派胡海洋绕到点苍山后，在山上遍树旗帜，天亮时，明军军心备受鼓舞，段氏见腹背受敌，惶恐不安。沐英一马当先，首先渡河，山上军士亦下山迎击，大理军溃散，云南平定，段氏束手就擒。洪武十五年（1382年），于云南设三司，并屯驻重兵，留西平侯沐英世代镇守。

明王朝统一大业的最后一部分是东北地区。洪武四年，辽东元平章刘益降，明设辽东都司。但元将纳哈出盘踞金山地区，拥众二十万，不时与明王朝发生武装冲突，东北问题并未解决。傅友德、蓝玉于洪武二十年（1387年）正月率兵二十万北伐纳哈出，包围了金山地区，纳哈出投降，东北平定。

朱元璋经历了15年风雨，削平群雄，推翻了元朝；又用了20年的时间，完成了全国的统一。

11.李善长案

明洪武二十三年（1390年），李善长被太祖赐死，株连的亲属达70余人。

（1）谋划天下

李善长（1314~1390年），字百室，凤阳定远人，明朝开国元勋。洪武三年（1370年）大封功臣时，朱元璋说"拿他比作萧何，也不过分"。后因"谋反罪"被杀，故鲜为世人所传。

青年时期的李善长没读过太多书，略通文墨，但为人有智计，喜欢法家学说，"策事多中"，里中推为祭酒。元顺帝至正十一年（1351年），刘福通在颍州起义，李善长由于不满于元朝的统治，"欲从雄，未果"，便在东山躲避纷乱。至正十三年（1353

年），朱元璋方任郭子兴麾下大将，运用计策把横涧山兵二万收降后，南下攻打滁阳（今安徽滁州）。在路上，李善长到军门求见，朱元璋听说他在地方上很有名望，很礼貌地接待了他，双方谈得很投机。朱元璋问四方兵起，什么时候才能太平呢？李善长说，：“汉高祖也出身平民，心胸宽广，善于用人，不乱杀人，五年工夫，便平定了天下。元朝不得人心，上下不和，已到了土崩瓦解的地步。濠州与沛相去不远，您如能学习这位同乡的长处，天下太平也就快了。”朱元璋把他留在幕府做掌书记，而且还嘱咐他：“如今群雄四起，天下糜烂，仗要打得好，最要紧的是要有好的参谋人员，我看群雄中管文书的和做参谋的幕僚，因为总说身边将士的坏话而导致文武不团结，将士无法施展才能，当然无法成功。将士垮了，主帅势孤力单，接着也就灭亡了。你应该吸取这个教训，协调诸将，不要效尤幕府。”从这时候起，李善长便一心一意地追随朱元璋，随他“下滁阳，为参谋，预机画，主馈饷”，很受朱元璋信任。随着势力日渐扩大，来自四面八方投效的将士也越来越多，李善长考察他们的才能，建议提拔奖励有功的、能力好的，处分不积极的将吏，使部下能人尽其才，安心做事，武将中有不和的，李善长就“委曲调护”，使之不发生矛盾。但由于李善长具有很重的乡里观念，到明皇朝建立以后，有结党之嫌，最后招惹了是非。

至正十四年（1354年），郭子兴南下，率万人至滁阳，统领朱元璋的军队，并欲夺善长自用，李善长不愿，朱元璋说：“主帅是我义父，怎么能不去呢？”但由于李善长极力推托便一直都没有去，时间长了，郭子兴也就不再勉强他，而朱元璋却对他更加信任了。不久，郭子兴病死，朱元璋便取代了他的位置，镇守和阳。朱元璋有一次亲袭鸡笼山寨，派很少兵力帮助李善长留下驻守，临走还嘱咐道：“敌人一旦来犯，千万不要出击！”当时元朝王子秃坚、枢密副使绊住马、“民兵”元帅陈也先在新塘、青山等处屯兵，闻和阳城虚，急来偷袭。李善长在危难面前随机应变，悄悄设下埋伏，打败了敌军进犯，朱元璋闻报大喜。后来一起谋划渡江的事，李善长说：“我兵众粮少，舟楫不备，请稍候。”碰巧巢湖水帅俞通海、廖永安等带了万余水兵来投降，李善长大喜说：“真是天助我也！”便决定渡江，打败了蛮子海牙，拔牛渚，下采石，乘胜取太平。在军队进城前，朱元璋叫李善长先写好禁约：禁止掠夺百姓财物，违犯者按军法论处。等到一攻下太平城，就到处贴上禁约，军士们看了，“肃然无敢犯”。严明的军纪使朱元璋在民众中留下良好的影响，便设立了太平兴国翼元帅府，朱元璋任元帅，李善长做帅府都事。这年，朱元璋为江南等处行中书省平章，以李善长为参议，当时宋思颜、李梦庚、郭景祥、陶安等都是省僚，而军机进退，赏罚章程，则由李善长控制。有一天，朱元璋问他：“你经常把我比作汉高祖，你好比是鄷侯。至于徐达嘛，也比得上淮阴侯，可用谁来比作留侯呢？”李善长答：“金华人宋濂博闻强记，又兼通象纬，应当可以担此重任。”朱元璋补充说：“据我所知，通象纬者莫如青田刘基。”于是就把两个人都邀请来共图大事。后来以宋、刘为代表的浙东文士在朱元璋一生事业中发挥了巨大作用。

至正二十年（1360年）夏，陈友谅约张士诚一起攻打应天，朱元璋决定采取速战速决的战术，叫康茂才迅速激起陈友谅的斗志，李善长不解地说：“我正发愁他来攻打呢，怎么反叫他快点来呢？”朱元璋解释道：“如果陈友谅同张士诚合伙攻打我们，我们怎么应付得了呢？必须集中优势兵力，先攻破友谅，陈败，张就不敢轻举妄动了。”李善长称是，遂出兵，大败陈友谅。

至正二十四年（1364年），朱元璋称吴王，拜李善长为右相国，时犹承元制尚右。李善长断事清晰，明辨是非而且口才很好。朱元璋有所招纳，经常让他先给起草。几次大的战斗如西克江州、两平洪都、援安丰、讨庐州、下武昌，李善长都留在后方据守，将士们都很服从他，百姓们也信任他。前线战争不断，所有的征召兵士、粮草经费李善长都要负责。又请征两淮盐税，立茶法，都吸取元朝制度的教训，去除弊端。不久复请制钱法，开铁冶，定渔税，"国用益饶而民不困"。

吴元年（1367年）九月，平吴，李善长因功封宣国公，改官制，尚左，以为左相国。时惩元纵弛，颇用重典，法律有三条关于"连坐"的款文，李善长建议，除了大逆以外的款文都应更改，朱元璋遂命他和刘基一起修订法律，向内外公布。不久，李善长又率群臣上表劝朱元璋即帝位，朱元璋称帝后，李善长被封为大礼使，定追封祖、父及册立后妃、太子、诸王等事宜。置东宫官属，李善长兼太子少师，授银青荣禄大夫、上柱国，录军国重事，余仍旧。没多久他又建议设置六部官制，议官民丧服及朝贺东宫仪式。监修《元史》，主编《祖训录》、《大明集礼》等书，制定朝臣大小服色俸赐、天下神祇名号、封建藩国及功臣爵赏，慰问体恤国初先锋、十大元帅、都尉、指挥、阵亡无后者之父母妻子，禁淫祀。

（2）功高获罪

洪武三年（1370年），徐达、李文忠率军返回京城，大封功臣。当时，将军们功劳大的平定了中原，功劳小的也夺取了闽越州郡，李善长在南京留守，"雍容无所见绩"，朱元璋体会到这一点，说李善长虽无汗马功劳，但和我一起共事了很长时间，又在后勤供应上贡献很大，晋封韩国公，授开国辅运推诚守正文臣，特进光禄大夫、左柱国、太师、中书左丞相、参军国事，岁禄四千石，子孙世世勿绝，赐铁券，免二死，子免一死。当时虽然大将军徐达军功累累，地位仍在李善长之下。

李善长外表宽和但内心对人很苛刻，晋封大国，却受爵不让；参议李饮冰、杨希圣，稍侵其权，便论罪奏明皇上要免其官职，和他交情好的中书都事李彬犯法，刘基铁面无私，按法律例令办事，李善长"恶人先告状"，以致刘基被迫告老退职。朱元璋借淮西力量做了皇帝后，淮西诸将和幕府僚属都成了开国功臣，所以在明朝初年，淮人地位很突出。特别是李善长骄横专擅，既富且贵，凭借自己的权势，颐指气使，凌驾于百官之上，使朱元璋对淮人集团和他越来越不满。张昶、杨宪、汪广洋、胡惟庸先后获罪被杀，碍于李善长过去的功劳，朱元璋一直对他较宽容。一天，朱元璋在和陶凯论斋戒当至诚的时候，向李善长暗示最好还是早些退位："人之一心，极艰检点，心为身之主，若一事不合理，则百事皆废，所以常自检点，凡事必求至当。今每遇斋戒，必思齐整心志，对越神明。"李善长听了向皇帝磕头称是。洪武四年（1371年）正月，李善长以疾致仕，皇帝赐临濠地若干顷，置守冢150户，给佃户1005家，仪仗士20家，与魏国公徐达等同。洪武五年，皇帝命他督建临濠宫殿。洪武七年（1374年），朱元璋提拔他弟弟李存义为太仆丞，存义的两个儿子李伸、李佑担任府州官员。又在洪武九年（1376年）将大女儿临安公主下嫁给他儿子李琪，拜为驸马都尉。婚后一月，御史大夫汪广洋、陈宁上疏言："李善长依仗皇上的宠信，自以为是，陛下病不视朝将近十天，也不来问候。驸马都尉李琪六日不上朝，被宣来上朝时，到了陛下面前也不请罪，实属不敬，应交有司来处置。"于是削李善长岁禄1800石，几及其半，李善长"自是意忽忽不自得"。

洪武十三年（1380年），左丞相胡惟庸被杀。胡惟庸是善长同乡，初为宁国知县，正是善长当政时，惟庸用二百黄金贿赂他，便得以入京任太常少卿。累迁中书参政，又把兄弟的女儿嫁给李佑，所以相互交往日深。惟庸任相后，和善长交往密切，依权受贿，无所顾忌，朱元璋为防止大权旁落，遂以"擅权枉法"之罪杀了胡惟庸及其同党御史大夫陈宁、中丞涂节等数人。其他大臣都请求将李善长一并治罪，朱元璋因为他是自己势力渐起时的心腹，所以没有追查。李善长得以告老还乡。

胡惟庸被杀后，胡案成为朱元璋进行政治斗争的武器。因为自己年事渐高，懿文太子又柔仁，便决心消除"棘杖上的刺条"，为下一代营造一个安定的政治环境。凡是心怀怨恨、骄横跋扈不利于皇家统治的文武官员、大族豪强，都陆续被罗织为"胡党"罪犯，处死抄家。随着统治阶级内部矛盾的发展，胡惟庸的罪状也发展扩大。最初增加的罪状是"通倭"，接着又是"私通蒙古"。作为当时明朝两大敌人的日本和蒙古，通敌当然是谋反了。据历史记载："时四方仇怨相告讦，凡指为胡党，卒相收坐重狱。"洪武十八年（1385年），有人报告说李存义父子其实是胡惟庸的同党，皇帝下诏免除死刑，发放去崇明，李善长知道这个中缘由，也不去道歉，朱元璋便也包容了他。

洪武二十三年（1390年）李善长已77岁，"耄不检下"，却仍旧想扩大他的宅第，从信国公汤和那里借卫卒三百人，汤和密以闻。四月，京民中有连坐应发配到边关的，李善长又多次求情，免除了他的亲信丁斌等人。于是朱元璋勃然大怒，先严刑逼供丁斌，查出了丁斌原在胡惟庸家办过事，了解了李存义等和胡惟庸相勾结的情况，接着下令把李存义父子逮到京师审问，结果供词中牵连到了李善长，说"惟庸有反谋，使存义阴说善长。善长惊诧：'尔言何为者，审尔，九族皆灭。'后来又叫善长老乡杨文裕劝说：'事成当以淮西地封为王。'善长虽表面拒绝，其实已被说动了。惟庸于是亲自劝说善长，仍旧没有答应。又过了很长时间，惟庸复遣存义进说，善长叹曰："吾老矣，吾死，汝等自为之。"后来又过了几天，惟庸谒善长，延之东西向座，屏左右款语良久，人不得闻，但遥见领首而已。"御史们这时也纷纷上疏告李善长的状：洪武二十一年（1388年），将军出塞，至捕鱼儿海，掳获无数元宗室大臣及宝玺、图书、金银印章，元宗室大臣中有胡惟庸暗通沙漠的使者封绩，李善长却故意替他隐瞒。有的更说私书中有李善长的亲笔信。这时，李善长家仆卢仲歉等也来报告他与胡惟庸"通赂遗，交私语"。说完狱词，朱元璋说："善长元勋国戚，知逆谋不发举，狐疑观望怀两端，大逆不道。"恰好有灾变的天象显示，占得应在大臣，遂并其妻女弟侄家口70余人诛之。

李善长子琪，被发放到江浦，不久死，琪子芳、茂，承公主的恩泽，免受株连。第二年，御史解缙、虞部郎中王国用上书为李善长称冤。朱元璋得书，但没有怪罪他们。

12. "蓝党"冤狱

明洪武二十六年（1393年），蓝玉以谋反罪伏诛，受株连的达15000余人，史称"蓝狱"。

蓝玉（？~1393年），凤阳定远人，洪武后期的主要将领，多次领兵打击元朝残余势力，在明朝统一中国的过程中作出了重要贡献。

史书记载的有关蓝玉早期的历史不详，只说他是常遇春妻弟，隶属常遇春手下，作战勇敢，所向披靡。常遇春在朱元璋面前经常夸奖他，因此被朱元璋器重，起先叫他管军镇抚，后升武德卫千户，不久改任亲军千户，积功至武德卫指挥使。

洪武二年（1369年），常遇春北征开平，暴死在南归的途中。当时的政治形势是：平定了中原与东南，但元朝势力仍据守北方广大地区，甘宁一带常与明廷有战事，夏的割据势力占领四川，云南梁王忠于北元，誓不附明。洪武三年（1370年），蓝玉被擢为大都督府佥事，从而进入了明朝的最高军政机构。次年，朱元璋派傅友德、汤和领水陆军伐蜀，蓝玉跟从傅友德，经过几战，夏主明升（明玉珍子）投降，使元末形成的最后一个割据政权得以平定。

扩廓帖木儿（王保保）也在元末的政治军事舞台上异常活跃，这时退入西北，徐达曾和他展开过激烈战斗，但未将其击垮，所以还经常会由西北方面对新建立的明朝滋事进犯。洪武五年（1372年），朱元璋命徐达、李文忠、冯胜统兵去讨伐，徐达出中路，都督蓝玉为前锋，在山西境内的野马川，将其游骑击败，再进败王保保于土剌河。但王保保后退拒明军于岭北，明军再攻失败，死伤有一万多，只好退兵。两年以后，蓝玉再度领兵北击，攻下兴和，俘获一些残元要人，却只是解除了眼前的威胁，并未从根本上清除。洪武八年扩廓帖木儿死去，基本消除了从西北方面对明构成的威胁。

洪武十一年（1378年），蓝玉等率兵出征甘、青，次年获胜。朱元璋命置洮州卫，设官领兵驻守。还师以后，蓝玉被封为永昌侯，食禄二千五百石，从而成为明初新贵。

大体平定甘、青以后，朱元璋向西南和东北遣兵，在这些战争中蓝玉发挥了很大作用。云南梁王在灭掉匝剌瓦尔密以后，顽冥不化，始终不接受明朝招降，最后竟然杀掉了明使，为此朱元璋决定派兵征讨。洪武十四年（1381年）九月，作为左副将军的蓝玉，跟右副将军沐英一起，和征南将军傅友德率三十万兵征讨云南。"自九月朔出师，迄下云南，仅百余日"。次年闰二月，蓝玉、沐英率兵西攻大理，再次获胜，其他的民部地区被招抚。奉诏班师后，蓝玉因功加禄五百石，他的女儿被册封为蜀王妃。

东北的纳哈出是元朝世将，先前被明军俘获过，获释后仍与明作对。据金山（今内蒙古哲里木盟东境西辽河南岸）一带屯兵蓄锐，伺机南下，对明在东北方面构成威胁。洪武二十年（1387年）正月，蓝玉为右副将军，和大将军冯胜、左副将军傅友德率兵出击。之前朱元璋曾向他们授意，大军先驻通州，探明纳哈出虚实后再作行动。驻通州后，探知庆州（治所在今巴林右旗西北察罕木伦河源之白塔子）有纳哈出部驻守，蓝玉带领轻骑兵冒大雪奇袭，取得胜利。明大军出长城松亭关，筑大宁、宽河、会州、富峪四城，在大宁驻兵，备足粮草，欲进击金山。夏六月，冯胜留兵五万守大宁，率大军直趋前进，一路胜利，势力到了金山以西。同时，明派去劝降的人见到纳哈出，把明廷的厚意都说给他听，纳哈比见自己无法再撑下去，派人到大将军冯胜处请降，冯胜派蓝玉前往受降。蓝玉设酒宴款待纳哈出，纳哈出斟酒谢蓝玉，蓝玉不喝，一定让纳哈出先穿上他的衣服，之后再喝他的酒，意思是纳哈出必须先降明称臣。纳哈出不肯，双方争执不下，局面僵冷。纳哈出将酒浇在地上，同随从悄悄谈了一些话后，企图溜掉。在场有人明白纳哈出话的意思，告诉常茂（常遇春子，冯胜婿，蓝玉外甥），常茂急上前拦阻，将纳哈出砍伤。纳哈出被拥至冯胜处，冯胜虽然十分周到地招待他，但纳哈出部众人听说纳哈出受伤了，四处惊散，冯胜派人花了很大气力才收复了他的大部分军士。回军路上，埋伏起来的纳哈出部人出奇不意伏击明军，明军损失惨重，三千殿后骑兵全部覆没。冯胜让常茂揽下这个责任，到朱元璋面前去说明。朱元璋听常茂说明了情况以后说"如尔言，胜亦不得无罪"，收回了冯胜的总兵印，命蓝玉行总兵官事，不久又在军中拜蓝玉为大将军，使其成了明朝最高的统兵将领。

纳哈出随冯胜等一起南来，被封为海西侯。从此解除了元残余势力由东北方面对明的威胁，且廓清了明廷统一白山黑水的道路。

纳哈出在扩廓帖木儿死后被明招降，虽经明军打击使元势力一再减弱却仍没完全灭亡，仍然对明构成威胁。击败纳哈出的当年冬十一月，蓝玉报告："元丞相哈剌章、乃儿不花遁入和林，乞进步剿灭。"蓝玉的计划得到了朱元璋的同意。

洪武二十一年（1388年）夏四月，蓝玉率兵出发，自大宁进至庆州，听说元主脱古思帖木儿在捕鱼儿海（今贝尔湖），蓝玉遂抄近路日夜兼程而进。行至距捕鱼儿海还有四十里的百眼井处，侦察不到元军行迹，蓝玉想引兵退还。部将王弼不同意，说我们领兵十万，深入漠北，没有见到敌人就返回，向上面怎么交待。蓝玉亦觉得如此，乃命诸军继续前进，并采用王弼计谋，秘密前进，穴地而炊，不叫敌人见到烟火，到达海南，仍然没有见到敌人。后侦知元主营在捕鱼儿海东北八十里处。蓝玉命王弼为前锋，疾驰直击其营。元军大意轻敌，以为明军不会深入，没有防备，再加上当时狂风大作，风沙弥漫，元军竟然没有察觉明军的到来。明军突然到达营前，元军仓促应战，伤亡惨重，元主脱古思帖木儿与太子天保奴等数十人向北逃去，蓝玉率精骑追赶没追上，俘获其次子地保奴及妃、公主等数万人和大量牲畜，并得其传国玺、宝玉、金银印章等物，获取巨大胜利。向北逃跑的元主后被人杀死，北元不久灭亡。蓝玉胜利班师，途中又破哈剌章营，朱元璋听说后以卫青、李靖比喻蓝玉，封赏很多，回来后封凉国公。蓝玉的政治生涯、军事武功达到巅峰。

蓝玉被封为凉国公后，又奉命到西部地区进行过一些军事活动，还奉命到陕西练兵，这些是他军事活动的尾声了。

蓝玉居功自傲，行为骄横。早在征云南梁王胜利后，他就私搞盐引（食盐运销专利凭证），派人到云南贩盐，牟取暴利。打败元主脱古思帖木儿后，他不光私自掠获了大量珍宝、驼马，还占有了元妃。朱元璋大怒，说："玉无礼如此，岂大将军为哉！"入夜时分蓝玉班师到了喜峰关，守关人没及时放行，蓝玉怒不可遏，纵兵破关而入，朱元璋知道后很不高兴。蓝玉领兵在外，诏令有所不从，经常擅自升降将校，进止自专，甚至违诏出师。在朱元璋面前，无视君臣礼节，举止不恭，语言傲慢。更严重的是，蓝玉蓄庄奴、假子数千人，横行霸道，胡作非为；他还强占民田，鱼肉百姓，又将上告他的百姓、御史官打伤而且逐出城去。

洪武二十六年（1393年），蓝玉被锦衣卫官员告同景川侯曹震等谋反，蓝玉被杀，夷三族，坐党论死者15000人，史称"蓝狱"，是继胡惟庸案后的又一次大案，连称"胡、蓝之狱"。

13.大兴文字狱

明洪武二十九年（1396年），长达十三年之久的文字狱告一段落。

明初洪武年间，中国封建文化专制主义发展迅速，明太祖朱元璋利用手中的政治权力，对思想文化进行粗暴的干预，对当时和后世的社会发展产生了严重的消极影响。明初面临的社会矛盾很多，而在统治阶级内部矛盾中，一部分旧地主阶级文人拒绝与新的王朝合作，由此引发朱元璋制造文字狱。这些文人仇视造反起家的朱元璋，如贵溪儒士夏伯叔侄，斩断手指，立誓不做官，在明太祖面前骂他"红寇"，后被送回原籍处死。

有的文人谢绝新朝的征召，实在无法推脱的，即使勉强来到南京仍不接受官职。如浙江山阴人杨维桢、江阴王逢就是如此。也有一些曾经在元朝或东吴做官的文人，却坚决不做明朝的官，如诗人丁鹤年、山阴的张宪、长乐的陈亮、庐陵的张昱等。一些封建文人对朱元璋的统治不满，朱元璋则在文字上找毛病，牵强附会，吹毛求疵，兴起文字狱，以打击这部分不合作者，树立他专制君主的权威，强化刚建立的王朝统治。

朱元璋出身寒微，当过和尚，于是"光"、"秃"这类字词是最忌讳的，甚至也不能讲"僧"字。再加以推广，连同"僧"的同音字"生"也犯了忌。早年朱元璋参加了红巾军起义，当时元朝官吏及地主均称红巾军为"红贼"、"红寇"，被骂作"贼"、"寇"是朱元璋最痛恨的了。于是与"贼"字形相同、音相近的"则"字，也不许再提。

逢年过节或朱元璋的寿辰及其他皇家喜庆的日子，地方三司官和知府、知县、卫所官员，都要上表祝贺。学校的先生一般会代作祝文，满是歌功颂德之辞，朱元璋很喜欢读。从渡江到开国，文人起了很大作用，所以太祖认为要治国就要重用文人，世乱用武，世治宜文。有人指出：文人好挖苦毁谤。例如张士诚宠信文人，文人在他当王爷后，用"士诚"唤他，孟子云："诚小人也"，可读成："士诚，小人也。"朱元璋还真相信了这些话，开始怀疑有些人用"僧"、"贼"等字在骂他。随着统治阶级内部矛盾的发展，朱元璋对文人运用文字攻击他更加猜疑，于是便挑剔文字，将所谓犯忌的文人治罪或杀戮，洪武朝的文字狱便愈演愈烈。如浙江府学教授林元亮在为海门卫官作"谢增俸表"中有"作则垂宪"的话；北平府学赵伯宁给都司作的"贺万寿表"中有"垂子而作则"一语；福州府学训导林伯璟为按察使撰"贺冬至学"的"议则天下"；澧州学正孟清为本府作"贺冬至表"的"圣德作则"；桂林府学训导蒋质为布按二使作"正旦贺表"的"建中作则"，朱元璋把其中所有的"则"都念成"贼"，将他们一一治罪处死。常州府学训导蒋镇为本府作"正旦贺表"，内有"睿性生知"，朱元璋又将"生"字念作"僧"；怀庆府学训导吕睿为本府作"谢赐马表"中有"遥瞻帝扉"，将"帝扉"又读成"帝非"。这两个人也被处死。祥符县学教谕贾翥为本县作"正旦贺表"中有"取法象魏"，"取法"被朱元璋读作"去发"；亳州训导林云在为本州作"谢东宫赐宴笺"中有"式君父以班爵禄"一句，"式君父"被念成"失君父"；尉氏县教谕许元在为本府作"万寿贺表"中有"体乾法坤，藻饰太平"八个字，朱元璋将其中"法坤"认作"发髡"，"藻饰太平"看作"早失太平"；德安府训导吴宪在为本府作"贺立太孙表"中有"天下有道，望拜青门"两句，"有道"被看作"有盗"，"青门"被疑指和尚庙，于是朱元璋下令一律将他们处死。杭州府学教授徐一夔在贺表中有"光天之下，天生圣人，为世作则"。朱元璋大怒说："生者，僧也，骂我当过和尚。光，是薙发，说我是秃子。则即贼，骂我做过贼。"礼部官员左右为难，整日提心吊胆，只得求皇帝降一道表式，使臣民们遵守。洪武二十九年，翰林院学士刘三吾、在春坊右赞善王俊华受命撰庆贺谢恩表式，颁布天下诸司，今后再碰上庆贺谢恩，如式录进，照规定表式抄录，只把官职姓名填在上面就可以了。

苏州知府魏观把知府衙门建在原张士诚的宫殿遗址上，被人告发，又发现新房上梁有"龙蟠虎踞"四个字，被朱元璋下令腰斩。金事陈养浩写诗"城南有嫠妇，夜夜哭征夫"，朱元璋恨他动摇士气，把他扔进水中溺死了。有一和尚叫来复，作一谢恩诗，其中有"金盘苏合来殊域"和"自惭无德颂陶唐"两句，朱元璋认为殊乃歹朱，又骂他无德，和尚最后也被砍了头。状元张信受命训导诸王子，以杜诗"舍下笋穿壁"四句为字式，朱元璋大怒，说堂堂天朝，却如此讥讽，下令腰斩。京师上元夜，市民以隐语相猜，有人画一赤脚妇人，怀抱西瓜，朱元璋微行见此，认为这是影射其淮西夫人马皇后，又命军士杀了很多居民。洪武朝的文字狱从个人禁忌发展到广义的禁忌，洪武三年（1370年）发布了禁止小民取名用天、国、君、臣、圣、神、尧、舜、禹、汤、文、武、周、秦、汉、晋等字的禁令。

洪武二十六年（1393年）又出榜文禁止百姓取名用太祖、圣孙、龙孙、黄孙、王孙、太叔、太兄、太弟、太师、太傅、太保、大夫、待诏、博士、太医、太监、大官、郎中字样。民间已习惯的称呼也要更改，如医生不许称太医、大夫、郎中，违者处以重刑。

朱元璋用严酷的刑法，先后杀了十几万的文人学士及相关联的亲朋好友。被诛杀的主要是国公、列侯、大将、宰相、部院大臣、诸司官吏、州县胥役、进士、监生、儒士、文人、学者、僧、道和一般地主。

朱元璋推行的文化专制主义，如果说对当时巩固朱明王朝的统治曾起过一些积极作用的话，那么对社会带来的负面影响却是巨大的。朱元璋以严酷的文忌文风禁锢思想，箝制言论，不许臣民议论朝政得失，只许歌功颂德，否则刀剑加之，身首异处。明初的文字狱，制造了许多冤案、错案，许多官吏和知识分子被诛杀，不仅削弱了明王朝的统治力量，而且在统治集团内部产生了巨大的离心作用。官吏文人中有许多担心犯禁触忌，只得不谈政事，整日三缄其口，朝政因此日趋腐败。

14.制定《大明律》

洪武三十年（1397年）五月，《大明律》制定完成，颁示天下。

朱元璋鉴于元末法制松弛的教训，十分重视立法。吴元年（1367年）十月，即命左丞相李善长做制定律令总裁官，参知政事杨宪、御史中丞刘基、翰林学士陶安等二十人做议律官，讨论制定立国安邦的法令。十二月律令制成。洪武元年（1368年）正月颁行天下。凡律285条，令145条，令作为律的补充，主要记载诸司制度。以后随着《大明律》的日益完善，许多令条归并进律条。洪武六年夏，刊《律令宪纲》颁发给各司。同年闰十一月，朱元璋又下令刑部尚书刘惟谦详细制定《大明律》。次年二月书成，颁行天下，篇目以唐律为蓝本，共606条，分30卷。洪武二十二年（1389年）八月，因为刑部上奏说："比年条例增损不一，以致断狱失当。请编类颁行，俾中外知所遵守。"遂命翰林院同刑部官更定《大明律》，使之日臻完善。至洪武三十年（1397年），最后修定完成《大明律》，颁行全国。

颁行《大明律》后，又出现了偶发事件和新的问题，于是临时制定条例加以处理。弘治五年（1492年）七月，刑部尚书彭韶以鸿胪寺少卿李鐩所请，删定《问刑条例》。弘治十三年（1500年），孝宗又令刑部尚书白昂与九卿议上《问刑条例》297条。《大明律》曾在嘉靖时期修改过两次。万历十三年（1585年），刑部尚书舒化又重加修订，并在律后附加《问刑条例》，共382条，"删世宗时苛令特多"。崇祯十四年（1641年），也有人建议要议定《问刑条例》，不过还没来得及进行明朝就灭亡了。

除《大明律》外，洪武十八年（1385年），明太祖又以皇帝的名义颁行《大诰》共74条。第二年五月，又颁行了有87条的《大诰续编》。洪武二十年（1387年）二月，颁行《大诰三编》共43条，次年，又颁行《大诰武臣》共31条。其内容是汇集有关官民犯罪的条例。

在大量案例中主要惩处豪强与贪官污吏的共一万多件。洪武三十年（1397年），太祖"命刑官取《大诰》条目，撮其重略，附载于律"。《大诰》中的例实际上成为律外之法，作为对《大明律》的解释补充。颁行《大诰》后，发至全国，要求"一切官民诸色人等，户户有此一本。若犯笞杖徒流罪名，每减一等，无者每加一等。所在臣民，熟观为戒"。这一做法"意在使人有所警惕，不敢轻易犯法"，从而强化明的统治。

明初刑律包括律、令、诰等方面的内容，但随着《大明律》的不断完善，明代刑律逐渐演变至以《大明律》及条例为主。《大明律》共有30卷，460条，分名例、吏律、户律、礼律、兵律、刑律、工律七部分。刑分笞、杖、徒、流、死五等。法定的刑具有笞、杖、讯杖、枷、杻、镣等。总体上看《明律》的法律体系较之《唐律》更加完备，也更加严酷，它表现出以下几个特点：

第一，和前代比，在对待谋反、谋大逆、谋叛、谋恶逆、不道、大不敬、不孝、不睦、不义、内乱等"十恶"的行刑上，以及秘密宗教活动的处治上更加严厉残暴。明律规定对"十恶"罪人的行刑，无论主犯、从犯一律凌迟处死，而且还把"十恶"的范围扩大了。明律规定，凡部民杀死所属知县、知州、知府；军士杀死百户、千户、指挥的，均属"十恶"中的"不义罪，处以极刑"。同时，鉴于元末曾以宗教形式组织发动农民起义，《大明律》特别规定"禁止师巫邪术"律条，规定"为首者绞，为从者杖一百，流三千里"。

第二，《大明律》增设"奸党"条，规定："若在朝官员，交结朋党，扰乱朝政的要斩杀，妻子充作奴隶，财产收缴入官。"禁止官员结党，这是前代法律条文中所没有的。为限制大臣专权，《大明律》规定："凡除授官员须从朝廷选用，若大臣专擅选用者斩。"把任免官吏权专属皇帝并以法律条文的形式固定下来，禁止官员私下里互相引荐，结党营私，形成与皇权抗衡的力量。

第三，增加了经济立法的比重。明初，为恢复和发展生产，朱元璋采取一系列政策措施，而且制定了在性质上属于经济立法的具体条款。如明律禁止盗卖、换易、冒认及侵占他人田宅，如果被确认是强占，最高可判处杖一百，流三千里刑。对"占田过限"、"欺隐田粮"者也有惩治，"其田入官，所隐税粮，依数征纳"。明廷特将居民划分成了军户、民户、匠户及灶户四种，是为了保证赋税、徭役的稳定。

但明律规定军户、匠户、灶户平时不可以随意流动，私自脱籍会被严惩。同时，明律还对养奴蓄婢的数量加以限制。规定贵族功臣之家最多不得超过二十人，一般庶民之家禁止蓄养，否则杖一百，奴婢放免为良。如有诱骗和掠卖良人为奴婢，则杖一百，流三千里。另外，在明代商品货币发展的形势下，为适应工商业发展的需要，明律专列"钞法"，如拒绝收受宝钞，或制造、使用伪钞，除追纳赔偿外，并处杖刑。又补充规定："凡伪造宝钞，不分首从及窝主，若知情行使者，皆斩，财产入官，告捕者官给赏银二百五十两，仍给犯人财产。"明律严格制定法律禁止贩"私盐"、"私茶"。并且明律还增订了《市廛》、《田宅》、《钱债》、《邮驿》、《营造》等编。明律根据时代的特点和需要施行以刑法推行经济立法的做法。

15.罗贯中与《三国演义》

《三国演义》原名《三国志通俗演义》，是中国第一部著名的长篇小说，是章回小说开山之作。它以历史上的重大历史事件为素材，艺术结构宏伟庞大，塑造了许多有血有肉的典型人物形象，在社会上产生了深远的影响。这部伟大作品的出现，标志着我国小说创作跨进了一个新阶段。

（1）作者生平

元末明初的罗贯中，在民间长期流传的三国故事，以及相关传说、讲唱、戏剧和话本等的基础上，大量吸收陈寿的《三国志》和裴松之注解中的材料，然后结合自己丰富的生活经历，才写就了这部不朽的名作。

罗贯中（约1330~约1400年），名本，一说名贯，山西太原人，一说钱塘人，或庐陵人。他的生平史传中未见记载，仅有的关于他的资料，也残缺不全。其中贾仲名的《录鬼簿续编》较为可信："罗贯中，太原人，号湖海散人。与人寡合。乐府隐语，极为清新。与余为忘年交，遭时多故，天各一方，至正甲辰复会，别来又六十余年，竟不知其所终。"《录鬼簿续编》为明永乐二十年（1422年）所作，贾仲名说至正甲辰（1364年），见过罗贯中，又是忘年交，从这里推测罗贯中大致生活在元末明初的动乱年代，大约是1330年至1400年之间。明王圻的《稗史汇编》中说："如宗秀，罗贯中，国初葛可久，皆有志图王者。"据他说，罗还曾经是元末农民起义领袖张士诚的幕府。由这些点滴的片段资料及其作品中推崇圣君贤相的作法和所反映出来的丰富斗争经验来看，可以推想罗贯中不是个普普通通的封建文士，而是个有政治抱负，并有一定的军事、政治斗争经验的人。罗贯中的创作是多方面的，他写过戏曲和乐府隐语，现存的戏曲作品有《赵太祖龙虎风云会》，另有《忠正孝子连环谏》和《三平章死哭蜚虎子》二篇。他也能作曲写词，不过其主要创作是小说。相传他写过十七史演义，现存的以罗贯中署名的小说除《三国志通俗演义》外，还有《隋唐志传》、《残唐五代史演义传》和《三遂平妖传》等，但这些作品经人多次增删修改早已面目全非。据说他还是《水浒传》的撰写者之一。

罗贯中十分了解老百姓苦难深重的生活处境，他经历了元末的社会大动乱，深入社会下层，亲眼目睹了当时的现实斗争。所以《三国演义》中对社会分裂动荡状况的描写，对董卓等杀人不眨眼的恶魔的揭露和批判，对无辜人民一次次尸横遍野、血流成河惨景的摹画，都是源于现实的创作。同时，他又是个有抱负的"有志图王者"，所以非常渴望仁君、贤相、英才，对清明的政治十分向往。因而他在《三国演义》中，推崇"忠"、"义"，主张用王道、仁政治理天下。

可惜今人对罗贯中生平知之甚少，甚至连一些基本问题，诸如其生年、卒年、籍贯，等等，人们的说法也多种多样。我们只能根据一些零星的材料，找寻他的思想脉络。

（2）《三国演义》成书过程

《三国演义》作为历史演义小说，其成书过程十分特殊。它主要来源于两个方面的题材：一是史籍，一是民间传说、讲史话本和戏曲，而后者是最主要的。关于三国人物的一些奇闻轶事，早在晋代和南北朝时期就有了。南朝宋人裴松之为晋朝陈寿的《三国志》作注，其中便收集了许多有关的故事。隋炀帝时，还有人以三国故事为题材编成傀儡戏，作水上杂戏表演。如记载在杜宝《大业拾遗录》中的，有曹操谯水击蛟、刘备檀溪跃马等节目。三国故事到了唐代已成了说书艺人的重要素材，而且极其生动。刘知几在《史通·采撰》中说三国故事"得之于行路，传之于众口"。李商隐在《骄儿诗》中写道："或谑张飞胡，或笑邓艾吃。"由此可见，当时作为笑谑材料的，就有关于三国的故事。宋代三国故事通过艺人的表演、演唱流传更加广泛。苏东坡在《志林》中记载："王彭尝云：涂巷中小儿薄劣，其家所厌苦，辄与钱，令聚坐听说古话。至说三国事，闻刘玄德败，频蹙眉，有出涕者；闻曹操败，即喜唱快，以是知君子、小人之泽，百世不斩。"别说大人，甚至小孩子都分辨得出刘备、曹操是两个鲜明对立的人物，可见在当时三国故事带有推崇刘备而贬低曹操的鲜明倾向。据《东京梦华录》载，北宋时已出现了"说三分"的专家霍四究。

三国故事的话本，保存下来的有元代至治年间（1321~1323年）新安虞氏刊印的带有图像的《全图三国志平话》。全书分成上、中、下三卷，上图下文，长达八万字，这或许是说书艺人的脚本，或是个提纲，可见三国故事在当时已在讲说了。开头是刘备赏春、司马仲相阴间断狱的事，正文从桃园结义开始，以诸葛亮病死结束。它的情节不拘泥于史实，而是根据民间作家的朴素想象而进行大胆虚构，如说张飞怒鞭督邮后又分尸六段；刘、关、张同往太行山落草；曹操劝汉献帝让位于曹丕；张飞喝断当阳桥，吓得曹兵倒退三十里，等等，都带有浓重的民间传说色彩。叙写虽说简略，却也大体上有三国故事的框架，且小有规模，想象力丰富，情节活泼生动，不仅具有鲜明的拥刘反曹的倾向，而且富于人物鲜明的个性，如刘、关、张等人都富有草莽英雄气息，其中张飞的形象最为活跃、最有生气，对诸葛亮的神机妙算也表现得十分突出。据考证，元代如这类"说三分"的话本可能还不只一种。

三国故事在宋、金、元三代，还被大量改编成戏剧，搬上舞台。《宋史·范纯礼传》及南宋姜白石《观灯口号》等诗歌中都记载了三国戏演出的情况。陶宗仪《南村辍耕录》所载，戏文名目有《赤壁鏖兵》、《襄阳会》、《大刘备》和《骂吕布》。《关大王独赴单刀会》和《刘先主跳檀溪》等南戏在宋元戏文《宦门子弟错立身》中有提及。元杂剧中的三国戏，据钟嗣成《录鬼簿》和朱权《太和正音谱》等书著录，共有40多种，像桃园三结义、过五关斩六将、三顾茅庐、赤壁大战、单刀会、白帝城托孤等重要情节，在元杂剧中都演出过。刘备、曹操、关羽、张飞、诸葛亮、周瑜、吕布等成为三国戏剧中的主角。

正是有了这些丰富的传说、民间作家口头创作和各种戏剧，以及《三国志》和裴注中的大量材料作为题材，加上他有一定的军事政治斗争经验以及丰富的生活阅历，经过充分的艺术创造之后，最后写成了75万字的长篇小说《三国演义》。

《三国演义》的演变成书过程中，有两个特点值得注意：其一，它形成于长期集体创作的基础上。在漫长的创作过程中民间艺人、封建文人，或口头，或书面，各种政治艺术观点和创作意图相互交错，集中提炼了不同时代的历史内容。其二，它是一部历史小说，虽然要依据三国的人物和战争来创作，但作者可以进行艺术加工，根据自己的世界观决定取舍。所以《三国演义》并不是简单地叙述三国人物和故事，而是一部经过艺术再加工的文学作品，它对于当时的生活面貌和丑恶的阴暗面进行了一定程度的揭露。

1522年刊印的嘉靖本是罗贯中《三国志通俗演义》现存最早的版本，全书共分24卷，240节；题"晋平阳侯陈寿史传，后学罗本贯中编次"。书前有弘治七年（1494年）金华蒋大器（庸愚子）作的序，序中写道："若东原罗贯中，以平阳陈寿传，考诸国史，自汉灵帝中平元年，文不甚深，言不甚俗，事纪事实，亦庶几乎史。"

新刊本在嘉靖本之后不断出现，对原来的分卷数、回目和引用诗词有所改动。明末，《李卓吾批评三国志》把二百四十节合并成一百二十回。清代康熙年间，毛纶、毛宗岗父子依照金圣叹评改《水浒》的先例，对全书的回目、情节和文字作了一次全面的加工调整，并且添上评语，于是毛宗岗本便成了清代以后最通行的本子。

（3）《三国演义》的社会影响

"三国"故事创作成"演义"之前，广泛流传于民间，至其成书则"学士读之而快，委巷不学之人读之而亦快；英雄豪杰读之而快；凡夫俗子读之而亦快也"。成为数百年来在民间最为畅销的古典长篇小说之一。它对后世的影响表现在两方面：一是社会影响；一是对于文学发展的影响。

《三国演义》产生了巨大的社会影响，黄人在《小说小话》里曾说："异姓联昆弟之好，辄曰桃园，帷幄多运用之才，动言诸葛。"可见其社会效果之大。桃园结义中体现出的"忠义"思想，书中记载的大量军事斗争经验对后世都有很大的影响。

劳动人民在封建时代，为了谋生和自卫需要相互团结救助，来对抗共同的压迫者和剥削者，于是刘、关、张之间那种"朋友而又兄弟，兄弟而又君臣"的平等关系很容易就成为他们所向往的人与人之间的关系，从而仿效他们"结义"的方式，服务于自己所进行的斗争。黄人在《小说小话》中有这样的话："张献忠、李自成及近世洪秀全等初起，众皆乌合，毫无纪律，其后攻城掠地，伏险设防，渐有机智，闻其智以《三国演义》中战案为玉帐唯一之秘本。"由此可见，在明清两代的农民起义中，《三国演义》起着一种军事教科书的作用。《三国演义》中封建思想和现实主义的描写交织在一起，因此出现了一种有趣的情形：统治阶级发现了书中的"正统"思想和"忠义"观念，有利于其政治统治。皇太极早在1639年就命大学士出海用满文翻译《三国演义》、《孟子》和《通鉴》。清王朝入关后，一些不识汉字的文臣武将，也把这本书当做识字的教材。

《三国演义》对于文学发展的作用和影响更不可低估。它是"记述派"的代表作（与此相对的为以《红楼梦》为代表的"描写派"）。这表明《三国演义》是在历史事实的基础上进行艺术加工的成功之作。它深远的艺术影响表现在：它和《水浒》一起，成为我国最早出现的、在思想和艺术方面都相当成熟的长篇章回小说，具有划时代的意义，因为它结束了文坛上长篇小说创作只作为说书人底本的时代。《三国演义》同时也为创作历史小说开辟了一条崭新的道路。这类小说作品自明以来大量涌现，从《开辟演义》到《清宫演义》，中国各个历史时代在小说中都得到呈现。不过大多数历史小说都不及《三国演义》和《水浒传》的成就。另外，众多文人和民间艺人也将《三国演义》中许多具体生动的人物形象和曲折动人的故事情节用作艺术再创作的题材。由他们写成的地方戏曲和各式各样的曲艺作品，搬上舞台演唱于闾巷集镇，流传下来，至今仍受群众喜爱。

16.施耐庵与《水浒传》

（1）付毕生才力于《水浒传》

与《三国志通俗演义》同时期出现的长篇小说《水浒传》，是一部描写农民起义的文学巨著。至于这部书的作者，说法不一，有说是施耐庵，有说是罗贯中，也有说是施耐庵编，罗贯中续。

历史记载的有关施耐庵生平的资料非常少。据《兴化县续志》载明人王道生所写的《施耐庵墓志》和发现的《施氏家簿谱》、《施子实碑》载，说他名子实，字肇端、彦端，一说名耳，原籍苏州，后来迁至扬州兴化。元贞二年（1296年）生人，约于洪武三年（1370年）去世。

相传施耐庵生于船家，从小就对河湖港汊的水上生活十分熟悉。13岁他到浒墅关（今属江苏）读私塾，19岁中秀才，29岁中举人，35岁中进士。后来在浙江钱塘（今杭州）做了两年官，因其性情耿直，与当道不合，乃悬印弃官而去，寓居苏州，与江浙儒学提举副使刘基来往密切，情谊深厚。

苏、杭二郡，历来就繁华热闹，民间演戏、说书之风颇为盛行，吸引各地艺人汇聚于此，表演历朝历代的故事；坊巷间也流传着许多生动的传说，十分吸引听众。施耐庵被其中关于北宋宣和年间宋江起义的故事深深打动。为了抒发自己反抗腐朽黑暗势力的叛逆情感，他决心以宋江起义的故事为素材作长篇小说，以揭露封建社会的黑暗和统治阶级的罪恶，赞颂农民英雄的反抗精神。

施耐庵用心搜集民间传说、话本、杂剧，仔细研究宋末以来为艺人们所感兴趣的话本《大宋宣和遗事》，重新演绎其中劫取生辰纲、杨志卖刀、宋江私放晁盖、刘唐下书、宋江杀阎婆惜等情节；又以《宋江三十六人赞》为创作基础，以其惊人的艺术才能，创造了一百零八将的姓名和绰号，从而使宋江起义的故事愈加生动丰富。他还参阅了《宋史》中《徽宗纪》、《侯蒙传》、《张叔夜传》等文献，用以充实自己对民间传说进行的再创作。

施耐庵经过不懈努力，对宋江及其同伙的起义故事加以文学的提炼，运用丰富的想象，初步塑造了林冲、鲁智深、武松、宋江、李逵、孙二娘等一批替天行道的英雄形象，完成了长篇小说《水浒传》这部以描写农民起义为中心内容的小说的初稿。

就在施耐庵专心写作时，江南爆发了声势浩大的反元斗争，一时间群雄涌起，各自割据一隅。张士诚的反元武装驰骋太湖流域，割据苏州一带。政局的千变万化，使施耐庵难以静心修改《水浒传》。由于博学，他被张士诚部下元亨举荐，入张士诚幕府。但是施耐庵见张士诚胸无大志，料定他成就不了大事，不久后便以照顾老母为由，隐居兴化白驹镇老家，继续进行自己所热衷的小说创作。

施耐庵回到白驹镇后，将屋舍建在了四面围水芦荡连绵的水村施家垛上，避开战乱的纷扰和尘俗的嚣闹，潜心编写《水浒传》。

施耐庵勇于打破世俗的封建旧习，大胆地借助那些"打家劫舍"的"强盗"，来表现自己痛恨专制社会的思想。在他构筑的由宋江等一百零八位好汉建立的水泊梁山上，人人平等而秩序井然，个个独立又各尽所能。施耐庵在书中宣扬平等、民主，讴歌自由，并且深刻地揭示了"官逼民反"的哲理。出自他笔下的"强盗"劫贫济富，路见不平则拔刀相助，为了正义而置生死于度外，成为勇于为正义、为真理而献身的典范，是人们心目中的英雄。《水浒传》重塑了被扭曲的农民英雄的正直形象，揭开了那些帝王将相虚伪的面纱，被称为思想文化史上的伟大创举。

明洪武初年，天下刚刚统一，十分缺少人才。这时任翊运守正文臣的诚意伯刘基，受朱元璋之命，网罗四方才士，以巩固明王朝的政权。他钦慕施耐庵的才识，乃亲赴白驹镇，想说服其为明效力。然而年逾七十的施耐庵却无意要入朝做官，他喜欢乡野间没有束缚的悠闲生活，以年迈谢却了好友的荐举，并把刚完稿的《水浒传》拿给刘基看。刘基阅读了《水浒传》后，也就不再勉强施耐庵出仕了，他回去向朱元璋禀报道："此人心思才力已耗尽于一部小说矣，用之何益！"没有多久，施耐庵染病悄然逝去，享年75岁，葬于家乡施家桥畔。

（2）《水浒传》的社会影响

施耐庵创作完《水浒传》后并没有马上出版发行，直至正德、嘉靖年间才问世，以后又经李贽、金圣叹等人修改，由最初的一百回本而形成通行的七十回本。全书环环相扣，情节生动跌宕，曲折动人。如武松打虎、林冲夜奔、杨志卖刀、智取生辰纲、三打祝家庄等，故事精彩动人，情节出人意料，人物性格活泼爽快，语言通俗易懂而又不失丰富表现力，艺术感染力极强。施耐庵凭着他对水乡生活的丰富感受，为读者展现出"纵横河港一千条，四方周围八百里"的梁山自然风貌，描绘了水泊梁山英雄们活跃于河湖港汊的侠义生活。他对人物的刻画，或以浓墨重彩，精描细写；或烘云托月，借客喧主，使之个性鲜明、呼之欲出。如鲁智深的见义勇为、李逵的忠诚不二、武松的正直英勇、林冲的不甘屈辱、杨志的刚烈、阮小二的机敏、花荣的骁勇、石秀的忠义等使人读后印象极深。即使是奸险的高俅、荒淫的高衙内等一些反面人物，也被刻划得入木三分，以至于读者看后，都憎恶得咬牙切齿。

《水浒传》自问世以来，家喻户晓，童叟皆知，产生了巨大而广泛的影响。

它的社会影响，首先是很大程度上鼓舞了明清的农民起义的斗志。几百年来，水浒中那些理想化的英雄人物，在人民中间深深扎下根来。他们强烈的抗争精神、乐观的革命意志成为人们精神上的巨大支柱，激发了人民的斗志。李自成、张献忠、太平天国、义和团等农民起义，甚至民间组织天地会，都被其深深影响着。张献忠就曾"日使人说《水浒》、《三国》诸书，凡埋伏攻袭皆效之"。太平天国军队的策略，很多便是取自《三国》、《水浒》之中的。镇压太平天国的刽子手胡林翼也说："草泽中全以《水浒传》为师资，故满口英雄好汉，而所谓奇谋秘策，无不粗卤可笑。"（醒酬生《庄谐杂录》）道出了人们受《水浒传》影响的原因。正因如此，明代崇祯、清代的顺治、康熙、乾隆、嘉庆、咸丰、同治等皇帝，曾多次禁毁《水浒传》，更有一些封建文人诬蔑《水浒传》是"海盗"之书，纯属"妖言惑众"，甚至咒骂作者施耐庵"子孙三代皆哑"。越是这样，就越揭示了统治阶级色厉内荏、底气不足的本质。道光六年，封建的御用文人俞万春可谓恶毒，作《荡寇志》，想用来抑制《水浒传》的影响。金圣叹的腰斩《水浒传》，或许也是由于受封建统治思想的影响。但这些都徒劳无益，《水浒传》已深入民心，以至于流传至今。

中国古典小说的直接源头是魏晋南北朝时期的志怪、志人小说，经唐宋传奇，宋元话本，《水浒传》使古典小说的艺术传统得到了升华，它和《三国演义》一起，共同促成了章回体小说的雏型。不仅如此，它还首次以农民起义者为小说的主人公。

《水浒传》因其艺术成就独特，对后世的文学，特别是小说、戏剧和民间文学的发展及明清的小说创作，产生了很大影响。受其题材影响，之后产生了《水浒后传》、《后水浒传》、《结水浒传》。《金瓶梅》就是以《水浒传》中西门庆和潘金莲的故事为线索，展开描写而成。沿其历史小说的体例，《说唐》、《杨家将》、《说岳》等许多小说问世；《儒林外史》的结构也明显受到它的启发。从此被封建文人轻视为街谈巷议的不入流的鄙俚之辞的小说，堂而皇之地登上了中国文学的大雅之堂。《宝剑记》、《义侠记》等有关水浒的戏剧剧目也都应运而生。民间文艺中以《水浒》故事为题材的更是不胜枚举。直至今日，依据《水浒》故事而改编的戏曲、影视节目依然很多。《水浒传》不仅为后来文学创作提供了十分丰富的素材，而且在现实主义和浪漫主义的结合上，尤其在塑造英雄人物方面，都为我们提供了很好的借鉴。

《水浒传》问世不久，便被译成日文流传到日本；300多年前，《水浒传》又被译成朝文以及亚洲其他国家的文字，到19世纪中叶传入欧、美。《水浒传》已成为世界人民共有的文学财富。

第三章　永乐盛世

朱允炆即位后，实行削藩政策以加强皇权。燕王朱棣镇守北平，早有心思篡位，便趁机打出"靖难"的旗号，进攻南京。这场叔侄的争权以朱棣的胜利而告终，而朱棣也遂愿做了皇帝。朱棣即位后，大肆捕杀建文遗臣，并命解缙等修成《永乐大典》。作为一代雄主，他特别注重武功，派兵平定安南，五次亲征蒙古，设立了奴儿干都指挥使司，派兵大破倭寇于辽东。他还大兴土木，营建宫宇并迁都北京；发展生产，移民垦荒，兴修水利；七次派郑和下西洋，积极开拓海外贸易，使前来通商贸易者达30余国。永乐后期，由于长年征战等，加重了人民的负担，引起了人民的反抗，唐赛儿起义是其中规模较大的一次。

1.靖难之役

建文四年（1402年）六月，朱棣即皇帝位，结束了历时四年的"靖难之役"。

（1）太子图谏

和历朝封建皇帝一样，明太祖朱元璋儿女很多，一生共有26个儿子，16个女儿。在朱明王朝建立和进一步发展的基础上，朱元璋开始考虑朱家如何可以世代统治天下的问题。他借鉴了元朝的历史经验，认定皇位继承是维持皇朝安全的根本制度，必须要制定严密的法则，家族内部才不会引发争端，这个法则就是封建宗法制度下的嫡长子继承制。

朱元璋长子是朱标，生于至正十五年（1355年）。朱元璋称吴王时，立朱标为世子。洪武元年（1368年），朱元璋在南京即帝位，便把朱标立做了皇太子，他当时才13岁。

皇太子朱标由于长期接受儒家思想的教育，成年后被教养成了一个生性忠厚、温文儒雅的人物。这个时期，朱元璋开始让太子学习怎样当皇帝，进行政事实习，处理国家大事。洪武六年（1373年）九月，皇太子朱标刚满20岁，朱元璋即命诸司："以后日常政务启奏皇太子处理，事关重大的军机才可奏闻。"洪武十年（1377年）六月，又令"自今大小政事皆启太子处分，然后奏闻"，且当面告诫皇太子："从古开基创业的君主，经历艰难，通达人情，明白世故，办事自然妥当。守成的君主，生长于富贵，锦衣肉食，要能顺利办事必须平时学习练达。我所以要你每日和群臣见面，听断和批阅各衙门报告，学习办事，是要你记住几个原则：一是仁，能仁才不会妄施暴政；二是明，洞明才不会被奸佞迷惑；三是勤，勤勤恳恳就不会沉溺于安逸的生活中；四是断，勇于决断就不会被文法牵制。这四个字的运用，决定于心，我从做皇帝以来，从未偷过懒，一切事务，惟恐处理得有毫发不当，有负上天付托。早起晚宿地处理政务，这是你天天看见的。你能够学我，照着办，才能保得住天下。"朱元璋的谆谆教诲，无非是想让太子朱标成为一个有道的接班人，使大明王朝的统治得以维持和巩固。

但是，由于朱元璋和朱标父子俩，一个是从艰苦斗争中成长的，一个是在太平环境中成长的，所以两人的性格、思想、作风及所受的教育、生活实践的影响迥然不同。朱元璋主张以猛治国，刑用重典，运用法庭、监狱、特务和死刑来震慑官民，使人畏惧他却不知其端由。皇太子却主张周公、孔子之道，讲仁政，讲慈爱，务求治狱之平恕，杀人愈少愈好。为了加强皇权的统治，朱元璋绞尽脑汁杀戮功臣，诛除异己。皇太子却顾及将相先前的汗马功劳，照顾亲族兄弟、师生的情谊，宽大为怀。一个严酷，一个宽大，老皇帝命太子省决章奏，他更自作主张"于刑狱多所减省"。父子俩因此而分歧，有时甚至发生冲突。宋濂获罪时，皇太子朱标为他的老师哭救，向朱元璋求情："臣愚憨，没有别的老师，请求陛下哀矜，免其一死。"朱元璋大怒说："等你做了皇帝再赦他。"皇太子惶惶不知所措，想要自杀，幸亏随从相劝才免于一死。朱元璋嗔怒道："这个痴心儿子，我杀人关你什么事！"朱元璋一直都为马皇后的死郁郁寡欢，闷闷不乐，动辄杀人。皇太子朱标心里很不是滋味，就劝谏道："陛下杀人过滥，恐伤和气。"朱元璋听了没做声，第二天故意叫皇太子拿起一根放在地上的荆条。皇太子见荆条上都是刺，面有难色，不敢拿。朱元璋说："你怕有刺不敢拿，我把这些刺都给去掉了，再交给你，岂不是好？为了你能当好这个家，我才清除天下这些奸险之徒。"皇太子却说："上有尧舜之君，下有尧舜之民。"意思是说，有什么样的皇帝，就有什么样的臣民。朱元璋一听更为生气，举起椅子就朝太子砸过来，皇太子只好逃走。还有个传说讲朱元璋看皇太子过于仁慈，有一次在太子面前让人抬过一具尸骨，以刺激刺激太子，皇太子不胜悲戚，连声哀叹不已。

朱元璋过了50岁以后，精力同以前相比差了很多，希望皇太子帮助处理政务，一来是分劳，二来可以使未来皇帝的办事能力得到训练，期望将来皇太子能成为像汉文帝之类的圣君。但是，就在洪武二十五年（1392年）四月，年仅38岁的皇太子朱标病死，朱元璋陷入了极度的悲哀和痛苦之中，几乎丢了性命。当他身体复元之后，头发、胡须全都花白了。

皇太子死后，在刘三吾等人的建议下朱元璋立年仅16岁的嫡长孙朱允炆为皇太孙。

（2）皇太孙嗣位

朱允炆生于洪武十年（1377年），其父为懿文太子朱标，母吕氏。"龙凤之资，天子之表"，"头骨方圆，燕颔虎头"等是古人用来从相貌上描绘"真龙天子"的。朱允炆一生下来额颅就有缺陷，他头盖骨又偏又歪。朱元璋一次摸着他的脑袋，叹气地说："怎么像半边月亮呢？"但是天资聪颖的朱允炆学习刻苦，又受到良好的教育，所以才识过人，因此皇祖父渐渐地开始喜欢上他，并立他为皇位继承人。

当时朱元璋的儿子除皇太子以外，都被封了王，安排在全国各要害之地，目的是屏藩皇室。这些亲王既享有优厚的待遇，又握有重兵，特别是在北方边境地区的亲王，在与北元的军队作战时还可以节制诸军。这些手握兵权的亲王都是朱允炆的叔父，人人都做着皇帝梦。所以，他们根本看不上朱允炆，没把他当回事。洪武末年，问题的严重性已被朱元璋看在眼里。一天，朱元璋和朱允炆在一起聊天，朱元璋说："备边抵御外侮，我交给你的皇叔们管，只要边境上没有战争，你就可以放心地做你的太子了。"不料朱允炆却说："如果叔父们有异心，谁来对付呢？"这出乎意料的一问竟让朱元璋沉默良久，最后才问："你的意思怎样呢？"朱允炆回答："以德争取他们的心，以礼约束他们的行，若无效就削弱他们的属地，再不行就只有更换他们的封地，兴兵讨伐是最后一条路。"朱元璋听后，默默地点了点头，觉得皇太孙更加成熟了。

为了使皇太孙得到锻炼，朱元璋常常让他学习法律，见习政务。朱允炆的才智在见习处理政事时得到了表现。当时朱元璋的统治十分严酷，而朱允炆处理政务则以宽大为本。他阅读《大明例律》，认为所订过于严苛，要求改订五条，这一建议受到了朱元璋的称赞。他说："辅助教化才是申明刑法的目的，为了顺乎人情，应该修改涉及五伦的律例。"于是他便考《礼经》，参以历朝刑法，又改订了73条。朱允炆在参与处理一些刑狱中，更是表现出他机敏过人的地方。常州有子杀父一案，朱允炆认为是继母诬陷儿子，朱元璋不信，便拘拿了犯人的邻居、婢仆进行审问，果然朱允炆所断正确。原来，案中抱病多年的父亲死于庸医的错诊，继母素恨儿子，便力证为其子所杀。朱元璋说："竟会是这样！刑法不可不慎呀。太孙不但仁德，而且明断。我可以无忧虑了。"还有一次，朱允炆怀疑被巡逻的土卒提到的7个强盗中一人与其他人不同，一审问，果然，这是一家田主的儿子，6个佃客为盗，劫其同行，他本想去自首却先已被擒，朱元璋对此事很是惊奇，问道："你从何处看出他的不同？"朱允炆回答道："《周礼》中就谈到'色听'，《尚书》中也写到'惟貌有稽'，这个双目炯炯、视听端详的人当然不是强盗。"朱元璋感叹地说："断狱者不可不读书呀！"

洪武三十一年（1398年）闰五月十七日，朱元璋和大臣们议政之后，自觉十分疲倦，便躺在后宫的床上休息。没想到，他这一睡就再也没有醒过来，时年71岁。

朱元璋虽然死得很突然，却早已立下了遗嘱。遗嘱是这样写的："我担当皇帝重任，乃上天意志。三十一年来，格外小心，不敢懈怠，希望能给老百姓带来好处。无奈我出身寒微，不具备圣人那博大的才智，虽然做了些事情，但还有许多没考虑周到。我担心精力日渐衰微，很怕一些事情没有办妥。现在我就要离开人世，想起经历过的，也没有什么感到遗憾的事了。皇太孙允炆，性情宽厚，处世聪敏，讲究孝道，众望所归，应当继承皇位，文武大臣要同心协力辅佐他。在封地的诸王，得到我去世的消息，不必来京城，应当管好各自的封地。各王所属的文臣武将，都要听朝廷安排。"

洪武三十一年（1398年）闰五月十八日，21岁的朱允炆继承了皇位，改次年为建文元年，史称建文帝。

（3）朱棣受封

史家常把历朝皇室描写成非凡之人，那其实都是文人笔墨的渲染。出生在战火纷飞年代的成祖文皇帝朱棣，幼时其父朱元璋很少有精力去管教他。直到至正二十七年（1367年）朱元璋才正式给儿子取名字。

那一年的旧历十二月二十五日，应天城内的太庙大殿里供品丰盛，香火缭绕，吴王朱元璋为爱子举行的命名仪式即将开始。曾经横笛牛背的朱元璋，经过几番争战，消灭了所有对手，完全有条件做一个称孤道寡的皇帝了。所以，他要在登基之前，光宗耀祖，给儿子取名字。朱元璋在太庙文中写道："维子之生，父命以名。典礼所重，古今皆然。仰承先德，自举兵以来，渡江生子七人。令长子命名曰标，次曰樉、曰棡、曰棣、曰橚、曰桢、曰榑，从孙一人曰炜（后更名守谦），敢告知之。"从此时开始，8岁的朱棣和他的兄弟们才有了正式的名字。

第二年（1368年），明朝在应天城辞旧迎新的爆竹声中诞生。

戊申年（1368年）正月四日，朱元璋即皇帝位，国号明，改元洪武。刘基领命奉册室，马氏被立为皇后，世子标立为皇太子。朱标同几个兄弟在登基和册封仪式完成之后一起去拜贺母后马氏，然后众兄弟再拜贺长兄太子朱标。在一片礼乐声中，由二哥朱樉代表大家致贺词："小弟樉兹遇长兄皇太子荣膺宝册，不胜忻忭之至，谨率诸弟诣殿下称贺。"从这时起，朱标同他那些亲兄弟有了明确的身份之别，只是这种区别在当时还不明显。到了洪武三年（1370年），朱元璋分封诸王，朱标同其兄弟们的身份明显地有了不同。

洪武三年（1370年）四月初三，朱元璋在奉天殿和华盖殿宴请君臣，商议分封诸子为王的事宜。朱元璋对群臣说道："我亲率师旅，以靖大难，靠皇天眷佑，才得平定海内。然而天下之大，必树藩屏，上卫国家，下安生民。现在诸子都已成年，应该封他们以爵号，镇守各地。这并非我私庇自己的儿子，而是遵循古代先哲王的榜样，为求国家长治久安。""陛下封建诸王，以卫宗社，天下万世之公议。"群臣异口同声地响应。

但是，朱元璋感到于功臣之前先封诸子还是多说一说道理为好，他接着说："先王封建，所以庇民。周天子就是这样做的，所以行之久远。秦始皇很快便致亡国，就是因为废而不行。汉、晋以来，莫不皆然。其间有治有乱，那就要看他们各自做得如何了。"诸臣对这事仍然没有反对意见，便这么决定了封藩之事。

随后，封建诸王诏由当时的文章高手王祎拟制诏书曰："朕荷天地百神之灵，祖宗之福，起自布衣，艰难创业。惟时将帅用命，遂致十有六年，混一四海。功成治定，以应正统。考诸古昔帝王，既有天下，子居嫡长者，必正位储贰。若其众子，则皆分茅胙土，封以王爵，使长幼分明，内外之势巩固。朕今有子十人，前岁已立长子为皇太子。爰以今岁四月初七日，封第二子为秦王、第三子为晋王、第四子为燕王、第五子为吴王、第六子为楚王、第七子为齐王、第八子为潭王、第九子为赵王、第十子为鲁王、侄孙为靖江王，皆授以册宝，设置相傅官属。凡诸礼典，已有定制。于戏！众建藩辅，所以广磐石之安；大封土疆，所以眷亲友之厚。古今通谊，朕何敢私？尚赖中外臣邻，相与维持，弼成政化。故兹诏示，咸使闻知。"

诏书下，准备举行分封仪式。四月初七，奉天大殿内在晨钟响过三下之后全场一片庄严肃穆。仪式执事人各司其职，隆重的封藩仪式开始了。

身着九章冕服的朱棣，同即将受封的诸王一起，在引礼官带领下走进奉天门的东门，到奉天殿门前跪了下来。诸王在宣判官宣读完朱元璋封藩诏后，依次进入殿内接受金册和金宝。首先是朱樉，然后是朱棡，第三个便是朱棣了。

奉天殿内按照固定程式举行着庄严的仪式。朱棣在一阵礼乐声中走到御座前——上面是父皇，父皇身旁是长兄太子。读册官跪下来宣读金册上的文字："昔君天下者，必建屏翰。然居位受福，国于一方，并简在帝心。第四子棣，今封你燕王，永镇北平，绝非易事。朕起农民，与群雄并驱，艰苦百端，志在奉天地、享神祇。张皇师旅，伐罪吊民，时刻弗怠，以成大业。如今你有封国，当恪守礼敬，仁政爱民。体朕训言，尚其慎之。"宣读完毕，左丞相李善长将金册、金宝一一捧到朱棣手中。他庄重地接过来，交给身旁的内侍，俯身下拜。

在一片礼乐声中朱棣在引礼官带领下走出奉天门，开始了燕王的生涯。这时朱棣还不到10岁。

（4）叔侄争权

朱元璋生性多疑，经常对功臣宿将加倍提防，不料在儿子身上出了问题。洪武年间，朱元璋的24个儿子被分封到全国各地，以"夹辅王室"镇守西北的9个藩王，还经常典兵出镇，参加明初对北元的防御与征讨。其中，声势最大的是宁、晋、燕三王。宁王带甲八万，晋、燕二王，可以节制大将军冯胜、傅友德，燕王甚至可节制沿边士马。

明朝中央很早就有人认识到了分封藩王的弊端。洪武九年，翰林院训导叶伯巨即以西汉"七国之乱"、西晋"八王之乱"的历史教训提醒朱元璋，要他注意"分封逾制，祸患立生"的危险，建议他在诸王没有作乱之前先控制他们的疆域，裁减他们的兵力，但朱元璋没有采纳。洪武二十五年，太子朱标病亡，朱元璋立长孙朱允炆为皇太孙。太祖治国严酷，威撼中外，太孙则以宽大仁慈得到人们的爱戴，唯独诸王仗着叔父的身份，常常不遵从太子命令。朱元璋在晚年对诸王势力膨胀、形成的尾大不掉之势已有所察觉，所以，朱元璋死时，因恐诸王争权，遂在遗诏中禁止诸王至京奉丧。

建文帝朱允炆在洪武三十一年（1398年）登基，即"授遗诏止诸王会葬。诏下，诸王不悦，谓此齐尚书疏闻也"。同年六月，户部侍郎卓敬密奏裁抑宗藩，建文帝虽未批复奏疏，但消息已泄露出去，燕、周、齐、湘、代、岷等诸王即相互煽动，流言四起。在这种形势下，建文帝的亲信大臣齐泰、黄子澄建议先进攻几个势力较弱的藩王周、齐、湘、代、岷。朱棣是要对付的主要目标，因为周王是燕王的同母弟，削周是剪燕之手足。

于是，从洪武三十一年（1398年）七月至第二年六月的不到一年时间里，周、湘、齐、代、岷五王先后被夺去爵位，废为庶民。其中周王迁云南，齐王锢京师，代王幽大同，岷王徙漳州，湘王则合室俱焚。建文帝对北平的控制也在削贬诸王的同时加强。洪武三十一年（1398年）十二月，命工部侍郎张昺为北平布政使，指挥金事谢贵、张信掌北平都指挥使司，他们还肩负着严密监视燕王行动的使命。建文元年春，又以防边为名，派都督宋忠、徐凯、耿瓛分别率兵屯驻开平、临清、山海关，而调北平原驻防军——永清左右二卫于彰德（河南安阳）、顺德（河北邢台）。刑部尚书暴昭、户部侍郎夏原吉等14人受命以采访使身份巡天下。

在燕王已高度警惕悄悄备兵的时刻，朝廷才开始按部就班地解决燕王的问题。先是将燕王的护卫以防边之名调往开平，再将重兵部署在北平周围的临清、山海关等地。建文元年（1399年）七月，北平布政使张昺、都指挥使谢贵领兵围住燕府；都指挥使张信受朱允炆密令逮捕燕王。张信与燕王暗通，乘妇人之车混入燕府，和盘托出朝廷计划。朱棣将计就计，用计将张昺、谢贵诱入燕府杀死。府外军士四散而逃。燕王派张玉领兵夜出，夺取京师九门，黎明时分，只有西直门未下，张玉派人以朝廷已允许燕王专制一方为名劝降。众兵士都四散开了，燕王军队遂控制了北平城，正式誓师起兵。

（5）靖难之役

朱棣先将北平附近州县攻克，次第出兵通州、蓟州，乘夜克遵化，拔居庸关，守将弃关逃到了怀来，朱棣率兵八千赶至怀来。怀来兵士家眷多在北平，守将宋忠为稳定军心，称朱棣已将他们的家眷杀害了，朱棣令其家人为先锋，使将士军心大散，宋忠力战仍被朱棣攻克城池。夺下怀来，附近的开平、龙门、上谷、云中守将均不战而降。

经过朱元璋大肆杀戮功臣之后，劲卒宿将已殆尽，致使满朝文武之中竟没有一人能为朱允炆领兵作战，朱允炆只好任幸存的老将耿炳文为大将军，率军十三万伐燕王。建文元年八月，军队到了真定，在滹沱河被燕军打败，只好退保真定，坚守不出。朱允炆听到耿炳文兵败，又临阵易将，用李文忠之子李景隆替下了耿炳文。李景隆来到德州，召集兵马，又调来各路军马五十万，在河间安营扎寨。燕王知朝廷易将，大喜，说道："李景隆膏粱子弟，不习战阵，朝廷这是坑了自己啊。"

九月，李景隆至德州，收集耿炳文溃散士卒，并调各路军马共五十万，进抵河间驻扎。李景隆军中的一些措施布置被燕王侦知后，他笑着说："兵法有五败，景隆都犯了。为将政令不修，上下异心，这是第一；北平早寒，南卒皆穿布衣，不能披冒霜雪，而且军无余粮，马无足草，这是第二；不量险易，深入趋利，这是第三；庸碌贪婪，气盛而刚愎，仁勇俱无，威令不行，三军易挠，这是第四；部曲喧哗，金鼓无节，喜欢阿谀奉承之辈，专任小人，这是第五。他五败全犯，还能胜我吗？"为了引诱李景隆深入，朱棣就叫姚广孝协助世子朱高炽防守北平。

大部分军队被带走援救永平，攻围永平的江阴侯吴高见燕王兵到，退保山海关，永平解围，燕王顺路兵趋大宁。宁王一直管辖着大宁，所属朵颜诸卫，多为蒙古骑兵，骁勇善战。朱棣起兵后，就想把它合并过来，扩大自己的军事力量，而朱允炆下令削除宁府的三护卫以阻止宁王与朱棣合兵，这个情况被朱棣得知后，认为这是袭取大宁的好机会，遂由刘家口直奔大宁。十月，合并了大宁宁王部属及朵颜三卫的军队，收编宁王的精锐八万人，此时才班师回营。

李景隆听到朱棣去大宁，遂率兵进攻北平，燕王为了诱敌深入，故意撤走卢沟桥守兵。十月，李景隆驱兵直抵北平城下。朱高炽布置严密，守卫严紧牢固。李景隆军队虽多，面对坚城，却无可奈何。南军中唯有都督瞿能勇敢善战，他与两个儿子率领精骑千余，杀入张掖门，其势不可抵挡。但是因为援兵不到也只好勒兵等待，李景隆又怕瞿能得了头功，派人阻止，要他等大军全到，一起攻城。因此使燕军得到喘息的机会，连夜提水泼到城墙上，天寒结冰，南军第二天无法攀城攻击。几次攻城失利的李景隆只好屯兵于城下，在郑坝村布置军队。十一月，朱棣回师至北平郊外，进逼李景隆军营，城内燕军亦出击，内外夹攻，李景隆率败军连夜败逃。第二天，士兵听说主帅李景隆已逃，及弃兵粮南奔。李景隆兵败的消息传到南京，朱允炆问黄子澄，黄子澄却隐瞒实情，谎称：交战屡胜，因天寒，暂回德州，等来春进发。黄子澄还派人告诉李景隆隐瞒战败情况，不要上奏。朱允炆被这些臣僚蒙蔽，加李景隆太子太师，予以奖励。建文二年（1400年）四月，李景隆会武定侯郭英及安陆侯吴杰等合军六十万，号称百万，进抵白沟河，都督平安率精兵万骑为前锋。燕军方面，朱棣令张玉领中军，朱能领左军，陈亨领右军，为先锋，丘福领步骑继之，马步十余万，双方在白沟河。燕兵被前锋平安和都督瞿能父子率军击败，燕兵右军主将陈亨被平安所斩。但南军没有抓住大好形势，兵虽多于燕兵数倍，但将帅不专，政令不一，不能在有利时扩大战机，在遇到挫败时，又不能及时部署兵力阻遏燕军的攻势。所以在南军主将瞿能父子战死、平安所部被燕军朱能打败之后，便溃散得不成军队，燕兵又乘风纵火，烧其营垒，郭英、李景隆等溃逃。数十万将士被斩或溺死，万里尸横。李景隆只单骑逃往德州。五月，李景隆又自德州逃到济南，燕军追到济南，将李景隆的十余万部队击败。朱允炆到这时才觉察出李景隆的无能，便以盛庸代李景隆为大将军，擢升铁铉为兵部尚书，赞理大将军军事。

建文二年（1400年）朱允炆又命盛庸率军北伐，以副将军吴杰进兵定州，都督徐凯等屯沧州。十月，燕军破沧州，徐凯等人被俘。十二月，燕军进入山东，至临清、馆陶、大名、汶上、济宁。南军主将盛庸与铁铉于东昌誓师励众，检阅精锐，背城而战。这时，屡战轻敌的燕军在东昌大败，朱棣的亲信将领张玉死于战阵，自己也被围困，后来朱能率援军赶到才得以突围。建文三年（1401年）二月，朱棣又率军出击，先后于滹沱河、夹河、真定等地败盛庸、吴杰、平安的军队，随后又攻下了顺德、广平、大名等地，占领了河北大部分郡县。建文四年正月，燕军进入山东。济南为铁铉驻守，城坚难破，燕军只好绕过济南，连破东河、汶上、邹县，直至沛县、徐州。四月，燕军到了宿州，平安率军跟踪至肥河，袭击燕军。总兵何福以十余里的列阵，沿河向东挺进，徐辉祖又率军前来支援，与燕军在齐眉山大战一番。结果燕军损失惨重，骁将王真、陈文、李斌以及都督韩贵都战死了。燕军士兵不习惯连绵的暑雨和泥泞的道路，并且又有疾病流行，燕军处于极为不利的形势之中。当时两军对峙于肥河两岸，朱允炆错误地认为燕军就要北归，京城不可无良将，在双方决战的关键时刻，竟撤回了徐辉祖所统的军队，致使前线的军事力量大大削弱。燕军抓住战机，全力进攻何福军，破灵璧，南军大败。何福单骑逃走，平安及陈晖、马溥、徐真等37人都被抓获。

五月，燕兵收降泗水，南军进抵淮河岸边，南军盛庸列阵南岸，燕王设计突袭南军，主将何福弃众先逃，南军弃甲而走，燕军遂顺利渡淮，直趋扬州，扬州不战而降，接着高邮也来降伏。燕军破仪真，京师人心被燕军往来于长江之上的船只震慑，大臣多为自全之计，求出守城，城中空虚。六月，燕军誓师渡江，盛庸兵列阵沿江二里抵御，但是面对数百燕军，盛庸士兵都不作抵抗，燕军又乘势夺取镇江。京中听说后，乱作一团。方孝孺献计，言城中尚有兵二十万，可据城死守，命城外百姓入城。在兵士的驱赶下，城外百姓不分昼夜，拆屋运木入城，劳苦饥渴，死了很多人，老百姓怨声载道。又令诸王分守城门，以割地为条件向燕王讲和。诸臣声称在外募兵，静观战局，无人肯募兵勤王。谷王橞与李景隆开金川门降于兵至城下的燕王。宫中火起，建文帝朱允炆下落不明。不久，朱棣在南京登基，是为明成祖，年号"永乐"。这就是明史上的"靖难之役"。

本来，朱允炆采取的削藩政策是有利于中央集权的统治的，但他所重用的齐泰、黄子澄、方孝孺等人，是一群既不懂军事，也不会打仗的文弱书生。他们虽高喊"削藩"，但没有相应的军事部署来与之响应，当耿炳文受挫折时，却用了李景隆去统率大军，以致几十万军队在不到一年的时间内被李景隆断送。而朱棣久经沙场，军事经验丰富，他所统率的军队愈战愈强，为以后的战争胜利打下了基础。

此次统治阶级内部争夺皇位的战争，经历了四年之久，它给明初刚刚恢复的社会经济带来了极大的破坏。

2.永乐王权

朱棣于建文四年（1402年）六月，攻陷京师，清宫三日，对齐泰、黄子澄、方孝孺等一大批忠于建文朝廷的文臣武将用尽极刑。兵部尚书齐泰和太常寺卿黄子澄，都是洪武进士，共参朝政，他们由于建议削藩而招致亡族惨祸。齐泰常骑白马，为了避免别人认出他来，就将马用墨涂黑。马走了稍远路程后出汗，墨迹便掉了，有认出他的马的人说："这是齐尚书的马"，齐泰因此被捕。文学博士方孝孺是宋濂弟了，朱棣入南京，钦慕他的文学才华，叫他草拟诏书，但方孝孺不仅严辞拒绝，而且还揭露他篡位。朱棣以诛九族来威吓他，孝孺不屈，后执笔书"燕贼篡位"四字。朱棣大怒，用利刃切孝孺嘴左右耳，在狱中将他杀死，并灭十族（方的九族以及方的学生），死者达873人。燕王在朝中以此清除异己，消除了隐患，为自己登基和国家稳定打下了坚实基础，但是也杀戮了一批正直之士，对士风破坏很大。

建文四年（1402年）七月一日，朱棣在南郊隆重地行完祭祀天地的仪式后，回到奉天殿，诏令当年六月以后，仍旧使用洪武三十五年作为纪年，次年（1404年）为永乐元年。革除建文中所更改的祖宗成法，一切恢复旧制。七月三日，又诏令用洪武制替代建文时更定的官制。九月四日及第二年（1403年）五月，朱棣两次大封靖难功臣。建文四年（1402年）十一月十三日，朱棣将妃徐氏册立为皇后。在恢复诸王爵禄后明成祖暗中开始"削藩"，让在边塞要地称王的迁徙回内地，减少诸王的护卫，同时把诸王对将帅、卫所军的节制指挥权收了回来；重申不许诸王擅役军民吏士的禁令；对地方事务不可过问，对犯有过失的诸王，先书面警告，不改的话再加以惩罚，仍旧不改就废为庶人或加以惩治。这一策略的实施较建文帝更隐蔽，也更从容，收到了削藩效果又不致酿成祸乱。

永乐元年（1403年），北平被改为北京，设北京行部诸衙门，将大宁都司迁到了保定。

朱棣称帝后，还决定起用一批资浅而干练的文臣参加政治活动。建文四年（1402

年）八月一日，朱棣命侍读解缙、编修黄淮入直文渊阁，参与朝廷机密重务。九月，又命侍读胡广、修撰杨荣、编修杨士奇、检讨金幼孜和胡俨同值文渊阁参与机务，与解、黄朝夕侍从左右，做皇帝顾问，称之为内阁。他们分别掌管文案，综理制诰，随之创立内部制度，不过，这时的阁臣品秩远在六部尚书之下。秩为五品，而且没有设定官属，不负责各司事务，经洪熙、宣德两朝，内阁制度才趋完备。

3.修《永乐大典》

永乐五年（1407年）十一月，《永乐大典》修成，明成祖朱棣亲自为之另作序。

永乐元年（1403年）七月，明成祖命翰林侍读学士解缙等，参考《韵府群玉》、《回溪史韵》二书的例子，收纳各书记载的事物，按类编排，统一归纳整理在《回溪史韵》中。解缙等奉命而行，于次年十一月编成进呈，朱棣赐名《文献大成》。没多久朱棣又觉得仍有遗漏，又命姚广孝、刘季篪与解缙一起重新编辑，还特别要王景、王达等五人为总裁，邹辑、梁潜、曾棨等20人为副总裁，陈济等为都总裁，征调优秀的中外官及四方老宿文学之士为纂修，选善书的国子监及郡县生员为缮写，饮食由光禄寺来提供，共9169人，开馆于文渊阁。同时，又派官员分行天下，搜集各种书目作准备。历时五年，于永乐五年（1407年）十一月修成，改名《永乐大典》，全书共22937卷，11095册。

《永乐大典》是中国历史上规模最大的一部类书，也是迄今为止世界所公认的一部大型百科全书。

《永乐大典》的包装设计十分有特色。全书用上等宣纸印成，上面印有朱丝栏，每半页8行，大字占一行，小字钞成双行，每行28个字。端正的楷书呈墨黑色，而且有淡淡的芳香味道。里面的名物器什和山川地形，用白描手法绘就，精丽工致，形态逼真，栩栩如生，实属古代书籍插图中的佳品。所征引之书名、圈点以及版心均用红笔，十分显眼。每册书高营造尺1尺5寸6分，宽9寸3分。书面硬裱，用粗黄布连脑包过，朴实庄重。

《永乐大典》内容，采用按韵和分类两相结合的所谓"用韵以统字，用字以系事"的方法编纂。其韵目以《洪武正韵》为准，在每韵下分列单字，每单字音韵、训释和它的篆、楷、草各种书体详细的标注在每个单字下，然后再分类汇总和这一单字有关的天文、地理、人事、名物、诗文、词典等各项记载。

成祖朱棣迁都北京后，《永乐大典》收藏在北京文渊阁。《永乐大典》初无副本，因嘉靖三十六年（1557年），文渊阁附近的奉天、华盖、谨身三殿起火，《永乐大典》虽因抢救及时而没遭此大劫，但明世宗朱厚熜为了避免发生意外，决定重录一部。遂任命礼部侍郎高拱、左春坊左谕德兼侍读瞿景淳为总校官，负责组织重录工作，还召集了儒生程道南等109人，增设服务设施和人员，配备警卫人员，严格制定规章制度，于嘉靖四十一年（1562年）秋开始重录工作，至隆庆元年（1567年）完成。所录副本与永乐正本的格式装帧完全一致，并把副本收藏在皇史宬。

《永乐大典》所收典籍极为广泛，共8000多种，上自先秦，下至明初的经史子集、百家之言以及天文、地理、阴阳医术、僧道技艺等。同时还把这8000多种典籍分门别类全部抄录，不改一字，从而保存流传下来很多古代文献。

《永乐大典》修成后，终明一代为帝王御用之物。而到了清朝初，自全祖望就开始从《永乐大典》中辑佚。清高宗乾隆年间开始修《四库全书》时，从《永乐大典》中辑出385种典籍，共4946卷，其中有"二十四史"之一薛居正《旧五代史》、重要史籍

《建炎以来系年要录》、陈振孙《直斋书录题解》、医学名著《苏沈良方》以及《续资治通鉴长编》和《水经注》等名著。还选编有宋元诗人文集和宋夏竦《文庄集》36卷，刘攽《彭城集》40卷、宋庠《宋元宪集》40卷；元人陆文圭《墙东类稿》20卷。后徐松又从《永乐大典》中辑出《宋会要》500卷，《宋中兴礼书》、《续史兴礼书》150卷。今天人们编辑的宋、金、元诗词不少采自大典中。《永乐大典》所征书籍，均据文渊阁所藏宋、金、元精本摹写，完全可以同现存通行本校勘。清代就曾依照这个大典勘校群书。现在已从大典中辑出佚书590种，附录44种，其中120种无传本。

《永乐大典》正本到明末就没了下落，副本于康熙年间被发现，已经残缺。到乾隆三十七年（1722年）缺1000多册，合2422卷。光绪元年（1875年）时已不到5000册，至二十年（1894年）竟不足400册。以后越来越少，经多方收集，现在于世界各地散藏的仍有800余卷。

《永乐大典》的价值，主要是内容丰富，收录了古代许多文化典籍，不光给后人留下了丰富的资料，也保存了大量的文化古籍。再者，作为一部类书，它宏大的规模，丰富的内容，创新的体例等方面，都远远超越前代的类书。

4.设立奴尔干都指挥使司

永乐七年（1409年）闰四月，明廷设立奴尔干都指挥使司，以宦官、海西女真人亦失哈主其事，以招降女真。

奴尔干（女真语为图画的意思，表示这里山川景色美丽如画）。元朝的时候，在这里曾经设征东招讨使，管理和征收骨嵬部（库页岛）的军赋。14世纪50年代又在敦敦河口的哈儿分之地，建立了"吾者野人，乞列迷等处诸军万户府"，都由黑龙江下游的兀者、乞列迷等部管辖。

朱元璋建立了明朝之后，多次派遣官员到这里进行"招抚"。明太祖时，元辽阳行中书省平章刘益捧着辽东地图来降靠明朝。后来在辽东地区设辽东都指挥使司，领有25卫，其范围东至鸭绿江，西至山海关，南至旅顺口，北至开原的三万卫，北部辖区还包括了辽河。明太祖降纳哈后，明军曾出开原，驻扎在松花江南北两岸。

明成祖朱棣即位后，在明太祖朱元璋经营东北的基础上，更加强了管理。永乐元年（1403年），明朝政府派官员往谕奴尔干，至吉（乞）列迷诸部招抚，进展很大。

十一月，女真部落首领阿哈出等入朝，明廷沿用金恤品路建州之名，在其地设建州卫（黑龙江东宁县境），任命阿哈出做指挥使。十二月，忽剌温（呼兰）女真部首领西阳哈、锁失哈等来朝，在其地设兀者卫（呼兰河中下游），西阳哈被任命为指挥使，锁失哈为同知。

第二年，各部首领相继入京归附明朝。明朝政府在此设立了奴尔干、建州等十卫，任命把剌答哈等做奴尔干卫的指挥同知等官，另外各部的首领又被任命为指挥同知等职务，而且赐给他们诰印官带袭衣。明政府为了便于管理东北地区的各族人民，从永乐元年（1403年）到永乐七年（1409年）在斡难河、黑龙江流经的南北区域，以及松花江、乌苏里江、格林河、亨滚河等流域，设置了132个卫。于是海西女真、建州女真、野人女真诸首领相继归附。至此，明政府基本上统一了东北地区。

永乐七年（1409年），奴儿干官员忽剌佟奴来朝，奏请在奴儿干设立元帅府，闰四月明廷定议在其地设置奴儿干都指挥使司（简称奴儿干都司），由东宁卫指挥康旺为都指挥同知，千户王肇舟等为都指挥金事。六月，又设置了奴儿干都司经历司，设经历一员。永乐九年（1411年）明成祖专门派遣内官亦失哈等率千余军官，25艘巨船，护送康旺等顺黑龙江而下，就任到亨滚河口对岸特林的奴儿干地就任。

正式建立的奴尔干都司，是明政府管辖黑龙江、乌苏里江流域等地的最高地方行政机构。设立了奴尔干都司之后，为加强对这一地区的管辖，明朝政府又陆陆续续建了很多的卫所。至英宗正统十二年（1447年）共建卫所184个，千户所20个。到万历年间，所建卫所达到384个，千户所24个。政令所行西起斡难河（鄂嫩河），北至外兴安岭，东抵大海，东北达库页岛。仅黑龙江南北地区的卫所，其数量就有67个。斡难河卫、卜鲁丹河卫等十四个卫所，设在斡难河以东，嫩江以西，包括呼伦贝尔地区和黑龙江上游南北地区。沿精奇里江设立的有脱木河卫、古里河卫等5个卫。精奇里江是黑龙江北岸支流，那里的垦荒历史有200多年，沿流域出现了专事农业的一些村屯，如博和哩屯、吴鲁苏屯、黄河屯（海兰泡）等，这便是历史上非常有名的"江东六十四屯"。在黑龙江城以东，到与松花江汇合处附近地区的卫所有可令河、木鲁罕山、哈喇察、兀喇卫等9个卫。以库鲁河为中心（伯力附近）设立了乞勒尼、忽鲁木、喜申、古鲁、亦儿古里等5个卫。撒儿忽，哈儿分等4个卫则沿敦敦河流而设。沿格林河设立了葛林、忽石门、卜鲁兀等5个卫。沿亨滚河（黑龙江北岸支流）设立了饮真河、满泾、朵儿必河等7个卫。奴尔干、兀的河、和囊哈儿、波罗河（两个卫在库页岛上）四个卫设立在由黑龙江到库页岛一带。在乌苏里江东部地区，还设了克默而河、亦麻河、失里、恨克、双城（俄称乌苏坦克斯克）等14个卫。这67卫在鸦片战争前均为我国领土。

奴尔干都指挥使司由明中央政府直接控制，是军政合一的最高地方行政机构。设有都指挥使、都指挥同知和都指挥佥事等军政长官。明成祖朱棣时，由于没有都指挥使，以都指挥同知为最高长官。

奴尔干都司辖区的人民，要向明朝政府上缴赋税，这同内地人民是一样的。他们通常是上缴当地的土特产，如海青、大鹰、鼠雕、白兔、黑狐、貂鼠、阿胶、海豹皮、海獭皮、叉角（海象牙）、鲸须、好剌（各色鹿）、马、失剌孙（即土豹）、金钱豹皮等。同内地的地方官吏一样，各卫所的官员，要对明朝中央政府的命令、调遣绝对地服从。

为了方便由内地到奴儿干地区的交通，从而便于送文件、运送官兵等，明政府在它所辖地区设立了东西两条驿站线路。一条是"海西东水陆城站"，自海西底卡失站（今黑龙江双城县西，拉林河畔花园屯古城），向东北沿松花江而下，直到黑龙江下游奴儿干都司治所附近的满泾站，有50余个城站分布在此条驿站线路上。另一条叫"海西西陆路"，从肇州起，经松花江、洮儿河往西直到兀良河（今满洲里附近），这两条驿站路线又连接了辽宁省东都司辖境内的驿路。这样一来使得处于边远地区的奴儿干都司与内地的联系进一步加强了。明朝政府还在驿站经过的地区征调劳役、畜力，设置站丁、站狗。为了运输的需要，明朝政府还在今吉林省吉林市附近松花江畔建立了船厂制造船只。

亦失哈、康旺等人对创建和经营奴儿干都司的贡献很大。亦失哈是钦差大臣，康旺、王肇舟属封疆大吏，自永乐七年（1409年）奴儿干都司筹建，直到建成并受命管理和经营，他们经历了全过程。在20多年中，亦失哈共巡视达十次之多。他们对边疆地区少数民族采取柔化抚恤政策，使奴儿干都司所辖地区的少数民族与明朝的关系极为密切。如永乐五年（1407年），到京师朝贡的纳木河等部落的首领就有三百人。永乐十年（1412年），奴儿干等处部族头目到京师朝贡的有78人，可以说，亦失哈、康旺、王肇舟等人在从事东北边疆的经营方面，贡献巨大而卓越。

另外，他们还在当时奴儿干都司的治所特林建立了一座供奉观音的永宁寺，并在两旁立了两块石碑，一块是在永乐十一年（1413年）所立，碑上刻有《敕修永宁寺记》；另一块是在宣德八年（1433年）所立，碑上刻有《重建永宁寺记》。这两块碑记，记载了明朝政府经营和管理奴尔干都司的经过。两块碑文均用汉文、蒙古文、女真文、藏文四种文字书写。碑文中的官员，有汉族人、蒙古族人、女真族人和其他少数民族，这证明奴尔干都司是明朝这个多民族国家的一级地方政权。虽然现在永宁寺早已不存在了，但这两块石碑曾经在原址巍然挺立500年，这是我国明朝政府管理奴尔干地区的历史见证。

5.兴建王陵

朱棣做了皇帝之后，开始修建陵寝，到永乐十一年（1413年）竣工，是为长陵。其实，早在朱元璋之时，已有大兴土木兴建陵寝的风气。

（1）明孝陵

明孝陵是朱元璋的陵墓，位于南京东郊紫金山南麓独龙阜玩珠峰下，动工于洪武十四年（1381年），建成于洪武十六年（1383年），朱元璋死后埋葬于此，称孝陵。

明朝建国后，倡导儒学的"厚葬以明孝"、"视死如生"的封建伦理思想，尊礼治，重传统。朱元璋建国伊始，就派官员走访和审察了历代帝王陵墓规划布局，明孝陵整个陵区的规划和单体建筑的形式由朱元璋亲自裁定。

明孝陵由前面的神道和后面的主体组成，神道部分全长1800米，自下马坊起至享殿门前的御河桥止，依地势而建，迂回曲折，布置独具匠心。在神道的前端增建了平面为方形的神功圣德碑楼，造型高大而不失端庄严谨，给人以庄重崇高之感，楼北神道转折，平冈广阔，道旁两侧均有石像，有狮、獬、豸、骆驼、象、麒麟等6种12对，1立1跪，逶迤一里多长，列于神道两侧，既渲染出陵墓神秘崇圣的气氛，又增加了陵墓建筑的空间层次感，同时也是区别陵墓等级的标志。

其主体部分，采用严格对称的纵轴形制，同前半部分依山势迂回之法相反。主体前后分为三进院落，孝陵的前院，正门原名"文武方门"，供祭祀时使用的神厨和神库安排在院内两侧，用亨门沟通前院和后院，中院后部中央建有面阔9间、进深5间的恩殿。殿前两侧有布局严谨的东西廊庑，形若宫殿，用于举行祭祀活动。后院为方城明楼及宝顶。恩殿和方城明楼相结合，如同宫殿和庙宇中的前朝后寝，构成了陵墓建筑的主体，突出了陵墓的主体部分，而且不再沿用宋陵方形陵台和上城的结构，提高了陵墓建筑的艺术性。

明孝陵的陵墓建筑和规划布局，既承袭了历代帝陵的传统，又进行了大胆的变革和创新。如陵墓用圆形取代方形，称宝顶；取消寝宫，将祭殿的规模增大，陵园围墙由方形改为纵深三进院落形制，开创以方城明楼为主体，祭殿为先导的宫殿式陵园结构；调整了石像的种类和数量。这些革新在结构上比历代陵园都先进得多，后来的明十三陵就是以孝陵作蓝本，成为帝陵建筑的高峰，可以说，明孝陵标志着建筑业的重大突破和发展。

（2）明长陵

尽管朱棣是明初具有卓越政治才能的一位皇帝，却也并没有因此而改变他封建帝王的性质，他也是一个封建剥削阶级的代表，他生前的生活淫逸奢华，死后还妄想同生前一样享乐。因此，在他登基七年之后，便大兴土木，修建陵寝。

皇帝作为一代天子，生前被尊于万人之上，死后也要葬身于"吉壤"之地。

永乐四年（1406年），成祖朱棣下令征调工匠、民夫百万余人，开始修建陵寝。永乐五年（1407年），皇后徐氏在南京病逝，朱棣却打算在北京建陵，为什么要离开南京呢？这其中的奥秘恐怕难以解释清楚。或许是朱棣担忧如果在太祖身边下葬，在阴曹地府里会被老子责骂；或许因为北京曾是自己长期镇守的地方；或许考虑到徐皇后孤守北京，实在不易；或许……我们不知究竟是什么理由促使朱棣把陵寝建在北京。只知道朱棣派去北平寻找"吉壤"的是礼部尚书赵羾及江西术士廖均卿等人。

秉承皇帝的旨意，赵羾和廖均卿等人用了足有两年时间，跑遍了北京地界内可供选择的地方，最终选出四处再由皇帝进行定夺。第一处是口外的屠家营，朱棣觉得皇帝姓朱，和"猪"同音，猪家如果进了屠家定要被宰杀，犯地讳不能用。第二处是昌平西南的羊山脚下，朱棣开始觉得位置不错，然而山后面有个村叫"狼儿峪"，若是"猪"旁边有狼，是很危险的，也用不得。第三处是京西的"燕家台"，可是"燕家"和"晏驾"是谐音，不吉利。第四处是京西的潭柘寺，尽管那里景色好，却由于地处山间，地方狭窄，不利于子孙发展，也没被选中。

永乐七年（1409年），朱棣决定自己亲自去选址，终于选中一片皇家陵区。其位于北平西北郊区，属于燕山余脉，自西向东，逶迤而来。在陵区的东西北三面，群峰耸立，好似屏障，气势磅礴，雄伟壮观，形成了一片小盆地。术士们看后，也夸张神化了一番，说皇帝眼力好，朱棣听了特别高兴，马上下旨圈下附近方圆八十里地作为陵区禁地，开始动工修建长陵。实际上，朱棣选择的陵区，不光是风景好，水土深厚，更主要的是这里地势如屏，易守难攻，一旦驻军把守，既可守卫陵寝，又利于保卫京师。同年，朱棣下令在昌平县北黄土山下建造长陵。

陵区虽然选好，朱棣却仍旧觉得有不如意的地方。原来，长陵所在地叫黄土山，朱棣觉得此名不雅。黄土是埋普通百姓的，堂堂皇帝葬于黄土山下，岂不太没面子？他想将此山易名。于是群臣与术士们纷纷献"名"，但却没有令朱棣十分满意的。

巧的是，朱棣过生日的时候，群臣前来祝寿。朱棣趁着酒兴同群臣来到陵地，百官齐呼"万岁"，朱棣感悟，便想出了"天寿"两个字来，就对群臣们说："此山应名为'天寿山'。"群臣又是一片称赞之声。就这样，在朱棣自己过生日的时候，为自己的葬身之处起了个"吉"名。

天寿山是一处天然形似宫殿的山区，东、西、北三面群峰环抱，像处于一个大庭院中，平坦豁亮；南面开敞无阻，直通北平平原，其南端又正好有两座小山相对，左边的叫蟒山，右边的叫虎山，如一龙一虎在守卫大门。

永乐七年（1409年）长陵开始动工，到永乐十一年（1413年）完工，用了四年时间。

按照孝陵规制建造的长陵，共有三进院落。第一进院落，包括陵门、神库、神厨和碑亭。陵门开了三个门洞，顶上铺有黄琉璃瓦，左右连接墙垣。

第二进院落，包括享殿、殿门、西庑配殿和神帛炉。享殿异常高大宏伟，是长陵的主要建筑。大殿共九间，总面积达1956平方米，与紫禁城内最大的奉天殿具有相同规制。大殿为双层屋顶，重檐四出，黄瓦红墙，威严壮丽。它坐落在三米高的三层石阶的台基上，石基、阶陛、杆场用汉白玉雕琢制成。尤其是排立在大殿里的32根巨柱，中间最大的四根直径为1.17米，两个人都抱不过来，是用世上罕见的整根金丝楠木制成的，不时会发出香气。这四根最粗的柱子上描绘着金莲花图案，金碧辉煌。

第三进院落，包括宝城和明楼。宝城和明楼连在一起，楼前设有五供，包括石刻的香炉一个，烛台两个，花瓶两个。陵宫内原有祠祭署、宰牲亭等建筑。楼下边的城墙突出，呈方形，所以叫方城。一个大坟头被包围在城墙里，叫宝顶，宝顶下面就是地宫了。长陵的坟头大得像座小山，它的直径是一百零一丈八尺（近340米）。

宝城下面设有甬道，从那里能登上明楼。明楼也是方形的，四面开门，当中竖立石碑。碑文是朱棣死后所刻的"大明太宗文皇帝之陵"。

朱棣修建长陵，动用了无数的人力物力。朝廷令勋臣为总监工，礼部、工部、兵部负责造陵。兵部负责征调兵士参加建陵工程；工部负责征集民夫、工匠，调运建筑材料，管理设计施工等。有上万人被迫背井离乡，被赶到陵地从事繁重的劳动。享殿中32根巨大的金丝楠木，每一根从砍伐地运到陵园，在当时要耗时数年，其耗费之大可想而知。在四川当时就有蜀民"入山一千，出山五百"的民谣。此外，由于建陵时需要使用大量石料，就需有万余采石的夫役。因为所用石料常常是整块巨石，开采困难，运输更加艰难，工匠们只好在沿途凿许多口井，等到冬天来临，用水泼成冰道，再把巨石放在特制的木架上，由千百人用绳拖拉过来。据《冬宫纪事》中记载，从北京房山运送一块长三丈、宽一丈、厚五尺的白石，需调用民夫两万人，历时28天，才运到京城，花费白银11万两。

6.解缙之死

永乐十三年（1415年）正月，前翰林学士解缙被害，享年46岁。

（1）少年才俊

解缙（1369~1415年），字大绅，一字缙绅，号春雨，吉州吉水人。出身于世宦家庭，祖父解子元曾任元朝江西行省安福州（今江西安福）判官，在兵乱中不幸死去，这使父亲解开悲痛欲绝，居家守业，不肯出仕为官。朱元璋刚建国的时候曾召见过解开，同他讨论元明政事利弊，而且想封他做官，但被他婉拒。

父亲从小就很注意培养解缙。他聪敏过人，十来岁时便写得一手很好的诗文，是当地出名的少年才子。

洪武二十年（1387年），解缙参加江西乡试，中了第一名解元，次年赴京师参加会试，得了第七名，经殿试后被录取为三甲进士，与其兄解纶同榜登第。

洪武二十一年（1388年）四月的一天，解缙陪同朱元璋来到光禄寺大庖西室。朱元璋谈到时政，少年得志的解缙很有些年少轻狂，况且他早已对朝廷有不满情绪，当天便写了"封事"万言书，交给了明太祖。

这篇上书直陈时弊，受到时人及后人的推崇。这次上书解缙做得很巧妙，内容也很有见地，大胆陈述时事，正应合了朱元璋"知无不言"的要求，若是不能直言，反倒可能招致他的怀疑和不满。洪武时的酷刑，几乎使言路闭塞，解缙的直言，使朱元璋感到耳目一新。但解缙也是有所顾忌的，为了使朱元璋在公布或不公布其内容上留有余地，他专门使用了"封事"的方式。这一回朱元璋毫无顾忌地将"封事"向公众公布，解缙因而为人所知。朱元璋希望这位才子能为他所用，成为一个符合统治者需要的官僚化、工具化、模式化的官吏。

解缙的才华不单在政务上有所表现，更为突出的是他那种明初士大夫狂放不羁的个性。在他作为中书庶吉士的肄业期间，人们几乎就把他当做一个狂妄的书生，他的浪漫已经招致了包括朱元璋在内的统治集团的不满。

（2）坎坷仕途

从洪武二十四年（1391年）起，解缙奉旨归读，前后达8年之久。令人费解的是只叫他回乡闭门读书，却不让他在政务中磨练，用类似于冠带闲任的方式"以待大用"。这样一直延续到洪武三十一年（1398年）闰五月朱元璋病逝。

　　解缙得知朱元璋病逝后，不顾母丧未葬，辞别了90岁高龄的父亲，赶往京师（南京）。没人说得清楚他这样匆匆而行的用意。总之，他这次入京不仅不是忠君的举动，反而是违背皇帝生前旨意的大错特错的举动，他因此受到了类似于充军的处罚，被谪贬到地处陕西临洮的河州军民指挥使司为吏。

　　不久解缙便病倒，想起自己满腹经纶，却落得如此下场，又因思念家人父老，经常独自垂泪。到这时，解缙终于不得不放下文人孤傲之气，给礼部侍郎兼翰林学士董伦写了一封言辞凄楚的书信。

　　这封书信首先谈的问题是削弱藩地，这完全是为应合建文时的政治形势，然后才是表现功绩，显示才能，既有辩解申诉，又有哀求待怜之意。

　　这封书信深深地打动了董伦，他于是向建文皇帝推荐了解缙，不久解缙便被召回，授官翰林待诏。这是个从九品的小官，不常设。改定官制后，待诏是翰林院文翰的下属，仅是当时一名掌握应对之策的小官吏而已。

　　建文四年（1402年）六月，燕师攻抵京城，大批官吏趁着天黑缒城而逃，唯独解缙没走，他有自己的想法。建文朝廷除了将他谪贬河州吃了些苦头外，也仅仅给了他一个从九品的翰林待诏，他无须对建文帝效忠。当燕王朱棣带领部队进入京城的时候，解缙便同几名翰林学士归附了他。

　　解缙受宠于篡权称帝的朱棣还不光由于他首先迎附，还因为他草拟了《登极诏》。《登极诏》原先是打算让一位明朝初期的有名才子方孝孺拟写的，然而方孝孺效忠建文帝，宁愿十族被杀尽也不愿拟写诏书。据说朱棣还命令过侍读楼琏写诏书，楼琏因不敢推辞，便回家种田去了。也有传说是括苍王景或无锡王达草拟的这份诏书。但是诏书出自解缙的可能性更大，因为这正是他表现自己才华的时机，从此他开始了一生中最辉煌的五年。

　　由解缙担任《太祖实录》的总编修，对他来说是一种莫大的荣耀，他的同僚，甚至比他级别高的官员们都只是担任了纂修官，解缙从此名声大噪。

　　在朱棣的心目中，解缙是一位可以委以重任的才子。八月中秋，宫中设宴，朱棣与身边亲近大臣们一起赏月，谁知天公却偏不作美，浓云遮掩了月色，君臣们有些扫兴。据说解缙即时就吟诵出《落梅风》一首：

　　嫦娥面，今夜圆，下云帘，不着臣见。拼今宵倚阑不去眠，看谁过广寒宫殿。

　　词虽无奇，但其中透露的那股不达目的不罢休的快意，非常适合朱棣的口味，朱棣高兴起来，又让他作长歌。夜半，浓云渐散，明月当空，朱棣无限欣喜地说道："才子！可谓夺天手段也。"就是这个时候，他们君臣的关系已经非常融洽了。但其后因为立储之争，解缙遭到外任处罚。

　　朱棣的三个儿子中，二儿子朱高煦"靖难"中随军征战有功，经常与朝中的一些战将们来往，并且还一门心思要夺取太子之位。小儿子朱高燧也以英武闻名，朱棣对他最是宠爱。由此可见，长子朱高炽的地位已非常危险，只是朱棣废长立幼的意图一时之间还不能定夺。

　　据说当时朱棣曾命群臣题《虎彪图》，图中画的是一只大老虎与几只小老虎相互亲昵的场面。解缙提笔写道："虎为百兽尊，谁敢触其怒？惟有父子情，一步一回顾。"朱棣被他深深地打动了，于是将朱高炽召回北京。

　　朱高炽被召回京城之后，立储的争斗显得更加突出了。据《明史》记述，兵部尚书金忠首劝朱棣立长。金忠是"靖难"功臣，他不仅详细列举历代的立嫡故事加以劝告，而且将此事告知解缙、黄淮、尹昌隆等人。解缙理所当然是支持这个建议的，依他爽直的秉性，有机会的话定是直陈不顾。于是当朱棣私下征求他意见时，他便明确表态了。

"皇长子仁孝，天下归心。"解缙不只是用尽全力去维护立长的制度，而且明确拥护朱高炽这类文德的储君，反对朱高煦之类的凶悍武夫。他见朱棣不说话，明白他还在犹豫不决，便下拜顿首道："好圣孙！"圣孙即朱高炽的长子朱瞻基。解缙知道朱棣最喜爱这个长孙，特以此相劝。朱棣终于点头应允了，太子遂定。这件事后来传到朱高煦耳中，于是他从此对解缙切齿痛恨。

永乐二年（1404年）二月，解缙担当会试主考官，因为这一年是甲申年，故称甲申科，为明朝科举盛事，共取录470人。其实这也是江西人的盛事，在三月朝廷殿试后录取的新科状元曾棨是江西永丰人，他过去曾与解缙有交情，榜眼周述、探花周孟简均是吉水人，二甲第一名杨相为泰和人，第二名宋子环也是吉水人，第三名王训是庐陵人，第四名王直又是泰和人。这七个人全都是吉安府人。而主考的内阁学士读卷五人：解缙、胡广、杨士奇、胡俨、金幼孜也都是江西人，并且解缙、胡广、杨士奇又全部都是吉安府人。后来解缙被劾廷试读卷不公，不准参加这次廷试。

朝廷殿试后不久便正式设了一个东宫的官属，解缙任右春坊大学士，这时侍臣们编定《文华宝鉴》一书，书中收录了古代人的嘉言嘉行，专门用来教育太子。四月初四，正式册立朱高炽为太子，朱高煦为汉王，朱高燧为赵王。解缙等人奉旨天天为太子讲解《文华宝鉴》，他尽心于东宫官属，与蓄谋夺取嫡位的汉王之间的矛盾自然便日趋激化了。

解缙似乎并无明显觉察，他的书生气还与先前差不了多少。这一年饶州鄱阳教书先生朱季友将所著批评宋儒之书呈上，解缙知道后大怒，坚决要求将"谤毁圣贤"的朱季友绳之以法。结果朱季友被押还乡里，杖一百，销毁所著文字，不许称儒教学。解缙同时也有些儒家正统卫道士的味道，他见到汉王宠遇日隆时也要站出来讲话："是启争也，不可。"朱棣可是最不爱听这话，他给予汉王宠遇也是出于无奈，"靖难"之战中汉王曾拼死出力，他曾暗示许以立储，现在却没兑现自己的诺言，难免有所容让，解缙却偏要揭穿这件隐私，朱棣自然非常恼怒，斥骂他"离间骨肉"。再加上朱高煦等人不断进谗言，解缙渐渐被排挤，最终成为这场夺嫡斗争中的牺牲品。

（3）惨死狱中

永乐五年（1407年）二月，解缙出任广西布政司右参议，离开了内阁近侍的位置。这是一件带有明显的贬黜性的改任。对这次出任解缙似乎并不怎么在意，离开朝廷反而使他恢复了文人性格，他除了公务，仍旧撰文赋诗，与朋友唱和。

永乐八年（1410年）解缙入京奏事，当时正赶上朱棣北征，未在京师，他谒见过监国的太子朱高炽后便回去了。朱棣是十一月回到京师的，汉王朱高煦便告解缙"伺上外出，私觐太子，径归，无人臣礼"。汉王的目的在于攻击太子，结果却使解缙成了替罪羔羊。朱棣早在永乐七年（1409年）二月的时候，便离开京城到北京去了，这一点解缙应该是知道的；在他第二年赴京时，又恰恰在朱棣归京师前夕离去，这一巧合也给汉王的诬陷提供了依据。解缙离开京师以后，经江西、广东往任所去了，一路上同翰林检讨王偁游览山川名胜，吟诗作赋，甚至为人撰写墓志，丝毫没有大祸临头的预感。路过广东时，由于交通不方便，他又突然萌发了开凿赣江（章江）的想法，并且还把它写成奏章上报给圣上。

朱棣回京后得到朱高煦的奏报已经十分恼怒，随后又接到解缙请凿赣江的奏疏，他发怒道："人臣受命辄引而避去，乃更欲劳民如此！"下令逮捕解缙、王偁入狱。

这是永乐九年（1411年）六月，解缙结束了仕宦生涯，从此开始了他长达三年半的狱囚生活。

都指挥佥事纪黄统领锦衣卫，是一个非常狠毒的酷吏，但他出身诸生，颇好风雅，由于仰慕解缙的才学，渐渐与他熟识起来，解缙因此在狱中没有吃太多的苦头。

永乐十三年（1415年）正月十五日，朱棣与群臣在午门观赏灯会时，由于发生火灾，都督马旺被烧死。几天后，朱棣照例下令蠲赦修省。大概纪纲认为这是解缙获释的机会，于是在向锦衣卫上报大赦犯人的籍册时，把他的名字也一起报上去了。

"缙犹在耶？"朱棣不但没有赦免之意，而且明显是要置解缙于死地。

纪纲感到无能为力了，回去之后，他便摆下酒宴与解缙对喝，并且还在酒席上流下了眼泪。解缙明白了一切，畅怀大饮，直到喝得人事不省。酒醉后的解缙被埋到积雪中，就这样结束了他的一生。死时年仅46岁。

解缙死后，他的家属、子籍，也都被没收充公。妻子以及家族都迁到辽东去了，著作也大都散失，除去《古今列女传》外，他主持修纂的《明太祖实录》又被重修，另外《永乐大典》也在姚广孝、夏原吉的主持下编写完成。

解缙居官不足十年，其中主要活动只是任翰林学士的四年间，但在明初历史上他的名声与才气都是数一数二的。

解缙所代表的是元末明初学风的尾声。解缙以后，明朝的知识分子大都遵循封建专制模式，文人日趋官僚化，文风崇尚"台阁体"，从此明朝的文坛便沉寂下来，直到一百多年后，到了正德年间才又显现出繁荣景象。

7.败倭寇于辽东

永乐十七年（1419年）六月十五日，辽东总兵十军左都督刘荣大败倭寇。

很久以来中日两国便已开始交好，明朝建立后，朱元璋为了巩固两国间的友好关系，在洪武二年（1369年）派僧人杨载出使日本。次年又派莱州府同知赵秩赴日，详细阐述了明朝的睦邻政策。日本国王良怀在第二年遣使奉表进贡马匹，并送还在明州、台州掠去的70多名中国人，于洪武四年（1371年）十月到达南京。明太祖设宴接待使臣，并命僧人祖阐等八人送日本使者回国，回赐良怀文绮纱罗。

明朝和日本的关系在洪武后期有些疏远，胡惟庸案后，明太祖疑胡惟庸"欲藉日本为助"，因此"怒日本特甚，决意绝之"。从那之后，日本再没派使臣到中国来。明成祖即位后，于永乐元年（1403年）即派左通政赵居任、行人张洪偕僧道成出使日本。就在他们打算启程时，日本的使臣却先来一步，大约十月份到达南京。明朝对他们很热情，招待很周到。对使臣所带货物，包括违禁的兵器之类，均按时价购买，并遣使随日本来使回访。两国此后又恢复了贡使往来。

明初，在宁波设市舶司，日本商人必须持有明朝发给的"勘合"（即凭证）才能进行贸易。永乐初，成祖和大臣们商议后规定，日本须每十年一贡，来往的人数不得超过二百，船只限于两艘。但实际上日本来中国贸易的人和船舶，都超过规定的数目，而且带来非常多的走私物品，远远超过规定的10倍。宣德初年（1426年）改为人不过三百，船不过三艘，即便如此，却仍满足不了日本的需要。

这个时候，又出现了倭寇。倭寇指的是14世纪至16世纪劫掠我国及朝鲜沿海地区的日本海盗集团。14世纪日本南北朝时，在混战中失败的武士，做了海盗，靠走私抢劫谋生。为此明朝与朝鲜都加强了海防，但在永乐年间，沿海地区仍常常受到倭寇侵扰，成为沿海地区一大祸患。

明朝初年，从辽东经山东、浙江到广东的海岸线上，"岛寇倭夷出没"，甚至登岸剽掠。洪武二年（1369年），太仓卫指挥金事翁德率领卫所士兵力剿倭寇，生擒数百人，但倭寇仍经常出来剽掠。从此以后明朝便大大加强了海上防卫，建城墙列寨，增添了许多战船。洪武朝先后在辽东到广东沿海设置50余卫，计算起来有兵士20多万人。每百户设一战船，千户设十船。海卫五所，共有船50艘，每船有50名旗军。

永乐时，明成祖一方面与日本交好，另一方面继续加强沿海地区的防御。永乐九年（1411年）正月，命丰城侯李彬、平江伯陈瑄等率浙江、福建舟师剿捕海寇。永乐十四年（1416年）命令都督同知蔡福等带领一百兵马，到山东沿海地区追拿倭寇。永乐十七年（1419年）总兵刘荣（刘江）领导农民在辽东望海埚进行了一次规模很大的抗倭斗争。

刘荣一开始顶替父亲从军，以后又改作了中府右都督，阿鲁台归顺明朝时，在军中他改任左都督，作为总兵官镇守辽东。刘荣去各岛查看巡视备战情况，在他巡视到金州卫金线岛西北的望海埚时，见地势极为宽广，而且处于滨海咽喉要道，便筑城堡，设烽燧，严阵以待倭寇。当月，瞭望哨报告倭寇来犯，刘荣迅速带领军队赶往望海埚，犒劳军卒，厉兵秣马，准备迎战。倭寇当时正乘30余艘船停泊在马雄岛，登岸后直奔望海埚。刘荣依山势设下埋伏，派都指挥徐刚在山下伏击，百户江隆率壮士暗中烧毁敌船，断掉他们的退路。十五日，刘荣亲自率步军与敌交战，假装败退，诱敌进入伏击地，紧接着四面响起炮声，围歼倭寇，自辰至酉，将他们大部歼灭，残寇退到樱桃园。刘荣再分兵夹击，把敌人全部消灭。此次战斗共砍首级千余，生擒130人。倭寇连年骚扰劫掠，这次备受打击，很长一段时期内不敢骚扰辽东。九月，刘荣因功被封为广宁伯，俸禄一千二百石，予世券，更名荣。次年四月刘荣去世，赐广宁侯，追封为"忠武"。

8.唐赛儿起义

明朝永乐末年，山东地区经常发生水旱灾害，连年歉收，许多老百姓无衣无食，只好剥树皮、掘草根来充饥。灾民纷纷离家出走，流落他乡，甚至有人为求生路卖妻鬻子。而明朝政府仍然征收繁重的赋税，不顾人民死活，老百姓生活在水深火热之中。

永乐十八年（1420年）三月，山东益都人唐赛儿忍无可忍，首先发动人民揭竿而起。

在元朝末年山东蒲台曾经被红巾军控制，早在至正十七年（1357年）刘福通便派毛贵攻破胶州、莱州、益都、滨州等地，红巾军从此便控制了这些地区，故而明教也深入民间，在民间流传了下来，直到明朝初年，作为民间传播的一种秘密宗教，在当地保持了很大的影响。

唐赛儿从小在这样一个民间宗教传播的环境中成长起来，自幼便开始诵读佛经，并以"佛母"自称。她的丈夫林三，也加入了明教，而且很可能是当地明教的领导者，只是去世较早，于是后来就由唐赛儿负责在当地秘密传播明教。

在唐赛儿自称佛母传教之初，她并没有其他想法，只是想增加门徒，其活动范围在山东的益都、诸州、安州、莒州、即墨、寿光诸县。她的徒众后来增加到好几万人，引起官府的注意。唐赛儿在传教过程中，自称能知道过去，通晓未来，还能用纸剪成人马，使用法术叫它们征战沙场，因此她深受老百姓拥护。

但这显然只是唐赛儿的一种宣传策略，而实际上她得到民众支持的原因，是她能够真正帮助那些生活困苦的贫民。甚至于那些为明朝统治者歌功颂德的史家们谈起这件事，都说唐赛儿"以其教施里间间悉验，细民翕然从之。欲衣食财物，随所须以求运至"。因此，在百姓们的心目中，唐赛儿是唯一能够救民于水火的"佛母"，也就没什么奇怪的了。

官府在永乐十八年（1420年）这一年年初，开始缉捕唐赛儿义军。群众四处掩护唐赛儿，而且她还趁天灾之际组织饥民，让他们加入明教。三月，唐赛儿率五万余众占据益都卸石棚寨，作为据点，带领徒众在此出没。明政府青州卫指挥高凤率兵捕之。唐赛儿夜间率众乘官军懈怠之际发动袭击，官兵溃败，高凤战死。此后，唐赛儿走上公开反明的道路，乘胜攻占莒州、即墨，并进围安丘，震惊了山东全省。山东都、布、按三司惊慌失措，立即上报朝廷。

卸石棚之捷后，起义军的队伍更加壮大了。明政府因用兵困难，对唐赛儿改为招抚，并派人前往青州，直隶沂卫亦派人至莒州招抚董彦杲，结果均告失败。董彦杲等率众二千余人占据莒州，并以红白旗为号，大肆进行劫杀。莒州千户孙恭等前往招抚，董彦杲杀其从者，誓死不服从朝廷的招安。

明朝当政者永乐皇帝开始重视起日益壮大的唐赛儿起义。明成祖特令安远侯柳升分兵围剿。

柳升率领大军，浩浩荡荡地开向唐赛儿起义军的总据点卸石棚寨，并将其层层包围。义军诈称寨中弹尽粮绝，且无水源。柳升认为水为义军极需之物，万不可叫义军得着。水源断绝了，不愁义军不投降。于是柳升派大军进据有水道的东门。到这一夜的二更时分，义军偷袭官军，杀死都指挥刘忠。直到天亮，柳升才发现义军突围而去，于是分兵追捕义军，俘获了义军首领刘俊等男女共计一百余人，但唐赛儿却不在其中。

义军首领宾鸿等率兵在莒州攻打安丘。知县张玙、县丞马撝招集军队民夫八百余人，负隅顽抗。宾鸿等多次攻打未果，又招集莒州、即墨一万余义军，日夜攻城。明军都指挥卫青正在海上驻防，闻讯日夜兼程，率千骑袭击义军，与城内明军里应外合，大败义军。义军战死2000余人，40余人被俘。起义军在诸城也遭到鳌山卫指挥王贵所率明军的大举进攻，全部英勇就义。唐赛儿起义从此便宣告失败。

虽然唐赛儿起义失败了，但在群众掩护下起义军的主要首领唐赛儿、董彦杲、宾鸿等得以逃脱。

明成祖听说没有抓住起义的首领唐赛儿，十分恼火，将安远侯柳升下狱；同时命令官兵加紧搜捕，还特命山东左参政段民专门负责此事。明成祖想到唐赛儿削发为尼，或许会潜逃藏入尼姑庵或道士观中，因而命令将北京、山东境内尼姑和道姑都捉拿到北京审讯。结果又一无所获。继而又在全国庵观中搜捕可疑者共计数万人，结果仍然没发现唐赛儿。

这场由民间宗教传播多年而组织的起义，不足一个月就被镇压下去了。在义军占据山寨以至其后与官军作战的过程中，唐赛儿虽始终未露面，却一直被认为是起义的领导者。这很可能因为她始终保持着民间宗教领袖的身份，而董彦杲等人在山寨集合，则只是当时明教势力发展到一定程度后，部分人的行为，而并非全体教众在唐赛儿领导下的行为，所以占据山寨的起义军只有两千人。待到义军攻打安丘时，这场起义的影响已经达到了高潮，参加起义的人突然增加了许多。但是不管是占据山寨，还是攻打安丘，作为当时宗教领袖的唐赛儿，都很可能没有直接参加，正因为这样，起义的整个行动显得缺乏统一领导，更没有组织严密的特点。

起义被镇压的同月，朝廷下了诏令要追捕唐赛儿，两个月后，朱棣仍一无所获，便将追捕的范围扩大到了全国。因这两道命令而遭逮捕的妇女有好几万人，成为当时事佛妇女的一大灾难。但即便如此也始终未能捕获唐赛儿，而关于唐赛儿的传闻却越来越神奇。

有一种传说是这样的：这时，山东参政段民报告唐赛儿已在山东自首。朱棣马上下令将其验明正身后处死。但是，唐赛儿在刑场上虽"裸而缚之"，却"临刑刃不能入"。段民只好禀报朱棣，朱棣便下密令烧死唐赛儿，烧不死就放到油锅里炸死。岂料唐赛儿在行刑前神秘失踪，狱中的地上只剩下打开的铁镣和沉重的大枷。段民见了这般情形，吓得魂不附体，匆匆上书朱棣："唐赛儿在狱中监禁，枷锁自行脱落，门窗未开，人竟遁去，妖法实在厉害，非人力所能制服。"朱棣看了段民的奏折，好生失望，只好说自己是肉眼凡胎，也没有办法对付唐赛儿这般的神人。此事就这样不了了之。

唐赛儿从此在民间神秘失踪，其下落至今仍是一个谜。

9.成祖继行特务制度

朱元璋时，为了避免后世的效法，已有削弱锦衣卫权力的行为。谁知到成祖时，锦衣卫又呈反弹之势。特别是在永乐十八年（1420年）八月，成祖又在北京东安门设置东厂。其与锦衣卫合称"厂卫"，形成了较为完备的特务系统。

（1）宦官势起

鉴于历代宦官专权，危害朝政的教训，明初的宦官不允许参政，宦官职位不允许超过四品，月俸一石，衣食于内庭。朱元璋曾对侍臣讲："此曹善者千百中不一二，恶者常千百。若用为耳目，即耳目蔽；用为心腹，即心腹病；驭之之道，在使之畏法，不可使有功。畏法则检束，有功则骄恣"。并于洪武十七年（1384年）将这一禁令刻在宫门的铁牌上，上写："不得干预政事，预者斩！"又敕诸司均不得与宦官机构进行文件往来，定制宦官"不许读书识字"。措施实在是十分的严厉。

矛盾的是，出于对官僚集团的监督和加强中央集权的考虑，朱元璋又有意识地加强宦官机构，并赋予了其广泛的权力。从至正二十七年（1367年）始置内使监增设都知监和银作局，花费了31年建成了包括十二监、四司、八局即所谓二十四衙门的庞大宦官机构。十二监指司礼监、内官监、御用监、司设监、御司监、神官监、尚膳监、尚宝监、印绶监、直殿监、尚衣监、都知监。四司指惜薪司、钟鼓司、宝钞司、混堂司。八局则为兵仗局、银作局、浣衣局、巾帽局、针士局、内织染局、酒醋面局、司苑局。同时，宦官又被赋予种种超越其职权的特权。如洪武八年（1375年）五月，朱元璋派宦官赵成往河州市马。洪武十一年（1378年）正月，派宦官陈能至安南国吊祭国王陈煓之丧。宦官陈景及校尉于洪武十二年（1379年）三月被派向靖江王朱守谦宣读谕旨，命令他们严格守法而正身，还当场逮捕了朱守谦身边一些为非作歹之人。蓝玉案发生于洪武二十六年（1393年）三月，当时派宦官与驸马去山西，传旨晋王朱棡："说与王，把那三个侯碎砍了，家人、火者、成丁男子都砍了。家财头口交与王府。妇女、王府差内使起解。钦此。"

建文帝在位期间的宦官没有什么权力。在他刚即位的时候，就曾晓谕各地方官吏严密监督外出内侍，有不法之处可将其械送治罪。在宫中对内监管束也非常紧，稍有违忤，立即严惩不贷。这种严厉政策，令很多宦官不安，因而，"靖难之役"期间，不少宦官都投奔了燕王或者为其提供军事情况。

朱棣起兵，"刺探宫中事，多以建文帝左右为耳"。而他自己的宦官如狗儿等，在"靖难之役"中，更是出生入死，功不可没。所以，朱棣即位后，也很器重宦官，宦官的权势遂与日俱增。

永乐元年（1403年），"命内臣齐喜提督干布市舶"。永乐八年（1410年），内官王安被派往都督谭青营，又命马靖镇守甘肃。永乐十八年（1420年），置东厂，宦官先后拥有了市舶、监军、分镇、刺探臣民隐私等大权，宦官的权势又一次急速膨胀。至于宦官出使外国、安抚军民、查勘仓库、检免税收等，较洪武时期越发广泛和频繁。宦官手中权力越来越大，横行不法的事件也频频发生。如永乐五年（1407年），内使李进在山西以采天花为名，诈传圣旨，"伪作勘合……假公营私，大为军民害"。内官马骐于永乐二十二年（1424年）十月传旨谕翰林院，往交趾采办金银珠宝。这些违法事件最后虽被查处，但此时宦官集团的势力已充分表现出来了。

（2）厂卫横行

明初的特务机构有两个系统，一是东厂，一是锦衣卫，合称"厂卫"。

永乐十八年（1420年），"厂卫"的职责为"缉访谋逆妖言大奸恶"，由司礼监实行具体管理。东厂提督一般均由司礼监秉笔太监第二人或第三人充任，他的下属把他称作督主，有关防一颗，篆文是"钦差总督东厂官校办事太监关防"。一般宦官外出，不得持有"钦差"二字的印信，仅称内官、内臣，而东厂关防特称钦差太监，用以表现其威信与重要。下属有掌刑千户一，理刑百户一，均为卫官。又有掌班、领班、司房四十余名及十二管事。役长也叫挡头，戴尖帽，穿青色素旋褶、系小绦、白皮靴，有一百多名，专门负责伺察。役长手下有番子一千余人为干事。

虽然东厂与锦衣卫是两个系统，但关系极密切。东厂办事人员悉取给于卫，"最轻黠狠巧者乃拨充之"，他们亦因此经常相互勾结，反过来，通常又是东厂的司礼太监亲信出任锦衣卫官。"然厂卫未有不相结者，狱情轻重，厂能得于内。而外廷有捍格者，卫则东西两司房缉之，北司拷问之，锻炼周内，始送法司"。即东厂所获，亦必移镇抚再鞫，而后刑部得拟其罪。因而东厂如果势强则锦衣卫就依附它，如果东厂的势力被削弱，锦衣卫就会凌驾其上。

除皇帝以外，上至官府下到民间的任何人都属东厂的侦缉范围。"每月旦，厂役数百人，掣签庭中，分瞰官府，其视中府诸外会审大狱、北镇抚司考讯重犯者日听记。城门得苛奸，胥吏疏白坐记者上之厂曰打事件。至中华门，虽禽夜，投隙中以入，即屏人达至尊。以故事无大小，天子皆得闻之。家人米盐猥事，宫中或传为笑谑，上下惴惴无不畏打事件者。卫之法亦如厂，然须具疏，乃得上闻，以此其势不及厂远甚"。

虽说朱棣圆了自己的皇帝梦，可这皇帝的"梦乡"并不是十分甘甜，总是心生狐疑，猜忌着朝中的文武百官和京城百姓。因为他认为无处不有"篡弑"之嫌，所以，朱棣特别重视亲卫军。在他身边有纪纲、刘江、袁刚三个亲卫军指挥，可说是朱棣的绝对亲信，经常侍奉在身边。由于名字发音相近，朱棣每说起他们，就称"三纲"，并且说："朕之生死，有赖三纲。"

在这样的背景下，永乐年间，朝野无人不怕"三纲"。特别是对"三纲"之首的纪纲，更是惧怕到了极点。这是什么原因呢？因为纪纲是锦衣卫的指挥使。

锦衣卫在明朝永乐年间，是朱棣专以大批校尉四处探听消息，逮捕"有罪"官吏的一个机构，既不同于都察院也不同于法司等机构。

纪纲原是济阳的一名儒生，由于品行不好而遭罢黜。纪纲在燕军起兵攻打南京路过济阳时叩马投效，得到朱棣信用。纪纲虽然品行不好，但善骑射，很聪明，被朱棣视作人才，授他忠义卫千户。纪纲在朱棣登基后升至锦衣卫指挥使，典亲军、司诏狱。朱棣密旨纪纲："广布校尉，日摘臣民阴事"奏告，把纪纲视作心腹，纪纲更是极为效忠皇帝，将大批校尉派出，监视官吏的一举一动，并及时禀报。

在重用锦衣卫的同时，朱棣还设置东厂宦官衙门。从此，一个能侦缉密察朝野动静的耳目网络，从制度上建立起来。通过锦衣卫和宦官的刺探与告密，皇帝得以了解朝野上下的一切活动。

实际上这是一个庞大的特务体系，不论是做事的命官、皇亲国戚还是京城土地上的百姓，朱棣都可以迅速得知他们的一举一动。

有一次，广东布政司官徐奇来京时带了些岭南土产分赠廷臣，还列了份详单。这单子立马被交到了朱棣手上。因为名单上没有杨士奇的名字，朱棣便把他单独招来相问，并准备以私交廷臣罪处置徐奇和名单上的人。杨士奇解释说，当徐奇要去广东做都给事时，很多廷臣作了诗文赠予他，故有此赠答。只因当时自己有病，没去送他，否则也肯定会被列入名单之上。徐奇这次所赠无非是些土产，而且不知廷臣是否都会接受他的礼物，经他这番解释，才免去一场官司。

甚至朱棣还能知道有人在文渊阁席地酣睡。一天，讲读文渊阁的庶吉士刘子钦借中午休息的时候，与几位朋友品酒，可能是多喝了点，回到文渊阁后席地而睡。哪知，睡得稀里糊涂的时候，模模糊糊听到有脚步声由外而来，高声喊道："皇帝诏见刘子钦！"惊得他一骨碌爬起来，酒意吓得全没了，随着太监去拜见皇帝。

朱棣见到刘子钦，斥责道："吾书堂为汝卧塌耶？罚去其官，可就往为工部办事吏。"刘子钦不敢申辩，急忙谢恩，挽上胥吏巾服，去了工部。刘子钦刚刚在工部与群吏开始做事，皇帝又叫太监传见他。刘子钦哪敢耽误，身上穿着吏服，匆匆去皇宫拜见朱棣。朱棣对他嘲讽道："你好没廉耻。"说完，让左右还他冠带，令归内阁读书去了。

朱棣除了控制官员的一举一动，甚至于京城百姓的活动，也在朱棣安排的秘密监视之中。据史书记载，京城街巷中发生了一起幼孙殴打祖母的家庭纠纷，朱棣立马知道了，那个幼孙差点被定成死罪。

明初东厂，是朱棣维护统治的得力武器。究竟为什么设了这个机构，史学界目前说法不一，因为在《明太宗实录》中没有详细记录。可能早在朱棣登基后就开始派官吏刺探消息了。后来，直到永乐十八年（1420年）迁都北京城，并在东安门外以北建立东厂衙门时，人们才略知一二。

明代政治生活中的一个显著特点是宦官专权与特务统治的紧密结合，厂卫的横行，造成了"士大夫不安其职，商贾不安于途，庶民不安于业"的人人自危的恐怖气氛，使社会风气和政治风气急转直下，所谓"自厂卫司讥访而告奸之风炽，自诏狱及士绅而堂廉之等夷，自人人救过不给而欺罔之习转盛，自事事仰承独断而谄谀风长，自三尺法不伸于司寇而犯者日众"，正是对这种现象的形象描述。

10.皇宫

永乐五年（1407年）至十八年（1420年）北京皇宫建成，历时14年。

（1）皇宫概貌

明皇宫是在元大都宫殿基础上，以明南京宫殿的格局规划为蓝本建造的，当时全国的优秀匠师都集中于此，还动用了30多万士兵和民工。

明皇宫东西宽750米，南北长960米，周长3420米，在其周围筑的城墙高十几米，墙外环绕有宽52米的护城河。皇宫有四门，正南名午门，正北名玄武门（清改名神武门），东名东华门，西名西华门。构造精巧，制作华美的四座角楼，分别矗立在城墙四角。皇宫的面积有72万平方米，房屋9000余间，建筑面积15万平方米，多层砖木结构。整个建筑群层次分明，主体突出，按中轴线对称布局。全部建筑可分外朝、内廷两大部分。以奉天（后改称持极殿，清代改称太和殿）、华盖（后改称中极殿，清改称中和殿）、谨身（后改称建极殿，清改称保和殿）三大殿构成了外朝的中心，两翼是文华、武英两殿，是皇帝举行各种典礼和从事政治活动的场所。内廷由乾清宫、交泰殿、坤宁宫构成其主体部分，以及养心殿、宫后园、外东路、外西路等，皇帝处理日常政务和居住都在这些地方。

午门，紫禁城正门，上有崇楼5座，高35.6米，和游廊连接，伸向前方的双翼仿佛大雁的翅膀，俗称五凤楼。有宝座安设在楼里，而且还有钟楼设立在东西两侧，每逢朝会庆典或战争凯旋，皇帝亲临午门，举行盛大的仪式。午门以外是一条石板御路，称天街，能通到承天门（清改称天安门）和端门。御路两侧廊庑十分对称。进入午门，庭院宽阔，在弓形的内金水河上，横跨5座雕栏白石桥，庭院正北即皇极门（太和门），为明代皇帝御门听政处。由午门至皇极门，是外朝建筑的另一部分。

在皇极门内有三大殿，即奉天殿、华盖殿、谨身殿。奉天殿，是中国封建社会最高等级的建筑。建于高8米的3层白石台基上，面宽63.96米，进深37.17米，高27米，殿内面积2377平方米，上盖重檐庑殿顶。正中间悬挂着蟠龙衔珠藻井，左右共有6根缠龙贴金柱，在正中央一座雕镂精美的高台上放置着皇帝的宝座。座后掩映着的是九龙屏风。奉天殿象征皇权，御路、栏杆和殿内彩画图案，都以龙凤为主体。皇帝的即位，大婚，册立皇后，拜将出征，以及每年元日、冬至、万寿三大节等重大典礼，都在奉天殿举行，皇帝在这里接受文武官员的朝贺。华盖殿是皇帝举行典礼前稍作休息的地方，平面呈正方形，四角攒尖顶，上盖黄琉璃瓦，正中鎏金宝顶。皇帝赐案和科举殿试在谨身殿进行。每年除夕和元宵节，皇帝在此大宴王公大臣。香炉、日晷、嘉量、铜龟、祥鹤等都陈设在各大殿前，以此来衬托皇权的尊贵和至高无上。

乾清宫、交泰殿、坤宁宫构成后三宫。在谨身殿后的乾清宫，是内廷的最前殿，即内廷正殿。正门曰乾清门，两侧有八字形琉璃影壁，与外朝的高大宫殿相比，内廷宫殿显得精巧别致。皇帝会在这些地方居住和处理日常政务。每逢元旦、元宵节、端午、中秋、重阳、冬至、除夕和万寿等节日，皇帝都在这里举行内朝礼并赐宴群臣。在乾清宫和坤宁宫之间的交泰殿，平面呈方形，黄琉璃瓦四角攒尖顶。

居于从属地位的东西六宫和东西五所，在内廷两侧作为陪衬，其布局和空间形象没有中轴线上的宫殿那么起伏跌宕，而是构建相同形成对称格局。每宫平面略成方形，前后两殿大多为五开间单檐歇山顶建筑，与两侧配殿将宫室分成两个院落，仿佛是扩大的四合院住宅，前后三宫重复，左右两宫并列。东西五所位在东西六宫之后，其布局类似于六宫但规模逊色一些。

在坤宁宫北是宫后园（清改称御花园），处在最末端的中轴线上。占地11700平方米，有建筑20余处。正中的钦安殿，为祭祀玄天上帝之所，园林建筑以钦安殿为中心采用主次相辅、左右对称的格局，其特点是布局紧凑，古典富丽。殿东北的堆秀山，为太湖石叠砌而成，上筑御景亭，每年的重阳节，皇帝后妃及东宫来此登高眺望。园内花木锦簇，古树交柯，清幽宁静，园路用五彩石子拼成各种图案。

为了满足帝后们生活的需要，还建有戏楼，供神拜佛的佛殿等各类建筑，建在内廷宫殿之间。

（2）建筑风格

皇宫宫殿建筑沿袭古制，师承必有来历的设计思想极其突出。例如宫殿在都城中的位置，附会匠人营国的规定；城楼建于宫门之上，城隅有角楼，基本是附会古代传说的三城门隅制度，城内重要的建筑也多是以古代礼仪传说为依据而设置的。皇宫不仅模仿古制之形式，而且同使用功能相结合，再经过艺术加工，三者紧密而又有机结合在一起。古制外朝有天子五门三朝，还有天子九门之说。明皇宫共有八个广庭，五座南向的宫门在宫殿的中轴线上。这五门不完全对应于古代传说的皋、库、雉、应、陆，只是其中的午门和乾清门与传说中雉门、陆门的形制和地位有些类似。明皇宫内的金水河，是按照"帝王阙内置金水河，表天河银汉之义也，自周有之"的古代传说而设置的。河水从金方（西方）来，由巽方（东南方）出，流经半个紫禁城。这条按古制设置而且对流向还作了规定的河，其功能并不单一，它不仅是宫城内最大的水源，救火及工程施工都要用金水河的水；而且还是宫城内最大的排水渠，河帮上设置着全部南北及东西方向的下水道口，同时它又给宫城景观增添了风采。金水河要流过外朝三座宫殿，横穿皇极门广庭部分是其重点。它不用直线而采用曲线从而显示了河的特点，不用自然变化的曲线，而使用几条对称的弧线，这是为与规整的环境相谐调。河正中设五座桥，桥的前端依河的曲折而曲折。中间突出在前的桥面为皇帝通行专用，两侧依次退后是为文武官员设置的。皇帝通行桥的石栏杆望柱头雕龙云纹，官员通行桥的栏杆望柱头雕二十四气。由于两端要穿过东西朝房的地下，这样施工，也显得有变化。河中部宽，两端渐窄。武英殿门前处理金水河的形式不同于皇极门前，因为武英殿比奉天殿等级低，故仅建三座桥。金水河流近文华殿时，转向北流经文华殿西侧，从文渊阁前地下穿过，然后又出现在东三座门前。它一路曲直兼有，往复循环，地上地下不时变幻，河面上架设多座桥梁，起到了很好的艺术效果。

明皇宫的设计思想就是要突出表现帝王至高无上的绝对权威，从而达到巩固王权统治的目的。从宫殿建筑的总体布局到个体建筑设计，运用各种手段创造出的艺术形象，都是为了体现这个目的。为了表现壮观威严的气势，其主要建筑都严格地分布在中轴线上，而整座宫殿又是以三大殿为中心来结构建筑，因此宫殿最主要的空间都由三大殿所占据，庭院占地也最为广阔，而且它前面还建有一系列大小形状各异的庭院和门阙做为前导，步步深化，将奉天殿的主导地位进行了有力渲染。而在具体处理建筑时，依据诸宫殿建筑的不同功能和地位，采取的规模、屋顶的形式都有不同，以不同的装饰手法来表现建筑的等级差别，建筑亦因而被打上了明显的等级烙印。

明皇宫宫殿建筑的总体布局，是对历代积累下来的经验的继承与发展。从中岳庙碑、后土祠碑以及山西岩山寺壁画中展示的金代宫殿和《辍耕录》中记载的元代宫殿来看，它们之间在布局上有很多类似之处，由此反映出它们间具有承袭关系。如奉天殿周围采用廊庑环绕，大殿两侧原来还连接斜廊，形制与以上所提的几处宫殿相同。这种利用低矮的廊庑映衬高大的主体建筑，使得主次分明的手法，在中国古代建筑中经常运用。明皇宫在空间组织上，自大明门起至坤宁宫，在中轴线上安排了8个庭院。各个庭院分别采用不同的艺术处理形式，形成了纵横交错、高低起伏、有前序有主体的空间排列顺序，引领人们走向高潮。大明门和承天门之间以千步廊围成纵深庭院，至承天门前向两侧延伸为横向广场。运用空间的变化及门前的石桥、华表和石狮等将承天门的威严庄重的艺术形象突出出来，承天门至午门间以端门前的横向庭院与午门前的纵深空间形成对比，从而突出了宫城的主体地位。皇权门前的庭院仿佛是前三殿的前奏曲，至乾清门前横向庭院在空间上不断变化，并表明自外朝进到内廷的另一性质的空间。前三殿与后三宫两组建筑群所在庭院的长宽恰好是2∶1，规模上也存在差别，这种处理既加强了二者之间的统一，还表现出外朝与内廷的主从地位，在空间环境上构成了完整的艺术体系。

从明皇宫建筑群的完美统一的艺术形象看，建筑装修、装饰及建筑小品的位置作用不小。为了表现主体建筑的雄伟壮观，门殿建筑都建在台基上，依坡设置的台基的前后正中台阶有显示帝后尊严的御路石雕。这些台基的用料和做法由于等级的差别也不相同，一般宫殿的台基仅用砖砌，其上再铺就条石，多不设栏杆，中轴线上的皇极门、乾清门等建筑以汉白玉石须弥座台基组成，有栏杆围绕周围，望柱雕有龙凤纹。而三大殿的台基最为特殊，由三层须弥座重叠组成，每层栏杆望柱均采用白色汉白玉石，天气晴朗时，光影效果突出，产生出强烈的艺术感染力。檐下彩画也是等级严格，主体宫殿均用和玺彩画，枋心绘有龙凤图案，施贴金用的非常多，使殿堂富丽堂皇。次要门殿及庑房多绘以不同等级的旋子彩画，而花园中的亭廊楼阁则用苏式彩画，檐下的斗拱、额枋、枋被大片的青绿色调成一体，更显得琉璃出檐深远飘逸。主要宫殿门窗格心基本上是彩菱花图案，在裙板、槛框多使用鎏金团龙等。而一般宫殿多用风门及支摘窗，窗格多彩多姿，制作精巧。除了将大量绚丽的彩画装饰应用在宫殿内部外，还以大量雕镂精巧的内檐装修来分隔室内空间，一些主要殿堂内天花中部多做藻井，采用浑金殿龙图案，奉天殿内金漆蟠龙叼珠藻井是其中最最华丽的。殿内在七层台阶的高台中央安放宝座，雕龙金屏风用在宝座后面，左右陈设的有香、香炉等，宝座周围六根巨柱均饰有粉贴金缠龙，组成神圣庄严的空间环境。内廷各宫室，根据不同使用要求，室内用隔扇门、炕罩、板壁等隔成较封闭的空间，或用各种花罩、落地罩等隔成彼此通透的空间，互相因借，隔而不断。还用题名匾联、多姿的陈设来增强建筑的华贵气氛和室内环境的幽雅。

明皇宫是我国现存最大、最完整的帝王宫阙，在世界上也是最著名的古代建筑群。其建筑的风格与都城规划相结合，在总体布局和空间组织方面，统一中求变化，体现了中国明代建筑艺术的非凡成就。明皇宫在清代又得到扩建重修。

11.迁都北京

永乐十八年（1420年）九月，朱棣诏以翌年正月初一改京师为南京，定北京为京师，正式定都北京。永乐十九年（1421年）正月初一迁都北京。

（1）营建北京

朱棣是在北平起兵篡位的，在他登基后立即宣布以北平为北京，并在北京设立六部。永乐四年（1406年），他下诏营建北京宫殿。永乐七年（1409年）后，朱棣多次北巡，长期在北京居住，并叫太子在南方处理政务，上奏的奏章都要送到北京来审阅。北京这时已成为实际的政治中心。永乐十四年（1416年），又下令营建北京宫殿，到永乐十八年，最终完成了北京宫殿的营建，历经十余年。

永乐十九年（1421年）正月，朱棣下诏大赦天下，还下令把宫廷和百官都迁到北京。然而，就在四月初八那天，北京新宫中的奉天、华盖、谨身三大殿，被雷击而燃起大火，顷刻间成了残垣断壁。阁臣杨荣指挥卫士冒火进行抢救，除了一些重要图籍被抢救出之外，三大殿落得个片纸未留。这场灾难事发突然而且损失很大，引起一场很大的风波。最后主事萧仪被杀，此事才算了结。

这场沸沸扬扬的风波，不仅由于三座宫殿被焚烧，也因为一场由来已久的迁都之争。

为什么打下江山，却难以定都呢？主要原因在于，随着全国的统一，朱元璋感到对北边之地鞭长莫及。当时虽有人提出可在汴梁定都，还有人主张建都元大都，朱元璋却不愿走宋元的老路。

洪武二十四年（1391年），太子朱标受命前往西北巡视，回京后献陕西地图，向皇帝叙述自己的迁都计划。不料，次年四月，朱标病故，迁都计划未能实施。迁都之事也被暂时搁置起来。

直至永乐元年（1403年），朱棣夺得皇位，又重提迁都之事。但是如何保证迁都成功呢？朱棣非常谨慎，因为迁都对社稷的安危影响甚大。后来决定先建都城后搬迁。朱棣这样做目的很明确，修建北京城是太祖朱元璋留下的旧制，人们必须接受。即便不同意也不敢说出来，但若明确说要迁都，会遭到许多人的反对。

永乐元年（1403年），朱棣先改北平为北京，随之在北京设置留守行后军都督府、北京行部、北京国子监，又改北平府为顺天府。

永乐四年（1406年）以原燕王府已不能供皇帝居住为名开始营建北京宫殿。据史书记载，北京城的营建工程浩大，尚书宋礼被派往四川督办采木，侍郎古朴往江西，师逵、金纯往湖广，副都御史刘砚往浙江，佥都御史仲成往山西督办工程用料。

在营建北京的过程中，明成祖借鉴了明中都都城规划和建筑设计上所取得的成果。

第一，建北京宫殿。

北京的宫殿门阙是凤阳明中都宫，殿门阙为南京翻版的再翻版，除了做些小改动，基本上沿用了明中都的规划制度，而这在很大程度上是不同于元大都的。

第二，于宫城之后堆砌万岁山，建日精门、月华门于后宫左右。

北京城建造的时候，在宫城的正北面，即金、元万金山的东边，还就近把燕王旧宫即元故宫内废弃的土渣和开挖筒子河的废土堆筑了一座土山，命名"万岁山"，原万岁山仍用其旧名"琼华（花）岛"。这万岁山的堆筑，明显地是模仿凤阳明中都"席山建殿"，筑宫阙于万岁山之阳的意思。

第三，宫城位置南移。

永乐宫城南移以后，在原来元大都后宫的位置上堆筑一座"镇山"万岁山，并且将它留在宫城之外。

因此，明宫城北门玄武门比元宫城北门厚载门朝南大约移了3400米，而明宫城南门午门前推到原来元故宫前周桥的边缘，只比元故宫正门崇天门南移了大约300米，环宫城挖了城濠筒子河，宫城内挖了金水河，筑了金水桥。在午门前还增建了端门和承天门。承天门前金水桥为五孔，比元周桥的三孔多两孔，很明显这些都是对明中都格局的继承。

第四，建太庙、社稷于阙门左右。

营建明中都规划体制的精华之处是在午门前东侧建立太庙，在午门前西侧建社稷。

第五，推展北京南城墙。

北京城的南城墙被向南推移了差不多有800米，如从承天门算起，到正阳门瓮城南端止，则整整有1000米。在营建北京的工程中，推展南城墙是一项关键性的改造。首先，它使京城和皇城、宫城之间的距离延长了，增加了宫阙的纵深度和雄伟气氛，把正阳门、大明门、承天门的位置确定了下来。还在中轴线两侧安置了六部（刑部除外）和五军都督府等中央官署，改变了元大都官署分散的状况。明中都原是中书省在左侧，大都督府、御史台在右侧。洪武十三年（1380年）罢中书省，分设六部，改御史台为都察院以后，刑部、都察院、大理寺并称三法司，于南京太平门外建立办事机构。北京也仿南京，单独设立三法司机构，与中都不同的是建于西城。其次，拓宽了长安街。再次，万岁山原已成了全城的制高点，在推展南城之后，万岁山的西南麓又成了全城东北西南和西北东南两条对角线的交叉点，几乎成了北京城的中心点。这些安排和布局是完全照搬凤阳明中都的，因此，堆万岁山、宫城南移、城墙南推的规划设计，可能是经过整体考虑后一起定下来的。

第六，开辟皇城前东西大街（东、西长安街）。

元大都皇城前没有东西向的大街，南京皇城前也没有，只有凤阳明中都才有云霁街贯穿皇城前，成为东西向的主要街道。因此，受明中都布局设计的影响，在北京城修建了东西长街，在推展南城墙的同时，突出了原元大都南城墙的位置。

北京的长安街，也不完全等同于凤阳明中都的云霁街：第一，明中都云霁街的东西两端是高大的鼓楼和钟楼。北京继承元朝原来的布局，在中轴线的北端仍留下了鼓楼和钟楼。但是，北京除了在这个相应的位置上分别建了东单牌楼和西单牌楼，还分别在它们的北边建了东四牌楼和西四牌楼。第二，中都的云霁街上，安排了国子学、都城隍庙、功臣庙、历代帝王庙等建筑，北京城外却没有。原因是明中都云霁街在皇城禁垣之南，距离禁垣不算太近，云霁街是第一线，皇城禁垣是第二线。而北京长安街就在皇城根面前，承天门、太庙、社稷和皇城外墙都推到了第一线，再有别的安排就不合适了。这样，就影响了国子监、都城隍庙、功臣庙、帝王庙等一组建筑的安排。结果，西端原有的大庆寿寺留了下来；国子监、都城隍庙没有再迁建，也都利用了元朝的旧址，因已有元世祖庙便也没有再建帝王庙。这些都是根据当地的具体情况而变通的。

第七，筑京师九门。

元大都原有十一门，明初缩进北城墙后，余九门。明中都原设计十二门，取消建中都后，撤了三门，只筑了九门。北京在推展南城墙时，并没有在原元大都的东南、西南拐角处留出城门，恢复十一门。这和明中都仅有九门是否有关便不得而知了。

第八，定大祀坛、山川坛位置。

洪武改建南京的时候，改定为天地合祀礼，把大祀殿建在洪武门外南圜丘旧址上，废掉了太平门外玄武湖边的方丘。南京大祀殿位置偏东，和中轴线隔了很远，在中轴线东侧还有山川坛，位置不对称。永乐营建北京，也只建了大祀殿和山川坛，但位置则照凤阳明中都圜丘和山川坛的布局，在中轴线东西两侧的对称位置，改变了南京因循旧址而造成的缺陷。

第九，嘉靖建圜丘、方泽坛、朝日坛、夕月坛、帝王庙。

嘉靖九年（1530年），恢复明初天地分祀礼。在大礼殿南建圜丘，即天坛；又把云泽坛即地坛建在了安定门外东北。制度同于凤阳明中都的圜丘、方丘。

朝阳门外的朝日坛，即日坛，阜城门外的夕月坛，即月坛，也都是嘉靖九年建的，同样保留了和南京中都大致相同的制度。

永乐年间营建北京的时候，没有建帝王庙。嘉靖九年又在阜成门内建了帝王庙。

（2）正式迁都

随着"行宫"的修缮，朱棣开始巡幸北京。种种迹象表明他有迁都北京的打算：其一是随同他北巡的有六部、都察的官吏，其二是将长陵修建在了北京附近。

此外，朱棣还加强了北京屏障的军事力量。永乐七年（1409年）六月，设宣化、清平、居庸、榆林、镇安、怀来、宣城、宁国、威远、德胜诸卫所，并且增设了上十卫（金吾左、金吾右、羽林前、燕山左、燕山右、燕山前、大兴左、济阳、济州、通州）。这是在原设京卫上十二卫的基础上新增的。后来，朱棣长期居住北京，将太子留在南京监国，而天下奏章都要送到北京行宫处理。实际上，北京已成为政治中心了。

可是朱棣仍然不提迁都一事，因为明朝的大部分官吏都是来自于江南的地主，如果让他们远离故土，远赴塞下，他们说什么也不会愿意的。

永乐十八年（1420年），朱棣终于下决心迁都，并正式公布了迁都诏。

诏书刚颁下时，有一些人持反对意见，这是意料之中的事。河南布政使周文褒、王文振及参议陈祚，共同上书说"建都北京非便"。此时朱棣已下决心，对反对迁都者坚决处治，于是将他们贬谪到均州太和山去做佃户。此后，就没有人公开反对迁都了。

直至永乐十九年（1421年）四月初八日，一场大火将北京的三大殿烧毁，这件事使曾反对迁都的官吏们有了充足的理由，说"上天不允许迁都，降灾于皇帝"。

朱棣也感到这场大火有些奇怪，因此就三大殿火灾之事下诏，命群臣直陈阙失。有官吏趁机又提起"迁都北京非便"，朱棣则下令处死了其中上书言辞激烈的主事萧仪。虽然反对者知道此事会激怒朱棣，但他们并没有因为萧仪的死而退却，只是改变了手法，对参与密议迁都的大臣进行攻击。朱棣无奈，只得命他们跪在午门外质辩。最后户部尚书夏原吉见事情难以收场，便将责任揽到自己一人身上，这才略微缓和了矛盾，逐渐平息了关于迁都的争辩。

从历史上看，朱棣迁都确确实实体现了他政治上的远见卓识，也就是他的"英雄方略"。

当时，朱棣已将镇守边塞的宁王、谷王内迁，并将处于北京东北的大宁都指挥使司南迁至保定，山西行都司的一些卫所也迁到北京以南，因而北部边防面临着空缺，使北京直接面临前线，多数人根据这一点认为，抵御蒙古人的南下是朱棣迁都北京的真正目的。其实，朱棣另有所图，永乐十四年（1416年）六部都察院给朱棣上的一道奏疏中，将朱棣迁都的本意清清楚楚地表述出来：第一，朱棣的"龙兴之地"是北京；第二，北京"山川形胜，足以控四夷，制天下"。永乐十八年（1420年）朱棣颁布的迁都诏更明确提出要"君主华夷"，而北京"实为都会"。因此，"君主华夷"、"控四夷，制天下"便是朱棣迁都北京（即元大都）的主要目的。

北京作为元朝的首都将近一百年，元朝建立的是一个真正的四海合一的国家。元朝定都于大都是中国封建的多民族统一国家发展中的极其重要的方略。作为全国政治中心的大都，可使大漠南北、长城内外的联系更加紧密。因此，朱棣迁都北京，将北京作为全国统治中心，是将民族统一的进程向前推进了一步。

12.五出漠北

永乐二十二年（1424年）四月，明成祖第五次亲征蒙古，六月班师。

（1）第一次亲征

元朝灭亡后，随元顺帝退出中原的大批蒙古贵族，在蒙古草原及东北地区活动；永乐初年，蒙古族已分裂为三大部，即鞑靼、瓦剌和兀良哈，元朝国号已不再用了。鞑靼部在鄂嫩河、克鲁伦河和贝加尔湖一带活动；瓦剌部在科布多河、额尔齐斯河及以南的准噶尔盆地活动。兀良哈部在洮河、西辽河、老哈河流域一带活动。

燕王朱棣起兵占领大宁后，利用兀良哈骑兵从征，夺取皇位。朱棣登基后，将原设于大宁地区的北平行都司撤除，将大宁地区交给兀良哈部，由其酋长任卫所官员，赐诰印、冠带，在保定设北平行都司。原设于这里的营州五屯卫内迁到顺义、平谷、蓟州等地。失去北边大宁这一重镇，致使辽东与宣府、大同间的接应也不复存在。

永乐初，蒙古三部相互混战，尤以鞑靼部最为强盛。

蒙古族的两大部鞑靼与瓦剌两大势力相互斗争，明成祖处置失宜，偏袒鞑靼阿鲁台，远征瓦剌。瓦剌战败之后，阿鲁台得势，便骚扰明朝边境，进行抢劫、掠夺。

明太祖设北平行都司于大宁地区，将十七子朱权封为宁王，驻守此地。蓝玉平纳哈出后，当地蒙古诸部都投降了。洪武二十二年（1389年）设置三卫：自大宁前抵喜峰、近宣府，为朵颜卫；自锦、义历广宁，渡辽河至白云山，为泰宁卫；自黄泥洼逾沈阳、铁岭至开原，为福余卫。明成祖起兵，合并宁王军众，挟宁王南下（后徙封南昌），封三卫蒙古首领脱儿火察为都督金事，哈儿兀歹为都指挥同知，掌朵颜卫事；安出及土不申俱为都指挥金事，掌福余卫事；忽剌班胡为都指挥金事，掌泰宁卫事。三卫的357个头领，各被授予指挥、千户、百户等官职。成祖准许三卫自为藩部而脱离宁王，每年发给耕牛、农具、种子等进行农业耕作，在广宁等地互市。成祖弃大宁，旨在使三卫成为北边屏障，解除南下夺位的忧患。从此三卫成为藩部而处于半独立状态，有明一代，处于明朝与鞑靼之间。三卫当中，朵颜卫的势力最强，原来，元代朵颜山兀良哈千户所蒙古兀良哈部人住在这里，而明朝人对各部的情况并不了解，因此兀良哈是对三卫各部的泛称。

蒙古阿里不哥后裔也速迭儿杀死元帝脱古思帖木儿后，取消忽必烈所建立的元朝国号，在和林自立为蒙古卓里克图汗。他死后，子恩克汗继位。之后，额勒伯克继汗位，被瓦剌杀害，另立坤帖木儿汗，他大约也是阿里不哥一系。成祖即位时，鬼力赤已篡夺蒙古汗位，他曾经出兵辽东，永乐元年（1403年）和永乐四年（1406年），成祖曾先后两次遣使持玺书招谕。明人记载鬼力赤不是元朝后代。蒙古史籍也没有他的名字。波斯史籍中与他相当的汗，名乌鲁特穆尔，说是窝阔台系的后裔。明人沿用汉人的旧称，称和林蒙古为鞑靼。永乐元年（1403年）明成祖朱棣派人与鞑靼可汗鬼力赤联络，赠送金银绮罗等财物，鬼力赤没回应。时候不长，就出兵征伐辽东及永平。永乐四年鬼力赤被瓦剌部马哈木、阿鲁台杀死。阿鲁台等迎立忽必烈系的本雅失里为汗。元朝灭亡后，本雅失里曾经逃入中亚的帖木儿帝国，之后到别失八里，被迎入和林。永乐六年（1408年）春，成祖得报，致书招谕。说明明朝廷也将本雅失里确认为元朝宗室的后代。

永乐七年（1409年），明成祖遣都指挥金塔卜歹、给事中郭骥持书通好，郭骥被杀害，成祖大发雷霆，决定出兵。

永乐七年（1409年）七月，淇国公丘福被成祖任命为大将军，武城侯王聪被委任为左副将军，同安侯火真为右副将军，靖安侯王忠、安平侯李远为左右参将，五大将军亲率10万精兵北征。八月，丘福率先锋军至胪朐河（克鲁伦河），蒙古诱敌深入。一些鞑靼游兵被打败，并抓获一名尚书。丘福问他本雅失里目前在哪里，尚书撒谎说在前方三十里的地方。丘福听了后，就轻易相信了，于是命令进军，各将领劝他不要贸然进军，等大军会合后再进军。然而，丘福不听劝告，指挥全军兵骑进军，结果进了蒙古兵的包围圈，以致全军覆灭。

丘福等五将军皆战死。成祖得到消息，便开始择兵选将，准备粮饷，打算第二年春天亲自出征，大举进攻。

十月，兵部尚书夏原吉用武刚车三万辆，运粮二十万石，每走十日的路程，便修筑一段城墙用于储备粮食，等到粮草齐备，遂于永乐八年（1410年）三月出塞。五月到达胪朐河（克鲁伦河），朱棣将其名字改为饮马河，并在此地修筑城堡。入塞以来，明军还没有遇到敌兵，到饮马河后才抓获了几个敌人，从敌俘那里得知本雅失里在兀古儿札河一带（克鲁伦河北），于是提兵追赶。本雅失里又逃到了斡难河（鄂嫩河），明军继续追赶，本雅失里率众迎战，朱棣命前锋吴成出战，大败本雅失里军。本雅失里率七骑逃走，明成祖军队亦退回到饮马河。六月，朱棣班师至飞云壑。阿鲁台来战，朱棣率精骑迎战，阿鲁台大败，朱棣率兵追杀一百多里，杀死敌军名王以下的官兵几百人。之后，由于夏天天气炎热，衣粮不足，明军班师返回北京。

（2）徒劳往返

永乐十年（1412年）瓦剌马哈木杀死本雅失里。马哈木将家世不明的答里巴另立为汗。永乐十一年（1413年）七月，阿鲁台奉表纳贡，请为故主复仇。阿鲁台被成祖封为和宁王。

瓦剌部断绝与明廷朝贡往来，并要求明成祖遣返以前归服的甘肃、宁夏的瓦剌民众，成祖遣使责备。瓦剌即元代蒙古外剌部，又译翰亦剌。元朝末年，民众已增加至四万户，住地扩展到谦河流域，南至金山（阿勒泰山），与阿里不哥后王的封地为邻。在元朝初期的皇位争斗中，他曾经反对忽必烈，支持阿里不哥。明初期，又支持阿里不哥后裔也速迭儿弑灭元帝，夺取汗位。

瓦剌马哈木于永乐十二年（1414年）二月，带兵到饮马河，准备南下出征，于是，明成祖决定第二次亲自出征。这次亲征的兵力部署是以安远侯柳升、武安侯郑亨为中军，宁阳侯陈懋、丰城侯李彬为左右哨，成山侯王通、都督谭清为左右掖，都督刘江、朱荣为前锋。三月，命令皇太孙随从，从北京大举出征。

安远侯柳升先炮击敌骑，杀伤几百人，陈懋等攻其右掖，但进攻失败，李彬攻其左掖，敌殊死奋战，朱棣率骑兵冲击，马哈木不支溃去，追至土剌河，生擒数十人。此次激战中，内侍李谦恃勇，擅自引皇太孙在九龙口出战，险遭不测。朱棣闻知，立即派兵追回，李谦畏罪自杀。瓦剌在此次战役中虽然大败而去，但明军也有伤亡，朱棣遂下令班师，退军到饮马河。

此后，阿鲁台击败马哈木，向明遣使献俘。

永乐二十年（1422年），阿鲁台进攻兴和城，将明都指挥使王焕杀死。于是，又使朱棣下定再次出征的决心。

永乐十九年（1421年）十二月，朱棣召集群臣商议北征之事，朝中主要官员表示反对。兵部尚书方宾、户部尚书夏原吉、刑部尚书吴中反对的原因是粮食不足。夏原吉说："频年师出无功，戎马资储，十丧八九，内外俱疲。"（《明史纪事本末》卷二十《亲征漠北》）成祖非常生气，命夏原吉到开平清查粮储，旋即逮回，方宾吓得自杀，吴中下狱。此次北征的粮饷被英国公张辅议分为前后两批，前批与大军同行，后批运输随之赶上，共用车17.7万余辆，民夫23万余人，运粮37万石。

永乐二十年（1422年）三月，以太子监国，明成祖率领10万大兵亲自出征。

明军出发后，阿鲁台得到消息逃跑。明军进退两难，沿途阅兵演武，缓行待命。

四月，明军至龙门，将阿鲁台逃跑时弃的两千匹马收回。五月，至独石，驻开平。

六月中旬，明军来到达答兰纳木儿河附近。陈懋、金忠报告，前锋军已到河畔，仍不见阿鲁台的骑兵影子。于是英国公张辅等受明成祖之命带兵四下搜查。张辅回报，此处山谷已搜查了方圆三百余里，也没见到阿鲁台的一兵一骑。张辅请给一月粮食继续搜查。明成祖看此地如此广大，难以搜查，遂于六月二十一日，下诏班师。

此时，军中粮食缺乏，以至朱棣不得不将御膳赐给士兵。有人献计命军中有余粮者可借贷给缺粮者，入塞后由官府加倍偿还。

明大军分东西两路回师，预期在开平会合。明成祖亲率东路军由近路返回，七月七日沿途经过清水源，命令大学士杨荣、金幼孜等撰写文书纪行，刻在高达几十丈的悬崖石壁上，说是"使后世知朕曾亲征至此"。十七日，到达距开平尚有十一日路程的榆木川。自定都北京以来的三年间，明成祖亲自率兵三次出征，徒劳往返于途中，积劳成疾，体力日益衰弱。此时，他对没有听夏原吉的忠告感到后悔，对左右说："夏原吉爱我！"他于九月八日返回北京，并对此次出征所谓的胜利进行庆祝。同时留下武安侯郑亨、阳武侯薛禄守升平，预防敌兵南侵。

（3）病死军中

永乐二十年（1422年）夏天，明成祖从边将的奏报中得知阿鲁台有再次南侵的可能，而边将的消息又是从鞑靼投降的将兵中获得。明成祖不甘于前次的出师无功，决意再度北征。对臣下说：他（阿鲁台）一定以为我不会再出兵，我当领兵先到塞外等他，一定能成功。七月，明成祖亲自领兵出宣府北进。命宁阳侯陈懋为前锋，统领陕西、甘肃、宁夏三镇兵，自西路包抄。

八月由宣府北进，到达万全。九月，明成祖进军到万全西阳河，从鞑靼降官口中得知消息，阿鲁台已被瓦剌脱欢击败，部落已仓惶北逃。明军又一次处于进退两难的境地。同月，陈懋前锋军进至贺兰山后，蒙古贵族也先士干率部众降明。

十月，到达上庄堡，先锋陈懋远出追敌，无收获，路上恰巧遇到鞑靼王子也先士干率妻子部属前来投降明军。陈懋将他引荐给朱棣。也先士干被封为忠勇王，赐姓名金忠，封其甥把罕台为都督，部属察卜等为都指挥。遂班师，于十一月返回北京，文武群臣跪在道旁齐呼万岁。北征鞑靼又算是取得了胜利。

对蒙古边疆安危的忧虑，已使明成祖晚年百病缠身。阿鲁台降而复叛，使他难解心头之恨。但两次出兵均无成果，虽然他表面宣称取得了胜利，却掩饰不住内心的惭愧。永乐二十二年（1424年）正月，大同、开平又奏报阿鲁台部众来袭。降明的金忠力请出兵，愿为先锋作战，以表对明军的忠诚和对阿鲁台的愤恨。

于是明成祖又决定第五次亲自出征，征调山西、山东、河南、陕西、辽东五都司及西宁、巩昌各卫兵，于三月间会集北京及宣府。四月誓师出京，命皇太子监国。出宣府至隰宁，自忠勇王金忠所抓获的间谍口中得知，阿鲁台得知明大军到达，已逃往答兰纳木儿河，且其人马已在一场大雪中大批冻死，残兵离散。明成祖遂命部队火速进军。

五月，明军进驻开平，朱棣派人说服阿鲁台部落投降，途中遇到了在连续的北征中冻饿而死、被遗弃在荒野中的士兵尸体，于是命令人去埋葬。六月，前锋部队到达答兰纳木儿河，只见荒草丛生，车马痕迹遍地皆是，看起来敌军已经逃跑很久了。于是命张辅等分兵山谷，搜索三百里不见一人一骑，乃还师。七月七日，朱棣因途中染上疾病，而死于返回榆木川的途中，享年65岁。

朱棣死前向英国公张辅传遗诏：传位皇太子。皇太子朱高炽（仁宗）即位后，追谥朱棣为太宗。明世宗时改谥成祖。

从永乐八年（1410年）到永乐二十二年（1424年）明成祖为打击蒙古贵族的军事势力，五次亲自北征，取得了一定成效，无论政治上、军事上均给蒙古部落以强大的压力，大大加强了边防。但是，在战略战术上，明成祖并不精明，动用大军50万，行军线路基本固定为由宣府、开平经应昌北上克鲁伦河。此线路恰恰对蒙方有利，蒙方利用战则进、不战则走的战略，明军因而战果甚微。

第四章　仁宣之治

仁宗、宣宗两朝是明王朝的鼎盛时期。这时，明朝的国策已由洪武、永乐时的严苛趋向平稳。虽然偶有"高煦之叛"的变故，但也很快被平息，没有造成多大的震动。这一时期，仁宗和宣宗注意整顿吏治，重用贤臣，重视农业，实行仁政，对周边事务实行安抚政策，力主和平。重视农业，鼓励农民开垦土地。善于纳谏，改革了科举取士法。但仁、宣二朝的开明政治是有限的，如仁宗虽然纳谏，但并不是所有逆耳之言都听得进去。宽大为怀的仁政也放纵了贪官污吏，造成了吏治的腐败。虽然有一定的局限性，但这一时期的统治确实是比较清明的，社会经济也获得了一定的发展。这一时期被称为"仁宣之治"。

1.仁宗治国

永乐二十二年（1424年）八月，朱高炽即皇帝位，是为仁宗，他在治国方面颇有建树。

（1）太子监国

永乐十一年（1413年），明成祖去北京巡幸，令皇太子朱高炽在南京监国，并让尚书蹇义、学士黄淮，及洗马杨溥等一起辅佐太子监国。杨、黄等大臣均系东宫大臣，他们辅佐和支持高炽处理事务，深得太子的敬重，当然，也就成为阴谋夺嫡的朱高煦的眼中钉，他想借机将他们除掉以免后患。永乐十二年（1414年）六月，太子在迎接成祖亲征瓦剌返回时，遣使迎接略迟，朱高煦就此大做文章，想加祸于黄淮、杨溥等大臣。

永乐十二年（1414年）三月，明成祖带着皇太孙率领大批将士从北京出发，北上亲征瓦剌。六月，成祖率领军队胜利返回，返程途中驻扎在沙河时，兵部尚书金忠等奉太子命派使前去迎接。当成祖到北京时，迎接皇上的使臣晚去了一会儿，成祖生气了。当太子奏书由金忠呈给皇上阅后，皇上认为此奏书言词不当，大怒道："这都是你们辅佐的过错。"此时，汉王朱高煦便乘机向皇上进谗言，说这是太子与诸臣有意这样做的，是对皇上不忠的表现，以此来造谣中伤他们。成祖听信了朱高煦的谗言，下令立即将尚书蹇义，学士黄淮、杨士奇，洗马杨溥、芮善及司经局正字金问等人扣押。在被押往京师途中，因有谕旨，蹇义得以返回南京，剩下的人待回京之后下锦衣卫狱中。杨士奇、金问二人继杨溥之后于第二天到京。成祖说："杨士奇姑且可以宽恕。朕未曾认识金问，何以得侍东宫太子？"下令逮捕金问。之后不长时间，又召见杨士奇，询问太子与此事的关系。士奇拜见皇上之后，称颂太子对皇上非常孝敬，前几天迎驾迟缓都是因臣下辅佐有罪。于是，成祖又将士奇打入狱中。事隔不久，成祖又特地将他赦免，恢复原来的职务。而黄、杨等人在狱中被关了十年。狱中的杨溥等人，处境险恶，随时可能遭到杀害，但他们并不因遭受打击而沉沦下去，反而更加不屈不挠，意志顽强，发奋读书。

永乐二十二年（1424年）七月，朱棣在班师途中病死，遗命英国公张辅，传位于皇太子。英国公张辅、阁臣杨荣、金幼孜和太监马云等人对形势作了认真仔细的分析，认为当务之急，应该以社会的安定为己任。张辅当即立断，决定由他们几个人再加上成祖的近侍海寿临时负责善后事宜，将成祖的后事处理妥当。

他们决定封锁皇上驾崩的消息，派人密报太子做好准备，用锡棺密放尸体，运送回朝。于是每日行礼进膳照常进行，造成成祖安然无恙的假象。

杨荣、海寿带着几个精明干练之人，于成祖去世的当天夜里，火速离开大军，赶往北京。一行人终于在八月二日到达京城，把遗诏呈送太子。太子朱高炽连忙命太孙朱瞻基赴开平迎丧。

八月七日，军中才公布皇上驾崩的消息。八月九日，灵枢经过八达岭居庸关时，文武百官、军民在此哭泣迎丧。

八月十日，用锡棺裹着的朱棣的遗体被送到皇宫的仁智殿内。九月十日，朱棣被尊谥为体天弘道明广运圣武神功纯仁至孝文皇帝，庙号太宗。一百多年以后，嘉靖十七年（1538年）九月，朱棣被改谥为启天弘道高明肇运圣武神功纯仁至孝文皇帝，庙号成祖。

永乐二十二年（1424年）十二月十九日，朱棣被葬于北京昌平天寿山的长陵中。

埋葬的程序十分繁杂，在斋戒、祭告以后，入葬的当天宫中举行了启奠、祖奠等仪式。登基不久的新皇帝朱高炽站在朱棣的棺椁前，西向而立。皇太子朱瞻基和亲王们，在他之后侍立。内侍奏请灵驾出发后，锡棺被抬出宫门。走在前面的依然是朱棣生前旧御仪仗，后面是神亭、神帛舆、谥册宝舆、铭旌。朱高炽没有出宫，只是送到午门，灵枢是由太子朱瞻基和亲王们护送，前往长陵。在长陵举行安神礼、迁奠礼、赠礼后，棺椁才放入地宫之中，随之还有册宝、明器等物作为陪葬品。

朱棣在位23年，死时65岁，因年号永乐，又称永乐皇帝。

成祖为明朝的基业巩固、国家强大殚精竭虑，但是，他也比较专制和残暴。特别是在处理黄、杨等大臣案子中，表现更为突出。由于他不听忠告，偏信谗言，是非不分，导致身边很多有远见卓识的人臣离他而去。到了成祖晚年，明朝在政治、军事、经济及阶级关系上出现了种种矛盾和问题。

永乐二十二年（1424年）八月，成祖死后，尊奉遗诏太子朱高炽继位，随后立即颁布谕旨，将关押的右春坊大学士黄淮、洗马杨溥、正字金问释放，并恢复其官职。将黄淮提升为通政使兼武英殿大学士，第二年，又晋升他为太子少保、户部尚书，并兼任大学士职务。提升杨溥为翰林学士。由于杨溥以国家、社会的安危为己任，秘密地向仁宗疏陈朝中大事，仁宗褒奖了他，还赐他钞币。仁宗还考虑到杨溥生活拮据，便在各方面关心照顾他。黄淮、杨溥等被仁宗委以重任共同管理内政。杨溥主管内阁事务，仁宗授予他阁印时对他说："朕用你在我左右，不仅是因为你学识渊博，而是想要广知天下民间事，辅助我治理国家。"不久，因为杨溥辅佐皇帝有功，被仁宗提升为太常卿。

仁宗执政仅一年便暴死，他在政治上的建树与杨、黄为首的群臣的左右辅助是密不可分的。这的确是仁宗善于用人的体现。

仁宗善于用人的另一个突出例子是重用大臣夏原吉。

夏原吉，字维喆，江西德兴人。他在幼年时候父亲去世，由母亲抚养成人，尽管家境贫寒，但他奋发学习，成绩优异，被推荐到当时最高学府——太学就学。太祖朱元璋曾经视察太学，对夏原吉不苟言笑、彬彬有礼的风度非常赏识，于是任命他为户部主事。原吉任职时，深入民间，考核官吏，体察民情，百姓对他赞誉有加。原吉在成祖即位后，忠心辅佐成祖，成祖也很赏识他。于是北征时令原吉辅佐太孙驻守北京城，他始终尽心尽力。夏原吉是一位具有远见卓识、廉明的大臣。

永乐十九年（1421年）冬天，当明成祖准备北征瓦剌时，曾询问原吉边储的数量。原吉说，所有边储只够供成卒，不足供给大军。由于频频出兵，徒劳往返，军马伤亡很大，各地又发生严重饥荒，皇上龙体欠佳，内外条件都不具备，所以不宜亲自出征。明成祖不但不听原吉的进言，反而很气愤，于是命令他去查看开平的粮储。后来，原吉又被系于内监，他的家产也被没收。

明成祖由于不听大臣劝阻，固执己见，连年亲自北征，故百病缠身，于永乐二十二年（1424年）返程的途中病死。临终前，明成祖后悔当初没有听原吉的劝告。

皇上驾崩三月后，夏原吉得知皇上的死讯，大哭。此后太子将他释放，恢复官职，与他共议国事。从此他一心帮助仁宗稳定天下，安抚民心，当仁宗向他询问治国的大政方针时，原吉指出：目前首要的事是赈济饥荒，减少赋役，罢西洋取宝船及在云南交趾采办白银等事，他的建议都被仁宗所采纳。

（2）赈灾免税

明仁宗登基后，颁行了许多诸如救济灾民，免除赋税的休养生息政策，并且经常下令让地方官宽以待民，体恤人民疾苦，以缓和阶级矛盾，减轻因连年战乱和迁都带给人民的沉重负担。

永乐二十二年（1424年）九月，黄河决口，河南开封被淹，灾情严重，人民流离失所。仁宗下令免除开封当年的赋税，并派遣右都御史王彰前去安慰灾民。当月工部向皇上上奏，建议征收布漆，以整修军备。仁宗下令：自此以后，官家所用物料一律到产地以钞买之，禁止向百姓征收，违背的按律治罪。治水左通政乐福上奏："江南苏、松、常、杭、嘉、湖六府发生水灾"，请求延缓赋税的征收。仁宗获悉后准许以钞币代替粮赋征收。直隶广宗县发生水灾，仁宗得知后命令当地官员开仓放粮，救济灾民。

十月，山东登州、莱州诸郡发生水灾，仁宗下令免去赋税。因苏州、徐州发生水灾，仁宗下令免去当年秋天的赋税。浙江乐清发生饥荒，仁宗下令开仓放粮救济灾民。而且仁宗下令给各地的官员说："凡是国家政策中有不利于人民的一定要上奏，如果当地受灾不立即上奏请求赈济者，必给以论处。"

为了发展农业生产，仁宗曾多次下令不准干扰农务，并于永乐二十二年（1424年）九月下令把太仆寺的马分给各卫所以及沿边戍守边疆的士兵牧养，以用于农耕。仁宗的这种做法是考虑到农业的恢复和发展，怕因牛马不足耽误了农耕。仁宗曾告谕户部尚书夏原吉说："自古以来寓兵于农；农民若无转输之劳，则兵食足矣，先帝创立的屯田法不错，但是农耕经常受所司征派徭役的干扰，从今以后，对全国各地卫所屯田军士，差役不得擅自摊派，有碍农务，违背命令者要严惩不贷。"

洪熙元年（1425年）二月，在舞阳、清河、睢宁一带发生饥荒，民众四处逃荒，民不聊生，仁宗下令将本县仓储中的粮食发放给灾民，以救济他们。三月，乐亭、连城、莱芜、蓬莱等地发生灾荒，同样，仁宗也命令将本县仓储的粮食分发当地农民。四月，南方的官员说，山东、淮安、徐州等地，农民粮食匮乏，而当地的主要官员对此不予理睬，仍然加紧征收赋税。于是，仁宗向塞义查问情况。塞义答道："确实如此。"仁宗命令杨士奇草拟诏书蠲免山东、淮安、徐州当年夏税的一半，所有的官买物料一律停止。杨士奇："必须令户部、工部知晓。"仁宗说："救民如救火，不可稍有迟缓。主管官员一定会因考虑国力不足，而犹豫不决，以后再通知他们好了。"于是令士奇在西角门草诏，皇上阅览完毕立即颁行。仁宗对士奇说："体恤平民百姓宁可过厚，作为天下之主，怎么可以与百姓斤斤计较呢！"大名府、河南、山东等地发生饥荒，仁宗闻讯便下令要发仓储赈济灾民。仁宗仅仅在位十个月，但他时刻想着"以民为本，以农为本"，贯彻实行与民生息的政策，这对调动农民的生产积极性，使农业不断向前发展有积极作用，同时也稳定了社会政局。

仁宗告谕户部大臣说："农业是农民衣食之源，耕耘收获，不能误了时节。从现在开始，无论什么时候，不要把差役放在务农之前，而要等到劳动力有闲余时再征派。前人曾有过放弃农耕而滥发徭役，致使农耕遭到妨碍，引起天下暴乱之教训，我们必须警惕。"京城附近大兴、宛平二县的县官被仁宗召见进京，旨谕他们将百姓安抚好，让农民首先感受到政策上的恩惠，并说，最近几日，徭役之事仍困挠着在京的百姓，这些难道不是因为你们做州县地方父母官的失职造成的吗？并下令三天为限，让县官将民间何事便利、何事不便全部具体报来，由皇上亲自处理。如果地方官吏对朝廷的旨意置之不理，将论罪惩处，毫不姑息。

（3）直言治政

仁宗长期监国，他深深感到朝政大事必须得依赖于朝廷诸臣与君主的密切配合。因此，他即位后提高阁权，优待"三杨"为首的内阁大臣与夏原吉为首的六部大臣，多次颁布诏令，请他们上朝当面直言进谏，辅佐朝廷大政，共同治理天下。

杨士奇在仁宗刚刚即位时就被召见，仁宗说："今后朝廷大事，全依仗蹇义与你了。"杨士奇不负皇帝的厚望，办事公平合理，直言上书。仁宗派遣监察御史前往全国各地，对地方官吏进行考察。这时，蹇义、夏原吉上奏皇帝说："户部尚书郭资在任职期间，常常阻碍政事顺利处理，而且身体又多病，应令其退休。"仁宗对蹇义、原吉的话半信半疑。于是杨士奇又被仁宗召来询问实情。杨士奇回答说："诏书数次下令要蠲免受灾农民的税赋，可是郭资执意不听，令地方主管官员仍依旧额征收。这乃是他为政最大的失误。"仁宗听后，颁布诏令：郭资由原户部尚书晋升为太子太师，命其退休。

有一次，仁宗接到吏部上奏，说舒仲成在前朝任职期间有一些过失。仁宗听后，便命都察院将其拘捕予以惩治。这时，杨士奇上疏劝止说："小臣犯罪的有很多，陛下即位时，天下大赦，已经宽恕了这些人，如今再追查前事，则今后皇帝的诏令谁还能相信呢？例如汉景帝为太子时，召见卫绾，卫绾以有病为借口，而不见景帝。等到景帝即位后，却进用卫绾，受到后人的称赞。"仁宗看了杨士奇的上书，高兴不已，立即下旨免去对舒仲成的拘捕，并对士奇的直言上疏予以褒奖。

洪熙元年（1425年）正月初一，仁宗在奉天殿召见文武官员，命礼部、鸿胪寺不作乐。先前，礼部尚书吕震奏请皇上，在元旦改年号这天，按照朝廷礼仪的惯例，应当奏乐以示庆贺，皇上不听。但吕震仍坚持作乐的请求。这时，大学士杨士奇、黄淮、杨荣、金幼孜都认为陛下言之有理。第二天，士奇等人又受仁宗召见。仁宗对他们说："作为君主以接受直言为明主，作为臣子以能够直言为忠臣。假如昨日朝会听从吕震之言，到现在后悔也来不及。从今以后，朕所做所为有不当之处，请诸臣直言不讳，不要考虑朕不从。"之后，分别赏给每人银钞，以资鼓励。

当时普通官员很少进言。仁宗针对这种状况，颁布敕谕，大意是："朕继承大统，君临百姓之上，天下之广，国事繁多，一人怎能独自应付得了呢？各位文武官员是贤能之士，皇帝只有依仗你们，齐心协力，共图大业。因此刚一即位，首先诏告朝廷内外，寻求直言上谏。可是现在过了这么长的时间，直言者寥寥无几……你们都受国家培养，朕对你们寄予厚望，不要害怕直言受到谴责，要君臣同体，休戚与共，来辅助朕管理好国家。"仁宗希望廷臣能直言上谏，充分体现他心胸宽阔，有胆有谋。仁宗为政十个月，除"三杨"等名臣外，直言上谏的人并不多；但仅是"三杨"的谏言，也使朝政风气为之一新。

洪熙元年（1425年）四月，有许多大臣进言对时政大加称赞，惟独杨士奇进言："如今流亡迁徙他乡的百姓未归，困乏的处境并未恢复，很多地区的农民还缺少粮食，应休养生息数年，太平盛世才能够实现。"仁宗欣然采纳士奇的建议。又对蹇义等人说："朕赐予你们'绳愆纠谬'银章，希望能够秉公上谏，只有士奇一人上书五次，其他人一次也没有，难道真是朝政无误，所有的百姓都已经安居乐业了吗？"诸臣叩首谢罪。

尽管仁宗鼓励直言，但也不乏虚伪之时，虞谦因坚持直谏而被贬就是一例。

虞谦，字伯益，金坛人。洪武年间，曾经在杭州担任知府的官职。永乐初年，被召为大理寺少卿。永乐七年（1409年），皇太子高炽奏请父皇，让虞谦担任右副都御史，在江浙地区担任巡抚。朱高炽即皇位后，他被召回北京，改任为大理寺卿。虞谦任职期间，尽心尽力主持政务。对于法司及各地所上报的讼诉案件，他都要认真详细地阅读案宗，仔细区分真假，以使最后的判决公平、公正。他曾经对别人说道："他们的无憾，就是我的无憾。"

永乐二十二年（1424年）十月，仁宗皇帝即位不久，在朝廷内外颁下诏书，责令群臣秉公直言，对朝廷的所得所失作出评论。虞谦应诏上言陈述七件大事，每件大事都切中当时的流弊。第一，慎重用人。他说：要想帝业兴旺，国家昌盛，必须要做到用人得当。如果用人不当则帝业衰亡。第二，兴办学校。教书育人是学校的根本。第三，端正风气。第四，广储蓄。国家仓储空乏，必须预先积储，以备灾荒时需用。第五，爱惜民力，重视发展农业，缺少马的郡县应该分到军马，用于农耕，促进生产的发展，增加百姓的收入。第六，流通货财。要广泛地开源节流，增加收入。第七，惩治奸宄。由于各地方州县的盗贼很多，应于各州县编制里甲，使之互相监督，对犯罪的人予以惩治。虞谦对皇帝直言上书，陈词尖锐，每次都能击中要害，由此激怒了仁宗，仁宗说他言词过于偏激，小题大作了。礼部尚书吕震、都御史刘观等人认为，向皇上献殷勤的机会到了，为了讨好皇上，便上书劾奏虞谦。

在吕震、刘观等人的挑拨下，仁宗更加生气，将虞谦降职为少卿，他朝参的资格也被免去。从此，上言陈述时政弊端的人就不多了。在上奏前，曾经有的大臣建议，虞谦应秘密陈述于皇上，不应在上朝的群臣面前公开上奏，免得皇帝的尊严受损。当时，大理寺属官杨时习就劝过他，这个劝告没有被虞谦采纳，他仍坚持公开上言，结果皇帝给他降职的惩处，而劝阻虞谦公开上言的杨时习，却被皇上提升为大理寺卿。

此后不久，杨士奇因事上奏，但之后却没有立即退朝。仁宗便问："你还有什么想要说的吗？莫非是为虞谦的事情吗？"士奇非常镇定，不慌不忙地为虞谦申辩道："虞谦历经三朝，深懂大臣之礼，往日政绩显赫，今日所犯的过错甚微，皇上不应给予他如此重的处罚。"士奇又请仁宗降敕引过，仁宗听了杨士奇的话后说道："我也后悔啊！"之后，虞谦被仁宗恢复官职为大理寺卿，但朝参的资格仍未恢复。

虞谦虽被恢复官职，但不能参与朝政，为此，杨士奇又继续上疏说："如今各地前来朝拜的大臣都在，岂能都知道虞谦的过失！此事如果张扬传播出去，有人会说皇帝不能采纳直言，此事可就大了。"仁宗听了杨士奇的话，恍然大悟，说："这都是吕震误了朕。上言朕是支持的，只是谦所言过激了。你可以将朕所说的话传告天下人士。"士奇回答说："此事并不是臣等不能传告天下，只是臣认为应以玺书广布天下。"于是，仁宗命士奇代为起草敕书，承认自己的过失，并命令百官群臣不要为虞谦之事而担心，应继续直言上书。他在敕书中说："前几天大理少卿虞谦上书陈述当时朝政大事时，言词过于偏激，但多为实事，朕当时有些接受不了。群臣中有的为了讨好皇上，交章劾奏，请求把他绳之以法，朕没有听从，仍然恢复他的原职，但还是不让他上朝参奏。此后，上朝进言的人日益减少，难道他们真的认为国家无事可言吗？朕在对待虞谦上书之事的处理上，一时不能容忍，事后何尝不悔恨自己啊！今后文武群臣，只要是对国家社会有利的事情，都要及时上书，向朕陈述，对于当前政令执行不当、积弊已久的事情，也要及时直言，千万不要因虞谦的例子而回避朕啊！以后，我们君臣要相互共议国政，今允许虞谦参与朝奏如旧。"

仁宗在杨士奇的直言劝谏下，免去对虞谦的处罚，恢复了他的官职，并允许他参与朝奏，又引以为戒，下罪己诏告谕文武百官。不久，虞谦被封为副都御史，前往四川负责停止采木之役。临行前，虞谦被仁宗亲自召见说："你平常一向清廉正直，帮助朕前往四川处理扰民之役，不要猜疑和害怕。"

仁宗一向以纳直言来标榜自己，实际上他是厌恶群臣的直言上谏的，并时时予以折辱。在对虞谦的处理上，由于杨士奇等重臣的极力劝说，表面上引过自咎，实际上在内心深处他还是憎恨、讨厌别人对自己的指斥。虞谦被他派到四川办事，等于是明升暗降，实际也是一种变相处罚。这也体现了仁宗虚伪的一面。

（4）实施仁政

身为明代"盛世"的君主仁宗，知道治理国家的根本是爱惜民众，保存农力与牲畜，发展农业。为此，他多次颁布诏令要求废除一切不利于保护牲畜、发展农业的法令。牲畜作为农业生产的最基本的劳动工具，对发展农业、维持农民生活是必不可少的。因此仁宗把禁止私自宰杀牲畜，作为一条法令颁行全国。

有一次，太常寺的主管官员向仁宗上奏说："最近，专门饲养供给祭祀用的纯金色的全体羊越来越少，供不应求，请求内库发给钞币，派遣官员到产羊集市购买。"仁宗看完奏折，立即批示道："作为百姓的父母官，必须爱惜民力，而后才可以供奉神灵。朝廷侍奉神灵，难道不舍得花钱吗？去年负责办理此事的主管官员不顾全大局，按照洪武中期的价格到集上购买祭礼的牲畜。实际上，任何商品的价格，随时都依赖市场的行情变化而变化，不会是固定不变的价格。现在比较洪武时期，民间各种物品的价格已涨了几十倍，然而祭神之物，却仍旧按照原来的价格，百姓的利益因此受到损害，民众怨声载道，忿忿不平，神灵岂能享受供奉？今后供祭祀用的牲畜，必须按照京城的市场价格给钞购买，如果在产地购买价格不足，当地政府应从所罚赃款中补发给百姓，这些应由当地主管官员执行。另外，巡抚御史监督畿辅之内市场，按察司负责监督畿辅之外，严禁低价收购畜牲，切勿骚扰百姓，损害他们的利益。"仁宗这种爱惜民力的思想是难能可贵的。

所谓"法"，是一个国家用于维持国家统治秩序，保护人民的生命财产安全的法律制度。法律、法令的执行应该公平。封建社会的君主作为最高统治者，无疑要对法律有充分的、深刻的认识，所有开明的君主都应秉公执法，不徇私情，不滥行酷法，而实行仁政，以取信于民，使法律、法令成为维护社会长治久安的根本保证。

明仁宗高炽，是位开明贤能的君主，他决心以执法公正，实行仁政来振兴国家。他告诫负责处理刑事案件的刑部与都察院的主管官员说："朕对于刑法，不敢依个人的意志而有所改变。你们处理刑事诉讼案件，也应当广集各种材料和情况，仔细辨别案情的真伪，依据真凭实据，秉公处理，从而达到有罪能绳之以法，无罪者不白白受冤。只有执法者公正办案，才能使法律严明而取信于民。这样一来，天下人才能有所忌讳，而不是无视法律而为所欲为；从而使天下太平，百业兴旺。"仁宗又进一步指出：你们不可对真相实情不明，只凭个人主观愿望和主观判断，或迎合朕的意思，导致无罪的人含冤而死。我厌恶这样的行为，更不准许这样的事情发生，你们要引以为戒。身为国家的重臣，国家的重任在你们身上，如果某一时候我怒气冲天，怀恨在心，对某一案件处理不当，希望你们能向朕直言，以达到执法公正、无私，不要令我失望啊。"可以看出，他深深认识到，执法公正与否是治理国家的关键。

仁宗既主张秉公执法，又主张废除酷刑，实行宽政。洪熙元年（1425年）三月，仁宗下诏说："刑法是用以禁止暴乱行为，引导民众行善的，不是专门用来诛杀。所以，法律、法令制度的制订，要轻重适度。作为执法者，更要依法据实秉公处理，切勿冤枉好人，滥施酷刑。此后，所有有犯罪行为的人的定罪都要以法律为依据。当朕由于个人过于愤怒，超越刑法之外用刑不当时，你们必须秉公上奏，帮助我改正。假使你已上书五次，仍没被采用，还要联合三公大臣一起上奏，直到得到允许才可停止。"

他还说："各主管刑狱的法官对囚犯不得实行鞭背与宫刑这两种酷刑。从今往后，只有犯有谋反大罪的，才给予株连亲属的刑罚。自古以来，凡是开明盛世，都采纳听取民间的进言，作为警戒、教训。现在奸诈狡猾的人，往往从只言片语中大作文章，对好人进行诬陷、攻击，使好人背上罪名被打入狱中。这样刑法不公，民众则无法可依了。以后，只对诽谤他人的予以惩治，对于上告之人不要治罪。"仁宗又告谕刑部尚书金纯说："最近以来，掌管刑法的官署应专门处理那些枉加罪名肆意罗织的案件。法律要讲求宽大。"金纯上承皇帝的旨意，对犯人实行宽大处理，而且属下的狱吏也常被告诫，不许擅自用椎击打犯人。从此之后的一段时间，狱中打死人的事情没有发生过。

仁宗严禁施行酷法，时时告诫朝廷内外文武大臣，应该端正执法风气，实行仁政，爱护天下百姓；百姓受到感化，国家才能日渐兴旺起来，社会也会日趋稳定。

明仁宗不仅执法公正，为人也宽厚、仁慈。他在为皇太子时，就懂得要关怀、爱护士兵。即位之后，他凭借自己长期监国的丰富经验，实行开明政策，广施恩泽，体贴民众，采取与民休息的政策，以争取人心归附，达到社会长治久安的目的。

依照明朝的旧制，必须是紫禁城内直属皇帝控制的亲军属下的各卫军士，才有资格成为守卫皇城的将士。这些将士担负着神圣使命，那就是保证皇帝及其家族的安全。因此，要对他们进行严格挑选、考察训练，然后再委以重任。同时皇城卫士必须是忠实可靠的人，而且能够长期使用，所以要求这些将士必须忠于职守，不能轮流更换。为了确保皇帝的安全，他们还必须与外界隔绝，甚至不能和自己的妻子、儿女和父母相见。

仁宗即位后，意识到以往守城将士均是亲军，且又不得更换的旧制存在着很大弊端，便下决心要改革这种旧制。他怜悯生活艰辛的守城卫士，说："守城卫士长期守卫皇城，不分昼夜，极为辛苦、劳累，加上长年累月不能更替，甚至不准回家休息，无法与父母、妻子儿女团聚，实在是太残酷了，于情于理都说不过去，必须加以改革。"于是，他下令从分散各地的卫军中，选出精明强壮的卫士，以更换那些长期守城的将士，让他们有机会进行休整。为此，兵部尚书吕庆上言说："守卫将士事关重大，怎么可以相信分散的卫军呢？"仁宗笑答道："对人不能全信，也不能全都怀疑。作为人君要广施仁爱，以博得众心。以诚得其心，方能化敌为友，如若失去人心，即使是亲信也会反目。古人云：舟中敌国，盖既往多有之矣。"仁宗关心士卒的疾苦，并施以恩泽，博得了他们的拥护和爱戴。吕庆等诸臣也都被仁宗的仁爱之心感动。

朱高炽与大臣们这种良好的关系与感情，极大地影响了他登基后的政策。

朱高炽与建文帝朱允炆都是朱明建国后的第三代传人。他们与祖父朱元璋，父辈朱标、朱棣都有所不同，在君主独裁与统治集团内相对民主化的选择方面，更倾向于后者。

朱高炽即位后实行的仁政，其实就是一种宽松政策。这恰恰迎合了当时文人士大夫们的利益与理想。他除了在其登基的诏书中规定罢西洋宝船，停止迤西市马和云南、交趾采办外，还施行了一系列善政。多年监国经历使他积累了丰富的政治经验，而即位又使得当年根本无从推行的政治主张如今终于能够变成现实了。

即位后，朱高炽的另一个令人瞩目的行为是为建文遗臣平反。建文遗臣，是指忠于建文帝朱允炆的文臣集团，他们在朱棣夺位后，因不肯依附而遭到残杀，还一度被列入"奸臣"榜。

仁宗英年早逝，在位不满十个月。他在位期间，曾竭力兴利除弊，以图有所建树，他起用文臣，组建了中枢统治机构，为以后的统治打下了良好的基础，但不幸的是，其在宏图未展之时便去世了。

2.郑和下西洋

宣德八年（1433年），在第七次自西洋归国途中，郑和不幸病故，王景弘代郑和之职，于七月抵达南京，完成了七次下西洋的壮举。

（1）初下西洋

郑和，云南昆阳人，原本姓马，小字三宝。洪武十四年（1381年），傅友德领兵攻克云南时，郑和才20岁。他被俘后，几经周折，最后被送到燕王朱棣那里。"靖难之役"时，郑和也在军中服役，参与了战斗，屡建战功。朱棣登基后，晋升郑和为内宫监太监。永乐二年（1404年）正月初一，朱棣亲题"郑"字，赐他为姓。他从此就改姓郑。郑和身材高大魁梧，博才善辩，机智敏捷，在内侍之中，论资才，论相貌，都没人能比得上他，因此深得成祖宠信。

永乐初年，国内外局势不稳定，朱棣以武力夺得帝位，建文帝的遗臣有的公开反抗，有的消极抵制。建文帝也不知所终，许多人都说他避难海外。同时东南沿海仍活跃着残存的反明势力，南洋各国对明朝也只是表面上顺从。胸怀雄图大略的明成祖非常仰慕唐朝定服四夷的盛况，他希望能改变这种僵持的局面，以便在他在位之时看到天下太平、万国臣服的盛况。于是下令大力修造船舰，为大规模的出海作好准备，并积极遣使臣出使周边各国。

经过两年左右的周密准备，朱棣于永乐三年六月十五日，命郑和带领船队下西洋。郑和组织了一支庞大的舰队，其中有大船62艘，再加上一些中小船只共208艘，在他和王景弘等一同率领下，舰队绵延数里，浩浩荡荡，驶离苏州刘家港，驶向福建长乐县五虎门港。随队人员有官员使节、军事部卒、诸多的水手船工及各色技工，如火长（负责罗针）、碇手（司舵）、军匠、民匠，还有担任翻译的通事等人，以及医生、伙夫、书算，等等，共计27800多人。船可分成宝船、战座船、粮船、水船等几种。其中，宝船大的长44.4丈、宽18丈，中型的长37丈，宽15丈，专门运载货物；粮船长28丈，宽12丈，仅次于中号宝船；水船是用来积贮运载淡水的船只；战座船是以运载官兵为主的座船；护卫船队用以防止海盗袭击。船都起有名字，如"清和"、"惠康"、"长宁"、"安济"、"清远"等，并且船都有系统的编号，便于统一指挥。船队满载粮食、淡水、盐、茶、酒等日用品，以及用于贸易的瓷器、丝绸、织锦、铜钱等物品，从闽江口五虎门出海，借助于海上信风，踏上了下西洋的征程。

船队首达占城（今越南中南部），郑和派人对其国王宣读诏敕，并赏赐给其王、妃、臣、僚物品，以后每到一地都照此行事。短暂停留之后，顺风行驶二十昼夜，抵达爪哇国（今印度尼西亚之爪哇岛）。时为永乐四年六月，赶上爪哇国内乱，东王字令达哈被西王都马板打败后杀死，其国家也被西王消灭。郑和船队当时正在东王国土上进行贸易，西王杀死其部下170人。郑和及闻讯，欲兴兵征讨。但事后不久，西王派使臣前来谢罪，成祖于是命令他贡奉六万黄金，以示补偿。这批赎金直到永乐六年郑和第二次下西洋途经此地时才被追回。郑和第一次下西洋，就遇挫折，但他查明了此事，知道是误杀后，就向朱棣禀明，终于化干戈为玉帛，使事情得到了和平解决。

船队接着西行走了八昼夜，抵达旧洪（今印度尼西亚之巨港），那里有很多华人，其中广东潮州人陈祖义为逃避罪责而在此定居，并为当地的酋长。再行九昼夜，抵达苏门答剌。郑和及其船队受到当地人的热烈欢迎，颁赐赏物之后，为那里的酋长宰奴里阿必丁正式举行了封王仪式，增进了其与中国的友好关系。后又经南渤里（在今印尼苏门答腊岛上），南渤里是个小国，只有近千户人家，是东西方海上交通的枢纽。

郑和接下来又横渡到锡兰山（斯里兰卡），那里的人尊崇佛教。郑和的来访，有力地沟通了锡兰山与中国的关系。船队最后来到古里（今印度科泽科德），古里是西洋诸国中较大的国家，为古印度半岛西岸一大商港，号称"西洋诸番大会"，郑和向国王宣读了明成祖所颁的敕书，并赐给他诰命银印，赠给他手下的大臣丰富的礼物，密切了郑和与其君臣之间的关系，有利于把这里建成交通与贸易的中转站。郑和于此地建立碑亭以纪念这次来访。结束了对古里的访问后，郑和率船队返航，古里王遣使臣随船至中国，以示答谢。此后，每次下西洋的宝船，都把此地当成中转站。

返航途中，又经过旧港，郑和本打算招降陈祖义。岂料陈祖义却暗中策划率船偷袭郑和船队，幸好当地一个名叫施进卿的人事先告知了郑和，郑和将计就计，大败陈祖义，杀其部卒五千余人，并活捉陈祖义，烧其战船10余艘，缴获7艘，肃清了此地的海盗。永乐五年九月，成祖下令在旧港设立宣慰使司，任施进卿为宣慰使，并赐印诰、冠服、文绮、纱罗。永乐五年（1407年）九月初二，郑和船队顺利返回国内，受到了成祖极高嘉奖。

（2）第二、三次远航

郑和回国不久，就着手准备再次远航。永乐五年（1407年）的冬天，海洋冬季信风刮起时，郑和、王景弘、王贵通等又率舰队出发了，他们这次出海的主要目的是送各国使者归国，顺便进行访问和贸易往来。

船队先到达占城，后又来到暹罗（今泰国）。那时暹罗是一个相当大的国家，它屡次阻止苏门答剌、满剌加等国向明朝进贡。郑和奉命前去指责暹罗王的这一过失。暹罗王派使臣向明朝谢罪，并奉上许多贡品，这样一来，就确保了那一带的和平与稳定。

船队再到达锡兰的时候，郑和对当地的佛寺进行了隆重的布施，包括金一千钱，银五千钱，各色纻丝五十匹，各色绢五十匹，织金纻丝宝幡四对，香油二千五百斤，还有香炉、花瓶、烛台、灯盏、香盒、蜡烛、檀香、金莲花等。种类繁多，数量惊人，都非常罕见。并且立碑勒文，以垂后世，在两国的关系史上写下了宝贵的一页。

船队归来时，郑和曾命令官兵，去与满剌加（今马来半岛马六甲）接境的九州山采香，得到了六株直径八九尺、长八九丈的沉香树。永乐七年（1409年）夏，郑和船队又顺利归航。

永乐七年（1409年）九月，对船队稍事修整后，郑和又开始了第三次远航，这次共带了大宝船40艘，官兵2700余人，王景弘、费信随行。他们从太仓刘家港出发，在福建长乐太平港停泊了近一个月。一直等到十二月信风大起，宝船才张帆出海，航行十昼夜后，到达占城。国王闻讯，亲自带领文武官员前去迎接。郑和向他宣读了成祖的诏谕，并赏赐给他大量的礼物。国王感恩不尽，献给明朝许多当地的特产作为贡品，包括象牙、犀牛角、伽蓝香等。

　　船队接着到达满剌加时，郑和正式加封当地酋长拜里迷苏剌为国王。满剌加原来受制于暹罗，永乐三年（1405年），满剌加就曾遣使朝贡，成祖诏封拜里迷苏剌为国王。然而，暹罗却以武力夺走其印诰。郑和严厉指责了暹罗的蛮横无礼，以强凌弱，并使满剌加重获独立。满剌加在明朝的支持下赢得了独立，国王拜里迷苏剌感激明朝的恩德，允许郑和船队在这儿建造仓库储存货物，使这儿成为郑和下西洋的又一个中转站。而且，永乐九年（1411年）五月，国王拜里迷苏剌率妻子臣僚一共540余人，随同郑和回航的船队来中国朝贡，受到成祖的热烈欢迎。自此，一直到正德六年（1511年）葡萄牙人入侵以前，两国始终保持着良好的交往关系。

　　郑和第三次来到锡兰时，与锡兰国王阿烈苦奈儿之间进行了激战。其实，郑和在第二次返航后不久，又扬帆出海，与解决锡兰国王的"负固不恭"紧密相关。锡兰的地理位置相当重要，是郑和下西洋的必经之路。但其国王"不辑睦邻国，屡邀劫其往来使臣"。郑和第一次出使锡兰时，就感觉国王崇祀外道，不敬佛法。第二次觉得他十分蛮横无礼。此次抵达锡兰，郑和照例宣读诏书，并对阿烈苦奈儿进行了赏赐。但阿烈苦奈儿却让其儿子纳颜向郑和勒索金银宝物，郑和没有答应，他们竟然发动军队，企图袭击宝船，抢夺财物。郑和沉着应对，派出三千奇兵，乘其王城防备空虚之机，攻进城内，活捉国王阿烈苦奈儿并其家属。永乐九年（1411年）六月十六日，郑和凯旋，将阿烈苦奈儿及其家属交给朝廷处治。明成祖照旧以礼相待，命礼部立阿烈苦奈儿的亲属耶巴乃为锡兰国王，并遣送阿烈苦奈儿回国。

　　郑和下西洋前三次最远都只到达古里，基本上在东南亚及南亚一带活动。他们打通航道，谋划建立贸易中转站，解决当地的矛盾冲突，为以后的西航作了充分的准备。

（3）第四次下西洋

　　第三次远航后，船队在国内休整了一年。永乐十年（1412年）十一月十五日，郑和奉成祖之命开始第四次远航。郑和为此进行了充分的准备，随行的通事有马欢、郭崇礼。军人有唐敬、林子宣、王衡、张通、刘海、胡复、陆通、马贵等。永乐十一年（1413年）冬，远航开始。这次所经的主要国家和地区有占城、爪哇、满剌加、苏门答剌、锡兰、柯枝（位于今印度柯钦）、古里、阿鲁、彭亨（今马来西亚东部）、急兰丹（位于今马来半岛）、忽鲁谟斯（位于今伊朗波斯湾口阿巴斯港南的岛）、溜山（今马尔代夫群岛）、木骨都束（今索马里摩加迪沙）、麻林（位于今肯尼亚境内）等。

　　航行到苏门答剌时，苏门答剌国内正发生内乱。郑和原在这里设有"官厂"，贮存从各国交换的货物，以及船队所需的各种备用品，其内乱严重威胁到郑和"官厂"物资的安全，此前，苏门答剌国王宰奴里阿必丁被孤儿花面王侵略，中箭身亡，其子琐丹罕难阿必镇还很小，他的妻子发誓，若有人能为她报杀夫之仇，收复国土，她情愿下嫁并与之共同执政。一渔夫挺身而出，击溃了孤儿花面王。她履行诺言，嫁给渔夫，渔夫自称老王。可琐丹罕难阿必镇长大后，暗中与部下发动政变，杀害了渔夫，夺得王位。渔夫的亲生儿子苏干剌率领部下逃到山林之中，自立山寨，时常领兵侵扰琐丹罕难阿必镇。琐丹罕难阿必镇不得已向明朝求救。永乐十三年（1415年），郑和来到苏门答剌，率军擒获了苏干剌，平定了苏门答剌国的叛乱。苏门答剌是郑和船队访问亚非诸国的中心交通站，自此，琐丹罕难阿必镇更加优待郑和船队，并年年朝贡，解除了郑和的后顾之忧。

　　郑和于西航途中，不断派出分艨船队去附近采香，进行贸易往来。这次有几只船从溜山买到了许多龙涎香和椰子。大艨宝船，从苏门答剌驶向锡兰，又从锡兰转至古里，再由古里直达忽鲁谟斯。忽鲁谟斯原系东西方之间贸易往来的重要城市，在这里，宝石、金刚石、珍珠、琥珀、珊瑚、玉器以及各种毛织品，一应俱全。郑和船队一到此地，照例先宣读皇帝的诏书，然后进行赏赐，接下来再进行货物贸易。

这支船队从锡兰驶向溜山，横渡印度洋，到达非洲东海岸。依次访问了木骨都束、卜喇哇、麻林等国，均受到热烈欢迎。麻林国遣使随船队向明朝纳贡，并贡麒麟、天马、神鹿等。在中国古代，麒麟是吉祥的象征，传说只在盛世出现，麻林国进贡麒麟，轰动了京城。永乐十三年（1415年）七月，郑和船队满载珍珠宝石，并狮子、麒麟，及各国使臣回到国内，明成祖认为麻林国专门贡上麒麟，预示着明朝的鼎盛，于是兴奋异常，满朝文武也喜出望外。

郑和又一次成功回国后，在永乐十四年（1416年）春，于南京仪门外狮子山下，建了一座流光溢彩的天妃宫，以崇祀天妃，企求海道平安，增进我国与海外各国的友好往来。天妃，在中国古代是海神的象征。郑和每次出海都会祈祷，以求天妃的庇佑，每次胜利回国后，也都会去回谢天妃的恩泽。其实，郑和第一次凯旋后，就在南京建造了一座龙江天妃庙。此后，又分别于太仓、长乐、湄州等地建立类似的寺庙。此次建造的天妃宫中有《御制弘仁普济天妃宫》之碑，明成祖亲自为之撰写了碑文。

（4）第五次远航

永乐十四年（1416年）十二月，成祖又命郑和护送十九国使臣归国。永乐十五年（1417年）冬，郑和的船队经过了一年的休整后，又开始了第五次远航。这次船队从占城出发，一直来到柯枝，沿途向各国宣谕诏令，赏赐物品，送还使臣，并且进行贸易往来。柯枝在古代印度半岛上是重要的商业港口。郑和这次到达该地后，正式加封了柯枝国王，把柯枝国中的山封为镇国之山，并且建造石碑作为纪念。明成祖亲自撰写了碑文，并在其中表达了他的恩及四方的抱负。

由于第四次远航时麻林贡麒麟，轰动了明朝统治阶层，这次郑和出访，西南远国都选取了珍禽异兽加以进献。忽鲁谟斯赠狮子、金钱豹、大西马；阿丹进贡麒麟和长角马哈兽；木骨都束送花福禄和狮子；不剌哇送千里骆驼和鸵鸟；爪哇、古里贡縻里羔兽等。这就构成郑和第五次下西洋时，诸国贡品的一大特征。因此，郑和率船队回国之后，又在朝廷上下引起了不小的震动。这次，同样有国家派使臣随船队前来访问，随行的还有王子或其他国王宗室。在郑和这次出访期间，苏禄（今菲律宾苏禄群岛）东国酋长巴都葛叭答剌、故苏禄峒酋长之妻叭都葛巴剌卜、苏禄西国酋长麻哈剌吒葛剌马丁，各人带着亲人及随从，组成多达340余人的使团，带着金镂表、珍珠、宝石、玳瑁等物来朝进贡。明朝非常欢迎他们，分别加封他们为苏禄国东王、峒王、西王，并御赐袭衣、冠服、鞍马、印章、仪仗。随从头目三百余人，人人有赏。并大设宴席，悉心照顾。访问了近一个月，明朝送他们走时还重重赏赐了一番。九月十三日，他们路过德州时，苏禄东王巴都葛叭答剌突然因病去世，成祖听说后，十分悲痛，命按照王礼祭葬，并派礼部郎中陈士启做主祭，成祖亲自写祭文，伤痛之余，对其大加赞赏。苏禄王访问中国是对郑和出访苏禄的回访，反映了成祖一直要加强与外界交流的心愿，这是中菲友好关系史上极珍贵的一页。

（5）第六次远航

永乐十九年（1421年）正月三十日，郑和送十六国使臣回国，距上次远航已有一年多时间，郑和原本要再休整，但因为东北季风很快要过去，郑和匆匆忙忙率舰队再次出航，此为第六次远航。此次随从人员有郭崇礼、马欢等，还有孔和卜花、洪保、唐观保、杨庆、杨敏、李恺等，十六国使臣为：忽鲁谟斯、阿丹、祖法儿（今阿曼的佐法尔）、剌撒、卜剌哇（今非洲东岸索马里之布腊瓦）、木骨都束、古里、柯枝、加异勒、锡兰山、溜山、喃渤利、苏门答剌、阿鲁、满剌加、甘巴里（今印度西部坎贝一带）等。他们都得到了大量赏赐。

郑和这次出航，派出一个分综前往阿丹国（今也门共和国之亚丁），大小官员随阿丹国王到海滨迎接。阿丹是古代西亚著名的国际商业港口，这儿资源丰富，交通方便。阿丹国王赞成郑和船队与当地居民之间的贸易关系，船队于是在这儿买到了二钱重的大块猫眼石、高达二尺的珊瑚树、五柜珊瑚枝，以及各色雅姑、白鸠、珍宝、蔷薇露、金珀、狮子、麒麟、花福鹿、鸵鸡、金钱豹等宝物和稀禽异兽。

郑和则在带领大综船队到了祖法儿国之后，开始宣读诏书，颁赐赏物，并开始同祖法儿国的居民进行商业交往。郑和并不极力去搜寻宝物，而是把重点放在用瓷器等中国产品换取没药、乳香、芦荟、血竭之类药物和香料。

当得知郑和船队到达的消息后，孟加拉国王热烈地欢迎郑和船队，派一千骑兵去迎接招待他们。王宫内左右摆设长廊，用黄铜装饰屋柱。宫内还设有千余人左右的马队，国王坐在宝座上，两个手持银杖的人引郑和一行人进来，走到中间，再换两个手持金杖的人引路，国王跪下叩头迎取诏书。后来还宴请郑和，并赠郑和等使者金盔、金瓶、金系腰、金盆，副使则赠银制品，所有的人都有赠品。这个场面新奇而盛大，可见当时周边国家对中国的仰慕之情。

永乐二十年（1422年）八月十八日，郑和船队回到国内，随船来访的有阿丹、苏门答剌和暹罗等国的使者。

郑和前三次航行打通了往南亚次大陆的路线，并设立了中间贸易联络处，所以后三次出航就主要联系阿拉伯沿海及非洲东海岸，每次的任务都完成得很出色，密切了中国与阿拉伯及非洲东海岸国家的关系。这是中国外交史上的一段辉煌时期。

郑和第六次回国后，一直休养调整，永乐二十二年（1424年）正月十六日，再次遵旨出使旧港。因为当时施进卿已死，郑和之出使是为了解决旧港宣慰使的继承，即命施进卿之女施二姐承袭，继续巩固与旧港的友好关系。

（6）第七次下西洋

在郑和出使旧港之际，成祖驾崩，其太子朱高炽于永乐二十二年（1424年）八月十五日登基，同一天，朱高炽下令不准郑和再下西洋。郑和从旧港回国，朱高炽就命令他与王景弘等率领船队及官兵防守南京。仁宗朱高炽在位不到一年就病死了，他的太子朱瞻基即位后仍然按仁宗的方式对待郑和等人。

但宣宗朱瞻基是一个颇有作为的皇帝，他刚当皇帝时，由于停止下西洋的活动，海外各国来朝贡的越来越少，与中国的关系越来越疏远，明朝在海外的影响日益低落。宣宗试图让永乐年间万国朝贡的盛况重现，于是决定再次组织下西洋的船队。宣德五年（1430年）六月九日，宣宗任命郑和再下西洋，此时郑和已年近六十，身担重任，迅速组织船队准备出航。

宣德五年（1430年）闰十二月初六日，船队从龙湾（今南京下关）出发，二十一日抵刘家港。这次出航的人员中有正使太监郑和、王景弘和副使太监朱良、李兴、洪宝、周满、张达、杨真、吴忠等，都指挥王衡、朱真，通事费信、马欢、郭崇礼、巩珍等。共27550人，率领大型宝船61艘。在刘家港停留一个多月，修建天妃宫，宣德六年（1431年）春，天妃宫成，郑和撰《通番事迹记》，于天妃宫内立碑刻石，记载六次出海的经过，祈愿此次出航一帆风顺。宣德六年（1431年）二月二十六日，船队到达福建长乐太平港，重修天妃宫殿，并立石刻《天妃之神灵应记》碑，作为纪念。船队前后逗留了八九个月，一面为郑和再次下西洋作准备，一面等待季风。临到出发前，为了出航平安，郑和还亲自到天妃故乡福建湄州岛，修整天妃宫庙宇，祭祀天妃。

这次下西洋，经过了忽鲁谟斯、锡兰山、古里、满剌加、柯枝、卜剌哇、木骨都束、喃渤利、苏门答剌、剌撒、溜册山、阿鲁、甘巴里、阿丹、佐法儿、竹步、加异勒等二十国及旧港宣慰司。

宣德六年（1431年）十二月九日，船队出了五虎门，开始第七次下西洋。十二月二十四日到达占城，次年二月六日到爪哇，七月初八日到满剌加，送回满剌加国头目巫宝赤纳。由于郑和下西洋中断了很长时间，暹罗国不断侵犯满剌加，加深了两国之间的矛盾，郑和便在暹罗和满剌加之间来回斡旋，表明责备暹罗的立场，过了一个月，才继续西航。八月十八日，抵达苏门答剌，并前往阿鲁、黎代、那姑儿、南渤利等国进行访问。十月十日从苏门答剌开船，经过翠兰屿（今孟加拉湾东南部尼科巴群岛）。据说释迦牟尼曾经在此沐浴，袈裟被人偷走，他遂发誓：若今后有人再穿衣，皮肉就会烂掉。于是此地居民都不穿衣。停留三天之后，派分艅前往榜葛剌国，大艅宝船开向锡兰山，十一月六日抵达锡兰山别罗里。四天后，又派分艅到溜山国，郑和带领大艅船队前往古里、忽鲁谟斯，沿途经过柯枝、小葛兰等国，随后又派人从柯枝到甘巴里、加异勒等国去访问。十一月十八日又由洪保率分艅前往古里，在古里，洪保又派通事等人前往天方国（今麦加）。郑和则率大艅宝船驶往忽鲁谟斯。大约50天之后，宣德八年（1433年）二月二十八日启航回国。

宣德八年（1433年）三月十一日回到古里。船到古里时，郑和因为长年劳累，得了重病，不幸病逝于古里。在古里停丧九天后，王景弘代行郑和之职，率领船队于宣德八年（1433年）七月六日抵达南京。自此以后，再无类似郑和下西洋的活动。

郑和七下西洋，经过永乐、洪熙、宣德三朝，共持续29年，足迹踏遍今东南亚、印度洋沿岸和非洲东海岸等三十几个国家和地区。由于有先进的船舶，高超的航海技术相助，不仅完成了出使任务，还达到了和平往来的目的，这件事的意义是非常深远的。现在，南洋各地到处都有以郑和（三宝）命名的庙宇、地名，等等，那些三宝庙、三宝寺至今依然香火缭绕，很多人非常虔诚地跪拜，以纪念这位杰出的航海家。

3.宣宗治国

宣德十年（1435年），宣宗死于乾清宫，"仁宣之治"宣告结束。

（1）皇太孙出征

朱瞻基自出生时便备受祖父母宠爱。四岁时，祖父朱棣发动"靖难之役"，登上皇帝宝座，为他的辉煌前程奠定良好基础。因祖父在南京称帝，他也随祖母来到南京。朱瞻基原本是个活泼可爱、性格开朗的北方男孩，来到宫廷，举止却严整肃然。朝廷内外，大小官员对他皆十分赞赏，佩服他小小年纪有如此贵相，纷纷惊叹其必为国之君王，是个名副其实的小天子。

朱瞻基长大后，非常懂事，在宫中出出进进，非常尊敬长辈。他从小就喜读诗书，且过目不忘。明成祖见孙子逐渐长大，聪明灵巧，又懂事，心里非常高兴，就早早地为他挑选先生，让他从小接受正规的学习教育。几番挑选，太子少师姚广孝当了他的第一位启蒙老师。姚广孝每天准时在华盖殿给朱瞻基上课。

姚广孝，长洲人，14岁出家，法名道衍，跟随师傅席应真学习。洪武年间，皇帝命令通晓儒学之人来礼部会试，他不接受官职，太祖便赐他僧服而归。太祖去世后，建文帝实行削藩。周、湘、代、齐、岷诸王相继被削藩，道衍便秘密劝成祖举兵征讨建文，于是成为成祖起兵出谋划策的功臣。

当了皇帝的成祖授道衍为僧录司左善世，负责处理宗教方面的事务。永乐二年（1404年）四月，拜他为资善大夫、太子少师，仍用姚姓，并赐名"广孝"。成祖特别敬重他，每每不直呼其名而只叫他少师，便可见对其格外尊重。成祖曾多次劝他蓄发还俗，并给他宅第和两名宫人，他都谢绝了，仍然住在寺里。姚广孝一直在南京和太子——即朱瞻基的父亲朱高炽在一起。当时，成祖出征蒙古，出入于南北两都。永乐五年（1407年），10岁的朱瞻基开始读书，姚广孝作为他的老师为他讲学。

姚广孝博古通今，精通战略，各种经书典籍都有所闻。他教给朱瞻基许多治国之术和儒法之道。瞻基认真学习，刻苦用功，姚广孝十分喜欢他。

除了让姚广孝担任长孙的老师，明成祖还要求翰林院内阁大臣在武英殿为他讲学，借此增长朱瞻基的学识。成祖又非常注意用自己的言行举止潜移默化地影响他。永乐七年（1409年）成祖巡狩北平时，朱瞻基也跟着。路上看见农田，成祖便让停车，带着十几岁的孙子到田间看农民辛苦农作，教他认各种农作物和各样的农具。看着地里的庄稼给他讲农民劳作之艰辛，粮食得来之不易。

这些实际经验，使朱瞻基从小就明白要关爱百姓、珍惜农力的道理。后来，成祖写《务本训》阐述了农民从事农业劳动的艰辛，由此联想到帝王创业的艰难，又引申到任用、赏罚、内治、外戚、饮食、防卫、理财等方面，并且明确指出，这是帝王的为政之道。成祖信奉儒家，命令负责朱瞻基教学的儒臣，务必要让他掌握儒道之精髓，以治国平天下。

朱瞻基遵循祖父的教诲与培养，随着年龄的增长，学习更加用功了。他禀性聪慧，读书强闻博记，可以灵活掌握书中大意。他每次读书必定从头读到尾，对于书中关于兴盛败亡的内容，他都备加注意，从中领会诸子百家言外之意的思想本质。成祖对皇太孙如此勤勉好学，感到十分欣慰。

永乐八年（1410年），明成祖再次亲率大军北征蒙古，指令尚书夏原吉辅导皇孙朱瞻基留守北京，开始处理国事的实践。夏原吉不负皇帝所托，每天清晨早早上朝，辅助皇孙办公。夏原吉处事干练而周全，有一次，一个郎官御史前来请示政务，夏原吉口应手判，神情坦然，一会儿即告完毕。这些，朱瞻基都亲眼目睹而铭记在心。夏原吉卓越的才能深深地影响了朱瞻基，使他对这位老师也更加崇拜与尊敬。

成祖北归后，又命令夏原吉侍从皇孙游历民间，体恤百姓生活之苦。有一天，夏原吉侍从朱瞻基到某处，命随从拿来细碎的黄米进献给朱瞻基，说道："如果殿下吃了它，就会知道农民的辛苦。"朱瞻基经过在乡下的巡视考察，更加体会到祖辈创业的艰难，就像农民百姓终日劳作一样，需要付出极大的代价。他做了皇帝后，实行休养生息政策，以及体恤民情的态度都与这段经历有关。

明宣宗自幼就深受祖父明成祖的喜爱，他经常跟随祖父向北巡视，转战蒙古。明成祖一生颇喜战功，出征蒙古是他夺权之后的首要任务。为此，明成祖朱棣从永乐八年（1410年）到永乐二十二年（1424年），曾五次亲自出征蒙古，打击了蒙古贵族的割据势力，巩固了中央对蒙古地区的管理。

永乐八年（1410年），五十万大军在明成祖的率领下，从北京出发，去征讨鞑靼。随同成祖一起去的有学士胡广、庶子杨荣以及金幼孜等人。皇长孙朱瞻基，被留守在北京，没有参加此次出征。由夏原吉辅佐主持六部及都察院事务，并负责往前线接运军饷。

永乐十一年（1413年）正月，皇太孙朱瞻基随成祖在北京巡幸，其主要目的是为了将仁孝皇后安葬于长陵。仁孝徐皇后秉性贤淑，善辅朝政，是成祖最宠爱的人，皇后的意见，成祖多半都能采纳。仁孝皇后尤善内治，她经常召见宫中的妇人，赐冠服钞币，并告诫她们道："女人伺候丈夫，不应该只照顾他们的衣食方面，而且要随时给他们提好的意见。一般来说，朋友的话，可听可不听，但夫人婉转的话语是比较容易接受的。我朝夕侍奉皇上，常劝他应以人民为重，你们也应该这样做啊！"朱瞻基对祖母的感情很深，并且也很孝顺苦心抚养他长大的祖母。永乐五年，祖母忽然患病，不久后便去世了。

成祖对仁孝皇后的死万分悲痛，特别命令所有群臣，在灵谷、天禧二寺之间，大设斋饭，以示对她一生功德的悼念。仁孝皇后死后六年，即永乐十一年（1413年），成祖来到北京，见北京气候宜人，就此决定将仁孝皇后的灵柩安葬此地。朱瞻基要求一定要亲自前往，共同安葬祖母，以表达自己的哀思与孝心。此行，他又随祖父到凤阳，参拜祖陵，成祖叫他铭记祖辈们开创江山的艰难。

漠北蒙古贵族的瓦剌部势力于永乐十年逐渐强大起来，不但侵犯鞑靼部的头目本雅失里，而且还常要挟明朝政府，扣留使者，南下骚扰内地百姓。为此，明成祖决定亲征瓦剌。永乐十二年（1414年）正月，明成祖亲自下诏征调山西、山东、河南及淮安、凤阳、徐、邳等地的民夫15万人，并将粮食运送到宣府。二月，成祖下诏亲征，任命安远侯柳升、成山侯王通、都督谭青率领左右掖军，武安侯郑亨率领中军，宁阳侯陈懋、丰城侯李彬率领左右哨，都督刘江、朱荣为前锋。三月，成祖指挥的大军从北京出发了。这次出征蒙古，皇太孙也随成祖去了，目的是为了让他亲临战场，锻炼一下。朱瞻基这时已是16岁的小伙子了，听说要出征，十分高兴，在祖父的谆谆教导下，加上他天赋聪明，成长很快。

带皇太孙出征，明祖到底是出于何种考虑呢？他曾对侍卫大臣说："朕的长孙英俊聪明，胆略过人。他应该亲自体验一下部队的生活，并要亲眼看到前线战士征战的艰难，要保住大明的江山，应付出多少努力。"可见祖父对皇孙的一番苦心。成祖对杨荣、胡广、金幼孜等人说："你们应对长孙多传授一些经史，决不能荒废了他的学业，这样才可以将他培养成为一个文武双全的人。"

于是，行军过程中，朱瞻基在习武的同时还要学习经典书籍。

四月，成祖率军驻扎在兴和，在一次大检阅之后，将军队分五路兵马出塞，一齐向漠北瓦剌部进军。五月，大军在杨林城稍稍休息了一下。朱瞻基除了随同祖父一起检阅军队外，在闲暇之时，他也寸步不离祖父，听祖父讲述打江山的艰辛，以及后辈如何将江山保住的许多道理，又从中受益匪浅。

六月初，明军在达撒里怯儿地与敌军开始交战，战斗打得非常激烈，双方互有伤亡。铁骑兵在成祖的率领下，喊杀声震天动地，杀得蒙古军落荒而逃。朱瞻基跟随内侍官李谦在九龙口与敌军交战，战争进行得非常激烈，李谦奋勇杀敌，但由于敌我力量悬殊，形势相当危急。成祖听说太孙参加了战争，立刻派军增援，这才缓解了危机。

李谦因害怕自己带太孙参战涉险有罪，触怒天颜，自杀身亡。这次随祖父出征，受到了战争的洗礼，朱瞻基方感要守住大明江山的不易。这对他以后的成长产生了深远的影响。八月，他随同祖父撤兵回到北京。

在明宣宗幼年和少年时期，他的聪明、机智，便已锋芒渐露了。成祖时常在大臣面前夸耀自己的长孙，对他十分钟爱，并要胡广等大臣好好教导自己的长孙，让他多多学习经书典籍。永乐九年（1411年）十一月，年仅14岁的朱瞻基被立为皇太孙，此后，他经常伴随在明成祖身边，时时出兵征讨，随着时间的推移，他的文治武功也在增进。成祖对长孙的文才武略十分赞赏，并对朱高炽说："今后，天下可以太平了。"明成祖把继承和发展祖宗基业的希望寄托在了他这位聪明、英俊、机智、勇敢的贤孙身上。朱瞻基的父亲朱高炽也认定，因为有了这个儿子，巩固了自己做皇太子的地位。朱高炽与一奶同胞的弟弟高煦有着明显的差异，他为人善良、宽厚，精通文武，颇具君主风范，而朱高煦是明成祖的次子，他生性顽劣、狠毒。靖难之役时，他跟随父亲征战沙场，屡立战功，便居功自傲，总想将长兄比下去自己坐上太子之位。

永乐二年（1404年），朱高炽被立为太子，而朱高煦被封为汉王。为此，朱高煦忌恨长兄，坚持不肯就藩，并多次想方设法谋害太子，以图伺机夺取皇太子之位。他曾经秘密地对他的左右侍从说："像我这样的文武双全之人，为什么不能做秦王李世民？"又曾作诗云："申生徒守死，王祥枉受冻。"更加露骨地表现出他对父皇的不满，并且流露出意欲夺嫡之意。朱高煦欲争太子之位，朝廷上上下下没有不知道的。当年年仅十几岁的朱瞻基也懂得警惕叔父觊觎储位的野心，并设法为父亲排忧解难。

有一次，明成祖命令皇太子朱高炽与次子朱高煦、赵王朱高燧以及皇太孙朱瞻基一同谒太祖皇陵——孝陵，为先祖扫墓。太子身体肥胖，走路也不是很稳，由两个内官扶着，也还不停地失足。朱高煦认为这正是戏耍兄长的好机会，便当着随同大臣的面，跟在太子身后说道："前人蹉跌，后人知警。"太孙朱瞻基听后，立刻反驳道："更有后人知警也。"朱高煦听罢，回头一看，不觉得大惊失色，只见是年幼的太孙朱瞻基。朱瞻基的机敏回答也令在场的其他人暗暗佩服。

皇上宠爱聪明的朱瞻基，朱瞻基用自己的聪明才智，每每在父亲危急之中，解救父亲。朱高炽能保住太子之位，与他的才智是分不开的。

（2）汉王之乱

洪熙元年（1425年）五月，太子朱瞻基正在南京，明仁宗突然病故，太子是因为南京屡次发生地震而受命前往居守的。六月中，朱瞻基得到仁宗去世的消息，火速赶往北京。本想将朱瞻基置于死地的朱高煦，因朱瞻基行动太快，而没有成功。他们叔侄之间的斗争从此便真正拉开了序幕。

这场斗争，给文官们带来不少好处。汉王朱高煦所依靠的是当初参与"靖难"的军人集团。这种历史造成的结果使得朱瞻基从登极开始，就不得不依靠当初仁宗身边的一批文臣。历史，有时会出奇地相似，这一切好像在重现20多年前的一幕。那时候是朱棣依靠军人集团从侄儿朱允炆手中夺得皇位，此刻的朱高煦和朱瞻基不是也在将历史重演吗！朱高煦终于决心仿效父亲来第二次"靖难"。

朱瞻基是洪熙元年（1425年）六月登基的。七月，朱高煦陈奏利国安民四事，这实际上是对朝廷的试探。虽然并不是很如意，但朱瞻基还是按其意办理了。

身处局内的朱高煦丝毫没有领会朱瞻基这既有警示，也有安抚，更有弦外之音的处理方式。

次年改元宣德，正月里汉王朱高煦派人入京进献元宵灯。有人告诉朱瞻基："汉府所派来的人，是以进献为名，来窥探朝廷的。"朱瞻基对此怎会一无所知，他表面上很真诚，其实是采取后发制人之策，以静观其变。他在这方面的克制力达到了令人惊叹的程度。汉王府所要的物件，朱瞻基一一予以满足。依他的性格，是决不会这样做的，显然是他周围文臣们起了作用。在永乐、洪熙乃至宣德三朝皇帝身边已逐渐形成了一个比较成熟的文官集团。

朱高煦的准备则极不顺利。八月初，他的亲信枚青，想约英国公张辅为内应，没想到被张辅送交朝廷。再约山东都指挥使靳荣于济南反叛作为接应，又被山东布、按二司官觉察预防，谋不得发。朝中旧臣不配合，地方官也不打算从乱，朱高煦陷于孤立之中。御史李浚，本在家中居丧，被朱高煦召见，立刻化名换装躲进京城。

八月初一，朱高煦在乐安授官命将，建立五军。五天后，便遣百户陈刚入京进疏，并且致书诸公侯大臣，痛斥仁宗违反洪武、永乐的旧体制，并指出夏原吉等是奸臣，想重演"靖难"那一幕。

朱瞻基直到这时候才宣布出征，他确实做到了仁至义尽。起初决定派阳武侯薛禄将兵征讨，但是，第二天大学士杨荣在与群臣计议时，提出了反对意见。

"皇上记不记得李景隆事件？"他一句话把人们引到了20多年前那场夺位的灾难之中。"对这种事，陛下没必要亲自征伐，但这次是例外，你应该亲自上阵，以平事态。"杨荣十分明确地提出要朱瞻基亲征。朱瞻基没有说话，沉默片刻后，用征询的眼光看了看夏原吉。"以前的事情要借鉴，绝对不可以忘记。"夏原吉猜到了皇帝的心思，"我昨天见了众将领，您可以随时下命令，官兵精神充足，可以说，有夺人之心也。"

20多年前的那场"靖难之役"，杨荣和夏原吉都是亲身经历者。尽管此刻与当初形势截然不同，但他们不希望历史重演，只希望万无一失。这也代表了大多数文臣的主张。

朱瞻基终于在文臣们的劝说下，下定了亲征的决心。武臣中的张辅曾经主动请命出征。当然这场斗争最终是以朱高煦的失败告终的。

这是仁宗之治的胜利，也是文臣治国的胜利。凯旋后，杨荣受到赏赐，夏原吉也被赍予加等。另一位内阁大学士杨士奇在这次出征时反对袭执赵王，使朱瞻基得到保全叔父之名，杨士奇得到了更多的信任及赏赐，而汉王朱高煦被彻底孤立了。

仁宗身边的那些有为的文官，最终聚集在朱瞻基的周围。这一年十月，翰林侍读李时勉被复官，他曾因气死仁宗而入狱。

李时勉的复职表现了朱瞻基的宽容大度。当时文官集团中的代表人物，虽不包括李时勉，但他却是当时较有影响的儒臣。朱瞻基的做法得到了文臣的普遍赞扬。

四个月后，在文华殿有五人得到了赏赐。他们是夏原吉、蹇义、杨荣、杨士奇、胡滢。蹇义得到的是"忠厚宽弘"，夏原吉为"含弘贞靖"，杨士奇"清方贞靖"，杨荣"方正刚直"，胡滢"清和恭靖"。后来又有一位内阁学士杨溥。这便是史称的"蹇、夏"、"三杨"。这个经过了长期政务锻炼的文官集团，是十分难得的。蹇义掌吏部，夏原吉掌户部，"三杨"掌内阁，胡滢掌礼部。"宣德之治"的基础，在洪熙、宣德两朝朝政方面起到了至关重要的作用。

永乐后期，由于皇权专制的强化，以及成祖不顾客观条件一意孤行等所造成的各种社会问题，在仁宗短暂的一年治理期间，无法彻底解决，这个艰巨的任务便落在了宣宗的肩膀上。财政困难是当时最主要的问题。迁都、北征、营建、下西洋宝船、朝贡使臣的接待等，这些是资财大量花费的原因。随之而来的加大赋税，对生产造成更大破坏，社会陷入了一种恶性循环。

北征、营建和西洋宝船在仁宗继位后，便停止了。这些措施在开支方面产生了一定的效果。宣宗即位后，在解决了汉王对皇位的威胁后，这些都是紧缩开支的政策。

（3）整肃民风

宣德元年（1426年），在京城义勇卫军内发生了一起特大冤案，妻子偷情，丈夫判刑。此案轰动京城内外，在军队中产生了极大的反响。执法机构不秉公办事，不调查研究，只凭一方口供枉杀好人，被人们纷纷上奏朝廷。宣宗闻讯，专门过问此事，避免了这场冤案的发生。

北京城义勇卫军中，有一个长年不在家，在京城服兵役的军士叫阎群儿。家里有一位年轻美貌的妻子，和父母在一起生活。由于妻子年轻，丈夫又长久不在家中，妻子甚是寂寞。恰巧这时，同乡有一位男子，看到她长得美丽动人，家中又时常无人，便心生邪念，经常借故与她接近，关心、体贴、照顾她。她十分感激这位男子，并渐渐地喜欢上了他。最终两人都无法自持，姘居在一起。阎妻最初也感到对不起在外的丈夫，但后来，不但不知羞耻，反而更加放肆，并且同时与三四个男人勾搭在一起。她这种放荡行为，很快就在乡村中传开了。

同乡告诉了阎群儿此事。阎群儿怒火上升，决定要亲手杀死这个淫妇。阎群儿回到家中，立即对妻子实行拷打，发誓要杀死她。后来，阎妻跑掉了。因为她知道自己的这种行为，丈夫是决不会宽恕的，索性就来了个恶人先告状，写了封诬告信，说丈夫与九个同乡抢了校尉陈贵的家。

阎妻贿赂了刑部衙门的主管，主管并没有调查此事，就将其交御史审核。御史官也是敷衍了事，将阎群儿等人全部判处斩首，理由便是抢劫校尉的家，阴谋造反。阎群儿、李宣等人受审被判死刑，十分气愤，上诉至都察院，申明他们是被阎妻诬告的。同时，义勇卫军的将士们也上奏朝廷，证明阎群儿等人是清白的，并指责刑部衙门、御史冤枉好人，接受贿赂轻易判死刑。他们申述说："为国家，我们终年在外效劳，妻子应固守妇道，不应在外放荡，事情败露后，诬陷丈夫，将丈夫置于死地。而朝廷衙门却对此不管，偏听谗言，枉杀好人，情理难容呀！"最后恳请宣宗皇帝明察。

宣宗得到这道上奏后，立即责令都察院对此案必须认真审核，不能枉杀好人。都察院接到谕旨后，立即派人对此案始末进行详细调查，最后查明，阎群儿等人并没有抢劫校尉陈贵的家，阎妻所言纯属诬告；又查明阎妻确实与他人有放荡行为。最后，阎群儿等人无罪释放，而阎妻因诬陷丈夫，受到了应有的惩罚。

由于宣宗直接参与了此案，这个案子才可以得到公正的判决，避免了一场错杀好人的冤案。此案案发之后，宣宗对左都御史刘观说："历史上隋炀帝命令于士澄治理、追查盗贼。于是，他们在一天之内处斩二十余人，其中在盗发当天，有六七十人被送到监狱，许多人因刑法严酷，实在忍受不了，便违心招了，主管官员明知他们是无罪，却不想复查，因此将好多人错杀。如果今日，他们不上诉申冤，就会被冤枉而死的，你们便是第二个于士澄。今后应当告诫各道御史官员，对于案件，一定要调查，根据真实情况处理，不要错杀，不要出现冤案。此案倘若已经错判错决，朕一定不会宽恕你们的。"刘观奉宣宗谕旨，责令下属官员，对案件一定反复核实，公正判决，勿杀好人。

宣德初年，还有一件稀罕事，惊动了朝廷。

在京城的锦衣卫总旗里，有个叫卫整的人，在他家发生了一件不幸的事。卫家的女主人卫氏夫人，得了无法医治的怪病。请来京城内大大小小的名医，都无法根治，这可急坏了家里人。老夫人的病情一天天恶化，不见好转。一家人天天以泪洗面，无计可施。自从母亲患病后，卫氏有个孝顺的女儿便天天为母亲请医生、买药、煎药、找秘方，终日陪伴在母亲身边，服侍母亲。为了寻找人间的秘方，她不辞劳苦，遍访民间名医，终于得知活人的肝可以治疗绝症。

卫家这个孝顺的女儿，听说这个秘方能救活母亲，如获至宝。可在哪儿才会弄得到活人的肝呢？卫家女子想了一阵子，决心剖腹割自己的肝来为母亲治病。为了救治母亲，她来到诊所，请大夫剖腹割肝。大夫一听吓了一跳，卫家女子费尽口舌，大夫死也不肯帮忙。最终，她竟以死相逼，大夫被她的孝心所感动，同意给她剖腹取肝。大夫经过一番精心手术，终于在姑娘不伤性命的情况下，将肝割了下来。她拿着自己的肝回到家里，将它煮成汤，让母亲喝了下去。自从喝下了那碗肝汤，奇迹便出现了，母亲的病痊愈了。

母亲的病好了，乐坏了家里所有的人。当大家知道她剖腹取肝时，所有的人都震惊了。这件事很快在京城中传播开来，小女子的孝心感动了所有人。于是，对小女子这种孝敬行为，有人向朝廷推荐应予以表彰，立旌表。

礼部将此事向宣宗皇帝作了汇报，宣宗得知事情的经过后，批示说："孝，应该是一种行为规范，应有限度的。孔子说：'身体是父母给予的，不应当轻易毁掉，乃至伤害，小女子虽为母亲剖腹取肝，这并不代表就是孝。万一因为此事，而导致身亡，那罪过岂不是更大，何况，在太祖时，就已有禁令，不允许私自自杀。如今如果给这女子加以表彰，就会有更多的人来效仿她，那岂不是破坏风俗了吗？这种行为不应当提倡。女子年轻无知，凭着一片孝心，做了一件愚蠢的事情。结果，母亲被救治了，是可以将罪免了的。"

这件事的确很感人。这位卫姑娘为救母亲，割取自己的肝作为药引，终于救活了母亲。这件事真假难以确定，但那时的封建社会，是提倡孝道的，历代皇帝也常常将孝放在第一位。卫姑娘的舍生精神，达到了孝的最高境界，照理说，应该受到表彰和提倡。但宣宗与其他人不同，他有个人的见解，认为身体是父母所给，不应轻易毁坏，因而对这件事给予否定。但从一定意义上来说，是为了避免愚蠢者仿效，应提倡正当的孝心才对，在这一点上，宣宗很有可取之处。

（4）怒斩恩师

明宣宗在位期间，为明朝社会的稳定和发展，采取了一系列利国利民的措施。其中一方面，就是革除积弊，积极纳谏，这是很值得称赞的。但是，任何人都有两重性，明宣宗也是一样。他一方面让臣民进谏，但另一方面，也对违背自己意愿的臣下，给予打击、报复。例如对旧朝元老戴纶、林长懋的处分，就是最具有说服力的。

戴纶是高密县人，永乐朝中期，提升为礼科给事中。林长懋是莆田县人，曾任青州教授，后被提升为编修。二人知识渊博，性格相似，为人正直，很受成祖的喜欢和赏识。明宣宗出生后，深得祖父的宠爱，并为他挑选老师，讲习经书。于是，戴纶和林长懋被选中，专给皇太孙讲书。二人承皇帝之命，身上背负了教育皇太孙的责任，不敢有半点马虎。他们对皇太孙要求严格，讲习经书，也很认真。宣宗对这二位老师十分厌烦，尤其是对终日关在屋子里苦读经书的生活感到厌倦，喜欢到外面去玩，学习骑马射箭。于是，师徒之间经常产生一些摩擦和不快。

宣宗渐渐长大了，祖父成祖开始让他学习武事，这正符合他的心意。祖父的命令，就是他的"通行证"，他对经书的学习更荒废了，对于外出练箭，他学习得十分出色。戴纶、林长懋二人看在眼里，心急如焚。二人出于负责，便向成祖上奏，认为皇太孙正当少年，不宜荒废了学业，而专事游玩。此后，又常进谏，讲明皇太孙学习文化的重要性。

有一天，宣宗在祖父身边服侍他，祖父问他："宫中大臣谁最称职？"宣宗回答是戴纶。于是，祖父拿出戴纶上的奏折给太孙看，宣宗一看讲的是自己，在心里便暗暗地怨恨老师戴纶了。可见，他在青少年时候，心胸就比较狭窄，将老师的责任弃之不理，反而与老师结怨，以至发展到后来的报复。

仁宗即位后，戴纶和林长懋因为为太子讲书认真负责，一一受到提拔。戴纶被晋升为洗马，仍然为太子讲读经书。林长懋晋升为中允。

　　宣宗在即位后，为了巩固自己的统治，将东宫的旧官，分别升了职。例如，左庶子陈山晋升为户部侍郎，中允徐永达提升为鸿胪寺卿，洗马张英为礼部侍郎，王�升为翰林侍讲。戴、林二人在这次"加恩"之中，也被提拔，戴被提升为兵部侍郎，南京的中允林长懋被派出京城到郁林担任知州。这对于长懋的确是有些大材小用，不太公平。

　　宣宗虽然嘴里告诉臣下不要有隐讳，应直言上疏，但实际情况却不是这样。当听到有人斥责自己的过失，揭自己的短处时，心里就不舒服，并寻找借口给予惩处，这就是开明皇帝的阴暗一面。戴纶升为兵部侍郎后，并没有改变他秉公直言的性格，他指出，身为一国之君的皇上，始终热爱打猎，将政事弃之不顾，这是有害于江山社稷的。宣宗对戴纶的进谏，非常恼怒。本来，他就为他还是皇太孙时的事耿耿于怀。如今，这次上疏更是违背他的旨意，他恼羞成怒，便下令让戴纶为参赞交趾军务，算是报了参奏之恨。

　　戴纶、林长懋两人后来又触犯了皇上，而被发配。到边疆不久，不知他们到底犯了什么错，又被逮回京城，投入狱中。

　　有一天，宣宗上朝亲自审问戴纶与林长懋。戴纶将皇上的尊严，弃之不顾，据理力争，无所畏惧，这更加触犯了宣宗。宣宗大怒，立即下令将戴纶处死，籍没其家产。林长懋被关入大狱长达十年之久。河南知府戴贤，与太仆寺卿林希文是他们的父亲，也因他们而受牵连，被打入大狱。戴纶、林长懋被杀、被押事件，暴露了封建君主的本性，是宣宗即位以来，在朝政处理上最不光彩的一页。

（5）南北取士

　　科举取士，这种制度存在着许多弊端，但却是封建社会选拔人才的主要途径。由于这些弊端，科举制不仅不利于人才的培养与选拔，而且，对当时吏治影响极大。宣宗即位后，为了提高官员的质量，改革了科举取士法，通过人保人的方法来实现，这就是定会试，实行南北取士。

　　对于科举取士的缺点，仁宗在位时，就早已与大臣们商讨改革的方案了。仁宗认为："北方人的学问远远不如南方人。"杨士奇提出异议说："科举取士，应大家一齐考，录取南北两方的进士。北方有许多能成大器之人，而南方许多人虽都有才华，但很浮躁，不能成大器。"不仅仅是南北方文化水平有差异，连社会经济发展也不平衡。自魏晋以后，南方社会经济发展迅速，人的文化素质随之提高，而北方几经战乱，社会经济发展较慢，整体文化水平较低。因此，在每次的科举考试中，大多数南方人普遍考得不错，这样使得北方一些有识之士被排挤在外，纵然有好的建议，也没有表达的机会，关心国事的积极性减弱了。

　　科举取士制度如想改革，应采取什么办法呢？明仁宗向杨士奇问询，杨士奇建议，试卷上都要写姓名，在姓名外写上"南"、"北"二字，加以区别。这样，人才平均，也可以实现地域的平衡。仁宗认为这个想法确实不错，但在命令做进一步商议后不久，仁宗却去世了，这项改革没能实施。

　　明宣宗即位后，于洪熙元年（1425年）九月下诏令：会试分南北卷，并按照仁宗时改革方案加以施行，规定了名额。后来，又规定会试分为南、北、中卷。北卷包括山东、北直隶、山西、河南、陕西；中卷则有广西、四川、贵州、云南及庐州、凤阳二府，还有徐、滁、和三州；其余的则皆属南卷。宣宗实行这项改革，使北方有识之士备感兴奋，积极投身于科举之中，有许多人被录取到各府、州、县以及朝廷中任职，明王朝封建统治阶级基础由此巩固。这项改革比较符合各地士人的要求，调动了他们的积极性。与此同时，也对监生和府、县的生员实行精简。通过考试，将那些混吃的人员发充为吏，或罢为平民。通过科举取士的改革，宣宗在明朝历史上起了积极的推动作用。

明仁宗洪熙元年（1425年）九月，也就是宣宗即位后将仁宗安葬的同月，命张瑛为礼部侍郎，陈山被擢升为户部侍郎，戴纶为兵部侍郎，徐永达为鸿胪寺卿，王让、蔺从善为翰林侍讲。因为宣宗的即位而得到晋升的这些人，都是宣宗被立太子时的东宫旧僚。另一名太子中允林长懋被任命为郁林知州。

历朝的惯例就是随太子即位，随从的官僚便也升任，但是令人不解的是，这些得到升迁的东宫旧僚，后来就悄无声息了，甚至在史册中都难寻其迹，戴纶和林长懋则是因得罪了皇帝而被处罚，才得以记入《明史》之中。

宣宗在位时，曾多次颁布谕旨，告诫臣下人才的重要性，人才直接关系着国家的兴亡，一定要谨慎地选人。宣德元年（1426年），宣宗告谕吏部尚书蹇义说："作为掌管选举考察官员的部门，你们身负为国家举荐栋梁之才的任务。官员的才能对国家治乱，有着极其重要的作用。"

宣宗对国家科举取士中的弊端及士风的衰败，给予了强烈的批评，并提到应重视人才的选拔及任用。宣德二年（1427年），他召见翰林院的大臣，对他们说道："国家选士，应选拔真正的人才，将重任托付于他。在乡试时，对于言行与技能先要有一定的鉴定，乡试合格后，才能再复查，看是否有才能成为一个好的官员，然后才决定是否将重任托付于他。被选拔出来的一定要是称职的，科举考试，不应只考文字能力，也应对其人品、辨别能力一一考察，所以说，想得到真正的人才，实在不容易。"

宣宗又指出："朝廷是士风好坏的向导，如果士风淳厚、淳朴，那么这个朝廷一定崇尚务实；反之，如果士风轻浮虚夸，那么朝廷就一定浮华。有成就、有才华的人会使士风淳朴实在，朝廷只有选拔任用这样的人，才可以形成以崇尚实学为目的的好风气。"

贤才的选举，与黜退庸才是息息相关的。宣宗一方面选贤才，另一方面罢庸才。宣德三年（1428年），吏部尚书蹇义向宣宗奏报，要削职为民的官员有二百多，这些官员庸俗、浅薄，并且对自己的职责有好多都不熟悉。宣宗看罢吏部移交上来的奏文，批示道："是否贤才，事关重大，不应轻易作出判断，如果确实无用，就应淘汰。"并告诫他们说："如今朝廷内外传言：古人戒除用吏员。吏员们鱼肉百姓，摧残百姓，使百姓无安宁日子可过。因此，今后你们在任用吏员方面，一定要谨慎选拔，切莫掉以轻心。"

后来有一个时期，官员空缺，其原因是由于元老的退离。当时荐授的官员主要为各部副都御史、侍郎、大理寺少卿等，也包括一些外省官员。

自宣德三年（1428年）以后，提拔的资浅官员更多。宣宗经常指出近年来官吏选拔存在的弊病，要吏部及时采取措施，予以革除。他说："我作为天下人民的父母，身系着天下万民的安危，由于政事的繁多，我应选拔有贤才的人与我共理。而我也应以得到贤才为目的，以天下太平为目的，君臣共同合作，共同治理天下。"他指出当前选择官吏中存在的弊端：第一，以前各部门官员有定额，各尽其职；如今官员增多，人浮于事，故应裁掉这些苟且偷安不理政事之人。第二，在以前，授官都是经过严格挑选的，所以吏员为官很少；而近来，每年可达一千多人，不分贤与才，一律应用，使许多贪赃枉法之徒，祸害人民，这便促使务必要将污吏裁治。第三，许多选拔上来的官吏，不是靠亲戚关系，就是收贿荐举等，都不是靠真才实学、公平竞争选拔上来的，这些都不称职，不能不严加核实。第四，在官吏的考核中，徇私情的情况也是存在的。真正有才能的人得不到提拔，而资格老的、贪污腐化、软弱无能的人，却得以提拔。这样，不会有公平可言。依仗权贵、亲戚的关系，而获得较好的职位，长期下去，吏治将会更加腐败，这将危害国家和百姓。只有将此革除，真正的人才才可以受到提拔。

宣德五年，胡溁、蹇义、杨士奇等元老们先后推荐了况钟等九位知府，又荐举了周忱、于谦等六位巡抚。这样，从朝中到外省县，官员队伍在替换中产生出新的骨干，使人感到人才济济的局面来临了。

宣宗在选用官员时依靠蹇、夏、三杨等元老推荐，说明他态度的慎重；但他又不听元老的安排，他坚持郭琎的选任，不顾杨士奇等人的反对，将此人升为吏部尚书，这一点反映出他在用人上的开拓精神。

与宣宗有直接关系的便是宣德间的吏部，明朝人对此十分赞许。

宣宗最不能容忍的就是荐选官员的草率。御史谢瑶在荐贤时将其人姓名写错，宣宗说道："你推荐的人，连姓名都写错，你又怎么会知道他的才能，如此轻率岂能称得上御史？"遂将其谪为知县。

这种认真的态度无疑为官员们敲了一次警钟，诞生了一个人才济济的宣德治世。

建立内阁制，也是宣宗在政治上采取的一项重大举措。朱元璋废除丞相，由各部、府、院、寺分掌国家权力，由此皇权稳定了。所设大学士，实为皇帝的秘书、顾问。永乐时，又加重了户、吏、兵三部的权力，大学士备顾问不变。所谓内阁是将六部长官吸收为内阁大学士，承担军政大事，受皇上指派。因此，在宣宗时期，中央集权得到了进一步的完善。

（6）周忱改革

明宣宗即位后，面对"赋税过重，江南尤甚"的局面，下令派广西布政使周干巡视苏松等地。在向宣宗递交的调查报告里，周干指出："在江苏等地，人们流离失所，向老人询问才得知是由于人们贫困所导致的。因为赋税太高，百姓苦不堪言，上交赋税之后自家一无所有，便会挨饿受苦，想逃都不知逃向何地。"明宣宗深受触动，为确保朝廷财政收入，巩固国家赋役基础，宣德四年下诏对官田改科减征，"官用粮，一斗至四斗减两成，四斗至一石，减三成，以下往后推算不等。"七年再次下令："自宣德七年始，将官田税赋再减。"并于宣德五年派"才力重臣"周忱到江南督理税赋。

周忱（1381~1453年），子恂如，江西吉水人，永乐二年进士，任过二十年刑部郎官。户部尚书夏原吉十分赏识他，宣德五年，由大学士杨荣推荐，以工部右侍郎巡抚江南。周忱上任伊始，便"召父老问逋税故"，"深入民间与父老乡亲交谈接触，询问民间的疾苦"。他在调查研究的基础上，以苏松两府为前沿，以贯彻宣宗减轻官田科则诏谕为前奏，逐步将自己的改革愿望在江南地区实施。

周忱将粮长制的弊端克服，将田赋漕运方式改良，逐渐形成完善各种规章制度，即税粮征收、贮藏、运输中的各种规章制度。粮长制的改革主要包括：第一，针对田赋征收过程中粮长私造大样斗斛掊克百姓的状况，周忱"请敕工部颁铁斛下诸县准式，革粮长之大入小出者"。第二，简化粮长领、缴勘合手续。"旧例，粮长正副三人，以七月赴南京户部领勘合，既毕，复赍送部，往返资费皆科敛充之。（周）忱制止设正副各一人，循环赴领，讫事，有司类收上之，部、民大大方便了"。第三，鉴于各县收粮无屯局，粮长即家贮之，周忱设立水次仓制度，"令诸县于水次置屯，屯设粮头、屯户各一人，名辖收。至六七万石以上始立粮长一人管理，名总收。民持帖赴屯，官为监纳，粮长但奉期会而已"。第四，严格税粮运输管理，设《拨运文簿》登记支拨起运的数目，设《纲运文簿》列出运输的开销数目，以用于核查、禁止运输途中粮长自盗或挥霍行为的发生。税粮漕运方式的改革主要是用这样的运输方式代替原来农民各自运输的方式，即由民船运至淮安或瓜州交兑官军、由官军接运至通州的兑运，百姓适当地承担官军运输中的损耗：运到淮安，交兑者按每石正粮加耗米五斗于民运，到瓜州，交兑者以每石加耗五斗五升于民运。粮长制的改革使官仓能最大限度的收入百姓所纳税粮，保证了国家税收的完整。漕运方式的改变减轻了纳税人的负担，有利于生产的恢复和发展。

济农仓的设立，使周忱建构出地方政府可以自主支配的地方基金体系。由于得到了明宣宗和英宗的信任，"委任益专"，允许其方便行事，致使周忱手中的自主权加大，最大限度地施展自己的才干。宣德七年（1432年），江南丰稔，"诏令诸县以官钞平籴备振贷，苏州遂得米二十九万石"。同年，周忱在江南实施京俸就支法，即以苏、松、常三府支领代替原在南京支俸的北京军官。原先苏松百姓转输南京每石正粮所加六斗耗米除一斗用于支付船价外，其余五斗即可节余，民出甚少而官俸常足。在此基础上设立的济农仓，使地方政府在不增加对百姓赋役征敛的基础上，既能保证封建朝廷的赋税收入，又能弥补地方公务、救济、公益事业等费用及里甲支费缺乏，使官民双方余利。济农仓的设立为田赋改革的发展铺平了道路。

加耗均征即平米的推广实施是周忱改革成功的一个重要支柱，它以宣德八年（1433年），周忱奏行《加耗折征例》为标志。户无论大小，田无论官民，"每正粮，收平米一石七斗，候起运日酌量支拨，次年余多，则令加六征收，又次年益多，则令加五为止"。但也有论加耗，"于轻额民田，每亩加耗一斗有奇，以通融官田之亏欠"。平米法的推行，使"豪户不肯加耗"的历史与税粮负担时重时轻的局面结束了。耗米的均征，尽管在一定程度上百姓的税粮负担加重了，但是也保证了国家田赋收入，地方官员的公务性支出也绰绰有余，这样对百姓的额外勒索被大大减轻，故百姓非常情愿地予以接受。

周忱改革真正触及到官田科则的措施是到正统以后的田赋折征。宣德中，周忱曾经奏准检重额官田、极贫下户税粮，准折纳征银，每两当米四石，解京充俸。这是田赋折征的前奏，规模也不大。及正统以后，伴随商品货币经济的发展，金花银征收面积日益拓展，使周忱的改革以田赋折纳的方式向减轻官田重赋的目标迈出实质性的一步。他奏准的内容是，允许苏松等府的部分税粮可以纳金花银和布匹折税，金花银一两折合应纳米四石，锦布一匹准折税米一石。令每亩税课"七斗至四斗则纳金花银、官布、轻赍折色；二斗、一斗则纳白粮糙米、重等本色"。因为只有官田每亩税额在四斗以上，虽然因赋折征往往低于市场米麦价格，但是通常，与折纳数额的减少或缴纳上供杂派的减少相联系，而且还能使田赋运输之痛苦大大减轻，所以耕种官田的农民的负担大为减轻。由于田赋征收方式的改变，使官、民田税户负担逐渐达到平均并向前推进了一步，金花银逐渐成为调节平衡官民田土赋税负担的重要手段。另外，周忱还改变马草征收方法。明初马草依田粮派征，马草由江南地区运经两京，沿途过江涉海，十分艰难，劳费不赀，致使当地百姓负担沉重。周忱奏请输往北京的马草每束折钱三分征收，输南京的则就地买草，大大减轻了税户负担。

所谓改革其实是一个扬弃过程，它必须面对诸方面的压力。宣德六年，周忱奏请皇帝要求将松江府古额官家的田地，按照百姓田地起科，户部尚书胡濙以"变乱成法，沽名要誉"作为理由，请求对周忱予以惩办。正统七年奸豪尹宗礼遇到困难，指责周忱不当多征耗米。九年户科给事中李素以"不遵成规，妄意变更，专擅征科，掊多益寡"为借口弹劾周忱，在此情况下，周忱被迫中断了平米法和济农仓制度。但是由于"两税复逋，民无所赖，咸称不便"，明政府不得不惩办攻击者并"举行前法如故"。这种情形之下，周忱不得不小心翼翼、谨慎行事，尽管如此，改革仍然步履蹒跚、阻力重重。济农仓的设立，虽然扩大了地方政府的财政自主权，但这与大一统的专制集权水火不容。平米法的推广，抑制了豪绅地主拒不纳耗的法外特权，触及了地主势力的切身利益。土木之变以后，明景帝即位，由于他对前朝重臣的猜忌，使周忱在政治上失去了靠山。景泰元年，溧阳县豪民彭守学发动攻讦，指责周忱多征耗米，"假公花销，任其所为，不可胜计"。户部奏准监察御史李鉴等人前去稽查，并追还多收耗米。五月，礼科给事中金达借此机会，上书弹劾周忱。在上下夹击和重重压力之下，周忱被迫辞官。

周忱下台之后，改革依然在进行。这是由当时的历史条件决定的。明中叶之后，地方上不交赋税的情况很严重，人口大量逃亡，国家财政日趋紧张，这样一来，明政府被迫改革赋税制度。周忱的改革正是为保证中央田赋收入所采取的补救性对策。所以，"忱既被劾，帝命李敏替代也，敕无轻易忱法"。此后，苏松地区继续沿着周忱的改革思路进行减轻官田重赋的改革。第一，田赋征收经论粮加耗、论田加耗的反复，最终促成官、民田科则的扒平。第二，金花折色日益增多，田赋输纳由民运向官运方向转化。第三，改革所涉及的范围更广，减轻官田赋税的措施先后影响了周围的很多府县。

周忱的改革对明朝产生了深远的影响。他的改革在实践中既保证了国家赋税的正常征派，使总体的财政收入不减，同时又在一定程度上实现了百姓徭役的均平。实际上，明中叶基本上是沿着周忱的思路进行地方到中央、由局部到全国的赋役制度改革，从而也使周忱的思想更加完善化与制度化。

（7）蒙古边务

宣宗即位后，蒙古鞑靼阿鲁台与瓦剌脱欢连年遣使入贡，边境无大战事。自成祖以来，阿鲁台逐渐控制兀良哈三卫蒙古地域，兀良哈人在滦河一带放牧，宣宗下令予以禁止。宣德三年（1428年）八月，宣宗率领众臣巡视北边，蹇义、夏原吉、杨荣等扈从。九月初来到蓟州，得到报告，兀良哈蒙古兵民经会州来到宽河。宣宗命诸臣留守于遵化，独自率骑兵三千，由熟悉北边军务的杨荣随从，出喜峰口到宽河。骑兵以神机炮轰兀良哈兵民，俘获许多人，追击至会州。宣宗这一行动只是要表示一下自己的兵骑势力强大，其实他无意大举北征，故随即自会州班师回京。第二年春，三卫兀良哈带领完者帖木儿来京朝贡谢罪。

宣宗把俘虏及其家属放回，又升任完者帖木儿为都指挥同知，其余诸首领也各有赏赐。

明朝初年，在元上都设开平卫，驻军屯饷。成祖设兀良哈三卫后，开平孤立北边，部属不明的蒙古部众，经常前来抢劫掠夺。宣德四年（1429年）夏，骚扰蔓延到开平，镇抚张信被杀。宣宗命阳武侯薛禄为镇朔大将军总兵官护饷开平。第二年四月，薛禄奉命修筑宣府镇北的独石堡、云州堡、赤城堡、鹞鹛堡，加强边防。这之后宣宗便将开平的防守向前推移三百里，改为守独石，作为开平的前方边防。六月，又在宣府镇设万全卫都指挥使司，统一指挥十六卫。十月份，宣宗和内阁大臣以及蹇义等人一同前往宣府，查看边防。杨溥、杨荣、吴中等人护送宣宗到洗马林检阅军队，慰劳将士。

瓦剌脱欢与鞑靼阿鲁台的战争，仍在继续。阿鲁台立鬼力赤之子阿台王子为汗（《突厥系谱》）。宣德六年（1431年），鞑靼人被瓦剌人打败，五月时，阿鲁台带领二千骑兵驻守在张家口外集宁海子。兀良哈三卫的首领看到阿鲁台已经打了败仗，于是，转而投靠了明朝廷。七月，宣宗便派大臣拿宽大书给福尔、朵颜、泰宁三卫都指挥使，恩准他们来明朝；也可回去，但必须严厉管制部下，不要再侵犯边境。第二年正月，泰宁卫脱火赤奏请明朝颁赐新印。秋初，明廷又分别赏赐三卫兀良哈首领。兀良哈三卫得到了明朝的支持，八月期间，出兵攻打阿鲁台，被阿鲁台打得大败，逃到了海西。

阿鲁台声势复振，又西向与瓦剌争战。宣德八年（1433年）秋，瓦剌脱欢派使臣到明朝纳贡，又派人述说蒙古战事，明朝朝廷让他们送回以前扣留的明朝使臣。阿鲁台一支部属西行至凉州永昌，曾被甘肃明军擒斩百余人。额勒伯克汗家族的后代脱脱不花曾经在永乐时在甘肃镇投降明。这时又背叛明朝向西投靠了依瓦剌，被脱欢人拥戴做了岱总汗。脱欢为丞相。宣德九年（1434年）初，脱脱不花和脱欢的部队在兀剌海袭击阿鲁台的队伍。阿鲁台的军队大败，纷纷逃散。宣宗派锦衣卫百户马亮拿宽大书去慰问他们，给他们钱粮，但不参与战斗。七月，由阿鲁台的部下传递到朝廷的消息得知，阿鲁台儿子失捏干及部将朵儿只伯等将往凉州侵略，敕告甘肃总兵严加戒备。事实是，这时的朵儿只伯军队和阿鲁台所推举的阿台王子已经从剌海，向北逃到了亦集乃路，但仍被瓦剌脱脱不花军队包围。阿鲁台、失捏干父子则率领轻兵东逃到母纳山地（今乌拉特前旗）。瓦剌脱欢率领重兵追击到了母纳山，杀死了阿鲁台父子，大获全胜。八月份，瓦剌脱欢派大臣昂克来明朝报告了杀死阿鲁台的消息，并向明朝朝廷进贡了一些马匹连同一个缴获的元朝的大印。宣宗给予敕书说："王（明封脱欢袭顺宁王）克绍尔先王之志，来朝进贡，具见勤诚"（《国榷》卷二十二），玉玺可以自留。九月，宣宗命令塞义、杨士奇、杨荣等人护送视查边防，到了万全卫洗马林，一一检视了各个城防。十月初回到北京，第二年正月宣宗病死。

宣宗在位时，对北方边境以防守为主，甚至于不惜放弃土地迁移边防，以求得边境的安宁。在蒙古瓦剌与鞑靼之争中，虽然双方均希望得到明朝的支持，但明朝朝廷保持中立，并不偏重。宣宗在位十年间，蒙古各部落战争频繁，明朝边境仍能始终保持稳定，对明朝的统治还是有利的。但是鞑靼战败之后，瓦剌势力一天天强大，又让明朝面临新的威胁。

（8）仁孝之君

明宣宗作为明朝初期的一位守成的皇帝，是一个值得肯定的君主。他在朝的十年中，实行了一系列利国利民的政策，取得了很显著的成绩。宣宗的政治功绩中凝结了他母亲的心血，他从皇太孙到当上皇帝，一直受到母亲的指导教育。他的母亲诚孝皇后勤于操持内政、外政，教子有方。宣宗从小就十分孝敬母亲，常常细心听取母亲的教育，这些对他处理国家政治事务起到了积极的作用。

宣宗即位后，尊称母后张氏为皇太后。每逢军情及国事，他都要向母亲报告，听她的指示。皇太后也是竭尽全力来辅佐儿子料理朝政，避免朝政出现失误。她经常教育儿子要勤于政事，遇事要多多依靠辅臣，听取众人的意见，不要武断专制，而要善于听取意见，珍视百姓的生命。宣宗在日常生活中也特别孝顺母亲，每天的早晨和晚上都会到母亲的西宫内请安，服侍母亲，仔细观察母亲的气色怎样，身体是不是舒服。母亲看到儿子也非常高兴，向他询问政事处理得是否得当。宣宗认真对答，并向她报告国家重要的大政方针，征求皇太后的意见。每次谈话之后，母后都十分满意。宣宗不仅自己孝敬母后，还教育两宫皇后孝敬、侍奉太后，他们的关系十分和谐。

即使宣宗有紧急事情要处理，当皇太后要召见他时，宣宗也赶紧前往，毫不怠慢。宣宗对母亲的孝敬，在历代帝王中也是极为突出的一个。

宣德三年（1428年）二月，宣宗侍奉母亲游西苑。皇后胡氏、皇妃孙氏也都随同伺候。宣宗亲自扶着太后下了车，登上万岁山。到了山上，捧上酒献给母亲为她祝寿，又即兴献诗歌颂母亲。太后玩得兴致勃勃，亲自给儿子倒了一杯酒，并且告诉儿子说："现在天下平安，没有大事，我们母子俩能够享受这样的快乐，（这些）都是上天和祖宗赏给我们的。天下百姓都是上天与祖宗的孩子，作为人君的任务只在于保护百姓的平安，使他们不致于因饥寒而动荡不安。只有百姓平安，我们母子的快乐才能永远。"宣宗叩头说："母亲的教育我牢记不忘。"这一天，皇上陪着皇太后玩得十分高兴，一直玩到很晚，宣宗才和皇后、皇妃送太后回宫。

宣德四年（1429年），宣宗又陪同太后一起到了长陵、献陵。他亲自骑着马在前面领路，到了河边的桥旁，宣宗下马来扶着太后的车子前进。沿途受到了两路百姓的夹道欢迎，下榻处总有许多人跪在那里高呼"万岁"。太后转头对宣宗说道："百姓如此拥戴君主，是你得以安身的根本啊，作为皇帝你应该珍重啊！"拜谒完皇陵返回的途中，经过农民的家里，皇太后召见老妇人，询问生产、生活的情况，并赐给钞币。这个时候，路途中的百姓把自己家中种的蔬菜、水果，自己酿造的酒献给皇上、皇太后吃。皇太后亲手接过来给宣宗说："这才是真正的农家风味呀！"皇太后这样贴近百姓，平和待人，指点皇帝，可谓是一位贤能的太后。

当时，随从的大臣英国公张辅、尚书蹇义、大学士杨士奇、杨荣、金幼孜、杨溥请求在行殿拜见皇太后。皇太后召见了他们，并对他们每天都辛辛苦苦地辅佐皇帝大加赞赏。她说："你们都是旧朝的老大臣，一定要好好辅佐皇帝。"有一天，宣宗对杨士奇说："皇太后谒皇陵回来后，说你们做事很认真、很熟练，对你们的功绩大加称赞。说张辅是一位武臣，知道大节大道理。蹇义小心谨慎，又很忠厚，只是有些优柔寡断。你能坚持正义，说话没有什么忌讳，父亲对你的劝言虽然不是很高兴，然而最终还是依了你的意见，才不致坏了大事。然而，先父临终前还有三件事，后悔没有依了你。"杨士奇听了皇太后的夸赞，连连叩头谢皇太后夸奖。皇太后对宣宗的教导对他产生了很大的影响，宣宗在政治上比较清明，成为了一名"盛世"君主，这与皇太后的细心教导是分不开的。

明宣宗作为"承平之主"，在登上皇位的时候，离明朝打下天下的时间不远，太祖、成祖勤政之风对他有很大的影响，因此，对于朝中大事还不敢大意，对政治事务兢兢业业，再加上重用"三杨"、蹇、夏等一大批得力大臣，皇上大臣上下同心协力，朝中政治很有起色。明朝社会政治、经济、文化都达到鼎盛时期。伴随着明朝社会繁荣发展，宣宗皇帝本人开始追求享乐、奢侈的生活，喜欢游猎玩耍，宫廷中的生活也开始奢侈。在宣宗游山戏水的影响下，朝廷内的大臣、官僚们也沉醉于享乐之中，形成了以奢侈为光荣的不良风气。

宣宗当皇上数年之后，认为自己稳坐江山了，社会已很安定，便开始学习古代的皇帝大臣共同出去游玩的事，每年于春秋两季都要带领大臣登万岁山，游太液池，寻欢作乐。他还规定在每年岁首允许百官休假半个月，选择游玩胜地，设宴畅饮，尽情欢呼跳跃，欢乐至极。宣宗也常常游览西苑，众位大学士们都陪着他一起前去，君臣在一起作诗评论，真是一幅皇帝大臣共同享受天下太平的美好景象。朝野上下将此传为佳话。

上有精干的皇上，下有同心同德辅佐朝政的大臣，天下一片太平，让人觉得太平盛世来临了。刚刚册封孙贵妃为皇后的宣宗，心情很好，很想到外面去玩玩，放松一下。群臣们陪同他一起去游万岁山。万岁山是当时皇家园林，丛林茂密，景色美丽迷人，山上有殿亭六七所，金碧辉煌，非常壮观。宣宗和皇太后、皇后经常在休闲的时候，到这里游玩、打猎。这一次游玩万岁山，宣宗没有坐车前去，而是骑着马登山，以宣宗为首，率领一支浩浩荡荡的马队，由宦官骑马在前面开路，充任向导。皇上与众大臣骑着马登上山顶，好不威风壮观，长长的马队在山间小道上盘旋前进。行人一边登山，一边观赏春天山上的秀丽景色。到了山顶，宣宗与众大臣、侍从周览群山，可谓"一览众山小"，四周的景色，让人仿佛置身于仙境之中。游罢万岁山之后，宣宗又与众臣下一起乘御舟，畅游太液池。太液池周围十余里，池中架着大梁，用作来回走动。沿着池子四周，种满了优质的树木，还有名花名草，多得数不胜数。池上玉龙盈丈，喷泉出水，下注池中，仿佛是瀑布，景色美极了。上了御舟之后，宣宗一边看着众大臣齐力划桨，一边指着这船说："治理国家就好像划这条大船一样，涉大川大河，要依靠你们鼎力相助才能成功。"蹇义等人连连谢恩，大声叫着"万岁"。宣宗玩得十分高兴，又特别将杨士奇、杨荣招呼到身边，告谕他们说："如今天下无事，百姓平安快乐。虽然不能整日只知安逸、享乐，但是古代人的游玩乐趣也不能废掉呀！"宣宗一心想要享乐，又怕群臣议论他贪图安逸享乐，故引用古人为证，来为自己开脱。

宣宗和众位大臣游了万岁山、太液池，觉得没有尽兴，又下令众位大臣游小山。到了小山上，宣宗和众位大臣、侍从也都累了，宣宗下令休息。这时候，侍从太监备好酒饭，呈给皇上和大臣们。众位大臣陪同宣宗喝酒，争相给他敬酒，宣宗喝了很多酒，等到吃饱喝足回到朝廷时，已经有了几分醉意。

同年七月，秋高气爽的一天。宣宗招呼蹇义、夏原吉、杨士奇、杨荣，陪他一起去游东苑，并在东庑赐宴犒赏大家。君臣都喝得非常高兴，中间，宣宗与蹇义等人谈论了很久的时间，上到天文地理下到国计民生，海阔天空，谈及的范围很广。谈了许许多多，宣宗说："这里既是草屋，也是我休息的地方，虽然不能和'不剪茅茨'相比，却说明我没有忘记节俭。"之后，宣宗又到河边下网打渔，命令太监把打来的鱼煮熟，供给大家吃用，宣宗就是这样一个又忙于政务，又时时不忘游玩享乐的皇帝。

（9）惩治贪官

刘观是明初洪武、永乐、洪熙、宣德四朝的御史，在朝中掌握着一定的实权，曾经显赫一时。随着官位的升迁，他的贪心也越来越大，导致最后自取灭亡。

刘观，雄县人，洪武十八年（1385年）中了进士，被封为太谷县丞，又受到推荐被提升为监察御史。洪武三十年（1397年），又被提升为左金都御史。永乐元年（1403年），他被提升为云南按察使，但没有上任，就又改任为户部右侍郎。二年（1404年）调任他为左副都御史。他在担任这个官职的时候，还能够主持正义，办理案件很有力，得到皇帝的赏识和提拔。永乐七年（1409年），他处理政务时触犯了法律，受到皇太子的谴责，并要对他进行处罚。永乐帝在北京得知此事后，特别指示皇太子，说："作为一名大臣犯了小小的过错，不应该马上就对他进行惩治。"此后，他仍被委派到各地处理政务，如征讨凉州叛羌，参赞军务，督办疏浚黄河漕道，巡抚陕西，考察官吏等，政绩较为突出。

仁宗登上皇位之后，提拔他做了太子少保，享受二品官的俸禄。这在当时是很高的荣誉。仁宗的时候，大理少卿弋谦直言上奏，全力陈述现时的弊病，激怒了皇帝，弋谦受到了处分。刘观为了讨好仁宗皇帝，借机会又下令他手下的十四道御史，上书皇上弹劾弋谦，把他押进大牢，为此，刘观受到了朝中公正大臣们的鄙视。

仁宗死后，其长子瞻基继位，为明宣宗。仁宣之际，随着明朝社会日趋稳定、繁荣、发展，朝廷上下都沉醉于歌舞升平享乐之中。宣德初年，朝廷中的大臣、官僚为了追求享乐，经常设宴、集会，以奢侈、淫乐相互攀比，歌妓满堂。贪污的风气愈加严重，是朝廷政治一个极大的弊病。

刘观在经历了洪武、永乐、洪熙、宣德四个朝代之后，已经蜕化成为贪污、行贿、受贿的十恶不赦的腐败分子。他私下里收受贿赂，品质十分低劣。他部下的各个御史也都效仿，争着贪污受贿，到各地鱼肉百姓，无所顾虑，为害一方。

宣德三年（1428年）六月，宣宗针对当时贪污、腐化问题，召见大学士杨士奇、杨荣等到文华门前，对众位朝中大臣说："祖宗在位时，朝中大臣都严格要求自己，制约自己的行为，没有贪污腐化的现象。可是，近年来贪污成风，行贿、受贿在朝廷上下屡见不鲜，有不可阻挡之势，这是为什么呢？"听完宣宗的问话，杨士奇回答："在永乐年的末期，朝廷中的大臣都已经有了贪污的风气，只不过那时候刚刚开始，不像现在这样严重。"杨荣又说："永乐末年，最大的贪污犯是方宾，没有谁能够超过他。"宣宗听了杨荣的回答后，立即追问道："今日朝中谁最贪婪无比？"杨荣回答说："现在朝中贪污最严重的就是刘观。"杨士奇又说道："刘观身为都御史，都如此肆无忌惮地贪污，他的部下的御史官员也纷纷效仿，在各自职权范围内大肆贪污掠夺，御史到各地名为巡视考察民情、官吏，实际是到各地搜刮民脂民膏。这种恶劣的风气又影响到地方官员，他们也都效仿。如此恶性循环下去，贪污腐化的风气便到处蔓延，不能控制。"宣宗听罢杨士奇、杨荣一番话，既气愤又叹息，立即下令道："扫除邪恶一定要干净，将刘观免去职务，予以惩治。"

在决定了将大贪污犯刘观撤去职务查办后，由谁来接替刘观做左都御史的职务呢？这成为宣宗十分头疼和棘手的问题。他向杨士奇、杨荣征求意见。杨士奇回答说："通政使顾佐廉洁奉公，并很有威信，可以替代刘观。"杨荣继续补充道："顾佐在担任京尹期间，能够严格要求、考察他的部下，任职期间正本清源，革除积弊，政绩卓著，是一位十分难得的好官。"听了杨荣的一番话，宣宗很高兴，在杨士奇、杨荣的推荐之下，宣宗颁布了旨令：革除刘观左都御史的职务，令他出京巡阅河道。同时，任命顾佐为左都御史，代替刘观原来的职务。

在大学士杨士奇、杨荣的辅佐支持下，宣宗惩办了贪污犯刘观。这个重大的举措在全国引起了巨大的反响，大多数人拍手称快，百姓的怨恨也被平息了。同时，给那些有贪污、行贿、受贿行为的人敲响了警钟，让他们就此悬崖勒马，痛改前非。

刘观贪污案被揭发之后，一些了解他实情的部下都上书宣宗，揭露他们父子贪污的罪行，弹劾刘观违法的事情，并且告发了他（刘观）的儿子刘辐许多贪赃枉法的行为。宣宗看罢奏疏甚是愤怒，立即下令将刘观父子逮捕，押上大堂，将揭发他罪行的材料拿给他看。刘观不服，上疏为自己的罪行辩解。宣宗见他拒不认罪，更加气愤，拿出廷臣先后上的密奏，其中有证明刘观枉法获得黄金超过千两的真凭实据。刘观在具体事实面前，不得不如实招来，低头认罪，于是他被关进了锦衣卫的监狱。

宣德四年（1429年），刘观被依照法律判了死刑，杨士奇、杨荣上报宣宗，请求免去刘观的死刑。在大学士"二杨"的劝阻下，刘观被免去死刑，他儿子刘辐被发配到辽东戍守边疆，命刘观随其子一同前往。最终刘观因犯风寒病而死。宣宗罢刘观，惩一儆百，澄清了吏治，改善了社会风气。七年（1432年），杨士奇上报请求命风宪官考察各级主管官员是不是有贪赃枉法的人。宣宗恩准了他们。从此之后，明代的贪污风气受到了制止。

宣德三年（1428年）六月，宣宗颁布旨令，工部尚书吴中被捕，革去少保的职务，并罚他官银一年。

吴中，字思正，武城人。洪武末年担任过营州后屯卫经历。成祖攻占大宁时，他出城投降。之后，在负责押送粮食、军费，抵抗敌军中多次立下战功，被封为右都御史。永乐五年（1407年），改任工部尚书。永乐十九年（1421年），因为劝阻成祖北征而被关入狱中。仁宗即位后，将他从监狱中放出来，恢复了他的官职，并加封他太子少保职衔。宣宗当上皇帝后，对他这位有功之臣，前朝的元老，颇为敬重，但是他犯了法，宣宗也就秉公执法，惩办了他。

宣德三年（1428年）三月，宣宗体恤山西受灾百姓，就下旨免去了山西各个受灾区的税。当时，主持工部事务的尚书吴中向朝廷上报说："山西省到京城来服劳役的工匠们，现在该换掉了。"宣宗看罢奏折后，立即批示："山西自去年以来，久旱无雨，庄稼颗粒不收，灾情严重。百姓到处乞讨，不能过活，连饭都吃不上，还怎么能服役呢？今后凡是受灾地区，停止一切徭役的派遣。如今还在京服役的工匠，立即都遣返回家，并做出安排，以解救他们的困顿。"这道谕旨下发后，工部立即释放工匠，免除差役，减轻了人民的负担，深受匠役的欢迎。

宣宗多次告诉工部尚书吴中等人："对于那些年老体弱、病残的不能服劳役的工匠，马上免去差役放他们回去。"可是，吴中等人对宣宗的旨意并没有认真执行，仍旧强迫不能服役的人做工，对工匠进行压榨。于是，宣宗又下令，让他们马上免去老年、幼小、有病工匠的役税，送他们回家。并指责吴中等人不按照朝廷的命令办事，仁义的心都到哪里去了？为什么这样不尽人情，残害百姓，这还能称得上是替百姓做事的好官员吗？让他们一定要仔仔细细地检讨一下自己，不然将会用不称职的罪名惩治。

见宣宗真的动怒，吴中等人不敢再违背圣旨了，立即对服役工匠们进行了一次详细、全面的大调查。对于其中是老、幼、疾残，不能继续做工的工匠，全部登记下来，令其回乡休养，今后将不再令其服役，并发放给回家费用，以示皇上恩施。这些工匠长年在外服劳役，吃了不少苦，过着悲苦的生活，听说现在可以回到家乡去和妻子儿女父母团聚，于是他们高兴至极，欢呼万岁，表示感激。

宣德三年（1428年）的六月，担任工部尚书的吴中，凭借他手中掌握的权力，和太监杨庆相互勾结，私自将官府的木材、砖瓦等建筑材料成批送给杨庆，再由杨庆转到自己家里，盖了一幢宏伟壮观的私人住房，距离皇宫不远。有一天，宣宗登上了皇宫的城楼，远远看见一座非常漂亮的官房，装饰得十分豪华，远不是一般人所能盖得起的，便问身边侍卫这是哪一家的房子？左右有人回答说："这是工部尚书吴中的私人宅邸。"宣宗立即反问道："他从哪里弄到这么多钱？买到这么好的材料？"有人按实情回答了他："这是他将公家的木材和砖瓦偷到自己手里，用来盖起了这么豪华的房子。"宣宗听了之后，十分生气，马上下旨把工部尚书吴中关押了起来，等候审问判刑。

吴中进入大牢之后几天，裴宗汉利用自己管理木厂的机会，盗窃官家木材出售，也被告发。他又贿赂太监杨庆，想求得免去罪行。事件被发觉之后，宣宗下令把他交给锦衣卫处理。

宣宗针对连续发生的两件盗窃国家木材的事件，大为恼火。他告诉都御史说："北京各个厂、库、局所贮存的木材、石料、砖、瓦等物品，都是各地军人百姓劳动、砍伐、搜集、制造加工之后运送到这里的，留下来作为国家的备用物资。而作为负责管理的工部官吏及主持看守的人，却不顾这是公家的财物，当做自己的东西，私自占为己有或给予他人之事不可胜数，情况非常严重。你要清楚地告诉各个厂、库、局，将他们贮存的材料详细登录，不能有差错。如果有仍然不知道改正的，本人将被处死，（他的）全部家眷发配边区。"

吴中之案经法司审查，认为他身为监守官却盗官家物产，又勾结内官，当斩不赦。宣宗认为，吴中身为皇祖旧臣，前代屡建功勋，现在暂且饶他一命，只除去了他少保的职务，并处罚官俸一年。对吴中私下侵占公共财物的处罚，给朝廷中的贪官污吏敲了个警钟。

（10）近忠臣，远小人

明宣宗治理国家的一个成功的经验就是：重用忠臣，惩办小人，他时常思考古代君王的偏信小人，迫害忠义之士，害国害民的经验教训，他也常和大臣们谈论小人害国的例子，让他们引以为戒，不要轻信小人谗言，要辨明是与非，按公理做事情。宣德二年（1427年），有一次宣宗召见户部尚书夏原吉，和他谈论到了古代的偏听偏信，小人害国害民的教训，并从中得出了这样一个结论：表面上他们的建议好像是对国家很忠心，但是他们的用心却很险恶。因此，从古代到现在，贤明的人都十分痛恨小人。例如，上古时代的舜帝就憎恶谗言，春秋时孔子远离奸人，唐太宗也把进谗言的奸人当做国贼予以惩治。宣宗表示，他自己在对待小人谗言的问题上也十分重视，一旦发现有这种现象，便会坚决制止，绝对不能让坏人得到好处。他还常把历史上轻信小人坏话导致亡国的事情作为教训，坚持防止小人谗言害人的事件发生，并且希望大臣们也要时刻提高警惕，不要上奸人花言巧语的当。

宣德初年，朝廷政治中仍然有许多有缺陷的政策。南京的法司就残缺而不健全，随便就判决，轻易就将被告人逮捕、审问。比如，奸人想要陷害好人，就枉加编造的罪名，写成告状信赶赴南京上诉，造成许多冤案，残害了无辜的忠臣良民。宣宗听到这种情况后，立即下令都察院颁布命令，对这些情况加以禁止，从今之后，凡是有告状的人，都必须送往北京审理，只有京城军民的诉讼，允许把他逮捕审问。这道法令的制定，就制止了坏人钻朝廷的空子来冤枉残害忠臣的事件的发生。

当时，朝廷发生了一件诬陷忠臣的事情。结果，奸臣被惩治，忠臣却受到了保护和重用。这个宦官叫裴可力，他受朝廷的派遣，到浙江负责监督处理当地政事。浙江有一个姓汤的千户，听说朝廷派下来钦差御史，来监督、检查工作，他非常害怕，因为他在这里为非作歹，干了许多违法的事情，为此，他想，只要对朝廷派来的这位大官进行贿赂，与他勾结在一起，就什么问题也没有了。于是，汤千户在裴可力到来之后，就大摆酒宴热情款待这位朝廷大员，之后又多次献殷勤，讨好朝廷大员，借各种名义，送给裴许多的金银财物。裴可力在金钱的诱惑下，和汤千户勾结起来，更加严酷地剥削百姓。当地人民对汤、裴的倒行逆施恨之入骨，纷纷上书朝廷，揭露他们的罪行，请求朝廷对他们进行惩治。

于是，朝廷派遣按察使林硕到浙江进行整顿。林硕到任之后，立即采取措施，制定了一整套的法规制度，整顿政治，清查官吏，为百姓做了一些实际有用的事情。汤千户对林硕的到来，又害怕又不甘心。因为林硕所制定的政策、制度，都危及到他的利益，并限制了他的胡作非为。于是他向裴可力说林硕的坏话，裴可力因而怨恨林硕，认为林硕是为了夺自己的权位，监督、调查他来的。于是就寻找时机报复。经过反复策划，裴可力向朝廷上了一道奏折，诬陷林硕，说他到浙江后，有讥讽、诽谤朝廷的言论，并对宣宗皇帝下的诏书谕旨进行限制，不让施行，违背皇帝的旨意。朝廷得到这个奏折后，立即将林硕拘捕，押送到北京审理。刑部提审林硕，林硕很明白这是小人的陷害，便在法庭上给自己辩解。他说："我以前曾经担任过御史，视察浙江，让当地的小人不能继续为非作歹，给他们带来很多麻烦。此次，臣升为按察使，再次到达浙江，时间不长，臣采取一些措施，又触及了这些小人的利益，因此他们更加恨我，便要弄阴谋，制造谣言，加害我，想要把我赶走，保证他们可以继续为非作歹，剥削百姓，不受官府的限制。"

宣宗听了林硕的申诉，对他说道："我本就不会轻易相信他们卑鄙的话，一定要当场审问他们。如今你既然已经明白，是那些小人对你的陷害，我也不相信他们，而仍旧相信你，你也就不要再担心了。马上赶到浙江，继续担任你的职务，履行你的职责，为百姓主持公道，办实事，不负朕对你的期望。只要遇到民众疾苦的事情，全部奏报上来。朕以诚心对待臣下，不轻信奸人谗言。你不要有其他的顾虑了，好好地干吧！”林硕听了皇帝的一番话，流下眼泪，连连叩头拜谢皇恩，并保证回到浙江后，一定不辜负皇上对自己的信任，秉公办事，用尽全力报答朝廷和皇上。

随后，宣宗对侍从的大臣说：“宵小之人裴可力制造虚假的事情，去陷害忠直的大臣，回到京城后一定要严加惩治，绝不宽恕。”果然，事隔不久，裴可力被召回京城，受到拘捕，以诬陷罪被依法判刑惩处。汤千户残害百姓也受到了惩治。宣宗对小人的惩治，对忠臣的信任、重用，在朝廷上引起了强烈的反响，弘扬了正气，压制了邪恶。

宣德六年（1431年）十二月初三日，内官袁琦，内使阮巨队、阮诰、武莽、武路、阮可、陈友、王贵、杨四保、陈海等伏诛。他们在广东等地出差办理国家事务，以采购买卖物品为理由，擅自领取别人财物，事发下狱。经过审查，这些都是袁琦一手操纵的。在抄没家产时，发现所埋藏金银数以万计，宝货、丝锦衣物等应有尽有。连所用的金玉器皿，也是从宫中获得，属于非法。这些都是上面所说的众人所做，经过三堂会审，全部处死。

宣宗知道后，深恶痛绝，立即命令将袁琦千刀万剐，凌迟处死，以解民恨。其余十名，斩首示众。为总结此类事件的教训，于第二年的正月十九日，宣宗布告天下，以儆效尤。其中说道：

“我自从登上皇位，早早起床，很晚才睡，不敢偷懒。认为天下江山是祖宗留下的，百姓战士也是祖宗留下的。百姓安宁，天下就能得到很好的治理，而我也才能报答祖宗的恩情和寄予我的厚望。

“自从登基以来，我始终把安定民心作为自己的职责，可是内宫太监袁琦，陪伴我很长时间了，却没有想到他为人阴险狡诈，欺骗朝廷，以办理公家事情为借口，做一些罪恶的勾当。有人上报说内官内使，在外面招摇撞骗，凌辱官员，毒打并且虐待战士百姓，无所顾虑地贪污，残酷到了极点，他所得到的金银财宝有千千万万。所在地区，民不聊生，怨声载道，而当地官员坐视民患，不敢过问。天地不容，神人共怒。发其罪恶，白于天下，已交法司，归拿严办。

“尔等各级官员听着：一定要体会朕爱民之心的迫切，使人民安定太平、过好日子，是国务的根本。代天理民是君王的事，为国安民是臣下的事。你们一定要勤奋向上，让下面的军民都安定无事，而听不到他们的叹息声、愁苦声、怨恨声。只有这样，才算尽职尽责，不负朕的委托。你们努力吧！”

杀掉太监既了结百姓的心头之根，又给各地方的官员上了堂“拥政爱民”的课。

（11）驱僧逐道

中国各朝代皇帝大多很迷信，相信“上天之命”、“运气”之说，都把自己看成是上天所生的“圣明之主”，就是上天的儿子，降到人间来统治芸芸众生的。更有相当一部分皇帝迷信到荒诞不经的地步，寻求神仙，企图得到神奇的药物，以求长生不老。后来，看到求神仙没有可能，转而炼丹，想要得到长生不老的药。为此丢掉性命的，在各朝史书中都有记载。

宣宗不相信神仙，也不相信人会长生不老，长命百岁，这在历代帝王中，也算是一个“破除迷信”的皇帝。

宣德九年（1434年），宣宗才37岁，正当他年富力强，精神状态极佳的时候，有一个和尚来见宣宗，称他想要一些钱，用来修建寺庙，来祝福宣宗长寿。

宣宗听完这和尚的胡言乱语，根本不信，痛骂一顿后，把他推了出去。散朝之后，他回到了宫里，想一想和尚说的话，不禁觉得好笑，就对跟在身边的大臣们说：“人人都想长生不老，是人之常情。自古以来，没有不这样想的。就说君王，商朝的祖乙，周朝的文王，都是长寿的人，在位都很久。那时，哪里有和尚、道士？哪里有关于神仙的说法？秦始皇寻求神仙，南朝的梁武帝亲身从事佛学，北宋徽宗崇信道士，都应验了吗？可惜，世人至今还不省悟，真是可叹啊！"

众位大臣中是不是有迷信于神仙、佛学的不清楚，但宣宗一番话，却是令人信服，令人觉得眼前的这个皇帝的确和别人不一样。

宣宗作为一个皇帝，能够认识到所说的神仙、佛没有根据，荒唐可笑，不信不崇，也不去仿效，是很不容易的事。他讥笑世人痴迷不悟，但没有办法改变在人们心中扎根已久的传统观念。对这些，他只能留给后人几声叹息罢了。

（12）英年早逝

宣德九年（1434年），宣宗37岁，对一个人来说，这个年龄正是人生黄金岁月。宣宗即位时，已年满27岁，学业已完成，又具有一定的生活经验，即位掌政，正是一个最好的年龄。他不辜负祖辈们的托付，管理国家、处理政治事务，很有条理，这期间天下没有什么重大的事情，可以说得上是国家太平百姓安乐。在他的治理下，社会正在走向繁荣，他的事业也处在向辉煌发展的阶段，因此赢得了大臣百姓的忠心拥护和爱戴。

这年十二月，宣宗突然得病，他病到什么程度史书无记载，但从现有的史料看来，起初他得病时并不严重，因为他还在处理朝中的政治事务，对具体的事作出决定。显然他还没有病到不能处理政事的程度。不过，众位大臣常常向他问好，但病情也不见有什么好转，却有加重势头，恐怕这些都是真的。据记载，文武群臣第一次问安是在他得病大约三五天之后，集聚在左顺门跪叩请安的。约过了三天后，文武群臣又来到左顺门问安，又过了三天，正巧是立春之日，例行的庆贺礼被取消。由此判断，宣宗连接受群臣贺春礼也免了，可见他病得不轻。于是，群臣又于立春日来到左顺门，再次向皇帝问安。

宣德十年（1435年），这是宣宗当皇帝的第十年，如加上他即位的那年，该是第十一年。春节是一年之始，故被人们视为一年中最为重要的节日。这一天，皇宫要举行盛大的祝贺活动，皇帝要上大殿接受百官的祝贺。但宣宗把这个重要的庆贺活动也取消了，而命百官在文华殿向太子举行庆贺礼。确实，宣宗的病情已经很严重，但他还可以处理政治事务。

正月初三，他自感自己的日子没多少了，便向文武大臣发出一道旨意："我的病治好的希望不大了，这大概就是上天注定的吧！让皇太子继承皇位，众位王公大臣都必须严守祖宗的家训，各王谨守藩国。嗣君（指皇太子）年幼，惟望皇太后朝夕教诲训导，你们文武大臣尽心辅佐，凡家国重务，必须上禀皇太后、皇后，然后去执行。"

宣宗死时，年仅37岁。

去世以前，宣宗还留下了一份"遗书"，向全国颁布，为的是全国上下都能知道，照他的最后一次旨意去办。遗诏的内容，同他临终前的遗言基本一样，宣宗对他走得这么早充满了遗憾。他说："生死是人之常情，寿命的长短有一定的限度。人的生死，是符合自然规律的，寿命的长短也有极限。（这些）都是不能违背的。唯一感到遗憾的是，不能继续光大祖辈的宏图伟业，也不能奉养母亲到终年，心里想到这些，即使死了，于九泉之下也不得安宁。"确实，宣宗离开人间太早，刚要想有所作为，却化成泡影，留下了这份由祖辈们开创，由他来守业的巨大的遗产，给了一个还没成年的孩子，他的心怎么能平静。

宣宗就这样匆匆走完了自己的一生。

宣宗死后，他9岁的长子朱祁镇继承了大明江山事业，也就是英宗。他给父亲上庙号为宣宗，葬在了景陵。

宣宗去世后，得到了世人很高的评价，说他"心胸开阔，致力于亲孝，与家人相处和睦；朝廷所施行的都遵从法规。特别关心百姓，如果碰到有上报水旱和蝗虫灾害的，便派人前往视察救济"。又说他"爱惜人才，非有大过，常保全之慎"（《明宣宗实录》），等等。其中难免有溢美之辞，但总的来说，还是符合事实的。

宣宗力行"仁政"，有许多可以被称颂的地方，他鼓励大臣们的直言劝谏，驭下宽松，表现出了以宽大、爱惜他人为根本的政治思想。但是，也放纵了一些贪官污吏，该处理的不予处理，仅仅批评一番，至多斥责，也就不再追究。惩治坏人不严厉，留下了祸患，是吏治腐败的一个重要原因。

第五章　宦官擅权与宫廷政变

仁宣之治犹如昙花一现，明朝随后进入了动荡不安的时代。英宗年幼，十分信任宦官王振，太皇太后虽早有预料，但没有除掉王振。王振迷惑少主，挟英宗亲征，使英宗成为瓦剌的俘虏。亏得以身许国的于谦力挽狂澜，诛杀宦官，拥立景帝，力主保卫北京，并取得了胜利，又通过成功外交使英宗返朝。英宗不甘失去皇位，遂发动"夺门之变"。于谦和景帝遭此变故，先后死去。复位后的英宗铭记宦官之祸，平定"曹石之变"，任用名臣李贤。这一时期之后，明朝开始走向衰败。

1.太皇太后欲诛王振

正统二年（1437年）正月末，太皇太后张氏（仁宗之后）因王振专制朝政，欲诛之，由于英宗及辅政五大臣的求情，未果。

（1）王振势起

朱元璋鉴于历代以来宦官的弊病，规定宦官不许读书，不许干预政事，并在宫门挂一铁牌：宦官干预政事者，斩！洪武一朝对太监管束极严，稍有违法，就严厉惩罚。到明成祖朱棣时，"祖制"渐被破坏。朱棣在北平当燕王时，曾有多次情报都是由建文帝宫中太监送出的。靖难之役中，南京被朱棣攻下，宦官为夺帝位立下汗马功劳。朱棣称帝后便重用宦官，派宦官征税、出使、监军、采办，甚至将边防等重任交付给他们。宣宗时，宫内设立内书堂，选太监为小内侍，令大学士陈山专门教习，从此，宦官便可以读书了。虽然如此，但成祖和宣宗对太监的管制还是很严的，如果犯法，则会重罚。在英宗即位后，朝中的大权逐渐落入了宦官王振手中。明王朝宦官擅权乱政由此开始。

王振，蔚州（今河北蔚县）人。由儒士当上教官，后进宫教人读书，宫中人称王先生。王振入宫那时，恰逢皇帝颁布诏书，允许有子者手术后进宫服务，王振便自行阉割，才得以进宫。宣德年间，王振专陪太子朱祁镇读书，其头衔是东宫局郎。在他之前，有个叫刘宁的宦官，备受宣宗宠爱，赐姓刘，并当上了司礼监太监，可惜刘宁不识字，宣宗便让王振代笔。不久，刘宁奉诏出使，司礼监政务由王振代管，司礼监是宦官中最重要的部门。后来刘宁调到南京守备，王振便正式当上了首席太监，替皇帝管理内外一切奏章，代皇帝批复臣僚们上奏的公文。甚至连皇上口述的命令也是由他来记录的，然后交到内阁批诏颁布。加之司礼监的宦官成天在皇帝周围，欺上瞒下，取得皇帝宠幸。由于皇帝深居简出，与外廷接触少，在代皇帝批答奏章和传达皇帝旨意时，王振常常歪曲篡改，或加入自己的看法，扰乱朝政，便得以逞威。

宣德十年（1435年）春天，宣宗驾崩，英宗即位，时年九岁，由于太后不愿垂帘听政，便将早朝罢掉，主持政务的事情便落到杨士奇、杨荣、杨溥的身上，这便是名垂史册的"三杨辅政"。这时英宗朱祁镇仍喊王振为先生，而不直呼其名。王振常用小忠小信来掩盖大奸大恶，这是他常耍的手腕。一次小皇帝与小太监在一起玩球，翌日，小皇帝在内阁中，王振跑去奏道："以前的皇帝喜欢玩球，为了一个球子，差点将江山输掉，您怎么也同他一样，怎么不为江山社稷着想啊！"小皇帝惭愧得无地自容，"三杨"听了也感慨不已，说："宦官中居然有这样的人！"而且王振每次到内阁传旨，表现得十分谦让，于是"三杨"对他越来越尊敬，而王振的权势越来越大。

王振在朝阳门外修筑了一个将台，常请小皇帝前往阅兵，所有的京营士卫，都在那里练习兵法，王振便打着阅兵的名义，收集兵权，用来抑制文臣。他曾矫旨提拔指挥纪广为都督佥事。纪广是守卫居庸关的卫卒，投靠王振，二人关系十分密切，王振便奏报纪广在武臣中出类拔萃，不待朝廷下旨，便擅自提升。他还对大臣随意惩治，来展现自己的势力。一次，兵部尚书王骥及右侍郎邝野奉旨筹划边事，迟延些时日没有汇报，王振就诱导小皇帝，召见王骥、邝野斥责说："为何这样懒惰，是大臣的样子吗？你们是不是欺负我年幼？"随即喝令左右将二人逮捕下狱。王振还揭发言官隐匿不报，英国公张辅回报迟延，说他们应该连坐。九岁的小皇帝，懂得什么？自然由"王先生"去作主。由于张辅是老官员了，对其不便用重刑，王振便命令将言官各打二十。太皇太后得知这一情况后，忙下令停杖，但已经来不及了。太皇太后又将王骥、邝野释放出来。如此胡作非为的王振，使太皇太后很为小皇帝的成长担心。

（2）太后筹划

在这种情况下，太皇太后采取了两项措施：一是为小皇帝选辅政大臣；二是狠煞王振的气焰。太皇太后决定将军国重任交给永乐、洪熙、宣德三朝老臣处理，张辅、胡濙和三杨是她所委任的前朝老臣。一天，太皇太后亲御便殿，传谕英国公张辅、大学士杨士奇、杨溥、杨荣、礼部尚书胡濙五人入见。在张氏的东侧，站着小皇帝，西侧站着五位大臣。

张氏注视着朱祁镇说："这五位大臣，先帝在世时，就辅佐先帝，现在，留下来辅佐你，今后所有国政方面的事，你都应与这五位大臣共同商议，他们如果不赞成，你就要三思而行了。"

朱祁镇应声受命。太皇太后张氏、小皇帝朱祁镇与五大臣的这次会晤，也就是太皇太后张氏为小皇帝选辅政大臣的过程，是一次非比寻常的权力授受。张辅是"靖难功臣"，曾将身家性命同朱棣拴在一起，与朱棣共患难。胡濙在永乐初年就深得成祖的信赖，后为成祖查访建文帝的下落，巡行天下近十年。三杨在永乐、洪熙、宣德三朝也是久经考验，对朱棣一系的皇统忠心耿耿。可见，这五位辅政大臣是太皇太后为小皇帝精心所选的。办完此事以后，太皇太后便饬令女官，宣王振入殿。王振进来后，立刻在太皇太后脚下跪倒，这时，只见太皇太后，满面怒容，十分生气道："你服侍皇上，做了许多不法之事，如今死罪难免，赐你一死。"

王振吓得大惊失色，正要辩解，太皇太后身边的宫女，早已将剑架在了他的脖子上，这时的王振，像死鱼一样，早已吓得魂不附体了，两只眼睛，可怜巴巴地看着小皇帝。朱祁镇一见这般阵势，心立即悬到了嗓子眼，生怕他的"王先生"遭到不测，急忙匍匐到地上，苦苦地为王振求情。随即，大臣为给皇帝面子，也跪在张氏面前为王振求情。太皇太后说："皇上年龄还小，留下这种人只能误国，我今天给大臣面子，饶恕你这个小人，你的人头先寄在这里，但是，从今后你不能参与朝政！"随后又教训王振："你若再干预朝政，小心你的脑袋！"

王振急忙叩首谢恩，太皇太后喝令退下，自此，王振表面上稍有收敛，而骨子里并没有改变。

小皇帝能够健康成长，是太皇太后张氏所希望的，希望他将来能胜任驾驭整个国家。因此对皇上的启迪教育她特别重视。她时时勉励皇上好好学习，并一直朝这个方向培养他。为了对皇帝讲解帝王"修齐治平"的统治术，张氏费尽了心血。最终，当杨士奇、杨荣请开经筵择讲官，必须学识平正、言行端谨、老成持重者供职时，张氏决定选定几位硕儒名臣定期讲解经史。她批准以英国公张辅知经筵事，杨士奇、杨荣、杨溥、胡濙同知经筵事，王直、李时勉、陈智等人充任讲官，举行经筵大典，每年二月至五月，七月至十月。从正统朝开始，经筵便成为明代的定制，每逢二日，便在文华殿举行，如遇严寒酷暑则停止。

奉天门之东，会极门东南，便是皇上学习的地方——文华殿。与诸殿相比，文华殿虽然不甚宏伟，但是却精雅无伦，绿色琉璃瓦屋顶，左侧是左春坊，右侧是右春坊，匾额大书"学二帝三王治天下大经大法"。文华殿内有精一堂、恭默室、九五斋，大殿之后为刻漏房、玉食馆，西北为省愆居。在文华殿前殿，有经筵进讲，而日讲便在殿后穿廊。

到了经筵进讲的日子，小皇帝朱祁镇在28位手执金瓜开路的大汉将军导引下，来到左顺门，更换衣服后，进入文华殿前殿。这时，只见同知经筵事的阁臣、知经筵事勋臣、讲官鸿胪，暨九卿、锦衣指挥使及四品以上负责写讲章的官员，一色都穿着绣金绯袍，侍仪御史与展书翰林、给事中等人一色都穿着青色绣袍，在文华门外，整整齐齐地排列着，恭恭敬敬地等待小皇帝的到来。御座、金鹤香炉、御案、讲案等等，在殿内应有尽有。御案和讲案上分别摆放着讲章，镇以金尺。小皇帝坐在御座内，各位大臣由东西二门分别入殿，向小皇帝行礼，各入班列。在朱祁镇的面前摆着御案，讲官面前摆着讲案。讲官出班而立，展书官二人出班对立，讲官到小皇帝面前行礼。之后由展书官膝行到案前展开讲章，四书由东展书开始讲解，而讲经义时，西展书负责。讲官开始宣讲，讲完以后退回行列。如遇到小皇帝心情好，宦官便将铜钱投放在地上，由讲官任意拾取，以表示皇上恩典。之后小皇帝传旨赏群臣酒饭，各官员出殿拜伏于丹陛之下，随后赴左顺门按照官职进餐。经筵进的讲章内容都选自四书和经义，这对一个童心未泯的孩子，实在太枯燥了，因此，很难收到预期效果。与此同时，王振所安排的校阅骑射、巡幸西苑等活动，更深深地吸引了朱祁镇，日复一日，辅政五臣对小皇帝的影响并不大，反而王振对小皇帝却有着潜移默化的影响，小皇帝基本上是按照王振设计的路线成长的。

2.王振势力日盛

正统九年（1444年）三月，杨士奇病故，朝廷几无良臣。王振势力渐盛，朝政不可避免地为宦官所乱。

（1）干政弄权

正统年间，太皇太后张氏委任了辅政五大臣，来料理朝中军国重务，张氏和辅政五大臣希望，在英宗亲政之前由内阁主持国家行政，等英宗长大成人后，权力便平稳过渡到他的手中。而另一方面王振则期望朱祁镇能听凭自己摆布，以便自己干预朝政。由于以王振为首的宦官势力不断扩大，王振逐渐占了上风，三杨内阁则处于劣势。

表面真诚但内心奸诈的王振，开始向朝政迈出的第一步并不顺利。在正统初年，张氏对王振等宦官势力的膨胀极力裁抑，曾在内阁与司礼监的冲突中表示过支持三杨等辅政大臣。有一次，张氏派王振去内阁问事，由杨士奇负责的决议尚未拟好，王振便插了几句，惹怒了杨士奇，杨三日不出。张氏听说了这个情况，立即下令鞭责王振，并且命他向杨士奇谢罪，还严厉地教训他："如果再发生这种事情，便是你的死期。"

但是教训归教训，王振权势的扩张，太皇太后并未能制止住，这就使正统初年的政局出现了复杂的局面。王振更为嚣张，甚至把文章做到了三杨的头上。

正统四年（1439年）十月，福建按察佥事廖谟杖死驿丞，死者是杨溥的老乡，而廖谟则是另一位阁臣杨士奇乡里，为报仇，杨溥将廖谟判除死刑，而杨士奇则庇护廖谟，说：这是"因公杀人"，双方争持不下，请太后裁决。王振深知此事对太后也很棘手，便乘机献计说："廖谟及死者都与阁老有乡里关系，让廖谟抵命，处分太重，但如说他因公杀人，则未免太轻，最好是将廖谟降级调离。"这是一个对三杨皆不得罪的圆滑的处理办法，太后认为甚好便采纳。此后王振逐渐取得太后的信任，允许他过问朝中大事了，许多大臣的条陈建议都由他来裁决。

这样一来，三杨的威信降低了，张氏也不再信任他们，而王振却在张氏面前显示了自己的才能。从此以后，王振经常揪住阁臣的一些过失，侵犯他们的权力，自杨士奇以下，都拿他没有办法。

杨荣有决断才能，但不能保持廉洁，家中有很多边将所赠的良马，王振便借此大造声势。正统五年（1440年）七月，杨荣离开京城，回到家乡扫墓，被王振抓住接受馈赠之事，要求查办。杨士奇平素以清正公允著称，但教子无方，他的长子杨稷，无恶不作，常拿人命来开玩笑，而杨士奇却十分溺爱这个儿子，有的地方官向杨士奇告知儿子的状况后，杨士奇却不信任人家，写信问之："某某人说你如此如此，如果真有其事，便改正。"杨稷接信后，反诬对方说："我因是当地人，对某某的行为，感到不满，他行事不端，我便阻止他，因而对我怀恨在心，诬陷于我。"

杨士奇听了儿子的狡辩，便不再信任告发儿子罪恶的人。有的人阿谀奉承，说他儿子好话，他以为是真话，就十分高兴。日后，儿子做的恶事，便听不到了，但被害人却接连上奏杨稷的不法行为。朝廷因杨士奇的关系，不忍定杨稷的罪，把其案情告诉杨士奇，他还说："都是左右之人不好，怂恿他干了这些事。"

后来，由于杨稷杀人过多，朝廷便下令将其逮捕，送交法司。王振抓住杨士奇的这一短处，立即借机对他进行攻击。三杨面对王振的猖狂，却不敢有所作为，面对明王朝的混乱，三杨一筹莫展，也只能自保了。杨士奇常怀去志，逃避现实，在儿子犯事后，更是闭口不言事。杨荣则无可奈何地说："事到如今，已无补救之法，真是让人感到惭愧呀！"

大臣们对王振采取以退为守的自卫立场，杨溥也是浮沉自保。三杨都曾告退，王振也曾公然让他们退离朝廷。有一次，他来到内阁，便问道："在你们之后，谁会接手你们的事情呢？你们年事已高，也为国家操劳了一辈子，该休息了。"

杨士奇说："我愿为朝廷贡献我的一生。"话音刚落，杨荣接嘴说道："我们年事已高，在此，也不能办事了，少年英才应替代我们了。培养下一任英才，才是我们对皇上最好的报答。"王振听了他们的话以后，喜形于色，扬长而去。

正统初年的内阁三杨是这种情况，至于辅政五臣中的另外二人张辅、胡濙，则是才疏学浅，空有辅政之托。张辅虽然德劭功高，贵为皇亲，但他没有什么治国之道，只是一个武夫而已，被宦官势力所轻视。一次王振的党羽宦官喜宁将张辅的田宅所侵占，张辅不从，喜宁的弟弟喜胜便率领一群阉奴将张辅佃户的房室毁掉，并殴打其家人，并致其妻死亡。张辅诉诸法司，英宗朱祁镇竟然宽宥喜宁不予问罪，而喜宁的弟弟喜胜，则发配到广西南丹卫。喜胜不服，告发张辅也擅自收留阉割之人为家奴，朱祁镇也宽宥张辅不问，将张辅的阉割家奴发配到南丹卫。一个堂堂的辅政大臣却没有打过宦官，叫人如何不去想这是王振的作用呢？事实上，张辅有时在某些重大决策上常常站在王振一边，这根本不会起到裁抑王振的作用，反而会助长了他的威风。胡濙受顾命之任，实属滥竽充数，他庸庸碌碌，没有政绩才情，不堪任事，他只会些江湖术那一套，因此他不足以和王振抗衡。

（2）教唆幼主

朱祁镇登基之初，王振就利用常侍小皇帝左右的机会，怂恿小皇帝出面搞了不少活动，以抑制辅政五大臣。他随便贬斥、逮系、杖责朝中勋贵大臣，张氏将他教训一下，他稍有收敛，时日不久，又会故态复萌。

正统三年（1438年）七月，小皇帝受王振的唆使，惩治了一大批臣子。户部尚书刘中敷、侍郎吴玺、侍郎何文渊、刑部尚书魏源等人都被关入监狱，就连顾命大臣礼部尚书胡濙也难逃厄运，六部尚书竟有一半被囚待罪。魏源被释放不久，又于同年十二月与都御史陈智一起被捕。在当时，无论什么情况下，大臣们都会随时遭到逮捕，这完全由王振的一句话所决定。兵部侍郎于谦奉命巡抚山西、河南一带，抚恤流民，操持国事，很受器重。但是于谦为人耿直，不谄媚权贵，每次到京师时，从不会私下里拉关系，因此，王振对其十分不满，怀恨于心，曾借机迫害于他，于谦差点送了性命。由于小主子朱祁镇倾心王振，给他撑腰，王振就更加滥施淫威，公侯勋戚都称呼他为"翁父"，有些人不知羞耻，常常谄媚于他，并由此而升了官。工部郎中王祐甘做王振的义儿，他平时不留胡须，王振问他为什么，他说："我应当像您，您都不留胡须，我怎么敢留呀！"很快地，他被提拔为本部侍郎。兵部侍郎徐晞因为屈膝在王振的门下，时日不多，便升为尚书。都御史陈镒、王文也都俯首跪于王振的门下。

朱祁镇对王振尊崇备至，从不直呼其名，而是称之为先生。王振更是以"周公辅成王"自许。当永乐时受灾的奉天、华盖、谨身三殿重新修筑而成的时候，英宗召集百官设大宴，按照惯例，再得宠的宦官也是不能参加朝宴的，所以王振不能来。但是小皇帝此刻心中记挂着他敬爱的"王先生"，"王先生"不来，他有如失去了左手，"王先生"是不是因不能赴宴而生气呢？朱祁镇暗中派人到王振宅邸去看个究竟。派去的人到了王振的宅邸，看到的正是在盛怒之中的王振，他正厉声骂道："难道我不能做到周公辅成王这个位置吗？"

朱祁镇听到回奏后，不得不破例邀请"王先生"。他命人将东门打开，召王振来入宴。王振洋洋得意，骑马而来，到了门前，百官已迎拜马前，王振走下马来，大步趋进，直到喝得醉气熏天才肯离去。为了一个王振，朱祁镇竟将祖宗的旧制更改，辅政大臣无话可说，也只有听之任之了。

（3）幼主亲政

正统三年（1438年）三月，京师多次发生地震，陕西遭受饥荒。六月，思任发叛乱，明英宗派兵出征，但经过好久，战争仍不能平息。翌年三月，明英宗调湖广官军三万余人、贵州一万人、四川八千人入滇，合力进剿，结果还是出师不利，无功而返。五月，复命右都督淑沐昂为征南将军，充总兵官，率军进讨思任发。此后的十年，征兵发夫役近五十万人，将士们大多都在云贵两省阵亡，田地荒芜，民众极其穷困，史称"西南骚动"。

西南反叛未平，北方边患又起。

同年，蒙古瓦剌也先嗣父位，称太师，北方各部皆归其所有，于是其势不可挡，边境从此后便无安宁了，从而构成了对明皇朝的严重威胁。从正统五年（1440年）开始，由于太皇太后张氏和"三杨"相继离世，明英宗越来越宠信王振，朝廷也有了大变化。

正统五年（1440年）七月，杨荣在还朝途中病逝。而杨士奇等人也已经老迈不能理政事，只是充数罢了。

正统六年（1441年）十月，朱祁镇15岁，已经到了亲政的年龄。是时，北京紫禁城华盖、奉天、谨身三殿，乾清、坤宁二宫的扩建工程结束。朱祁镇十分开心，在开心之际，给督工的有功人员不同的赏赐。赏给太监阮安、僧保每人纻丝八表里，钞一万贯，金五十两，银一百两；都督同知沈清升修武伯，食禄一千石，子孙世袭；工部尚书吴中升少师，仍任尚书；沈、吴二人各赐纻丝五表里，钞五千贯。朱祁镇盛宴百官，破例让王振赴宴，他才到门外，百官便急忙出迎。从此，王振的权势更加显赫。这年的十一月初一日，朱祁镇御奉天殿，颁布诏书大赦天下。诏书说："我用自己的功德承继天命，继承祖宗的大业，主宰天下，日日夜夜记着祖宗开创江山的艰辛，继承大统的不易。在我们这广阔的疆域之内，拥有亿万人民，如果有一人流离失所，这实在是我的过失呀！自从国家在我的统治下，我便立志使国泰民安。为此，我废寝忘食。过去我遵行祖宗的旧体制，建奉天、华盖、谨身三殿，乾清、坤宁二宫，礼典应该齐备，可是，我担心打扰百姓，但是由于材料原来就有，费用都已付出，大家也一直尽心尽力地办这件事，终于成功了。已于今年十一月初一日御正朝，临群臣，大家认为现在居正而安，应当感谢百姓，对于有关事情，等到以后再说。"

接着，他在诏书中对相关事宜申明了自己的方针，这些事情包括蠲除逋赋、赦免罪囚、敦厚教化、勾清逃军、发展农业、兴修水利、旌表节孝、祭祀神祇、安顿流民、裁撤冗员，一共四十二款。朱祁镇这份御正朝的诏书，与他登极的诏书相比，更为全面与细致，表现了他希望国泰民安的心情。朱祁镇亲政的开始，便是这次御正朝，以后，这种活动成为了经常性的。

这天朱祁镇御正朝，还一锤定音，解决了明朝开国以来，一直未能解决的问题。明太祖朱元璋建国以后，以应天为南京，但他并不十分满意南京作为都城的人文、地理环境，始终想把国都迁到一个更为理想的地方去，但是在他生前没有来得及实行。而惠帝，由于打仗的原因，不可能将国都迁移。到了永乐十九年（1421年）明成祖将政治中心设立在北京，但并不表示定都。迁都北京后，南京仍称国都，北京则称"行在"，含有临时国都的性质，北京的都察院、六部、通政使司、大理寺等衙门都冠以"行在"二字。洪熙年间，仁宗朱高炽曾一度宣布去掉"行在"二字，但旧体制不久便又被恢复了。正统六年（1441年）十一月初一日，朱祁镇御正朝亲政的当天，又下诏令："改给两京文武衙门印。以前都冠以'行在'字样的各个衙门，现在宫殿已落成，就应将'行在'字样去掉，而在南京衙门中增加'南京'二字，应将其印，全部更改。"

朱祁镇的这一举措，标志两京制的正式形成，正式国都为北京，而南京则为留都。

（4）王振羽翼丰满

正统六年（1441年）英宗亲政，正统七年（1442年）十月，太皇太后张氏去世，与仁宗合葬。太皇太后的死使王振更加肆无忌惮地陷害忠良，排除异己，干预朝政。正统七年（1442年）冬天，王振盗得洪武年间置于宫门前，铸有"内官不得干预政事"字样的铁碑，并将其毁坏。

正统八年（1443年）六月，因为大理寺少卿薛瑄不肯巴结自己，王振捏造罪名，唆使皇帝将他罢黜为民。正统九年（1444年）七月，驸马石璟责骂本府的太监，王振物伤其类，认为有辱于自己，便在皇帝面前诬告陷害他，皇帝将石璟下狱。无独有偶，同年七月，霸州知府张需因为宦官扰民，鞭笞他的兵丁，王振知道后，大怒，将张需逮捕下狱，贬谪流放。王振专权日甚一日，锦衣卫兵士王永愤愤不平，他将王振作恶的事迹一一列举，写成传单，张贴于各交通要道以及王振侄子王山家，后被巡察兵士发现捕获，王振将王永磔死，从此朝臣无人敢对王振发一句微词。

正统十一年（1446年）正月十三日，明英宗颁旨让王振侄儿王林世袭锦衣卫指挥佥事，其他宦官之侄也都有世袭的权力，开了宦官世袭官职风气之先。

正统十一年（1446年），太皇太后张氏指定的辅国大臣"三杨"之一——杨溥去世，至此，"三杨"全部逝世，朝中更无人敢遏制王振，王振的羽翼更加丰满，顺王振者昌，逆王振者亡，王振权倾朝野，视天子为门生，视勋戚为奴隶，几乎成了明王朝的最高统治者。武功中尉指挥华嵩和王振的侄子因为一个妓女而争风吃醋，发生争执，王振非但不制止其侄，反而派打手剃光华嵩的头发，在其头上涂上漆，将其枷锁在教坊门口示众。不仅如此，王振还公开收贿卖官鬻爵，江阴布衣徐颐送重金贿赂王振，王振授他中书舍人之职；常熟的魏某也以重金打通门路，获得主事之职。故时人讥讽他们二人为金中书、银主事。朝中人人自危，甚至堂堂的兵部尚书徐晞见到王振，也立即下跪。正统十三年（1448年）二月，王振花费数十万，劳役一万多军民，大力重修元初建于长安街的庆寿寺，也无人敢有怨言。

王振骄奢淫逸，英宗却对他宠幸有加，明王朝一步一步走向衰落。

3.土木堡之变

正统十四年（1449年）七月，英宗亲征瓦剌。八月，在土木堡（今河北怀来县西）进行的一场战役中，英宗被俘，宦官王振也被愤怒的明军将领杀死，是为"土木堡之变"。

（1）瓦剌的兴起

洪武元年（1368年），明太祖朱元璋下令大军北伐，大将军徐达领命前行，元顺帝被迫携带后妃逃往上都（今内蒙古开平）。次年，元顺帝又被8万明军驱至应昌。元顺帝看到自己被敌军追赶如丧家之犬，内心抑郁凄惨，竟哀婉地唱起来："失我大都兮，冬无宁处。失我上都兮，夏无以逭暑。惟予狂惑兮，招此大侮。堕坏先业兮，获罪二祖。死而加我恶谥号，予妥欢帖睦尔奚词以拒？"不久，元顺帝死于郁闷失意之中。这并不能阻碍明军继续的北伐。明军兵分两路，东西路军分别打败王保保之军，拿下应昌，并俘虏元顺帝的宫人、太子、嫔妃及各省院官。

洪武二十年（1387年），以辽东金山为盘踞点的纳哈出归降明军。次年，明军在永昌侯蓝玉统率下，直抵捕鱼儿海（今贝加尔湖），让元太尉蛮子死于刀下，并俘虏了元主次子地保奴、吴王朵儿只、代王达里麻以及官校三千余人，只元主脱古思帖木儿逃脱。经受这次重创后，北元势力衰微下去。脱古思帖木儿在逃往和林的途中，行至土剌河时，被部将也速迭儿勒死。从此，蒙古进入分裂状态，各部群龙无首，而元主徒拥有虚名，直至五传之后坤帖木儿，每每都惨遭谋害。而杀害坤帖木儿的鬼力赤部帅，自立为政，"称可汗，去除国号，自称鞑靼"。由此可见，蒙古已处于极端分裂状态。

当时，蒙古分裂为三大部：兀良哈、鞑靼、瓦剌，分布在东起辽河，北到贝加尔湖，西跨额尔齐斯河的广大地域。

永乐时期，鞑靼于三部之中实力最强，瓦剌仅次之，而与明朝关系密切的却数兀良哈。早在洪武二十二年（1389年），明朝即设置朵颜、泰宁、福余三卫，安置兀良哈部众。一直与明朝保持藩属关系的兀良哈部又称兀良哈三卫。在永乐夺取帝位时，兀良哈三卫是极力支持的，以至后来永乐帝内迁大宁都司和宁王部，兀良哈三卫获得了大宁的大片土地。

永乐初年，鞑靼部首领鬼力赤与瓦剌部相仇杀，屡次骚扰明边。而鞑靼部内各贵族集团也互相攻伐。永乐三年（1405年）鬼力赤被知院阿鲁台杀死，元室后裔本雅失里被其拥立为可汗。但不久，瓦剌大胜阿鲁台，而阿鲁台只好徙居于胪朐河流域。永乐八年（1410年），永乐帝北伐，重创鞑靼部，阿鲁台与本雅失里各自为主，分统部落。同年冬，阿鲁台称臣于明。次年，明封其为和宁王。永乐十年（1412年），瓦剌部首领马哈木收获本雅失里部众，本雅失里战斗中被杀。在阿鲁台收编本雅失里余部后，实力大增，便率部进攻明朝。永乐帝于永乐二十至二十二年（1422~1424年）分三次亲率将士大战鞑靼，鞑靼部势力迅速衰败。阿鲁台也在战役中被瓦剌部首领脱欢击杀。

永乐初年，瓦剌部常遭鞑靼不间歇地侵扰。永乐帝即位后，曾派遣御使告知瓦剌，愿与瓦剌从此之后友好相处。永乐六年（1408年），瓦剌首领之一马哈木，首先向明朝贡马请封号。第二年，永乐帝册封瓦剌三首领：马哈木为顺宁王，太平为贤义王，秃孛罗为安乐王。瓦剌部在明朝长期庇护之下，逐渐恢复战争创伤，势力渐强起来。永乐十年（1412年），马哈木收编本雅失里部众之后，实力增强不少，顿起野心，从此开始多次要挟明朝财物、扣留使臣，还不断南下侵扰百姓。永乐十二年（1414年），永乐帝亲征瓦剌部，兵锋直至土剌河。马哈木战败逃走，不久之后，死于病中。其子脱欢于永乐十六年（1418年）继承父位，封为顺宁王，采取一系列整顿措施：对内收复周边小部落，对外收鞑靼余部，势力也不断增强。明朝开始将其视之为北部、西北部最大的隐患。

宣德九年（1434年），脱欢袭杀鞑靼首领阿鲁台，尽领其部众，势力扩张到鄂嫩河、克鲁伦河流域及贝加尔湖一带。正统元年（1436年）左右，瓦剌部贤义、安乐两王部众被脱欢虏取于麾下。于是，蒙古瓦剌、鞑靼二大强部全都归属到脱欢的麾下。为了协调众议，脱欢立元皇室后裔脱脱不花为可汗，自任丞相，操各项实权。

脱欢自收并瓦剌、鞑靼两部之后，势力膨胀，侵扰明朝的野心大增。正统二年（1437年），终于率部众驻扎饮马河，纠集兀良哈三卫、野人女真部，准备大举侵犯明边境。

不过，脱欢还是最终没能去实现他进攻明朝的愿望。正统四年（1439年），脱欢死于病中，其子也先继位，自称太师淮王。也先的野心和能力都超过其父，"脱脱不花具空名，不复相制"。他和脱脱不花各自派遣使团向明朝贡献贡品，而明朝要同时兼顾两方，分别赐予丰厚赏赐。也先把向外扩张的目标，明确指向明朝的边境。他首先采取纵横捭阖的手法离间明朝与西北各族的关系。

在嘉峪关以西，明朝初年，先后设置沙州、赤斤、曲先、阿端、罕东、哈密诸卫，安置归附蒙古及回部部众。这些少数民族的首领都受明朝册封管理，并保持着相当密切的关系。他们同时担负着维护中央王朝，捍卫明北部防线的重要责任，并遵从防蒙战略中"断其右臂"的方法，维护边塞与明的和平相处。也先用联姻的手段拉拢沙州、赤斤蒙古，破坏他们与明朝的联盟。正统九年（1444年），也先竟公开宣布建立甘肃行省，授予罕东诸卫都督讷格等人平章职衔。第二年，也先率兵挟制沙州、罕东、赤斤蒙古围攻哈密，哈密忠顺王的妻母被也先俘虏。忠顺王倒瓦塔失里无奈向明朝求救，谁知明廷竟不回应。三年后，忠顺王被也先一直追迫到了瓦剌。从此之后，明朝所谓的"断其右臂"防御战略被攻破，关西诸卫也在也先的控制之下。

正统十一年（1446年），也先实施东进战略，率骑兵攻打兀良哈三卫。明朝竟不作任何反应。也先"破兀良哈，胁朝鲜"的手法给兀良哈以重创，三卫被迫就犯，也先的这次东征，完全破坏了明"断其左臂"的策略，明西方门户被打开。

到此为止，也先的势力已经控制了西起今日新疆、青海、甘肃，东面直至朝鲜半岛北部，北逾贝加尔湖，南抵明朝边塞的广大地区。这是继元帝国之后出现的又一个统一的蒙古贵族的封建政权，它的形成，势必给明朝的安宁提出严峻的挑战。

（2）武备弛废

为什么在边关求救时，朝廷屡次都求而不应呢？难道明朝坐视边关安宁受侵而不管吗？原因是明朝内部政务在当时已经腐败。瓦剌部的日益强大并没有使当时的朝廷警惕起来，明朝还没有意识到它腐败最大特征之一就是：武备的弛废。

明朝在总结历代兵制得失的基础上，遵循"寓兵于农"的精神，在全国实行卫所制。卫所制下，军官和军士都是世袭制的，而世袭制又自然成为军官们胡作非为的保护伞，因为即使他们犯罪，不论处罚是调离、降职，甚至处死，只要不是谋反叛逆，子孙都可以继承父辈的官职。所以某些武官在进行犯罪时公然说："我自己死了，还有我的兄弟、儿子出来继承官位。"一副有恃无恐的嘴脸。

但对于军士来说，世袭制只是让他们祖祖辈辈被缚于奴役地位的绳索。"恩军"尤为低下，所谓的恩军是指判了死缓的罪犯被发配充军。皇帝说这是对他们的一种恩典，好多恩军都是南北互换，这是充军的原则，也因此常有"恩军"水土不服的情况。充军的处罚仅比死刑差一等，由此补充的军士，素质也很低劣，根本无法形成有效的战斗力。除此之外的军士，情况较之"恩军"状况要好一些，但他们大多全是当地农民，加上当兵，负担相当沉重。所以，当地的女子最不愿嫁军士为妻。在明初，国家法令严厉，吏治又较清明，所以卫所制还可以为明朝提供有效的军事力量。但是，从洪熙元年（1425年）以后，严惩贪官污吏的刑罚已经全被废除，官吏们便也没有了忌惮，致使军官贪赃枉法，各卫军士不堪忍受上级剥削，相继逃亡。

宣德九年（1434年），兵部右侍郎王骥指出："中外都司卫所官，惟知肥己，征差则卖富差贫，征办则以一科十，或私役买卖，或以科需扣其月粮，或指操备减其布絮。军士衣食既窘，遂致逃亡。"王骥指出了军官如何剥削军士的各种办法。一种即放富差贫，就是军官们从有钱的军士手中得到一些好处，就放松了对他们的管理，可以不行军打仗。而贫穷的军士只能照例去尽自己的义务，而一旦遇到涉及财物开支的差事，卫所军官便乘机向军士索要钱财，有的甚至扣发军士的月粮。正统初年（1436年），山西的官军27个月未发月粮，军士情绪不稳，差一点发生哗变。那些精壮的军士被军官派遣外出替自己做买卖、经商，或种田。军官还借故侵占屯田，这样一来，军屯制遭到破坏，屯田军丧失了生存的基础。

在军官的剥削下，军士的生活过得异常的困窘。当时到边地巡视的监察御史，亲眼目睹了军士生活的悲惨状况：衣服不能遮体，糙食不能果腹，患病无医无药，病死无棺木收殓。

如果军士要想摆脱这种悲惨的命运，唯一办法就是逃跑。正统三年（1438年），据兵部统计：全国逃亡和死亡的军士，一共有120多万。清勾补充的不到这个数字的20%。永乐时，明朝有军士280万左右，120万减去了20%，还剩96万，占这个数字的34%多。在当时，这种状况是很严重的。山东巡按御史李纯在正统年间审察某部结果表明：当时按军制规定应有120个军士，但逃亡得只剩下一人了。

当然，军士逃亡的情况并不都是如此严重，在其他卫所，除去逃亡的一部分军士，剩下的可能被当地军官迫使进行经商、种田等活动，时间一久，也就从军士簿上消去了他们的名字。明英宗对于这种情况并非全然不知，但他把整顿的重点放在了设立清军御史上，自然也就无暇顾及吏治整顿了。

更糟糕的是，甚至连军队的武器装备都大量作假，就是说，分派到各地负责此项任务的文武官员，他们从不按标准的制造程序、分量做兵器，而是从中牟取私利，严重地影响了兵器与军队装备的正常使用。这在英宗刚继位时问题已十分严重了。当时蓟州的总兵官报告，守关军士缺少衣甲；大同的镇守官员报告，边防军士缺少衣甲鞋帽四万余套；兵部报告，京军三大营缺少战马两万余匹。

9岁的英宗当然把这些问题交于工部处理，工部呈交的呈文中这样说：全国各地军士所需服饰、鞋袜及配备军需用品均收藏于东西厂库房中。清查后的结果表明，其不符合规格的就有十三四万件。这种状况真让人触目惊心。

更有甚者，有的军官竟敢盗卖军用仓粮。正统三年（1438年），西宁卫掌卫指挥佥事穆肃与镇抚李恒互相勾结，冒支兰县仓官军俸粮八千余石。本来，两人做此事时半点风声未露，也从未被任何人知晓。但正应验了"要想人不知，除非己莫为"那句话，他们因分赃不均，导致东窗事发，此事才败露出来。还有一件事：正统四年（1439年），万全右卫指挥使王祥、怀安卫指挥使楚祯曾参与盗卖仓粮二万多石的勾当，造成了当时军队粮饷的严重流失。

军士的逃亡，军队缺员，没有足够的粮饷和合格的武器、装备，必然会影响明朝的国防力量。鉴于国家军队出现的这一系列的问题，明政府不切实际的解决方案只能改变其表面或起到暂时的作用，但其根部的政权腐败，却无法从内部彻底改变。

（3）麓川之役

王振左右国家大政方针的确定，造成了边防战略上的一系列失误，最终挟持英宗亲征，导致明英宗陷于土木堡的结果。

明朝廷最大的失误是旷日持久地兴师麓川。麓川是指明朝的土司麓川平缅军民宣慰使司，位于今天云南西部腾冲县西南。土司制是自元朝开始的一种少数民族自治制度，在土司制下，中央政府认可由少数民族首领担任土司长官及各级官员，这些官员每年只向朝廷贡奉一定数额的赋税。当时，西南地区的少数民族刚迈入文明社会不久，各部族间经常发生相互攻杀、抢掠人口、霸占土地的事情。宣德三年（1428年）以后，麓川宣慰使思任发多次率兵侵占邻近土司的地盘。正统三年（1438年），明朝廷发兵十万，击败思任发，但自身也付出了重大的代价。这辉煌的战绩虽然只起到震慑的作用，但也迫使思任发向明朝廷认罪，请求皇帝的宽恕。战争本来可以就此结束，然而王振、兵部尚书王骥都想借战争建立功业，稳固自己的地位，加官晋爵。英宗在他们的极力鼓动之下，决定继续出兵，逮捕思任发。正统六年（1441年），麓川战争又开始了。

在明廷大规模出师麓川之前，翰林侍讲刘球上谏《伐麓川疏》，援古证今，指出明朝的边防重点在西、北蒙古，而不在滇西南麓川的弹丸之地。英宗没有采纳。

正统八年（1443年）六月，雷击奉天殿。刘球再次上谏英宗，提出十条建议，主要是想说明两点。第一是谏请皇上独揽实权，不应让旁人插手；第二是防御重点应放在北方，而应停止对麓川的用兵。他强调指出："麓川荒远偏僻，即叛服不足为中国轻重。而脱欢、也先吞并诸部，侵扰边境，议者释豺狼攻犬豕，舍门庭之近，图边徼之远，非计之得也！"王振等人听到刘球的谏言后十分不满，因刘球上一次力主停止进军麓川，这次又在提醒英宗小心旁人插手实权。于是找了个借口，将刘球逮捕入狱，并暗中派人将其杀死。

刘球遭王振惨害后，就再也没有人敢对出兵麓川提反对意见。这场战争一直持续到正统十四年（1449年）的春天，明朝也因此而丧失了大量的兵力，对于几个月后发生的土木堡之变，当然也就再没有应对能力。在直接涉及与蒙古关系的事宜上，英宗在王振的唆使下，也犯了战略上的错误。一是正统九年（1444年）英宗并未认清当时局势，贸然出兵攻打兀良哈三卫，破坏了兀良哈与朝廷的宗藩关系；二是同年哈密王遭受瓦剌攻击，英宗对忠顺王的求救置之不理；三是正统十年（1445年），明朝廷没出兵阻止瓦剌东征，以致兀良哈被吞并。其实，朝廷这种做法，也就是给也先打开了自己原先的防御大门，致使也先势力渐增，成为明朝边塞安全稳定最大的威胁。

不但如此，王振还不惜出卖国家的安全，借以牟取个人的私利。

明代蒙古族社会的基础是单一的游牧经济，植物性的食物和手工业产品大多数要从内地获得。和平获得这些物资的途径有二条：马市贸易和朝贡贸易。马市贸易类似现在的边境贸易。朝贡贸易是明朝优待边境各族和外国人的一种措施，借以换取名义上的宗藩关系。这种换取名义上的宗藩关系实际是以金钱作为后盾的。朝廷要付给朝贡使团远高于贡品本身价值的赏赐，总的价值等于贡品本身的几倍之多。

在以上两种贸易中，铜、铁、兵器属于严禁出口的物品。商品在市场中的运行规律是市面上越不允许出售或数量极少的商品，在黑市或市场上的价格就越昂贵。而王振不惜违反国家的禁令，为了获取一己之利做起了走私兵器的勾当。他嘱托同党大同（这里设有马市）镇守太监郭敬，每年向瓦剌走私箭镞几十万只，甚至在当时属于高技术的火铳也走私到瓦剌。王振不断走私兵器及制作技术高超的火铳，使也先不仅获得大量军需用品和战争物资，同时也大大地补充了自己的生活物资。也先从此后如虎狼般垂涎明朝的河山，并准备等待适当时机，发起进攻，南下侵犯明朝。

（4）土木堡之役

明朝廷在朝贡贸易中，不断地流失本已所剩无几的国内资本，而瓦剌朝贡团规模的不断扩大，致使明朝负担更为加重，尽管如此，愚笨的明王朝还是不断地给这些使团以丰厚的赏赐。

更糟糕的是，朝贡使团在沿途强奸妇女、抢劫财物，无恶不作，而且将严禁出口的弓箭、火器带出境外。这些扰乱社会治安的行为，不仅损害了明朝廷的尊严，也严重影响了沿途百姓的安全，威胁着明朝边界的安全。

也先蓄积了力量，得知明朝政治腐败、武备松弛，觉得明朝犹如一块美肉在嘴边放着，正待他吃下去。

正统十四年（1449年）一月，瓦剌向明朝派出一个1772人的朝贡使团。领赏时，报成2257人，虚报956人，让明朝官员查出。也先便借口明朝廷给的马价不高，削减马价，并威胁明朝如不把公主嫁给他，便发兵进攻。随即他便以此为由，悍然发动战争，大举进犯明朝。同年夏末，瓦剌骑兵分三路进犯明朝。东西两路分别攻辽东和甘州，也先亲率中路三十万人马直冲明朝边防重镇大同、宣府。

七月二十日，山西边境警报传到北京，英宗命令严加守备。三十日，也先进军至大同边外猫儿庄，防守将将吴浩战死。英宗得知后，立即派驸马井源等四位将领各率一万人马前去增援。此时的王振早已跃跃欲试，他想乘此机会建功立业，便怂恿英宗亲征大同，英宗年轻气盛，谏言之下，与群臣开始讨论亲征计划。

吏部尚书王直联合中央各部门主管上奏劝谏亲征。王直认为，这场战斗时值酷暑，季节干旱，水草不充足，而对于也先那一方来说，与明军展开战斗，必找合适时机，如明军按兵不动，不主动出击，也就不会给他们可乘之机。同时，使也先没有足够的物资维持部队必需，然后乘也先人马困顿时出击，必会获胜。何况打仗并非安全之事，皇上乃万乘之尊，万不可轻易亲征。

英宗说："朕为一国之主，保卫社稷江山，义不容辞。"下令安排亲征。

八月三日，英宗令御弟朱祁钰留守京师，又安排扈驾从征的各部门大臣。就在这时候，明军在战场上却遭受了重创，在阳和口（今山西阳高县北长城关口）被也先骑兵击败，全军覆灭，三员主将二死一逃（左参将都督石亨逃往大同）。而这一局面的主要原因在于明主力军内部不协调，加上监军太监郭敬的牵制，致使明主力军遭此惨败。

四日，英宗与王振统率各部门大臣和五十万京军精锐，匆匆踏上征程。一路上，军士扰民不止，王振全无顾虑。大军出居庸关，经宣府，行至大同已是十八日。这时，大同明军主力战败的消息由郭敬密告了王振，并说主将驸马井源及明军已全军覆没。王振听后胆战心惊，连忙催促英宗起驾回京，又对众大臣抄近路的意见置之不理，不让英宗从紫荆关回京，而选择了另外一条归路。王振邀请英宗到他的老家蔚州去看一看，好光耀门第。走了四十里，王振担心大队人马会踏伤庄稼，给家乡人带去灾难，便改变主意向东前进。大军经宣府，三十日到达土木堡。

当时来到土木堡时，天色尚早，扈驾大臣建议英宗进驻离土木堡只二十里的怀来县城内，如遇强敌，还可凭借地形坚守，不至于连防御地势都没有。但王振顾惜后面千余辆辎重车，决定驻守这里等待，不再前行。这样，英宗便令大军驻营于这高冈无水的地方了。三十一日，也先骑兵将英宗和他的部队团团困住，切断他们通往营地南边十五里的溪流的道路。明军掘井二丈深，仍不见泉水，饥渴难忍。

九月一日，英宗令明军突围，但未成功。这时，也先派使者来议和，英宗也派使臣前往也先营。毫无作战经验的王振对也先这一招毫无戒心，还以为也先惧怕明朝廷五十万大军，故派使者求和，下令让多天未饮水的部队移至十五里外的溪流处。迁移的大部队匆忙之中乱了方寸，又被瓦剌骑兵勇猛直冲，庞大的军队顿时不堪一击，随驾大臣死伤无数，五十万明军伤亡过半，二十万骡马和辎重装备全部被也先部俘获。英宗则做了俘虏，王振被愤怒的明军将领打死。这就是明朝历史上的"土木堡之变"。

消息传到北京，百官失声恸哭，都御史陈镒等纷纷揭发王振的罪行，给事中王竑等当场揪出王振死党马顺，在他身上乱踩，顿时"尸暴血流"。而在京城的王振家族，上上下下，不分男女老幼，同党、奴仆均被出任监国的郕王朱祁钰处死，王山也被碎尸街头。

4.于谦守卫京师

正统十四年（1449年）七月，也先诡称送还英宗归国，大举进犯北京，于谦率众奋力抵抗，保卫了京师的安全。

（1）以身许国

于谦（1398~1457年），字廷益，号节庵，浙江钱塘（今杭州市）人。

于谦青少年时期，已满腹经纶、才华横溢，且声誉远在乡邦之外。他从小就立志救国济民，这种远大抱负源于家族中祖父辈们的意愿。于谦幼时其祖父收藏有南宋抗元英雄文天祥画像，他对文天祥的为人极为敬重，15岁便撰写赞词，每日悬挂于桌旁，激励自己长大后为国家效力，成为国家的栋梁。赞词说：

呜呼文山！遭宋之季，殉国忘身，舍生取义，气吞寰宇，诚感天地。陵谷变迁，世殊事异，坐卧小阁，困于羁系。正色直辞，久而愈厉，难欺者心，可畏者天。宁正而死，弗苟而全，南向再拜，含笑九泉。孤忠大节，万古修传，我瞻遗像，清风懔然。

于谦一向遵从的生活态度是：积极严肃。他为人耿直，思想严守儒家作风。从他17岁时作的诗《石灰吟》一诗中可以看出他急切为国效力，甚至不惜牺牲个人生命的精神。

千锤万凿出深山，烈火焚烧若等闲。

粉身碎骨浑不怕，要留清白在人间。

于谦在诗中以制作石灰的过程来喻自己，就算是"千锤万凿"、"烈火焚烧"，只要是真的献身国家与民族，任何的艰难险恶都无法改变他的决心，和他那"出深山，若等闲"的伟大气概。而"要留清白在人间"的意愿也显现出他希望自己也如文天祥"留取丹心照汗青"一般。诗中这样的比喻极为贴切。

于谦不但勤奋好学，志向远大，品德高尚，而且极具随机应变的聪明才智和敢作敢为的胆气。

督学的佥事为人恣行威福，对诸生态度恶劣，还时常严厉地指责犯小错的同学。由此生员们个个对他不满，而且日积月累，怨气颇深。故在一次典礼上，生员们欲乘机报复督学，便借故争吵，而且场面越来越拥挤，督学大人上前劝阻喧闹的同学，被挤进学官前的泮池中，生员纷纷惊慌逃走，唯恐被这位大人捉到痛斥一番。唯独于谦一人上前搭救。督学大人一时气愤，抓住于谦，要归罪于他。于谦不急不慢地说："和你争吵的全走开了，我是见你快要淹死才救起你的。你想如果是我推你入水，此时还会上前相救吗？现在你反咬一口援救的人，而把责任推在我身上，放过和你争吵的是什么道理？又要怪罪于我，又为了什么？"督学听了，无言以对，只好罢休。

（2）清廉为官

于谦在钱塘县学做秀才（生员）时，谙习礼仪，态度严肃，作风亢直，不肯屈节逢迎有权势的人，因而引起巡按御史的不满。一次巡按视察钱塘县学，欲乘此机会刁难于谦，便执意点他名让其讲书。于谦何惧此举，从容不迫地走上前台向各位官员打躬作揖后开始讲书，但提议要几位巡按须跪在讲案前面。巡按说："讲案前没有跪礼。"于谦说："今天所讲的是太祖高皇帝的《大诰》三编，小生不敢不跪，各位大人都应该跪下。"巡按和各位官员迫于太祖高皇帝的威严，只得跪在讲案前。于谦于是将《大诰》反复推论，讲解得很是明白，听者都恭敬地跪着。于谦凭着自己的机智、聪明才智，大挫了这些权贵的势力，而他的这种不畏权势的精神也深深地留在了百姓心中。

永乐十八年（1420年），于谦在杭州参加浙江乡试，中了第六名举人。次年，到北京参加会试和殿试，中了进士。因当时适逢明朝国力鼎盛时期，于谦并未把精力放在国力上。而是抓住了内部存在的问题，就在殿试中指出了问题的所在。当时来说，这种坦率的做法是遭到周围的人反对的，但因"策语伤时"，将本来为第一名的于谦降为三甲第92名，尽管如此，于谦的这种"铮铮不夺之节"的直言精神是十分受人们敬重的。

于谦中进士后，被任命为山西道监察御史，在任上有"廉干"的美誉。

当时的于谦，有些年轻人一贯有的盛气，加上他才貌英伟，在朝班里奏对公事时，声音宏亮，且有条理性，受到当时刚继位的宣德帝的赏识。宣德元年（1426年），于谦奉宣德帝之命扈从御驾，镇压汉王朱高煦的叛乱。在第二次被派往江西做巡按时，他和都察院的上司关系很好。当时任左都御史的顾佐也是一位作风刚正不阿的人，从不趋炎附势，但对于谦却敬重有加。他认为于谦办事公正，作风正派且才华横溢，是少有的同道中人。于谦为人赢得如此敬重，加上仕途顺利，让他对报效国家信心大增。这时，他的诗作中弥漫着豪迈的气概：峥嵘头角伸非难，变化飞腾顷刻间。等闲吸尽四海水，化作甘霖拯旱干。

宣德五年（1430年），宣德帝破格提拔于谦为兵部右侍郎（从二品），巡抚山西、河南。当时，于谦33岁，正当壮年。他在此地任巡抚一连19年（1430~1448年），政绩显著，而且深入民间，了解民间疾苦。

15世纪的三四十年代是华北水旱灾害频繁的时期。于谦在巡抚任上的主要工作就是救灾和安置流民。他不辞劳苦，在两省各地来回巡视，就地及时解决问题。他为减轻人民的负担，千方百计免除灾民的赋税劳役；为了解决灾民吃粮问题，他设法干预粮食市场的需求与供应，并建义仓和平准仓；他治理水源，兴修水利，降低了灾害的进一步扩大；他还促使各行业继续稳步发展。

于谦的卓越工作使几十万流民得到妥善安置，当地的百姓都很爱戴和敬重他，连劫路的盗贼都是如此。史书中说他"威惠流行，太行伏盗皆避匿"。

于谦为官清廉，每次进京奏事总是不带任何礼品馈送权贵。宣德到正统初年，三杨当政，对于谦相当敬重，他的建议没有不被采纳的。正统七年（1442年），太皇太后死，太监王振擅权，作威作福，贿赂公行。有人劝他说："你虽然不献金宝，攀附权贵，也应该带些地方产品，如合芎（线香）、干菌（蘑菇）、裹头（手帕）等物，便中送点人情。"于谦笑着举起两袖说："带有清风。"因作绝句一首见志：手帕蘑菇及线香，本资民用反为殃。清风两袖朝天去，免得闾阎话短长！这首诗在当时远近传诵，成为一段佳话。于谦的这种做法却引起王振的反感。正统十一年（1446年），于谦上谏推举参政王来、孙原贞接任巡抚。王振乘机暗中派人联合攻击于谦，以"埋怨朝廷不予以他更高的俸禄，渐生恨气，并随意举荐于人，不合乎大臣体统"为由，抓于谦入狱，并判了死刑。这下可激怒了晋、豫两省的人民，他们纷纷到北京叩阙上书，请求朝廷归还他们的好巡抚。开封的周王、太原的晋王也上书保于谦。王振见于谦此时人气正旺，便放弃了判处于谦死刑的主意，于谦被降职为大理寺少卿，仍在山西、河南上任。

正统十二年（1447年），于谦接到父亲的丧报，回杭州奔丧，丧期未满，就被调做兵部右侍郎。第二年，他母亲去世，由于紧急的边务，他只得终止守丧，当年又奉命返回北京做兵部左侍郎，佐理部事。正统十四年（1449年）土木堡之变发生，兵部尚书邝埜扈驾阵亡，于谦事实上成了兵部的最高长官。

（3）受命于危难

正统十四年（1449年）九月，英宗皇帝驾陷土木堡，大明王朝面临前所未有的政权危机。

第二天，英宗被俘的消息传到了京城孙太后和钱皇后那里，她们将宫中大量的金银财宝派人送给也先，企图换回被俘的英宗，以为这样就可以将问题解决。也先岂是贪图明朝的这些金银，他根本不把这些小钱小物放在眼里，不过钱财照收，人照旧不放。过了两天，明军的残兵败卒狼狈地出现在北京街头，消息便再也无法封锁。见此局面，孙太后只好让郕王朱祁钰暂做监国。英宗的儿子朱见浚为皇太子，然后让文武百官商量以后需要解决的问题。

当时亲军精锐在土木堡丧失殆尽，北京没有了可靠防守力量，"群臣聚哭于朝"，一筹莫展。苏州吴县人翰林侍讲徐珵，急忙出班，哭着说："验之星象，稽之历数，天命已去，只有南迁才能避免更大的灾难！"这时，幸亏于谦出面阻止这种"南迁"的说法，他主张坚决抵抗，反对徐珵的逃跑主义。于谦的这种做法，大大地稳定了军心，鼓舞了士气。于谦慷慨陈言："言南迁者，可斩也！京师，天下的根本，一动，大势就去了。大家难道忘记了宋朝南渡的教训吗？"

于谦的坚决抵抗政策得到了吏部尚书王直、内阁大学士陈循的大力支持，逃亡派徐珵被"辅郕居守"的太监金英赶出大殿，抗战呼声也逐渐高涨，孙太后、郕王见此情景，消除了逃跑的决定，并把固守北京的重任托付于于谦。

其实，朝廷把保卫京城的重任交付给于谦的时候，也把京城中仅余的老弱病残军不到十万的军士交到了于谦手里。因土木堡之战，明军大量的劲甲精骑也折损于那次战役中，仅靠这不到十万的部队守住京城，是有一定难度的，京城中人也对此种情形有些担心。于谦奏请郕王调遣两京、河南的备操军，山东及南京沿海的备倭军，江北及北京诸府的运粮军，火速开赴北京，组织起保卫北京的铜墙铁壁。

通州是当时存放明军粮草之地，但于谦考虑当时朝廷是无法靠自己的力量派兵保护的，又恐落于敌人之手，毁掉又浪费自己的资本，于是决定将那里的百万石粮食作为文武京官及军士本年十月到次年六月的俸粮，让他们各自到通州仓领取。又征用顺天府大车五百辆运通州粮进京，同号召人民有车之家，每运粮二十石入京仓，给脚价银（运输费）一两。他又请命赏给新选余丁官军、旧操舍人（军官子弟）及应募新兵每人银一两、布二匹，守城匠人、守门军火夫和皇城四门内外官军每人布二匹。于谦有条不紊而又迅速地部署了北京的城守，人心因此安定下来。

九月十九日，郕王升于谦为兵部尚书。

二十一日，郕王登临午门代理朝政。廷臣请族诛王振，没收其财产，未获明确答复。群臣同时放声大哭请愿，王振私党锦衣卫指挥马顺恶言叱骂群臣。马顺的恶言叱骂终于引起郕王的怒火，忍无可忍的郕王首先上前将马顺击倒，群臣立即蜂拥而上，马顺当即被击毙。紧接着王振私党宦官毛贵、王长随二人亦被众人处死。直到王振侄子王山被捆缚于殿堂之上时，群臣立邀郕王下令将其诛死。郕王心下害怕，欲夺路而退。于谦挺身排众上前掀住郕王，请他当即下令："马顺等人罪当死，打死不论。"形势于是安定。而于谦的袍袖也全都撕裂了。这场惊心动魄的朝堂之战，像是瞬间开始，于谦出面解决予此事一个结局。当他移步离开之际，吏部尚书王直拦住其去路，慷慨激昂地对他说："国家现在正缺少您这样的人啊！就算此时有一百个王直也抵不过您一位。"当时王直所任之职的吏部居各衙门之首，所有关于国家的重大事宜，都需要由吏部尚书牵头，王直的这番话，表明了朝官对于谦的佩服和支持。郕王下令，将王山缚赴西市，凌迟处死。又令将王振家族无论老少，一概斩首，家产籍没。

（4）坚决抗敌

第二日，于谦便开始调整各边关要塞的将领，他令为人正直并廉正勤俭的右都御史陈镒驻京城，安顿城内军民百姓；封杨洪为昌平伯，与原镇守宣府的罗亨信、朱谦等人共同管理宣府。原来"土木堡之变"后，也先曾在九月，挟英宗攻宣府，逼迫英宗三次命令杨洪开城，杨洪都予拒绝。当时罗亨信仗剑坐城楼，下令说："出城者斩！"因此军士决心守城，也先见不得逞，乃引兵西去。郕王赐谕褒奖杨、罗等人。为了更好地把守好京城的各个关口，于谦特意挑选精明强干的若干官兵加以防守，并把原先阳城战败逃回的石亨赦免，总管京营兵，原因是于谦认为国难当头，应启用这样熟悉军事的人，并令其将功折罪。

古人说："国有长君，社稷之福。"当时明朝皇帝被俘，太子又值幼冲，大臣们很是忧虑，便请求孙太后立郕王为帝，以安人心。孙太后当即赞同这个建议，但郕王哪敢坐于皇帝宝座上，只是一味地说："当今圣上沦于敌手，朝中又立新皇子，我一个卿子哪敢以下犯上？"众人无语。于谦挺身而出："这并非以下犯上，乃国家之存亡关键，只要有人执掌朝纲，就是救国家于危难之计，圣上肯定也会谅解的。"就这样，郕王答应于九月二十二日称帝京城，史称景帝，英宗被尊为太上皇。这样，明朝失君又得君，英宗在也先手中由奇货变成了空质。后来当也先挟持英宗诱使各城镇守官员打开城门时，听到的回答是："感谢上天保佑，大明有君了。"

大同和宣府两城乃北京西南面的两大屏障（大同尤为重要），如二城丢失，便打开了西南的门户，北京城也只能陷入进退维谷局面，于谦考虑到这点，特推荐坚守大同的副总兵官郭登升为总兵官。

于谦坚守北京京城要地，并整顿军纪，选派新将领操练各军，驻营郭外，分守九门要地。

十七日，也先和脱脱不花又统率瓦剌骑兵，挟持英宗攻入明境，准备再一次入侵。

二十四日，景帝授命于谦提督各营军马，节制各将士保卫北京。于谦调遣诸将分领官军二十二万人，在京城九门外严阵以待：武清伯石亨率副总兵落广、武兴等列阵德胜门外，同时石亨节制守城诸军。都督陶瑾列阵安定门，广宁伯刘安列阵东直门，武进伯朱瑛列阵朝阳门，都督刘聚列阵西直门，副总兵顾兴祖列阵阜城门，都指挥李瑞列阵正阳门，都督刘得新列阵崇文门，都指挥汤节列阵宣武门。

瓦剌骑兵于二十五日分两路从紫荆关、白羊口夹击京城，京营兵统将石亨主张采取退守京城，以有利地势，先避去贼军的锐气，但于谦坚决主张出城抵抗，对部下军士将领说："我们退守京城，敌人以为我们示弱于彼，这样我们如何再打下一仗。"便亲自率军，出城迎战瓦剌主力，布阵于德胜门，把城内事物交予兵部侍郎吴宁。他下令："有盔甲军士而今日不出城者，斩！"待部队出城部署就绪，即尽闭诸城门，并颁布临阵军令："临阵将不顾军先退者，斩其将；军不顾将先退者，后队斩前队。"将士们知道是背水一战，人人效命。

二十七日，瓦剌进逼北京，列阵西直门外，将英宗放在德胜门外。当日，副总兵高礼、毛福寿受命于彰仪门土城北，迎战瓦剌军。战斗中瓦剌军死一先锋，百十个军士死于明军刀下，千余口明俘军被明军夺回，瓦剌惨败，明军士气大增，又乘胜追击，连夜又派薛斌偷袭敌军，并获成功。也先此次入寇，以为北京唾手可得，未料明军严阵以待，撄其兵锋，意气稍沮。降将奄喜宁教也先借口讲和，派使者邀明廷大臣"迎驾"，以试探明廷内情。

（5）英宗回京

于谦早已看穿了也先的计谋，只派少数几个小臣前去议和，也先不与之谈判，并再次要求明派遣使臣前往。于谦坚决反对景帝的议和倾向，主张继续抗战，拒绝再派使臣前往议和。

三十日，瓦剌军与明军在德胜门外展开激战。于谦先让石亨领兵埋伏于道旁空屋，另派小队骑兵击瓦剌军阵，接战后，佯装败退，也先即刻率精骑万余猛追上来。待也先军近城，于谦令神机营火炮火铳齐发，随后石亨伏兵骤起，前后夹攻，也先军惊乱，明军副总兵范广跃马当先，冲入敌阵，部众齐上，奋力搏杀，大败瓦剌军。也先弟平章孛罗印那孩，号称铁颈元帅，被明军火炮击毙。

也先见议和的阴谋未得逞，便决定转攻京城防御较弱的西直门，驻守那里的都督孙镗无力抵抗兵力强大的瓦剌军主力，将要退败之际，石亨从北面带兵增援，瓦剌军三面受敌，退往西南方向。明军与瓦剌军的第一次会战，明军大获全胜。

三十一日，瓦剌军又进逼彰仪门土城，遭到明军伏击。于谦又派副总兵武兴、都督王敬率军出击瓦剌军于彰仪门外。明军前队用神铳火器冲锋，后队列弓弩短兵继进，击退瓦剌主力。但监军太监争功心切，没考虑全军局势，贸然领百余骑兵前行作战，致使全军阵乱，武兴在此次战斗中不幸牺牲，瓦剌军欲乘胜追击，反扑土城。京城百姓纷纷联合作战，站于屋顶，以墙砖利瓦攻击敌军，个个勇往直前，喊杀震天，瓦剌军被此举震憾，竟不敢前进。这时正好黄竑、毛福寿、高礼率军增援。瓦剌军仓皇而逃。第二次会战，明军胜利。

瓦剌军在北京城外，先是玩弄"迎驾"，诡计不成，后经五天激战，屡战屡败，死伤很多，士气低落。加上山西、京城内百姓自发组织的民间抵抗组织，有力反击瓦剌军沿途的烧杀抢掠。明军兵部侍郎罗通抄袭围剿瓦剌军，阻击了五万余人的瓦剌军攻击居庸关的阴谋，瓦剌军一连七个昼夜攻打均告失败。

十一月一日，瓦剌军夜间拔营潜逃，也先挟英宗先行。于谦侦知，立刻令石亨连发大炮，轰击敌营，瓦剌军死者万余。也先等向良乡方面退去。撤退中，烧了昌平明朝皇陵的享殿祭器，又抢掠州县。当地民众联合阻击，广平县的王伟带领民兵巧妙守城，坚决抵抗，后被于谦晋升为兵部侍郎。

于谦又派孙镗、范广领兵二万追剿瓦剌游寇。到十一月二十三日，瓦剌军退出塞外，京师宣布解严。

北京保卫战的胜利，把明朝从败亡的边沿上挽救了回来。事后，景帝论功行赏，加于谦少保，总督军务，仍掌兵部尚书职。于谦辞让说："四郊多垒，卿大夫之耻也，敢邀功赏哉！"北京保卫战中明军虽使瓦剌军大败并迫其出关，国内局势稍微稳定，但如果要想恢复国家实力，还需要各方面努力。于谦鉴于这点，开始着力建设北部边防，整顿边关军队，并下令不能放松警惕，坚持到底，并亲自用计擒杀了叛将奄喜宁、内奸小田儿，为全军上下作出了表率。

也先在北京城下受挫后，又多次派兵骚扰明朝的边境，均未得逞。眼看武力并不能使明朝屈服，英宗变成了空质，战争状态又使蒙古失去了以朝贡和互市的方式从明朝获取大量生活必需品和赏赐的机会，也先便决定与明朝讲和，送还英宗。

也先要送还太上皇，明大臣们很高兴，议遣使迎归。但景帝面有忧虑之意，对群臣说："当时朕被卿等拥戴为帝，实出于无奈，如今太上皇真被送回，朕该如何是好呢？"于谦劝道："这片天下已属于陛下您了，'如何是好'该怎么讲。臣等的意思是，迎回太上皇，自然可以检验也先的诚意，如其中有诈，按现在的情形，我们仍可以掌握主动权。"景帝听了他的话，才恢复了笑容，说："从汝，从汝。"先后派礼部右侍郎李实、右都御史杨善充当使者前去迎接英宗南归。景泰元年（1450年）九月一日，英宗当了一年的俘虏后，终于回到北京，在南宫（在今劳动人民文化宫东面外交学会院内）做起了幽居的太上皇。

5.义军烽火

景泰元年（1450年）三月，广东南海农民黄萧养发动起义。五月，黄萧养中流矢牺牲。这一时期的起义烽火被明朝统治者扑灭了。

（1）官逼民反

在明初社会经济恢复和发展过程中，一些社会问题和矛盾都表现出来。洪武时，太祖频频颁诏，以鼓励农民开垦荒地，随着田地不断开垦，富民兼并田地的现象也发生了。到洪武末年，据户部奏报，浙江等九布政司和直隶府州占田七顷以上的富民就有14000余户。到了明朝中期，土地兼并的现象更加严重，"而为民厉者，莫如皇庄及诸王、勋戚、中官庄田为甚"。因为土地的集中以及徭役、地租的沉重，农民破产失业，社会矛盾也因之尖锐起来。

在明朝中期大约一百多年间，农民起义接踵而至，起伏不断。不仅起义的次数多，遍及各地，而且往往是一个高潮平息不久，又有新的高潮到来，高潮之间间隔也很短，其中以正统、成化、正德时期最为严重。

明初货币使用钱钞，禁止用银。英宗时始解除用银之禁，大宗交换，均用银计值。明代官府垄断了银矿业，英宗即位后，多次申令禁止民间开挖，并划定封禁山区，派重兵驻守。福建、浙江、江西三省交界处的仙霞岭，即是禁区之一。但受生活驱迫的人民，仍冒险进山"盗矿"，官府派兵围剿，激起矿工的强烈反抗。

正统七年（1442年），浙江庆元人叶宗留与王能、郑祥四、苍大头等集合上千人，进入仙霞岭山区开采银矿，遭到官府的禁止，于是在正统十年（1445年）举行起义，进攻江西永丰。明廷调南昌前卫，广、铅二所官军及六县民壮前去镇压，被起义矿工打得大败。永丰知县邓容入山招抚，王能等35人投降，充做"快手"，助官军镇压起义者，杀害了郑祥四、苍大头等三百余人。叶宗留率领余下的一些人逃窜到处州、云和、政和等地，继续开采银矿，聚众至数百人。正统十二年（1447年）九月叶宗留等人再次起义，他们攻占政和县城，又回到庆元，募召一千多人，在江西、浙江、福建三省的交界地带进行活动。于是势力发展很快，竟然达到数万人，并派兵进占三省交通要道车盘岭，以致"行旅断绝"，官府无可奈何。

正统十三年（1448年）四月明廷命御史张楷监军，以都督刘得新、陈荣任总兵、副总兵分别率兵经江西、浙江去福建镇压福建农民起义。十一月，张楷、陈荣大军到达广信和叶宗留起义军遭遇，双方展开激烈的战斗。叶宗留身先士卒，在激战中被箭射死。部众由叶希八率领，继续与明军作战，起义军伏兵玉山（江西今县）十二都，大败明军，明都督陈荣、指挥戴礼战败而死，起义军的名声大振。张楷得知刘得新已率江西兵到福建建宁，于是领兵前往福建。浙江起义军发展到数万人。正统十四年（1449年），由陈鉴胡率领的一支起义军，曾攻破浙江的龙泉、松阳等地方，封自己为太平国王。过了不长时间，由于官府的诱降，陈鉴胡被押到京师处于死刑。叶希八所率的起义军入据云和山中，出兵围攻处州。分兵江西广信、永丰等地，永丰知县邓颙被杀。明张楷军镇压福建起义后，由闽入浙，张楷以老母家属为誓招降起义军，叶希八与陶得二等首领向朝廷投降，张楷接受了他们的归降，令归乡复业。陶得二回山后于景泰元年（1450年）再次聚众进攻武义。张楷再遣使招降。陶得二出来投降，起义军于是解散，张楷班师回朝。

（2）邓茂七起义

正统十三年（1448年）二月，福建佃农邓茂七在沙县率领群众暴动。邓茂七原为江西建昌人佃农出身，初名邓云，后至福建宁化，改名茂七。福建的地主除了向佃户征取田租外，还强迫佃户逢年过节时向地主交纳鸡鸭等"冬牲"。福建御史柳华整顿乡里组织，将各乡编组，设置了总甲、小甲而统一管理。邓茂七担任总甲。于是他以总甲的名义，让农民不要向地主送"祭牲"和"租谷"，地主告到县衙，县里派出巡检来捕，邓茂七杀了弓兵聚众起义。知县率三百名军兵前来镇压，邓茂七起义取得了胜利，并杀了巡检和知县。附近州县人民积极响应，不数日，众至数万人。起义的人围攻上杭、汀州、光泽，顺流向下到达邵武、顺昌，后又攻占了二十多个县城。此时，尤溪炉主蒋福成号召"炉丁"和村里的贫民起义，人数达到上万人，于是攻占了尤溪县城。后来他们和邓茂七起义军会合，沙县被占领，并在这里建立农民政权，邓茂七自号"铲平王"。

邓茂七起义后，"东南大震"。明廷即命都御史张楷监军，以都督刘得新、陈荣任总兵、副总兵前去镇压，行军至浙江途中，叶希八率领的浙江起义军相遇。两支起义军互相支援，相互照应，使明军两面应战。邓茂七还在福建积极向外发展势力，分遣别将由德化、永春、安溪进攻泉州，邓茂七率部攻打建宁。在数月之间，起义军几乎席卷了八闽之地。起义的人也增加到八十多万人。

闽浙农民起义军势力的不断发展，使朝廷非常害怕，于是正统十四年（1449年）正月，明朝增派宁阳侯陈懋为征南将军兼总兵，保定伯梁瑶、平定伯陈豫为左右副总兵，刑部尚书金濂总督军务，太监曹吉祥监军，率领京营、江西以及浙江各处军队进行镇压。二月，邓茂七亲自率兵进攻延平郡城，没想到中了官军的埋伏，明军即刻合力攻打，农民军惨败，在作战中，邓茂七中箭身亡，他的侄儿邓伯孙及他的妻子廖氏率残余部队继续抵抗，但最终因战败被杀。转战于浙江境内的叶希八在朝廷的压力下投降。

（3）黄萧养起义

在叶宗留、邓茂七起义的同时，广东发生了黄萧养领导的各族人民起义。广东沿海和山区人民经常起来反抗地主的压榨，官府把这些人都称为"山海盗"。广州府南海县冲鹤堡农民黄萧养与数百名"山海盗"都被官府以"盗贼"的罪名关押在广州狱中。黄萧养等贿赂狱吏得以联系上狱外的同伴，把刀斧等武器秘密运进监狱。正统十三年（1448年）九月，黄萧养拿着武器从狱中逃跑，并且攻入兵械局夺取兵器，进行起义。当地各族人民踊跃前来参加，一月之间起义群众就发展到一万多人。第二年六月，起义军分水陆两路进攻广州城：陆路从城西方向进攻广州，制云梯、吕公车冲城；水路，在珠江上列舟数百艘进攻广州的南门。明朝镇守广东的安乡伯张安率领水军镇压，起义军在戙船澳与其展开激战，对其紧追不舍，直到官兵败退到沙角尾，在那里明军惨遭失败。安乡伯张安掉入水中被淹死。都指挥王清、高州率舟师赴援，到了广州沙角尾的时候，船在浅水中行进。起义军装扮成逃难的平民，乘着小舟，载着柴薪及鱼盐等物，迎面划去。王清问他们萧养所在，埋伏在柴薪里的士兵，跳上王清的坐船，尽杀明军，活捉王清。广州城里明军不敢出战，据说登城见起义军"刃矢森发"，"相顾涕泣而已"（《羊城古钞》卷四）。起义军迅速发展至18万人。黄萧养自称东阳王，把五羊驿作为行宫，起义军中被授官的有一百多人。

起义军的迅速发展，绝非偶然。广东富饶，而地处边远，地方官员多贪污勒索，人民不堪他们的侵扰和沿海地主豪强的剥削敲榨。失去土地的农民被逼无奈只好去开垦滨海地区冲积而成的浮生土地沙田，以规避租税。豪强地主雇用"巨猾"（大流氓）为"沙头"，去强占农民已经垦熟的沙田，称为"占沙"（屈大均《广东新语》卷二）。顺德、香山、新会等地的豪强，还在沙田的农民进行收割的时候带着打手，拿着兵器，乘着大船前往当地进行抢夺，这就是所谓的"抢割"。广大沿海农民遭受欺压，走投无路，黄萧养发动起义后，当地百姓便纷纷前来参加起义。

为了镇压这支起义军，明朝调动了两广和江西数省的军队前往。景泰元年（1450年）二月，黄萧养在大洲之战中不幸中箭身亡，他的部下有的被剿灭，有的被安抚，一万名将士遭到屠杀。余部坚持斗争到成化年间才被镇压下去。

6.夺门悲剧

景泰八年（1457年）正月，朱祁镇发动"夺门之变"，重登皇位。同月，一代名臣于谦冤死。

（1）石亨恩将仇报

英宗被幽禁在南宫，做着太上皇，但他的儿子仍然是皇太子。然而，明朝早已不是禅让的上古之世，景帝也只是个凡夫俗子。他的儿子当然应该是太子，这种想法一直占据着他的心灵。于是投机者看到了这个好机会。景泰二年（1451年），指挥金事黄竑杀害他的庶弟广西思明府致仕知府黄㻞一家四口，被官府追捕，他灵机一动，派人到北京叩阙奏上《永固国本疏》，首先提出更换太子的建议。景帝看到这一奏疏，惊叹"万里之外乃有此忠臣"，于是赦免了他的死罪，并且给他加官晋爵，让他来到北京居住。接着，景泰三年（1452年）五月二十日，景帝册立皇妃杭氏为皇后、长子朱见济为皇太子，同时废皇后汪氏，改封原皇太子为沂王。但朱见济被立一年零七个月就死了，景帝赐给他"怀献"之名。从此，皇权中就有一些不安稳的因素，那些敏感的官员，像礼部郎中章纶、御史钟同等人，都上奏提议复立沂王。景帝当时不过27岁，妃子又众多，当然不想把皇位的继承拱手让给其他人，对章纶诸人的奏议也就大动肝火，把上奏人统统投进监狱。不过，景帝不是宋高宗，他不会让皇兄死在他乡，因顾念兄弟之情，所以对英宗父子实在下不了毒手。因此，皇位继承人始终是个问题。

于谦更不同秦桧，他是一个典型的以国家、人民与道义为己任的儒者。在皇位继承人的问题上，他不同意皇帝的意见。他先是以辞兼官双俸的婉转方式表示了对易太子的赞成。怀献太子死后，于谦极力主张再立沂王。从此，景帝对他也不像以往那样信任。景泰三年（1452年）易太子后，景帝就将他的亲信旧臣曾任郕王府长史的南京礼部尚书仪铭调为兵部尚书，名义上是协助他处理事务，实际是监督他。

于谦为人正直，做事不避嫌怨，只为国计，因此得罪了不少人。在他得罪的人中，石亨、徐有贞就是靠踩着他的尸骨爬上了权力的巅峰。

石亨本是于谦荐拔的将领。北京保卫战胜利后，石亨得封世袭武清侯，而功勋高的于谦仅得加衔少保。石亨心中有愧，又觉得于谦这样做不利于他冒功安排亲朋好友，便上疏请授给于谦之子于冕一个官职。但是于谦并没有感谢之意，而且还痛斥道："国家多事，臣子又不得顾私恩。且亨为大将，不闻举一幽隐，拔一行伍微贱，以裨军国，而独荐臣子，于公议乎？臣于军功，力杜侥幸，决不敢以子滥功。"对于于谦的批评，石亨不感愧疚，反而痛恨起于谦来，与此同时，石亨掌管京中军务，想要大做文章，由于于谦而不能进行，因此更加痛恨于谦。都督张轨、太监曹吉祥等也都痛恨于谦。群小很快勾结在一起，日夜筹谋算计于谦。徐有贞原名珵，本是一个投机家。正统十四年（1449年）倡议南迁受阻，因此多年没升官。他于是借机开始攀附达官贵人。徐有贞送给大学士陈循一条玉带，陈循就到于谦面前替他求官国子监祭酒。于谦觉得徐有贞还算是个人才，对他倡议南迁之事没放在心上，于是在景帝面前举荐他。当时徐有贞仍名珵。景帝对于谦说："徐珵倡议南迁，尽管有些才气，但心术不正，让他做祭酒，恐怕要把后生秀才都教坏了。"于谦磕头谢恩。徐有贞看事没成，以为是于谦做了手脚，因此怀恨在心。事后，陈循劝他改名为有贞，将以前的不光彩事抹掉。

（2）英宗复位，于谦遇害

于谦不阿君，不树党，又不避嫌怨，得罪了不少人，连他的亲信部下都十分害怕与他有关系而遭到怨恨。兵部右侍郎王伟在二年内由七品小官直升为从二品的大臣，是于谦一手提拔，却上疏密奏控告于谦的过失，以此来与于谦脱离关系。

对于潜在的危险，于谦有所认识，但他敢于承担由这些风险可能造成的损害。他并不畏惧死，只要能够"上以黼黻皇猷，下以润泽生民"，"生有益于时，死有闻于后"，生与死，又能怎样？

无奈景帝在生育上不如皇兄成功。他十分着急，整天沉湎于女色，龙体越来越坏了。景泰八年（1457年）正月间的大祀天地典礼，景帝已无力去主持，便委托给武清侯石亨。石亨接受皇命后，猜测皇帝将会一命呜呼，心中十分高兴，在典礼完成之后，便与人商量发动政变，让英宗登基。

于谦也即时得知了景帝的病情，但没想去投机。他与大臣们请求复立沂王，这样既不使皇帝伤心，又可顾及政治稳定。但是，景帝像所有的帝王一样，专注于皇权，至死不放手。于谦知道石亨等人的阴谋，以他的地位与权力，只要稍加部署，就足以粉碎这场阴谋，但是，于谦没有这样做。因为这样做，其中一主必死，不符君臣之道，如果英宗死，景帝也会死，那么皇位继承人又是大问题。景帝没有后嗣，按立嫡立长的法则，必定由英宗的儿子继位，这样，于谦与嗣君在政治上必然势不两立。所以，对石亨等人的阴谋，于谦采取了听之任之的态度。

景泰八年（1457年）二月十一日，石亨、徐有贞等人发动政变，拥立英宗复辟帝位，于朝班中逮捕王文、于谦等人。十三日，廷审，诬陷于谦、王文图谋迎立襄王。王文严辞驳斥说："召亲王必须有金牌信符，遣人必须有脚力马牌，事关内府、兵都车驾司，可以查验！"

于谦笑道："辩也死，不辩也死。朝廷赦得我，石亨诸人同意么？辩有何益！"

王文的辩词上奏后，锦衣卫逮捕车驾司主事沈敬并审讯了他，沈敬招认，实缺襄王府金印。印绶、尚宝两监太监知道后马上检阅各王府金符，只缺少襄王府的。于是，王文、于谦被议罪为"谋逆"，凌迟处死，家产全部没收。

议上，英宗犹豫说："于谦实有功。"徐有贞说："不杀于谦，此举为无名。"议遂决。景泰八年（1457年）二月十六日，于谦遇害，终年60岁。

英宗派人查抄于谦的家财，只见家徒四壁，唯有正室门锁牢固。打开一看，只是些景帝所赐的剑器、袍服与玺书。

孙太后在于谦被杀后，在宫中找到了沾满尘土的襄王府金符、金印。原来正统十四年（1449年）英宗被俘后，孙太后想召曲宗的亲叔襄王朱瞻墡为帝，襄王是仁宗的第五子，宣宗的胞弟，在宗室亲王中，年龄最长，十分贤德。后来考虑到英宗既有儿子在，又有成年的皇弟郕王，襄王又上书辞让，事情也就到此为止，而金印、金符也留在宫中没有送回。英宗见了金印、金符，又到宫中翻查档案，查到了襄王的上书，心中很是后悔，但又不能表露出来，于谦的平反，只能留给儿子了。

成化二年（1466年），明宪宗给于谦彻底平反昭雪，恢复了他的官号，于谦的儿子于冕被释放回来，改官兵部员外郎，后升至应天府尹。明孝宗于弘治二年（1489年），为于谦赐谥"肃愍"，敕建祠于其墓前，称"旌功"，由杭州府岁时致祭。万历十八年（1590年），明神宗为于谦改谥"忠肃"。

7.景帝之死

明天顺元年（1457年）二月十七日，被废为郕王的景帝去世，年仅30岁。

（1）景帝盼子

景帝想尽办法，好不容易将自己的儿子弄到未来皇帝的位置上，指望天子的宝位从此能够在自己的血胤中流传百世，但没有想到，朱见济命不好，只做了一年太子，忽然得了奇疾，于景泰四年（1453年）的十一月死掉了。景帝十分悲伤，将他埋葬在西山，谥号为"怀献"。景帝又没有第二个儿子可立，于是皇位的继承人又成了问题。景帝当初废朱见深立朱见济为太子，废汪氏立杭氏为皇后，很多人对此不满，只是当时正直的大臣们害怕皇权的威力，为了政治的稳定才不敢对景帝公开提出批评。太子的去世，那些忠于王朝、遵守儒家伦理信条的直言之士开始申明自己的想法。怀献太子去世后的一天早晨，大臣们都在等待皇帝临朝，御使钟同遇见礼部郎中章纶，两人谈到沂王朱见深，十分悲伤，不禁泪如雨下。他们相约上疏，希望重立沂王朱见深为皇太子。景泰五年（1454年）五月，钟同上疏论时政，他的奏疏说：

"父亲拥有天下，固然应当传之于子。但是太子已经薨逝，足知天命所在。如今皇储未立，国本犹虚。臣窃以为，上皇之子，即陛下之子。沂王天性忠厚，足令宗社有托。伏望扩天地之量，敦友于之仁，择日具仪，复还储位，实祖宗无疆之休，臣无任待命之至。"

景帝看完奏疏之后心里十分不高兴，勉强发交礼部，令他们议奏。礼部尚书胡濙等人窥知景帝的意旨，估计原奏很难被批准，于是提出缓议，敷衍了事。过了两天，章纶按照与钟同的原约，因月朔日食，进呈修德弭灾十四事，数千言中其中一条为："孝悌者百行之本，愿陛下退朝以后，朝谒两宫皇太后，修问安视膳之仪。上皇君临天下十四年，是天子之父。陛下亲受册封，是上皇之臣。上皇传位于陛下，是以天下相让。陛下奉其为太上皇，是天下之至尊。陛下宜率群臣，于每月朔望，以及岁时节旦，前往延安门朝见，以尽尊崇之道，而又复太后于中宫，以正天下之母仪，复皇储于东宫，以定天下之大本，则孝悌悉敦，和亲康乐，治天下不难。"

景帝见到此疏，不禁大怒。当时天已经很晚了，宫门也早已关上。景帝只得从门缝中下令，命令锦衣卫立刻将章纶逮捕入狱。又于第二天逮捕了钟同，命令刑部调查何人主使。章纶、钟同二人饱尝了锦衣卫的各种刑罚，始终没有说出主使者以及与南宫交通的事情。刑部说他们抵赖，肆意拷打，一连逼供三日，他们拒不改供，拒绝牵连任何人。这时天气突变，刚才还是晴空万里，现在却是沙尘满天，伸手不见五指。景帝立刻下令将他们囚禁在狱中，暂停刑讯，唯恐这是老天对他的惩罚。景帝又于同年七月收到南京太常寺少卿廖庄的奏章，奏章中劝景帝善待太上皇储子，拜见太上皇。景帝阅后，漠然置之。次年八月，廖庄因为母丧赴京师关取勘合，在东角门朝见景帝。景帝想起了他以前的奏章，勃然大怒，将他棍打八十，贬他为定羌驿丞。又在内侍的唆使之下，认钟同、章纶是主谋复储之人，命令法司将二人各打一百杖。钟同不堪酷刑，死于杖下。章纶侥幸未死，被继续关在狱中。

景帝不再立太子，自然有他的想法。景帝自恃年轻，后妃又多，相信很快就会生出继承人来。为了早日得子，他整日流连于后宫。钟同的疏中有"无徇于声色，无甘于游戏"之语，章纶的疏中则提得更为明确，第一条就是"养圣躬"，说是"养圣躬""莫切于远声色也"。他向景帝建议："于深宫之内远美色，退声乐，以保养圣躬。"

群臣无法理解景帝的苦衷，认为他过于沉溺于美色。

当时江南有个土娼叫李惜儿，貌美如花，历尽千辛万苦，来到了京城，立刻就成为京城放浪子弟追求的目标。不久，景帝也听说了她的大名，将她召入宫中。在景帝的恩宠下，她恃宠而骄，竟然在两三年内与景帝数次反目。景帝终于按捺不住心中的怒火，将其逐出宫外。景帝不满宫中的嫔妃，下令采选秀女。有一位父亲姓唐的佳丽，深得皇帝宠幸，被封为唐妃。过了半年又晋封为贵妃。景帝每次游西苑，都让贵妃乘马相随。有一次乘马游玩的过程中，贵妃险些坠马受伤。景帝大怒，将马夫狠狠地打了一顿，并命中官挑选好马，严加训练，随时待命。又增建御花房，罗致各种奇葩名贵，以便游玩观赏。风流天子，绰约佳人，两相承欢，朝夕相处，景帝沉迷于温柔乡中。时光飞逝，一晃已到了景泰七年（1456年），皇后杭氏竟在元宵节患上了风寒，病势日重，到晚春死去。景帝异常悲伤。

景帝虽然整天沉湎于女色之中，但他忙得不得法，加之当时也无人加以指导，结果是欲速不达，始终也没有得到龙子。

（2）凄然死去

英宗复位这天早上，景帝正卧病在斋宫，炉香将要烧尽的时候，他在似梦似醒之间，忽然听到宫殿上传来钟鼓声响，大惊失色，忙问身前的内侍："莫非是于谦不成？"

内侍们都没有回答。不一会儿，跑进来一个内监，上气不接下气地说："上皇已经登上奉天殿啦！"景帝听到这个消息以后，连声说好。还未说完，就大喘粗气，面向墙躺下。他这几天一直和疾病作斗争，感到自己已经力不从心了。他的内心也因继承人的问题而备受煎熬，已经没有与他血脉相连的继承人可供他选择了。他想起了自己曾经亲手废掉的太子侄儿朱见深，想起了朱祁镇——这个至今还在南宫过着囚徒生活的太上皇哥哥，心中十分内疚。他没想到哥哥却先下了手，心里说道："反正天下早晚是你们父子的，现在再也不用我操心了。"

英宗于景泰八年（1457年）二月十五日，颁布复位诏书，向天下宣称改景泰八年（1457年）为天顺元年，并派勋旧、驸马昭告太庙和列祖列宗的陵寝。

复位诏书原本由内阁学士集体起草，起草完毕后众学士依次签名，唯有徐有贞不肯。英宗问他原因，他便说出了自己写诏书的一番主张，于是英宗命令他重新起草。

宣诏那天，徐有贞不顾英宗催促，摆出一副傲慢的姿态，不急不慢地上厕所去了。经过再三催促，他才到场。英宗对徐有贞起草的稿本还比较满意，决定将其公开宣布。这份诏书大大贬斥了景帝一番，说他攘夺帝位，以此来表明朱祁镇复位的合理性，诸臣夺门是有功的。到了二月初一日，求太后又发布了废景帝为郕王的制谕，制谕再进一步否定了景帝。制谕说：（祁钰）败坏纲常，变乱彝典，恣肆淫酗，信任奸臣，毁奉天傍殿，建宫以居妖妓，便殿受戒以礼明僧，滥赏妄费而无经，贪征暴饮而无艺，府藏空虚，海内穷困，不孝不悌，不仁不义，秽德彰闻，神人共怒。上天震威，屡垂明象，祁钰仍不知省，拒谏饰非，造罪愈甚，既绝其子，又殃其身。

制谕宣布按照汉昌邑王的先例，仍让祁钰为郕王。正统年间的统治被制谕说成是"敬天勤民，无怠无荒"，英宗于正统十四年（1449年）的亲征也被说成是宗社天下，而丧师被俘则是因为"兵将失律"。

景帝被削了帝号，生母吴太后复号宣庙贤妃，废后汪氏仍为郕王妃，孝肃皇后杭氏谥号被削，怀献太子改为怀献世子。汤序这位由曹吉祥保荐，从钦天监正升为礼部右侍郎的官员则向英宗建议去掉景泰年号，没有得到英宗的批准。景帝的病情曾一度好转，但最终于二月十九日去世，终年30岁，赐谥为"戾"。襄王朱瞻墡奏请将他的寿陵毁掉，以亲王之礼葬于西山，并派二百户中卫军守护。

景帝死，英宗命郕王嫔妃殉葬，唐妃当即自尽。久居冷宫的汪后也接到殉葬的命令，侍郎李贤说："汪妃已久居冷宫，且还有两个年幼的女儿，实在可怜，就请陛下网开一面。"

皇子朱见深，这时已经10岁，也懂得一些世事，便向英宗陈述汪后被废，是由谏阻易储的事引起，英宗便下令免其殉葬。朱见深不久被立为太子，他奏请英宗，让汪妃带其私蓄，迁到宫外旧邸。英宗记起少年时时常佩带在腰间的玉玲珑，自己十分喜爱，却总是找不着，当下便问太监刘桓，刘桓告诉英宗曾经被景帝取去，想必是由汪妃收藏着。于是英宗派人去向汪妃索取。汪妃一直说没有，始终不肯交出。别人劝她，她就气愤地说："虽然故帝被废，但终究是天子，难道还消受不起这一件玉器吗？它已经被我投到井里去了。"

英宗因此衔恨。后来有人说汪妃出宫时携带了很多东西，英宗便下令锦衣卫前去搜查，得银二十万两。结果汪妃被弄得一无所有。好在太子朱见深念往日交情，时常接济。另外和她素来交往甚密的太子的生母周妃也经常请她入宫，她才得以安度余生。汪妃终于在正德元年（1506年）寿终于旧邸。死后追谥为景皇后，与景帝合葬。

到成化十一年（1475年）十二月，宪宗朱见深下诏恢复景帝的帝号，谥为"恭仁康定景皇帝"，并命有司修缮陵寝，祭礼与诸帝相同。中国古代朝廷对一位君主或大臣的评价大多记于谥号中。"戾"意为"知过不改"，而"景"的意思则是"耆意大图、布义行刚"。宪宗在制书中说：朕叔郕王践阼，戡难保邦，奠安宗社，殆将八载。弥留之际，奸臣贪功，妄兴谗言，请削帝号。先帝旋知其枉，每用悔情，以次抵诸奸于法，不幸上宾，未及举正。朕敦念亲亲，用成先志，可仍皇帝之号，其议谥以闻。

宪宗的制书肯定了景帝的功绩。帝号的恢复，也表明明廷承认了景帝在位的八年为明朝所作的贡献。

8.曹石之变

明天顺五年（1461年）七月七日，曹吉祥看到石亨事败，内心惶恐不安，于是决定发动政变，夺取政权，结果落了个被诛灭全家的命运。

帮助英宗复辟的主要人物都得到了封赏。石亨晋封为忠国公；曹吉祥则擢为司礼太监，总督三大营；张𫐄封为太平侯；其兄张𫐄为文安侯；杨善封为兴济伯；徐有贞已于夺门之变的当天入阁，第二天晋为兵部尚书，加封武功伯；户部侍郎陈汝言，依附石亨、曹吉祥谋夺门，晋为兵部尚书。英宗朱祁镇对徐有贞的才干赞赏有加，对其十分重视。而徐有贞则利用英宗的宠信，独揽内阁大权，把原阁臣一个个排挤走，甚至连曾经帮助过他的陈循也不放过。这些复辟派就这样争权夺利，矛盾渐深。徐有贞感到曹吉祥和石亨招权纳贿的劣迹太露骨，一方面想有别于曹、石，以取得朝臣们的好感，另一方面想压制一下曹、石的势力。曹吉祥、石亨于天顺元年（1457年）被御史杨瑄、杨鹏、周斌等上章弹劾强夺民田、冒功滥职等罪。英宗询问徐有贞，徐与杨瑄等人的说辞一致。这时曹吉祥、石亨预感"内阁专权，欲除我辈"的压力，于是曹、石联手对付徐有贞。他们使用离间之计，使朱祁镇不再信任徐有贞，又唆使言官弹劾徐有贞和李贤。很快两人便被送入大狱。徐有贞被谪戍，当他被释放回原籍苏州时已是天顺四年了。曹吉祥和石亨在这次与内阁的斗争中以胜利而告终。从此，他们就更加肆无忌惮地专权乱政，终于酿成"曹石之变"。

石亨在夺门之变中获利最大，不但他本人加官晋爵，他的侄儿、弟侄等亲属均受益匪浅。石亨并不满足，他继续排斥异己，并培植自己的党羽。他每每带几个爪牙到英宗面前，推荐他们有复立之功，英宗就按石亨的要求授与官职。他公开卖官，大收贿赂。他与石彪叔侄两人养了数万名猛士。石亨仗着财大势大，横行朝野，不放过任何一个检举他的官员。御史杨瑄曾因他侵夺民田而弹劾他，结果被谪戍。他屡兴大狱，陷害弹劾他的言官。朝中官员多数惧其权势，不敢得罪。石亨在皇城中建筑豪华府第300余间。一次英宗登上翔凤楼，遥指石亨府第问身边官员说："这是谁家之宅？如此宏丽。"大家都不敢言明。英宗叹曰："石亨势大，竟无人敢说。"其实英宗与石亨、曹吉祥也有矛盾，他二人的胡作非为，也使英宗难堪，于是他听从李贤的劝告，开始远离石亨，石亨察觉后便阴谋造反。他私下对家中豢养的将士说："陈桥兵变，史不称其篡。你们若能助我成功，我现在的地位就是你们将来的地位。"石亨察看大同和紫荆关之间的地形后，对他的党羽说："我们对大同士卒的待遇素来丰厚，可以依靠他们。紫荆关位置重要，把握住它，京师如囊中之物。"

英宗逐渐感到石亨、石彪握内外兵权的威胁，于天顺三年（1459年）七月召石彪回京，他不从命，令英宗大怒，命他疾速回京。石彪返京后，被下锦衣卫大狱，后被斩首。

朝官又纷纷上章弹劾石亨，于是英宗"罢石亨闲住"。石亨密谋之事也被告发，于天顺四年（1460年）二月死于狱中。

曹吉祥看到石亨、石彪的结局，心中不免惧怕。他与石亨并行朝野，势力相当。他的亲属也都被封官加爵。曹钦还被封为昭武伯。这也是明朝宦官子弟封爵的开始。曹吉祥门下伺养的无赖冒功当官的多至上千人，朝中也有一批官僚竞相投到他的门下。曹吉祥门下原来就豢养着一批投降过来的蒙古族军官和士兵，其权势与石亨相当，朝野并称为"曹石"。

石亨事发后，因之而被罢黜的达四千余人。这些人受到曹吉祥的庇护，对他感恩戴德。曹吉祥担心日后自己的地位，决定密谋造反。其手下依靠他的庇护，又得了他许多好处，因而都愿意为他卖命。一天，曹钦问他的门阁冯益："自古有宦官子弟为天子的吗？"冯益回答说："君家魏武（即曹操）就是。"曹钦一心想当皇帝，以为自己是曹操第二，心中欢喜异常。不久，曹吉祥与曹钦密谋之事被英宗获知，开始派锦衣卫暗中监视。曹钦于是对他的死党说："事关生死，如果我们不速战速决，会得到石彪那样的下场。"并与曹吉祥决定七月二日黎明前举事，由曹钦自外拥兵入宫废帝，曹吉祥以禁兵为内应。一切都准备就序，就等吉时的来临。没想到达官都指挥马亮胆小，怕事情败露牵连自己，悄悄溜走，到朝中汇报。

马亮到朝房把曹钦谋反的情况告诉吴瑾，吴瑾又告诉了孙镗，于是二人便草成奏疏报告英宗。英宗立即逮捕了曹吉祥，并下令封锁北京城。曹钦发现马亮溜走后，便立即逃走，但出不了城门，遂杀死、砍伤几位大臣，纵火烧了东西长安门。这时孙镗急遣其子召西征军二千人攻击曹钦，工部尚书赵荣亦率数百人来助战。天将黎明，曹钦的党徒渐渐散去，城门尽闭，曹钦冲突不出，走投无路，奔回家中拒战。孙镗带领军队冲入曹家，曹钦投井自杀，其他曹家子弟均被杀死。三日后曹吉祥被凌迟处死。这就是历史上有名的"曹石之变"。

英宗复辟、曹石之变使朝政日渐腐败，国力也逐渐衰弱，成为明朝衰落的一个标志。

9.英宗之死

明天顺八年（1464年）正月，卧病在床很久的英宗去世，太子朱见深即位，是为宪宗。

（1）逯杲残忍

英宗复辟之后，为了巩固政权，避免大臣结党，他利用祖宗留下的锦衣卫为耳目了解外面的情况，所依靠的特务头子就是门达和逯杲。

天顺初年，门达以参与"夺门"功，晋官指挥同知，不久又升为指挥使，专理镇抚司刑狱。最初，门达在千户谢通的影响下，平反了多起重狱，朝臣齐称颂门达贤德。但是刚刚复位的英宗需要的是得力的助手，因此，对门达并不中意。而性格凶猛的校尉逯杲便成了英宗的心腹，被升为指挥金事。他善于迎合英宗的旨意，敢于抨击各类为英宗所不喜欢的大小官员，所以深得英宗的信任，特别因为揭发石亨有功，英宗对他更加倚重。而这时，门达也已变得与逯杲差不多了。逯杲与门达在英宗下诏革"夺门"功时上书自陈："皇上对臣等的恩惠，才使臣等累次升职，并非攀缘石亨而进。"他们得到了英宗的优待。逯杲经常自我锻炼，自我办案，查到一点线索就移交门达处，只要被查到的人其身家性命不保。以至各级官员对校尉无不畏惧，为了避免灾祸上身，大家都贿赂他。校尉们吃饱了，喝足了，私囊装满了，各种恶欲发泄够了，便将那些不肯掏腰包者捉拿以塞责。天顺四年（1460年），各地官员进京朝觐，英宗趁机整治朝政，下旨让门达和逯杲暗中察访，结果整治了许多官员。在京城各处居住的校尉则到处胡作非为。由于校尉如此猖狂，所以民间多有人冒称校尉，纵横往来，诈取财物。

英宗则故意放纵校尉的行为。天顺四年（1460年），有缉事校尉奏报说临川王与四尼姑通奸，门达奉命讯问此事。临川王费了很大周折，花了不少钱，求人打通了门达等人的关节，于是门达上奏说："临川王实无与尼姑通奸之事。"

英宗与李贤有一次讨论到这件事，就说："其实校尉大都冤枉人，就像这件事，门达也说并无此事。我听说，这些事都是校尉们说了算，法司们只能在一旁叹息，只有门达能够识别真情。"

李贤说："先前行事者挟仇害人，事情虚渺者，治以重罪。"

英宗说："如果这样办理，他们今后就可能不用心访察。还是让镇抚为他们辩白吧。"李贤听后，不知道说什么好。

天顺四年（1460年）十二月，弋阳王被缉事校尉诬告淫乱其母，逯杲奏闻英宗，英宗以为应当予以严惩。英宗说："弋阳王此等淫乱之事，天下绝无仅有，发生在宗室之中更是奇耻。"

一个月以后，弋阳王的两个哥哥上奏说："俱无确切所见。"英宗认为他们的奏报似有隐瞒，警告他们说："日后败露，难辞其咎。"

右副使李广、驸马都尉薛桓及逯杲也都奉旨一起前往，并无发现任何证据，三人只好说并无此事。英宗终于感到校尉害人不浅，就对李贤："我怎么会看到在宗室中发生这种事。逯杲口径不一，看来以往确实冤枉了很多人。"

李贤说："诚如圣谕。法司明知其枉，但畏惧此辈，不敢辩理。如果皇上下旨给法司，不许他们畏势避嫌，让他们明辨案情，应该更加妥当。"

于是，英宗召法司官敕谕道："必须要认真审理案件，明辨是非，不许畏势避嫌疑，致人冤枉！"英宗将臣民的反应对李贤得意地述说了一遍，李贤乘机美言道："陛下能如此明见，是我朝百姓之福泽。"英宗并不信任法司，只把逯杲当心腹，他的前后不一致，令英宗大为恼怒，于是召见他，严词怒责："为何前后不一致？"

逯杲怕受牵连，坚持说弋阳王确有此事。英宗大怒，于是就将他母子二人赐死。

为了不使他们脏秽的身体玷污了大地的清洁，英宗又下令将弋阳王母子的尸体焚化。谁想尸体刚刚抬到外面，天空就雷声大作，紧接着下起了大雨，积水达数尺之深。京中百姓于是都认为弋阳王是被冤枉的。

曹吉祥十分赏识逯杲，认为他的残暴行事是对自己绝对的忠实。逯杲却过河拆桥，把曹吉祥和曹钦的密谋之事上奏英宗，结果于天顺五年（1461年）被曹钦杀害。英宗十分惋惜，追加他为指挥使，并升门达为都指挥佥事。当初逯杲曾在门达手下做事，但他一得志就肆无忌惮，门达因此而恼怒。但慑于逯杲势力，不敢轻举妄动。现在逯杲已死，他便效法逯杲的所作所为，在各地广布旗校。告发者日盛，臣民们都谨小慎微，英宗越发认为门达有能力，门达便成了继逯杲之后最受英宗信赖的恶犬。

（2）门达恣肆

孙太后的弟弟孙绍宗平定叛乱有功，但其手下有67人前去冒功领赏。门达将此事上奏英宗，英宗斥责了孙绍宗，并将其手下送进大牢。英宗认为，他这样处理，既维护了朝廷纲纪，又顾全了太后的面子和外戚的恩义。

天顺后期，英宗多喜欢重罚文官。为了迎合英宗，门达效法逯杲的督责之术。但他的同事吕贵却劝告他："一定要记住逯杲的教训。"

给事中程万里按照明朝惯例，没有在斋戒日受理一位军士妻子的击鼓诉冤，门达听说后将此事上奏给英宗，英宗便将程万里下诏入狱。门达又陆续弹劾了御史徐茂劲、郎中赵昌和直隶监察史樊英等人，他们均被贬。天顺六年（1462年），有人告发巡按直隶监察御史樊英到六合县多次在丁忧致仕的郑瑛家饮酒，因而是纳贿废法。英宗命给事中赵忠、锦衣百户陆瑄前去勘核。二人还朝后奏称："樊英与郑瑛是同年进士，曾经在一起饮过酒，但是纳贿废法则确无其事。"

英宗不信任他们，又派门达审讯。经过刑讯逼供，门达终于抓住了一些把柄，于是奏报说："樊英与郑瑛有贿赂迹，而赵忠、陆瑄二人却核报不实，请将二人下狱，治其徇私祖护之罪。"

赵忠、陆瑄二人被下狱。法司认为其二人当赎徒还职，英宗则不同意，认为徇私庇护其罪重大。

于是英宗下旨，赎徒后，将赵忠外调为山西太原府平定州判官，陆瑄依拟。

锦衣卫深得英宗宠信，于是便在外肆意行事。他们任意索取贿赂，如有不从，便被陷以重罪。锦衣卫们如此威风，于是就有人借他们之名招摇过市，有个叫马云的生员，他见锦衣卫官校十分威风，就冒充锦衣卫镇抚，伪称奉命还乡葬父。官员们都惶恐不安，前来吊唁。后来马云之事败露，官员们忙上书请罪，英宗却认为他们是慑于朝廷的威名，就下令宽宥了他们。至于马云，英宗感到他假冒锦衣卫特务都如此神气，自己脸上也有光彩，于是也没有给他任何处罚。

由于英宗对锦衣卫宠爱有加，朝中大臣也只是敢怒不敢言。连李贤这样的朝中重臣，也只敢在英宗高兴时提一两句。一天，李贤在召对时看到英宗情绪很好，便奏道："现在百姓都安居乐业，只有一件事困扰着他们。"

英宗问："是什么？"

李贤说："即锦衣卫。他们在外行事，毫无纪律可言。"

英宗听了李贤的话，丝毫不感到意外，反倒认为这本是情理之中的事情。他说："他们代表朝廷，当然会令人畏惧，但也许会有害人之事。这样吧，今后除非重大事情，否则不派他们出去便是。"

但英宗却因此而怀疑李贤，加上锦衣卫在一旁吹风，英宗于是开始疏远李贤。英宗怀疑李贤的话言过其实，于是便命人秘密访察，果然发现有一个校尉借缉事之名得银三四千两。于是英宗这才相信李贤所说不假，便又恢复了对他的信任，并召门达告诫说："既然确有贿赂其事，就要避免，否则处以重罪。"门达赶紧承认管束不严，于是，英宗也就不再过问。

（3）袁彬遭诬陷

在锦衣卫内掌事的还有一位重要人物袁彬。他与英宗是患难之交，原来深得英宗宠幸，但也因此而遭到门达的排挤。英宗这时也与门达一样行事，只给了袁彬一个小官做。英宗复辟后与他相见，不禁感慨万千，于是升他为同知。袁彬有所奏请，英宗无不允从。内阁学士商辂被罢归后，袁彬乞得他的在京居第，后来又嫌其低矮狭小，英宗即命工部在城东为他修造新第，引太液池水穿中御沟与之相通。英宗请皇舅做袁彬的主婚人，并送上厚礼。后又经常召请袁彬夫妇入宫把酒言欢。天顺元年（1457年）底，袁彬被提升为指挥使。英宗请他处理石亨、曹吉祥"夺门"功一事，他却胆小推托。天顺三年（1459年），他擅自差遣了英宗乳媪的丈夫季福前往江西侦事，有辱英宗面子。英宗诏问是谁派遣的，袁彬与王喜请罪。英宗说："此事必定有主使之人，你们不要隐瞒。"

袁、王二人说："臣等不敢妄为，是季福自己请命。"

英宗察证后果然如此，才算作罢，训诫说："以后再敢如此，杀无赦。"

后来因为锦衣卫狱囚越狱事，王喜解职，袁彬于是掌卫事。天顺五年（1461年）

秋，袁彬以平定曹钦功，升为都指挥佥事。虽然门达名义上在袁彬之下，但他从不听命于袁彬。当时朝臣也都对门达唯命是从。袁彬不敢苟同于其他锦衣卫的恶行，因此也不得皇上重用。于是门达伺机给他捏造罪名。他得知袁彬小老婆的父亲借袁彬之名到处诓骗钱财，于是，上奏皇上，袁彬受到赎徒还。门达觉得处罚太轻，不足以泄愤，而此时他正在审讯赵安案，便想趁机将袁彬牵连进来。赵安原来曾在袁彬手下做事，后被调往隶府。门达将赵安屈打成招，承认自己是因袁彬请命才调到隶府。门达于是上奏，还诬奏袁彬收受石、曹贿赂，夺人女子为妾等罪状。英宗见奏很不高兴，对门达说："袁彬胡作非为，本应严惩，但他是朕的故人，不宜处死，除此之外，你可任意行事。"于是门达在狱中对袁彬施以酷刑，使其招认。刚要上奏时，袁彬昔日手下军匠余丁、漆工杨埙等击鼓为他鸣冤。他们上书说："昔日驾在北庭，只有袁彬以一校尉保护圣躬，备尝艰辛。如今却猝然付之于刑狱，诚所不解。乞赐御前审讯，虽死无憾。"

杨埙还因揭发了门达许多不法之事，结果也被下诏入狱。门达在狱中使出酷刑，令他招出主使人。杨埙为了留下小命以图以后昭雪冤屈，就顺口说是李学士为他写的诉状。

接着他又说："但小人言于此，无人见证，不如请会多官廷审，小人对众人言说，李学士便无法脱罪。"

门达听后欣喜异常，遂优待杨埙，亲自审讯。上奏英宗："李贤为替袁彬开脱罪责，令杨埙中伤臣，难道朝廷就任其胡作非为？"

说完，门达又请令刑部、都察院、大理寺三法司会审杨埙、袁彬。于是英宗派太监裴当监审。门达想将李贤一并审讯，遭到裴当反对。杨埙在法庭上大呼冤枉，拿出怀里的熟肉，大声叫喊："门指挥指使小人这样做，来诬谄李学士。李学士是大贵人，小人从何得见，小人死是命中注定，为何要冤枉他人呀！"

袁彬也将门达所行之事一一历数。但法司畏惧门达，最后会审处袁彬赎绞，斩杨埙。英宗对此事亦有所察觉，于是没有理会门达，将袁彬派往南京锦衣卫，带俸闲住，仍将杨埙囚于狱中。

后来，英宗的脚气病加重，门达欲结纳东宫典玺局丞王纶。没想到英宗死后，王纶获罪，他也遭牵连，加之素行不义，被宪宗发配至广西南丹，后死于戍所。

门达败后，袁彬被从南京召回，官复原职，仍掌卫事。

（4）善待皇室

虽然英宗在政治上有些失误，政绩也不如景帝，但他孝顺母后，没有加害幽禁他的弟弟及其家人，还算是个仁德之君。

夺门之变以后，景帝病情有所好转，英宗于是对朝臣说："弟弟日渐好转，他本无罪，皆是听信小人谗言。"英宗为替自己复辟辩护，对景帝在位期间的所作所为持全盘否定的态度，但并不妨碍他对景帝本人及其家属采取较为宽容的态度。景帝死后，英宗也不计前嫌，以亲王之礼葬之。

英宗此举，显示出一定的宽宏大量。

建文帝有两个儿子，他的未亡子孙经历了五朝之后，仍被幽禁在凤阳。英宗想起了他们，有一天，英宗对大学士李贤说："建庶人辈无辜淹禁几十年，实所不忍。"

李贤说："陛下之念实属善行，尧舜也不过如此。"

于是英宗将他们释放。孙太后也对英宗此举表示赞许。也有近侍不同意此举，英宗说："我应以礼服天下。"于是，命人到凤阳建屋修舍。完工后，英宗召见李贤说："今可送去，敕军卫有司供给柴米及一应器用，听其婚娶，自由出入。"

于是李贤拟敕，命太监前去办理。一共有十八人被释放，为他们提供日常所需，允许他们与亲戚往来，婚配自由。朝廷群臣皆认为这是帝王的美德。被释放的人当中有个名叫朱文圭的，因长期与世隔绝，竟然马、牛不分。

英宗对其母孙太后非常孝敬。孙太后一直非常照顾英宗，每次英宗受苦，孙太后都亲自去探视，英宗对此深表感激。天顺二年（1458年）正月，郊祀后，英宗对李贤说："朕居南宫七年，危疑之际，实赖太后忧勤保护，深厚大恩，无以为报，仿效前代尊上徽号如何？"

李贤顿首道："陛下此举，是莫大之孝。"

孙太后享受了明代历史上的首次荣誉，得了一个"圣烈慈寿"的徽号，心中甚是欣慰。她于天顺六年（1462年）崩逝，英宗悲恸万分，上尊谥曰："孝恭懿宪慈仁庄烈齐天配圣章皇后"，合葬景陵，享太庙。英宗不但对自己的母亲极为孝顺，对待其他母亲也是如此。孙太后去世后，钱皇后劝英宗恢复宣宗已废皇后胡氏的位号，英宗召问大学士李贤，李贤说："陛下实在英明，陛下此心乃世间少有之孝。"

于是，胡氏皇后得以复位，上尊谥为"恭让诚顺康穆静慈章皇后"。

虽然英宗有好的体质，却得了脚气病。英宗天顺四年（1460年）七月十三日首次患脚气而没有上朝。满朝文武忧心忡忡，到二十日英宗才拖着病体上朝。第二天他又遣太子去太庙为他祈福。到当年的十一月，英宗的脚气病已经痊愈。至天顺六年（1462年）二月，英宗脚气病复发。这次发病比上次重，痛苦不堪，卧床很长时间，不能行走。此次复发到两周后才好，也没有阅射和观猎。后又反复发作。到天顺七年（1463年）十二月十七日，英宗还能驾临奉天殿接见顺天府官，但是到天顺八年（1464年）正月初二，他已不能下床。

他敕谕文武百官说："朕体欠安，欲加调理，暂免朝参。"

虽然不上朝，但他还希望能够在文华殿处理政事，没想到病情渐重，他也无可奈何。

英宗的病情日益加重。到正月初六日，他可能感到已病得不轻，便命皇太子视事文华殿。至十六日病情加剧，英宗已感到自己不久于人世，于是召见皇太子及众臣吩咐后事。他对于众臣辅佐的皇太子较为放心，但较担心皇后钱氏，她于正统七年（1442年）被立为皇后，是英宗结发之妻。钱后为人贤淑，英宗可怜后族单微，曾想要加封她的父兄为侯伯，她屡次逊谢，所以，在明朝诸外戚中，唯独钱后家中没有封爵者。皇后在英宗被也先俘去时，每天哀泣吁天，为皇上祈祷，希望他早日还朝。吁天累了，就席地而眠，因此损坏了一条腿。长期哭泣也哭坏了一只眼睛。她又在英宗被幽禁于南宫时使出浑身解数为他解闷，安慰英宗。

在母凭子贵的年月，对于没有子女的皇后而言，是十分危险的。他还记得，尚在他刚复位不久的时候，宦官蒋冕即对孙太后说："皇后无子应当换。"

由于英宗的阻止，才没有换后。天顺元年（1457年）三月，蒋冕趁东宫复立之际又对他说："周贵妃怎么办？"英宗说："当为皇贵妃。"蒋冕这才作罢。因此，英宗对皇太子千叮咛、万嘱咐："皇后钱氏名位素定，当尽孝以终天年。"又说："将来皇后寿终，将她与朕合葬。"又命李贤："皇后千秋之后，与朕合葬。"李贤一一记录下来，藏于阁中。宪宗即位后，其母周贵妃密令夏时，请他帮自己当上太后。夏时于是对朝中群臣说："钱后没有生儿育女，而且她的身体残疾，应该效仿先前胡帝废后一事，立陛下的生母周贵妃为太后。"

李贤便以英宗遗命反驳夏时，李贤力争说："口血未干，何得遽违遗命？"夏时说："先帝不也曾尊自己的生母为太后吗？难道这是不可行的吗？"学士彭时说："今钱皇后不同于胡太后，她名位俱在，怎能另立太后？"夏时说："钱皇后也没有子女，为何不能效仿？"彭时说："先帝时未曾行此，我辈身为臣子，乃敢迫太后让位吗？"夏时厉声说："公等敢有二心吗？难道不怕获罪？"

彭时面向天拱手说道："各路神灵，朱氏祖宗在上，臣下敢有二心，必当天诛地灭。皇上理当以孝治人，岂能不尊嫡母，只尊生母？"这时李贤接着说："本应两宫并尊，彭学士所言甚是。应该立即复命。"夏时负气而去。覃包奉谕起草两宫并尊诏旨。彭时又说："两宫并尊，太无分别，应请在钱太后尊号前加入正宫二字，方便称呼。"

覃包遂又去复命，不久传出旨意，尊钱太后为正宫慈懿皇太后，周贵妃为皇太后。覃包私下对李贤说："其实皇上早有此意，但因周贵妃逼迫，无法行事。李学士等人的力争，算是替皇上分了忧。"

第二天，宪宗下旨，请两位太后择日进宫册宝。

让英宗挂念的另一件事，就是他死后，几个皇儿是否能够不像历史上多见的兄弟相残而和平共处。为了达到这一目的，他叮嘱皇太子在即位后，让他的弟弟们择地建藩。

为了给亲人们减少一些麻烦，英宗又嘱咐说："今朕病加剧，倘若有不讳，东宫要速择吉日即位，过百日以后，即可成婚。"

历代皇帝死后，他的宫妃都要殉葬。英宗对于这种做法很是不满。他不想因为自己一人之死，而连累那么多活着的人。他记得，正统四年（1439年），周宪王曾在临终前上奏："身后务从俭约，以省民力。妃、夫人以下不必从死，年少有父母者遣归。"

他遵从了周宪王的遗嘱，将它告诉给了周宪王的弟弟、简王朱有爋，但还是未能挽救得了周宪王的夫人施氏和妃子的性命。于是英宗对太子说："不要遵从殉葬这个反仁之礼。"

十七日，英宗驾崩，终年38岁。上尊谥曰："法天立道仁明诚敬昭文宪武至德广孝睿皇帝"，庙号"英宗"。"睿"意为"可以作圣"，"英"意为"出类拔萃"。

第六章　宪宗挽歌

宪宗时初立皇庄，使得土地兼并之风日渐盛行。不堪重负的民众纷纷揭竿而起，广西瑶民和荆襄流民的起义是其中的代表。宪宗派重兵镇压，韩雍和项忠成为双手沾满人民鲜血的刽子手。瓦剌的孛来、小王子、毛里孩诸部也不断骚扰边境。宪宗虽派兵清理，但因宦官监军的弊端使得周边战事难以平息。宪宗时又设立了比东厂权力还大的西厂，重用宦官汪直，宠幸万贵妃，祸乱宫廷。总的来说，这一时期的政治是黑暗的。

1.终登大宝

天顺八年（1464年）正月，英宗驾崩，年仅18岁的太子朱见深即位，是为宪宗。

明宪宗，初名朱见浚，后改名朱见深，生于明英宗正统十二年（1447年）十一月初二日，为周贵妃所生。

他出生时，朝政混乱，一些地区起义连连。内忧外患，北方的瓦剌对中原虎视眈眈。

这时，明朝卫所日趋破坏、士兵大量逃亡，军事力量十分虚弱。瓦剌大军终于在宪宗还不到两岁时，对明朝发起了进攻。王振为了扬名四方，建功立业，力劝英宗亲征。结果对军事一窍不通的英宗在土木堡被瓦剌俘虏。

英宗被俘的消息传来，皇宫顿时乱作一团。国不可一日无君，由谁当皇帝，一时成为朝廷内外关注的焦点。此时郕王奉孙太后懿旨主持国政。没过多久，孙太后为保住皇权，又将小见深立为太子，并全力赎回英宗。朱见深就这样登上了储君的宝座。

孙太后立太子是想稳住局势，目的是虚帝位以待英宗。但当时的朱见深年仅两岁，根本无法稳定大局，孙太后也要依靠郕王朱祁钰。与此同时，无论明朝拿出多少金银珠宝，瓦剌也不愿放回英宗。这样，孙太后眼见郕王在监国过程中地位不断提高，权力日益加强。

群臣于正统十四年（1449年）九月初一向孙太后请命，立朱祁钰为帝。虽然孙太后心有不甘，但也别无他法，只好应允。于是昔日的郕王于九月十六日登上帝位，第二年改年号为景泰元年。此时小太子的地位也微妙起来。

太子作为一国储君，一般由皇帝册立。但朱见深当太子，却是在父亲被俘、很长时间国无君主的情况下，被自己的奶奶孙太后匆忙册立的。

景帝即位本是意外所获，但他还不满足于此，终日担心英宗复辟，更怕自己死后皇权落入英宗的儿子手里。这两件事总积塞在他那狭隘的心胸中，无法排解。

景帝为了稳住自己的皇位，费尽心思，将回归的英宗及钱皇后软禁于南宫，还处心积虑地筹划易储，想废掉太子，改立朱见济。

景帝终于在景泰三年（1452年）五月，颁发诏书，立他的亲子——朱见济为太子。

就这样，在叔叔的苦心算计下，年仅六岁的朱见深，迁出了东宫。

此事还未完，本以为朱见深此生都与"太子"无缘了。没想到他的堂兄朱见济福薄命薄，仅当了一年多太子，就夭折了。

东宫一出空位，众大臣便又沸沸扬扬地讨论"复储"一事了。而此时，景帝只有朱见济一子，所以朱见深的命运又有了转机。

御史钟同、礼部郎中章纶于景泰五年（1454年）五月公开提出"复储"问题。景帝勃然大怒，立刻将二人抓入大牢，施以酷刑。随后提出"复储"问题的几位大臣均被残害。朱见深当时虽然只有七八岁，但已成为皇权斗争的关键，更是景帝的一大忧患。景帝在压制"复储"之议中，越来越暴露了他的私心，使他和大臣们的矛盾也越来越激化了，朱见深无形中为他父亲的复辟创造了条件。

终于景帝在宫廷斗争中败下阵来，于景泰八年（1457年）正月病倒。徐有贞、石亨、曹吉祥等人趁机发起"夺门之变"，拥立英宗复辟。紧接着朱见深跟着复储，于天顺元年（1457年）三月被正式册立为太子。经过一波三折之后，朱见深终于登上了太子的宝座。

天顺八年（1464年）正月，英宗病逝，年仅18岁的太子朱见深即帝位，是为明宪宗。

宪宗即位时，正逢明朝由盛转衰之际，宦官专权，政治混乱，内忧外患，层出不穷。朱见深即位伊始，确有一番刷新朝政的热情。

他刚一即位，就着手改革。宣布大赦天下，免三分之一田租。还下令罢除正统年间以后所有的镇守太监。宪宗下令拆毁锦衣卫新狱，并将门达押入大牢，京城百姓无不拍手称快。

为了刷新朝政，他还委李贤、陈文为、彭时等人以重任。

一些宫女也受到了宪宗福泽，被放回民间。

为了整顿地方吏制，宪宗下令考核地方官，择优而用。河南布政使侯臣等13人在这次考核中被罢黜。早在洪武二十年（1387年）就出现了武举法，但没过多久便废掉了。为了充实军事人才，宪宗于当年冬天制定了武举法，下令各省推荐武艺精通的人进行考核录用。又制定了和大闱相近的试举制，分等级、辨优劣，选合适者而用之。

总之，宪宗在即位之初，便实行了一些利国利民的政策，表现了他力图刷新朝政的热情。

2.设立皇庄

天顺八年（1464年）十月，宪宗下令将没收的太监曹吉祥之地作为宫中庄田。"皇庄"之名由此开始。

"土木堡之变"是明王朝的统治由兴盛转向衰弱的明显标志，它体现在政治、军事等各领域。在经济上突出表现为赋役制度的破坏和土地兼并的盛行。

土地是人类财富、衣食的根源，只要土地私有制存在，就必定会有土地集中。明朝中叶的农民丧失土地，屯田制的废除及皇族庄田、勋贵庄田、缙绅庄田的蓬勃发展表明了土地兼并与封建政治特权的密切联系。

明中叶时期的政治腐败、军事力量薄弱，必然导致屯田制的废除。其实这个结果从宣德时期就已见端倪。到了正统以后，朝政日益腐败，掌有政治特权的王府、军官、太监、缙绅势豪等大肆兼并土地。田中所收没有一粒上交国家，私家奴仆皆是戍卒。在沉重的屯田粮赋和苛繁徭役的压迫下，屯丁纷纷逃亡。屯耕土地、屯丁、屯粮的丧失，使"屯田之法尽坏。"

明朝中叶封建地权变动的重要特点是贵族、缙绅庄田的发展壮大导致农民丧失了土地。皇庄为这些庄田之首。皇庄由太监管理，将其收入用于宫廷消费。它包括皇帝庄田、后宫庄田、东宫庄田以及未就藩的诸王赡养地。

明英宗于天顺八年（1464年）正月驾崩，宪宗即位，改元成化。宪宗将原先朝廷没收太监曹吉祥的庄田改为皇庄。明代皇庄由此诞生，后迅速发展。王府庄田的规模仅次于皇庄。它产生于明初，主要指亲王就藩后的藩国庄田。不过当时远藩的庄田规模较小，不及干预。直至明仁宗时，赐赵王朱高燧80顷田园，才开始盛行庄田风气。此后王庄规模急剧扩大，到明中叶，王庄已遍及南北直隶及山东、山西、河南、湖广、陕西、江西等布政司。

亲王的生活日益富足，家财渐多。于是他们广为纳妾，使宗室人口急剧增多。明太祖朱元璋得天下得到了不少文武能人的帮助，为了犒赏他们，也为了避免他们地位膨胀，对自己造成威胁，朱元璋大封功臣，并按照他们的级别分别赐予他们不等量的庄田和佃户。但是，在另一方面，由于他出身布衣，又身逢乱世，为了治理好国家，对约束功臣比较注意。

明中叶以后，科举制的蓬勃发展，使缙绅地主迅速崛起。"士大夫一旦得志，其精神日趋于求田问舍。"他们为了兼并土地不择手段，以至一家缙绅就有土地不下五六百顷。

在这种情况下，富有的人更加富有，贫穷的人则更加贫穷。而政治权力还在深刻影响着土地兼并，使其加速进行。

我们从大土地所有制发展的途径即土地兼并的方式中就可清楚地认识到这一点。

皇庄的土地主要通过以下五种方式取得：

第一，兼并牧马场及荒滩地。这是一条主要途径，当时皇庄大都是牧马草场余地。第二，吞并军民屯田。第三，没收、占领官田。宪宗没收曹吉祥的田地即为一例。第四，强行霸占民田，百姓深受其苦。第五，纳献土地。许多狡猾的官员将逃逋民田、民垦土地、空闲地等上奏说成皇庄。也有的农民为躲避沉重的徭役负担，自献土地。

不过明中叶的钦赐与明初赐田有很大的区别。洪武初明太祖下令赐公田给诸王、勋臣、百官，"以其租充禄"。这种赐田带有禄田的性质。对所赐的田地国家拥有所有权和经营权，政府专人管理地租的征收，租额的多少也由政府确定。诸王、百官从土地上所获禄米是国家地租的转化。而明中叶钦赐田地的所有权性质具有双重性。它属于官田，被国家占有，但可以世代承袭。成化六年前多半是自行管理，庄田子粒高低亦多由自己确定，它是官田的私有化。奏讨与钦赐不同，它是先由亲王、勋戚等向皇帝请求，要求占有某块荒地，经过皇帝同意后将土地拨赏给自己。勋戚指因军功而被封为公、侯、伯，或因椒房之亲获封的勋臣、贵戚。但实际上，正如成化五年户部给事中李森所言："入朝以来百年于兹，民生日众，安得有不耕不稼之闲田？名为求讨，实则强点。"钦赐和奏讨是贵族、缙绅庄田扩张的最好方式，规模之大令人咋舌。

明中叶以后伴随着宦官权势的膨胀，他们通过受赐、奏乞、夺占民业等手段使自己的庄田迅猛扩大。我们以宪宗生母孝肃皇太后之弟周寿为例。成化元年他奏求河间等县田448顷，遂得之。成化三年，"时方禁勋戚乞请庄田，而寿乃皇太后弟，冒禁以请，上不得已与之"，诏给涿州庄田63顷有奇。弘治六年又请承买宝坻县官地1200余顷，孝宗不同意，下令从宫内拨500顷给他。弘治十年他又一次奏请到余下的700多顷庄田。十七年因与国舅张延龄争夺田地，两家奴仆互相搏击，后经户部、都察院仲裁，他又从中捞到2000顷良田。正德三年又奏讨得到安务地870顷。第二，侵占牧马场地和军民屯田。太监刘永诚曾得到钦赐的武清县利上屯庄田250多顷，如晋宁伯刘福叔祖则占有牧马草场地200多顷。占种屯田的例子更多，正德元年徽府就将彰德卫屯田213顷奏乞为业。第三，纳献。土地兼并的规模之大以致明武宗在即位诏中将它列为必须尽快解决的问题之一："近来有等无籍之徒，将军民祖业征粮地捏作抛荒无主及水淹沙压不堪耕种等项名色朦胧投献，王府并内外势要之家听信拨置，奏讨占夺，以致贫困失业"。第四，抢夺与购买，弘治五年，河南巡抚徐恪在向孝宗的奏折中指出：河南百姓"或因水旱饥荒及粮差繁重，或被势要相侵及钱债驱迫，不得已将起科腴田减其价值，典卖于王府并所在有力之家，又被机心巧计，揹立契书，不曰退滩地，即曰水坡荒地，否则不肯承买。间有过割，亦不依数推收，遗下税粮，仍存本户……缘此等民害，各处皆有，不独河南。"

明朝中期随着生产力与商品经济的发展，使土地的收益不断增加，这就刺激了贵族、缙绅地主对土地和财富的贪婪追求和占有。政治腐败在客观上不可避免地导致不法行为的发生，这就使他们以政治权势为后盾，大肆兼并土地，造成"公私庄田逾乡跨邑"、"富强兼并，至有田连阡陌者，贫民无地可耕"的局面。再者，明代政体是高度集权的，无论是政治权力还是全国土地的处置权全部在皇帝的掌握之下，他本身就是个大地主，与皇帝关系十分密切的皇亲国戚，文武百官自然很容易从他手中获得更多的好处，从而推动明中叶贵族、缙绅地主经济蓬勃发展。另外，优免冒滥，使土地兼并更进一步。"官员之家率得优免，遂致奸伪者多诡寄势家。"投献之风日炽。

土地兼并对封建统治、国家财政的影响是很大的。它使国家控制的土地数量不断减少。"自洪武迄弘治百四十年，天下额田已减其半……非拨给王府，则欺隐于猾民"。其中"中州地半入藩府"。侵夺屯田使边疆储粮日益减少，夺占民田使得国家粮差损失原额，兼并牧马场地，使"草场日削，军民皆困于孳养。"土地兼并，"小则影响朝廷各部的常课，大则破坏皇明政权的经济基础和军备防务。"另外，土地是百姓衣食的源泉，屯丁、自耕农土地的丧失，进一步加深了阶级矛盾，产生了一系列严重的社会问题，并引发出多次规模较大的农民起义，封建国家的统治基础发生动摇。

3.镇抚广西

成化元年（1465年）十二月，韩雍、赵辅率军镇压大藤峡农民起义。

成化元年（1465年）一月，两广瑶民起义。义军攻占州县，杀死官员。战报犹如雪片般送往北京。年仅18岁的宪宗皇帝，刚刚即位，要钱，要粮，要兵，都没有。在想不出办法的情况下，宪宗皇帝只好效仿他的父亲、叔叔，下圣旨"开纳粟例，以备两广军饷"。他希望以此解燃眉之急。除此之外，也想不出别的办法。

两广瑶民起义的原因主要因为当地官吏贪婪如豺狼，他们只知道无休止地搜刮百姓，致使当地瑶民家破人亡，倾家荡产。他们交不出多如牛毛的苛捐杂税，官府就抓人、打人、杀人。广大瑶、苗各族人民，在走投无路的情况下，只好揭竿而起，反抗朝廷了。

瑶民起义之初，当地官员压住不敢上报朝廷，害怕丢军罢职。实在压不住了，就出兵镇压。镇压失败了，只好上报朝廷。

北京收到了官兵失败的奏报，兵部尚书王竑知道义军势不可挡，就上书宪宗皇帝："贼人在大藤峡造反已经很久了。开始时，都想招安他们，守卫大臣以其作为自己的功劳。这就好像有个娇惯的儿子，越哄着他，他哭得越厉害；你不打他，他是不会停止哭泣的。浙江左参政韩雍，是个文武双全的人，可以派他去讨伐贼人，南方的忧虑就可以去除了。而在众位将领中，只有都督赵辅是个有谋有略、勇敢善战的人，可以派他领兵讨伐敌人。"宪宗正愁无将可派，见了王竑的奏章后，他马上下旨：命赵辅为总兵官、征夷大将军。命太监卢永、陈境为监军。命韩雍以金都御史的身份赞理军务。命御史汪霖、刘庆为记功。

成化元年（1465年）六月，金都御史韩雍召集30多位高级将官在南京召开高级军事会议。

首先提出建议的是大学士李贤："应分兵两广，分别扑灭叛军。派一支军队由庚岭入广东，而大兵出湖广入广西，这样，就可以消灭敌军了。"

参加南京军事会议的众位将官，基本上同意大学士李贤的意见。但金都御史韩雍坚决反对，他胸有成竹地对众将官说："不然。贼兵已经到处攻城夺县了。我们去与他们战斗，这是扩大战争呀。敌人的老巢是大藤峡。如果以全部兵力攻击敌人的老巢，只要能拿下，我们就可向南进军，援救高州、廉州、雷州。向东边进军，可以对付南、韶二州。向西边进兵，可以夺取庄州、柳州。向北边进军，可以隔断阳峒方面的各条道路。这如同蛇，它一动，没有不动的地方。一进攻，是不会不胜利的。敌人的巢穴被攻占，各处的敌兵，失去指挥，就像一个无头的苍蝇。何必如此麻烦地一个一个地消灭呢？不用这种战术，反而分兵四面出击，那么，会越来越不好追的。这就是人们所说的，为救火反而吹风，使火势越来越猛怎么能成功呢？"在场的将军一致同意韩雍的战略战术，纷纷表态说："应该这么办。"

韩雍的战略战术归纳起来就是：用优势兵力来夺取对方的中心根据地。其实这种观点并不新奇。

成化元年（1465年）秋七月，韩雍率领三万精兵到达全州，消灭了完全没有准备的阳峒、西延的苗族义军。在这次战斗中，明军的指挥将官李英等四人，因害怕而停止不前，行动迟缓，错失了好的战斗时机。战后，韩雍将他们痛斥了一顿，下令将四人斩首示众，以振军威。于是军纪整肃一新，军威为之大振。

九月，韩雍、赵辅等人率大军16万到达广西桂林府。

韩雍将16万大军分为五路，首先进击修仁，取得了胜利。又穷追不舍，一直追到力山。义军惨遭失败，多达7300多人被斩首示众。明军猛攻荔浦、府江。冬十一月，明朝大军到达了浔州。

韩雍又立刻派遣总兵欧信、参将孙骐、参将高瑞，率军68000人，为右路军，从北面将敌人团团包围。命令都指挥白全、杨屿、王屺、孙刚等人，率军92000人，为左路军，分八队从南边攻击敌人。命令参将孙震、指挥陈文章等人，坚守左江、五屯、龙山，将义军的后路堵死。韩雍率主力，从正面攻击敌人。众将军接到命令后，率兵出发了。进入各自攻击阵地，做好一切攻山的准备，等待总攻的命令。

冬十二月十五日，韩雍下达了总攻大藤峡的命令。明军从四面八方发起猛攻，杀声阵阵，炮声隆隆，战斗十分激烈。

地势险恶的峡南，难以攻破。义军一排排营栅，既坚固又密集。守山义军冒着炮火，把礌石、滚木、火箭、镖枪、毒药箭犹如狂风暴雨一般，从山岩上打下来、射下来，明军死伤惨重，守山的义军也损失不少。韩雍亲临阵前督战，有临阵退缩者，不论是官还是兵，一律就地斩首。过了一上午，义军的火力减弱了。礌石、滚木、火箭也不多了。精明的韩雍一见，马上下令，四面放火烧山，随后，大兵紧跟攻山。

冬季的山上，寒风凛冽，山草枯干。明军放出火箭、火鸽子，撒下松脂、硫磺、鱼油等物，一时间，大火从四面八方向山上烧去，大藤峡很快就被大火包围了。

风急火烈，天空被浓浓的黑烟遮住了，看不见太阳，义军营栅着火了，义军的房子着火了，粮草也着火了。山石烧得烫人。义军人心大乱、向四处奔逃。明军乘机攻上山头，接着将山南、石门、大信等十余座大寨全部占领了。义军只有少数人，逃到横石等山崖上，其他人早已命丧黄泉了。

义军战败，明军在义军的营地安营扎寨，众将一一报上斩首多少，俘虏多少。两位记功官员：御史刘庆、汪霖一一记录在册。

韩雍表扬了几位带兵官，并给予奖励；又斥责了几个带兵官，警告他们，只要明天再有过错，二罪归一，定斩不赦。

第二天，韩雍派兵伐木开道。大兵紧跟其后，到达了义军最后的据点——九层楼等山下面，义军又被围困住了。

义军死守在悬崖绝壁之上，明军从山下猛攻，义军将千斤大石头和大滚木从山崖上滚下，不断地射下弓弩。明军迟迟攻不下来，死伤极多。韩雍一方面出兵佯攻，浪费义军的滚木、弓弩、礌石。一方面派出官兵，个个轻装上阵，攀着树藤，从义军背后爬上山，然后放火烧山。义军无路可逃，明军活捉了义军的首领——受伤的侯大苟，并俘获了780多名义军，另有3500多名义军被斩首。

韩雍派兵将峡中的大藤全部砍断，并把大藤峡改名为断藤峡，将在大藤峡平灭义军的经过刻在一块石碑上，立在峡边。随后率兵回师，告知宪宗消灭了义军。

宪宗很是高兴，立刻下旨：封总兵官赵辅为武靖伯，子孙世袭。封金都御史、赞理军务的韩雍为左副都御史，就连他的儿子也被封为锦衣卫镇抚。在断藤峡设武靖州，岑铎为知州，隶属于浔州府管辖。

大藤峡的民族起义在韩雍的血腥屠杀下失败了，但韩雍大军一撤，反抗明王朝统治的斗争在广西的少数民族中又拉开了序幕。

4.宠幸番僧

成化四年（1468年）四月，宪宗为番僧大加封号，这是其宠信番僧的明证。

明宪宗朱见深迷信僧道，令人十分震惊。在明朝历史上，他开了一个极坏的先例。

明宪宗成化四年（1468年）夏四月，他大加封赏外藩和尚，一次达上千人。

外藩和尚扎巴坚参以秘密宗教蒙骗宪宗皇帝，无论何事，宪宗全部听从，不加怀疑，于是这个外藩和尚被加封为"万行庄严功德最胜慧圆明能仁感应显国光教弘妙大悟法王西天至善金刚普济大智慧佛"。紧接着，宪宗又封外藩和尚扎实巴勒为"清修正觉妙慈普济护国衍教灌顶弘善西天佛子大国师"，封外藩和尚琐南坚参为"静修弘善国师"。他们的徒弟随后也被加封，人数达上千人。

宪宗皇帝加封了他们，并允许他们吃、穿、用甚至连出门坐的车马，都按大明王侯的规格。他们走到哪里，都有武士护卫，浪费了国家大量的财物。

此时的明朝，国库空虚，国内政局动荡。两广有起义，四川有少数民族起义，用钱粮的地方非常多，明政府无力支出，只好大肆搜刮百姓，社会矛盾进一步加剧。

外藩和尚对已受封号和享受的王侯待遇，仍然不满足。他们还伸手向宪宗皇帝要民田。如外藩和尚扎实巴勒向宪宗请求静海县农民的二千亩土地，作为他的常住田。宪宗皇帝不加考虑马上予以批准。

户科给事中邱弘忍无可忍，率领其他几个官员，上书宪宗皇帝，大言其弊。宪宗没办法，只好下旨：自今以后，再有申请庄田的人，一律不批准。谨此当做一项法令。这是成化四年（1468年）三月的事，到了四月，宪宗皇帝又大肆加封外藩和尚。

和尚真人只要有了皇帝赐予的封号，就拥有大量的财物和庄田，他们因此无恶不作。当地官府，无人敢管。大臣将此事奏明宪宗皇帝，宪宗却置之不理，这更加助长了他们的气焰。

被封为"江西真人"的道士张元吉，杀死老百姓40多人。给事中毛弘上书皇帝，请免去张元吉的真人封号，拆毁张元吉的住宅，治张元吉的罪。宪宗皇帝看完奏章后，批曰："不许。"杀人本应偿命，但这些和尚道士却可逍遥法外。明宪宗的统治黑暗，可见一斑！

明宪宗如此崇尚僧道和迷信，结果使多年积累的金银财富，花费殆尽。百姓流离失所，饥寒交迫，走投无路，只好起义。

随着宪宗迷信僧道，大臣及各省人员也都仿效，到处是寺庙、道观。

宪宗时所修的寺庙、道观，不计其数，花费的金银资财数目惊人，这都是百姓的血汗。

由于继晓为皇上建大永昌寺，强占京西市民房子几百家，几千人因此而流离失所，流落四方。他动用国库重金，用光了七窖金银。宪宗不但不怪罪他，反而封他为通玄翊教广善国师。继晓又向宪宗表白自己母亲朱氏如何贞洁，宪宗对此信任不疑，又为朱氏立贞节牌坊，以表其贞节。

直至孝宗即位，继晓、李孜省才相继伏法，朝野上下莫不为之拍手称快。

5.重用良臣

成化四年（1468年）十月，宪宗置诸臣的毁谤于不顾，仍旧重用良臣商辂。

成化四年（1468年）八月，京师发生了一次地震，迷信的宪宗于九月间下了一道诏书，边自责边令群臣反省。

这时，给事中董旻、陈鹤、胡智深、陈弘、郑已等人，先后上书，攻击学士商辂。对于宪宗宠信商辂，他们十分不满，因此借此机会攻击他。

但他们并没找出什么漏洞。董旻在奏折中弹劾商辂等人时说："谏官上弹劾的章奏，通常直接送到御前，不在上朝时宣读。"

其实这件事并没什么，这只不过是送奏章的方式问题。商辂等受宠大臣递文章奏折时，可能比其他大臣随便些，因而给别人留下了口实。

看完这份奏折，宪宗很不高兴，认为他们置国家大事于不顾，而在这种小事上纠缠，小题大作，不成体统。他在奏折上批写道："大臣进退都有一定礼法，谁都遵守了。请问你董旻敢不遵守旧制，扰乱朝仪吗？"

商辂等人知道自己被弹劾，于是请求退休，没有得到宪宗的批准。

还有一名叫林诚的御史，也上疏弹劾商辂。他指出商辂过去曾参与景帝易储的事，很对不起皇上，因此不该重用。

宪宗看了这份奏折，愤怒不已："商辂为我朝廷做事，有什么不对，你们为何屡次上奏？"

宪宗发完火，便下令将林诚下狱治罪。他还当廷审问那些乱告状的人，并严加责备。

商辂胸怀宽广，大度仁厚，见宪宗十分愤怒，便上书劝道：

"臣以前曾上书皇上，请您对谏言者宽容一些。今天因为弹劾臣下的缘故，责罚谏言的大臣，舆论会怎么说呢？"

宪宗听完商辂的话，果然消了怒火。乃下令当廷打了董旻的棍子，然后恢复了他的官职。

十月份，宪宗正式任命商辂为兵部尚书，兼任学士，仍加重用。

宪宗没看错人，商辂的确能担重任。商辂为人正直朴实，敢于上书言事，尤其是在一些重大问题上，商辂想出了好多办法。例如，成化四年（1468年）商辂率群臣上疏，极力主张将驾崩的钱太后与英宗合葬。成化九年（1473年），商辂又上书宪宗，劝阻宪宗广设皇庄。他说："天子把天下作为自己的家，为什么还要设皇庄？"宪宗采纳了他的意见。尤其是在成化十三年（1477年），商辂不惧当权太监汪直的权势，带头上书宪宗，希望将西厂罢除。虽然遭到宪宗的严厉谴责，但仍坚持己见，极言西厂害处之大，最后宪宗接受了他的意见，革除了万人愤恨的西厂。

商辂为人宽厚。他及第做官刚刚六年，就入内阁参与机要事务，因为到任时间不长，很多人都不服气，但是商辂与大家还是友好相处。他与钱溥有矛盾，钱溥甚至写了一篇名叫"秃妇传"的文章讥讽他，但商辂也不放在心上。还有一个叫黎谆的人，说商辂主持了景泰帝易储一事，并上疏攻击他，商辂对他也不记恨，仍照常待他。因此，当时很多人都说商辂宽宏大量。

宪宗重用商辂，可以说用得很好。

6.治理京杭大运河

成化年间宪宗多次派大臣治理运河。

千里京杭大运河，自从永乐皇帝派大臣陈瑄治理后，到宪宗成化七年（1471年）已经六七十年了。有关运河的制度被废弛了，而运河的泥沙淤塞也相当严重。因长期不进行疏浚，河面变窄，河水变浅，船只航行困难，运输能力降低。

宪宗成化七年（1471年）十月，皇上下圣旨，命王恕为刑部左侍郎，负责治理河道。

京杭大运河，从通州至仪真、瓜州二三千里，全部需要疏浚修理，于是有人上奏，建议分沛县以南、德州以北及山东为三道，各委派漕郎及监司专理。并要求皇上让通晓水利的大臣负责这件事，用三年时间完成。

明宪宗看完奏章，批准执行。于是，宪宗专门设置总管漕运、河运的官员，并派王恕专门负责治理运河。

在六七十年后，千里大运河终于又一次得到治理。

从南方运粮米进进京，每年运多少，过去是没有数额限制的。到了成化八年（1472年）冬，宪宗命令要改为长运，并且把定下的四百万石的数目作为常例。

大运河上，日夜不停的行驶着官船、民船，十分繁忙。但是明朝的官员，特别是太监，十分贪财。他们想尽一切办法，捞取钱财。每条官船使用二十多个船夫，他们自己准备口粮，不给工钱。一条大官船，运一箱贡品给皇上，至少要夹带十箱私货，并至少要搭载几名、十几名乘客，就这两点，每条船的人能够获得几十两甚至几百两的额外收入，这就使繁忙的大运河更加忙了。

因为水旱连年，运河沿岸各省、府、州、县急需赈济，所以常常请示皇上，将运往北京的米粮在中途留下一些，以赈济当地的灾民。成化九年（1473年）四月，山东巡抚牟奉就上书宪宗，请截留官船上的米粮赈济山东百姓，宪宗批准了。

大运河途经几省，各省都关卡林立，把运河弄得错综复杂，为南北交通带来了很多不便。此外，运河两岸，门派、帮会多如牛毛。俗话说：靠山吃山，靠水吃水。他们的生活全靠这条河，于是为了争夺地盘不断发生流血冲突。

治河大臣刑部左侍郎王恕，奉宪宗圣旨，征集沿河各省、州、县的民夫及官兵，疏通运河，他克服困难，要求严格。一年后，运河河道比以前更加畅通了，夹带私货的官船也不敢公开夹带了。同时取消了各府、州、县所设的关卡，一只官船仅使用二三个水手，并且发给工钱、供饭，更不允许官船搭载乘客。民船交税，要交给官府，不许交给个人。

通州到北京的这段惠通河严重淤塞，大船无法行驶，靠小船运载；有的地方，连小船都通不过去，只好用车运。不仅运费高，而且十分不便。漕运总兵曾上书宪宗皇帝，请求疏通。皇帝以天象出现灾异为借口，没有同意。到了宪宗成化十一年（1475年）八月，惠通河实在不能行驶了，宪宗只好下旨任命平江伯陈锐等大臣，把漕运之兵丁七千余人调过来，治理惠通河。

这次疏通后，河水从都城外一直流到正阳门，再流至大通桥。粮船可在沿岸的粮仓卸粮，十分方便。

10年后，运河又开始淤塞了。尤其是沁水决堤，运河水流入黄河、汶水、泗水、洸水的各水道，河水浅、河床窄、运粮船根本无法通过。

大学士万安上书宪宗，请求派人治理。宪宗采纳了他的建议，命工部侍郎杜谦，率领部中肖冕，员外郎李濬全面负责运河的治理。经过一番整治，千里大运河又畅通无阻了。通过运河的治理，南北物资、粮食的交流和北京城的物资供应得到了保障，又成为南北往来的一条主要交通渠道。

7.万妃乱后宫

成化十一年（1475年）十一月，宪宗加封其子朱祐樘为太子，其母纪淑妃也因此得宠。而万贵妃从中作梗使得这些本应顺理成章之事变得扑朔迷离起来。

（1）万妃受宠

万贞儿，山东诸城人。父亲叫万贵，是县衙中一名普普通通的小吏，因违法，办事不周全，宣德年间被发配边防充军，家产被抄，家人没入官府为奴，贞儿被送入宫中做了英宗皇帝的母亲孙太后的奴婢。10年后，贞儿长大，专为孙太后管理衣服首饰。

这个比明宪宗年长19岁的万贞儿，十分受宠，真是令人百思不得其解。

有人说这个谜，应该在她的自身素质上找。说她为人十分机警，谲智善媚，善迎帝意。她十分开朗，善于言谈，经常把皇帝逗得哈哈大笑。《万历野获编》上说她"丰艳有肌，每上出游，必戎服佩刀侍立左右，上每顾之辄为色飞"。但还有些史书称她"貌雄声巨，类男"，她长相一般。因此，宪宗对她如此宠爱，很多人并不理解，就连周太后，宪宗的亲娘，对此也大惑不解。

宪宗从小就历尽苦难。他不到两周岁时，父皇英宗就被蒙古人掳去了，他的叔叔取代他登上了皇位。妈妈和奶奶整日为英宗的安危担忧，长吁短叹，本应是无忧无虑的幸福的儿童时代，却在愁云密布中逝去了。后来，他又被逐出东宫，父母被叔叔幽禁在南宫。小见深孤苦无依，没人照顾，也没人关心，他生活中唯一的寄托，便是奉孙太后之命来照顾她的万贞儿。比宪宗大19岁的万贞儿，既似姐姐，又像母亲，小见深从她那里得到了双重的爱抚，从小便产生了对万贞儿的依赖心理。

景泰年间，皇权斗争的一个重要砝码便是独处宫廷之外的小见深，他时常受到宫廷政治风波的影响。景帝之子朱见济死后，小见深的平静生活仍被"复储"的风波时时冲击。在这段时间里万贞儿成了他最依赖、最依恋的人了，陪伴他一起度过了那些担惊受怕的日子。他们可以说是相依为命、相濡以沫，结成了患难之交。

朱见深"夺门之变"复入东宫时，万贞儿已成了他生活中不可缺少的组成部分，成为他相依为命的人。

在不知不觉中，朱见深对这个年龄足以成为他母亲的万氏，逾越过了一般友情，产生了一种男女之间的恋情。在长期的共同生活中，无依无靠的小见深，对她产生了感情。朱见深长期生活在压抑、危险、孤独的环境中，他没有享受过其他孩子膝前承欢的童年生活。在这种环境下，他不但落下了口吃的毛病，也使他过于早熟，因而对陪伴自己的万贞儿产生那种男女恋情，也是情理中的事情。

宪宗的早恋并不使人们感到惊讶，令人感到费解的是，随着宪宗的长大成人，万贞儿一年比一年见老，但宪宗对万贞儿的恋情却从未改变。以至她后来成为胡作非为，祸乱宫廷，扰乱朝政的万贵妃，宪宗也对此无可奈何，不忍心处置。

（2）吴后怒责万妃

年仅14岁的吴氏，是宪宗朱见深的皇后，她是顺天府人氏，是大家闺秀。她能歌善舞，知书达理，女工也很突出。论长相冰清玉洁，国色天香，是明朝有名的美女，求婚的人数不胜数，但她的父兄都不同意，她本人也反对。

天顺初年，吴氏被英宗选入宫中，成为太子的十二个妃子之一。

她的父亲叫吴俊，官居都督同知，她的兄长叫吴雄。

朱见深即位后，皇后便是吴氏，14岁的小皇后执掌六宫。但刚当上妃子的万贞儿对此却很不满。36岁的万贞儿并不满足于年仅18岁的小皇帝的宠爱。她怕吴娘娘、王贤妃、柏贤妃会夺去小皇帝对她的宠爱。于是万贞儿心生毒计，每次给吴皇后请安，万妃都面沉如水，问安的声音也冷得吓人。每次拜见吴皇后，万贞儿都侧身侧目以对，身子微微下蹲，施礼十分不情愿。

小皇后忍了一两次，知道她是皇上的宠妃，知道她出身宫女，因此就不和她一般见识。可是长期如此，皇后忍无可忍，双方矛盾一触即发。

八月末的一天，嫔妃们又按惯例，排着队，给皇后问安。

万贵妃故意激怒皇后，她在大庭广众之下背对皇后，轻轻弯了一下腰，两旁的嫔妃都很吃惊。

吴皇后怒火中烧，再也无法忍受了。

"大胆的万贵妃，你藐视皇家法制，不懂规矩，你可知罪？"吴皇后怒责道。

"我焉能不知皇家法度，我在皇宫已有二十年了！"万贞儿盛气凌人地反击说，"你如何当上皇后的？当众说说。"

"两宫太后做主，三媒六证，三书六礼，一样不少。"吴皇后提高了嗓门，说道，"昭告全国，无人不知，无人不晓。"

"皇上并没有同意呀，"万贞儿大声反击说，"皇后本不属于你，你鸠夺鹊巢，不知羞耻。"万贞儿已破口大骂。在场的嫔妃、宫女、太监个个吓得面如死灰。

"大胆的万贞儿，竟敢藐视国法。"吴皇后太年轻了，上了对方的当，她对手下下令说："家法侍候！"

"遵娘娘旨！"

"你敢碰我？"万贞儿不服气地说，"皇上也不肯打我，谁敢打我！"

吴皇后下令说："快动手，狠狠地打！重责二十大板！"

万贵妃被几个宫女、太监按在地上，剥下宫衣，但无人敢打。

吴皇后见无人敢打，只好自己亲自动手。她对乱叫乱喊的万贵妃说："你可知道什么是皇家的法度？"然后命令手下："将她赶出宫去！"

万贞儿在宫外放声大笑："你这个皇后，我看你还能当几天！"

（3）怒废皇后

宪宗退朝后，直接去万贵妃的昭德宫中。

只见万妃泪痕满面，头发散乱，宪宗大惊，忙问为何，万妃不答，哭得更加厉害，皇帝只好责问两旁宫女，宫女则按万妃事先编好的话，添油加醋地告了吴皇后一状。皇帝信以为真，怒言要废吴皇后。万妃乘机告诉宪宗，自己已经身怀六甲，宪宗大喜，更坚定了废吴皇后、立万妃为皇后的决心。

第二天，宪宗来到太后的仁寿宫，给钱太后、周太后问安，怒气冲冲地站在一边，告知她们自己决心废吴后，两太后不依。

宪宗见周太后不同意他废后，便以削发为僧相威胁，太后无可奈何，只好答应废吴皇后，另立王氏为皇后，并说先帝原本想立王氏为后，只因司礼监朱玉说吴氏好才立了吴氏。

几天后，颁布了一道诏谕："吴氏皇后贬入西宫，王妃被立为皇后。"礼部大臣个个得了万妃的好处，无一人出面阻拦。

万妃又对吴后一家进行打击，吴皇后的父亲吴俊被免去都督同知的职务，发配登州卫，哥哥吴雄也发配登州卫。司礼部太监牛玉、太监吴吉比吴氏父子还多一条罪名：受吴氏父子的贿赂，破坏皇帝大婚，被下狱治罪，时隔不久发配南京孝陵种菜。

只因吴皇后打了万贞儿，宪宗一怒之下，下令将吴氏废掉。但废后要有理由，并且要诏告天下，宪宗冥思苦想，决定加祸于英宗宠信的太监牛玉，一方面可以找到废后的借口，另一方面也可以迎合人们憎恨太监专权的心理，铲除牛玉，可谓一箭双雕。

于是，宪宗在天顺八年（1464年）八月，发布诏书，指明吴氏被废的理由。他在诏书中说，当年明英宗在世时，曾选定妃子王氏，育于别宫。竟然被太监牛玉给换了，将已被淘汰的吴氏又送到太后面前重选，就册立了吴氏。礼成之后，才发现吴氏性格粗暴，经过调查，才知道这吴氏并非预先选定的，必须向太后请命，将吴后废居别宫。

因此，宪宗在宣布废后的同时，也治了牛玉的罪。初议是死罪，但心中有鬼，明知牛玉是代人受过的宪宗，不知怎么又发了慈悲之心，牛玉死罪可免，但须把他贬到南京孝陵种菜。

宪宗处置牛玉，并不是动真格的。只不过是为自己废掉吴皇后所放的一颗烟幕弹。

这层烟幕许多大臣都不清楚，很多忠臣愤愤不平，纷纷上书宪宗，对牛玉一定从重处治。当年十一月，南京给事中王渊、王徽给宪宗上了一份奏折，请治牛玉死罪。并说李贤坐视成败，党恶欺君，要求将李贤一并治罪。

李贤是宪宗倚重的大臣，所以宪宗极为生气，这样穷追究治，就会把自己所放的烟幕戳穿了。因此，发布诏书，说王徽、王渊等人"妄言要誉"，他们要被治罪。给事中张宁率同官及御史交章论救，也被宪宗一并谪斥为州判官。宪宗对凡参与上书的人加以贬斥。王徽被贬到贵州，王渊被贬到茂州，同时列名上书的朱宽被贬到潼川，李翔被贬到宁州，李均被贬到绥德。

在宪宗严厉的控制下，牛玉一案再也没人敢提了，这件事就这样不明不白，不了了之。

（4）万妃独受专宠

现在的正宫娘娘是王妃。她吸取了吴娘娘的教训，与世无争，百事忍让，任万妃恣意妄为。王皇后的毛病，万妃一时也找不到。

时间过得很快。宪宗成化二年（1466年），万妃生了个儿子。

宪宗立刻下旨，晋升万妃为贵妃，立小皇子为皇太子。接着下旨，命大臣给小太子取个祥和的名子。万通是万妃的弟弟，被破格提升为锦衣卫指挥，加封万贵妃的父亲万贵为都督同知。

同时诏告天下：全国大庆，皇上有了太子，上至百官，下至百姓，人人献贺礼。州城府县，穷乡僻壤，鸡飞狗跳，老百姓骂声不绝。

万贵妃又对宪宗说："求神佛保佑小太子长命百岁！"

皇帝立刻下旨，命六部大臣，选派得力官员去五岳名山，去四大佛教仙山求神保佑，保佑万妃母子。百姓被弄得倾家荡产，骂声不绝。

虽求神拜佛，但小太子并没有长命百岁，还没满月便夭折了，万妃也因高龄生子、接生婆医术不高而失去生育能力。

万妃母因子贵，得封贵妃，太子去世后，她将皇帝控制在自己身边，不让他接近众妃嫔，以免别人生子，飞黄腾达。同时，她勾结心腹太监汪直，总管太监梁芳，结党营私，把朝政搅得昏天黑地。

宪宗专宠万贵妃，对内廷和朝政危害甚大。失去生育能力后的万贵妃，心理变态，不允许宪宗接触其他妃子，也禁止其他嫔妃怀孕生子，这样一来，宪宗纵有三宫六院，嫔妃成群，却迟迟没有太子。这件事不仅使皇帝、太后们发愁，就是大臣们也觉得长此以往，朝廷的稳定也将受到影响。封建礼法云："不孝有三，无后为大。"就连普通百姓都十分重视子嗣，更何况皇族了。"中外以为忧，言者每请溥恩泽以广继嗣"。

宪宗不得子的原因，宫廷内外无人不知。但当时万贵妃宠势正盛，无人敢出面言明。

成化四年（1468年）八月，在京师地区发生了一次地震，又有一颗彗星突然出现。这颗苍白色的彗星有着三丈长的大尾巴，其尾朝向西南，横扫三台星，一直延续了56天才灭。

仅仅两个月，又有地震又有彗星，朝廷因此陷入了恐惧之中，而宪宗也不知自己犯了什么过错，以致遭到老天的报应。于是，他便一面对自己所做的事情，感到自责，一面向大臣们征求意见。

于是，宪宗便收到一些正直敢言的大臣的上书，委婉地劝说宪宗不要过度专宠万贵妃。在奏折中，大学士彭时说："朝廷政治，国家大事，是应当好好考虑的。但宫中根本，也尤其重要。古人说：'子出多母。'现在宫中嫔妃众多，但仍没有怀孕生子的征兆，这一定是陛下的专一所造成的，而被您宠幸的人，早已过了生育的年龄，臣切望吾皇能够均恩爱，这可是为了宗社大计啊！"

万贵妃的名字，彭时虽然没指出，但年近40岁的万贵妃正是他疏中所说"已过生育年龄的人"，他在这里劝说宪宗要"均恩爱"，否则专宠一个失去生育能力的女人，是没有意义的。均恩爱可以巩固宫中根本，而且也是宗社大计，宪宗深为彭时的忠心而感动。但做要比说难多了。他一见万贵妃，就把彭时的话抛到脑后去了，依然专宠专爱。

礼科给事中也联合几名同僚，上奏说："今年一直频频出现灾异，近日彗星又见东方，其白光横台垣，人们心中感到惊恐。这些都是阴盛阳衰的征兆啊！臣等人听说，宫中盛宠一人，就连中宫皇后也受冷落。正当春秋盛年的皇上，怎能让太子之位一直空缺，怎么可以置宗庙社稷之大计于不顾，而在一人身上付出全部的爱情，不想想怎样巩固国本，安定民心呢？"

同时上疏的，还有13道御史康允韶等，其内容大致与上述奏折相似。

这时，宪宗觉得颜面无存了，他恼羞成怒地在折子上批道："我自会处理宫中之事！"

意思很明白，他的私生活，大臣们不需要干涉。

（5）万妃满门富贵

由于万贵妃的原因，明宪宗爱屋及乌，也特别恩宠万贵妃的几个兄弟。

万贵妃有三个弟弟，他们是万通、万喜、万进。他们早年非常贫贱，都以做小买卖为生。

自从万贵妃受宠，万贵妃的父亲万贵便被任命为都督同知。万贵妃的弟弟也都一夜之间名列官宦，骤然富贵。这一切来得太突然了，这父子几人如同做梦，这种事实，他们简直不敢接受。尤其是万贵，长期贫穷的生活使他谨小慎微。最使他害怕的是，全家人都当了官。他经常忧心忡忡地说："我们如此富贵，怎生是好？"

万贵妃的弟弟，起初很老实，不敢胡作非为。但是不久之后，他们就暴露了无赖的本性。他们横行街市，贪赃枉法，欺压乡里，干尽了坏事。有些正直的官员，对他们所做的事气愤不过，便上书弹劾他们，宪宗不但不听，反而责骂上书的官员，官员们再也不敢提这件事了。

在兄弟之中，最专横的是老二万通。他打着万贵妃的旗号，飞扬跋扈，号称京师一霸。谈及"万二"，京城中无人不知，无人不晓。在万通的周围有一群狐朋狗友，依仗着万通的势力，狼狈为奸，干尽坏事。当时，宪宗喜欢宝石珍玩，万通他们便乘机勾结一些工匠，制造这些奇巧的东西，敬献给宪宗，以获得赏赐。他们垄断珠宝市场，与太监们勾结，以千百倍的高价卖出，牟取高额暴利。如果是要卖给皇宫，更是漫天要价，以至府库金银，荡然无存。人们经常看到，每当向宫内发放珠宝珍玩价银时，他们就从宫内运走了一车一车的官银，络绎不绝，人们对此惊叹不已。

万通的生活极其奢侈，他的宅第比王侯还富丽堂皇。万通为人淫暴戾黩，放荡无节，生活极其糜烂。徐达是他的手下，其妻长得艳丽无比。万通见到这个女子后，就想占为己有。于是万通把徐达收为家人，令他全家迁入府中，为达到自己目的，他派徐达出去为他贩盐，随后，将徐达的妻子占为己有。一天，万通因纵欲过度，卧病在床。这时，徐达正巧从外地回来，夫妻久别重逢，自然百感交集，两口子在床上亲昵，窃窃私语。卧床不起的万通在隔壁听到了夫妻的谈话。他妒火中烧，又气又急。只可惜重病在身，起又起不来，骂也骂不出，只觉得有什么东西堵住了喉咙，没挣扎几下，便死了。

成化二十一年（1485年）八月，宪宗得知小舅子万通死了，他悲痛之余，决定厚葬。他特意拨给丧葬银两，专门派有关部门的官员主持葬礼，规模远远超过了他的官级。

宪宗为了抚慰万贵妃悲伤的心情，特意把万喜提升为都指挥使，万进为指挥使。就连徐达，因于万通有功，也被宪宗提升为锦衣卫指挥佥事。

万通还有两个儿子，也获得了封赏，万通亲生儿子名叫从善，才两岁，就被封为锦衣卫指挥使。万通养子，小名牛儿，才4岁，被封为锦衣指挥佥事。后来牛儿官职不断升迁，却仍只用小名，在堂堂的奏疏和圣旨中，仍然直呼牛儿，可笑之极。

（6）柏妃母子遭陷害

明英宗朱祁镇，将12个美女纳入宫中，与儿子同住一宫。这群美女中，最大的11岁，最小的7岁，朱见深即位时，只有18岁，吴皇后才14岁，王贤妃不足14岁，柏贤妃也仅仅13岁。

成化元年（1465年），14岁的王贤妃当上皇后。成化五年（1469年），18岁的柏贤妃生了个儿子，取名朱祐极。

宪宗见儿子长得白白胖胖，非常高兴，对柏妃也宠爱有加，柏妃深知万妃妒嫉，害怕她加害她们母子，便乘宪宗高兴求宪宗道："求万岁保护我们母子的生命。"

"谁敢害你？"宪宗说，"我封你为贵妃，立儿子为太子，满月后就下旨，你觉得怎么样？"

太子满月后，儿子被立为东宫太子，而柏妃也晋封为贤妃，两位皇太后高兴极了。大多数的文武百官，也都高兴不已。

万贵妃却恼羞成怒。她把总管太监梁芳骂得狗血喷头，而且还狠狠地打了他。又把心腹太监汪直找来密谋一阵，想出一个毒辣的办法。

皇帝有了太子，这是件大事。乳娘很重要，挑来挑去，才挑出10名合格的，是用来给太子喂奶的，20名宫女负责太子的衣物，给太子洗澡，落在了15名宫女的身上，还有20名宫女守护太子睡觉。

这么多人照顾一个太子，可不是件好事。这中间就有万贵妃安插的人。太子的小命，时时处在危险之中，因为他们可以随时下毒手。

成化七年（1471年），奇怪的事发生了，人见人爱、胖胖的、活泼可爱的小太子，突然死了，而且是被毒死的。

皇帝震怒了，朝廷也震惊了，皇帝立刻下旨严查，逐个审问传讯服侍太子的几十个宫女，没有丝毫线索。

柏贤妃哭得死去活来，悄悄地向皇上奏道："这一定是万贵妃所策划的。"但宪宗没有追究。不久柏贤妃让人害死了，她死后被吊在空中，宫中人误以为她是自杀。

明眼人都知道这肯定是万贵妃的阴谋。

（7）偷生皇子

害死柏贤妃母子之后没多久，正在这忙乱的时刻，宫女纪氏又出事了。

纪氏本是内藏库管理文书档案的宫女，宪宗一日来到内藏库，见纪氏冰肌玉骨，娇美婀娜，便召幸了她。

不久，纪氏怀孕，万妃得知，暴跳如雷，立刻命人送去堕胎药，逼迫纪氏喝下，又将纪氏从内藏库迁到安乐堂，以便于监视。

纪氏年纪虽小，但很聪明，她当着宫女的面，将药喝下去又叩头谢恩。待宫女刚刚离开，她立刻用被将头蒙上，用手指抠自己的喉咙，药被吐了出来，虽然吐不净，但对胎儿影响也不大了。几个月过后，纪氏生下一个男孩。

纪氏泪流满面地盯着儿子。一个17岁的小姑娘，无依无靠，44岁心狠手辣的万贵妃，是不会放过她的。最后，她银牙一咬，包好孩子，交给宫女，要太监帮忙将孩子溺死。

守门太监张敏平日与纪氏很要好。纪氏把他当亲人，张敏也时时劝解纪氏，让她不要难过，总有一天会好的。

张敏接过孩子，内心想道："皇上年纪不小了，还没有儿子，万贵妃恶毒，她的爪牙太可恶了；纪氏太叫人可怜了，为了大明江山，我宁冒杀头之险，也要将小太子保下来。"

于是，小皇子被他偷偷地藏在空房子里。

纪氏生了儿子，被万贵妃知道了，恶毒的万贵妃立即将送堕胎药的宫女活活打死。

万贵妃逼问张敏纪氏儿子的下落，张敏一口咬定已将其溺死，万贵妃便让张敏监视纪氏。

张敏悄悄地告诉纪氏，小皇子还活着，纪氏天天避开宫女太监给儿子喂奶。

这件事，还有一个人知道，便是被废了的吴氏娘娘。此时，她已24岁了，天天在西宫闲住，一日三餐过后，没有什么事情可做。

当她知道纪氏被关在安乐堂时，共同的命运，共同的遭遇，让她不由产生恻隐之心。她认为，抚养小皇子成了她的责任。

时间过了6年，小皇子十分惹人喜爱，个子高了，知书达理，一表人才。

成化十一年（1475年）五月的一天，张敏照顾宪宗梳头、洗脸，趁机将纪氏育子的经历奏与宪宗，宪宗当即召见了皇子。

第二天，宪宗宣告大臣自己的儿子已6岁了，让大臣们为皇子起名字。大学士商辂为皇子取名朱祐樘，并请皇上为纪氏求封，让母子朝夕相见。宪宗很高兴，封纪氏为淑妃，移居永寿宫，与皇子朝夕相见。

成化十一年（1475年）十一月，宪宗立朱祐樘为太子。

8.抚治荆襄流民

成化十二年（1476年）五月，荆襄逃民再次起义。后来，原杰奉命前往抚治，颇有成效。

逃民又被称为流民，一般指流离失所，不受政府控制的人。明朝有严格的户籍制度，严禁百姓自由迁徙，其户口由政府实行管制。如果大量的百姓逃走，在某个地方聚集起来，政府将面临赋税、徭役无处、无法征收的问题，社会的治安问题也不能保证。明朝政府开始是采取强迫流民返回原籍的政策，百姓反对这个政策，政府就血腥屠杀。在15世纪中后期，荆襄流民就发生过一次大规模的运动。流民会聚在今天湖北省的西北部与河南、陕西交界的山区，明政府动用大量官兵，血腥镇压，但问题并没有因此解决，最后明政府被迫在这里设置郧阳府，让流民在当地落户，他们的合法地位得到承认。

（1）天灾人祸

荆襄是湖广布政司荆州和襄阳二府的合称，位于今天湖北省的西部和西北部。这里山清水秀，秦岭山脉逶迤于东北，襟带河南南阳，大巴山处在西南方，跨连四川夔州，汉水从腹地流过，溯水而上，可达陕西汉中和西安府的商州、商南、镇安诸州县，是四川、湖广、河南、陕西四省交界地，南北长约700公里，东西长约600公里。如果加上陕东南、豫西南和川东，就是一个面积可以达到数十万平方公里的广大地区。

从春秋战国到隋唐，这里曾是繁荣的地方。但自两宋以来，这里首先是宋与金的战场，接着又经宋元之际毁灭性的战争及元末战乱，到明初，人们便流离失所了。为了防止白莲教"余孽"与陈友谅的残兵，明初邓愈在剿灭陈友谅势力之后，明太祖下令"悉空其境"，禁止百姓进入。

15世纪20至30年代期间，是明朝历史上第二个经济恢复发展期，社会安定，人民团结，但是社会危机已露出端倪。据宣德十年（1435年）户部公布的数字，全国人口有9702495户，田地4270172顷，比洪武二十六年（1393年）分别减少了950375户和4307451顷。人户并没有减少太多，而田地却失去了不少。这并不意味着田地荒荒了，而是表明受政府土地登记控制的田地减少了，特权者与地主占有的田地增多了。

政府腐败了。王府不用说，他们是皇帝的兄弟子孙，是特权者，官吏们都不敢向他们征收赋税；富家有钱，可买通官吏，逃避纳税；而官吏本身，可以利用职权偷税漏税。所以，当他们得到田地后，这些田地数额就在政府的登记册上消失了。

田地数额的减少通过土地所有权的集中反映了出来。在洪武时期，土地权是分散的。据户部洪武三十年（1397年）的报告，占有土地在700亩以上的大地主只占有全国土地总数的1/80的土地。地权分散，就意味着小土地耕作者众多，土地经营规模较小。但是，这些小土地耕作者的经济状况是不稳定的，极容易破产。家中只要主劳动力丧失，一夜之间，他们就会陷入贫困，只有出卖手中的小块土地。

小农破产，更主要的是因为政府的腐败加上税制不合理。

明朝前期的税制，特别是劳役制度中征课对象的二元性，是极不合理的。土地的多少确定了赋税，而劳役是按劳动力（丁）的多少确定的。大部分土地被富人占有，只有少部分土地才被穷人拥有，甚至没有土地，富人家和穷人家如果丁一样多，那么富人花一点钱，便可以完成劳役；但穷人家却不一样，人越是穷，就越缺乏物质财富和货币，越雇不起人，只能亲自去劳动。一般来说，穷人靠出卖劳动力来获得收入，劳动力义务地提供给了政府，就没有时间去为自己挣收入了。所以，劳役制加剧了贫富分化，是一种不合理的制度。而且，由于政府腐败，富人可以通过贿赂的办法逃避劳役和赋税，这便加重了穷人的赋税。穷人在原籍无法生存，就只好逃亡。

9岁的小皇帝明英宗刚登基，应天府就送来报告，反映在劳役问题上，政府放富差贫的弊端。报告说：洪武年间，上元、江宁两城的厢长、坊长、甲长等职役，都是派殷实大户充当。现今黄册一旦重造，官吏就接受殷实大户的贿赂，故意将黄册上的登记弄得混乱不堪，将那些已贫苦不堪的穷苦人当做大户，让他们充当职役，使他们家破人亡。还有江宁、溧水等县的"豪猾"将自己家的官粮洒入穷人家。这就是称为"飞洒"、"诡寄"的转嫁税负、逃避赋税的手段。

正统三年（1438年），贫穷百姓在劳役的重压下如何破产逃亡的情况，在山西繁峙县的报告中反映了出来。报告说，该县地处五台山的北面，很难有一个丰收年，霜雪来得早，百姓穷困，难以负担官府的劳役，全县原来户籍登记册上有人户2166户，已经有半数逃亡了。现在官府又征发60人供柴炭，100人监厂，25人修坛场，100人采秋青草，300人充荆越等处巡检司弓兵。有时，还需军需供给，因此人民甚是艰苦，无法生存，不断地有人开始逃亡了。

逃亡人户留下的那份徭役、赋税，也要由穷人代缴。有的官员指出：逃亡的人都是因为贫困。地方官府不体恤百姓的难处，逃民的赋税负担，勒令里老、亲邻代为缴纳，他们遭到连累，只好偷偷逃走。于是逃亡的人户更加多了。

不仅仅有人祸，而且还有天灾。

陕西和山西二省在正统二年（1437年）以后干旱极为严重，最后导致正统九、十年（1444和1445年）的大饥荒。1448年，西北又遭受蝗灾和旱灾。

华北平原和山东于宣德十年（1435年）遭受蝗灾和旱灾。正统元年、二年（1436、1439、1441年）黄河洪水，又惨遭水灾。1442年，山东河南又遭旱灾和蝗灾的打击。

徐州南长江北的淮河流域，宣德九年（1434年）饱受饥荒，正统元年、二年（1436、1437年）和正统九年（1444年）发生了严重水灾，正统十二年（1447年）大范围发生饥荒。

正统十三年（1448年），黄河发生洪水，冲决河堤，分为二流。南流入海，北流淹没了山东西部的大片农田，夺大清河入海。直到景泰六年（1455年）才镇住寿张沙湾镇的缺口，这场灾难才告结束。

从正统到景泰年间，浙江、南直隶、湖广、江西也不同程度发生过局部的自然灾害。数以万计的人民因此背井离乡，躲避灾害。

荆襄有着地域广阔、等待开发的土地，而且位于四省交界部，耕种者可以不纳粮不服役，官府无法控制，因此就成为流民的聚集地区。到成化、天顺之际（1464年），这里已有数十万的流民。

（2）刘通事败

对于逃民，洪武年间规定必须押赴原籍复业。正统年间，对于无法控制的大规模的流民潮，明朝政府采取了人道与务实的政策。正统四年（1439年）的大赦诏书中规定：对逃离的人户，免去处罚，允许在当地申报户口、田地，纳粮当差；愿意回原籍复业的，两年的赋税与劳役便可免去，以前拖欠的税粮一律蠲免。在这一政策的指导下，从正统到天顺年间，在流民问题上明朝政府基本没有出现过大的失误。流民在异乡重新找到了衣食之源，社会相对稳定下来了。

当然，事情并非那么完美，英宗对流民的处置也存在不少问题，那就是政府对流民聚居地的控制很薄弱，社会治安也比较差。

来自各地的数十万流民，情况各不相同。绝大部分是本分的农民，不是原籍受灾就是土地被占，或为躲避不堪忍受的徭役负担，迁到此地，只希望凭自己的能力养家；有的是躲避军役和匠役的军士和工匠，希望在这里安定的生活；少数是为了躲避官府追捕的罪犯，这块地区上最不安定的因素，便是他们。

天顺八年（1464年）底，明廷任命河南布政使王恕兼都察院右副都御史，抚治荆、南阳、襄三府流民。但王恕任职时间不长，就回到陕西去凭吊老母去了。成化元年（1465年）十一月，兵科给事中袁恺奏报说：湖北荆襄的流民，在数百里间，恣意抢掠，攻陷城池，是个患端。而且流民还劫掠了邓州（今河南邓县）李家（这个李家可能就是内阁首辅大学士李贤家）。刚开始，流民只是为了钱财，不想杀人。对于李家的权势地方官府害怕，不敢不发兵追捕，由于流民拒捕，案子就闹大了，成了杀人放火的盗案。

朝廷见了奏报，痛骂官员，让他们戴罪立功，以平民患。

两个月过去了，荆襄的事情并没有平息，反而越闹越大，有个叫刘通的人扯旗称王，想与官府决一高低。

刘通是河南西华人，外号"刘千斤"。他自幼臂力过人，县衙前摆着一对石狮，每只重达千斤，有人为见识他的真功，便请他去试试看。刘通被簇拥着来到县衙前，单手将一只石狮举过头顶，招来阵阵喝彩，由此得了"刘千斤"的绰号。跑到县衙前举狮子，本身对官府就是种威胁，而举狮豪举及由此引起的各种传闻，给他带来了一些声望。

正统、景泰年间，刘通及其追随者流亡到襄阳房县，与白莲教徒允天峰相识，以烧香拜佛组织流民，打家劫舍，挑战并征服了其它领袖。经另一位白莲教徒石龙和尚的策划，刘通在房县大木厂挑起黄旗，自称"汉王"，建元"德胜"。汉王是当年陈友谅的称号，在荆襄他又可以兴风作浪，所以这个称号很有号召力。在短短的时间里，刘通石龙的队伍就已加入了四千余人，有总兵、国师、国老、将军、军师等名号，以梅溪寺为王府，很有几分威风。

王恕回到湖广后，刘通已经闹得轰轰烈烈。他见问题越闹越大，招抚已解决不了，就上疏朝廷请求讨伐作乱的奸民。朝廷在成化二年（1466年）一月中旬，命抚宁伯朱永佩靖虏将军印，充总兵官，佥事鲍政、都督同知喜信充左、右参将，统率京营旅与山东班军15000人，以太监唐慎、少监林贵奉监军，工部尚书白圭提督军务，会同巡抚湖广都御史王俭、抚治荆襄都御史王恕、湖广总兵李震等，合兵讨伐。

大约在一月二十二日左右，朱永到达襄阳西南的南漳县，得知刘通等人的巢穴在豆沙河一带（今湖北省保康县南后坪至县北开峰）。在南漳，朱永因生病而留在那里，白圭指挥官军分四路围豆沙河。刘通分两路突围，但一直冲不出去。四月上旬，刘通在后营山（今湖北神农架一带）与部属2570余人被俘。

石龙在大巴山驻营，攻四川夔州府大昌县，拔巫山县城，击毙通判王祯。白圭命令陕西、四川官兵将石龙困住，另一方面命将率师入川。刘通及其骨干分子约40人在京师被凌迟处死，其余被俘人员，男子11岁以上的全部斩首，用以灭减流民的声势。

石龙因遭到追击，放弃了巫山，转战崇山峻岭中，十月间，再次攻打巫山、大昌，但部属也所剩无几了，在四川东乡县（今宣汉县）遭官军袭击，退居深山隐居。

石龙在深山里不会长久，必然经陕西汉中绕道潜回房县、竹山一带，这点白圭早就预料到了，于是将部队迁到荆襄，在汉中到荆襄的通路上，埋伏下三路兵马拦截石龙。石龙领着困人乏马，行至汉中峰溪山，与中路官军相遇，退往下磻坪，再走邓通河口，又遭西路官军的堵截。大战一天一夜，石龙寡不敌众，乘天黑带部队离去。官军追击至大蚕河一带，将他困在那里，其部将刘长子将他绑缚投降，义军全部被抓获。

白圭上奏朝廷，宪宗决定将石龙等73人凌迟处死，其中包括绑缚石龙投降官军的刘长子（原名冯喜），家属也受到了牵连，被判处死刑。

踏着流民尸骨的官员，因镇压流民而被加官晋爵。工部尚书白圭进太子太保，抚宁伯朱永进抚宁侯，其他人员也被升官。张英诱引刘长子投降，却被同僚指为受贿，朱永命人将其活活捶死。

（3）流民齐集荆襄

因镇压流民有功，白圭奏准在房县、均州、安远县各设千户所，在谷城县石花街、房县板桥山、襄阳油房滩、南漳七里头、当阳漳河口设巡检司，又增设均州抚民同知，竹山、郧阳、高彰、上津、枣阳、谷城、宣城、光化、安远、当阳增设县丞各一员，专门设置捕盗人员，然后班师凯旋。

所谓的千户所、巡检司和捕盗官，这些军事、警察机关和官员都是专门用来对付民众的。这说明官府在镇压了流民起义后，正确解决流民的方法，还没有确立下来。一个重大的社会问题便是流民问题，治安和军事的问题都是由此引发的。如果只采取镇压的方法，只不过是抓住了细端末梢。不除病根，毛病迟早还会复发。

成化四年（1468年）三月，兵部报告：右参将王信来报，自从剿灭石龙以后的一年多来，在荆襄一带四方流民不顾禁令再次聚集，达二三十万人。荆襄和南阳毗邻，又都是"寇盗"出没之地，不加统摄，一旦有变，难以防御。朝廷于是让王信兼提督南阳军务，以控制流民发生动乱。又改户部右侍郎杨璇为都察院右副都御史，控制荆襄、南阳处的流民。但抚治也不外乎是清查人数、发放口粮，然后遣返原籍，仍是种遏塞的办法，没有抓住病因。流民在原籍本来无法再生存下去，当然也不会回去，所以在吃完口粮后，还是会回来。

成化五年（1469年）、成化六年（1470年）两年中，灾难不断，先是旱灾，之后又是水灾，南北直隶、湖广、山东、湖南都被灾难袭击得民不聊生，"男女老幼，饥饿无食，栖止无所，啼号之声，接于闾巷"，饥民在万般无奈的情况下，纷纷涌向荆襄，据估计，总数已不下200万。

朝廷对这些流民除用武力震慑、救济的恩威并用二手外，也没有什么办法可想了，英宗时制订的流民在当地入籍的办法也都忘了。这时候，有个叫陈文伟的山东博兴知县倒是给朝廷上了一道《抚安流民疏》，提了大量有用的意见。他指出：荆襄的流民并不是外来入侵之敌，现在却严兵固域，劳民费财，好似防御外侵似的。这不是长久之计。长久的办法是要加强对流民的管理，要着重于社会经济秩序。朝廷选派才能卓越的知县、县丞到有流民的县任职，对这些县分人民的赋税徭役同时也要宽免一些，使流民有安定生活的信心，再震以兵威。然后官兵进入流民区就会很容易，进一里平一里的道途，遇一村定一村的户籍，划定各户的地界，使流民都拥有自己的土地，而土地也都有自己的主人，这样，后来者无地可容，也就不会再来了。同时又要设卫防御，则流民之非心以格，而守备官军可撤。要不然，不会有宁息之日的。

（4）项忠使流民"堕泪"

宪宗收到陈文伟的《抚安流民疏》，却没发现它的价值，只是批示让户部"知之"。户部也无任何反应。这时，朝廷也收到了巡抚杨璇的奏疏。杨璇说房县一带"流贼"千万为群，树黄旗、劫狱囚、敌官军，非朝廷派大兵讨伐，不能平灭。有石龙、刘通的前车之鉴，朝廷对这份奏疏便特别重视，立即派遣将领，准备出兵。成化六年（1470年）底，宪宗任命都察院右都御史项忠总督河南、湖广、荆襄军务，会湖广总兵官李震，开始进行了第二次大规模的对荆襄流民的镇压。

项忠这次出征，朝廷没有再派任何人跟随，这种情况，明朝是不曾发生过的。项忠深知责任重大，力争早日成功。

据官方的报告，河南新郑人李原是这帮闹事流民的头领。李原外号"李胡子"，原本是刘通的部下。刘通在石岸山被官军俘虏时，他与王彪等人趁乱逃走。白圭班师后，他们又开始在流民中活动，往来于河南内乡、襄阳南漳、陕西渭南之间。成化六年（1470年）夏秋之际，在荆襄一带，流民越聚越多，李原便与王彪、小王洪等人竖起黄旗，自称"太平王"，以为号召，设立了总兵、先锋等官军，立一条蛇、人山虎等号，流民当时有百万之众，群起响应。其中，李原和小王洪所部总共有流民1100屯，分别在竹山县和均州开荒种地。

项忠和李震调集25万官兵，向李原部和小王洪部的屯驻地分八路合围。成化七年（1471年）八月，项忠、李震派他们的儿子项绶、李升到北京报捷：军官捕获了王洪和李原，部众溃散，官军前后斩首1000余级，俘虏28000人，经审查姓名而遣散的流民有938000人，走散者不计其数。

宪宗收到奏报很是高兴，升项忠为左都御史，李震为左都督。李升、项绶也各升一级。

在之后的几月里，项忠又驱流民50万，前后共计150万人，另外，捕获李原部下286人，斩首600人，发遣充军的35000人。随后，项忠对荆襄，提出几条建议，要点有三：一是申明榜谕，流民如果要回到原籍，免三年劳役，一概勾销以往的债务；二是强调禁令，湖广荆州、襄阳，陕西西安、汉中，河南南阳，共5府，所属的47个州县的山场，不允许有流民进入，如敢违反，不管是采矿、垦种，均于山口带枷示众一个月，全家充军边卫；三是将大量官兵调入荆襄，以防后患。

项忠合兵25万到荆襄，实际上是明朝驱逐流民的一次大规模的残暴的行动。当时李原、小王洪等人聚集流民进行屯垦，形成了松散的组织，面对前来驱赶的官兵，有时奋起抗争，甚至刀兵相见，但是并没有组织大规模的武装行动。攻城杀官、抢劫仓库在官方的报告中也没有记载。而项忠、李震进剿时，也没有发生激烈的战斗，流民大约150万人，对付如此众多的流民，官兵仅仅阵亡18人，受伤15人。至于所谓揭黄旗、称王立号之类的事情可能有，但其中当地负有守土责任的地方官借以扩大事态，将责任推卸掉，将事情推给朝廷的嫌疑非常大。

流民被大规模的驱逐，是明朝政府进行的一次破坏社会生产力、滥杀无辜的惨无人道的行动，有良心的官员，很快就将项忠的阴谋揭穿了。

成化八年（1472年）五月，兵科给事中梁璟等人弹劾项忠"要获得功赏"："所路过的州县，既捕获流民，也将有户口之人，一律赶走。如房县编户初不足四里，自永乐以来，仕宦侨居、流民到这里来安家，使这地方扩大到四十余里，各安生业，而项忠将其赶走，不剩一个人。其余的州县也是一样的。官兵见人就驱赶，见流民就杀害，冤声震天，死伤一片，当时的景象，惨不忍睹！"

弘治（1488年~1505年）初修《宪宗实录》，史臣评价项忠征剿荆襄流民一事说：项忠虽然奉旨行事，驱赶流民，但有成家立业的，也有当差的，都不是恶人，用刀兵去驱使他们离开，若不离开，便死在山谷之中，湖广、贵州的充军者，在行船之时，得瘟疫而死，将尸体投入江湖，臭气冲天，使人无法靠近。

荆襄的流民，遭到无辜杀害，冤屈没处申，只有将项忠所立的"平荆襄碑"称为"堕泪碑"，表示他们对项忠及政府的愤怒以及向死难者沉痛的哀悼。

（5）原杰抚定

虽然宪宗认为给事中梁璟等人弹劾项忠滥杀流民的奏章是中伤诽谤，但随着真相的暴露，宪宗本人对以前的做法也有所觉醒，同时有识之士对用武力解决流民问题开始进行反思。

成化十一至十二年（1475~1476年）间，不过三四年的时间，驱赶的流民又聚到了一起，荆襄地区的流民又达数十万。地方官早已谈流民色变，上报于朝廷，以便日后一旦有事，好摆脱干系。

当时的《流民图说》是名叫周洪谟（1420~1491年）的国子监祭酒写的，提出荆襄应该增设府县，流民可以将户籍落下，成为国家的编户齐民，可以充实当地的户口，以为平安。他将文章送给了都察院掌院都御史李宾，李宾见了大为赞赏，上交给宪宗，并提出了自己的意见。几乎是同时，北京北城兵马司一位叫文会的小官也上书言事，提出了相同的看法。

对李宾等人的提议，宪宗愿意尝试一下，于是任命都察院左副都御史原杰前去荆襄，负责对流民进行疏导，要求他察照宣德、正统年间办法来办理此事，是编排户籍、附入州县，还是驱遣复业、严密禁防，二者孰得孰失，一定要依照事情的发展来办理。众以为是，虽然是废了的法律也还是可以行得通的。行事一定要从长远出发，不要着急成功。

原杰，字子英，是山西阳城人，生于永乐十五年（1417年），29岁时中进士，历任巡按、监察御史、山东左布政使、江西按察使、山东巡抚、户部左侍郎，是位体察民情、体贴民心，有着丰富行政经验的官员。原杰到荆襄后，会集河南、湖广、陕西三省的巡抚、巡按，设定了整个工作的内容，并卓有成效地开展起来。完成此工作，需要三个步骤。

第一步，对荆襄地区的流民一一登记。经统计，共有流民113317户，438844口，分别来自山西、山东、陕西、江西、河南、四川、湖广七省及南、北直隶。在湖广荆襄二府就有流民24039户，在河南南阳、河南、汝宁三府者为70552户，在陕西西安、汉中二府者为18718户。三省交界地区的流民就称之为荆襄流民。

第二步，依据流民的意愿，遣返原籍或就地入籍。其中16663户愿回原籍，其余96000户均就地入籍，愿向政府提供赋税徭役，愿种地为生。

第三步，增设郡县。郧阳县被襄阳府所管辖，它地接三省、路通水陆，居竹山、上津、房县及商洛诸县之中，为四通八达之地，但离襄阳府大约500多里，地处深山老林之中，一旦发生事情，便不可收拾。因此将郧阳县城拓广，建为府治，定名郧阳府，下辖郧、房、竹溪、竹山、郧西、上津、白河、保康八县，其中竹溪、郧西、白河、保康为新置县。同时，湖广行都司设在郧阳府，立郧阳卫，辖前、左、右三所。另外，析陕西西安府商县地设山阳县，析河南南阳府南阳县地设南召县、析唐县地设桐柏县、析汝州地设伊阳县。原杰认为，刚刚稳定下来的流民，必须镇之以静，因此推荐河南邓州知州吴远出任郧阳知府，其他的知县就近选择上任。

经过原杰的一番安排，一直困扰朝廷的荆襄流民问题，没想到这次竟然没动刀枪就得以解决。终明之世，这里再也没有发生大的社会动荡。而且政府每年可增收14400余石的税粮。实际上，原杰的功绩，不仅限于荆襄一地，成化一朝，他对流民的安置问题的解决，成为明清两朝安置流民的模式。

由于没有战功，原杰没有得到白圭、项忠曾获得的荣誉。他本想在处理荆襄事务后回到北京与家人团聚，让疲惫不堪的身躯得以休息。但是，却遭显要排挤，被安排在南京任兵部尚书。原杰在接到圣旨后，很是不满，便具本疏辞，并没有得到批准，在迁离之际，竟然在南阳病逝，终年61岁。

襄阳、郧阳二府人民对原杰的恩德却牢记在心，在他死后，立祠纪念他。

9.贬逐汪直

成化十九年（1483年）八月，宪宗因不满西厂太监汪直所为，贬其为南京奉御，他的党羽也尽数遭斥。

（1）"青怪"扰民

成化十二年（1476年）七月，正当盛夏时节，一种名叫"青怪"的怪物把大明京城百姓搅得不得安宁。一些普通百姓，最先发现了它。当时正值暑热，很多贫民家的男人为纳凉，在街上支床露宿。一天，一个贫家男子正睡眼朦胧，有股阴阴的冷风，向他徐徐吹来，他睁眼一看，不禁大吃一惊！只见一个背上罩着一片墨黑的云气、无法形容的怪物，呼啸着在街上窜来窜去。

京城震惊了，这件事使人们陷入了极度恐怖之中。这种怪物来去疾如狂风，虽然人们将窗户紧闭，但还是拦不住他。一旦青怪进来，这家人便进入了昏迷状态。那些被青怪擦着蹭着的人，或者手足，或者脸上，或者身体，不几天就会出现溃烂，流出来使人感到恶心的黄水。

这样一来，一种不祥的恐怖气氛笼罩着全城。一到夜幕降临的时候，人们便在自家门前挂起灯笼，手里拿着雪亮的利刃，用以防止青怪的侵袭。只要黑气一来，便立刻鸣锣，把它赶跑。有人看见，这个怪物身黑而小，金睛长尾，状类犬狸。

不久，在大明宫中，也出现了这种怪物。一天，明宪宗正在奉天门视朝，这个云状怪物突然出现，侍卫们吓得失声惊叫，两班大臣也乱作一团。过了好久，云状黑怪才消失，君臣们才镇定下来。有的大臣把京城的事情奏报给皇上。明宪宗听后，龙颜震怒，下令将京城可疑之处全面清查，以除妖气。经锦衣卫明察暗访，终于在九月份发现一名叫李子龙的妖人，他颇谙符术妖道，竟和宫中太监鲍石、郑忠等勾结起来，暗中进入皇宫作法。宪宗听后，龙颜大怒，认定妖术是李子龙所施，立即下旨，将李子龙、鲍石、郑忠杀头示众，以平民愤。

宪宗在诛杀李子龙后，一想起妖人竟能冲破层层警卫，祸乱宫闱，就感到无限愤恨和后怕。虽然两个月后锦衣卫侦破此案，但妖人随便出入禁宫，这让宪宗感到十分失望。于是，他决定另设一特务机关，以更有效地刺探宫内外的情况。

正在此时，令宪宗言听计从的万贵妃向他推荐掌管御马监的宦官汪直。宪宗很快召见了他，见他十分机灵。于是，乃命他带校尉二人，化装成百姓模样，外出侦察。汪直不负所望，在宫内外暗暗地当了半年多便衣特务，刺探出了不少宪宗闻所未闻的秘密。宪宗一来对那些民间奇闻、官场隐私有着浓厚的兴趣，非常好奇，再则又可监督群臣，真是一举两得。宪宗非常欢喜，索性大搞起来，次年一月，又设"西厂"，由汪直负责管理。

汪直由一名秘密便衣侦探，一下子成了皇帝直辖的特务机关大头目，一时随从如云，气焰熏天。汪直把特务活动从京师扩展到全国各地，形成了一个庞大的特务网。这些特务在民间胡作非为，甚至连百姓吵嘴打架、争鸡骂狗之类的琐事，他们都罗织罪名，兴起大狱，严加惩处。

（2）谏罢西厂

成化十三年（1477年）五月，刚刚成立不到半年的西厂特务组织，在汪直的统领下，已搞得百姓怨声载道。西厂官校横行霸道，骚扰公私，道路以目，朝廷上下，人心惶惶，一批正直官员忍无可忍，一场关于西厂存废的激战爆发了。

这一天，学士万安、内阁大学士商辂、刘吉、刘翊在上朝时，就西厂横行不法之事正式向宪宗提出，并请求罢除西厂纠察人员。宪宗大为震怒，因西厂是宪宗刚刚组建起来的。为了反驳这几位谏臣，宪宗召来司礼监太监怀恩、贾吉、黄高等人，令他们赴内阁诘责三位大臣。怀恩等因有皇上撑腰，昂首挺胸地来到内阁，向各位大臣严声厉色地传达旨意，责问商辂等人："朝廷为什么不能用汪直缉访奸弊？你们竟敢这样说，是谁先出的主意？"

商辂并没有被怀恩的气势吓倒，因为他早已预料到这件事一定会遭到皇上的责骂。他正色回答："汪直坏朝廷事，违反祖宗的规则，失天下人心，辂等同心一意为朝廷除害，并不分什么先后！"

怀恩继续责问道："事情并非如此。这份奏折皇上怀疑你们不可能同时写，既使是同时上奏，那下笔也该有个先后！"

万安鼓足勇气，上前说道："汪直仗势害人，这件事人人都知道，都想说，只是没人敢说。我等同受朝廷厚恩，想说，是不分什么先后的。"

一向胆小怕事的万安也挺身抗言，刘翊不禁万分感动。他一时激动，声泪俱下地奋然抗争："我在东宫侍奉皇上，至今已二十年了。幸而朝廷清明，四方无事。汪直忽然间冒了出来，在朝廷中作害，闹得远近不安，怎能忍心坐视不管呢？我等一定要将此人铲除！"

刘吉受了感染，也上前慷慨陈词："汪直的罪恶就算我们不说，时日不久，也会有人说的。现在既已上奏此事，是黜、是贬、是罚、是谪，我们都听从处置，万死不辞！"

怀恩听了四位大臣义正辞严的一番话，刚来时的冷峻面容，慢慢露出了一些缓和之气，他改用温和的语气说："皇上命我来查问，你们具奏的缘由，现在你们都这样坚持自己的意见，我便一五一十地向皇上禀报。一旦皇上召见你们，你们刚说过的话，希望不要改变。"

商辂等四名大臣立即同声应到："是！"

待怀恩离去之后，商辂这才舒一口气，举手加额，万分庆幸地说："众先生肯为皇上这样尽心尽力，我没什么可担忧的了。"

他的担心并不是多余的。对于罢除西厂的事，是鼓足了很大的勇气才决定下来的。这份劝谏，他为增加力量不得不请出万安等三名大臣为自己壮胆。因为宪宗在还是太子时，万安等三人就曾多年在东宫随侍，与宪宗的关系最为亲密，商辂本人虽系先朝老臣，但很怕宪宗忌他倚老卖老，因此才想借重万安等三人的力量。

商辂心中十分感激万安等三位大臣在关键时刻能够挺身而出，因为他知道平时这些人都胆小如鼠，如果他们在关键时刻退缩，那么后果不堪设想。

宪宗本想派太监怀恩等查问此奏何人指使，期望四大臣互相推诿，极其容易地压服四大臣。但怀恩将商辂的话如实上奏，宪宗无奈，只得下令罢去西厂，罪责汪直。

商辂等四位大臣立即跪下接旨，顿首谢恩。他们万分高兴的是宪宗终于除去西厂。

兵部尚书项忠等大臣在第二天又一次起草一份奏请罢除西厂的折子，并联合各部院大臣一齐签名，共同上书宪宗。宪宗觉察到西厂已引起众人愤怒，不能再祖护下去，心中十分可惜，便将折子留着不发，没有交给内阁大臣讨论。只是派怀恩去责怪了汪直一番，宣布他的罪过，便将他退回到御马监任其原职，而人民极度痛恨的西厂爪牙韦瑛被遣至边卫差操，所属各旗校亦随之解散，仍回锦衣卫任事。过了不长时间，锦衣卫召回了在外查访的二十余名旗校，民间由此得以安宁，一时间特务四散，令人快慰。

（3）复设西厂

在群臣的极力反对下，宪宗只好革罢西厂，但这并不是出于他的本意，那些隐私及他最感兴趣的事，可以为他排忧、解闷。作为一个专制帝王，他对臣下怎能放得下心呢？因此，尽管撤销了西厂，但他仍然让汪直出宫打探民间情报，汪直仍是宪宗最贴心的太监。

一个善于投机的官员知道了这些内情，他便是监察御史戴缙。戴缙就任五年，因为没有显赫的功绩，一直没有升迁。眼见升官无望，急得如热锅上的蚂蚁，想升官想得脑门发亮。没事的时候，探知西厂虽革，但皇上仍宠信汪直。这时，恰遇甘肃、宁夏等地发生强烈地震，他认为这是进言的好机会，于是，他便起草了一份为汪直平反的折子，先把这份折子交给汪直的同党，锦衣卫千户吴绶，让他转交给汪直。

被赶出西厂之后，汪直虽仍然得到了宪宗的宠信，私下里替宪宗刺探情报，但尝到了耀武扬威甜头的汪直，怎甘心当个私下察访的暗探呢，总觉得不过瘾。今见戴缙的折子，正合心意，大喜过望，把戴御史着实夸奖一番。然后，他便在宪宗面前找适当的机会称赞戴御史几句，在宪宗心中留下了好印象。汪直一看时机一到，便密告戴御史，可以向皇帝上折子了。

自从受到汪直的称赞后，戴缙心里异常高兴。他见汪直给他疏通好了路子，马上认真地修订了这份折子，第二天便呈给皇上。

戴缙在这份奏折里用了对比的方法，一方面大力贬斥满朝文武大臣，另一方面则极力鼓吹汪直的几项"德政"，似乎大臣都不能尽忠尽职，只有汪太监一人独自忠于皇上。他还抓住了宪宗迷信的心理，把自然灾害的根由说成是朝臣不忠。表面上颂扬宪宗罢革西厂是"从谏如流"的"盛心"，但言外之意，却影射革除西厂是不能"推诚任人"。只有恢复西厂，继续重任汪直，"然后天意可回"。

这时，御史王亿比戴缙更厉害地吹嘘汪直说："汪直所行，不独可为今日法，且可为万世法！"

人们听了此话，极度愤怒。

但宪宗皇帝却不然。他正担心西厂不能恢复，心里觉得可惜，看了戴缙和王亿的折子，龙颜大悦，立即下令恢复西厂，仍命汪直主持。汪直以恶毒的忌恨之心，更加苛刻地迫害官民、网罗大狱、草菅人命，很多官民搞得家破人亡。戴缙和王亿为了自己钻营升迁，竟投汪直之所好，建议复设西厂，给人们带来了巨大灾难。

（4）报复忠良

大学士商辂，尚书薛远、董方等一批正直官员屡次谏诤宪宗，均遭排斥，相继离开朝廷。而与此相反，阿谀汪直的朝臣都得到了升迁，戴缙为尚宝司少卿，后又擢升金都御史；王亿擢为湖广按察副使；汪直的左右爪牙王越升任兵部尚书兼左都御史掌院事，陈钺为右副都御史巡抚辽东。一时间，汪直势力遍及天下。

宪宗非常重用项忠。宪宗刚即位时，身为右副都御史兼陕西巡抚的项忠，上书宪宗，建议给边关大将更大的治军权，以加强军队建设。宪宗十分赞赏他的建议，从此对他十分器重。

成化前期，在几次重大战役中项忠均被宪宗委以重任，在抵御毛里孩入寇延绥、平定石城的满俊叛军，镇压荆襄流民起义等重大战役中，宪宗对项忠坚信而不疑，尽管其他官兵反对，也不改变主意，仍采纳项忠的战略和建议，项忠纵横沙场，屡建奇功。成化八年，项忠便调入中央任职了，两年后，他先后被任命为刑部尚书和兵部尚书，名列重臣之位。

项忠的人品极为耿直，虽精于政事，而疏于人际关系，尤其是对宫内红得发紫的汪直等当权太监，不屑一顾，更不与其同流合污，因而深受汪直忌恨。

当时文武百官对汪直擅权莫不害怕。汪直每次出宫，都很排场，前呼后拥，满朝公卿大臣，见到后都会远远地避开，给汪太监让路。仅有兵部尚书项忠不理不睬，依然我行我素，有一次竟险些和汪直的车马相撞。

汪直为了报复项忠，便时时找机会侮辱他。每天早朝，在朝鼓敲响之后，大臣们一般要稍等片刻，再从容进宫。汪直为了羞辱项忠，等早朝鼓一敲响，便高声呼喊项忠，迫使项忠像个罪犯似地被传了进去。到下朝时，汪直令校尉一呼而上，将项忠推出宫门，一连几次，使项忠不堪其辱，索性在家装病，不去上朝。

项忠并不甘心受此凌辱。成化十三年（1477年）五月，当内阁大学士商辂率先起而弹劾汪直时，项忠也参与进来，联络各部院大臣，一起上书参奏汪直。

但在署名时，却发生了一点小插曲。这份奏折由项忠起草，然后由郎中姚璧拿着草折到各部尚书那里签名。姚璧先来到尹旻那里，尹旻是个趋炎附势的小人，早已同汪直攀上了关系，有些反感这份折子。但他也不好公开出面为汪直辩护，脸面还是要顾及的。于是，他不冷不热地说："还是让兵部先签名吧！奏折是项尚书写的。"

姚璧连忙说："六卿之长是尹公，理应先签。"尹旻恼羞成怒地说："现在才知道吗？"他是为朝廷耻笑他结交太监，而愤怒不已。

最终尹旻在逼不得已的情况下署名，但马上连夜派人密告汪直项忠弹劾他的内情，二是请求汪直谅解，自己是迫不得已。

西厂虽被革除，宪宗仍然宠信汪直，这使项忠感到心灰意冷。他深知自己在罢除西厂这件事上，已经得罪了江直，朝中受辱之事将会变本加厉。大丈夫不可辱，他索性以养病为名，呈请辞官归乡。

果然，汪直早已铭记在心，对项忠领头弹劾一事，伺机报复。不久，所谓的"刘江案"，便是汪直指使东厂制造的。

刘江是金吾左卫都指挥使，项选其为江西都司巡按御史，他不太懂军政，在一次上书言事中被兵部指为"妄奏当罪"。东厂官校到处散布流言蜚语，俱受汪直的指使，说刘江被选为都司不合乎有关规例，乃是夤缘宦官黄赐，买通了兵部尚书，才非法窃得这个职务。

黄赐、陈祖先一起在司礼监任职，比汪直的职位要高，汪直心怀忌恨，一直想陷害黄、陈二人。大学士商辂弹劾汪直，汪直认为是黄、陈二人指使的，因而铭记于心，向宪宗皇帝诬告黄、陈二太监，说他们是因为西厂法办一个黄、陈的福建老乡而趁机打击他，才鼓励商辂等弹劾西厂。宪宗皇帝听信于小人，竟也认为黄、陈二太监公报私仇，龙颜震怒，便将黄、陈二人贬到南京。汪直还不肯善罢甘休，这次又借刘江一案，连带着诬陷黄赐，黄赐的势力被彻底清除了。

这样一来，事情闹大了。刘江是通过太监黄赐走兵部尚书项忠的后门，才当上了江西都司巡按御史，这不仅表明项忠贪赃枉法，而且又犯有朝官私交内官之罪。尽管朝官与宦官相互结交已公开化，本应是算不了什么。汪直本人与众多朝官勾结，这本也不是什么秘密了。但汪直却拿这件事开刀，非将自己的敌人置之于死地。

案子发生后，汪直便买通了给事中郭镗、监察御史冯贯等连篇累牍地上书宪宗，弹劾项忠勾结宦官，营私舞弊，违法选官。在奏章上，项忠的儿子也遭到告发，锦衣卫千户项经、兴宁伯李震、守备靖州指挥使庄荣、甘肃参将刘文、宁府仪宾王允寿，并及彰武伯杨信等十三人，都是与项忠结交的死党。

（5）贬斥汪直

汪直还不满足于西厂厂主的位置，又盯上了东厂厂主的宝座。所以，他又陷害东厂太监尚铭，企图取而代之。

东厂太监尚铭，也是个奸诈的小人。他早已对汪直充满敌意了，于是，他决定先下手为强，派出大批得力的校尉，暗中进行秘密调查，终于将汪直的全部材料搞到了手。乘汪直带兵外出的机会，他将材料呈报给了皇帝，也告诉了万贵妃。

宪宗看完材料，对汪直的专横也有了一丝警觉，尚铭在一边不时地敲边鼓，添枝加叶，说汪直的坏话。

汪直在外巡视了一年，想回京了，几次向皇上上书，宪宗都没有批准。汪直的死党兵部尚书陈钺，也上书皇上，请求皇上允许汪直回到京城。宪宗不准，把陈钺大骂一顿。这时，汪直、陈钺害怕了。

没过几天，大同府的总兵官孙钺死了。宪宗马上下圣旨："任命王越为大同总兵，立即到任。"

时过不久，宪宗又下一道圣旨："汪直总镇大同、宣府。"又把官和兵全部调到北京。这大大地削弱了汪直和王越的力量。

成化十八年（1482年）三月，宪宗下旨："将西厂撤销，将大同总兵官王越免职。"汪直西厂的职务宪宗虽然没有提到，但是西厂不存在了，其实就是罢免了汪直。

同年秋八月，宪宗又下一道圣旨："调王越防守延绥。"这是万安想的办法，其目的是将汪直、王越二人分开，削弱其力量，使他们没有力量造反，王越从太子太保降为一个边关守将，大大削减了他的势力。

成化十九年（1483年）三月，宪宗将汪直的爪牙戴缙降为南京工部尚书。五月，汪直在大同向皇上报告：有大量敌人入侵大同，请调京兵来援助。公文送到了北京兵部。

汪直的请求被兵部尚书回绝了。张明上书宪宗皇帝说："天气正值盛夏，按时前往戍守，军队难以到达。统计大同府有兵马四万多人。如果官兵同心协力，大同是可以防守的。不必再从北京调兵去。"皇帝看完张明的奏章，下圣旨说："大同府兵力足够，没有必要派京兵去援助。"通过这件事，汪直终于明白自己完了。

成化十九年（1483年）六月，宪宗正式下令，将汪直贬往南京养马。汪直在锦衣卫及东厂提绮的监押下，来到了南京，他因平时骄横成性，到了南京也恶习不改，仍旧盛气凌人。当地官员纷纷上书北京，弹劾汪直。

众大臣列了汪直八条罪状：第一条罪状，辜负了皇上的信任和恩典，欺骗、蒙蔽皇上。第二条罪状，多次带兵在边防线上，滥杀无辜百姓，假报战功，骗取名利、地位。第三条罪状，夺取、侵占、偷盗国库里的财物、金银。第四条罪状，陷害忠良，庇护奸人。第五条罪状，超越职权，独断专行，肆意搜刮文武大臣的财物，中饱私囊。第六条罪状，招纳死党，结成团伙，上下串通，相互勾结，害国害民。第七条罪状，组织邪恶势力，扰乱国家的正常秩序，迫害正义之人。第八条罪状，狂妄的发动战争，挑起边境的事端。

这八条罪状，宪宗看后很生气，立即下令，贬汪直为南京奉御。

汪直终于受到惩罚，他的一群死党也没逃脱惩罚。

汪直的第一名爪牙太监韦瑛，已经被贬到万全卫充军。但他贼心不死，还想东山再起，得到起用。于是他依照老办法：诬告万全卫的刘德兴，说他对皇上不忠，图谋造反。经过皇上派人核实，此乃诬告。宪宗想起韦瑛以往的罪恶，更加生气。于是，韦瑛被推上断头台。这个走狗、爪牙，得到了应有的处罚。

汪直一手提拔上来的工部侍郎张顺，对汪直言听计从，做尽了坏事。宪宗知道张顺是汪直的死党后，就将张顺罢官，削职为民。

第七章　弘治中兴

孝宗在即位前，深受万妃所害。即位之初，就大刀阔斧地去除奸佞之徒，下令罢黜传奉官，夺僧道封号，对中央政府官员进行大刀阔斧的整顿，首逐万安，用徐溥，继罢尹直，用刘健。自己也以身作则，勤求治理。不但遵祖制开设了大小经筵，而且于早朝之外，恢复了午朝。注意节用恤民，较少与民争利。抑制皇亲、贵戚等为非作歹和占夺、接受奉献土地。孝宗的改革，有效缓和了英宗以来日益激化的社会矛盾，使人民生活也相对安定，史有"弘治中兴"的美誉。

孝宗统治也有一些弊端，如重用宦官，大兴冤狱等。另外，在弘治后期，孝宗逐渐怠于朝政，对外戚也是优容有加。因此，孝宗并未从根本上解决长期遗留下来的问题。

1.孝宗亲耕

弘治元年（1488年）二月十三日，明孝宗在籍田亲耕。

所谓籍田，是中国古代为帝王躬耕田间而特意开设的一块土地。明太祖朱元璋建立明朝后，曾将当时的首都南京南郊划出一块土地，定为籍田，籍田北边修筑了一个先农坛，作为祭祀先农的场所。洪武二年（1369年），他率领百官祭祀完先农，就举行了耕籍田礼，至此明朝历史上的耕籍活动便开始了。所谓耕籍田，指封建皇帝在籍田上象征性地推几下农具——耒耜等，从而表示封建帝王关心和重视农业生产。永乐十九年（1421年）明成祖将都城迁入北京，在此划了六百亩的土地为籍田，一是在那里修建辅助设施，即先农坛、斋宫、具服殿、神仓等；二是规定自永乐年后明朝的每位皇帝都要到这里来举行耕作籍田的典礼。

成化二十三年（1487年），皇太子朱祐樘遵遗嘱继承了皇帝位。不久，即遵照祖先的规矩，明孝宗朱祐樘传令礼部，让礼部官员进呈皇帝耕籍田的仪注即礼仪。明孝宗又对洪武以来所确立的耕籍活动作了一些改动，令今后每年春季二月要举行耕籍田仪式，永为定制，以表他对农业的关心，更希望百姓重视农业。在明孝宗的敦促下，弘治元年（1488年）二月，明孝宗将呈上来的礼部官员拟好的耕籍田仪式仔细看完之后，表示同意，决定在弘治元年（1488年）二月十三日举行耕籍田活动。

耕籍田既是一项十分庄重严肃的活动，又是一项复杂的活动。首先，太常寺在二月初十日就开始为耕籍田活动作准备，文武百官也为此事忙碌。十一日，顺天府的官员按仪注的规定把耕土的农具——耒耜和种子送到了京城，交给了负责的宦官，宦官将耒耜与种子拿进宫中后，又在宫中把它交给了顺天府官员，顺天府官员接过耒耜和种子迅速退出午门，并将耒耜和种子毕恭毕敬地放在那里停着的彩车中，然后在鼓乐齐鸣的队伍中由皇宫驶向籍田。

弘治元年（1488年）二月十三日，天气略有寒气，但初春的时节风和日丽。古老的北京城被欢乐的气氛包围着，百姓从四面八方聚集到孝宗前往籍田的道路两旁，等待孝宗的通过，以目睹新皇帝的尊容。

上午九时，头戴翼善冠，身穿黄袍，乘着辇车的明孝宗，在宫廷仪仗队的护卫下，率领文武百官走出宫门，经御道来到了先农坛。

辇车一停，明孝宗就健步走下辇车，在礼官的引导下直奔具服殿更衣，换上了衮衣、皇冠，率文武百官来到先农坛前，此时，鼓乐声齐鸣，明孝宗在乐声中结束了祭祀先农的仪式。

祭祀完先农后，明孝宗又一次到具服殿，将耕籍时穿的黄袍、戴的翼善冠换上，走出具服殿。孝宗刚出具服殿门，导驾官和太常寺卿早已等候在那里，见皇上出来忙走上前来恭请孝宗皇帝前往籍田。于是孝宗皇帝随导驾官和太常寺卿来到籍田，面朝南站在事先安排好的位置上，这时随孝宗而来的官员也按要求站好。一切准备就绪后，只见明孝宗右手从户部官员手中接过耕地农具——耒耜，左手从顺天府官员手中接过鞭子，然后他左手扬鞭，右手扶耒，向前连续推三下耒耜。推完后他又把耒耜交给户部官员，把鞭子交给顺天府官员。交接完毕孝宗皇帝就回到了原位。而顺天府尹在皇上刚站好之时，走上前去，将带来的种子播到孝宗耕好的地中。

按照礼部拟定仪注的规定，在孝宗皇帝三推耒耜后，三公要五推，九卿要九推，于是太保庆云侯周寿、泰宁侯陈桓、镇远侯顾溥、瑞安伯王源、吏部尚书谨身殿大学士刘吉、吏部尚书王恕、兵部尚书余子俊、礼部尚书徐溥等人依次进行了推耒仪式，明孝宗坐在具服殿前观耕台上观看，见到这声势浩大的籍田场面，他欣慰地笑了。

待百官耕籍田仪式进行完，明孝宗又一次走进了具服殿，依次接见顺天府的官兵、绅士和农夫，并下令30个农夫，将未耕的籍田耕完，这时，耕籍田的仪式也就正式结束了。

不一会儿，鸿胪寺官宣布说："亲耕既毕，礼当庆贺。"于是孝宗下令尚膳监进膳，宴请百官，让三品以上官员坐到上面，四品以下官员坐在台下，顺天府绅士坐在先农坛旁。宴请结束，明孝宗授意户部赏给30位农夫每人一匹布，之后孝宗伴随着齐鸣的锣鼓乘辇返回皇宫。

明孝宗虽然在弘治元年（1488年）制定了每年二月举行一次耕籍田活动，但在他执政的十八年间，只在弘治元年举行了一次，这一制度因此是名存实亡。

这一盛大的活动进行完毕后，群臣受到了明孝宗的设宴款待，宴间为了助兴，教坊司进献了多种杂戏。可是，艺人在表演过程中竟时不时地说出一些轻薄污秽的言词，听着听着，马文升就坐不住了，他站了起来，声色严厉地怒骂道："新继位的天子应当知道耕田种地的艰辛，这种低级下流的话语，不能扰乱皇上的圣听！"说罢立即把教工、乐伎统统辞退了。孝宗皇帝认为他做得对，并没有责怪他。可这件事刚刚平息不久又发生了一件事。

这件事发生在二月下旬。那天御马监左少监郭镛建议孝宗皇帝预先选一批淑女，将后宫妃嫔的人数加以扩大，再立两个妃子。当时，修造宪宗皇帝的坟墓尚未完工，因此大臣们十分反对这件事情，左春坊左庶子兼翰林院侍读谢迁率先发表看法说："三年的忧郁，岂能转眼就忘，今日，先皇的陵墓还没建好，怎么可以谈及到自己选妃之事？"认为不可以照郭镛所说的做。他的意见也得到了马文升的支持，监察御史则以郭镛违犯仪礼为由，请求把郭镛下狱治罪。马文升听说后，立即上奏孝宗皇帝说："陛下刚刚即位，不应当轻易治别人的罪，如果这样，就没有大臣敢进言了，这样一来，许多可以借鉴的东西便不知道了，如果能听其对的，忽略错的，对治理国家是很有益的。"明孝宗欣然采纳了他的建议，没有同意监察御史要治郭镛罪的提议。朝臣们谈论到此事，也都很赞赏马文升，认为他的意见是非常正确的，同时对孝宗的做法赞不绝口。

2.罢黜刘吉

弘治四年（1491年），明孝宗讽令刘吉致仕。

在明朝历史上明孝宗是一个善于纳谏的好皇帝，有时他也会被那些善于曲意奉承、欺上瞒下的奸佞之臣迷惑，如对内阁大学士刘吉，尽管科道官们一再上疏进行弹劾，孝宗皇帝却被他伪装起来的面孔所蒙骗，迟迟不肯将他罢除，究其因就是一时没看清他的真面孔。

明孝宗即位时，阁臣共有三人，那便是首辅万安、次辅刘吉，以及入阁不久的尹直。尹直是万安的朋友，一向和万安相互勾结、营私舞弊。成化二十三年（1487年）十月，万安被罢黜后，他也因受牵连在十一月被解除职务。由于万安和尹直被罢官，魏璋立即把这事报告了刘吉，并上奏给孝宗皇帝，弹劾汤鼐和刘概二人，将他们说成是妖言惑众，诽谤朝廷之人，不久刘吉也来到明孝宗面前进谗言陷害汤鼐。听了魏璋和刘吉二人的汇报，孝宗皇帝一怒之下，下令将刘概、汤鼐二人逮捕入狱，随后又把庶吉士邹智投入狱中，用以酷刑，严加拷问。

汤鼐一案虽然瞒过了明孝宗，但大臣中的有识之士却看得一清二楚，明白刘吉这是为了报复言官而策划的。大理寺评事夏镒上疏孝宗皇帝说："庶吉士邹智、主事李文祥、御史汤鼐等人都是被诬陷的，是内阁大学士刘吉利用陛下对他的信任、重用，胆大妄为一手策划的冤狱。刘吉的罪过，陛下难道不知道吗？实际上比万安、尹直的罪，小不了多少。"可是这篇奏章却被孝宗皇帝留中了。夏镒见好久没有回音，于是称病辞官回家。

刘吉早就觉察到了在同科道官的斗争中，自己的首辅地位不太稳固。为了使自己稳坐首辅宝座，他将策略调整了一番，一方面开始拉拢人心，如允许科道官员越级升迁，他还向宪宗提出了建议，对一些弹劾他的言官表面上予以谅解。另一方面对曾经与他作对的官员，继续予以打击。弘治元年（1488年）四月，右庶子张升上疏孝宗皇帝说："当初，纷纷递交奏章的科道群臣，弹劾刘吉、万安、尹直，在这三人中，只有刘吉得以留任，万安与尹直先后被罢了官，所以他提出科道官员可以越级升迁的建议。就从刘吉提出此议之后，科道便再无人弹劾刘吉了，而且，这些群臣，不懂是非，全都附合于他。唐朝李林甫口蜜腹剑，南宋贾似道擅自箝制言论，刘吉的为人，便是将李、贾二人的品德集于一身。请陛下上应天意，尽快将刘吉罢除，以消灾难。"同时，他还历数了刘吉盛纳姬妾、收受贿赂、纵子作恶、恣意淫乐、攀附万喜、夺情起官等十大罪状。对此，刘吉怀恨于心，再次授意魏璋弹劾张升，张升便被贬为南京工部员外郎。孝宗皇帝又一次被刘吉欺骗。

刘吉想尽办法讨孝宗皇帝的欢心，只是为了稳坐首辅的宝座。当时新入阁的徐溥、刘健都非常能干，常常提出一些利国利民的建议，针对此，为获取明孝宗的好感，身为首辅的刘吉开始效仿他们，竟找一些无关紧要的事情上奏。弘治二年（1489年）二月，明孝宗因为天气久旱，想让阁臣布置，由儒臣们撰文祈雨。刘吉得到消息后便大做文章，上疏辩论道："最近有奸臣沿用李孜省、邓常恩的道术，月华宫刚刚完事，要天下雨，不需要祈求，愿改用别的方式，否则万一招来横祸，实在不好。"明孝宗见他说得不无道理，所以就打消了命儒臣撰文祈雨的念头。从此以后，刘吉便常常将"小心翼翼"之类的话，挂在嘴边。不仅如此，刘吉还经常在别人的奏章上署上自己的名字，蒙蔽明孝宗。

刘吉善于投机，致使明孝宗对官员们弹劾刘吉的奏章不加理睬，庇护刘吉，而且对刘吉十分专宠，时常给他加官晋爵。于是有人暗地里给刘吉起了一个不雅的绰号——刘棉花，意思是越弹越发。刘吉知道这件事后心中十分不满，立即派人暗中查访，得知是个屡试不中的老举人起的，于是刘吉就上了一道奏章，建议凡是参加三次会试，而仍然不能选中的举人，以后的会试便不可以参加了。不过，这道禁令随着刘吉的被罢黜也就成了一纸空文。

弘治初期，孝宗很是信任刘吉，但随着时间的推移，他慢慢觉察到刘吉是个十分阴险的家伙，于是开始对刘吉感到憎恶，只是刘吉自己并不知道罢了。

弘治四年（1491年），明孝宗打算将张皇后的弟弟张延龄封为伯爵，按规定令刘吉撰写一份诰券。刘吉故意装出一副重礼制的样子，拒绝撰写，并说："吴、王两宫太后家，还有没受封的子弟，怎能先封张皇后家的，实是不便。只有先封了吴、王两宫太后家的子弟，才可封张皇后的弟弟。"这分明是刁难皇帝，故意用两宫太后来压制张皇后，明孝宗特别气愤，立即派内官到刘吉府中，讽令他退职还乡。刘吉见自己失宠，不得不上书引退，就这样，位居内阁十八年之久的刘吉被明孝宗赶出了内阁。

3.丘濬著《大学衍义补》

弘治四年（1491年），文渊阁大学士丘濬著成《大学衍义补》，提出了一系列颇有创意的经济理论。

（1）十年成书

丘濬（1420~1495年），字仲深，号琼台，广东琼山（今属海南）人。父亲很早去世，母亲李氏则亲自教他读书。他聪明伶俐，且勤于诵读经文，19岁为诸生。正统九年，举广东乡试为第一。十二年赴京参加会试没有考中，遂入太学继续完成学业，祭酒萧镃器重丘濬，以为将来丘濬一定会有所作为。景泰五年举进士。在廷试中，考得了第一，进入二甲，又得第一，被选为庶吉士。丘濬在馆中，善于读些没见过的书，从中受益，他的声名日盛。庶吉士散馆，授翰林编修。他阅读坟典、埋头钻研，见识日益增长，并研究朝廷的规章制度，以治理国家，振兴天下为己任。时两广瑶僮为乱，天顺以来，总兵颜彪、都御史叶盛讨之不能平。成化元年（1465年），都督同知赵辅，右佥都御史韩雍往代彪、盛。丘濬折奏记于大学士李贤，指出瑶僮之大乱在广东宜于平定，而在广西则容易被围困。当屯兵于瑶僮之巢穴大藤峡，将瑶僮所种植的庄稼毁掉，使颗粒不收，则此地的粮食来源被切断，困其一二年，则可剿灭。李贤将丘濬的主意和策划呈献于诸位朝臣。宪宗下诏把他的对策拿给众人看，人人都认为对。韩雍采纳其直攻腹心大藤峡的建议，拟定了快刀斩乱麻的战术，获得胜利。自此，丘濬的名声在公卿之间广为流传。丘濬任编修九年秩满，升侍讲，与修《英宗实录》，度纂修官。丘濬以自己的史笔，为于谦澄清不实之词，"或谓少保于谦之死，当著其不轨。公曰：'乙巳之变，微于公天下不知何如！武臣挟私怨，诬其不轨，是岂可信哉？'"众人惊愕，功过都根据事实记录。他又为前工部尚书江渊洗雪冤屈，"执笔者谓黄竑易储之奏，出前工部尚书江渊，馆臣多以为然。公独曰：'闻当时竑教其兄为此，觊免死耳。且广西书奏用土产纸，易辨也。'索其奏验之，果广西纸，众乃服。"书成后他被升为侍讲学士。丘濬通经讲史以对官，语音流畅宏亮，所说所讲与意旨相符，宪宗非常高兴。不久撰《续通鉴纲目》，书成后他被授翰林学士。

成化十三年（1477年），丘濬迁国子监祭酒。在任经筵讲官时，他产生了纂写《大学衍义补》的想法。《大学》原为《礼记》中的一个章节，宋洛闽诸儒特为表彰，渐独立为书，南宋真德秀征引经训，参考史实，采用先前儒家的经论，又用自己的理解阐述申明，撰《大学衍义》。丘濬以其书"有格物致知之要，诚意正心之要，修身之要，齐家之要，而于治国平天下之要阙焉"。遂有愿望补全其空缺，当他做了祭酒之官，无什么政事可为，于是开始着手撰书。仿照真德秀原书体例，"采辑五经诸史百氏之言，补其阙略，以为治国平天下之要。立为十二目，曰正朝廷，曰正百官，曰固邦本，曰制国用，曰明礼乐，曰秩祭礼，曰崇教化，曰备规制，曰慎刑宪，曰严武备，曰柔远方，曰成功化。又于各目之中，分为条件，凡一百十有九，共为书一百六十卷。补前书一卷，目录三卷，总一百六十四卷，名之曰《大学衍义补》，所以补德秀前书之阙也"。宋理宗口头上崇慕道学，而实际上放纵自己，以致权臣外戚，狼狈为奸，真德秀撰《大学衍义》，正是对理宗虚伪的政治道德进行抨击，他的愿望是通过该书，提醒统治者要真正心诚，故其书侧重强调修身，"而不出乎身家之外"。丘濬以其书所衍之义大而简，于是在补充的时候，重视实际政事。丘濬指出了两书之关系，"其详其简，各惟其宜，若合二书言之，前书其体，此书其用也"。丘濬在祭酒任上，专心著述，10年之后才写成此书。

（2）治国方略

丘濬认为，"富民"的存在是社会发展的需要，应该保护他们，不能"夺富与贫"。他提出了解决土地问题的"配丁田法"，并主张由民间经营商业，国家不与商贾争利。他批评桑弘羊的均输、平准和盐铁国营政策；主张尽量扩大商人的活动领域，放手让民间开展海外贸易。他反对向商人征收繁重的税务，说："贫吾民也，富亦吾民也，彼之所有，孰非吾之所有哉。"这些观点，有助于商品经济的发展。

值得注意的是，他在记述钱币与纸币的关系时，接触到了劳动价值的观点："世间之物是生于天地，然皆必资以人力，而后能成其用。其体有大小精粗，其功力有浅深，其价有多少。"（《铜楮之币》）。即：物"价"（价值）的大小，取决于"功力"（劳动量）的深浅。这种认识虽然不够全面，但是比西方的经济学家早一百余年。这在当时无疑是一个难得的重大发现。

发行不兑现纸币，丘濬对此表示坚决的反对，他强调"物与币两相当值"，提出了以银为上币，钱为中币，钞为下币的币制改革方案。他认为理财要"为民而理"，反对将国家财政"专用之以奉一人"。这已带有"犯上"的意味了。

丘濬在《大学衍义补》中阐述的经济思想，是于明王朝由盛转衰，而城市工商业的发展正在逐步孕育着资本主义的背景中形成的。他成了中国明代中期经济思想的重要代表人物。

此外，《大学衍义补》中也记载了关于法律的一些内容，开了中国古代比较法律制度研究的先河。他认为刑狱的目的是"去天下之梗"，德、礼、刑、政缺一不可，立法须以便民为本，执法则要"坚如金石，信如四时"，并主张"慎刑恤狱"。

孝宗继位，丘濬乃表上其书，皇帝奖谕有加，诏誊副本发福建布政使司付书坊刊行。丘濬乃特进礼部尚书，掌詹事府事。弘治元年，诏修《宪宗实录》，丘濬为副总裁官，用了四年写完此书，加太子太保。旋命其兼文渊阁大学士，入阁参与机务。明代以尚书入阁者自丘濬始。既已入阁，丘濬上奏孝宗，想要把《大学衍义补》中的部分内容加以实施，请皇帝御览。丘濬看到明朝以来的各种社会弊病，孝宗刚继位的时候曾经除去一些弊端，但很快又死灰复燃。他还看到要统治者振作很难。丘濬在奏疏中详细地作了说明。他说这些主张"非若郑康成之训经义泛滥无益也，非是王安石之假经言纷更变乱也"，希望朝廷能够重视。丘濬表示，从前在国子监任职，只能写书而不能施行，现在身在内阁，正是施行《大学衍义补》中治国平天下之策的时候了。丘濬又表示要陆续奏进治国方略，请求皇帝审阅后，"赐御札批下，会同内阁一二儒臣商量处置，拟为圣旨"，传命有关衙门执行。孝宗答旨，"卿欲有言，具奏来看"。对于丘濬上奏了哪些方略，历史上并没有明确的记载，丘濬留下的文集中，亦记载不详。证之于《大学衍义补》，丘濬所进，大略有帝王仁政、官制、选举、兵制、土地赋役、盐法、海运、常平、货币等内容。

总的看来，丘濬所论，很少有在明朝的实际政策中产生影响的。孝宗时，无论选举、官制、盐法、土地赋役都出现了种种弊端，亟待改革。在各地实施政策的过程中，总有所变化，如选举中三途畸轻畸重，官制中内阁之权趋重，赋役制度的均徭法，九等户制的划分，等等。而上述变化在《大学衍义补》中没有它们应有的地位和应该得到的评价。丘濬经科举入仕后径官翰林，以至入阁，没有到一个地方任职，对于北方的黄河流域和商品经济较为发达的江南均无直接体验，丘濬的知识限于从书本到书本，至多也不过征询于来京的官员，因此他的一些论述有很多不切实际的地方。如丘濬的海运之议，受到嘉靖、隆庆时被誉为才臣的万恭的批评。对于官制，丘濬不仅颂扬太祖罢相之后的体制，又要求一些官职如公孤要名副其实。这完全背离了明朝的政治现实。至于仿周礼而要求户部掌教化百姓等论，皆不过是复古，殊属可笑。丘濬奏呈的意见很难实行，故并未对当时的政策产生具体的影响。

《五伦全备》、《投笔记》、《举鼎记》、《罗囊记》等也都是丘濬所作。有《丘义庄集》传世。

丘濬晚年，多次上奏要求回到故乡，但明孝宗极力挽留。弘治八年（1495年），丘濬在北京去世，终年75岁。

4.册立储君

弘治五年（1492年）三月八日，孝宗举行仪式，定立储君。

弘治四年（1491年）九月二十四日，明孝宗的第一位皇子诞生了，他是由张皇后所生，这位皇子就是后来的明武宗朱厚照。

据历史记载，这位皇子身份非常显耀。一是他出生于弘治四年（1491年）九月二十四日申时，弘治四年为辛亥年，九月是甲戌月，二十四日是丁酉日，他出生的时间极为特殊，如果把上述的地支按时、日、月、年的顺序读起来，恰好与地支中的"申、酉、戌、亥"相吻合，这在当时，可不是一般的命，是大富大贵之命。二是在明代历史上皇后所生的嫡子，又是皇帝长子的简直微乎其微，可是朱厚照却是皇后所生的第一位皇子，即嫡长子，除了明太祖朱元璋的太子朱标既是嫡子又是长子之外，就数张皇后为明孝宗生下的朱厚照了。三是这位皇子，明孝宗盼了四年之久。正因如此，所以当皇后张氏为孝宗皇帝生下了皇子的消息传开后，无论是皇室成员还是朝中大臣都为孝宗皇帝喜添贵子而欢呼雀跃。朝廷上下沉浸在一片喜悦之中。

明孝宗格外地疼爱朱厚照，当皇子朱厚照刚满五个月时，对立东宫太子之事，孝宗便开始与众大臣商议了。弘治五年（1492年）正月二十四日，太师兼太子太师英国公张懋亲自率领文武大臣上表明孝宗，说："臣认为，皇上圣明，有了圣子，所以臣恳请皇上早点颁下诏书，立东宫太子，这是国家根本，皇上圣明，愿皇上万寿无疆。"与此同时还上表太皇太后周氏、皇太后，请求尽快册立东宫。对英国公张懋等大臣的请求，明孝宗并没有马上同意，但他心中十分高兴，只批复说："众大臣忠心为国，是件好事，但这关系到江山社稷，皇子年龄还很小，不可急于行事，等过段时间再说。"然而孝宗皇帝的批复刚发下不久，二十七日就又接到了英国公张懋率领文武大臣所上的请求尽早册立太子的表，对此，明孝宗仍是予以回绝，说："皇子应定国本，安人心才可，现在不用心急，待长大一点后，学习达到一定的功德，才可以举行。"

面对明孝宗的一再拒绝，弘治五年（1492年）二月初二日，他们第三次上表孝宗皇帝，请求立刻册立太子。见大臣们再三坚持，明孝宗于是就顺水推舟，批准了他们的请求，并下令礼部为册立东宫的仪注选定日期。领命后，礼部官员即开始准备，不长时间就拟好了册封太子的仪注，并选定弘治五年（1492年）三月八日举行册立皇太子的大典。

明朝册立皇太子的大典，是一项十分隆重的事情，但礼节十分繁琐。册封典礼那天，明孝宗先令保国公朱永祭告天地，新宁伯谭祐祭告社稷，驸马都尉周景祭告宗庙，自己则祭告奉先殿和奉慈殿。然后前往奉天殿，派少师兼太子太师吏部尚书华盖殿大学士刘吉充正使、太师兼太子太师英国公张懋充副使，持节奉金册、金宝行礼，往授皇太子。与此同时，皇太子则由文华殿出迎金宝、金册，按照礼仪，皇太子应跪拜各两次，鞠躬，俯伏各一次，典礼完毕后，还要去中宫叩谢母亲，接受朝贺。但这一切，仅5个月大的皇子，是不能完成的，皇上便让一位保姆抱着皇子来完成。

按照册封太子仪注，承制官在奉天殿中门外向皇太子宣读了孝宗皇帝册封皇太子之制，说："自有帝王以来，这些万世之业，必须有四海之心，国家安定是固国的根本，处理万事，一定要心和，一定要深怀永图，预建元良，以稳定国家之根本，我有儿子厚照，是上天赐予的，愿授与金册、金宝，立为太子。"

在这次册封过程中，还有一大批临时官员，包括授册宝官、读册宝官、纠仪御史57人、仪仗人员、典礼警卫和武官52人，司仪10人，引导6人，太监10人，总共135人。外藩使臣、僧道、耆老等是观礼的文武百官。

随后，明孝宗又以册封皇太子诏告天下，说："帝王先领天下，应以稳定为立国之本，心系于民，才能统治长久，我已当了五年的皇上，日夜操劳，儿子厚照，不同凡响，愿皇亲、公、侯、驸马、伯、文武群臣抚立他，我已择日，将他立为太子，正位东宫。"并大赦天下。

就这样，朱厚照仅仅来到人间五个月就一下子成了大明王朝的继承者。

5.刘大夏治黄河

弘治六年（1493年）正月，刘大夏被孝宗提升为副都御史，开始受命治理黄河。

刘大夏（1436~1516年），字时雍，号东山，湖广华容人。景泰六年（1455年）20岁时举乡试第一。天顺八年（1464年）中进士，后选为庶吉士。散馆后被分配到兵部，先后任职方主事、员外郎、车驾司郎中。由于他精于兵事，勇于直言，尚书非常看重他。

成化十九年（1483年），刘大夏官升福建右参政，颇有政绩。后因其父去世，不得不辞官回家服丧。

弘治二年（1489年），朝廷再次起用刘大夏，先后任他为广东右布政使、左布政使及浙江左布政使。他为官清正廉洁。官库中有一项余钱，向来都不记入账簿，为官者公然中饱私囊。刘大夏到任，检查库藏，发现此事很是不解，吏员将旧例告诉他，说明不当入账。他沉思良久，突发感慨，大声说："刘大夏平日读书做好人，如何遇此一事，沉吟许多时，诚有愧古人，非大丈夫也。"

弘治五年（1492年）七月，张秋（今山东省阳谷东）一带黄河决口，泛滥成灾，漕运断绝。孝宗命工部侍郎陈政征集15万人去疏浚黄河故道，堵塞决口，但不久，陈政逝去，工程没有完成。吏部尚书王恕向孝宗推荐浙江布政使刘大夏，孝宗批准此事，于是次年正月，刘大夏走马上任，主管治河大事。弘治七年（1494年）五月，孝宗又派遣宦官李兴、平江伯陈锐到张秋协助刘大夏共治决口。当时黄河决口处宽约90丈。经过实地勘察，刘大夏提出先治上流，开辟新河将旧河里的水导入黄河道及淮河，并且于决口处筑水坝，且合且决，随决随塞，昼夜施工，到当年的十二月二日筑成大坝。再疏浚仪封黄陵冈之南40余里的贾鲁旧河，由曹出徐，以减缓水势。同时疏浚孙家渡口，另凿70余里新河，让水从中牟、颖川东流入淮河，然后一步步堵塞决口，昼夜不停地将装满土石的大船沉入水流湍急处，该年十二月工程完成。孝宗派人慰劳，改张秋为"安平镇"。刘大夏又上书请求修筑黄陵冈河口之堤，使黄河上流南下徐淮，才可保运河永远安全。弘治八年（1495年）正月，刘大夏又带人筑塞黄陵冈等七处河口，黄河复归兰阳（今河南兰考）、考城（今河南民权北），经归德（今河南商丘）、徐州流入运河，再由淮河入海。又在黄河沿岸从胙城（今河南延津北）至小宋集（今山东曹县西），筑堤160多里，大小二堤互翼，黄河水全部流入大海，北流方始断绝。此后很长时间内都没有发生黄河决堤的事故。

6.赐死荆王

明孝宗朱祐樘在位期间，对那些胡作非为的宦官、勋戚，不仅给予制裁，而且对同姓的亲王也铁面无私，丝毫不留情面。弘治五年（1492年），明孝宗就曾亲自下令逮捕了荆王朱见潚，并根据所犯的罪行，将其废为平民。第二年，也就是弘治六年（1493年）将又有不轨举动的朱见潚处死，为国为民铲除了一大后患。

朱见潚，是荆宪王朱瞻堈的长孙，靖王朱祁镐的长子，也是世袭王位的继承者。朱见潚有两位兄弟，大弟弟朱见溥是都梁王，小弟弟朱见濍被封为樊山王。朱见潚与朱见溥虽是一母所生的同胞兄弟，但朱见潚不学无术，是个心胸狭窄之人，他常常疑心母亲偏爱弟弟朱见溥，因而将这怨恨存记于心，而且随着时间的推移，这种怨恨之情不断升级，越来越严重，逐渐在朱见潚的脑海里深深地扎下了根，最后又发展到了无法克制的地步。终于有一天，他将自己的生身母亲软禁起来，不给饭吃，不给衣穿，毫无人性地加以虐待，没过几天，就将母亲活活地折磨死了。母亲死后，他不但没改掉恶习，也不醒悟，反而变本加厉，偷偷将母亲的灵柩运到荒郊野外，草草地埋了。

母亲被害后，第二个遇害的是弟弟朱见溥。他派人传口信给朱见溥，说是要在后花园会见朱见溥，共同商量家中之事。当朱见溥如约来到后花园时，趁朱见溥一不留神，朱见潚一下子将弟弟按倒在地，残酷地把他杀害了。

在朱见潚杀了弟弟朱见溥后，他的好色之面目便露了出来，他把欺凌的目标转移到同胞朱见溥的爱妃何氏身上。何氏生得漂亮，有着妩媚动人的眼睛，在朱见溥活着的时候朱见潚就对何氏心存歹意，总想据为己有，但由于有朱见溥在，加上这位爱妃与弟弟感情甚好，忠贞不渝，所以他一直不得施展其计，无法靠近这位美人。这次朱见溥被害后，朱见潚认为占有何氏的机会终于来了，于是他就派人去见何氏，故技重演，将何氏骗入自己府中，强行霸占了她。何氏失身于朱见潚后，整日愁眉苦脸，不吃不喝，只求速死。阴毒的朱见潚，企图迫使她就范，肆意折磨她不让她死去。为此他一面派人监视何氏，不让她自杀，一方面，用强制的手段，派人给她灌米水，让她欲死不得。无奈何氏死意已决，没几个月，她就悲惨地离开了人世。

何氏死后不久，荆王朱见潚又发现，茆氏生得娇美可爱，她是从弟朱见潭的爱妻，于是他就开始想办法把茆氏弄到手。可是朱见潭的母亲马氏治家很严，与儿媳茆氏从不分开，致使朱见潚每次都无法单独接近茆氏，只得败兴而归。于是焦躁不安的朱见潚开始迁怒于马氏，为了除掉马氏，他把一个莫须有的罪名扣在了马氏的头上，将马氏头发剃光，并用鞭子抽打她，逼她承认有罪。朱见潭在母亲被抓后曾几次到荆王府求情，都没有成功，反而激起了朱见潚的火气，被朱见潚抓了起来，用盛满土的袋子活活压死了。马氏得到儿子朱见潭惨死的消息后，自己也连痛带气而一命呜呼了。一下子死了两个眼中钉，荆王朱见潚就更加有恃无恐了，他忙派手下恶奴到都昌王府，将朱见潭的爱妻茆氏抢入府中，占为己有。

朱见潚残害了数条人命，却一直平安无事，因而更加肆无忌惮了。除了霸占他人妻妾外，他还时常纠集一些不法之徒，穿着便装，骑着马，四处游荡，骚扰、掠夺民宅，又远涉汉水，将别人的妻女抢来。面对社会上这个大公害，人们敢怒不敢言。然而在惧怕他的人当中，有一人正如坐针毡，他就是荆王朱见潚的小弟弟樊山王朱见澋。

在短短几个月的时间，朱见潚连续杀害了自己亲生母亲和两位弟弟，朱见澋见了心里极度恐慌，唯恐灾难再降到自己的头上，所以整日小心谨慎地打发日子，度日如年。这时有一个门客偷偷地向朱见澋进言说："王爷整日提心吊胆，也不是个办法呀，我们何不将荆王朱见潚的所作所为密报当今皇上，对荆王的所作所为，皇上一定会作出公正的裁决，一定会治荆王的罪，到那时王爷您也不用谨小慎微了。"朱见澋听后心中一亮，于是偷偷地密告了荆王朱见潚的种种罪行。孝宗对荆王的种种罪行十分气愤，说："在我大明宗室里竟然存在这种不仁不孝、残暴恶毒的人，真是天下的不幸。"于是立即将朱见潚传召进京。不久，朱见潚来到了京城。

孝宗皇帝接到朱见潚已来到京城的奏报后，马上下令对其进行审讯，命廷臣与他一起会审朱见潚。他亲自来到文华门，在审讯过程中，明孝宗根据樊山王的奏报详细地列举了荆王朱见潚的罪行。在证据面前，朱见潚承认了罪行。于是明孝宗立即下令将荆王朱见潚废为庶人，监禁到西内悔过。

然而，朱见潚还是没有丝毫悔改之意，他邪念屡出，伺机报复，对自己以往的过错，从不反省。才被废为庶人一年多，他就又不老实了，开始筹划陷害朱见澋。经过一段时间的酝酿之后，他给朱见澋凭空捏造罪名，上告孝宗皇帝说朱见澋与楚府的永安王有图谋不轨的举动。明孝宗见到奏章后，大为吃惊，立刻派遣官吏前去调查，结果完全是凭空捏造，樊山王与永安王根本没有谋反的迹象。与此同时樊山王朱见澋听说后，十分气忿，于是他再次向孝宗皇帝报告，说荆王朱见潚曾私自制造弓弩等兵器，这些都是朱见潚父子谋反的证据。为了弄清事情真相，明孝宗再次派遣官吏进行调查，经过调查，果然与樊山王朱见澋所奏的毫无两样。在封建社会谋反属于十恶不赦之罪，不是一般的罪名了，于是明孝宗处死了朱见潚，废除继承权，让朱见溥的儿子朱祐桐承袭了荆王的爵位。

7.杨茂元获罪

弘治八年（1495年），杨茂元因谏宦官事，获罪入狱。

到了弘治后期，很少有言官上疏言事了，尽管明孝宗不断地下诏求直言，但言路堵塞仍十分严重。

有识之士对这一现象十分关注，迫切地要求改变这种局面，弘治十年（1497年）户部办事进士孙盘上疏明孝宗，建议将负有言事责任者分为四个等级：敢于冒犯权贵不畏艰险者，为上上等；能给朝廷提意见者，为上等；愿意为国家着想者为中等；沉默不语者为下等。不同等级的奖惩不同，官位的大小也不相同，如想与上等一样，中等也将要提出10条以上的建议。可惜这一建议没有引起明孝宗应有的重视，只被准许奏于有关部门。

对大明王朝带来最大伤害的，莫过于言路的堵塞。由于监督力量日渐薄弱，所以各级官吏违法之事不断发生。他们或者贪污公帑，或者侵欺盐价，或者索贿吏役，或者鱼肉百姓，或者谋占官地，等等。大明王朝的肌体，被各个方面侵蚀着，这不能不说是明孝宗的失策。

弘治七年（1494年），黄河在张秋决口。接到报告后，明孝宗极为重视，并立即命刘大夏负责治理黄河的决口，随后又派宦官李兴、平江伯陈锐赴张秋，辅佐刘大夏。可惜，孝宗的本意却被太监李兴辜负，他颐指气使地凌辱地方官，与地方官之间的矛盾不断加深。恰恰又在这时一件怪事发生了。

以往，朝廷祭河，都要先祭河神，以求平安和治理成功。刘大夏来到张秋后即据此例进行了祭河神的典礼，可是祭河那天由于天气阴晦，空气湿度大，布帛不能燃烧，在还没烧完祭品时，发现所剩的祭品犹如人脸。这个消息传了出去，人们对此没有合理的科学解释，认为这是上天发出的警示。

杨茂元听说这一消息后十分惊讶。他对宦官本无好感，对李兴的所作所为更是厌恶，他趁此向皇帝上疏道："想治理黄河，官员多了，治理便会不专一。有司供认，每天要消耗百金。诸人初祭河时，天色隐晦，帛不能燃。在焚烧的时候看到人的面孔，让人十分害怕。鬼神示怪，难道是偶然的吗？请陛下召回李兴、陈锐等人，专门委任刘大夏，这样以来治河一定会成功。而且水呈阴象，现在后戚家威权太重，其实预示着贪官越来越多，请陛下赶快防备，想办法将灾难消除。"明孝宗看完了奏疏，心中十分不悦，不免产生怀疑。为了将问题妥善解决，他以治河需要为由，令李兴不必回京，又说："成就大事要不惜小费，李兴等都不用回京，让工部传令给他们，要求他们加速治河，节省开支，约束属下，不要侵扰百姓。"同时加派巡按都御史熊翀、巡按御史王槐会同山东巡抚、按察使一起进行调查。可是由于李兴、陈锐等的阻挠，这次调查并没有取得预期效果，熊翀和王槐看到的只是一些表面现象，并据此作了一份报告给孝宗。在报告中他们说："祭祀的第一天焚帛出现的怪现象，是一种偶然。日费之数，可能是有司原来所拟定的不够用。杨茂元根据传闻得来的消息上报，纯属多虑，其实除了廪饶之外，李兴等人没有多取。虽然杨茂元并不是挟仇诬陷李兴等人，但他所奏工食银数确实以小为多，因此不能说他毫无过错。"李兴、陈锐得知杨茂元向孝宗皇帝奏告他们以后，于是连连上疏辩解，并弹劾杨茂元诬陷他们。鉴于这种情况，明孝宗立即传令锦衣卫百户胡节到山东逮捕山东按察司副使杨茂元来京。

过了不长时间，杨茂元就被带到了孝宗皇帝的面前。杨茂元当即跪下，口称冤枉，但由于他只跪不伏首，孝宗非常不满，认为他目无君主，一怒之下，没有经过任何审讯，就传令将杨茂元下到锦衣卫监狱。

杨茂元，字志仁，成化十一年（1475年）中进士，授刑部主事，历任刑部郎中、湖广按察司副使、山东按察司副使，为官期间颇有政绩，甚得民心。当山东百姓得知杨茂元将被押解进京的事情之后，非常同情他，齐集道路两旁为杨茂元送行，甚至有人拦住胡节为杨茂元申冤，恳求胡节放了杨茂元，胡节大受感动。回京后胡节即向孝宗皇帝诉说了山东百姓为杨茂元鸣冤的情形，并广泛拜见宦官，以争取他们的同情。与此同时，京城言官们也都同情杨茂元，他们纷纷上疏，请求从宽处罚杨茂元。孝宗于是以杨茂元"奏事不实"为名，下令将杨茂元降为湖广长沙府同知。

明孝宗虽然将杨茂元降为长沙府同知，但并没有消除对他的成见，所以弘治十二年

（1499年）监察御史董纶、王绥根据孝宗皇帝颁布赦免言事诸臣之罪的诏书请求重新起用杨茂元，授他为知府时，明孝宗没有答应，反而说："杨茂元造言误事……已从轻降用矣，其置之。"正因为如此，杨茂元在弘治朝没有得到重用。

8.弘治冤狱

弘治九年（1496年）四月，孝宗将刘逊等人投入大狱，使六科出现了"署空"的局面。

孝宗执政后期，不能接受言官们合理的意见，将它留中或推给六部，并且还迁怒于言官，屡兴大狱。

言官是指都察院和户、吏、兵、礼、工、刑六部中的六科官员，包括都察院中的监察御史，六部中的六科给事中。都察院和六科这两个权力机构在明朝刚刚建朝时就设立了，他们的职责是不时地监督各衙门官吏的行为，劾奏他们的过失，并不断地规劝皇帝的言行，给最高统治者——皇帝提意见，指出皇帝施政的得失。孝宗此时却对言官们表现出一种极不耐烦的态度。

由于熟谙政务，弘治八年（1495年）以后明孝宗便渐渐荒怠起来，他不仅把上朝的时间往后延迟了，而且，刚刚恢复的经筵日，也只剩一个空架子。大臣们的奏章也得不到及时的处理。

弘治九年（1496年）四月十一日，明孝宗朱祐樘传令锦衣卫将给事中庞泮、监察御史刘坤等62人逮捕，与武冈知州刘逊一同投入锦衣卫大牢。弘治朝这一罕见的大狱，让六科和都察院几乎为之一空。

刘逊，字时让，江西安福人，成化十四年（1468年）中进士，授官知县，继升南京御史。弘治三年（1490年）贬为澧州州判，后升武冈知州，因弹劾宦官蒋琮而下狱。庞泮，字元化，号芹斋，浙江天台人，成化二十年（1484年）中进士，授户科给事中。刘绅，字大用，河南汝阳人，弘治三年（1490年）进士，授监察御史，为人老实，忠诚，从不以官位耀人，很能博得人心。他们三人虽然是朝廷中的下级官员，但是性格耿直。那为什么会逮捕这么赤胆忠心之人呢？

明朝亲王的利益遭到破坏，引起了岷王的不满。岷王朱膺钲是明太祖朱元璋的三世孙，初封简王，弘治元年（1488年），袭封岷王。此人一向不守法，他因刘忠阻止他居丧期间过度饮酒，将其杀害，而被停止袭封岷王。及至承袭岷王后，他仍恶习不改，而且其手下人也常依仗他的势力，去做违法的事情。对这些不法之徒，当时的武冈知州刘逊曾依法进行了惩处。事隔不久，岷王朱膺钲就以自己支取岁禄时武冈知州刘逊没有及时给他为由，给明孝宗写了一份奏章，诬告刘逊克扣亲王的岁禄。岷王的报告，明孝宗收到后，信以为真，在没有调查的情况下，将刘逊逮捕，时隔不久，刘逊便被押到了京城受审。

明孝宗下令逮捕刘逊的事，很快传开了，朝中人人尽知，由于刘逊被逮捕是岷王诬告的结果，所以朝中许多大臣都为刘逊抱不平，当刘逊被押到京师后，以户科给事中庞泮、监察御史刘绅为首的言官们联合同僚60多人上书孝宗皇帝，说："岷王朱膺钲仅仅因为过期未付，就诬告武冈知州刘逊，犯有诬告之罪，应受到责罚。朝廷不应该听信岷王的一面之词，而要进行广泛地调查。况且岷王奏告这件事的证人有几百人，现在只逮捕刘逊一人到京，没有任何佐证，仅凭岷王的一面之词司法部门是难于结案的。锦衣卫官校是朝廷的亲军，通常处理一些图谋不轨和妖言惑众等重大案件，请皇上把刘逊移交给抚按官详细调查，弄个水落石出。"明孝宗看完这份奏疏，大怒，立即传令锦衣卫将给事中庞泮等同官42人、监察御史刘绅等同官20人都逮捕,下到锦衣卫狱中听候处理。

此令一下,震动了整个统治集团。为了解救刘逊、庞泮、刘绅等言官,许多大臣开始活动,监察御史张淳、考功郎中储巏都上疏为刘逊等人求情,可孝宗皇帝不为所动。

七天过去,明孝宗只是将刘逊、庞泮、刘绅等关在狱中,既不释放,也不审理。见此,大臣们又发动了一次大规模的请愿活动。四月十八日,吏部尚书屠滽和五府、六部、都察院、通政司、大理寺等衙门的官员联名上奏,说:“近来科道官们因言事被逮下狱,内外臣民私下里忧愁叹息,这也许会有损皇上盛德的英名和国家的大体,因为皇上即位以来,用言听谏,宽容狂直者,对牴牾者也不加以斥责,在这方面圣德昭彰已经十年了。现在因为言事不当,竟将六科十三道的言官都投到锦衣卫狱中,这虽然是庞泮等人咎由自取,但陛下却因此得到一个拒谏的名声,因为这样不仅败坏了陛下十年纳谏的美好名声,而且弄得四方不知,对陛下不利。况且科道官是朝廷的耳目,历代以来担任这一官职的都是天下敢于直言的人,说对了即赐施行,说的不对也不加罪,奖异而优容之,目的是让他们敢于发表言论。如果囚禁他们,摧残他们,那么势必使人们只知缄默观望、持禄保位、趋利避害。这样一来,假若以后发生了重大变故,谁还敢为朝廷出谋划策呢?所以说摧辱言官对皇帝来说没有好处。”

孝宗阅完这份奏疏,似有悔意,下令将刘逊、刘绅等人释放。但罚俸三月,一来可以以示惩处,二来可以给岷王一个交待。刘逊一案至此结束。

9.徐珪罢官

刑部典吏徐珪削职为民,这是明孝宗在弘治九年(1496年)十二月发布的。徐珪之所以受如此处分,是因为徐珪的直言触怒了东厂,这是由满仓儿一案引起的。

(1)满仓儿案

满仓儿案是弘治时的一件大案,牵扯到东厂和刑部、大理寺等衙门。满仓儿是彭城千户吴能的女儿,小时候,父亲便将她卖给了乐妇张氏,并哄骗她说这是“庆云侯周皇亲家”。后来,张氏带满仓儿来到了山东临清,在那里住了三年后,满仓儿又被卖给了乐工焦义,焦义又把她转卖给了乐工袁璘,从此陷入了痛苦之中,袁璘逼她为娼。吴能死后,其妻聂氏非常想念女儿,不久,她听说女儿与娼妓为伍,便决心找回女儿。功夫不负有心人,思女心切的聂氏找到了女儿,可令她失望的是,满仓儿由于怨恨父亲卖了自己,而不认她这位生身母亲。十分恼怒的聂氏,回到家中,召集了很多人,将女儿抢了回来。见此袁璘就想出钱赎回满仓儿,被聂氏拒绝,并将袁璘推上了刑部大堂。

刑部郎中丁哲、员外郎王爵接到状子后,按惯例传讯了袁璘,由于袁璘在刑部大堂上言辞激烈,激怒了丁哲,结果被处以笞刑,聂氏也因此得到了满仓儿。袁璘连气带伤回家不几天就死了。对于袁璘的死,刑部应负主要责任,所以刑部主事孔琦、监察御史陈玉立即带人前往袁璘家中验尸,袁璘的尸体也被带回了刑部。

在这之前东厂与朝廷大臣间时有矛盾发生,但东厂一时找不到机会打击大臣。这次袁璘的死可给他们带来了希望,正好可借机兴起大狱。于是,袁璘的妻子在东厂太监杨鹏的唆使下,赶往东厂申冤。东厂接到诉讼后即将聂氏、张氏等逮捕起来,听候审讯。审讯那天,满仓儿与张氏均按东厂的指使招供,满仓儿口称自己不是聂氏的女儿,是张氏的妹妹;张氏也插话证明说满仓儿是她的妹妹,生于临清。而且最初受吴能委托卖满仓儿的张媒婆作证说满仓儿不是聂氏的女儿,聂氏的女儿在此女之前就卖给了周皇亲家,这时,其他证人为了免受皮肉之苦,也都开始附和着说同样的话。但聂氏却一口咬定满仓儿就是她的女儿,双方争论不休。

在审讯聂氏、张氏、满仓儿等人的第二天，东厂太监杨鹏把审讯的情况报告了孝宗皇帝，他并没有原原本本地汇报，仅把满仓儿等人的一面之词如实上报孝宗皇帝，同时为了尽快搞垮丁哲等大臣，他又唆使镇抚司官员奏告丁哲"苛刻偏徇殴死无辜"，王爵"依阿枉断"、孔琦和陈玉"相视不明"，并以此建议孝宗皇帝将他们治罪。由于这一案件关系重大，所以明孝宗没有马上表态，而是下令将聂氏等人押入狱中，等锦衣卫官员、三法司查个明白再作决断。

为了把满仓儿的真实情况弄清楚，在明孝宗的授意下，三法司会同锦衣卫派人拜访了皇亲长宁伯周彧，向他索取聂氏之女，然而周彧说他并没有买过聂氏之女，结果与杨鹏的审讯供词完全不同。鉴于这种情况，孝宗皇帝只好再次下令府部大臣、科道官等进行廷审，廷审很顺利，张氏和满仓儿都吐露了实情，承认了她们在上次审问中作了假供，至此真相大白。于是都察院向明孝宗作了详细的报告，并建议孝宗对因公致死人命的丁哲处以徒刑，对王爵、陈玉、孔琦、聂氏、吴政和满仓儿则处以杖刑。

（2）祸从口出

致死人命的丁哲是可以被处分的，但都察院在报告中，却丝毫没有提到东厂太监杨鹏等人勾结犯人作假供词如何处理，这遭到了一些大臣的反对。他们说都察院有明显的倾向性，刑部典吏徐珪首先发难。

徐珪，字必信，湖北应城人，授官刑部典吏。他为人正直，对自己不满意的事情，敢于说出。当时李广用事，其党羽杨鹏凭借着东厂横行无忌，对他们所作所为早已看不惯的徐珪，这次又见他们陷害大臣，更是气愤不已。于是他上疏孝宗皇帝说："刑部郎中丁哲对满仓儿一案的判决是没有错误的，东厂杨鹏与丁哲早有矛盾，这次想公报私仇，致他于死地。杨鹏据此奏告丁哲偏酷，致死无辜人命，镇抚司又互相蒙蔽，不报实情，所以最终酿成大祸。当陛下令三法司、锦衣卫会审时，三法司又畏惧东厂势力，不敢与他作对，直到陛下令大臣廷审时才使真相大白。满仓儿是聂氏所生，但她却诬告自己的母亲，这种女儿应判重罪，却仅被处以杖刑；丁哲与吴政因受诬告却被处以徒刑是不应该的，一件案子当中轻重倒置，这应该是东厂势力所造成的吧！我在刑部三年，时常看到被审问的盗贼，多是东厂镇抚司所捕获的，这中间有的称是被校尉指使替人报仇的，有的称是被校尉挟仇诬陷的，有的称是被校尉胁从抵罪的，对此却从来不问，只顾严刑拷打，逼其认罪。刑官只是按照供词来判罪，如果能看到漏洞，也没人敢说出来，以前，虽然我知道这件事，却不敢相信这是真的。今天从丁哲一事看，确实如此，因而深为以往冤死的人惋惜，由此也可知四方灾异迭现是有原因的，像这样下去，会伤了天地之和气的。我希望陛下革去东厂，将杨鹏叔侄、贾校尉和满仓儿处斩，将刘胜和镇抚司发配到边疆，子孙不许承袭，王爵、丁哲、陈玉、孔琦各升一级，以抚平他们所忍受的屈辱；聂氏等人监禁的时间很长，也宜当获得相应的赔偿。这样，既可回天意，又可致太平。如果皇上不想将东厂关闭，那么也应推选得天意的宦官如陈宽、韦泰等人统率东厂，并让大臣与他们共同掌管东厂。镇抚司审案，请推选在京各卫一二人和刑部主事一人共同担当此事，三年或六年一更换，那么巡捕官将无法作弊，也不会有陷害之事发生。我一介微臣，披肝沥胆，直言至此，即使因此而不能幸免于虎口。但与其死于虎口，还不如死于朝廷。杀了我也没关系，只要执行我的建议就好，如果在我死后，能让我妻护送我的骸骨回乡，那我也得瞑目了。"

明孝宗看完后，心中大为不满，认为徐珪是以"建言为由词语妄诞"，下令严加审问，结果徐珪被判"赎徒还役"。由于大理寺官员、都察院办事不利，明孝宗又以他们"不具实奏请"为由将右副都御史杨谧、右都御史闵珪、大理寺卿王轼、大理寺少卿王嵩等罚俸。不久明孝宗又在刑科都给事中庞泮的请求下，在满仓儿被处以杖刑后，又把她送到洗衣房做工，丁哲出资埋葬袁璘后削职为民。孔琦、王爵、陈玉则赎杖还职。

10.杖杀何鼎

弘治十年（1497年），一个名叫何鼎的太监，在大明宫内被无情地杖杀了，这是发生在大明时期的一宗冤案。

何鼎，又名何文鼎，浙江余杭人。年少时，好写诗，聪明伶俐，曾试图通过走科举之路，跻身于官僚阶层，但屡试不中，后来他改变了主意，自行阉割，进入宫中，做了一名太监。身份的低下并没有改变他忧国忧民的志向。明朝社会的一些弊端，他在长期的宫廷生活中逐渐认识到了。为了清除这些弊端，身为长随的何鼎，在弘治初年，便大胆地向孝宗说："如果可以侥幸获得官位，便是对朝廷的不尊重，如果可以买官，官爵便不重要了。当初建立锦衣卫，是为了行事方便，暂时保留着那些奸臣，是因为国家刚刚建立，人心还未稳定下来，但以后决不可以，朝廷本身官员多得不计其数，并不是祖宗建官的意思。况且，官员众多并不是件好事，皇上上任，如能去除弊端，将是件好事，但在此期间，有好多漏网之鱼，我希望皇上圣明，按规章制度来进行考试，裁去乞恩的人员。"何鼎把裁革的矛头直接指向了锦衣卫官校和乞恩传奉官，因此，在朝廷中造成了很大的影响。孝宗皇帝马上令吏、兵二部查议上报，接令后，吏、兵二部即开始核查，并开始赞赏于他。吏部说："从今后开始，如果文官并非是考中的，武官是没立过功的，一律将他们的职称革去。"兵部也说："文鼎是个有用之人，应以重用。"只可惜，由于当时的种种原因，他的意见未被采纳。弘治五年（1492年），何鼎升为惜薪司左司副，时日不久，他又向孝宗皇帝奏请："在通州存储粮食，并不是长久之计，军士不便于收取，在紧急时刻，不便于保护，请在都城增加一些仓库，将通州的粮食放置在此。"明孝宗看了他的奏疏，觉得何鼎说得有道理，便采纳了他的建议，下令疏浚了大通桥以东的石闸河道。这一工程影响深远，直到万历年间明朝政府还从中受益。

何鼎性格耿直，他不仅向孝宗皇帝提出一些有关国计民生的建议，而且还敢触动权贵。当时外戚寿宁侯张鹤龄、建昌侯张延龄仗着妹妹张皇后而骄横跋扈，霸占民田、收受贿赂，对朝廷造成了重大影响。但由于张皇后的缘故，孝宗不轻易开罪他们，采取了一忍再忍的态度，大臣们也因此而让其三分。张鹤龄和张延龄的不法行为令太监何鼎一直不能容忍，他总想找机会教训二张。天赐良机，教训二张的时机终于来了。

这天，寿宁侯张鹤龄、建昌侯张延龄兄弟二人被孝宗皇帝邀请入宫观灯，观完灯时已经很晚了，孝宗皇帝一向优待外戚，不忍让二人马上离宫回府，于是传令御膳房速备酒肴，留二张一同饮酒。过了一会儿，孝宗皇帝转身欲去厕所，顺手将皇冠交给了侍从。张氏兄弟见孝宗离席，贪婪地望了望侍从手中的皇冠，然后猛地从侍从手中抢过皇冠戴到了自己头上。当时在一旁伺候的何鼎见张氏兄弟如此行为，极为气愤，恨不得将张氏兄弟按倒在地教训一番，可转念一想，还是先由孝宗来处理这件事吧！于是他强忍怒火，没有发作。然而还没来得及报告，张鹤龄却又做了一件荒唐之事。几天后，张鹤龄再次进宫，并借酒兴奸污了一名宫女，没想到，这次又被何鼎撞见了。看到寿宁侯张鹤龄在光天化日之下竟如此不法，悖于人伦，心中的怒火再也按捺不住了，直奔张鹤龄所在的那间房子，嚷着要击杀张鹤龄，但是，由于李广通风报信，张鹤龄逃脱了。功败垂成的何鼎见张鹤龄逃跑了，第二天，便将张氏兄弟违法事情告诉了明孝宗，并说："二张大不敬，无人臣礼。"

张皇后很快知道了何文鼎奏告张鹤龄、张延龄不法的事，为了使二张逃避制裁，她便极力在孝宗皇帝面前为二张求情，并诬告何鼎。明孝宗最终于弘治十年（1497年）作出了偏向张延龄、张鹤龄的判决，将太监何鼎关入了锦衣卫监狱中。

为了使这一决定合法化，明孝宗决定对何鼎再次审问，问何鼎是谁指使他为难张氏兄弟，何鼎说："是有二个人主使我这样做的，但你们不能捉拿他们！""是什么人？""是孔子和孟子！"何鼎回答说。就这样，审问又在没有结果的情况下结束了，何鼎也被送回了锦衣卫狱中。

何鼎下狱之事在朝廷上下产生了不小的轰动，知道内情的人，为他含冤而感到不平，有人甚至为他求情。弘治十年（1497年）三月，刑科给事中庞泮、监察御史黄山等上疏孝宗皇帝说："鼎素著狂直，其言倘有可采，宜赐褒显，如其狂妄，亦宜曲赐优容，以来忠谏，奈何禁锢之，而欲加之罪乎？且鹏（杨鹏）行事乖违，人心愤怨，义（戴义）素行不谨，得罪先朝，而使之遽参机务，不厌众心，乞还鼎职，斥罢鹏、义。"对于这一意见，由于张皇后的原因，明孝宗始终未能接纳，反而将庞泮罚俸六个月，并斥责说："何鼎写了一些无名的奏章，转交于我，又推荐自己。任何事情都有规定，可知道，这是奏扰。"之后，虽有进士吴宗周、礼部主事李昆、户部尚书周经等人也请求皇上开恩，但同样被明孝宗所拒绝。

在所有大臣都在为如何营救何鼎想办法时，张皇后也在四处活动，为了将何鼎置于死地，张皇后秘密授意太监李广全权处理何鼎。太监李广本身就忌恨何鼎，这次，正是公报私仇的好时机，况且有张皇后为自己撑腰，于是，司礼监太监李荣被他找来，让他具体办理害死何鼎的事宜，李荣对何鼎施尽了酷刑，逼他招供，然而何鼎不仅不招供，反而破口大骂，逼供了好多天，始终没有结果。不久何鼎就被杖杀在狱中。

对于何鼎的死，大臣们甚感惋惜，有人写诗吊唁道："外人来干预天下大事，忠心为国的古今有几人，志同道合的有几人？"此事过了好长时间，明孝宗才有所醒悟，他接受了刑部主事陈凤梧的建议，给何鼎平了反，把他的尸首收葬了，并亲自写了一篇悼念何鼎的文章。

11.李广畏罪自杀

弘治十一年（1498年）十月，宦官李广因事触怒太皇太后，心中恐惧，自杀而死。

明孝宗自幼就喜欢读佛书，虽然他在即位时，曾将许多番僧、术士驱赶走，但是没过几年，他自己又走上了笃信佛、道之路，开始大量的建坛设醮，只是没有像他父亲明宪宗那样大张旗鼓罢了。太监李广早就摸透了明孝宗的心思，为了逢迎孝宗皇帝，一些道士、僧人便被李广偷偷地引进宫中，李广让他们用一些符箓祷祀之类的事来迷住明孝宗，然后，将他们授予大小不等的官职。接着李广又让那些被他招进宫的僧人、道士奉他为教主真人，目的是使孝宗更信从他，果然，明孝宗对李广的好感与日俱增，甚至到了言听计从的地步。

李广得到孝宗皇帝的宠信，便肆无忌惮地做起事来，不仅再度破了委授传奉官的禁例，任意索取贿赂，甚至在京城之内占有大量民田，甚至连盐利也一并把持起来。由此李广一下子暴富起来，于是，他动用大量的人修建府第，甚至还将玉泉山的水引了下来，在自己修建的府第之外绕了一圈。这种逾制的举动引起了朝臣的注意，给事中叶绅、御史张缙首先发难，他们连连向孝宗皇帝启奏，斥责李广，但这时李广备受宠信，所以孝宗对他们不理不睬。

李广见孝宗庇护自己，便更加变本加厉了。不久，他又诱使孝宗皇帝在万寿山上建一座毓秀亭，以便于修炼、祈祷，孝宗本无此意，但经他一番劝说，竟也同意了，下令在万寿山上择地建亭。可事有凑巧，亭子刚刚建完，宫中却有一位小公主，因急病夭折了，人们对此议论纷纷。然而一波未平，一波又起，弘治十一年（1498年）十月十二日，太皇太后周氏居住的清宁宫被一把大火烧了个精光，这么一来，人们的议论更多了，李广受到了大大小小官吏的指责，说他鼓动皇上修建毓秀亭犯了忌，致使上天示警。而且由于清宁宫被焚，太皇太后被迫迁回仁寿居，满腔愤怒地说："天天说李广，没想到竟说出事端来了，如果不是太监李广鼓动皇上修建毓秀亭，这一连串的灾难也绝不会发生。"李广本来就被一系列的灾祸和朝臣们连续不断的指责闹得心惊胆战，这时，又听说太皇太后也责怪于自己，又惊又怕，深感自己失宠于孝宗皇帝已为时不远，于是他绝望地上吊自杀了。

由于李广生前经常引导孝宗皇帝从事斋醮、修炼，明孝宗始终认为李广会藏有一些奇方异书。为了一探究竟，明孝宗在李广死后马上命人前往李广的家中搜查。李广家里虽没藏什么奇方异书，却意外地得到了一本怪书，这本书是个抄本，许多文官武将的姓名被记载在上面，在这些名字之下明明白白写着，黄米若干石，是由哪位大臣送来的，白米若干石，是哪位将军送来的，其总数多得实在惊人。细看人名，里面既有吏部尚书屠滽、礼部尚书徐琼，又有刑部尚书白昂、通政使沈禄，等等。孝宗看后，很是迷惑："李广一个人，能有多大食量，这些黄米、白米这么多，有什么用呀？"

这时，一位老太监见孝宗蒙在鼓里，于是就上前一步跪奏道："启奏陛下，您不知道，这是黑话。黄米实际上是指黄金，而白米就是指白银，若干石就代表若干两。这是一个专门记录收受贿赂的账簿，记下这些数字，是为了查对送到的黄金、白银数目是否一样，并不是指粮食的多少。"

明孝宗听罢，才如梦方醒，不觉极为震怒，骂道："李广竟敢如此收贿，他要不死，我也会杀了他的。"为了整肃各级官吏行贿请托的歪风，明孝宗叫人把从李广家收来的本子立刻交给了刑部，要刑部按本子上所写的名字，把那些送"黄米"、"白米"的文武大臣统统予以审查。

孝宗这一决定，在明朝统治集团中引起了一阵骚动。那些名列其中的人。他们思前想后，认为只能求救于张鹤龄，或许还有可能免去审查，因为张鹤龄备受孝宗皇帝宠爱。打定主意后，他们便急匆匆来到张府，求张鹤龄在孝宗皇帝面前为他们求情，解救他们。果然，经张鹤龄一插手，白米、黄米一事便画上了句号。

12.更定刑部条例

弘治十三年（1500年）二月，明孝宗听从给事中杨廉的建议，更定刑部条例，首开以例代律的先例。

明朝建立后，明太祖朱元璋以《唐律》为基础，斟酌损益，一部明朝各代都要遵循的《大明律》便制定了出来。由于朱元璋规定《大明律》不能更改，所以随着时间的推移，以后的各朝或律外起例，或因律起例，或者因例生例，从而使断狱的条例愈来愈多。条例多了，官吏不仅难以掌握，而且难以操作，这就使得在断狱过程中，处理不公现象很多，许多奸官甚至以此谋权夺利，为自己判案提供有利的依据。

时至明朝中期，由法律而产生的弊端日渐突出，以至于到了非改革不可的地步。事实上，明孝宗对这一点也看得非常清楚，所以他常常针对"情重律轻"或"情轻律重"的现实，实施变通的办法，尽力使情法适中。不过，这并不是长久之计，比较完善的是从制度上确定律例并行，以例辅律，以例补律。

弘治四年（1491年）二月，刑科给事中韩佑上疏孝宗皇帝，请求将成化元年（1465

年）以后现行断案事例斟酌轻重，选取其中好的条例，分为六目，与《大明律》并行于世，以便天下百姓共同遵循。弘治五年（1492年）七月，南京户科给事中杨廉以灾异上疏言六事，疏中也说："这些年来，条例过多，导致判官对条例不知或不明白，或任意作出判决，虽然条例是相同的，但处罚却有很大出入。"故此他建议孝宗皇帝命令"三法司与衙门共同商讨，将旧例的律条取其十分之一，并与《大明律》一同实行"。他的建议被明孝宗所采纳，他命刑部尚书彭韶删定了《问刑条例》。

可是，官吏在断案过程中的酷暴之举并没有因孝宗皇帝的努力而终止。弘治六年（1493年），太常寺少卿李东阳在给孝宗的奏疏中说："在衙门里，往往很轻的罪，也会置人于死地，即使事情暴露了，他们也会用法律之名来抵过。他们杀了数十人，甚至上百人，尸体遍地都是，让人很是伤心。"弘治十三年（1500年），杨廉再次上疏孝宗皇帝说，"从洪武年间到现在一百三十年来，《大明律》已经实施很久，其中条例也渐渐增多。近令法司详议，汰其繁琐"，鉴于"只有懂法的人才可以议论法律，清楚的人可以拟写律条"，他又建议孝宗"将明白事理之人来打理律事，以简便为主，去除一些冗杂的东西，补充法律的不足，让官员们能够有法可依"。明孝宗再次接受了他的建议，令刑部尚书白昂会同部院大臣共同商讨后，选择了历年问刑条例中经久可行的二百七十九条条例，并向孝宗皇上说明。孝宗表示同意，下诏令与律并行。从而确立了以例辅律、律例并行的制度。

《问刑条例》经过删改修订，不仅避免了问刑之官不熟知条例、罪同罚异的现象，而且使情法适中，避免重蹈历代"情轻律重"或"情重律轻"的覆辙。

13.《大明会典》修成

弘治十五年（1502年），一部历时6年之久、洋洋180卷的《大明会典》修订而成。

时至弘治十年（1497年），大明王朝自朱元璋建立之后，已经走过了一百多年的历程。在这一百多年间，它的各项典章制度日趋完备，《宪纲》、《诸司职掌》、《御制官箴》等相继颁布，但这些典章制度还不够完善，并且也比较分散，没有形成一个完整的体系。在这种情况下，一项重大决定在明孝宗即位后十年应运而生。

明孝宗于弘治十年（1497年）三月初六日，给少傅兼太子太傅吏部尚书谨身殿大学士徐溥、太子太保礼部尚书兼武英殿大学士刘健、礼部右侍郎兼翰林院侍读学士李东阳、詹事府詹事兼翰林院侍读学士谢迁分别下了一道命令，在命令中他以"朕嗣丕绪，以君万邦，远稽古典，近守祖宗成法，夙夜祗惧，罔敢违越。唯我太祖高皇帝创业定制，所以为子孙计者至矣。御制之书连篇累牍，宏纲众目，极大而精，随制随改，靡有宁岁。迨我太宗文皇帝继正大统，益弘远图。列圣相承，至于皇考，皆因时制宜，或损或益，盖有不得不然者，期不失乎圣祖之意而已。顾其条贯散见于简册卷牍之间凡百，有司艰于考据，下至闾里，或未悉知。皇祖英宗睿皇帝尝有志纂述，事弗克"为理由，令徐溥、刘健、李东阳等人"编稽国史，以本朝官职、制度为纲，事物、名数、仪文、等级为目，一以祖宗旧制为主，而凡损益同异，据事系年，汇列于后，梓而为书，以成一代之典"，"各殚心力，详录而谨书之，务使文质适中，事理兼备，行诸今而无弊，传诸后而可徵"，即让徐溥、刘健、李东阳等人编一部关于明朝典章制度方面的书。为了明确这部书的编写责任，明孝宗又任命吏部尚书谨身殿大学士徐溥、礼部尚书兼武英殿大学士刘健、礼部右侍郎兼翰林院侍读学士李东阳为总裁官，太常寺卿兼翰林院侍讲学士程敏政、翰林院侍读学士王鏊、翰林院侍读学士杨守阯为副总裁官，负责编写这部典籍。

总裁官徐溥领命后又以"奉敕纂修书籍，必须继自宸衷，赐以名目，使中外有司晓然知圣意所在，纂修者有所依据，承行者易于遵奉"为理由，上奏孝宗皇帝，请求给这部书赐一个书名，明孝宗非常高兴地答应了，立即下令定书名为《大明会典》。

徐溥、刘健、李东阳在明孝宗的授意下，组织了一大批官员开始编纂《大明会典》，他们以洪武二十六年（1393年）颁布的《诸司职掌》为主要资料，又参考了《皇明祖训》、《大诰》、《大明集礼》、《大明令》、《洪武礼仪定式》等典章制度方面的书籍，以吏、户、礼、兵、刑、工六部作为全书的总纲，分别对明朝各行政机构的职责、事例、沿革加以记述。他们针对明朝实行两京制，又将南京的行政机构附在北京同一行政机构之后，不单列出加以叙述，对南京与北京名称前后不一致的行政机构，则详述它的建立与变革情况。在各纂修官一致努力下，这部历时6年、共计180卷的《大明会典》于弘治十五年（1502年）编撰完成。

明孝宗于弘治十五年（1502年）十二月十一日，在奉先殿隆重举行了《大明会典》的进呈仪式，明孝宗亲自接见负责修纂《大明会典》的总裁官徐溥、刘健、李东阳和副总裁官程敏政、王鏊、杨守阯，随后，他又在礼部召开盛大的宴会，招待刘健、徐溥、李东阳等人，并命英国公张辅作陪，宴会结束后，明孝宗和他们又进行了亲切交谈。

同一天，明孝宗为《大明会典》写了一篇序言。在这篇序言里，他首先指出从古至今，帝王君临天下，必定有一代的典制。在唐虞尧舜时代，这种典制比较完备，是后世所赶不上的，而从秦以后的汉、唐、宋典制则不甚完善，"因陋就简，杂以人为而未尽天理"。接着，谈到对明代典制的制定曾作出过贡献的明太祖、明太宗，继而表明他修纂《大明会典》的原因。

与此同时，明孝宗还对《大明会典》给予了很高的评价。他在序言里写道："朕翻看之，见提纲要领，条目清晰，如日月之丽天，群星分布，我大明朝廷有百余年的典制，看看今世，却没有留下遗憾。"并进一步说如果以后的明朝各代"世守之，不迁于异说，不急于近利"，那么长此以往明朝的大业定能繁荣稳定，可以并唐虞，轶三代。

在明代典章制度的建立过程中，《大明会典》占据着很重要的地位。之后明孝宗又下令工部将它刻版刊行，昭示天下。

14.变革盐法

弘治十六年（1503年），孝宗皇帝将代支盐的范围予以扩大，而在此之前，明朝已对盐法进行了多次的改革。

我国井盐生产历史悠久，从战国时开始，历代相承，不断发展。在实际生产中，如开凿深井、天然气煮盐等技术也不断向前发展。

明朝从初建时起就对盐实行专卖，并制定了较为严密的法规。在盐的销售过程中，开中是一个很重要的办法，即明朝政府利用手中掌握的食盐，吸引商人先把粮食运往边境地区，然后用交粮证据到指定地点领取食盐，再销往指定地区。开中办法的实行促进了边境地区的开发，增加了明政府的财政收入。

可是，开中法实行不久即遭到破坏，一方面是盐商为了牟取暴利不照法办事，在卖完官盐后不及时把盐款账目单交回，而把这些账目留作私盐的护身符；另一方面王府、宦官大量地奏讨盐引，公差人员也私自带运食盐，从中牟取利益。时至弘治年间，盐法的破坏已到了很严重的地步。为改变这种现状，明孝宗朱祐樘曾多次整顿盐法。

弘治元年（1488年）七月，明孝宗命户部右侍郎李嗣兼都察院左佥都御史往两淮，刑部右侍郎彭韶兼都察院左佥都御史往两浙，清理盐法，并告诉他们说："食盐一项每年都经费不足，盐商常常不肯报税给朝廷，这主要原因是他们的生产亏本，无利可图，因此各省的人员缺失比较多，没有补充；山场、草荡等很多地方都被富人占着，仓库也因长期没人整修而坏掉。伙夫们生活困顿，也得不到救济；总催大人们勒索盐市盐商的财物，而且又强征伙夫们的煎制食盐的'无名税'，并私自赏给别人。等到朝廷开始整顿的时候，他们又大出伪证，应付一下就算完事。所以官府盐量不足，私人中却占有很多。再加上运盐官吏的疏心大意，御史不闻不问，盐法便遭破坏，盐储量自然也不足。所以特命你们亲自到各盐场盘查清理，一是禁止官吏富豪强势冒名上报，勾结专管的官员，购买私盐，强行贩卖，如有违反，则将贩卖的人捉住治罪，将他贩的盐没收上缴朝廷。二是不允许拖欠朝廷的盐税，如果有亏欠，就严令总催等官员在预期内追讨。倘若总催当中有胆大妄为、欺压伙夫、强占盐税的，将他自己连同家眷，一起押解到京城治罪充军；三是伙夫们生活太困顿的话，就对他们进行一定的救济，不许占山场、草荡，应修理仓库器具；四是应发给盐商的盐如数发给他们，不许对其百般刁难；五是禁止越境卖盐和贩卖私盐；六是官吏军人中凡是有从中渔利的，除了三品官以上奏报朝廷处置外，其他的全部当场法办，对廉洁的官员，也要适当地奖励。"

李嗣和彭韶领命后即开始着手清理盐法。在两淮李嗣实施的一个重要办法就是令商人买余盐来补充官引，以便商人摆脱支盐艰苦的困境。孝宗皇帝非常赞同这一方法，他于弘治二年（1489年）下令："两淮运司守支的客商，自成化十五年以前无盐支给者，许收买灶丁余盐以补官引，免其劝借米麦，其成化十六年以后至二十年以前正支不敷者，也允许买补，该劝借赈济米麦，照支盐多少上纳。二十一年至二十三年未支者，将盐课严限追补完足，支与客商，不许收买余盐。"同一年，他又下令，规定各地官员在所发的盐被售完后，把全部引目收上来，并且规定盐运司及盐课提举司每年都必须登记商人的籍贯、住址和违限日期，并将其装订成册上交到户部，再由户部转发该管布政司、府、卫所提问，限期追销。在经过一系列的整治之后，盐法又以崭新的面目呈现出来。

对盐法的最大变革是户部尚书叶淇提出的召商纳银中盐的方法。

户部尚书叶淇于弘治五年（1492年）十月上书孝宗皇帝，请求他采用召商纳银中盐的方法。他的这一建议完全是针对当时商人们为守支所困扰，不愿报中，造成边储匮乏的状况提出的，是顺应当时的历史发展趋势的明智之举。随着商品经济的发展，仅靠商人运粮解决边储只是权宜之计，更何况商人运来的粮食常常由于数量不足而无法满足边储的迫切需求。可见，改纳粮为纳银中盐是大势所趋。同时，改纳银中盐反映了多数盐商的心声，也减少了有权势的官商限制他们行盐的环节。当然，这一制度也有自身的缺失，但在当时的情势之下，仍不失为革除弊端的良策。

虽然也有人反对这一变革，但改革的实施确实收到了一些好的效果，一方面它免去了商人们的守支之苦；另一方面，它也调动了商人报中的积极性。于是国库日益充沛，太仓也积攒了100多万银两。然而，这项措施使商人不再运粮到边开中，也不在边境屯田开中，致使明朝的边储日益紧缺。

此外，孝宗皇帝又多次于弘治十四、十六年改善盐法。十四年（1501年）四月，他任王璟为都察院右佥都御史，赴两淮清理盐法。王璟到任后为了消除长年累积的弊端，采取了抚恤小灶、抑制豪强、缉捕私贩、备查历年盐课、追究侵夺亏损、禁势要占中、按期支盐给守支商人、依法查办贩卖私盐的公差人员等办法。同年，王璟再次清理引目，规定州县要于每月末把卖过的引目上交到府，然后由府于季末上交布政司，再由布政司于年底上交户部。同时由户部对那些收缴不力的府、州、县的有关负责人员问罪。

弘治十六年，他又扩大代支盐的范围，规定商人中盐只要在支盐前不幸去世而无法支盐的，除其妻、子可以代替他支盐外，他的父母、祖、孙，或在一起的兄弟都有权代支，由巡盐御史通知运司，核实其身份后，不须再作禀奏，即可支盐。

孝宗皇帝多次整顿盐法，的确收到了一定的成效，充裕了政府的国库。但值得一提的是，它的这些整顿只是对原有盐法的修补，根本没有解决其中有关的实质性问题，因而他的改革在有些方面显得软弱无力，致使弘治时期官商勾结私贩食盐等恶劣的现象一直未被消除。

15.修斋建醮

弘治十七年（1504年），孝宗皇帝决定在朝阳门外修建一座正寿塔，这是孝宗笃信佛老之术的典型表现之一。

在国家长治久安的大好局势下，统治者中奢侈之风日渐滋长。明孝宗在这种不良风气的腐蚀下，也逐渐过上了奢华的生活。弘治末年，在司设监太监的提议下，他下令制造了一百多件龙毯和素毯。工部尚书曾鉴反对此举，说"毯虽一物，然征氄于山、陕，采棉花诸料于河南，召工匠于苏、松，经累岁，劳累万端"，方被织成，可见这是多么劳民伤财的事情，因此曾鉴竭力主张不要这样做，但明孝宗却置之不理。由于朝廷中奢华之风日盛，到弘治十七年（1504年）明朝便出现了严重的经济匮竭。而孝宗皇帝不但未引以为鉴，反而在宦官李广等人的诱导下，开始热衷于烧炼、斋醮之术，以至于愈加笃信佛老，大有仿效其父迷信方术、佛道的趋势。

明孝宗朱祐樘迷恋烧炼、斋醮并非完全出于李广等人的引诱。事实上，早在幼年之时，他就颇受佛教的影响。那时的明孝宗为了免受万贵妃的谋害，一直躲在宫中最不为人所知的地方。由于先天及后天的营养不良，他从小体弱多病，时常忍受病痛之苦的他，把佛法和道术中那种超然的神力使当做忍受病痛之苦的精神支柱。

另外，明孝宗年幼时还受到废后吴氏和王皇后的影响。在他躲难于西宫内时，得到了废后吴氏的悉心照料，把他当亲生儿子一般看待，关爱有加。吴后原为明宪宗结发之妻，因得罪万贵妃被废。后来迁至偏僻冷清的西宫内，过着孤寂清苦的生活。为排遣时日，寻求寄托，吴后开始信佛。当时明孝宗虽然年纪尚小，但天长日久耳濡目染，不免会对佛经产生好感。

明孝宗离开西宫内，与明宪宗相认后，被封为皇太子。为躲开万贵妃的陷害，他被寄养至祖母周太后的寝宫即仁寿宫中。在那里，他遇到了王皇后，她是宪宗在吴后被废后，册立的第二位皇后。王皇后对万贵妃的专横阴毒深有体会，所以她平日处处小心谨慎，唯恐触犯她。王皇后生性软弱，却极守孝道，深得周太后喜爱，她每天都到仁寿宫去看望周太后，而且经常帮着周太后照顾、保护年幼的朱祐樘，才使他能够逃脱万贵妃的毒手。明孝宗朱祐樘身在后宫，受到王皇后及宫女、内监信佛的影响，自小便诵读佛经，渐渐被其中的教导所吸引。

由于受童年时代佛教学说的影响，明孝宗朱祐樘入学后对佛经的兴趣丝毫不减，老太监覃吉教授他诵读《四书章句》和《古今政典》，他却常常把佛经夹在所读的经书中悄悄地偷看。有一次，老太监覃吉出去办事，朱祐樘就借机偷读佛经，正当他读得津津有味时，有人大喊"老头子来了"，朱祐樘立刻换上《孝经》大声诵读。其实老太监覃吉早就知道朱祐樘的把戏，所以一进门就不露声色地走到朱祐樘跟前，故意大声问道："太子读的是佛经么？"朱祐樘立刻放下手中正在装模作样朗读的书说："我读的是《孝经》。"覃吉颇有深意地说："很好，佛书尽是胡言乱语，以少读或不读为妙。"

可见，明孝宗的少年时代便酷爱佛经。

明孝宗朱祐樘成年之后，仍然喜欢读佛经，当他累的时候便以读佛书自慰。李广是他身边的太监，看出他爱佛的心态后便投其所好，换取晋升的机会。李广不断鼓动孝宗皇帝建坛设醮，大兴佛事，并趁机大肆索取贿赂。孝宗没能看破李广的诡计，反而将其委以重任，到了所言必听的地步。直到李广死后，明孝宗向佛之心却未改变，依然按照李广生前所言行事，李广生前任用的佛事官员也照常支俸。

弘治十二年（1499年）九月，被焚的清宁宫已修复完工。孝宗为示祝贺，传谕灌顶国师立法坛，并在各地建醮，进神炮给泰山的寺院，至于在市里散灯就更是随处可见。对明孝宗这种过分礼佛敬道的行为，朝中也有人反对。大学士刘健等人都曾力劝明孝宗，可孝宗皇帝把这些事情都推到了两宫太后身上，说这是两宫皇太后的意思。但是，主张以孝治天下的刘健等人还是阻止了明孝宗的几次佛事活动。一次是弘治十七年（1504年）二月，明孝宗要给道士杜永祺等五人以真人的封号，下诏建一座正寿塔；一次是弘治十五年（1502年）六月，明孝宗准备命阁匠们拟作一篇释迦哑塔像赞。

明孝宗后期对佛道的笃信，看似与其父宪宗有所不同，但其实质是一样的，是明宪宗礼佛敬道的继续，严重危害了明朝的中央政权。

16.弘治中兴

弘治十八年（1505年）五月，孝宗病逝，年仅36岁。这也标志着明朝中兴局面的结束。

（1）排斥奸邪

成化二十三年（1487年）八月，宪宗病逝，太子朱祐樘继位，是为孝宗，次年改元弘治。孝宗在位十八年间，任用贤能，去除奸佞，改良政治，精心求治，使明朝处于相对稳定的时期。史称"弘治中兴"。

成化一朝，宦官相互勾结，奸臣当道。孝宗登基后，首先在选拔任用人才方面作了调整，斥逐奸臣，任用贤能。

在宪宗在世时，官至太常寺寺丞的李孜省，贪赃枉法，不可一世。孝宗即位后第六天就将其谪戍边卫，不久又下令把他逮捕入狱，最后李孜省死于狱中。太监梁芳，是当时宪宗的朝内侍，很得万贵妃的欢心，遂"擅宠于内"，许多奸佞之徒纷纷攀附他而得以重用，其中有李孜省、妖僧继晓等。就在逐斥李孜省的当天，梁芳也被充南京净军，不久就被收监审查了。大学士万安自成化五年入内阁参赞机务，是个昏庸无能之人，却极爱搜索"房中术"，献给宪宗，以获其宠。孝宗为太子时，对其丑行就有所闻，即位后，一日在宫中无意发现一箧奏疏，内容讲述"房中术"并且全部署名为"臣安进"。孝宗颇为恼怒，立即命太监怀恩拿着这些奏疏去内阁找到万安，指责他说"大臣所应当做的事，就是这些吗？"万安当即羞愧难当，心惊胆战，孝宗命其立即致仕。

明宪宗比较信服于僧道，曾在成化年间三次开度，全国的僧尼道士就有50多万，这早已成为全社会一大痼疾。孝宗在即位后约一个月之中，就罢遣禅师、真人253人，佛子、法王、国师、喇嘛789人，不准他们居于寺院，全都发还本土。限在一月内全部赶出京城，同时他还命令拆毁一切私建、新建寺院。妖僧继晓，宪宗时曾被封为通元翊教广善国师，他引诱宪宗每日做佛事，在京城西市建大永昌寺，耗帑数十万，至使数百户人家流离失所。因其作恶多端，成化二十一年（1485年）继晓被削职为民。孝宗登基两个月后，又将他逮捕弃市，这对奸臣与邪术是个大大的打击。

此外，明孝宗裁汰掉了一批冗余闲散的官员，仅传奉官就被罢免两千多人，并对触犯刑律的官员一一论处。同时，孝宗还重点整顿中下级官吏，采用革职、降职、降级、调转以及致仕等法，精简了大量行政官员，这一系列举措大大提高了办事效率。

（2）重用贤人

在去邪妄、斥奸佞、革弊政的同时，孝宗还任用贤能之士，"让有贤能的人做臣辅，召为人正直、敢说的臣民，找对事、对人公正之人，杜绝奸臣"。在弘治统治时期，孝宗选拔了许多贤明之士入朝为官，参与国家的管理。"冰鉴则有王恕、彭韶；练达则有马文升、刘大夏；老成则有刘健、谢迁；文章则有王鏊、丘濬；刑宪则有闵珪、戴珊"。许多有才能的人云集在弘治年间，使得明朝在这一时期呈现出一派兴旺景象。

王恕，陕西三原人，为人正直敢言，当时有歌谣称赞他"两京十二部，独有一王恕。"在宪宗时，王恕不仅没有实现自己的报国之志，而且志向不能如愿以偿，还被宪宗一怒之下赶回家中。孝宗继位后，立即将他召为吏部尚书，不久又加封为太子太保，一直到弘治六年（1493年）五月，始终任吏部尚书。王恕办事认真，从不舞弊，经他引荐的人才有彭韶、耿裕、何乔、周经、张悦、李敏、刘大夏、倪岳、章懋、戴珊等，皆为一代名臣。

马文升，湖广均州人，此人才智超群，且应变能力强。成化二十二年，由于受小人迫害，被调到南京。孝宗即位后，任命马文升为左都御史，不久，又命提督十二团营。弘治二年（1489年），再擢兵部尚书。此时因兵政久弛，西北等地暗暗图谋边塞，马文升严核诸将校，黜贪懦者30余人。奸人对他恨至极点，图谋于某天夜间将其害死，孝宗获悉，立即命锦衣卫去缉捕那些奸人，并派12个骑士对马文升加以保护。弘治十四年，马文升改吏部尚书。在他为兵部尚书13年中，始终尽职于自己的事务，于屯田、马政、边备、守御诸多方面，为朝廷作出了许多建树。

刘大夏，湖广华容人，弘治二年（1489年）迁广东右布政使，由于吏部尚书王恕推荐，在弘治六年（1493年）擢右副都御史，治张秋河。对于民间的情况，他如实报告孝宗，使孝宗能真正体察民情。刘大夏于弘治十五年升任兵部尚书。

徐溥，江苏宜兴人，是景泰年间的老臣子。弘治初年，擢为文渊阁大学士，参赞机务，进礼部尚书。弘治五年（1492年），代刘吉为首辅，他与刘健、李东阳、谢迁等同心辅政，匡正缺失。在徐溥任职的20多年中，政绩突出，并且为人老实、宽厚，深得孝宗的赏识。

刘健，河南洛阳人，成化时任少詹事，充东宫讲官，孝宗对其非常信任。孝宗即位后，刘健进礼部右侍郎兼翰林学士，入内阁参机务，弘治十一年（1498年）为首辅。谢迁，浙江余姚人，孝宗为太子时已充讲官，弘治年间，"与日讲，务积诚开帝意"。在厘革弊政上作出了一番成就。

李东阳，湖南茶陵人，弘治八年，与谢迁同日被录用，入内阁参赞机务。谢迁、刘健、李东阳三人对朝廷一片忠心，知无不言，言无不尽，他们的意见，孝宗多能采纳，并对他们非常尊敬，对刘健更是"呼为先生而不名"。时人评论他们三人为："李公谋，刘公断，谢公尤侃侃。"

孝宗不仅重用贤臣，而且还提倡言论自由。孝宗一继位，立即就形成朝臣踊跃上书之局面，甚至太学生也可以提意见。孝宗登基不久，想在万岁山建棕棚，用以登高远眺。太学生虎臣获知后，上疏切谏，力陈不当。祭酒费訚担心自己受到牵连，便将虎臣绑在一棵树下。不久，虎臣便被传令到皇宫的左顺门听旨：棕棚已毁。从此，虎臣也因此事在京城之中出了名。不久，孝宗又授七品官，为云南知县。弘治十八年（1505年）二月，孝宗去世三个月前，还念念不忘告谕朝臣："朕喜欢新的政事，喜欢听有建设性的意见。"弘治十八年（1505年）三月，户部主事李梦阳上疏揭发寿宁侯张鹤龄"将无赖招来，都是些贼民"。张皇后因其兄被纠劾，便与其母金夫人一同要求孝宗重处李梦阳，孝宗在逼不得已的情况下，将李梦阳关入大狱，但金夫人仍不满足，在孝宗面前哭哭啼啼，孝宗大怒，在法司送交的狱词上批道："梦阳官复原职，多给三个月的俸禄。"几天后，孝宗夜游南宫，张鹤龄在旁侍酒，张皇后与金夫人也陪伴于侧。酒过三巡，皇后与金夫人离去更衣，孝宗单独召见张鹤龄，痛斥了他一番，最后以张鹤龄免冠叩头谢罪了事。李梦阳复职后，一天在路上遇见仇人张鹤龄，愤怒之下将他的二颗牙齿打掉了。张鹤龄又告到孝宗处，孝宗对此事不闻不问，也并不追究。明孝宗如此袒护正直敢言之朝臣，恐怕在整个中国封建王朝史中也不多见。

（3）改良政治

与此同时，孝宗在政治方面也作了相应的改革。首先，重开经筵。经筵设于明初，当时无定制，正统初始为常制，每月的二、十二、二十二日三天，皇帝必亲临文华殿进讲。因宪宗皇帝整日沉溺于后宫之中，一遇春秋，就自动停止，因此经筵制度已形同虚设。孝宗登基不久，就接受朝臣杨守陈的建议，将经筵制度恢复了过来，而且常敦促讲官应直言不讳，不必顾忌。弘治九年（1496年）闰三月，少詹事王华日讲文华殿，他借唐朝李辅国与张后表里用事的故事影射李广取宠的状况，希望孝宗引以为戒。孝宗听后，亦深明其意，不但没有丝毫责怪之意，而且还设宴款待王华。在恢复经筵的同时，他还恢复了在英宗时已被破坏的一日三朝的规矩，以方便了解朝中之事，同时亦可及时地处理政事，可见孝宗对政事极为重视。其次，朝臣们还经常建议孝宗，注意节俭，体察民情，对灾民施予救济。这些都被孝宗一一采纳。弘治元年（1488年）三月，马文升上疏陈时政十五事，其中就有"节费以苏民困"。文中有"陛下量减一分，则民受一分之赐"一类语，孝宗一般都可以接受。弘治十四年（1501年）八月，大学士刘健等因军兴缺饷，上疏指责光禄司岁供增数十倍，"太仓的粮食已不多了，不够战士享用，而内府取入，一动便是四五十万"。同时，刘健还呼吁应当减其供奉到弘治元年的标准，万一有灾情出现，官府应当拿出财物来救济，同时减轻灾区的赋税。

另外，注重修边备，加强防备。自"土木堡之变"后，明代北部边防就废弛了，在成化年间，仍不见有任何改观。弘治朝，由于重用贤能之士，先后用余子俊、刘大夏、马文升为兵部尚书，因而使防务中的一些不利因素得以根除。余子俊，成化中期曾在延绥地区修筑边墙，成化二十一年（1485年），他总督大同、宣府军务，并在这两镇推行了延绥边墙法。弘治初年，他为兵部尚书，针对北部边防他曾系统的规化出一套总体防御计划。他认为，随着蒙古三大部之间力量的消长，防御重点应放在宣府、大同，并提出对边镇守将须实行每岁考核制度，建议建立以大同为中路，天城、阳和为东路，洪州城、宣府、大同左右卫、威远、平虏、井砰堡、朔州卫为西路的三路防御体系。孝宗认为计划不错，应立即执行。余子俊病逝于弘治二年（1489年）二月，马文升继任兵部尚书，一直到弘治十四年（1501年）十月，余子俊防守的策略被继续实施。马文升调任吏部尚书后，刘大夏继任，继续维护边备以守为主的方针。孝宗曾认为应效法明成祖以进攻取代防御，事实上，就当时实力而言已不可能。想维护北部边防的安宁，刘大夏认为就应当采取防御为主的方针。

综观弘治一朝，其对明朝江山的巩固起到了一定的作用。明初洪武、永乐时期国力强盛，仁、宣亦能保持，但英宗"土木堡之变"后，国力日弱，宪宗又沉溺于后宫之中，以及对奸臣汪直的信任，导致政事、国运日渐衰退。直至弘治年间，国运得以振兴，许多弊政得以清除，社会经济迅速发展，边备得以加强，故有"弘治中兴"之美誉。

第八章　武宗乱政

武宗即位后，整日声色犬马，不理朝政，一些托孤大臣因此相继离去。而刘瑾却借此权倾一朝，有"立地皇帝"之称。武宗荒淫无耻，整日在豹房游乐。皇室的朱寘鐇和宁王先后发动叛乱。农民起义也成燎原之势。武宗先后派重兵平定了这些叛乱和起义，并借势诛杀了威胁自己皇位的刘瑾。武宗十分喜欢玩乐，江彬因此想尽一切办法诱惑武宗远游，劳民伤财。还多次假亲征之名南巡，演出多幕闹剧。正德一朝，朝政混乱，社会动荡不安，致使明代的政治更加衰败。

1.排挤托孤之臣

正德元年（1506年）十月，辅政的大学士刘健、谢迁被迫致仕。

弘治十八年（1505年）五月十八日，在文武百官的拥戴下，一个15岁的顽童，御殿登极即皇帝位，这便是武宗朱厚照，年号为"正德"。朱厚照在历史上是个有名的荒唐昏庸之君。武宗是明孝宗的独生子，年仅两岁便被立为太子。孝宗怕太子的玩劣天性会败坏朱家的天下，故在弥留之际，将年幼的太子托付给得力的宰辅——内阁大学士刘健、谢迁等人，恳请他们精心辅政，并要好好教导未成年的太子。然而，武宗即位后，一意孤行，纵情玩乐。他在位的16年中，从不谈及政事，将大部分时间在游玩中度过。其玩乐方式多而离奇，令臣僚们不知所措。武宗对朝中政务则敷衍了事，甚至撒手不管。奸臣乘此机会，祸乱朝纲。随着这位顽童当政，使中期的明王朝走向了黑暗。

武宗即位前期，与其朝夕相处的有谷大用、刘瑾、张永等八个随侍宦官。这八个人一直在武宗的身边服侍，他们早就知道，朱厚照一定是将来的皇上，所以便处处讨其欢心。现在武宗登基，这帮人更是投其所好，取悦武宗，用以谋取自己的利益，因而每日为武宗安排倡优杂剧、宫女歌舞、角斗游戏，引导他擎鹰搏兔、跑马击球。好玩的武宗更无心理政，一天到晚，沉醉于玩乐之中。皇帝定期接见群臣的早朝，官员们日未出就进朝准备奏事，他却日上三竿才起。侍卫执役人员见皇帝久等不来，于是一个个横卧在地，满地是丢弃的仪仗；官员们也是疲于久候，精神困倦。好不容易等来了武宗，他却敷衍几句，就立刻散朝了。

即使如此，他还经常宣布停朝。翰林院定期为皇帝讲授经史及治国之道的"经筵日讲"，自武宗即位以后，也时断时续，偶尔听讲，他也心不在焉。到了夏天，他索性以天热为理由，停止听讲。顾命大臣大学士刘健常教导他"应勤奋学习，打理朝政，不要荒废不学"，武宗虽当面听从，但只要被宦官包围，便沉溺于玩乐之中。正直的大臣遭冷落，诱惑他的宦官被当做心腹，尤其是刘瑾，因博得武宗欢心，被升职为内官监太监，进而总督十二团营，掌握了守卫京城军队的兵权。宦官们上的奏章，武宗竟然事事依从，按照他们的意愿作出批示。刘健、谢迁等人想按照孝宗的遗诏，剔除先朝留下的积弊，但由于这些方案直接侵犯了奸臣的利益，章疏奏上，随即便被篡改，结果不仅没有剔除，反而有所扩大。例如，京城及地方上的奸臣本该尽早裁汰，这些人非但没裁，反而各宦官衙门、仓库、城门及各地镇守的宦官数量却暗中增加。刘健等虽然受命于先帝，辅佐朝政，但实际上徒有虚名。最受武宗宠信的八个宦官则结交党羽，排斥异己，在朝中早已行成一种恶势力，时人称之为"八党"、"八虎"。吏部尚书马文升，在武宗继位后不久，曾裁汰了一些传奉官，御用监的宦官便撺掇武宗重用他们所点名的七个人。马文升因不同意任用，被诬以抗旨的罪名，于是，马文升便请求告老还乡。宦官们恨之入骨，遂借机拔掉了这个眼中钉，扶植附从他们的官员。一次大臣们因在财政方面的问题，提出宫廷费用浪费严重，武宗应节俭，这才是解决财政困难之道。当时与宦官们勾结的吏部左侍郎焦芳也正在场，他知道旁边有窃听会议的宦官，便故意大声说："平常百姓况且还需要日常的消费，何况天子呢？为什么不想方设法将税收征集上来。只让皇上减少生活费用？"会议刚结束，宦官便把议论的细情报告了武宗，并极力为焦芳美言。焦芳便被昏庸的武宗升为尚书。从此，焦芳便与宦官们狼狈为奸，祸乱朝廷。刘健、谢迁等人看到朝政日非，觉得自己对不起先帝的遗托，决定将"八党"铲除。当时，给事中陶谐、户部尚书韩文等人正接连上奏章揭发奸臣的恶行，刘、谢等极力支持，并率领文武百官跪在朝前，指责八党"唯知蛊惑君上，以便私己"，对皇家天下的兴乱毫不关心。刘健等进一步指出，宦官祸国已有前例，若不赶快治理，一定会祸国殃民的。由于言词激烈，武宗看到章疏后乃至"惊泣不食"，立刻传司礼监太监，到内阁商量议事。武宗提出将刘瑾等安置南京，刘、谢则想杀掉刘瑾以根除后患，他们要王岳代替向武宗表达，他们说："先帝执手托孤，若不诛除惑乱朝政的八人，我们无颜见先帝，对不起皇上呀。"王岳是宦官中少有的正派者，平时也恨刘瑾等人，便将刘、谢的要求禀告武宗。没想到，消息走露，焦芳将消息告诉了刘瑾。刘瑾闻之大惊，与另外七人连夜去见武宗，为表示对主子的忠诚，他以头触地，环跪在武宗周围哭求。武宗心动，刘瑾乘势告了王岳一状，诬陷王岳不但要害他们，而且借司礼监之权，对皇上的日常生活也要控制。武宗听后大怒，立即命刘瑾掌司礼监，下令将王岳逮捕，发配到南京。刘瑾为除后患，秘密将王岳在半途中杀害。刘健、谢迁等次日上朝，原准备力争诛杀刘瑾，但见形势已不能挽回，便请求告老还乡。刘瑾等唯恐除之不速，于是假借皇帝谕旨，允准二人回乡。刘、谢等人诛除八党的活动遂以失败告终。武宗即位仅一年的时间，八党便控制了朝廷，孝宗托孤之臣，多被排挤回乡。

2.刘瑾专权

刘瑾是陕西兴平人，本姓谈，因为他投靠了一位姓刘的宦官才得以入宫，就改姓刘。正德五年（1510年），"立地皇帝"刘瑾伏诛，从此结束了其专权的局面。

（1）迷惑武宗

弘治十八年（1505年）孝宗驾崩，武宗即位。武宗因念及自幼与刘瑾等八名宦官的朝夕相处，对他们委以重任，人称"八虎"。刘瑾则被任命为钟鼓司太监。

刚即位的武宗年仅15岁，童心未泯，非常好玩。刘瑾便投其所好，用献鹰犬、歌舞杂要、使武宗出宫游玩等伎俩取悦皇上。在刘瑾等人的纵容教唆下，武宗不思朝政，在宫中上演了一出出荒唐的闹剧。比如：

武宗曾令宦官们把一处宫殿布置成京城集市的样子，与他们一起穿上平民衣服，开了间店铺，还煞有介事地讨价还价。继而又让宦官们开设酒店，里面有杂要人在斗鸡逐狗，还有一些宫女在弹琴跳舞，武宗则在酒店中饮酒作乐，喝醉后，便宿于酒店。臣僚们见他这样胡闹，简直有损皇威，几次直言劝告，但武宗根本不听。在宦官们的诱惑下，武宗又玩出了新的花样。正德二年（1507年）八月，武宗在京城中另建一片建筑群，中间为宫殿，东西厢之间造二排密室，名为"豹房"，放入虎、豹及珍禽奇兽，并调来乐工进内演奏，武宗赏玩逗嬉。此后，武宗日夜不离豹房，不进后宫，并称豹房为"新宅"，群集于此的宦官们，都是武宗所宠信的。武宗每天与这些人鬼混，沉湎于声色犬马之中，朝政荒废。皇权从此被晋升为司礼监太监的刘瑾明目张胆地窃用了，终于酿成了正德朝严重的宦官之祸。

文臣是刘瑾最为痛恨的人，他千方百计来折辱、打击他们。

《通鉴纂要》是翰林院的文人学士编写的，刘瑾就以誊写不认真为由将纂修官们贬职。

正德二年（1507年）四月，为震慑百官，刘瑾窃用皇帝的名义，下发敕书，将刘健、谢迁及尚书杨守随、韩文、林瀚，都御史张敷华，郎中李梦阳，主事王守仁、孙磐、王纶、黄昭，翰林院检讨刘瑞，给事中徐昂、戴铣、陶谐等53人的名字榜示朝堂，视为"奸党"。同时，又在罢朝后宣群臣跪于金水桥南，刘瑾将榜示"奸党"的敕书授与鸿胪寺官员宣读，以示群臣必须以此为戒。

御史蒋钦也名列"奸党"，他是上疏直言的典型代表。最初，他见谢迁、刘健被逐，便偕同官员数人切谏，武宗和刘瑾等人被激怒了，将蒋钦逮入监狱，廷杖之后贬为民。居三日，他独自上疏参劾"八虎"乱政诸事，又被杖三十下狱。三天后，蒋钦复上疏，表示"臣与贼瑾势不两立"，于是再加杖三十，三日后，因重伤死于牢狱之中，年仅49岁。

正德三年（1508年）七月，朝会结束后，一份揭露刘瑾种种不法行为的匿名文书被校尉在御道捡到，刘瑾看到之后很气愤，令百官跪在奉天门外，逼迫匿名文书的作者招认。当时，正是中午，烈日炎炎，百官们从早晨一直跪到傍晚，主事何钘、顺天府推官周臣、进士陆伸都被曝晒而死，但最终还是没有结果。于是刘瑾将五品以下的官员全部收监。第二天，他得知匿名文书乃是宦官中的敌手所为，才将无辜的官员们放了。

同年十月，刘瑾别出心裁地想出来一个罚米的办法，用以制服朝臣。在明朝，为防止那些主管粮仓的官员渎职，便实行罚米输边处分，刘瑾就将它扩大化，对那些曾得罪过他的人进行罚米。当时一共罚了160人，最多的罚米1000石，最少的罚米200石。被罚者要在一个月内将罚米如数运抵指定的仓口，不然就要被送入狱中判刑。其中户部尚书韩文被罚两次，一共罚米1500石，是他做官10年的俸禄。

刘瑾觉得言官好上书弹劾人，很是讨厌，就定下一个规矩：六科给事中必须寅时（凌晨3点到5点）上班，酉时（下午5点到7点）下班，一天上班16个小时，令他们疲惫不堪。

绝大多数官员成了惊弓之鸟，不想再反抗了，而且被刘瑾这一番整治后，对他的淫威都畏惧三分。有一次，都察院奏报审录重囚的意见，内中把"刘瑾传奉"多写了一遍，刘瑾发觉后，怒骂一通，吓得都御史屠滽连忙跪在刘瑾的脚下叩头求饶。从此以后，科道官、部属官见了刘瑾都行跪拜礼。明朝人感叹说："全国上下的大小官臣，见王振而跪者十之五，见汪直而跪者十之三，见刘瑾而跪者十之八。"

刘瑾在极力揽权、广收贿赂、残害官民的同时，没有忘记给自己树立一种优礼名流、尊重大臣、忧国忧民的形象。

他将两位顾命大臣打倒驱逐，但对李东阳却彬彬有礼，尊崇备至；对地位低贱，却著作等身的文学家康海奉为上宾，认作知己。

刘瑾是个贪赃枉法、侵吞国帑的大贪污犯。凡是地方官到北京朝觐，京官出差回京，都要给他进献厚礼。给事中周钥勘事归，因没钱送礼给刘，走投无路之下，自杀身亡。吏部尚书张彩对刘瑾说："百官送给您老的礼金，往往是借自京师富家，不一定是自己所有的，回衙门后就拿国库的款项偿还。您为什么贻患国家呢？"刘瑾认为很有道理。这时，恰逢御史欧阳云十余人出差回京照旧例给他送礼，刘便将其告发。此后，刘瑾又派给事中、御史14人到各地盘查库存情况，地方官们纷纷厚敛以弥补国帑。不少人因来不及弥补，而被告发了。浙江盐运使杨奇因为亏欠盐课被判死刑，为保住性命，他把孙女都卖了。

太监杨镇借到南京买丝织龙袍的机会，途中勒索贿赂白银16200两，被刘瑾揭发后，交给南京三法司治罪。

更无理的是，商人买通刘瑾后，刘不知把多少道盐引送给商人去牟利，但在正德四年（1509年）十一月，他却提出来"疏通盐法四事"，严禁商人私贩夹带官盐和用空文虚引支盐。

在刘瑾掌握大权的时候，对现行的行政与司法条例作了大量的变更。刘瑾倒台后，大臣奏报说，有不少成法被刘瑾变乱了，吏部有24事，兵部18事，户部30余事，工部13事。刘瑾还企图把他变更和新立的规定变成长久遵行的法规。正德五年（1510年）三月，给事中屈铨上书，要求朝廷把从正德元年以来的"现行事例"，编成一部"成宪"，这也是刘瑾指使兵科做的。

刘瑾之所以能大权在握，是因为他掌握了特务机关，并且获得了朝廷的决策权。

武宗即位后，对各种玩乐日益痴迷。正德二年（1507年）九月，他住进已部分竣工的豹房公廨，干脆不在乾清宫居住了。豹房公廨分为五个部分：居住用的密室、办公用的公廨、游戏娱乐用的豹房、训练近卫队用的教场、进行宗教活动的佛寺。在里面除皇帝外，还有以八虎为中心的佞臣、宦官、近卫队，皇帝从社会上弄来的女人也出入其中。在这里，年轻的皇帝生活得轻松洒脱。

每次，当皇帝玩得正在兴头上时，刘瑾总是奏事。皇帝自然觉得厌烦，手一挥，说："不要拿这些东西来烦我！"刘瑾于是不再奏报，自己处理了事。

不过，文化水平很低的刘瑾，对那些文绉绉的奏章也看不太懂，就把奏章带回家，让任女婿孙聪及他的狐朋狗友张文冕帮助批答，然后由内阁学士焦芳代为润色，内阁首辅李东阳就只有点头的份。诸司上章奏，都要先具红揭投刘瑾，被称为"红本"，然后通政司便拿到副本，称为"白本"。红本是决策的依据，而白本只是例行的手续。这样，刘瑾的手上便掌握了皇帝批红的决策权。

刘瑾心腹的手中当时掌握着锦衣卫、东、西厂，但他还是不放心。正德三年（1508年）九月，一个由他亲自掌握的新特务机关——内行厂设立了。这个内行厂不受东、西厂的干涉，也不用通过任何司法机关，就可以实施人身的监禁、逮捕、没收财产人口、刑讯，直至处死人命。一切机关，包括东、西厂、锦衣卫，所有的臣民，都在他的监视范围内。这就使明朝的警察、安全保卫的权力，都集中到刘瑾的手中。

（2）刘瑾伏诛

正因为皇帝的批红决策权落到了刘瑾手里，而且他又掌握了权力无边的内行厂这个警察与安全保卫机构，所以上至中央内阁、六部诸衙门，下至司法与军事各机关、地方政府，全部都有刘瑾的心腹，这就使刘瑾大权独揽，"不复知朝廷矣"。刘瑾凭借着这些权力，为所欲为，他可以一次裁去内外官员580余员，可以随意撤销河南、山西、山东、蓟州、郧阳、苏松、保定、云贵、凤阳等地的巡抚建置，将朝廷亲命的巡抚换成镇守太监。他的意志就是法律，治罪没有轻重，一般都是"决杖永远戍边"，而且常常把犯人"枷号发遣"，没几年的时间，便杀死数千人。刘瑾的喜怒和纳贿甚至可以决定官吏的职位高低。因此，刘瑾在当时人的眼里，被看成是站在正德皇帝身边的"立地皇帝"。

刘瑾的专权使天怒人怨，最终他也因此丢了性命。刘瑾派他的同党到各边塞大举清丈屯田，苛刻搜刮，引起边军骚乱。宁夏庆王府的安化王朱寘鐇重演老祖宗永乐帝的"靖难"之剧，在正德五年（1510年）五月发檄文声讨刘瑾的罪行，并以"清君侧"的名义，举起了造反的大旗。当地巡抚将安化王的檄文和反叛的消息火速驰报朝廷，刘瑾将檄文压了下来。朝廷安排都御史杨一清、提督京营太监张永为总督，率领京军征讨。京军未到，地方官仅用18天的时间山就平息了叛乱。张永和马永成虽然都属八虎，但在刘瑾掌握大权之后，对他们却是不管不顾，还想把张永挤出北京。因此在得到安化王的檄文后，张永就决心和张一清一起除掉刘瑾。

张永上奏朝廷平报捷，说息了叛乱，拟于中秋节献俘。刘瑾传旨往后延几天，张永怕出现变化，便提前将安化王押解到了北京。献俘完毕，武宗让刘瑾等人陪席，设宴犒劳张永。夜阑酒酣，刘瑾离席回到内值房（豹房的值班室）。张永借机让武宗看了安化王的檄文，并且数说刘瑾17条罪状。武宗当时喝得有几分醉意，点头说："这奴才真是不知好歹！"张永说："皇上，千万不能耽误啊！这是生死攸关的大事呀！"这时，马永成等几个平素与刘瑾有矛盾的太监一齐进来，将刘瑾的恶事一一数说，把他说成一个意图不轨、阴险毒辣的野心家。武宗听了，心中便没了分寸，即刻带了四个长随（保镖）到值房把刘瑾抓了起来，关在东华门内的菜厂里，又派人去查封刘瑾的私宅。

第二天，武宗下了一道谕旨，决定把刘瑾发往凤阳闲住，降为奉御；刘瑾变乱的成法一律改正恢复。

张永见皇上并没有处死刘瑾的意思，便在九月十五日鼓动武宗亲自驾临刘瑾的私宅。眼前的情景着实把武宗吓了一跳：堆积如山的金银珍宝，还有伪玺一颗，"穿宫牙牌"500件，刘瑾常常拿在手中的扇柄，竟藏有二口利刃，衣甲、弓弩更是数之不尽。他怒道："真是要谋反呀，刘瑾这个该死的奴才！"于是刘瑾被定了19条大罪，凌迟处死。

3.安化王之乱

正德五年（1510年）八月，发动叛乱的安化王朱寘鐇在京师被处斩。

朱寘鐇是朱元璋第十六子庆靖王朱栴的曾孙。朱栴洪武二十四年（1391年）封王，二十六年就藩宁夏。弘治五年（1492年），朱寘鐇嗣王爵。朱寘鐇一向有异心，同宁夏生员孙景文、孟彬等往来频繁。一次一个叫王九儿的男巫称朱寘鐇为"老天子"，说他有帝王之相，迟早会至九五之尊后，他万分喜悦，就加快密谋叛乱的步伐。

当时，大理寺少卿周东被刘瑾派到宁夏去丈量耕地，周东在当地极其刻薄，四处欺压勒索，激起了屯垦士卒的不满。于是朱寘鐇鼓动孙景文，让他找机会将这些士兵拉拢过来;并命令孙景文在家摆宴安抚这些受辱的将士。于是孙景文将丁广、杨泰二人请来赴宴。席间，孙景文用言辞煽动他们，并大肆宣扬朱寘鐇的德行，致使丁广、杨泰等死心塌地跟随朱寘鐇；并歃血为盟，结成了一批死党。之后，朱寘鐇又将平齿城成将张钦等10人拉拢过来，暗中积极筹划，等待时机进行反叛。

正德五年（1510年）四月，边境告急，游击将军仇钺和副总兵杨英，率兵出防，选出以总兵姜汉为首的士兵60人为牙兵，并命令周昂带领。周昂是朱寘鐇的党徒，立刻与朱寘鐇密谋策划。初五日，朱寘鐇置酒设宴，将巡抚安惟学、总兵姜汉、少卿周东、镇守太监李增、邓广汉及其党徒何锦、周昂、丁广等人邀请赴宴。安惟学、周东借口没有参加。席间，何锦、周昂率牙兵闯入宴会厅，杀死了姜汉、李增等。安惟学、周东被丁广率兵杀死于公署，官府被纵火烧毁。他们打开监狱，释放囚徒，并将黄河的渡船统统撤到西岸，防止有人渡河。朱寘鐇命孙景文写了檄文，数落刘瑾的罪状，说他"内外交结，图谋不轨"，今举"义兵"，以图"清除君侧"。他任命何锦为讨贼大将军，周昂、丁广为左右副将军，孙景文为军师，张钦为先锋将军，魏镇等七人为都护，朱霞等11人为总管。当朱寘鐇等刊印刘瑾罪恶的告示、檄文被陕西守将封奏上报时，刘瑾将得来的消息隐藏起来，不予上报。

朱寘鐇反叛之时，游击将军仇钺正驻兵于玉泉营，朱寘鐇不久就派人招降，仇钺出于叛军大兵压境的担心，于是他就假装答应，并率部还镇。朱寘鐇将其部众分散调遣到各部将那里。单骑归家的仇钺，表面上装作有病，暗中则招兵买马，培养强将精兵，还命人与城外的明军联系，将总兵曹雄约为内应。当仇钺获知官军很快就要来了，便实施分散叛军势力的策略，说："应当赶快把守渡口，防止决堤灌城，并阻止东岸的官军，不让他们渡河。"何锦听信了他的话，率领都指挥郑卿等三千人把守渡口，留周昂把守城池。

四月二十三日，在城外举行祭祀典祀的朱寘鐇，派人请仇钺陪祭，仇钺假借身体有病卧床在家。当周昂前去探望他时，突然伏兵四起将周昂擒获，并将其杀死。仇钺当即起床披上铠甲，跨上战马，率领壮士一百多人，直奔安化府，将孙景文、朱霞等11人斩首，抓获了朱寘鐇及其儿子朱台澍。城内叛军即刻被击溃。然后他借朱寘鐇的命令，令何锦回城，暗中把朱寘鐇已经被擒获的消息告知其部卒。郑卿反正，击杀胡玺、魏镇等十多人，何锦的士卒全都溃散。何锦、丁广、张钦、杨泰见形势不好，仓惶逃跑。追兵奋起直追，终于在贺兰山附近将他们捕获。至此，朱寘鐇叛乱从开始到结束仅18天就彻底失败了。

北京得到了朱寘鐇叛军的消息后，明武宗派泾阳伯神英充总兵，太监张永总督军务，太监陆訚管领神铳，以前右都御史杨一清为提督，率兵征讨。当得知朱寘鐇已被抓获的消息时，大军正在路途中，武宗立刻命令神英率兵回京，张永及杨一清仍往宁夏。八月，太监张永回京，杨一清仍总制陕西三边军务，削夺庆府护卫，朱寘鐇、何锦、丁广被送京师，全部斩首。

4.刘六、刘七起义

正德五年（1510年）十月，刘六、刘七率领穷苦百姓和"响马"反抗"捕盗御史"的追捕。正德七年（1512年）七月，义军在狼山寡不敌众，刘六、刘七起义失败。

明朝为了确保有充足的马匹，自明初以后就签派今河北、山东、河南、安徽、江苏地区的农民充当养马户。正统以后，又令京畿百姓代官府饲养寄养马。寄养马匹是从喂养种马地区征取孳生的马匹，牵到京城附近来寄养，以供官府随时取用。饲养马匹的马户十分辛苦，而且一旦种马死或小马孳生数不足，致使寄养马供给不足时，马户的损失惨重。当时皇室和勋贵在这里广占庄田，马户的草场不断受到侵吞，饲料十分紧张；官吏又催督苛急，老百姓只有卖田产或儿女，才得以上缴欠债。老百姓生活日益困苦，反抗也日渐强烈。有些走投无路的农民，便纷纷聚集起来，组织马队，经常驰骋于华北平原一带反抗官府、劫富济贫。明朝统治者称之为"响马盗"。

正德年间，刘瑾大权在握，当时京师南边的永清、固安、文安、霸州等地，活跃着一大批"响马盗"。为了使京师稳定，于正德四年（1509年）九月，明朝就派出了"捕盗御史"，派甯杲往真定，殷毅往天津，薛凤鸣往淮阳，分头追捕。甯杲建立什伍连坐法，即一家有人为"响马盗"，就会牵连到四周的人。此法立竿见影，捕获很多"响马盗"，令百姓心惊胆颤。甯杲和殷毅则被刘瑾提拔为金都御史。

正德五年（1510年）十月，在"捕盗御史"的淫威下，杨虎、刘六、刘七领导穷苦百姓在霸州揭竿而起，掀起了一次大规模的农民起义。杨虎，河北交河县人，是著名的"响马"，被官军屡次追捕。刘六名宠，弟弟刘七名宸，是霸州文安县人。兄弟俩家徒四壁，穷困潦倒，但他们却胆识过人，颇有本领。他们起义后，穷苦百姓群起响应，起义队伍很快就达到数千人。他们有很多马匹，行动迅速，"一昼夜驰数百里"，官军对他们没有办法，"捕盗御史"也不敢抵敌。不久，文安生员赵鐩，也与他的两个弟弟率五百人加入起义军队伍。

正德六年（1511年），起义军由河北攻入山东，其行动之快，犹如暴风骤雨。三月，一路攻破滨州、临淄、临朐、日照、昌乐、武城、蒲台、曲阜、阳信及泰安等地，官军疲于应付。吏部尚书杨一清提出用大将及文臣中有威望的人提督军务。于是，明政府命惠安伯张伟充总兵官，召马中锡为右都御史、提督军务，率领京营兵开始征讨。六月，起义军分两路出击，一路以赵鐩、刘三、邢老虎、杨虎为首进攻河南，一路以刘六、刘七为首，横扫山东。两路义军，遥相呼应，互为倚重，官军不堪一击。

杨虎率军由河南攻山西，又从山西往东攻入河北，一路所向披靡，诸城望风而降。行至泰安时，赵鐩还题诗"纵横六合谁敢捕"之句，由此可知当时起义军的势力。刘六、刘七率军越过山东，进入河南，突入湖广、江西，既而从原道顺势攻占长清、齐河等县，纵横所向，如入无人之境。张伟与马中锡因不能制服义军，被兵部尚书何鉴弹劾，死于狱中，张伟革职闲住。明遂派伏羌伯毛锐充总兵官，太监谷大用总督军务，兵部侍郎陆完提督军务，再次发兵讨伐。

正德六年（1511年）八月，两路义军会师霸州，直向京师逼去，明政府急忙将京城戒严，命兵部侍郎陆完率领京营和边军回师救援。义军避开精锐的部队，再次挥师南下。十月，进入山东，连破海丰、日照等十余城。济宁一战，明朝运粮船1200艘被毁，给明王朝以极大的打击。

十一月，在夏邑（今河南夏邑县）小黄河（黄河故道）战斗中，杨虎落水牺牲，起义军推刘三（名刘惠）为领袖。刘三自称奉天征讨大元帅，赵鐩更名怀忠，称副元帅。经过一番整顿之后，义军建立前、后、左、右、中五军，置五军都督，按照二十八星宿，分为二十八营，树起大旗为号，上书："虎贲三千，直抵幽、燕之地；龙飞九五，重开混沌之天。"这个口号是沿袭元末红巾军的传统。同时严申纪律，不许妄杀，不许抢掠。正德七年（1512年）二月，邢老虎病死，他的部下被赵鐩收服，一时起义军号称十三万，骑兵五千，转战樊城、襄阳、新野、随州一带，又攻破泌阳，将前大学士焦芳家烧成灰烬，并掘其祖坟，仅焦芳幸免。他们将焦芳的衣帽挂在树上，数落他的罪行，命义军战士挥剑砍之，说："我亲手杀了这贼，以谢天下。"此刻，明朝派咸宁伯仇钺和都御史彭泽率军全力围剿义军，赵鐩和刘三节节败退，直至颍州、固始等地。四月，义军屡次战败。闰五月，为了扭转局面，赵鐩与刘三兵分两路出击，刘三自河南入罗田，攻黄陂，明兵由黄陂到达桐柏、南召，对其紧追不舍。刘三只有十七骑相随，明军指挥王瑾将其右目射伤，刘三纵火自焚，壮烈牺牲。赵鐩由东北赴泗州、凤阳，在湖广应山县落脚。这时，义军首领陈翰、张通相继率众投降官军，义军实力遭到重创。赵鐩在应山县东化山坡下，遇一僧人真安，于是削发为僧，潜渡长江至南岸，准备进入江西，想东山再起。途中，赵不幸在江夏同37名义军将领一起被俘。被送往北京后，赵鐩等六位主要将领被处以残酷的剥皮之刑，其他均被处磔刑。

刘六、刘七率领的义军，于正德七年（1512年），被明军10万人围困在登州嵩浅坡、古县集等地，死伤3000余人。在此情况下，他们率精锐突围，再从山东攻入河北，进攻香河、宝坻、玉田各县，转攻武清，大败明军，杀明参政王杲，义军再次威胁北京。起义军继而转攻冠县、邱州，渡河到固始。这时，刘三、赵镱都已经战败牺牲，明官兵集中兵力反攻刘六、刘七。刘六、刘七孤军奋战。黄州之战，刘六战败，与其子刘仲淮投水自杀。刘七和齐彦名继续统率义军，攻克了长江沿岸的九江、安庆、湖口、仪真、太平等地。但是惯于骑射的义军并不擅长水战，七月某夜，狂风大作，官军乘机用炸药和火炮炸沉了义军的船只，义军被迫转战南通狼山。明朝副总兵刘晖率辽东兵，千总任玺率大同兵，游击郤永率宣府兵，对狼山地区三面夹击，义军英勇奋战，终因寡不敌众而失败。刘七中箭投水自杀，齐彦名战死，许多士兵也自杀身亡。

刘六、刘七领导的这次农民起义，历时三年，转战南、北直隶及山东、山西、河南、湖广、安徽、江西等省，曾几度威胁明朝京师的安全，给明朝统治者以沉重的打击，是明朝中叶规模最大的一次农民起义。

5.四川农民起义

正德九年（1514年）二月，四川农民起义军的余部喻思俸、王长子等二百余人在四川广元战败而死，历时六年的起义失败了。

正德三年（1508年）冬，四川保宁人刘烈率领当地群众起义，进攻陕西汉中等地。第二年，刘烈在战斗中牺牲。十二月，保宁人鄢本恕、蓝廷瑞和廖惠继续领导农民起义，蓝廷瑞称"顺天王"，鄢本恕称"刮地王"，廖惠称"扫地王"。四川省内各界民众踊跃参加起义军，队伍扩大到10万人，还设置四十八总管，势力扩展到湖广、陕西等地。廖惠与蓝廷瑞主张在保宁建根据地，鄢本恕主张以汉中为根据地，再取郧阳，由荆、襄东下。廖惠率领起义军攻下通江，将参议黄瓒杀死。明廷派刑部尚书洪钟总督川、陕、湖广、河南四省军务，与四川巡抚林俊相勾结，镇压农民军。廖惠攻克通江后，在撤往龙滩河的战斗中被俘。蓝廷瑞和鄢本恕转到汉中，被陕西明军所逼，重回四川。正德六年（1511年）初，明军将起义军围困在东乡，起义军遂交通土酋彭世麟想从其营地突围。彭世麟秘密和洪钟设定计谋，诱蓝、鄢起义军首领28人到他的营地赴宴。在宴会上埋伏的士兵将起义首领全部俘获。起义军大部瓦解，余众在廖麻子领导下，与方四、曹甫的起义军联合，顽强抗战。

四川仁寿人方四，江津人曹甫在正德六年（1511年）正月起义，号称顺天王，率义军将江津县城攻下，杀了金事吴杲。明朝廷派巡抚林俊前去镇压，曹甫战败被杀。剩下的起义军由方四、任胡子、麻六儿等率领转至綦江，进入贵州思南、石阡等府。方四称自己为"总兵"，任胡子为"御史"，其他30多个首领为"评事"。不久，他率领的起义军由贵州再入四川。八月，起义军攻打永澄、东乡，声言要攻取重庆、江津、叙州、泸州和成都。明军在加强军事围剿的同时，到仁寿县找来起义军的族属前去劝降。方四等杀了说客，拒不投降。此后，明军分六哨向起义军发起猛攻，起义军被团团包围，许多义军拒绝投降，跳崖自杀。在这次激战中，任胡子战死，方四率2000余人突围进入贵州思南。正德七年（1512年），义军又从贵州进入四川，闰五月，在从南川到綦江途中战败。方四被地主武装擒捕。

与此同时，廖麻子、喻思俸部和内江骆松祥部、崇庆范藻部的起义军势力仍在继续发展壮大，兵力已达20万。四川巡抚高崇熙下令招抚起义军，特将开城临江空出来给义军居住、生产，免征赋役。廖麻子进驻临江后不久即起兵反抗。明廷将总督洪钟罢免，并逮捕巡抚高崇熙，改派彭泽、马昊代替他二人职务。彭泽等率领苗兵围剿起义军，在荆州将廖麻子杀害，起义军推喻思俸为首领继续战斗，转战巴山，进抵略阳，攻四川广元，后被明军截堵，转至西乡。正德八年（1513年）马昊、彭泽率明军包围义军，喻思俸战败被俘。接着彭泽与马昊又将内江骆松祥部和崇庆起义军范藻部攻克。

四川地区的农民起义，转战三省，历时六年，给予了明王朝以沉重的打击。

6.一代名臣李东阳

正德十一年（1516年）八月，致仕大学士李东阳逝世。

在明朝，少年时代便显露才华而后成为大官僚的人不多，成为大官僚又是文坛领袖的人更是屈指可数。李东阳却经历了一段由神童到学士再到首辅，最后成为文坛领袖的辉煌道路。

（1）积极议政

李东阳（1447~1516年），字宾之，号西涯（北京的一个地名）。李氏祖籍湖广茶陵，后迁居京师。最初其祖父李允兴在京师服兵役，后来举家迁移至此。李东阳生于京师，以西涯为号，说明祖父对他的影响很大。

李东阳很小的时候因为能写直径一尺的大字，而名声大振，分别在4岁、6岁、8岁时三次被召入宫中。由于其年幼矮小，过殿阁需要内侍挽扶。内侍嘲笑道："神童脚短。"李东阳随声应道："天子门高。"一次皇帝同时召见了他和另一位神童程敏政，皇帝出了一联："螃蟹浑身甲胄"，程敏政对曰："凤凰遍体文章"，李东阳对曰："蜘蛛满腹经纶"，两个人对得都非常巧妙，且有味道。传言说，后来程敏政官至翰林院侍读学士，李东阳当了首辅，他们儿时对联即是先兆。这种宿命的言论虽然不科学，但李东阳在官场上的际遇却确实神奇。

李东阳在京师读书至18岁，于天顺八年（1464年）高中二甲传胪（二甲第一名），选为庶吉士。散馆后，被授予翰林院编修。成化十年（1474年），升侍讲兼詹事府左庶子。十九年，升侍讲学士。编修、侍讲、侍讲学士分别是正七品、正六品、从五品官，十九年中，品秩只升三级。初期升迁缓慢和地位显贵，是明代翰林院官的两个特点。幸运的是，李东阳升侍讲学士后的第二年，被选为东宫讲官，给皇储讲授功课，就如同在皇上身边一样，是进身的绝佳机会。

成化二十二年（1486年）底，李东阳之父李淳病故，他依制守孝。一年以后，即弘治元年（1488年）闰正月，为修实录，吏部题奏，将在京的纂修誊录官员移文行取。李东阳上奏折道："右股及足为寒湿所侵，走路都很困难，不方便骑马，需要在家暂行调理。"先不说有病与否，这道奏疏，终于使他争取到了三年守丧。也许这正是他的目的所在。弘治二年（1489年），李东阳被起用，任左庶子兼侍讲学士。弘治四年（1491年），由于参与修改《宪宗实录》，官升至太常寺少卿，掌管翰林院事。这时，他的官品和实际地位有了实质性的提升。

弘治五年（1492年）至六年，全国旱灾严重。大臣们应诏进言，其中，李东阳的《应诏陈言奏》别具一格。他引用《孟子》中的十条语录，即"至诚而不动者，未之有也，不诚未有能动者也"，"君仁莫不仁，君义莫不义，君正莫不正"，"《诗》云：'经始勿亟，庶民子来'"，"在农时，谷物可享用不尽。数罟不入洿池，鱼鳖不可胜食。只要在适当的时候到山林中砍伐，有用不完的林木"，"仁政必自经界始"，"饥者易为食，渴者易为饮"，"君行仁政，民众都爱戴他，直到他死"，"省刑罚"，"欲为君尽君道，欲为臣尽臣道，二者皆法尧舜而已矣"。并"尊贤使能，俊杰在位，则天下之士皆悦而愿立于其朝矣"，结合当时的实际情况，一一列举和说明。

在他的这份奏疏中虽然也有冠冕堂皇的话，但是也提出了不少尖锐的问题。如有关成化朝时盛行、弘治朝以来欲革未革的斋醮："若斋醮之事，诳诞尤多，累月经时，幸亏一中。偶然获得即为赏赐……请断自今日，凡事关祈祷，上涉及天，以经咒干赏赉者，并加斥绝，永不为太平圣治之累。"

关于农林渔业的萧条："如今天下百姓穷苦，经济萧条已到了极限，始以三者言之：山东各地，盛产谷麦的地方，草根树皮已被吃光，开始吃人肉；盛产鱼类的荆沔各地，水已干枯，鱼也没有了；易州诸处，柴炭所需，林木已空，已波及关外一二百里。其他赋税也都类似。天下之地，无一处而不贫；万物之利，无一物而不尽。"

关于兼并问题："臣私下里所见之处，奸民恶党，以献给君主为由霸占空地，有权有势的官宦之家，则向朝廷要地，而得数百顷。得请之后，设立标界，发掘坟墓，包罗村落，缠绵数月；诉讼之牒，冤号之声，震动远迩。每年都有群众聚集在一起将内使杀死。民心既失，国体又亏，上下之间，两无所益。"

关于滥用刑罚："在外诸司或倚法立威，笞杖之刑常常将人打死，之后旁引医证，纵令事觉，不过以公还职。于是棰人重者为能吏，杀人多者为好官，这样恶性循环，愈演愈烈。夫棰之与刃，刃之与政，其杀皆同。以极轻之刑，置之不可更生之地，伤天地之和，坏国家之法，没有什么比之更为严重的了。"

关于官僚之间挟私相攻："乃有或经考核，或经按问，或经参驳，或经纠劾，肆诋毁之辞，为报复之计。这种习惯渐渐成风。况其所奏，多涉诬罔，上烦圣听，下骗物情，非圣世所宜有也。"

在李东阳议政的文字中，这是一份具有代表性的奏疏，他的才华得到了充分展示。他的这一番言论受到孝宗的赏赐。恰逢首辅徐溥等人，上书说诏敕的起草太繁杂，应该有人专门从事这项工作。李东阳自然成为最佳人选。弘治七年（1494年），李东阳升为礼部右侍郎兼侍读学士，专门负责诰敕，虽还没有进入内阁，却已跻身于上层官僚的行列。从此，朝廷重要文件的草拟，都出自他的手笔。

（2）跻身内阁

次年，李东阳以本官直文渊阁参赞机务。当时已在内阁的有刘健和徐溥，和他一起拜为阁臣的还有当朝名臣谢迁。几年之后，徐溥因眼病告老还乡，在内阁者刘、李、谢三人，李东阳为次辅。这是继"三杨"之后，内阁威望再度提高的一个时期。他们三人各有特长，当时流传："李公谋，刘公断，谢公尤侃侃。"弘治年间的著名部院大臣，如吏部尚书倪岳、兵部尚书刘大夏等都是天顺八年进士。李东阳为人较平和，因此他与朝中大臣的关系更为密切。

弘治十一年（1498年）李东阳升任太子少保、礼部尚书兼文渊阁大学士。他借清宁宫发生的灾难，批驳一些流行言论："或以天道茫昧，变不足畏，此乃慢天之说；或以天下太平，患不足虑，此乃误国之言；或以斋醮祈祷为弭灾，此乃邪妄之术；或以纵囚释罪为修德，此乃姑息之谋。"从这些话中，可以看出他对舆论的重视和敏感。

弘治十二年（1499年）为会试之年，四十年前的两位神童——李东阳、程敏政同为主考。这本来于盛世之年是一件锦上添花的事。谁知发生了这样一件事：有人检举程敏政泄题。李东阳受命重新校阅试卷时，采取息事宁人的办法，但言官不肯罢休，直到程敏政辞职。既不能力辩同僚之诬，也不肯落井下石，大概就是李东阳做事的风格。

李东阳的另一份重要的疏章写于弘治十七年（1504年）。因曲阜庙重建，他奉命前往祀祭。在路上，他看到"天津一路，夏麦已枯，秋禾未种，挽舟者无完衣，荷锄者有菜色"。他听说"江南、浙东流亡载道，军伍空虚，户口消耗，库无旬日之储，官缺累岁之俸"。人们纷纷在议论国家将亡。而李东阳认为，最严重的问题是："闾阎之情，郡县不得而知也。郡县之情，庙堂不得而知也。庙堂之情，九重亦不得而知也。"中央与地方隔绝的弊端是很难消除的。孝宗称赞他"所言词恳切，体现出忧国之心"。

7.江西农民起义

正德十三年（1518年）正月，南赣的几支农民起义军遭到镇压。

正德五年（1510年）初，当刘六、刘七领导的起义军威胁京都时，江西各地也爆发了多起农民起义，其中有抚州东乡的王钰五等人领导的一支，饶州姚源洞汪澄二、王浩八等部，瑞州华林山罗光权、陈福等人领导的一支，赣州大帽山何积钦部，靖安县越王岭玛瑙寨胡雷二等部。起义军在山谷间建立根据地，互相支援，规模不断扩大。赣州起义军进攻新淦，明参政赵士贤被擒。华林山起义军攻破瑞州府城。二月，明廷派右都御史陈金总制军务，统率南直隶、浙江、福建、广东、湖广五省明军前往镇压起义。

陈金到江西后，派南赣巡抚周南率军进攻地处江西、广东、福建三省交界的大帽山。这里地势险峻，林木茂盛。张番瓒等起义军数千人，以此为根据地，先后攻占建宁、宁化、石城、万安诸县。正德七年（1512年）正月，周南调动江西、广东、福建三省官兵，兵分三路攻打大帽山，张番瓒被捕牺牲。

五月，陈金又派按察司副使周宪等分兵三路进攻华林。起义军利用地理优势，打败了明军，并将其首领周宪活捉。这次围剿失败后，陈金增调大同边兵和广西土兵，派南昌知府李承勋会合土兵进攻华林。李承勋收买起义军首领黄奇为向导，夜袭起义军。由于起义军毫无防备，结果使4000多名军士死伤，罗光权等人被杀。

华林起义军被镇压之后，陈金又继续攻打姚源。从余干、安仁、贵溪、鄱阳、乐平等五个方面包围起义军，陈金亲率大军直攻姚源。起义领袖殷勇十负重伤牺牲，原本是管粮食出身的王浩八又发动了起义，他结集剩余起义军将士，招募人才，队伍很快就发展壮大起来。

满朝文武官员对陈金不能平息叛乱，反而滥杀无辜很是不满。于是明廷命操江副都御史俞谏代陈金督江西、浙江、福建军务。五月间，俞谏命江西参政吴廷举等进攻起义军。吴廷举企图说服王浩八投降，结果被其扣留，后又趁机逃走。俞谏在裴源设下埋伏，乘起义军运粮时出兵掩袭。王浩八奋力反抗，转至徽州、衢州等处，六月间，义军遭明军追杀，战败。

江西农民起义失败后，各地农民起义仍如火如荼地进行着。正德十二年（1517年），江西南部与福建、广东交界的山区，起义军在山洞中安营扎寨、绵延数千里。明廷据兵部推荐，遣右佥都御史王守仁巡抚南赣，镇压起义。王守仁三月上任，调三省兵镇压了信丰等地的起义者，七月时上书皇上，建议对义军停止镇压。明廷加授其提督南赣、汀、漳军务，按照王守任的建议行事。十月，王守仁领兵进攻起义军中势力最强的江西崇义县左溪蓝天凤、谢志山起义军，命令邻近各县分别出兵围剿，而后在左溪会合。王守仁自率千余人至横水，搜集一些乡兵登山，诱攻谢志山部的义军。谢志山兵败，起义山寨被焚。十一月，王守仁召集各路官兵攻打桶冈，并派遣使者前去劝降起义军。蓝天凤与诸首领聚议军事，明军分路突至。起义军在毫无防备的情况下，仓促应战。起义军战败，蓝天凤被擒。明军对奋勇抵抗的义军大肆屠戮。由于围剿有功，王守仁晋升为右副都御史。正德十三年（1518年）正月，王守仁进兵攻打广东惠州和平的浰头起义军池仲容（池大鬓）部，并设计招池仲容来军营中商议招降的事情。池仲容中计，来到后被擒获，明军乘机攻打三浰的起义军据点。起义军败。之后，王守仁奏请明廷设和平县，以加强统治。

8.宁王之叛

正德十五年（1520年）十二月，宁王朱宸濠伏诛，标志着"宁王之叛"的彻底失败。

（1）蓄谋已久

洪武二十四年（1391年），朱元璋封他的第十七个儿子朱权为宁王。两年后，朱权在大宁任藩王。靖难之役中，燕王朱棣用计策要挟朱权迁往北京，后把他的封地给了朵颜三卫。永乐元年（1403年）改封南昌。正统十三年（1448年），朱权死，他的孙子朱奠培继承了职位，天顺年间因为获罪而被革去护卫一职，改为南昌左卫。弘治四年（1491年），朱奠培死，其子朱觐钧嗣位。弘治十年，朱觐钧死去，他的儿子朱宸濠嗣位，于正德十四年（1519年）六月发动叛乱。

早在刘瑾专权之时，朱宸濠就心怀不轨，经常贿赂刘瑾，正德二年五月，在刘瑾的帮助下，他恢复了护卫之职。朱宸濠招纳一些江湖术士，其中有个叫李自然的声称知"天命"，说他有皇帝之相。李日芳则称南昌城东南角有天子气，朱宸濠就派人在那儿建了一座书院，取名阳春书院。由于这些江湖术士的怂恿、献媚，朱宸濠的野心进一步膨胀。刘瑾垮台后，朱宸濠的护卫一职又被削夺了。他便想方设法，希望恢复护卫职务。正德八年十一月，与他来往甚密的陆完被升为兵部尚书。陆完曾为江西按察司，于是朱宸濠极力拉拢他，说："陆先生将来一定会高居公卿之职。"陆完亦有心依附他。陆完升为兵部尚书后，他们就互通书信，为朱宸濠恢复护卫职务积极谋划着。当时明武宗所宠爱的伶人臧贤的女婿司钺任南昌卫。朱宸濠就通过司钺同臧贤挂上了钩，同时私下里同武宗的亲信钱宁、张锐等人勾结。在他们的合力帮助下，宁王朱宸濠于正德九年三月恢复护卫职务。

朱宸濠在忙于拉帮结派的同时，亦积极向明武宗献媚，借以获取武宗的欢心。武宗是个昏君，喜欢新颖奇巧的玩物，朱宸濠就投其所好，不惜花费钱财，极尽奇巧向武宗进献了几百盏新颖而各具特色的宫灯，以参加宫中一年一度的灯节，这些做法很讨武宗欢心。

朱宸濠在职期间抢夺土地，收敛钱财，蓄盗抢劫，强抢民间女子，就连官府也不敢过问。与此同时，朱宸濠自正德九年起即自称国王，称护卫为侍卫，改令旨为圣旨，下令下臣们一律穿朝服晋见。并派人至广东购买皮帐、做皮甲；私制盔甲、刀枪及火器。此外，他还勾结强盗、流亡人员，借向皇上进贡为由，派手下亲信藏在京城打探消息。正德十年春二月，朱宸濠招举人刘养正入府密谋。

对于朱宸濠的所作所为，朝中官员个个心知肚明，可对其揭发后，不但没有什么作用，揭发的人还会殃及自身。正德十年（1515年）十月，江西按察司副使胡世宁上疏弹劾朱宸濠的所作所为，朱宸濠非常害怕，随后他反咬一口，诬陷胡世宁"离间亲情"，将其打入大牢。从福建至京师途中，朱宸濠几次对他要下毒手，他都侥幸躲过。回到北京，胡世宁差点死在锦衣卫狱中。正德十二年（1517年），宁府典宝阎顺、内官刘良、陈良赴京揭发朱宸濠诸不法事，朱宸濠立即派人贿赂钱宁等人，此事又不了了之。而阎顺等则被充军孝陵卫。朱宸濠怀疑承奉周仪在幕后指使，于是就把周仪及其家属60多人以及典仗查武等数百人全部杀害。

（2）发动叛乱

朱宸濠大肆报复弹劾他的朝臣，对在江西的官员则进行拉拢，拉拢不成就予以排挤。正德十一年（1516年）九月，朱宸濠想夺官池，遭到左布政张嵓的反对，于是他就派承奉刘吉送张嵓一盒礼品。张嵓打开一看，是枣、梨、薑、芥四种水果，心中马上就明白了其中用意，当即对刘吉说："这盒水果是暗示要我早日离开江西。我是朝廷命官，行动岂是别人所能干预的！"当即让朱宸濠碰了一鼻子灰。次年五月，他就贿赂钱宁暗中嘱咐吏部，将张嵓升为光禄卿，调离江西。朱宸濠的所作所为都被巡抚孙燧看在眼里，当朱宸濠派兵四出劫掠民财，孙燧每每予以缉捕。正德十三年（1518年）十月，孙燧抓获了一头目吴十三，朱宸濠担心其阴谋泄漏，暗中派人劫狱，将吴十三抢回。朱宸濠于是视孙燧为眼中钉。正德十四年，江西大水灾，朱宸濠派其党羽凌十一、吴十三、闵廿四等趁机抢劫，孙燧派兵追捕，凌十一等人躲在朱宸濠家祖坟林地中，才逃过了追兵。朱宸濠当即致书给陆完，希望马上调走孙燧。孙燧七次上书揭发朱宸濠的罪行，都被朱宸濠在半路截住。鉴于朱宸濠是皇帝懿亲，孙燧不敢先发制人，只好忍气吞声。

看到明武宗没有子嗣，早在正德十一年时，朱宸濠派人进京贿赂钱宁等，希望他的长子能入继大统，让钱宁、臧贤等安排其长子以入太庙司香为由进京。钱宁等将此事告知明武宗，明武宗"用异色龙笺等，加金报赐"。按惯例，异色龙笺用作赐监国书笺。朱宸濠收到此笺，自以为大功告成。但由于钱宁与当时红极一时的江彬有过节，太监张忠等便想借江彬之手除掉钱宁。当时有人上奏："濠居父丧，矫情饰礼。复合南昌生徒保举孝行，挟孙燧并巡按御史王金奏其事。燧等欲缓其逆谋，且疏上之。"明武宗见奏折后心里感到很害怕，太监张忠便趁机秘密向皇上揭发朱宸濠的叛乱举动。东厂太监张锐、大学士杨廷和初亦为朱宸濠同党，曾帮助他恢复护卫职务，"已而锐知其反谋，且知上入忠言，乃与廷和谋，欲复革去护卫，以免后患"。御史莆淮疏奏朱宸濠反状，江彬、张忠也随声附和。

正德十四年五月的一天，太监张忠对明武宗说："钱宁、臧贤常常称赞宁王。陛下以为如何？"明武宗回答："推荐文武百官，使其忠于职守，但推荐藩王是何道理？"张忠趁机说道："他们称颂宁王，是在图谋不轨，反对陛下，陛下难道没有觉察到吗？"明武宗遂于正德十四年（1519年）派遣驸马都尉崔元、太监赖义、都御史顾颐寿等前往江西调查朱宸濠，并革除其护卫职务。同时，"诏发兵大索宸濠侦卒于臧贤家"。朱宸濠闻知立即谋反。

正德十四年（1519年）六月十三日是朱宸濠的生日，这一天，他设在北京的密探林华将北京的情况告诉了他。朱宸濠一听大惊，当即决定次日趁百官拜贺之时发动叛乱。第二天早上，他聚集其党羽刘养正、李士实等人下令："皇太后有密旨，命令我起兵入朝监国。"孙燧立即说："密旨在哪里？"朱宸濠："这你不必多问，我现在去南京，你肯保驾吗？"孙燧和按察司副使许逵当即大骂"反贼"，朱宸濠立即下令将两人处死，许逵骂道："今日贼杀我，明日朝廷必杀贼。"参政王纶、布政使梁宸、按察使杨璋等归附朱宸濠。朱宸濠立李士实、刘养正为左右丞相，参政王纶为兵部尚书总督军务大元帅，号称有十万大军。正德十四年（1519年）六月十三日，朱宸濠以庆祝自己生日为由，宴请诸地方官。第二天早晨，朱宸濠命令士兵将御史王金，主事马思聪、金山，参议黄宏、许效廉，布政使胡廉等被下狱。自称是奉了太后的密旨，起兵入朝。七月初一，朱宸濠派人留守南京城，亲自率朱拱橚、李士实、刘养正、闵廿四等六万人，以刘吉为监军、王纶为参赞、指挥葛江为都督，连同家眷共140多队，分五路直奔安庆。

提督南赣都御史王守仁当时正在江西，于是带兵征讨朱宸濠。他早就察知朱宸濠的反叛阴谋，叛乱一发生，他就传令各县派兵前来会剿。王守仁集中优势兵力，避开朱宸濠的主力，直捣其老巢南昌，七月二十日，将其首领活捉，安定民心。朱宸濠围攻安庆，久攻不克，闻知南昌失守，马上掉头西上，王守仁集中精锐迎敌。二十四日，在黄家渡大败宁王叛兵，晚上宁王军船停泊在黄石矶，朱宸濠下属有人报告说"黄石矶"，他误以为说"王失机"，立即将其杀害。次日，宁王又败，退保樵舍（今南昌东北方向），联舟为方阵。二十六日，王守仁指挥士卒以火相攻，朱宸濠大败，士兵和嫔妃们死伤惨重，朱宸濠及世子、郡王、仪宾，并李士实、刘养正、王纶、吴十三、凌十一等都被活捉。

朱宸濠见到王守仁，大喊："我想自动辞去官职，降为庶民！"王守仁厉声说道："有国法在。"朱宸濠只好低头不语。起初叛变时，其妃娄氏哭泣劝阻，朱宸濠不听，被活捉后，他在槛车中哭着对人说："古时商纣王因听信妇人的话而亡了国，如今我却因为不听妇人的话而失了王位，现在追悔莫及了。"王守仁派人打捞起娄氏的尸体，给以安葬。

明政府一听说朱宸濠叛乱，立即收捕了都督钱宁、优人臧贤、尚书陆完，并将他们全部投入大牢。明武宗在江彬等人的鼓动下，当即决定亲征。八月二十二日，明武宗正式亲征，自称"奉天征讨威武大将军镇国公朱寿"，率江彬、许泰，宦官张永、张贵等出征。当征讨大军行进到良乡时，王守仁的捷报已经送来。武宗想趁此机会游玩一番，他将王守仁的捷报秘而不宣，一路游玩过去。九月，到达临清，一路上不是捕鱼、打鸟就是随便闯入百姓家中，肆意骚扰。

江彬等对王守仁的功劳很嫉妒，他诬陷王守仁是朱宸濠的同党。正德十四年（1519年）九月，王守仁带朱宸濠到杭州，遇到太监张永。王守仁对张永陈述了战乱之后江西之困敝情况，并请求张永阻止武宗听信谗言而来江西。然后王守仁就返回江西。张永北上见武宗，极力陈述王守仁之忠心。张忠则说："王守仁来杭州，也不来参见陛下，不信陛下您召见他，他一定不来。"武宗果真派人召见王守仁，王守仁又立即北上龙江。张忠害怕皇上真的相信王守仁，便千方百计地阻挠他前去拜见武宗。王守仁极为气愤，于是换上道服，到九华山隐居去了。张永说："现在大家都在争功，王守仁却弃官入山为道士，他的忠心于此可见。"明武宗这才不再怀疑王守仁。

正德十五年（1520年）闰八月，明武宗在南京搞了个荒唐的受俘仪式后将朱宸濠囚禁。十二月，武宗回京行到通州，将朱宸濠烧死，骨灰撒落荒野，回京师后又将其同党处以磔刑。

9.武宗穷奢极欲

正德十六年（1521年）三月，荒嬉度日的武宗结束了自己的生命，年仅31岁，他的逝去也意味着混乱朝政的终结。

（1）贪好玩乐

杀了刘瑾后，武宗贪好玩乐之心丝毫没有改变。正德七年（1512年）九月，他命人增建新豹房二百余间，下令各边镇的太监捕捉活虎豹供他玩乐。武宗逞勇好武，随着年龄的增长，二十几岁的武宗已经厌倦了那些平常的游戏，他要寻求更惊险的刺激——观看勇士与猛兽搏斗，这就是他为什么要增建豹房的主要原因之一。也正因为如此，那些蛮横的武夫的地位也逐渐提高。先是钱宁，此人狡诈善射，武宗非常宠幸他，赐他国姓，并收为义子。钱宁寸步不离武宗左右，他仗着自己被武宗宠幸，朝臣对他稍有得罪，即中伤加害，又因其为人狠毒，满朝文武没有人敢得罪他。以至于百官为消灾免祸，争着讨好他。但不久，钱宁就被另一武夫所取代。此人姓江名彬，原本在山西大同军中任一小头目，在镇压农民起义时曾身中三箭，其中一箭从脸颊射进，箭头从耳中穿出，他将箭拔出，继续作战。武宗听人介绍后，极为欣赏，召入豹房。江彬凶猛有力、善骑射，在谈武论兵方面很擅长。江彬自此每日陪同武宗在豹房玩乐。武宗好胜逞强，一次他看别人斗虎，自己也想试一试，想让众勇士看一看他这真龙天子的非凡手段，谁知刚一上场就被老虎咬伤，他急唤钱宁来救，钱宁却吓得直往后退。危急之时，多亏江彬飞身上前，武宗才得以解脱。武宗惊魂未定，反夸口道："我一个人可以抵挡，谁用你来多事！"他嘴上虽这么说，心里却非常感激佩服江彬而厌恶钱宁，从此疏远钱宁，而宠信江彬。江彬知道钱宁一定非常嫉恨自己，加之自己在朝中又没有党羽，于是想借自己原来在大同的边兵来发展私人势力，便极力向武宗夸耀边镇之兵如何骁悍勇猛，比京城卫戍之兵强过百倍，请武宗将边镇之兵调入京城操练演示。朝臣强烈反对，武宗不听。 正德八年正月，武宗将辽东、宣府、大同、延绥四镇兵士调入京城，组成军队，由江彬统领。武宗又另外选拔宦官中的善射者组成一营，号为中军，由自己统领。以此来显示自己多么威武勇猛。操演之时，武宗身披铠甲，与江彬一起，驰马舞剑，指挥操练。有时甚至亲自率领中军与江彬的团营演习厮杀。演练虽在皇宫、西苑等处，而呐喊声、火炮声震动全京城，闹得鸡犬不宁。江彬成了武宗的贴身人，并掌握了京城兵权，他还不断向武宗推荐自己的同党，召至豹房陪侍武宗。

新的玩乐方式，使武宗对朝政更加不闻不问，群臣苦口婆心地劝说，他才应付了事。有时虽宣布视朝，官员们等待了一整天，他又传旨免朝。正德十一年元旦，明廷举行庆贺大典，按例武宗应接受群臣的朝贺。这天，文武百官、外藩使臣四更时便齐集宫门等候，一直到下午，武宗才起床，在随从陪伴下，懒洋洋地走了出来。下午酉时（下午5点钟至7点钟）典礼开始，一直延续到深夜。百官饥渴一天，终于盼来散朝，个个如大赦的囚犯夺路狂奔，你拥我挤，前扑后跌，将军赵朗竟被踩死在禁门之中。午门外，大臣们的家人、亲属都来寻找，一时间喧闹如街市，人声鼎沸。

武宗常住豹房，朝中政务，一概交由司礼监太监魏彬和大学士杨迁和、梁储等人打理。大学士等与太监之间经常发生冲突，武宗也置若罔闻。武宗喜欢喝酒，那些入侍豹房的武夫们，便常常进献精食美酒，与武宗一起畅饮，乘其昏醉，举止放肆，甚至把一种叫做"罂罍"的药放入酒中，使其"终日酣酗，颠倒迷乱"，为他们谋权夺位打下基础。

武宗不仅好逸乐，而且追求奢华，大事铺张。为此他不惜花费大量钱财大兴土木，宫中各殿务求整修华丽，其中修饰最豪华、花费最大的是乾清宫。每年正月，武宗都要在宫内布置绚丽多彩、式样新奇的宫灯，花费数以万计的银两。正德九年（1514年）正月，宫灯之火引爆了炮药，引起火灾，大火烧了将近一夜，烧毁了乾清宫。那晚武宗正观赏宫灯，大火燃起之后，他不顾火势危及，竟带领属下到豹房取乐，临走还回头望望这场大火笑道："这真是一场大焰火呀！"而再修乾清宫，需要天下百姓加赋税一百万两。为了满足庞大的宫廷开支，除动用中央、地方库藏及加赋于民，他还让宦官到民间直接收敛钱财。主要采取的方法是：派宦官扩充皇帝的庄国——皇庄，多征地租，皇帝带头进行土地兼并。弘治朝皇庄数目不多，武宗即位后至正德九年，皇庄总面积已达37595顷，是弘治朝的三倍。接着又将官店改为皇店，由太监经营获利，供奉宫廷。再有就是由各地镇守太监定期向皇帝进贡，每人每次贡献白银万余两。

（2）江彬诱武宗远游

为了进一步控制武宗，江彬计划诱惑武宗长期出去游玩。于是他多次向武宗夸耀宣府的女乐工如何美貌，并说在边镇宣府还可以看边兵打仗，那里旷野辽阔，可以尽情骑马驰骋，不用整日闷在小小的皇宫中，受朝臣的约束。武宗已经厌倦了在宫中、豹房中的这些游戏，在这以前就已经几次到郊外游猎。皇帝外出，是关乎朝政的大举动，为了免受大臣们的干扰，每次都要秘密私行，并且很快就得回来。回来后，群臣免不了又是一番劝谏。武宗非但不听，反而变本加厉。

正德十二年（1517年）八月，武宗与江彬一行悄悄出京，向京北昌平进发。大学士梁储等听到消息后急忙前去追赶。武宗到了居庸关，命人传令开关。巡关御史张钦拒不开关，手持"敕印"、宝剑，坐关门之下，声称自己受天子之托在此守关，有私自开关者斩。武宗闻报大怒，命人逮张钦问罪。正好梁储赶到，好言相劝，武宗不得已，悻悻而回。过了几天，武宗深夜秘密出京，又至居庸关，得知张钦正在巡察白羊口，于是乘机强行开关急驰而出，并派谷大用代张钦守关，阻止追劝的朝臣。武宗一行来到了宣府。在江彬提前为武宗修建的"镇国府第"中，设有豹房中的玩物、野兽、乐女及巡游中抢来的民女，武宗住在这里乐而忘归，称此处为"家里"。夜里，还时常闯入民宅，不是索要酒食，就是抢掠妇女。随行士兵炊柴不够用了，便拆毁民宅，搅得宣府百姓白天不敢开门做生意，市井一片萧条景象。

不久，武宗一行人又离开宣府西去阳和，这时，正值蒙古兵骚扰阳和、应州一带，武宗闻报，心想这正是显示自己的好时机，于是自命为"总督军务威武大将军总兵官朱寿"，并亲征附近军队。十月，两军交战，武宗亲自上阵，与张永、江彬等率兵冲杀。这一战，蒙古兵死16人撤退，但明军伤亡几百人，武宗也险些被俘，多亏将士们相救才保住性命。武宗却认为取得了重大胜利，派人告捷京城，自己率兵回宣府。闰十二月十六日立春，武宗设宴迎春，安排了诸样杂剧欢庆，又装饰大车数十辆，上载和尚和妇女，供人逗乐。次年正月还京，武宗传令群臣于郊外远迎"威武大将军朱寿"凯旋。大臣们虽心中不悦，但还是前去迎接。但这"朱寿"究竟是什么人？即使是那些知道是武宗自称的大臣，作为人臣，又怎能直接称呼皇帝的名字呢？于是在称颂其辉煌战绩的彩幢上只写有"威武大将军"。正赶上这天雨雪交加，众官员在德胜门外一直等到深夜，才看见这位大将军在无数火把的照耀下，身披战袍，腰间佩一把宝剑，骑着枣红马，由将士们簇拥着洋洋得意而来。大学士们忙迎上前去奉酒称贺，武宗一饮而尽，自吹自擂道："朕在榆河亲斩虏兵首级一颗，你们可知道？"群臣连忙点头，交口称赞其神勇。武宗心中很是欢喜，他面带喜色，飞身上马，不顾群臣的反对，驰回皇城，当晚又"宿于豹房"。欢迎的百官却被弄得疲惫不堪。武宗此次巡游达半年之久。

武宗自从去野游之后，在京城就住不下去了，没过几天，他又一次离京去宣府游玩，不料祖母去世，只好扫兴而归。

（3）劳民伤财

正德十三年（1518年）三月，武宗借口祭祀祖宗山陵，第三次巡游。四月，武宗从京西北转到密云等地，沿途劫掠百姓财物，所到之处，百姓纷纷逃亡。五月，武宗从喜峰口返回京城。

事隔仅一月，武宗因怀念宣府，准备再次出巡西北，并借口边关遭蒙古兵侵扰，命内阁草拟圣旨："特命总督军务威武大将军总兵官朱寿，率六军往征。"这样荒唐的诏旨，阁臣不愿拟写，武宗将内阁大学士梁储等召至宫内，当面催促草拟，并拔剑威胁。梁储趴在地上哭着向武宗劝谏，宁死不从。武宗无奈，不再令人草拟诏令，竟然自己拟之。七月，武宗与江彬率兵士又开始第四次巡游，他先来到宣府"家里"住了一个多月，周遭的百姓又遭到他们的骚扰。当时山西、陕西乃至河南等地的百姓听说武宗出巡，吓得争相转告，扶老携幼，逃避山谷，如家中有未嫁的姑娘，都急忙将女儿嫁出去。十月，巡游大队西渡黄河至陕北榆林，江彬令边吏进献虎豹犬马和金银珠宝；十一月，南到绥德州，武宗住在总兵官戴钦的家里，纳其女。武宗是个好色之徒，在此以前，延绥总兵官马昂因罪被罢免，得知武宗贪恋美色，便把已嫁给指挥毕春的妹妹夺回，让江彬献给武宗。这个女人擅长歌舞和骑射，为武宗所喜，纳入豹房，大受宠爱。马昂不仅因此复职，而且被升为右都督。武宗又听说马昂的小妾长得很美，想去他家一会，马昂没有答应，武宗大怒，马昂慌恐万分，无奈之下只得将爱妾献与武宗。此次巡游，江彬等到处为武宗物色美女，无论官家民家，已婚未婚，只要有姿色，便抢来供武宗挑选。随行官兵也趁机强占良家妇女。十二月回到山西太原时，又招集女乐人。一次，在乐伎当中发现一美貌女子，此女子为乐户刘良之女，且能歌善舞。武宗不顾此女已嫁人，一心要霸占，离太原时，令人强行夺来带回宣府。此后，这女子便随侍武宗，宠幸超过诸女，被称为"美人"，江彬等近侍则称其为"刘娘娘"。武宗此行历时半年多，行程数千里。正德十四年（1519年）二月，武宗等人满载鹰犬虎豹、金玉玩器、丽女美姬自宣府而归。

在江彬的引诱下，武宗回到京城不到一月，又准备到南方巡游。南巡之令刚下，群臣一致反对。先是大学士杨廷和等面见武宗，几天后，大臣们全体上疏劝谏，从上午辰时一直到下午申时跪于宫门外，求武宗收回南巡之令。武宗装作有病，对这些大臣的劝谏不理不睬。兵部郎中黄巩等人见毫无结果，也先后上疏，尖锐批评武宗的所作所为，使朝政先坏于刘瑾，再败坏于佞幸钱宁，并指斥江彬诸人引导皇上远出，居心叵测，图谋不轨。翰林院官员舒芬等人更直接批评武宗之南巡不过是贪图享乐，而不考虑民间疾苦，现在南方之民闻听皇上又要南巡，已经吓得四处奔逃。大臣们的直言这下可触怒了武宗、江彬诸人，立即将黄巩等人押解入狱，舒芬等107人则罚跪午门之外。众官被罚跪五日后，仍坚持劝谏。武宗见群臣不肯退让，于是大施淫威，喝令杖责。江彬对群臣指责其罪行怀恨在心，暗中令掌管刑狱者加重责打，官员们被打得皮开肉绽，宫廷内一片哭喊呼号之声，有几人当即死于杖下。金吾卫指挥佥事张英，跪在门外哭着向武宗进谏，然后以死相谏，用刀自刺其胸，血流满地，后被卫士夺刀下狱，在狱中又遭杖责，结果伤重身亡。此次谏止南巡，遭廷杖而死者15人，伤者无数，造成明代历史上残酷的流血惨案。武宗见群臣态度强硬，只好就此作罢。

（4）闹剧频出

七月，朱宸濠起兵造反的消息传到京城，武宗认为机会来到，正好借口率兵南下"亲征"，借机巡游作乐。其手下也极力为巡游之事出谋划策。于是武宗传旨，命大学士杨廷和草拟敕令："令总督军务威武大将军镇国公朱寿统各镇兵征剿"。杨廷和上疏力谏，并反问武宗："陛下亲征，谁敢发令差遣？"武宗不听，便自称威武大将军；并以处极刑相威胁，使上谏疏的官员不敢再劝阻。这回武宗总算如愿以偿，十四年八月，"亲征"大军出发。

车驾刚至离京城一百多里的涿州，王守仁已平朱宸濠之乱的捷报传来。武宗令将捷报秘而不宣，照原计划南行。到了山东临清，武宗又派人回京去接爱姬"刘美人"，刘姬没有看到信物，执意不肯前去。原来武宗临行时，刘姬因病不能同行，约定病好之后有人去接她，以玉簪为信物。没想到武宗在卢沟桥一带驰马时遗失此簪，派下人找了三天也没找到。于是武宗亲自在夜间乘小船从运河回京去接。随从大臣都不知道，等发觉追之已来不及。武宗自北京回来途中，遇上湖广参议林文缵，便上了林的小船，与其同行，并强夺林文缵的一个爱妾，带至临清。武宗由临清至济宁，顺流而下徐州，一路上捕鱼、捉鸟，自得其乐。所过之处，地方文武官员皆步行迎送。江彬等借机传旨，向这些地方官索要钱财，稍有不从，便严刑拷打。通判胡琮不堪忍受其辱，竟上吊自杀。江彬还不时派出官校到百姓家假传圣旨，索要鹰犬珍宝古玩，每停留一地，百里之内无一幸免者。十二月初，到了扬州。太监吴经先到，强抢百姓的房屋，改为"威武大将军府"，命其手下人到处寻找良家妇女，扰得居民惶惶不安。一夜之间，许多有女儿的人家都急急忙忙把女儿嫁了出去。吴经将秘密探得的处女、寡妇的家门做好标记，夜间派人闯入掠掳，有藏匿者，竟拆墙毁屋，直至搜出为止。他们将抢来的妇女关在尼姑庵里，一时哭嚎声震动四周。有钱的人家出点钱财将人赎回，家里贫寒的有的自杀了，余下的被送入"威武大将军府"。武宗在扬州一住就是好几天，每天在城郊打猎，随行兵将强迫当地百姓为他们充当猎手。数日后，他们又举兵南下，在南京又玩了一阵子。

南下的军队有一部分已由宦官张永、张忠率领，先期赶到杭州、南昌。张忠、许泰率领的军队为了邀功，在南昌大肆搜捕朱宸濠逆党，被诬陷的百姓数不胜数，不是杀头就是严刑拷打，比朱宸濠那时还要猖狂。他们原来还准备让王守仁等武宗大兵来到江西时，将朱宸濠释放，再由武宗亲自擒拿，来满足他争强好胜的虚荣心。王守仁闻讯急忙赶到杭州，向张永陈述说，江西兵乱之后，百姓已苦不堪言，如果再发生战乱不知将会发生什么样的情况。他要求张永将朱宸濠带回南京交给武宗处置，并由他重新报捷，捷报上写明自己完全按照"威武大将军"的战略指导，才讨平了叛乱，还把一些武宗的随从的名字一一列入其中。张永同意此议，并去说服了武宗，不再来南昌，避免了给江西地区带来的一场灾难。

武宗没有亲自捉拿到朱宸濠，心中一直耿耿于怀，于是在十五年（1520年）闰八月，在南京搞了一个可笑的受俘仪式，命人在受俘广场上，中间树立威武大将军旗帜，朱宸濠卸去枷锁，周围被全副武装的士兵围住，武宗身穿上阵杀敌的铠甲，随着兵将们的击鼓声，冲入场中，与朱宸濠格斗，将其擒拿，然后重新戴上枷锁，就好像是自己亲自擒获一样。这场闹剧演完了，武宗才觉心满意足，在大臣们的劝说下决定回京。

北返途中，武宗还流连水乡的美景，一路上不是捕鱼就是射雁，尽情享乐。九月至苏北清江浦，武宗驾舟划入一个名叫积水池的地方捕鱼，没想到船翻跌落水中，随从急忙将其捞起。武宗贪恋酒色，本来就身体虚弱，此次溺水后便身罹大病，急忙北返。在这种情况下，江彬还极力引诱武宗继续游玩。但武宗实在是身体支持不住了，才作罢还京。十二月，文武百官装备整齐在正阳桥迎驾。武宗一行将叛军首级悬挂竿上，令俘虏及其家属跪列道旁。这位"威武大将军"强打精神，身穿戎服，站于正阳门下，炫耀自己的"赫赫战果"。

十四日，武宗为了庆祝胜利，在南郊祭祀天地。武宗拜天时即呕血于地，不能终礼，只得草草收场回城。正德十六年（1521年）三月，这位荒嬉无度的顽主皇帝，终于病入膏肓，死于他恋恋不舍的豹房，时年31岁。

在武宗执政16年中，他不问朝政，玩乐一生。前期，宠用大太监刘瑾等奸人，造成极端腐败黑暗的朝政；此后，又被流氓江彬怂恿愚弄，过着近乎儿戏式的生活。每次出巡征讨，随行人马不下数万，花费惊人。随从奸幸，所至之处，无恶不作。正德朝，本来各地灾荒就很严重，百姓不堪忍受横征暴敛，再加上骚扰掠夺，因而反抗暴动此起彼伏。

10.吴门四大家之一——沈周

沈周，字启南，初号玉田，后改石田，晚号白石翁，别号竹居主人，长洲相城人。生于宣德二年十一月二十一日（1427年12月10日）。他出生于书香门第，父、祖二人都淡泊名利，隐于山水间写诗作画，尤好收藏珍稀图书。沈周少年时向伯父、父亲习画，又向同县人陈宽学习经书诗文，敏而好学，才智不凡。15岁时游南京，写百韵诗。巡抚崔恭十分赞赏他，以《凤凰台赋》为题，考查沈周的才学，而他运笔如有神，辞采绚丽，令崔恭惊诧万分，视为万古奇才，称赞他是今日王勃。沈周回乡后，学习更加努力。成年后，几乎无书不知。他作诗效仿李贺等晚唐诸家，立志语不惊人死不休；绘画多作小幅，尤以山水画见长。沈周受家庭影响决心效法父祖，游艺丹青，洒翰诗赋，寄趣林泉，与世无争地度过一生。

景泰四年（1453年），苏州太守王浒赏识沈周的学识，乃推荐他取仕作官。沈周用《易经》占卦，得"遁"之九五，爻辞是"嘉遁贞吉"。于是他决定隐居在外，拒不做官，并谢绝荐举，在苏州城外，购买房屋取其清静，以避世俗喧嚣，屋外假山亭阁，竹林水池，仿佛自然天成；房内图文陈列，典籍井然，窗明几净，可安心创作诗文书画。

沈周很少进城，在家潜心创作。他为人宽厚恤贫，孝悌好客，胸襟磊落；冷眼看待黑暗的政治，漠视奸诈的社会；他视富贵为浮云，心胸坦荡，追求精神上的独立与自由，放任个性，其人"仙风逸骨，鹤发童颜，宛若仙翁在世"。

中年的沈周改学杜甫、白居易、苏轼、陆游诸家诗文，如山间流水，行于该行，止于可止，胸中臆想，浑然天成，返朴归真。如《写怀寄僧》云："虚壁疏灯一穗红，闲阶随处乱鸣虫。明河有影微云外，清露无声万木中。泽国苍茫秋水满，居民流落野烟空。不知谁解抛忧患，独对青山忆赞公。"形符于物，情致高雅，纯雅无邪，文风清新。又如《从军行》云："马上黄沙拂面行，汉家何日不劳兵。匈奴久自忘甥舅，仆射今谁托父兄。云暗旌旗婆勒渡，月明刁斗受降城。左贤早待长绳缚，莫遣论功白发生。"此诗句则悲愤苍老，抑扬顿挫，大似陆游之词，充满伤国忧民之情。

沈周最为格高调雅、闻名远近的是题画诗，有"钓竿七尺玉，夕阳千叠山；山客恰好晚，正及鸟飞还"，"草亭跨水沧浪间，翠云零落雨痕干。如今剩写江南意，一带青山隔岸看"等，诗中淡然蕴趣，朴素又颇具浪漫情思，附之于画，意境顿生。他的绘画初学董源、李成、巨然等名家，中年以后乃学黄公望、倪瓒等人。40岁后，其画笔墨疏秀，却坚实豪放，沉着雄浑，大气酣畅。沈周在山水、花鸟、人物、蔬果、禽鱼等题材方面，都十分精通。他"凡有所作，虚实相扣，浑然有余"，落笔"似其为人，坦坦荡荡，形出于中，情益形外"；"深意隽永，大有宋人之遗风"。总之，他的作品，运笔清润，或染或渲，一气呵成，恰似唐人王维的诗画合一，所谓"诗中有画，画中有诗"。

沈周的书法笔力遒劲，洒脱自如，具有宋人黄庭坚之遗风，他常在自己作的画上题自作的诗，令诗书画相融相映，浑然一体。所绘《东庄图》、《沧洲趣图》、《仙山楼阁图》、《三桧图》、《夜雨图》等，表现出江南秀美风光，用真实的感受和丰富的联想展示祖国大好河山的壮美秀逸的景色，以此表达自己热爱自然，崇尚自由的情趣。

沈周继承"元四家"的大笔写意，气势磅礴，和明初时院派画风纤弱形成鲜明的对比。唐寅、文徵明都是他的学生，他们逐渐改变院派占主导地位的画坛局面，为文人派占首要地位奠定了基础。后来形成文人画派——"吴门画派"逐渐崭露头角，成为一枝独秀。

沈周虽然性情高洁，但却和易近物，凡小贩、农夫、牧翁等持纸来向他索画，他都不拒绝；即使有人以赝品来请他题句，沈周也欣然同意。故而京师、闽广等地来求画者络绎不绝。

一次，苏州太守曹某，下令征集画工为新衙署绘屋墙，看到画家名单中有沈周，便遣衙役通知沈周应征作画。有人劝他去拜会达官贵人，以解除这项差役。沈周回答说："官府征役求画工，我去画，不是耻辱，若为了乞求免役而去拜见长官，却是自贱自轻的行为。"结果还是服完这次差役。后来曹太守进京述职，吏部官员问他沈周的近况，太守不知何指，只是敷衍了事。后来内阁大学士李东阳又问："沈先生有捎信吗？"曹太守更加惊慌。他出来后，急忙向侍郎吴宽打听，方才知道沈先生就是上次自己征集的画工沈周，感到非常内疚。曹太守回苏州后，不先回家，而是直接去拜访沈周，赔礼道歉，引咎自责。

沈周除到虞山、苏杭一带游玩之外，因侍奉老母，没有时间远去游览名胜。他的母亲活到99岁才去世，这时沈周也年已80岁。他虽年事已高，但仍耳聪目明，精神矍铄，应酬不断，无厌倦之意，其风流才智，仍为当时文人界首屈一指。正德四年八月初二日（1509年8月17日）沈周因病去世，享年83岁。

沈周的传世绘画作品有《溪山暮雪图》、《万松图》、《西园八咏册》、《洞庭秋霁图》、《风雨孤帆图》、《庐山高图》、《盘菊幽赏图》、《虎丘图》、《杏花图》、《慈乌图》等。

沈周卓越的画技，开一代风气之先，被传誉为"吴门画派"之家师，与文徵明、唐寅、仇英共称"吴门四家"。他一生超然物外，自由洒脱，淡薄名利，专心于诗赋绘画的创作，为"文人画"的复兴作出了积极的贡献。

第九章　嘉靖、隆庆兴衰

　　嘉靖和隆庆两帝在位时间共达50余年。嘉靖即位后，曾经锐意求治。由于他是以藩王身份继位的，总想树立自己的正统地位，因此展开了"大礼议"。这场风波滋生出一些阿谀奉迎之徒，他们凭借皇帝的信任和支持，专权用事；同时也开始了朋党相争的局面。他们在宫廷之内为所欲为，导致了"壬寅宫变"。边患也十分严重，先有"庚戌之变"，后有"昏官祭海"。在戚继光等人的坚决抗击下，倭寇基本上被荡平。另外，嘉靖重用严嵩，祸国殃民，又变本加厉地剥削人民，激化了社会矛盾，引起了兵变和民变。这一时期的阳明心学、吴门四大家和《西游记》各领风骚，为后人敬仰。隆庆帝喜好游乐，这给一些名臣诸如徐阶、高拱、海瑞等的脱颖而出创造了机会。这一时期，商品经济得到发展，出现了资本主义的萌芽。

1.世宗革故鼎新

（1）世宗即位

　　正德十六年（1521年）三月十四日，武宗死于豹房。可惜的是，这位风流的昏君竟然没有一个儿子继承他的皇位。他不但没有儿子，而且自己也是独子，那么由谁来继承皇位成了朝臣们和太后伤脑筋的事。国不可一日无君，大家经过商议决定依"兄终弟及"的祖训，在大学士杨廷和皇太后张氏的支持下，以武宗遗诏的名义立兴献王的长子、武宗的堂弟朱厚熜继位。

　　兴献王朱祐杬是明宪宗的第四个儿子。宪宗共有十四子，长子、次子都已夭折，于是皇三子就成了长子，四子兴献王也就成了次子。因此，兴献王之子朱厚熜和孝宗之子武宗血缘关系比较接近。所以说，杨廷和等人拥立朱厚熜是比较合理的做法。不过从当时情况来说，立武宗的其他堂弟也说得过去，朱厚熜能登上皇位应该说是杨廷和与张太后力保的结果。

　　四月二十二日，朱厚熜应召来到京师郊外。大臣们准备让他以武宗太子的身份进京继位，他坚决反对。后来张太后出面调停，大臣们作了让步，同意对朱厚熜以奉迎皇帝礼入京登基。当天中午，朱厚熜正式继位，改次年为嘉靖元年。是为嘉靖帝，后庙号世宗。

　　自武宗去世到世宗即位，共37天，在这一段时间里朝政由杨廷和一人独揽，他主要做了两件大事：一是称奉武宗遗诏将原先从边镇调来的士兵遣返原地；停罢威武团练营，又将豹房番僧及少林僧、教坊乐人等非官职员一一罢免；放遣四方进献女子；将京师内的一些可有可无的工务停止；收宣府行宫金宝归诸内库。一是奉皇太后懿旨收捕江彬。江彬在正德末年，被任命为提督赞画军机密务并督管东厂与锦衣卫官校，统率边兵数万，改团练营为威武团练宫，亲自掌管。武宗巡游取乐，沿途勒索掠夺，民不堪命。武宗死后，江彬成了众矢之的。杨廷和罢设威武团练营后，江彬装病终日不出门，以窥探情况变化。杨廷和得到张太后允准后迅速行动，三月十八日，召江彬进宫行礼，在宫中将他收捕。这两件事的妥善解决，为朝中除了隐患，稳定了局势，为世宗的顺利即位打下了基础。

世宗生在安陆藩邸，幼读经书。13岁时，父亲去世，他以世子的身份继承藩王之位。对于突然而来的承继皇位一事，他毫无思想准备；对于宫廷及朝中诸事，也无经历。武宗在位时，荒于朝政，宦官佞幸，大臣之间也相互倾轧，留下这个烂摊子交给世宗掌管。世宗继统，朝中既没有心腹大臣，也没有原来任藩王时的随从前来辅佐，少年天子入京师，不亚于只身入虎穴，前途未卜。这使他不能不对周围的各种陌生的势力心存戒备，以备发生不测，又不能不极力维持皇权，以免成为别人的傀儡。世宗的"多谋"而又"刚愎"，就是在这种历史环境下形成的。

四月二十二日，世宗至京城外的行殿。礼部请依皇太子即位礼，从东安门进入，住在文华殿。世宗对随从的王府长史袁宗皋说："我不是皇子，只是奉遗诏继承皇帝之位。"杨廷和请依礼部具仪，入住文华殿，上书劝世宗选择合适的日子登基。世宗仍不允。皇太后懿旨，改为即日在行殿劝进、宣告即位。世宗从大明门进宫，在奉天殿即位。这次争议是世宗与内廷和朝臣之间首次发生争执。世宗为了显示皇帝的权威，不愿服从。后来的大礼议也于此露出了端倪。

世宗即位的同时颁诏，宣布改明年年号为"嘉靖"。诏书已经由杨廷和写好，其主旨是乘此时机宣告革除积弊，为新皇帝收揽人心，稳定统治。诏书长达8800多句，所列事项有60多条。世宗查阅后，颁行全国。诏书中说："皇兄大行皇帝……中遭权奸，曲为蒙蔽，大播凶威，潜弄政柄。朕在藩邸的时候，已知非皇兄之意。兹欲兴道致治，必为革故鼎新。"诏书中有关革故鼎新的内容包括：武宗时由于直言劝谏而遭降职的官员，恢复原职；因劝谏武宗不要出外巡游而被处死的人追赠谕祭；正德元年（1506年）以来的大小传升官均予废除，内府中各监局的人数按弘治年间以前的人员设置，多余的人另行发落，锦衣卫旗校人等也依据弘治年间编军册内的数目，其余裁革；正德十五年（1520年）前该纳官钱粮物件，拖久未征者，尽数蠲免；嘉靖元年（1522年）夏秋税粮减免一半；查禁各地镇守官横征暴敛得来的财物，查办王府、卫所的冒籍投充人员，禁止盐商投靠权势等。诏书还指出：自正德年来，刘瑾、钱宁、江彬擅权时的弊政，诏书中没有提到的，众臣可以议奏裁革。颁诏后，锦衣卫及内监局旗校工役，共裁减148700人，节约军粮150多万石。各项裁革，都是民心所向，即位诏下，大快人心，都称赞新皇帝圣明。

（2）巩固皇权

世宗顺利即位，稳定了局势，随即进一步采取措施，来巩固自己的地位。

明朝的宦官，作为一个特殊的集团，虽然也有些好官，但其中大多数人仗着武宗宠信，作恶多端。他们不仅为朝臣所侧目，也是世宗强化皇权的威胁与隐患。即位诏下，福建道监察御史王钧即上疏揭露一些太监的罪恶行径。世宗即位才五日，就将太监谷大用贬为奉御南京孝陵司香。又将东厂太监张锐、司礼监太监张雄、御马太监张忠、于经，以及宣府镇守太监刘祥等一批作恶多端的宦官关进了大牢。太监张永在武宗在位时曾与杨一清奏诛刘瑾，与王守仁平朱宸濠之乱，武宗死后，在九门任职督军防止叛乱，在太监中，功多于过，即使如此也被降职为南京奉御。世宗罢除内宦，不仅为了改革恶政，还为了铲除绊脚石，强化皇权统治，其用心昭然若揭。

诛钱、江——武宗在位时钱宁依附刘瑾，掌锦衣卫事。正德末年由于参加朱宸濠的叛乱而被捕。世宗即位后，五月间，以磔刑处死钱宁，他的11个儿子均在锦衣卫任职，也都被斩首。六月间，又将江彬和他的三个儿子、党羽李琮处死，许泰下狱论死，减罪发配边疆。抄没钱宁的家产黄金十余万两、白金三千箱、玉带2500束；抄没江彬家产黄金70柜，白金2200柜。世宗下令将这些钱用在民政建设上。

清庄田——世宗即位诏中曾经提到，如果有依仗权势强行侵占他人田地者，应归还原主。诏书下后，群臣纷纷上疏，揭发正德年间许多太监以进献皇室为由，大肆侵占百姓土地，请求世宗下令废除皇庄名义，撤回管庄太监。户部左侍郎秦金上疏"希望派一名科道部官员，分诣查勘，自正德以后，如果是额外侵占农田，应如数归还。管庄人员，尽数撤回"。世宗说："有些狡猾之人企图将军民田土设谋投献管庄人等，因而乘机侵占。朕虽在宫中，也知道他们的手段"，准如所议实行。清庄田是从经济上对宦官的另一个打击。

世宗着手进行的改革，在一定程度上缓和了武宗执政期间造成的社会矛盾，延续了朱明王朝的统治。

2.大礼议风波

嘉靖十七年（1538年）九月，世宗将生父尊称为睿宗，位次列于武宗之上。经历将近20年的议礼宣告结束。

嘉靖前期，明廷君臣之间在兴献王的尊号和祭礼等事情上意见不同，此外还涉及到宗法制度、帝系大统，所以这场辩论称为大礼议，又称议大礼。

嘉靖帝继位的第六天，就召集文武百官讨论他父亲兴献王尊称的问题，大礼议从此开始，整个过程分为四个步骤。

（1）议"考"

第一步是议"考"，就是确定父亲兴献王的尊称。

嘉靖帝议其生父尊称的谕令下达以后，大学士杨廷和以汉定陶王、宋濮王的先例为依据，主张嘉靖帝称孝宗为皇考，称兴献王和妃子为皇叔父母。嘉靖帝认为父母不能随便称呼，让大臣们再重新考虑。

正德十六年（1521年）七月，观政进士张璁上《大礼疏》，提出应给兴献王在京师立座庙宇，事实上等于承认了兴献王的皇考地位。

从此，议大礼的大臣分成两派。杨廷和等人称濮议派，张璁等人称新贵派。嘉靖帝支持新贵派。

嘉靖得了张璁的奏疏后喜出望外，便顺势提出要称生父兴献王为兴献皇帝，遭到大臣们的反对。到了正德十六年九月，嘉靖皇帝的生母兴献王妃来京。她听说大臣们想让嘉靖皇帝称孝宗为父亲，于是怎么也不愿进京，留驻通州达九日。嘉靖帝哭哭啼啼，甚至以不当皇帝，回家侍奉母亲相要挟。大臣无奈，只好让步，经过商议后决定：称兴献王为兴献帝，王妃为兴献后。

正德十六年（1521年）十二月，嘉靖帝要求改称兴献帝为兴献皇帝，大臣们自然反对。嘉靖元年（1522年）正月，清宁宫小房失火。这位迷信的小皇帝便听从了廷臣的建议，称孝宗为皇考，称兴献王为本生父兴献帝，不加"皇"字。这件事到此才算有了结果。称孝宗为皇考，是大臣的意见；称兴献王为兴献帝，虽然离廷臣的皇叔父兴献王最初的想法相差很远，但是终究没有加"皇"字，算是双方妥协的结果。

嘉靖元年三月正式议定，称本生父为"兴献帝"，本生母为"兴国太后"。

嘉靖二年（1523年）十一月，南京刑部主事桂萼和张璁联合上奏，建议称孝宗为皇伯考，称兴献帝为皇考，在大内立庙。这个奏折打破了自嘉靖元年正月以来的平静局面，大礼之争进入了白热化阶段。

　　嘉靖三年（1524年）正月，在杨廷和多次请求下，嘉靖帝允许他辞职，也为自己扫去了一大障碍。到此时嘉靖帝已不满足于在兴献帝的称号上再加皇字，他要按张璁等人的方案称生父为皇考，孝宗为皇伯考。为了这件事，他将张、桂二人召进京共同商议对策。

　　嘉靖三年（1524年）七月十二日，嘉靖帝突然召百官在左顺门等候，宣旨：其生母的尊号"本生圣母章圣皇太后"，将"本生"二字去掉。这意味着嘉靖帝将要称生父为皇考、孝宗为皇伯考了。大臣们都十分反对。七月十五日罢朝之后，在尚书金献民、侍郎何孟春等人的号召下，200多名大臣跪在应顺门外请愿，嘉靖帝先后两次派司礼太监下令驱赶，但大臣们不听。嘉靖帝大怒，命司礼监记下各官姓名，并将丰熙等八人打入狱中。丰熙等人被抓一事不但没有吓退群臣，反而引起了众怒。于是翰林院修撰杨慎、检讨王元正等捶门痛哭，一时间皇宫内外哭声一片。嘉靖帝恼羞成怒，他命令锦衣官校当场逮捕134人。七月十七日，他下令凡是四品以上的官员，取消其俸禄；五品以下的官员遭廷杖。遭廷杖者共有180余人，其中王相等17人先后被打死。

　　嘉靖帝以高压政策制服了群臣之后，便改称生父为"皇考恭穆献皇帝"，孝宗为皇伯考。至此他总算得偿所愿，从关系上说，生父终于可以称"皇考"了；从地位上说，生父也得到了皇帝的称呼。

　　事实上，孝宗的确是嘉靖帝的伯父，兴献王是父亲。但由于此事关系到宗法大统和古代礼制，所以本来简单的问题变得复杂了。杨廷和等人坚持以孝宗为考，主要有三个原因：第一，定陶王、濮王事例；第二，祖训"兄终弟及"指的是"同父母或同父所生"；第三，大小宗有别，孝宗、武宗一系为大宗，兴献王为小宗。嘉靖帝继位就成了大宗，应与小宗的兴献王断绝父子关系。以杨廷和为首的大臣们自以为坚持真理，所以拼死力争。仅就杨廷和本人来说，他与嘉靖帝之争确有首辅和皇帝争权的意思。由于他曾制定计策帮嘉靖帝继位，加之这位新天子当时才十四五岁，在朝廷没有心腹，所以在嘉靖初年的朝廷中杨廷和的地位一直很高。嘉靖帝后来曾指责杨廷和仗着自己有功，不把皇帝放在眼里，说明杨廷和有时想左右嘉靖帝。杨的有些做法也确实不尽妥当，如嘉靖帝来京继位时，以他为首的廷臣竟要求新皇以武宗太子的身份继位。不过总的说来，在议大礼过程中，杨廷和等人的观点也有一定的道理，而且他们不逢迎皇帝，私心较少，处理问题比较公正。如果嘉靖帝稍微宽厚一点的话，那么嘉靖元年称孝宗为皇考，称兴献王为本生父兴献帝的方案完全有通过的可能。

　　可是嘉靖帝是一个虚荣、自私、顽固的人，他为了满足私心，竟然棒打群臣。

　　至于张璁一派，他们也有自己的道理：第一，嘉靖帝没有被孝宗或武宗在宫中抚养过，也没有亲口答应做孝宗之子。第二，礼实际上是人情，嘉靖帝继承的是太祖的皇统，不是孝宗、武宗的皇统，继位以后不一定非得做孝宗之子；第三，礼的制度中有一项规定即长子不能过继给别人，嘉靖是兴献王的独子；第四，武宗遗诏只说"继位"，未说做孝宗之子。张璁这个人早有野心，因此对古礼颇有研究。大礼议开始之后，他认为这是自己大展宏图的大好时机。所以说，张璁议礼一方面是要参政议政，另一方面也是坚持己见，为学术而争论。虽然他的有些观点与嘉靖帝的相同是属于巧合，不过总的说来，这一派迎合皇帝的时候居多。

　　至嘉靖七年（1528年），《明伦大典》修改完成，对议礼进行了总结。与此同时，张璁一派的地位不断提升，杨廷和一派却受到了重大的打击。

（2）议庙、乐舞

　　议礼的第二步是议庙。

大礼议进入第二阶段，集中讨论了嘉靖帝生父庙的地点及祭祀的等级。

早在嘉靖三年（1524年）三月，嘉靖帝便要求将其生父的牌位存放在奉天殿西侧的观德殿，但遭到了廷臣的反对。七月十七日，在群臣遭到廷杖的时候，"献皇帝"的牌位却堂而皇之地由安陆迁到了大内观德殿中。

嘉靖四年（1525年）四月，在第一步议礼结束之后，光禄寺丞何渊又无中生有，请求建立世室，把皇考的牌位供奉在太庙，对此嘉靖正求之不得。张璁等人觉得这样做从礼的角度实在说不过去，因为兴献王生前并没有当过皇帝。为了不得罪嘉靖，他建议在皇城内另外建一座庙。四年六月，嘉靖帝命令于太庙之左建庙，取名"世庙"。五年（1526年）七月，世庙建成。到了十五年（1536年）十月，嘉靖帝对礼有了进一步的了解，认为"世"字以后应作为他自己的庙名，于是将世庙改为"献皇帝庙"。

议礼的第三步是议乐舞。

建庙以后便要按一定的等级来祭祀，并且要有相应的乐舞伴奏。

按照古代礼制，天子八佾，诸侯六佾。早在嘉靖二年（1523年）二月，大臣们认为，"本生父兴献帝"庙乐舞的规模要比天子略低一等，但嘉靖帝坚持用八佾。

到了嘉靖六年，皇城内的世庙已经建成。首辅费宏等人商议决定，世庙只用文舞。还是张璁善于取悦皇帝，他提出洪武初规定太庙中乐舞是文武各八佾，所以世庙也要与之相同，这说法毫无疑义地得到了采纳。此后，世庙的乐舞达到了和太庙相同的等级。

议礼的第四步是称宗入太庙。

大礼议到了后期，已经不能称其为"议"了。

嘉靖十七年（1538年）五月，已经告老还乡的原扬州府同知丰坊，为了讨好嘉靖帝，竟然绞尽脑汁上疏皇帝，主张建立明堂，尊皇考为宗，以配上帝。嘉靖帝征求夏言的意见，他没敢上书阻止，但也没有顺从。还是严嵩比较乖，他见皇帝态度如此坚决，便奏称：应该在太庙供奉皇考，享受天子的待遇。

皇考的牌位被放入太庙，庙号为睿宗，位次列于武宗之上。这位兴献王生前只是武宗之下臣，死后却俨然成了武宗的先皇。

大礼议到此就全部结束了。此后，嘉靖帝更关心的是他自己如何修道成仙的事了。

大礼议历时近二十年，表面上是议礼，实际上却是一场政治斗争。

第一，嘉靖帝在大礼议中独断专行、唯我独尊，凡是违背他意愿的人，轻者罢官，重者流放或廷杖至死。结果使得一大批善于阿谀奉迎的人乘虚而入。这些新贵们虽然大都有才干，但在人品上却无足称道。他们得势之后结党营私、排斥异己、打击报复反对他们的人。大礼议在一定程度上导致了政治的黑暗。

第二，大礼议使嘉靖帝对礼产生了极深的兴趣，使得整个嘉靖时代制定礼仪乐曲的活动一直没有间断。他制礼作乐的原因，一方面是由于早年在大礼议中曾受到杨廷和的谏阻，想以此进行报复；另一方面，嘉靖帝因议大礼而关心礼制，对礼也有所了解，他想通过制礼作乐来粉饰太平，为自己脸上涂金。殊不知，在制礼作乐方面下工夫，对于治理国家一点好处都没有，嘉靖朝政照样走下坡路。

3.张璁弄权

嘉靖十八年（1539年）二月，致仕一年的张璁去世，结束了他弄权的一生。

（1）野心膨胀

张璁因议礼时，在关键时刻帮助了世宗，因此世宗对其宠爱有加。随着议礼斗争的深入，世宗对张璁的宠信也愈加明显。自从"护礼"大臣们在朝廷大哭，遭到贬官、牢狱之灾后，张璁、桂萼等人的势力进一步膨胀。九月，他们的意见得到了采纳，定了兴献王的尊号，世宗愈发宠信张璁。他则仗着皇帝宠爱，与廷臣为敌，而举朝士大夫皆切齿痛恨张璁等人。

由于获得了世宗的宠信，张璁的政治野心进一步膨胀，更加急于扩张势力，但遭到大学士费宏的压制，于是与桂萼连章攻击费宏。嘉靖六年（1527年）二月，张璁设计陷害杨廷和。之后，张璁等人再度攻击费宏、石珤等，最终导致费、石同日罢官。

一次，吏部尚书空缺，有人推荐前尚书乔宇、杨旦。礼部尚书亦缺，有人推荐侍郎刘龙、温仁和。张璁则在世宗面前说他们的坏话，于是世宗谕令：以前离任的，不是奉诏不能推举，于是乔宇等人就没能被启用。

山西巡按马录审判李福达反叛案时，狱词牵连武定侯郭勋。张璁对世宗说："这是大臣们因为议礼的事情陷害郭勋。"世宗果然听信他的话，于是命张璁署掌管都察院，桂萼署掌管刑部，方献夫署掌管大理寺，使赞礼诸人完全把持了司法监察部门。这些人借李福达一案趁机排除异己，大臣颜颐寿、聂贤等人都被抓了起来，马录等被坐罪流放。世宗对张璁更加欣赏，将其召于便殿，进行奖励慰劳，赍二品服，三代封诰。

世宗践祚后，曾将兵部尚书王琼打入监狱，谪戍玉林。后任彭泽为兵部尚书，陈九畴为佥都御史，巡抚甘肃。九畴到甘肃后，正遇上土鲁番酋长带兵侵入，陈九畴督兵力御，打败了满速儿，然后驱兵追至肃州，又与肃州总兵官姜奭夹击，土鲁番酋众败退，自兰州折还。人们谣传满速儿已经战死，谁知过了两年，满速儿又派兵攻打牙木兰，以哈密为根据地，侵入沙州、肃州。世宗闻报，又起用前都御史杨一清，总制三边。杨一清曾长期督兵，到此杨一清已三次担任总制，土鲁番对他非常畏惧，现在听说他又总制边关兵马，侵掠之心稍敛。杨一清经朝廷同意，先将他们招安，夺回哈密城。既而杨一清奉召入阁，以尚书王宪代印。王宪仍沿用杨一清办法，遣使往谕土鲁番，要求其首领悔过伏罪，归还哈密，但满速儿置之不理。

大礼议事件后，内阁首辅杨廷和被迫辞职。杨廷和与彭泽、陈九畴平时关系甚密，议礼时，彭泽也附同杨廷和联名抗奏。杨廷和既去，彭泽也待不下去了。张璁、桂萼非常仇视杨廷和，恨不得将其同党全部根除。

当土鲁番再据哈密后，张璁感到机不可失，于是上书道"哈密不靖，自彭泽赂番求和始。彭泽复用，杨廷和引党集权始。今日人才，除王琼外，无人可安西鄙。"于是世宗任命王琼为兵部尚书，代王宪总制三边。王琼被召，即上书说满速儿并没有死，是陈九畴谎报军情蒙骗皇上；又称金献民伙同陈九畴一同欺骗皇上，都应治他们的罪。百户王邦奇也上疏弹劾陈九畴、金献民，奏折中还提到杨廷和等。他的奏折本来就言词激烈，张璁、桂萼两人又火上浇油，自然激怒世宗。于是立降手诏数百言，遣官逮陈九畴、金献民下狱。张璁、桂萼设计将九畴坐斩、献民夺籍，杨廷和、彭泽俱加罪。眼看大功告成，刑部尚书胡世宁不肯签署，并上言："九畴听谣传，擅自报告贼人已死，是该定罪，但应念其杀敌有功，保全甘、肃二州，功足抵罪，应从轻发落。"世宗于是下令免九畴死罪，发配边疆，削夺献民、彭泽原官。只有杨廷和侥幸逃脱，没被治罪。

（2）罢而复任

张璁、桂萼被重用后，原有阁臣先后罢官。御史吉棠，请征还三边总制杨一清，想以此减弱一下张、桂势力。杨一清刚刚上任不久便和张、桂产生矛盾，难以合作共事。给事孙应奎，上疏弹劾杨一清及张璁、桂萼，请皇上辨别忠奸，核定去留。和孙应奎官职相同的王准、陆粲也劾奏张璁、桂萼："引用私人，日图报复，威权既盛，党羽复多，如果不及时处置，恐怕将来江山社稷要毁在他们手中。"

看到群臣纷纷劾奏张、桂，世宗心中也有些动摇，无奈之下罢免了张、桂的官职。詹事霍韬，曾与张、桂站在同一立场议礼，看到张、桂不保，不免有自危之感，大为二人喊冤，而且痛诋杨一清，说他唆使王准、陆粲诬劾张、桂。并说："臣与璁、萼，都是因为议礼才被重用，璁、萼已去，臣不能独留。"此疏一上，世宗又念及张璁赞礼之功，于是立命召还，反而将王准、陆粲贬官降职。

霍韬见己疏见效，于是再上一疏，弹劾杨一清。世宗会集群臣，商讨杨一清的功过问题，张璁假惺惺地为杨一清求情。经过这番折腾，杨一清感到有失颜面，上疏自动辞职。世宗准予致仕，杨一清即日出都归乡。恰巧此时原太监张永病死，其弟弟张容求杨一清为兄作墓志铭。杨一清与张永是旧交，盛情难却，因此答应下来。墓志铭作成后，免不了收受一些好处。此事偏被张璁闻知，便暗中吩咐党羽报告朝廷，竟使杨一清遭到受赃夺职之罚。杨一清回到家乡，方得知此事，不禁义愤填膺，说道："我已年迈体衰、告老还乡，竟被小人诬陷，损我一世清名，真是气死人也！"由于气愤之至，不到数月，杨一清背上长了一个大毒疮，流血而亡。直至其身故数年，才得以平反昭雪。

罢免一清后，张璁又被重用，并且做了内阁首辅。其同党桂萼也随之被召还。此时正值世宗不顾朝臣反对，欲更改祭祀大礼，拟分祭天地日月，建立四郊。世宗与张璁商议，璁不敢擅自妄言。而此时给事中夏言以周礼为例，奏请世宗分祭，说得头头是道，倒颇合世宗意旨。张璁也就顺水推舟，表示赞成。此时，在几个主张合祭的大臣中，意见最尖锐的霍韬竟被逮入狱中。这是继前次大礼议之后，又发生的一次议礼风波。但这次议礼，朝臣中反对的人明显变少了。

世宗命在南北郊建圜丘方丘，以夏至、冬至日分祭；在东西郊建朝日夕月坛，以春分秋分日分祭。郊祀已定，又更定孔庙祀典，定孔子谥号为"至圣先师"，其祀宇称庙。还在大成殿后另筑一堂，放入在颜渊、曾参、子思之父的牌位以祭祀。又祀孔子之父叔梁纥，以颜路、曾晳、孔鲤配祀。所有祀仪，仅次于天祭，和汉后苍、隋王相同，连宋欧阳修、胡瑗、蔡元定也在他之下。世宗又御制《正孔子祀典说》，在史馆宣布。又行禘祭，定配享，作九庙，改太宗庙号为成祖，尊献皇帝庙号为睿宗，升安陆州为升天府。类似上述各种祀典的更定，繁多而复杂，从嘉靖九年（1530年）一直持续到嘉靖二十四年（1545年），历时十三年。遗憾的是这些繁文缛礼，只不过是表面上的事，对治国兴邦毫无用处。

桂萼再入阁后，好景不长，上任仅一年多便身患重病，不得不因病乞归，没过多久就死了。唯张璁极蒙圣眷，他因己名与世宗名同音，便主动请求世宗为自己改名。世宗为其改名"孚敬"，字茂恭，御书四大字赐予张璁作为新名新字。事实上世宗名字中的"熜"与张璁的"璁"字并不完全相同，不必忌讳，张璁自请更名，无非是想表现自己、讨世宗欢心。但世宗对此非常高兴，认为张璁忠心可嘉。

廷臣因张璁得宠，都纷纷巴结奉承他，张璁势力更是不可一世。然而这时另一个强有力的竞争对手，对张璁造成了威胁，这个人叫做夏言。

夏言（1482~1548年），字公谨，号桂州。正德十二年（1517年）中进士，授行人，擢兵科给事中。此人官运亨通，尤其是嘉靖九年（1530年）以后，几乎是直线上升，其升迁的速度之快，简直出乎意料。张璁虽得宠，但夏言更得皇帝信任，一切事宜，多由夏言决定。相形之下，张璁反为减色不少。张璁凭着皇帝宠信他，对下臣颐指气使，无人敢与抗争，而夏言因承蒙皇帝眷顾，偏不买他的账。张璁非常忌恨夏言，两人关系十分紧张。夏言曾抗疏弹劾张璁及吏部尚书方献夫，张方二人于是上疏请求辞职，世宗则从中间说合。夏言因首倡更定祀典，深得世宗欢心，嘉靖十年（1531年）三月，升为少詹事，兼翰林学士，掌院事，值讲如故。夏言生性敏感，善属文，颇有才气，又相貌堂堂，眉目疏朗，美须髯，声音弘畅，每次进讲都受到世宗的称赞，并流露出重用之意，因而张璁更加嫉恨夏言，于是暗中多次向世宗进夏言的谗言。谁料世宗反偏袒夏言、斥责张璁。张璁无法，便以辞去官职相要挟，谁料世宗竟然应允。后虽被召回，但此时夏言已被擢为礼部尚书，更加被世宗宠信，所以张璁再也不敢像以前那样专横跋扈了。后来张璁愈益失去世宗的欢心，再加上他在朝廷积怨甚多，故不甚得志，屡次乞休。最后于嘉靖十八年（1539年）病卒。

张璁权欲熏心，借议礼之机不断向上爬，终于高居首辅，位极人臣。得志后又嫌怨必报，并无容人之量。嗣后又与夏言争宠，相互倾轧，因此留得骂名。但张璁也有其难能可贵之处，那就是持身廉洁，对贪官污吏憎恶至极。所以在他当权时期，官吏贪污受贿之风有所收敛。

4.壬寅宫变

明嘉靖二十一年（1542年），即农历壬寅年，发生了一起宫女谋杀皇帝的事件，史称"壬寅宫变"。

这件事应该从两方面说起。

一方面，嘉靖帝崇信道教，他不但将道教作为精神支柱，而且还作为治国的依据。由于他对皇位和荒淫无度生活极为迷恋，而建文帝以后的各朝皇帝大多短寿的事实也影响了他，因此他非常怕死，喜欢长生之术远远胜过忠臣良宦。嘉靖年间，道士、方士等备受宠信，这些人为了讨取世宗欢心，便用女子经血、童男童女尿和其他各种稀奇古怪的东西做成药丸，美其名曰"先天丹铅"、"秋石"、"先天玉粉丸"等美名，献给嘉靖帝服用。嘉靖帝求寿心切，每日按时服用，而且至死不悔。

另一方面，他为了满足欲望，经常以承继皇家香火为由，大选淑女、广储嫔妃。本来想要长寿应该节制性欲，可嘉靖帝却做不到。嘉靖帝为了长生想尽各种办法。这样，宫女们到了嘉靖帝手中，除了供他取乐之外，还成了他祈求长生的牺牲品，有的宫婢还忍受耻辱听任经血被取，身心受到极大摧残。嘉靖帝刻薄寡恩，虐待后妃、宫女的事屡见不鲜。加之他常服丹石之药，药性燥热，使得本来喜怒无常的个性变得更加令人恐怖，即使是深得宠幸的嫔妃、宫女，甚至皇后，也都难以幸免。如嘉靖的第一个皇后陈氏，因他宠爱张、方二妃而嫉妒，耍了点小脾气，他就大发雷霆，吓得其堕胎而死。

16个普通宫婢居然敢造反，可见她们是到了忍无可忍的程度。这可能与取经血有关，有些宫女对此不满便遭到重罚，甚至杀头；或是为了取更多的血让她们服用活血之药，这迟早也有丧命之险。

这些宫女平时逆来顺受，不敢有任何怨言，但她们心里已经恨透了那个昏君，是他使她们遭受如此悲惨的命运，宫女们各自在心里暗暗计划着，常用眼神来传达信息。人的忍耐是有限的，终于有一天，她们不堪忍受这种非人的折磨，决心联合起来进行殊死斗争，于是就发生了宫女愤而谋杀皇帝的事件。

另外，据史料记载，宫变还有一位主谋王宁嫔，此人乃嘉靖十年所添设的九嫔之一，当时皇帝听从大学士张璁的建议，仿旧习俗设立九嫔，其地位略低于皇后。从宁嫔王氏的身份来看，她参与造反的原因应该不会同宫女们一样，估计是由于王氏不堪忍受嘉靖帝刻薄寡恩、喜怒无常的个性。

总的说来，壬寅宫变的发生乃是嘉靖帝对嫔妃、宫婢残酷迫害的结果。

壬寅宫变的经过大体是这样的：

嘉靖二十一年（1542年）十月二十日晚，世宗来到宠妃曹氏宫中。曹妃生得貌美如花，真可谓沉鱼落雁，闭月羞花，而且又善于卖弄风骚。她还天生一副好嗓子，说起话来像唱歌。所以，在众妃嫔中，曹妃最受世宗宠爱。

十月二十一日这天夜里，世宗的兴致极佳。曹妃因有皇帝临幸，更是满心欢喜，她经过精心的打扮，比往常更加花枝招展。在通明的巨烛照映之下，曹妃更显明艳动人，迷得世宗神魂颠倒。他迫不及待地将曹妃宽衣解带，抱上卧榻，亲热一番。事毕，已是子夜时分，这时世宗才感到有些累了，眼皮一合，很快就睡着了。曹端妃见世宗睡去，便小心翼翼地推开世宗的双手，然后起身离床，穿上衣服，离开皇帝去别的房间睡觉，留下世宗一个人在卧室中安眠。这时，宫婢杨金英、苏川荣、杨玉香、邢翠莲、姚淑翠、杨翠英等一共16人，悄悄走到世宗的床前，拿出事先准备好的绳子想趁其熟睡之机将他勒死。

十几名宫女怒视着眼前的仇人，恨不得把他撕得粉碎。这种强烈愿望，使这群柔弱的小女子竟然消除了杀人的恐惧。但毕竟姑娘们胆小，慌乱之中误将绳子的活扣打成死扣，套在脖子上的绳索怎么也拉不紧。张金莲见势不妙，前去报告了方皇后。方皇后带领内监将16名宫婢一一抓获。嘉靖帝这时已被折腾得半死，绳子虽已解开但仍不省人事。方皇后于是假传圣旨陷害宁嫔王氏、端妃曹氏，将她们和16名宫婢一同处死，还株连了她们的家人。端妃并不是同谋，然而方皇后妒其受宠，所以也不管三七二十一，趁机除掉自己的心头之患。后来，嘉靖帝为了这件事一直记恨方皇后。在惩治"凶手"的同时，救治皇帝更刻不容缓，御医被召至宫中，见到皇帝的症状后，个个都束手无策。

工部尚书掌太医院许绅闻召，火速来救世宗。当他看到皇帝生命几近垂危，心中十分害怕。他知道如果能将世宗救活，当然有功，但如救不过来，那后果则不堪设想，说不定会被当做同党，甚至会株连九族。再次，皇帝处于垂危状态，要起死回生，必须用大剂量的药，但这样用药风险很大，而且这样厉害的药最容易被人借机发挥。如果世宗死去，御医是难以辩白的。许绅简直不敢想下去了，经过再三考虑，他终于将心一横，用了桃仁、红花、大黄等下血药，让人给世宗灌下。

下午未时，世宗终于出现转机，有了活气，并吐出了大量瘀血。

申时世宗能说话了，但声音很小、吐字困难。见此情形，许绅又用了三四剂平气活血之药，最后，世宗终于转危为安，奇迹般地活了过来。这时，许绅悬着的心才算放了下来。虽然后来许绅因救活了皇帝而被封官加爵，但那场惊吓却使他落下了病根，以致很快离开了人世。

嘉靖皇帝大难不死，仍然不吸取教训、执迷不悔。自此之后，他依然迷恋道教、服食丹药，像以前那样残害生命。如果说宫变前后多少有些变化的话，那便是，第一，改选青年女子经血为取八至十四岁童女的尿；第二，常常在西苑停留，很少回大内。

一年之后，嘉靖帝本人对宫变有一个简短而有趣的总结，他说："我如果不是受到上天恩宠，平息宫变，又怎能有今天呢？"看来他不但没有自责之心，反而认为自己天命本该如此。为了答谢苍天，他决定在朝天宫斋醮七日。

5.朱纨抗倭招祸死

嘉靖二十八年（1549年）四月，朱纨抗倭受陷害自杀身亡。

明代洪武二年，倭寇开始入侵，当时日本处于南北朝分裂时期，在内战中失败的武士以及一部分浪人和商人在一些封建诸侯和大寺院主的资助下，经常到中国沿海武装掠夺骚扰，史称"倭寇"。明初国力强盛，海防设置严密，倭寇未能酿成大患。嘉靖年间，政治腐败，边防松弛，东南沿海工商业发展迅速，一些富商和海盗商人如王直、徐海等与倭寇勾结劫掠，致使倭患加剧，殃及沿海，危及漕运，明廷告警。在此民族遭难之际，朱纨被任命抗击倭寇。

朱纨，字子纯，祖籍长洲，正德十六年（1521年）进士。起初被任命为景州知州，后又调到开州。嘉靖年初期，迁南京刑部员外郎。任四川兵备副使时，与副总兵何卿共同平定深沟诸砦番。五迁到广东左布政使。二十五年提升为右副都御史，任南、赣巡抚。第二年七月，倭寇出现，改任提督浙、闽海防军务，巡抚浙江。

刚开始，明太祖定下制度，不许民船私自下海。后由于承平日久，有些投机的人擅自出入，勾结倭人和佛郎机诸国的人到中国互相做买卖。闽人李光头、歙人许栋就占据了宁波的两座岛屿，且得到有权势的人家的维护和支持，并与他们通婚。李、许等同时假借济渡的名义，制造双桅大船，私自运载禁品，当地的官员对此也不敢过问。而浙闽海防长期处于瘫痪状态，战船、哨船十艘只剩下一两艘，漳、泉巡检司弓箭兵原来总共有2500多人，后来只有千人。倭人抢劫掠夺每次都得手，因此，更加无所顾忌，前来进行抢掠的从不间断。

朱纨巡视海道后，认为不革除渡船的话，那么海盗就不可能肃清，不严格保甲则海防不可能得到恢复，并上疏皇帝列举具体情况。从此革渡船，严保甲，搜捕奸民。闽人主要靠海生存，突然丧失重利，即使是士大夫之家，也难以维持，他们纷纷阻止破坏这种制度。朱纨讨伐平定覆鼎山的海盗后，次年进攻双屿，以都司卢镗率军由海门进攻，副使柯乔与都指挥黎秀公别驻扎漳、泉、福宁，阻止敌人逃跑。到了四月，卢镗在九山洋遇到海盗，俘虏了日本人天稽和许栋本人。许栋的同党汪直等人见情况不妙，便聚集人马逃跑了，卢镗筑塞双屿而还。

嘉靖二十八年（1549年），朱纨在福建走马溪战役中打死和抓获不少葡萄牙人，并且将中国海盗商人头领李光头和其他共96人擒杀，朱纨并将情况报告给皇帝，但这却侵犯了诸势豪之家的利益。御史陈九德于是弹劾朱纨擅自杀戮，朱纨因此被免官，嘉靖帝还命令兵科都给事杜汝祯考察审问。朱纨听说后，气愤地哭着说："我贫穷而且有病，又意气自负，不能对簿公堂。纵使皇帝不想杀我，闽、浙人一定会杀我。"他为自己写了墓志，作绝命词，饮药而死。嘉靖二十九年（1550年），给事中杜汝祯、巡按御史陈宗夔回来，说是奸民鬻贩拒捕，僭号流劫之事纯属乌有，要治朱纨擅杀之罪。皇帝下诏令逮捕朱纨，因朱纨已死，柯乔、卢镗等人一并被处死刑。

朱纨为人清正廉明，勇于承担重任，一心想为国家杜绝祸乱的根源，所以才招致势豪之家陷害，满朝文武都为他叹息。自从朱纨死后，这个官职被取消，朝廷内外都绝口不提海禁的事。浙中卫所41个，战船439艘，军籍尽为耗散。本来，朱纨将福清捕获的盗船40多艘，分布在海道，另外台州海门卫也有14艘作为黄岩的外部屏障而副使丁湛全部将它们遣散，撤消防备打开海关。不久，海寇大举侵入，荼毒东南有十多年。

6.庚戌之变

明嘉靖二十九年（1550年）八月，蒙古俺答汗兴兵入侵，进抵北京，在京郊大肆掠夺达八天之久。由于这一年是农历庚戌年，所以历史上将这一事件称为庚戌之变。

（1）俺答攻明

蒙古贵族集团北迁以后，由于明军的打击和内部纷争，逐渐一分为三，西边是瓦剌部，东边是兀良哈部，中间是鞑靼部。其中鞑靼和瓦剌实力较强。

明初瓦剌脱欢统一了蒙古大部，到正统十四年（1449年），他的儿子也先进攻明朝，史称"土木堡之变"。嘉靖时期俺答称雄漠南，到嘉靖二十九年（1550年）终于出现了庚戌之变。

俺答汗又称俺答，又称阿勒坦汗或索多汗。他的祖父是赫赫有名的达延汗。本来在明成祖五次北征之后瓦剌曾一度强大，但是自从也先被杀以后便没落了。此后鞑靼部再度兴起。弘治时期，达延汗先后征服了西边的瓦剌和东边的兀良哈，统一了大部分地区。随后，他又大行分封，将大漠南北分为察哈尔、乌梁海、喀尔喀、鄂尔多斯、土默特、永谢布六个万户。大汗在察哈尔万户，统率左翼三万户；济农、巴尔斯博罗特在鄂尔多斯万户，领导右翼三万户。

巴尔斯博罗特、济农共有七个儿子，俺答排行老二。当时蒙古实行嫡长子继承制，俺答为次子，所以无缘继承济农之位。巴尔斯博罗特死后，俺答的哥哥继承王位为鄂尔多斯农，明人称他吉囊，而俺答本人则被封于"十二土默特"。

俺答虽然地位不算太高，但由于他智勇双全，所以势力发展很快。起初他和哥哥吉囊同时称雄于漠南西部。嘉靖九、十年（1530、1531年）以后，俺答与吉囊联合，多次进攻明朝的宣、大等地，几乎是每年都要攻打一次。嘉靖二十一年（1542年），吉囊由于抢来忻、代娼妓，纵淫不休，生病死去。从此吉囊的儿子便由叔叔俺答一手控制。

嘉靖二十二年（1543年），达延汗去世，蒙古各部再次群龙无首。汗权的衰落为俺答的崛起提供了机会。嘉靖二十五年（1546年），达延汗的嫡曾孙、俺答的堂侄打来逊继承汗位，由于惧怕俺答强大的势力，被迫迁徙辽东。从此，俺答控制了漠南的大部分地区。自嘉靖二十年以后，俺答由于求贡没有得到允许，于是举兵入侵，明朝损失严重，京师屡屡为此戒严。

嘉靖二十九年（1550年），俺答向明朝发动了前所未有的攻击。

六月，俺答进攻大同，将边墙拆毁突入明境。然后他埋伏精兵，以百余老弱出骑诱敌。明总兵张达闻警后率兵出击，因轻敌而中伏，使得全军覆灭张达被杀。副总兵林椿得知张达被围后，领兵前往援救，不幸战死。俺答令人割下他们的脑袋，引兵退去。不久，俺答向各部下达命令，决定再次大举攻明。战争的烽烟再一次弥漫大同一带。当时大同总兵是仇鸾，他对俺答的入侵惶恐万分、束手无策。危急时刻，他的手下居然想出了以邻为壑的计策。仇鸾觉得这个计策很巧妙，便派人为俺答送去厚礼求他改攻别的地方，勿犯大同。俺答得贿之后，果然移师东去。

八月乙亥，俺答率军来到蓟镇古北口，率领数千名骑兵攻打明朝边防城墙。明都御史王汝孝率蓟镇兵马奋力抵抗，俺答见状，命人假装从正面攻打，而另遣精兵从间道破墙而入，明兵大败。俺答乘胜长驱直入，掠怀来、围顺义，直抵通州城下，惊动了京城。兵部尚书丁汝夔慌忙组织京城防务，他一查京军名册，只有禁兵四五万人，而且非老即残，另外就是权贵之子，那些人一听说要打仗吓得屁滚尿流。丁汝夔以此奏闻，嘉靖皇帝闻状惊恐万分，下诏文武大臣分守九门，派人招募民间义勇四万人，并集合天下武功高强者一千人，共同防御京城。与此同时，朝廷还檄召各镇兵力增援。

（2）仇鸾勤王

在俺答入塞四天后，大同总兵仇鸾率兵二万奉召增援。在此之前，他已经知道俺答受贿之后移师东去，为了讨好嘉靖皇帝，他自告奋勇请求率兵勤王。引导俺答进攻京师的是他，请求勤王保卫京师的又是他。嘉靖帝不了解具体经过，见仇鸾自请勤王十分高兴，起初令他留驻居庸关，后来见仇鸾所说的果然没错，便越发信任这一小人，令他入援通州。当时七镇援兵五万人先后开到，嘉靖帝任命仇鸾为平虏大将军。

俺答因河水所阻未能攻下通州，于是兵分四路，大肆掠夺村落居民，焚烧庐舍。

仇鸾等向严嵩请教解决办法，严嵩置人民的生命、财产于不顾，指示仇鸾和丁汝夔说："左边方吃败仗可以隐瞒，在京师打败仗却无法隐瞒。俺答只是为了抢掠财产，抢够了便会退去，我们只要防守即可。"仇鸾果然不发一矢，坐视俺答烧杀抢掠。不仅如此，由于各镇援兵仓促来京，没有粮草充饥，纷纷埋怨，因此，掠抢之事时有发生，仇鸾的大同兵尤其严重，往往出入村落抢掠民财，百姓深受其害。

不久俺答兵临京城，他写信给嘉靖皇帝，请求通贡。嘉靖皇帝召集大学士严嵩、李本，礼部尚书徐阶等在西苑商量该如何来应付。

严嵩说："这应该是礼部分内的事情。"

徐阶说："答复俺答虽是臣的事，但是最后决定权在皇上手里。"

嘉靖帝说："这正是我们要商量的"。

徐阶说："敌军已在京城近郊驻兵，而我全无战守之策。我认为可以先答应他们。"

嘉靖帝认为徐阶说得有道理，但他没有立即下诏书，而是下令廷臣集议。当天下午，徐除向大家宣布了俺答的信，信的内容主要是要求以三千人入贡，明廷答应了就退兵，否则要攻破京城。起初，群臣互相观望，谁也不敢发言。徐阶等准备笔和纸，让每个人写自己的意见，然后交给皇帝裁决。这时，国子监司业赵吉贞站了出来，坚决反对许贡；而检讨毛起认为应该暂时答应通贡。一时间，大家各执一词、争论不休，却始终没个结果。好在俺答没有人主中原的野心，在明朝群臣集议的第二天，俺答大举进军西北诸陵，然后转掠西山、良乡以西。俺答在京畿一带抢掠了大量人口、财物，达到目的后，他带兵准备返回，原计划由北京西北方向的白羊口出塞，因受明军阻击不得不又向东南行进，在昌平以北，遇到仇鸾的10万大军。仇鸾自俺答入塞以来一直不敢出战，此时本以为蒙军会向西退去出口，自己跟在后面佯装追捕即可交差。想不到俺答又杀了回来，仇鸾惊慌失措，他的10万大军损失惨重，要不是部下鼎力相救，本人差点被俘虏。不久，俺答率兵沿潮白河岸指向东北，由原路返回。

俺答退去之后，京师宣布解严。

庚戌之变历时十余日，明朝虽然保住了京城，但是京郊附近的百姓却备受折磨，许多人妻离子散、家园被毁。在俺答入塞期间，明王朝政治的腐败、武备的废弛、皇帝的无能、将相的误国等种种弊端暴露无遗。

本来这次事变嘉靖帝要负很大责任，但他是一个极爱护短的人，他将这次事变的责任全都推卸到大臣们身上，所以在俺答离开近郊后，便下令将兵部尚书丁汝夔和兵部左侍郎杨守谦逮捕下狱。这两个人虽然无能，在这次事件中也没有立功，不过和嘉靖帝以及严嵩、仇鸾等人比起来，他们还算尽职。实际上嘉靖帝杀丁汝夔等人不过是想平息官民的愤怒，丁汝夔充当了朝廷的替罪羊。

7.昏官祭海

嘉靖三十四年（1555年）二月二十一日，在倭患日盛的情况下，明世宗居然命赵文华去祭海，真是劳民伤财。

自从浙江巡抚朱纨抗倭招来杀身之祸后，倭患日益猖獗。

嘉靖三十一年（1552年）四月二十四日，有"五峰船主"之称的海盗王派部下大头目徐海、陈东、萧显、麻叶等人，带领倭寇一万多人，驾船一千多艘，从浙江舟山、象山县等处登岸，在台州、温州、宁波一带烧杀抢掠，无恶不作，浙东、浙西、江南、江北同时告急。五月，倭寇又攻陷黄岩县。七月二十二日，明世宗在给事中王国桢等人的建议下，命山东巡抚、右佥都御史王忬提督军务，巡视浙江兼管辖福建、兴化、漳州、泉州等地。王忬赴任后，当即任命参将俞大猷等统领备军，准备迎战，在沿海各镇加强防范，抗击倭寇。嘉靖三十二年（1553年），倭寇又大举进犯东南沿海。闰三月二十八日，王直带领倭寇，出动战船百余艘，在浙江台州、宁波、嘉兴、湖州、苏州、松江、淮北等滨海数千里地区内，抢劫百姓财产、掳掠人口，所掳来的男人让他们带路做向导，或者让他们上前线打仗；所掳妇女，白天织布缫丝干农活，晚上则遭受百般蹂躏。沿海海盗乘机身着倭服，悬挂倭旗，四出抢掠。逃跑的囚犯、被罢免的官吏、不得志的书生等纷纷投靠了倭寇。

倭寇气焰嚣张，自从闰三月二十九日攻破浙江昌国卫后，四月又侵犯太仓、巨浦、平湖、海盐、海宁、上海、江阴等地，一路上奸淫掳掠，无恶不作。六月，温、台、宁、绍、杭、嘉、湖、苏、扬、淮十府各州、县、卫、所共二十余处遭倭寇焚掠。十一月，倭寇又进犯抢劫常熟、上海、嘉定。虽然明军采取抵抗措施，但仍于事无补。

嘉靖三十三年（1554年），倭寇每月都举兵侵犯沿海地区，大肆劫掠。正月掠苏州、松州各州县，占据南沙长达五月；二月又侵犯松江府；三月北攻通州、泰州，将各地的盐场焚烧殆尽，山东震动；同时又进攻宁波普陀山；四月再犯嘉兴、通州，攻陷嘉善、崇明等地，在孟宗堰大败明军；五月劫掠苏州昆山县；六月在嘉兴大败明军指挥夏光部；七月洗劫嘉善；八月进犯嘉定县城，在采淘港大败明军；九月侵犯海门县；十月占领拓林等地；十一月兵分各路劫掠嘉兴、湖州；十二月又焚掠秀水、归安、嘉善。嘉靖三十四年（1555年）正月，徐海勾结萨摩、肥前等地倭寇又向浙江进攻，攻陷巨浦、海宁、崇德、德清，之后又围攻杭州，造成当地百姓死伤无数，血流成河。

鉴于倭寇多次攻打江南沿海，二月十五日，继巡抚应天都御史周琉七天前上疏言御倭十难三策后，工部右侍郎赵文华，上疏明世宗论防倭七事，为了迎合皇上崇信道教的心理，提出应派官员到江南祭海神和督视江南军情。明世宗听信严嵩的话，于二月二十一日，命赵文华祭告海神并视察江南抗倭军情。人们纷纷指责这种做法荒唐可笑，扰乱地方，劳民伤财。

8.张经抗倭

嘉靖三十四年（1555年）正月，在取得王江泾大捷后，张经受人构陷而死。

张经，字廷彝，祖籍侯官。正德十二年中进士，被任命为嘉应知县。嘉靖四年迁吏科给事中，后又任户科都给事中。因他经常上疏指责他人言行，引起谏官不满。言官指责他是张璁、桂萼同党，但吏部说张经行为端正，所以没有治他的罪。后被提升为太仆少卿，历右副都御史，协助处理院事。

明廷于嘉靖三十一年（1552年）起为督察海防，增派巡视重臣。先是委派佥都御史王忬任军务提督。王忬在浙闽依据当地情况，筑城30余处，不久，王忬调任大同巡抚。三十三年，朝廷改派南京兵部尚书张经任江南、江北、浙江、山东、福建、湖广总督，后又改为右都御史兼兵部右侍郎，专门负责讨伐贼寇总军务。张经曾任两广总督，受当地少数民族拥戴，此次朝廷为了提高战斗力，征调狼山土兵，张经因此受朝廷重用。

当时，倭寇主要侵扰浙西，即苏、松、杭、嘉等富庶地区。浙西海防有四处要地：一为金山卫，一为吴淞口，一为刘家河，一为白茆港。而金山卫东北为拓林堡，再往北为川沙堡。这里有倭寇和海盗二万多人。张经到任，慷慨自负，开府嘉兴，选将练兵，大有直捣敌穴之势。张经的战略准备工作很严密、充分。他首先加强苏浙防务，任命俞大猷为总兵，令其与狼山总兵水陆接应，并在狼山、福山征集万余水兵，福仓沙船300

余艘及调募长江南北徐、邳官民。还在各战略要地增设参将及守备。

此时浙西海防有些薄弱。嘉靖三十三年（1554年）四月，倭寇从海盐趋嘉兴，参将卢镗小胜。第二天再战，官军被杀400余人，溺死者众多，都司周应桢阵亡。倭寇乘势攻嘉兴府城，被明副使陈宗夔击退。倭寇退入乍浦，又集结兵力攻打海宁等县。而后入海破崇明，从崇明入攻苏州，在周围乡镇大肆劫掠。六月，又犯嘉兴，都指挥夏光战败被杀。俞大猷部在吴淞获得小小的胜利，擒倭寇7人，斩杀23人。八月，倭寇从其剿穴拓林出发，进攻嘉定。参将许国、方逢时率召募的山东枪手6000人赶至嘉定迎敌，方逢时率兵先进，在新泾桥和敌人作战，杀敌80余人。许国怀疑其不与自己共同杀敌，是想独占功劳，于是他遣官军将敌人追至采陶，结果中埋伏，全军溺死千余人。

嘉靖三十四年（1555年）正月，拓林倭寇出兵攻打乍浦、海宁，攻陷崇德，转掠塘西、新市、横塘、双林、乌镇、菱湖等镇，杭州数十里外血流成河。巡抚李天宠束手无策，慌乱中自烧附郭民居。张经驻兵嘉兴，没有派兵增援，副使阮鹗、佥事王洵竭力抵御，才得以保住城池。

二月，世宗派工部侍郎、严嵩党羽赵文华到浙江祭海神，妄想用这种荒唐的举动平定倭寇。赵文华还同时受命各处严防倭寇。张经为人耿直，不巴结附庸权贵，赵仗势颐指气使，张经对他的为人处世极其看不惯，两人结下仇怨。四月，广西土官瓦氏率狼山土兵到达苏州。张经命其归俞大猷管辖。俞大猷率狼山土兵击退金山卫的三千倭寇，赵文华见这些土兵可用，于是急于求成，派其击敌于漕泾，不料大败而归。以明世宗为首的昏庸朝廷，先是在宫中荒唐设醮，称可追夺虏魂，又采用赵文华的建议，祭海神，以求得海神的庇护，都不奏效。于是依靠狼山土兵，狼山土兵被打败后，倭寇知朝廷无能，抢掠之势更加激烈。

赵文华认为应速战，张经不同意。此时狼山土兵已从各地召集陆续到达，但永顺、保靖土兵还没有到，张经想等待，他认为赵文华浅薄不懂兵法，不让他知道作战计划。赵文华大怒，上疏弹劾张经纵敌，朝中大臣也对张经久不出战不满，再加上杭嘉等地多次被抢掠，而且狼山土兵纪律散漫，管束不严，骚扰当地百姓。于是朝廷决定派官校前来逮捕张经。对此张经一无所知，挥兵与敌激战，取得了王江泾大捷。

王江泾之战在四月末到五月初。当时倭寇徐海部4000多人从嘉善侵入嘉兴，张经分遣参将卢镗等督狼山土兵攻打他。保靖兵新来乍到，对地形不熟悉，初战即以失败告终。巡按御史胡宗宪也赶来，激励士卒再战，于是在嘉兴东郊的石塘湾明军大获全胜。倭寇向平望方向逃跑。四月二十六日，倭寇从嘉兴逃往唐家湖，由于湖水汹涌，倭寇不能过去，吴江知县杨正集乡兵于水上，牵制敌舟，派水性好的人下水将敌船凿穿。保靖宣慰使彭荩臣赶至，倭寇大败，退至王江泾。此时明军已经将倭寇包围，北有卢镗军，东有俞大猷军，南为胡宗宪。保靖土兵为先锋，杀敌200多人。二十八、二十九日，双方激战，张经亲自督师。在敌军5000人猛攻下，明军有些退却，危急时刻俞大猷奉命督永顺土兵2000人由泖湖赶来，汤克宽部亦率舟师来增援，明军士气大振。五月一日，明军三面合击，大败敌兵，斩杀2000余人，被海水溺死的无数。残部逃回拓林，自己纵火焚其大本营，驾船200余艘逃走，王江泾大捷为明有倭寇以来第一起大捷。

捷报传到京城，明世宗却认为张经欺骗圣上，听说被赵文华弹劾，才开战，于是下令将其撤下。虽然兵部称这次取得重大胜利，是张经的功劳，关键时刻不能更换将领。世宗不听，将张经押回京城，同年十月，处死。

赵文华上疏称王江泾大捷是他和胡宗宪督师的功劳，乃获大胜，二人加官晋爵，而倭寇仍旧像从前一样猖狂。

9.严嵩误国

嘉靖四十一年（1562年）五月，内阁首辅严嵩被勒令辞官，其子严世蕃下狱。严嵩由此结束了其祸国殃民的官场生涯。

（1）奉迎直上

严嵩（1480~1565年），字惟中，号勉庵、介溪、分宜等，祖籍江西。他出身贫寒、天资聪慧，少年时便能吟诗作对。如当地父母官口出一联："关山千里，乡心一夜，雨丝丝。"他随口应对："帝阙九重，圣寿万年，天荡荡。"此句对得贴切，完整。弘治十一年（1498年）考中乡试；十八年（1505年）考中进士，列二甲第二名，选为庶吉士。他入翰林院不久，便初露锋芒，许多士大夫对他的才华都很欣赏。正德二年（1507年），授翰林院编修。不久，以病为由请求辞职，在分宜县境内的钤山隐居读书，长达十年之久。

刘瑾专权期间，由于焦芳的挑唆，对南方士大夫采取排斥的方针，不予任用，特别提出不许重用江西人。严嵩辞官也许并不为此，但他长期养病，可能与朝中排斥江西籍官僚有间接的关系。

严嵩在钤山过着相对清贫和平静的生活。据他自己说，是"一官系籍逢多病，数口携家食旧贫"。"近知理俗事，学种南山田"。在钤山时，李梦阳曾经拜访过他，赠诗曰："问奇颇类扬雄宅，醒酒真轻李相庄。"严嵩和诗为："地僻柴门堪系马，家贫蕉叶可供书。莺花对酒三春暮，风雅闻音百代余。"过着这样的田园式生活，自然就会得到清廉的美名。

正德十一年（1516年），严嵩还朝复官。刚开始，严嵩对朝政多持批评态度，他多次提到，正德年间，天下百姓所以疾苦，都是因为逆竖妖僧。对于武宗的其他许多做法，他也持批评态度。关于运楠木北上，他写道：今湖南向朝中运楠九千株，用水路运输，楠树最大的有丈余粗，五十尺长，是天下最大的树，一棵楠树从砍伐到运至京城，要耗费很大的人力物力。

正德十六年（1521年），世宗即位几个月之后，严嵩升南京翰林院侍读，署掌院事。嘉靖四年（1525年），升国子监祭酒，又由南京回到北京。到此时为止，世宗都没有注意到他，也没有迹象表明，嘉靖初期围绕议礼而展开的激烈斗争有他的参与。尽管他也写过"濮园仪礼伸舆论，代邸崇恩本圣情"；尽管他在南京任官，与同在南京的张璁、桂萼有接触的机会，桂萼也是江西人，严嵩与桂萼有诗书往来，大都是赞扬对方的话，这在士大夫中极为普遍，不能说明他加入了党争。

当时反对内阁和部院大臣的安排，赞成皇帝尊崇兴献王的主张的，都是一些品质低劣，而且是非清要部门的小官。议礼一案，给他们提供了升迁的机会。严嵩在翰林院任职，并没有参与张璁、桂萼等的行动。另一方面，他也不像大多数翰林官那样拥护杨廷和的旧官僚主张，而采取审慎的态度。但与批评正德朝政相比，这时的严嵩在为官做人方面有了明显的变化。他将利禄看得重了，常说"俸禄如果得不到保障，学业还不算完成"之类的话，也有人批评他，任祭酒时就不清白了。

嘉靖七年（1528年），严嵩以礼部右侍郎步入上层官僚的行列。他被世宗派往湖广安陆监立显陵碑。回到京城，严嵩上了两道奏疏。一道奏疏叙述了河南灾区的情况，说当地旱情非常严重，人们以麻叶、树皮为食，饿死的人不计其数，有的人卖掉儿女但还吃不上一顿饱饭，甚至出现了人吃人的现象。另一道奏疏叙述了途中见闻。

一边报喜，一边报忧，反映了严嵩既善于奉迎，又体恤民情。两篇奏疏都收到了好的效果。对于前一疏，世宗批道："减轻该地百姓的赋税，其余灾轻地方照旧征收。"对于后一事，世宗批道："严嵩忠心一片，依撰文刻碑立石。"进献符瑞，是世宗所乐于接受的，救灾安民，是当年的世宗所关心的。可以说严嵩深得世宗欢心。嘉靖七年（1528年），严嵩提升为礼部右侍郎，奉世宗之命祭告显陵。

后来的几年里，严嵩先后改任户部、吏部侍郎。嘉靖十一年（1532年），严嵩来到京师为皇上庆祝生日。正好廷臣议论要修改《宋史》，严嵩以礼部尚书兼翰林学士的身份掌管此事。由于世宗对议礼的重视，因此，在部院大臣中礼部尚书地位最高，往往成为进入内阁的阶梯。严嵩和世宗的接触逐渐频繁起来。他住在城西约四里，但是对世宗的召唤，随叫随到。

嘉靖十七年（1538年），有人上疏请献皇帝庙号称宗，以入太庙。严嵩和群臣都提议反对，皇上很不高兴，写下《明堂或问》。严嵩有些害怕，尽改先前的主张，还很详备地给皇上规划好礼议。礼成以后，皇上赐给他金币。从此以后，严嵩便专门摸索皇上心理，取悦于皇上。皇上给皇天上帝加尊号和宝册，不久给高皇帝上尊谥和圣号，以配祭皇天上帝。于是严嵩就奉承皇上说天上有祥云显现，请皇上接受朝贺。他又写《庆云赋》、《大礼告成颂》上奏皇上，皇上很高兴，交由史馆珍藏。不久严嵩被加封为太子太保，侍从皇上幸临承天府，获得了与宰辅大臣相同的地位。献皇帝入庙称宗之争，是大礼议的最后一次争端。严嵩在这件事上碰到了小小挫折，使他更近一步地熟悉了世宗的性情。

勤勉加上温顺，严嵩博得了世宗的好感。当时住在西苑并不时得到召见的官僚有：武定侯郭勋、成国公朱希忠、驸马都尉崔元、阁臣夏言和顾鼎臣，严嵩作为礼部尚书也是其中一员，成为世宗的亲信。

（2）排除异己

嘉靖二十一年（1542年），首辅夏言被革职，严嵩任太子太保、礼部尚书兼武英殿大学士。这是他经历第一场重大斗争所取得的结果。

夏言祖籍江西贵溪，正德十二年（1517年）进士。他与严嵩是同乡，严嵩曾为该科会试的同考官，两人可以说是师生关系。夏言因为议礼的事，地位提高，比严嵩早发达。他建议立南、北二郊，实行天地分祀，得到世宗的赏识，一年之内，由正七品的都给事中升至正二品的礼部尚书。升迁之后，他推举严嵩任礼部尚书。因自以为对严嵩有恩，夏言对严嵩傲慢无礼，把他当做门客看待，两人关系迅速恶化。而此时，夏言又因拒服道冠法服等事，招致世宗不满。明世宗因信奉道教，常戴香叶帽子，于是命人仿制五顶沈小香冠，赏赐给夏言、严嵩等人，夏言以不是大臣应该服从为由，不奉诏，而严嵩在皇上召见时特意带上，并笼以轻纱。严嵩适时地利用世宗的不满，攻击夏言，更使世宗下决心除去夏言。

嘉靖二十三年（1544年），首辅翟銮由于犯事被革职，严嵩成为首辅，又先后被任命为太子太傅兼吏部尚书，谨身殿大学士要职，获得了文臣所能获得的最高荣誉地位。但是他的地位并没有完全确立。

夏言的存在对他仍然构成威胁。世宗曾在案几上写下"公谨"二字，表现出对夏言的眷恋之情。严嵩闻知此事，主动提出，"将夏言重新召回任用"。二十四年九月，世宗因感严嵩贪横，复命夏言入阁，出任首辅。皇上为了安慰严嵩，给他加封少师。

夏言再次成为首辅，对待严嵩的态度仍像往常一样。他独揽大权，凡是他憎恶的官僚，或与严嵩亲近的官僚，一概逐除。严嵩知道世宗宠信夏言，也不敢说什么。严嵩的儿子严世蕃时任尚宝少卿，为虎作伥，横行霸道。夏言想揭发他们的罪过，严嵩父子大为恐惧，跪在夏言面前，久久不起，哭泣谢罪，夏言这才罢了。严嵩知道陆炳与夏言不和，于是与他勾结排挤夏言。世蕃升任太常少卿后不久，严嵩再加封华盖殿大学士。

与夏言相反，严嵩对世宗一直保持谦恭的态度，并注意不让世宗感到他在独执朝政。他曾声言："臣如果独揽朝政，群臣一定很嫉妒，臣要与群臣相同。"在生活细节上，他也颇为留意。锦衣卫都督陆炳和夏言不和，于是严嵩将他拉拢过来，谋划驱逐夏言。明世宗派宦官找夏言，他常常态度恶劣，而严嵩则毕恭毕敬地对他们。于是宦官在世宗面前常说严嵩的好话，说夏言坏话。谦恭，不但是严嵩打败夏言的法宝，也是他长期得到世宗恩宠的主要手段。

夏言彻底被打垮的原因是"复套"事件。嘉靖二十五年（1546年），陕西三边总督曾铣建议收复河套地区，夏言极力支持。世宗本来也赞同此议，对持反对意见的官僚严加斥责。但在朝廷一片"复套"的呼声之中，他又改变立场，提出一系列疑问："不知这次出师是否有利于本朝？"世宗思想的变化给了严嵩一个绝佳的机会。他立刻声称，"复套"之议不当。且借机攻击夏言如何专横跋扈，自己如何谦虚谨慎。夏言、严嵩都以善写青词得幸，但夏言青词常反映军中详情和弊端，世宗阅后常气得扔到地上。而严嵩因有宦官通报，尽写一些称赞世宗的话，因此更得世宗宠信。嘉靖二十七年（1548年），世宗命夏言辞职。严嵩又利用掌管锦衣卫的都督陆炳与夏言、总兵官仇鸾与曾铣的矛盾，联合陆、仇二人，诬陷夏言与曾铣结党营私、密谋造反，将他们置于死地。

严嵩既已排挤害死夏言，便装作恭敬谨慎。皇上给严嵩加封上柱国，他便推辞说："尊号不能有第二个人，况且'上'字也不是我们作为人臣随便可以享用的。开国期间虽然设有这一官衔，左相国徐达，是头号功臣，也只封为左柱国，请求陛下免除臣的这个官衔，并立为法令以禁示。这是做下臣的应具备的节操。"皇上很高兴，批准了他的请求，将他升为太常寺卿。

夏言死后，严嵩与仇鸾的矛盾开始激化。仇鸾曾被曾铣弹劾，逮捕下狱。在狱中他拜严嵩为义父，请严嵩的儿子为他起草弹劾曾铣的奏疏。曾铣被杀，仇鸾受宠，不甘心为严嵩制约，就上密疏揭发严嵩与严世蕃的所作所为，这件事引起世宗的重视。嘉靖三十一年（1552年），严嵩失宠，大臣入值，他有四次不曾被宣召，当随同其他阁臣入西苑时，也被卫士阻拦。他回到宅中，与严世蕃相对而泣。幸运的是仇鸾不久病重，陆炳乘机刺探到仇鸾的不轨行为向世宗汇报。世宗立即收回仇鸾的印信，这一打击使仇鸾忧惧而死。皇帝和首辅间的纠葛自然消除。严嵩于是第二次成为首辅。

严嵩相继除去了政敌夏言、仇鸾，独得圣上宠信，但他深知世宗疑心很重，为了保住权位，严嵩对所有弹劾他的官僚都打击报复，轻者被罢官，重者则被处死。严嵩没有别的才略，只会向皇上献媚，骗取私利。皇上自以为自己英武明察，刑杀果断，严嵩因此得以借事激怒皇上，残害别人。张经、李天宠、王忬之死，都是严嵩一手造成的。弹劾严嵩、严世蕃的谢瑜、叶经、童汉臣、赵锦、王宗茂、何维柏、王晔、陈垲、厉汝进、沈炼、徐学诗、杨继盛等都被贬职；叶经、沈炼被冠以其他罪名处死；杨继盛因在张经的奏疏末尾附上名字而被杀。其他严嵩所不喜欢的人，都被其用各种手段除掉了。

沈炼（1507~1557年），祖籍浙江会稽。嘉靖十七年中进士。他"为人刚直，疾恶如仇，但有些疏狂"。他上疏朝廷，共罗列严嵩10条罪状。指责严嵩"贿赂群臣，结党营私"，"妒贤嫉能"，"阴制谏官"，"擅宠害政"，引起严嵩大怒，反击说沈炼在当知县时犯有过失，想借建言得罪，受些小处分，一来避考察，二来取清名。世宗听信严嵩所说，将沈炼发配到口外保安。沈炼在塞外常常詈骂严嵩父子，严嵩听说后，对其恨之入骨。嘉靖三十六年（1557年），严世蕃嘱咐新上任的巡按御史路楷和宣大总督杨顺合计除掉沈炼，许诺如果除掉沈炼，便给他加官晋爵。恰逢白莲教徒阎浩等被捕，招供人名甚多。杨、路将沈炼的名字也列入其中，沈炼被杀。

杨继盛（1516~1555年），字仲芳，号椒山，祖籍北直隶容城，嘉靖二十六年进士，任兵部武选司郎中。他上疏揭发严嵩的罪状，把世宗最头疼的北边安危与严嵩联系在一起；又说，去年春冬两季发生的天灾，主要是有叛臣专政的缘故，把世宗最相信的天象说与严嵩联系在一起。

奏疏的内容主要仍是贪贿纳奸，打击异己。这些都正好迎合世宗的心理，但他在结尾处写道："希望陛下采纳臣的意见，察问严嵩和裕、景二王，重则治罪，轻则罢官。"这就犯了大忌。一来，世宗听信道家所说，根本不愿见二王；二来，藩王不应过问政事，询问二王是何用意？史书上记载，严嵩看见召问二王，心想机会来了，可指此为罪，密构于帝。世宗更加大怒，于是将杨继盛送镇抚司拷讯。为杀杨继盛，严嵩故意将他的名字和犯了大罪的张经和李天宠记在一起，奏与皇上。世宗报可，严嵩就轻而易举地杀了杨继盛。

严嵩的贪污受贿和揽权方法被群臣所议论，虽然一时未起作用，但潜在的影响是存在的。只要世宗由于一点小事对严嵩产生不满，群臣曾经提出的这些重大问题便会促使他早下决心。因此，言官对大臣的弹劾，也是一种形式的较量。在与夏言的较量中，严嵩主要依靠他的谦恭，在与群臣的较量中，他主要依靠对世宗心理的揣摩。

（3）严嵩问政

严世蕃，号东楼，是严嵩的独子，自视为天下才子。史称，严嵩柄政后，将朝政一律交与其子严世蕃。实际上，对许多重大问题，严嵩还是在不断发表自己的见解，有时甚至与世宗意见不一致。

严嵩当权之际，正值嘉靖中期"南倭北寇"最为严重的时期，由于他排斥异己，从而大大加剧了这一局势的严重性。嘉靖二十九年（1550年）八月，俺答大举犯京师，明世宗召严嵩等商议。严嵩说："这些小势力，不足为患。"并传话兵部尚书丁汝夔："不要轻易发动战争，他们只不过是想要财物，掠夺够了自然会退去。"因此丁汝夔不敢率诸将出战，任俺答随意杀掠。"寇退，帝欲杀汝夔。嵩惧其引己，谓汝夔曰：'我在，毋虑也'。"丁汝夔直到临刑才知道为严嵩所出卖。此后，终嘉靖之世，明王朝北部边界一直刀光剑影，战事连绵不绝。

严嵩仍然关注灾情和赈济灾区的事务。如吴鹏奉旨赈济南直隶受灾地区，他起草的敕书写道："命你前去统计受灾人口，及时发放赈灾物品，如果不够，先用各府县预备仓粮，尽量使灾民得到救助。"嘉靖三十二年（1553年），他与世宗讨论赈济问题，又谈到"从太仓平价发万余石米，以解燃眉之急。""虽然是平价米，但灾民身无分文，在十万石中抽出两万石运往城门外各厂，每天早上发给灾民，每人一升，以作救济之用。"嘉靖二十四年（1545年），分宜等县旱荒，百姓无粮可食，严嵩还将世宗所赐二千多两银子分两次买稻谷五千多石救济灾民。严嵩说，这样做是为了"以广圣泽"，或者说，是为了维护明朝的稳定。

北边的民族关系，是嘉靖朝最头疼的问题之一。在短短两年时间里，严嵩借收复河套的争议杀夏言、曾铣，到"庚戌之变"时，严嵩又一再告诫主持战事的兵部尚书丁汝夔不要轻战。这个主张是严嵩的一贯思想，而并非权宜之计。他对北边形势的认识从来是不乐观的。俺答汗逼近都城，傲慢地投书要求朝贡。皇上召严嵩与李本和礼部尚书徐阶到西苑商议。严嵩束手无策，只得交给礼部讨论，皇上采纳了徐阶的建议，对严嵩有些轻视。

嘉靖二十一年（1542年）八月，也就是刚刚入阁不久，严嵩与世宗谈论边疆之事："臣以为虏寇不是主要问题，主要在于国内军纪散漫，边防空虚，使得敌军得以乘虚而入。"疏论中对"择大将"、"募壮勇"、"足粮饷"、"严法令"、"信赏罚"等问题均有精彩的论述，最后归结为："此数者，人皆知之，皆能言之，而未见诸实行者，无乃未得其人欤？诚得人，以视国如家为心，以之择将必无私举，以之募兵必得实用，以之处粮必无空乏，以之定赏罚必无轻纵。"世宗读后连连称赞它是"探本穷源"之论。尽管言之壮烈，严嵩还是主张防守。嘉靖二十八年（1549年），再次与世宗讨论北边形势，他的守险主张更加明确。世宗问："倭寇常年侵犯我国，我们是否可以按皇高祖考力予驱逐？"严嵩无关痛痒地颂扬了世宗一番，然后说："今非昔比，我们只要防守即可。"

出于守险的需要，严嵩对边墙十分重视。嘉靖三十六年（1557年），鞑靼一部逼近永平、迁安等处，他提出："必须将各地原来没有修好的城墙，迅速修复，务在实行。"

对于各边粮饷，严嵩也很关心。嘉靖三十七年（1558年），大同地区丰收。严嵩说："近闻大同颇熟，银一两可得米九斗。臣等伏念此时发银该镇，令趁时籴买，备半年饷。用一倍，可得三四倍之利。""若延至来春二、三月时，米价腾贵，银二两才可得米一石耳。"

对于倭寇问题，严嵩也发表过不少见解。最重要的有两点。一是对倭寇成分的看法，他说："倭寇之起，因闽浙人下海通番得利，聚徒众盛，遂起狂谋。去岁只在沿海侵犯，今则各地探入。据报，真倭数不满千，皆系漳温近海贼徒结伙导引，一如北虏我逆之导也。"当时很多上大夫也这么认为。二是扩大统帅的权限，他认为，数年来东南方向屡屡战败，都是因为统帅失职，号令不一导致的。他起草的给总督胡宗宪的敕谕中宣布："凡在军门和行军的时候，不服从命令的人，武职在参（将）、游（击）、都指挥以下都以军法处置，先问副总兵的罪，再让他戴罪立功，文官四品以上指挥据实参究，五品以下直接问罪。"胡宗宪对平定倭寇海盗起了不小的作用，而严嵩的信赖和扶植，也是他成功的要素之一。

严嵩在建储问题上的表现最得官僚们的称赞。嘉靖三十二年（1553年），在没有确立太子的情况下，世宗安排裕王朱载坖、景王朱载圳婚事，下诏各府举行婚礼。严嵩对此事非常反对。这虽是亲王旧例，但他认为："出府成婚，实有不安，还是在内城成婚，易于保护。"世宗不客气地问："出府损谁的利益？"严嵩回答："储贰名分未正，而又出居于外，虽应得者亦怀危颖。府第连接，仅隔一墙。从人众多，情各为主，易生嫌隙。此在二王不可不虑者也。先朝有太后在上，有中官、东宫，体势增重，主上尊安。今列后不在，至亲惟有二王，却俱出外，此在圣躬不可不虑者也。"史家对此事的评价比较公正。对严嵩素无好感的官僚徐学谟说："嵩此论既虑二王在外易生嫌隙，又虑二王在外主势甚孤。此外臣所不敢言者，嵩以恃上知遇，故为是危言耳。不可以人废言也。"

一年以后，严嵩又进言："自古帝王都以确立太子为首要之事。臣已多次请奏，久未施行。中外臣民引颈颙望，将此等大事，置而不讲，臣也摆脱不了责任。"这是严嵩最能直言，也是世宗最不肯接受的一件事。世宗甚至说此论是对圣上的不敬，如再有提起此事者，必"重加以刑"。

世宗崇信道教，严讷、郭朴、李春芳、袁炜等人都因为擅长青词被招进宫，被称为"青词宰相"。严嵩也擅于撰写青词，但他经历了多次官场上的权力斗争，对朝政自有一番见解，所以他是一个名符其实的"政治宰相"。

（4）道士谶语

严嵩的权势空前强盛。他在位时，江右士大夫都称他为父。其后，外省也有投靠他的人。有一件事很能说明其他官僚对严嵩的敬畏："嘉靖三十二年，倭寇入侵，江南残破。分宜当国想上奏平寇乱。时徐文贞为次相。其子仰斋入都，将谒分宜。文贞害怕他出什么差错，商量了两天两夜，才参谒。分宜无他所问，只问江南倭寇若何。仰斋答云：'势甚猖獗。'分宜不高兴。文贞知之，率仰斋请罪，这才作罢。"

严嵩对严世蕃的宠爱和放纵，史书上都有记载。他称呼儿子东楼，这在明代是绝无仅有的。至于对家人，严嵩也并非一味放纵。有一个叫林一新的官僚，任江西佥事，严嵩家仆有不法者，林一新对其加以处罚。后林一新入贺京师，严嵩对他"甚加敬礼"。但由于严嵩的权势过大，他的仆隶也成为士大夫奉承的对象。管家严年号萼山先生，公卿"能与萼山先生一游者，自谓荣幸"。因此，对于严世蕃和严府家人的作为，严嵩当然是负有责任的。

更过分的是，严嵩在世宗面前也渐渐变得傲慢无礼，甚至在各要害部门遍布自己亲信。皇上因此也渐渐厌恶他了，转而逐渐亲近徐阶。正好徐阶的好友吴时来、张明中、董传策都上疏弹劾严嵩，严嵩便密请皇上追究，将主使之人投入监狱，严加惩治。但都问不出什么来，皇上于是不再追问，虽安慰挽留严嵩，但内心却很不满，徐阶因此得以有机会排挤严嵩。嘉靖四十年（1561年），吏部尚书吴鹏致仕，严嵩指使推荐他的亲戚欧阳必进。世宗讨厌这个人，不同意此事。赵文华违逆圣旨，受到贬职处分，严嵩也无能为力。

这一年严嵩已经82岁，或许与年龄有关，他对许多问题不能正常进行思考和判断。他的儿子严世蕃是他的得力助手，但自从严嵩的夫人去世，他就不能再参政。

严嵩的妻子欧阳氏的死使严嵩彻底失去了权势。原来，严嵩虽然机警聪明，能预先揣摩出明世宗的意旨，但是皇帝所下诏书，很多他都看不懂，只有严世蕃可以一目了然。因此，严嵩多靠其子严世蕃。其妻死，严世蕃因丧服在身无法入直房代拟，时间一久，严嵩手里压了许多诏书没有处理。宦官相继催促，严嵩不得已，只有自拟诏书，因此经常出差错。十一月，世宗所居万寿宫发生火灾，严嵩请世宗暂居南城离宫，世宗因此极不高兴，次相徐阶与工部尚书雷礼上疏建新的宫殿，此举正中皇上下怀，于是将军国大事都交给徐阶管理，而严嵩只处理一些无关痛痒的皮毛小事而已。

然而，是一次道教活动改变了严嵩的命运。世宗召徐阶推荐的方士蓝道行进入宫中，占卜祸福。一日，严嵩有密札呈上。徐阶事先通报蓝道行，蓝道行降神仙语，称："今日有奸臣奏事。"看到严嵩的密札，世宗不禁开始怀疑其忠心。正在一内侍处避雨的御史邹应龙听到这个消息，以为时机到了，急忙上疏揭发严嵩父子的所作所为。结果，严嵩被勒令致仕，严世蕃先是发配边疆，后以通倭罪被杀。严嵩的家被抄，搜出大量金银珠宝，但这些仅为他全部家产的十分之三而已。

严嵩回到江西。虽然他曾为家乡父老做过一些好事，但晚年仍落得孤独凄凉的结局。

严嵩离去，皇上又怀念他辅助自己信奉道教的功劳。严嵩知道皇上相信他，便贿赂皇上左右的人，揭发蓝道行的骗术，把他关押在刑部，让他供出徐阶。蓝道行不从，便被判了死罪，但不久又释放了。严嵩当初回到南昌时，正好遇上皇上生日，便派道士蓝田玉在铁柱宫设斋醮。蓝田玉善于招引鹤鸟，严嵩向他取得符箓，将它与自己的祈文一起上呈给皇上，受到皇上褒奖。严嵩因此上书说："臣已八十四岁了，而唯一的儿子世蕃和孙子鹄都不在身边，乞请将他们召回臣的身边，使他们能赡养老臣，让臣能安度余年。"皇上没有答应。

后有人上奏说严嵩的儿子与倭寇勾结，皇上下令林润将他们抓了起来，交给司法部门判了斩刑。严嵩和他的孙子也被黜为民。严嵩独揽大权20年，他溺爱信任恶子，臭名昭著，人们都将他称为奸臣。其子严世蕃被判犯了大逆之罪，是徐阶在中间起的作用。又过了两年，严嵩由于年纪大，而且体弱多病，最后死于家乡。

10.民变与兵变

嘉靖四十五年（1566年）二月，广东李亚元起事，这次民变与此前发生的诸多兵变是嘉靖朝政腐败的有力证明。

世宗初期由于大礼议的纠纷，朝廷大臣们各分帮派、互相攻击，致使政局动荡不安。之后由于明世宗极力推崇道教，全心修炼，严嵩父子独揽大权，排除异己，使朝政腐败，军伍废弛，全国上下陷入一片内忧外患之中。

首先是国内民变连绵不断。世宗掌权期间，民众的武装起义持续时间最长，初期即已发生，中后期更为频繁；并且波及地区广，发生次数多，其中规模较大者有：

嘉靖元年（1522年）十一月，山东矿工王堂在青州颜神镇起义，转战东昌、兖州进入河南和北直隶地区。次年正月，打败明军指挥赵太率领的八百余将领，二月，起义者遭到明军镇压。

嘉靖七年（1528年）二月，山西潞城县陈卿起兵，多次打败明军，势不可挡。十月，明廷调集山西、河南、山东、北直隶四省官军镇压，起义失败。

嘉靖三十二年（1553年）七月，河南柘城师尚诏聚众数千起义，攻克归德府及柘城、鹿邑。八月，攻太康县。九月，攻打宿州，准备东下占领凤阳城，却在五河县战败。这次起义历时45天，攻占一府、八县，震动三省。

嘉靖四十年（1561年）九月，广东饶平县人张琏起初参加了郑八领导的起义。郑八死后，由他和萧雪峰分别率领郑八军队，转战福建、江西之间。嘉靖四十一年（1562年）二月，提督两广侍郎张臬与10万狼兵在福建、江西会同镇压义军。五月，张琏与萧雪峰战败被俘，起义军三万余人被遣散。

蔡伯贯起义——嘉靖四十四年（1565年）末，蔡伯贯以白莲教组织发动起义，建号"大唐"，半月之内，连连攻下七州县。嘉靖四十五年（1566年）正月，蔡伯贯战败被俘，起义共持续36天。

浙赣矿工起义——嘉靖四十五年（1566年）二月，浙江开化、江西德兴矿工发动起义，转战徽、宁等处，进入婺源县。后又转战江西玉山、浙江遂安，于闰十月被官军镇压。

李亚元起义——广东人李亚元聚众起义，在河源、和平等县活动。嘉靖四十五年（1566年）二月，明军出兵10万，才将起义镇压下去。李亚元被俘，义军一万零四百人被俘虏杀害。

赖清规等起义——广东河平县岑冈李文彪、李珍父子，江西龙南县高沙保、谢允樟，下历赖清规，于嘉靖三十五年（1556年）聚众起义，号称"三巢"。嘉靖四十五年（1566年），三方汇集在一起共10万人；其中赖清规一支势力最强，号称王。起义军先后攻打了广东和平、龙川、兴宁和江西龙南、信丰、安远六县。南赣巡抚吴百朋认为，要镇压这次起义，需要精兵30万，白银数百万两。吴百朋派守备蔡汝兰率军镇压，义军失败。

嘉靖年间除经常发生农民起义外，还经常发生兵变。原因是将官督役严急，政府剥削加重。兵变实质上也是人民反抗的一部分，规模较大的有以下几次：

大同兵变。发生于嘉靖三年（1524年）七月。大同巡抚张文锦以大同北地平而无险可守为由，在城北九十里筑五堡。城堡即将建成，令镇卒2500家迁往该处，为大同藩篱。镇卒本来就苦于劳役，更不愿徙戍，于是造反杀参将贾鉴和巡抚张文锦，并从狱中放出前总兵官朱振，拥他为统帅。八月，世宗命山西按察使蔡天祐为右佥都御史前往大同平息叛乱。九月，户部侍郎胡瓒、都督鲁纲率军前去征讨叛军，到第二年二月才将叛乱平息下去。

大同第二次兵变。发生于嘉靖十二年（1533年）十月。当时因鞑靼军在大同塞外驻军，总兵官李瑾为防敌骑，督催镇卒挖壕。镇卒季富子、王宝等率数10人发动叛乱，杀李瑾，将巡抚潘倣的府邸烧毁。朝廷闻听此事，命宣大总制侍郎刘源清，总兵官郤永率兵前去镇压。叛卒据城死守，并偷偷出塞，求鞑靼帮助。嘉靖十三年二月，大同督饷郎中詹荣、都指挥纪振等，将兵变首领黄镇等人抓获，兵变遂告结束。

辽东兵变。发生于嘉靖十四年（1535年）三月。辽东巡抚吕经对官兵苛刻，常常虐待他们，在巡视辽阳时，为筑边墙发生兵变。巡抚御史曾铣由于吕经苛刻、虐待士兵而将其解职，并于七月捕杀兵变发动者数十人，全辽乃定。

南京兵变。南京为御倭曾招募士兵设振武营，其官兵一向骁勇善战。嘉靖三十九年（1560年）二月，因减少月粮，延期发饷，导致兵变发生。守备太监何绶等悬赏十万，叛兵才稍稍平定。第二天，又答应恢复月粮原额，叛军才得以遣散。

11.戚继光抗倭

嘉靖四十五年（1566年）四月，倭寇残贼吴平为官军所败，倭寇尽平。

（1）巩固山东海防

戚继光（1528~1588年），字元敬，号南塘，晚年易号孟诸。出身于山东登州卫一个世袭军官之家。祖籍原在山东东牟，因元末战乱，六世祖戚详率全家迁居凤阳附近的濠州定远昌义乡。那时，起义烽火正旺，戚详也参加了起义军，在郭子兴的领导下，追随朱元璋南征北战，为明朝的创建立下了汗马功劳，后来在征服云南的战斗中阵亡。朱元璋念其为开国功臣，授其子为登州卫指挥佥事，世代承袭。自此，戚家一直在登州任职。戚继光的父亲戚景通刚毅好学，有军事才能，曾屡立战功，先后出任过山东备倭军事都指挥，大宁都指挥使以及京师中的神机营副将等职。

戚景通56岁时才得子，所以对儿子要求很严。他不仅教导戚继光读书识字、传授武艺，还常常教他一些为人处世的道理。虽然戚家出身将门，但家境十分贫苦。戚继光10岁时父亲回籍奉养祖母，生活更是艰辛。在这种家庭氛围熏陶下，戚继光少年时代就已上通天文下知地理。嘉靖二十三年（1544年），戚景通身患重病，知道自己活不了多久了，就让戚继光迅速赴京办理袭职手续，还没有等戚继光归来，就去世了。于是，年仅17岁的戚继光承袭了山东登州卫指挥佥事的世职，开始了长达45年的戎马生涯。

他曾在一本兵书的空白处题了一首名为《韬钤深处》的诗，最后两句云："封侯非我意，但愿海波平"，充分显示了他远大的志向。

嘉靖二十五年（1546年），19岁的戚继光正式被任命管理登州卫屯田事务，并取得了不错的成绩。从嘉靖二十七年（1548年）开始的五年里，戚继光每年都要率领登州卫兵家子弟前往蓟州戍边，并且每次都出色的完成任务。这段经历对于他后来镇守蓟镇起了一定的积极作用。在此期间，他于嘉靖二十八年（1549年）十月考中山东乡试的武举。第二年九月到京城会试时，恰逢庚戌之变鞑靼军侵掠京城，明朝廷慌忙自保。戚继光于是"条上便宜，部当其议"，被任命为守卫京师九门的总旗牌官。虽然在这次会试中名落孙山，但他的军事才能已显露出来。此后，兵科给事中王德、刘瑶等许多有识之士都很欣赏戚继光，纷纷上疏推荐他。到嘉靖三十二年（1553年）六月，戚继光被提拔为都指挥金事，督理山东的备倭事务。当时各卫所由于年久失修，残破不堪，而且军卒大多逃亡，留下的都是些老弱残兵，军纪散漫，缺乏训练，根本不能打仗。戚继光决心整顿防务。一次，他母舅仗着自己是长辈，不肯听戚继光的调遣，戚继光当众按规定处罚了他，使母舅心服口服。部属将士们被戚继光的铁面无私所感动，于是以前散漫的状况大有改观。这样，戚继光不仅树立起了自己的威信，同时也巩固了山东海防。

（2）浙东建功

嘉靖中叶以后，东南沿海一带的倭寇很是猖獗，尤其是浙江、福建两省，由于官兵征剿不力，倭寇经常出没。这种情况引起了百姓的恐慌和朝廷的担忧。戚继光于嘉靖三十四年（1555年）七月被调往东南，任浙江都司金书，管理那里的屯政。他多次为总督胡宗宪谋划御倭，因此胡宗宪对他极为赞赏。在胡宗宪的一再请求下，第二年七月世宗将戚继光升为参将，负责防御倭寇出没频繁的宁波、绍兴、台州一带。29岁的戚继光终于赢得了实现远大抱负的机会。

这时的浙江海防由总督胡宗宪负责。嘉靖三十五年（1556年）四月，海盗徐海，引日本倭寇分别掠夺上海、瓜州、慈溪等处，徐海与陈东、麻叶引万余人攻乍浦。当时，两浙倭患以慈溪最为严重。余杭次之，拓林、乍浦、乌镇、皂林皆为其巢穴，驻扎倭寇两万余人，明军首领无计可施，派人约降敌首汪直、徐海。汪直与胡宗宪同乡，见胡宗宪善待其家人，于是心中动摇，派养子来约降。徐海听说后，也有约降的想法。胡宗宪又离间其首领间的关系，使其互相攻杀。胡宗宪乘势将他们围困在梁庄，徐海投水自杀，其他敌将被擒。两浙倭患短时期内有所缓和。嘉靖三十六年（1557年）四、五月间，倭寇又大批涌来，南掠扬州、高邮，北至淮安。十月，汪直于杭州投降。巡台御史王本固将汪直打入监狱，胡宗宪上疏请求免汪直死刑，朝中疑胡宗宪与其有交易，胡宗宪不敢再言，汪直被处死。汪直余部占据岑港，胡宗宪命俞大猷、戚继光等四面围攻，久攻不下。三十七年（1558年），一批新的倭寇又来入侵，胡宗宪面对来敌无计可施，连献白鹿给迷信的明世宗来讨好他。十一月，岑港之敌造好巨舰，浮海南去，胡宗宪见其退出自己防区，随他们去了，不再去管。倭寇于是在福建沿海猖獗起来。闽人上书弹劾胡宗宪嫁祸于邻，胡宗宪将责任推到俞大猷身上，俞大猷被捕下狱，戚继光被免官，令其戴罪杀敌。不久复职，改守台、金、严三郡。

戚继光上任不到一月，就有一股800余名的倭寇进犯浙中门户龙山所。明朝廷调集了数千军士防守，倭寇兵分三路来袭。在数量上占压倒优势的明军，竟抵挡不住，纷纷溃退。直到戚继光奋不顾身地射死了三个为首的倭寇头目，倭军才后退。十月，倭寇再次进犯。在浙江巡抚阮鹗的亲自督领下，戚继光、俞大猷和台州知府谭纶率领三军协同作战，连败倭寇。但由于军纪散漫、轻敌，差点全军覆没。在抗倭战斗中，戚继光深深地感到，旧军队缺乏严格的训练，士兵素质差，战斗力不强，军纪松弛；若不及时进行整顿，就无法击败倭寇。这年冬，戚继光起草了《任临观请创立兵营公移》，首次向上司提出了创立兵营，选兵、练兵的建议。嘉靖三十六年（1557年）二月，戚继光再次向上司递交了《练兵议》。当时，朝中大臣认为这是闻所未闻的荒唐事，嘲笑他多管闲事。在《练兵议》中，戚继光分析了明军之所以战败的原因，要求调三千精兵，苦练三年，这样既可防御敌兵，又可节省大量军费开支。总督胡宗宪以前曾练过兵，但毫无成效。这次他读了戚继光的建议后，虽然有些不高兴，但他相信戚继光的卓越才能，还是勉强同意了。浙江巡抚阮锷则对此大加赞赏。这年冬季，从另部拨了三千绍兴士兵由戚继光训练。不到一个月，倭患大减。

嘉靖三十七年（1558年）四月，戚继光奉命率军由舟山渡海防守台州，取得小规模的胜利。当时，倭酋汪直被胡宗宪诱杀后，余部占据岑港。明军在胡宗宪领导下，分几路强攻，戚继光率军参加。但岑港是倭寇经营多年的老巢，久攻不破，相持达半年之久。

明世宗见岑港久攻不下，听信逸言，以为是将帅失职，竟下诏将总兵俞大猷、参将戚继光革职，限期一个月荡平岑港。由于戚继光受命于岑港，所以对台州的倭寇无力对付，因此有人诬告他私通倭寇。明朝廷准备拘捕戚继光加以审讯。幸亏正在这时，岑港被攻破，戚继光用事实证明了自己，随即恢复了原来的官职。于是，戚继光又去援助防守倭寇最猖獗的台州地区。戚继光悉心剿杀倭寇，先后在桃渚、海门等地取得了一连串胜利，充分显露了他的军事天才，他多次立功，扬名天下。

（3）组建"戚家军"

但是，戚继光始终没有放弃练兵的计划，以前拨给他的三千军士，经过训练，都取得了佳绩。但由于选兵这一关并非戚继光亲自把守，而是由别人掌管，所以士兵多是市井之徒，在作战过程中遇到不少问题。如疏于训练，战斗力不强；军纪不严，临阵脱逃等。于是，嘉靖三十八年，戚继光第三次提出练兵建议，指出："无兵而议战，亦犹无臂而格干将。乃今乌合者不张，征调者不戢，吾不知其可也。"这一主张得到谭纶的大力支持，被总督胡宗宪采纳。恰好当时，义乌百姓为争夺开矿权，与永康矿夫发生大规模械斗，双方都十分勇猛，义乌县令赵大河也上书胡宗宪，建议募当地百姓为兵，减轻械斗势力。胡宗宪命赵大河协助戚继光招募义乌矿夫。戚继光就召募义乌百姓为兵。

嘉靖三十八年（1559年）九月，戚继光前往义乌募兵，一时间应募者络绎不绝。其中有个名为王如龙的矿夫首领，带领矿工前来应募，后来他的部下成为戚家军的中坚，王如龙也成为屡立战功的虎将。戚继光认为士兵只可选用忠厚百姓，而切忌市井游猾之人。他综合各方面素质对应募者进行严格挑选。他强调选的士兵要勇敢，只有勇敢才能克敌制胜。戚继光在选编士兵时还有"三不用"，即"凡城居者不用，尝败于敌者不用，服役官府者不用"。在赵大河的密切配合下，戚继光很快就招募到四千经过严格挑选的士兵，前往绍兴进行训练。

根据以前带兵打仗的经验教训，戚继光制订了一套切实可行的训练方案。

首先，用保家卫国的思想教育士兵，教导士兵要认识到自己是从百姓中来的，为解除百姓祸患而战的。他指出："你们在家都是耕种的百姓，你们应该知道今日食粮来之不易。不用你耕种担作，养你一年，希望你们杀贼保障他们的安全。"他的教育言之有物，浅显易懂。

其次，加强军纪，严明赏罚。他对士兵说："你们本为立功名报效国家而聚集在一起。兵是杀贼的，贼是杀百姓的。百姓岂不是要你们去杀贼！如果你们果真杀贼，守军法，不侵扰他们，他们一定会尊敬你们的！"他以岳家军"冻死不拆屋，饿死不掳掠"的精神要求士兵，对官兵要求非常严格，危害百姓者必以军法从事。戚继光要求士兵绝对服从命令，说："出口就是军令，刻不容缓。"戚继光本人就起了很好的表率作用。他还强调要赏罚分明："若该赏，就是平时要害我的冤家，有功也是赏；若犯军令，就是我的亲子侄，也要依法施行。"所以，尽管赏罚名目很多，却都得到切实执行。

再次，十分重视武艺的练习。他要求士兵学习用藤牌、狼筅、叉、钯、棍、刀等杀敌防身的真实本领，而不是花枪、花刀之类装门面的玩艺。他认为："花法不但无益，而且误人。"

另外，戚继光还针对倭寇的作战方式，分析整体形势，创立了"鸳鸯阵"。这种阵法以12人为一队，前面是队长，后面跟随二人，一执长牌，一执藤牌，再往后两人执狼筅，后继四人持长枪，再后两人用短兵器，最后一名是专门做饭的伙夫，长短迭用，形成一队坚不可摧的有机整体。不仅如此，鸳鸯阵还可衍生出许多阵形来，如"两仪阵"、"三才阵"等。总之，鸳鸯阵变化多端，便于调动，对抗击倭寇起了很大作用。在鸳鸯阵外，再配上鸟铳手、弓弩手、火箭手，就组成了步军大营。四千新军经过戚继光两个月严格而有效的训练，每一个人都骁勇善战，成为打击倭寇的主要力量，被称作"戚家军"。

戚继光的新军，不但掌握了熟练的技术和阵法，而且有团结互助的精神及严格的军纪，所以在抗击倭寇的过程中发挥了重大的作用，给倭寇以致命的打击。戚家军也赢得了全国人民的爱戴。

（4）台州大捷

嘉靖三十八年（1559年）十一月，戚继光率军奔赴台州抗击倭寇。第二年三月，他改任分守台州、金华、严州三府的参将，一面训练步军，一面整饬当地卫所武备，增强浙东防务。嘉靖四十年（1561年）四月，倭寇大举进犯浙江沿海各地，倭船多达400余艘，人数达一两万之多。五月初，大批倭寇由象山海口侵入奉化、宁海之间，企图牵制明军主力，乘虚而入。戚继光识破倭寇诡计，先在台州部署了必要的兵力，亲率大军赶往宁海剿倭。倭寇以为明军中计，于是派兵直入台州。戚继光得报后，挥师南下，比敌人提前一步来到台州。不久，倭寇后续部队窜至台州工北大田一带，谋袭处州，戚继光得知后，在通往处州的必经之地上峰岭设下埋伏，以1500人全歼倭寇2500人，充分显示了他超凡的谋略。此后，他又在台州一带取得陆战七捷、水战五捷的辉煌战果。台州之战历时一个多月，共斩杀倭寇五千余人，这是戚家军抗击倭寇的首次大捷。与此同时，其他各部也斩杀倭寇一千余人。这样，浙江的倭寇基本上肃清了。这年九月，戚继光因在台州之战中立下赫赫战功，造福于百姓，晋升为都指挥使。两浙人民修生祠纪念戚继光的功绩。不久，戚继光再次在义乌征兵，使戚家军的总数增加到六千多人。十月，戚继光奉命率军前往江西镇压了反抗明廷的义军，十一月，胜利而归。

在台州大捷前后，即嘉靖三十九年春至四十年（1560~1561年）秋，戚继光在多年作战过程中，总结了自己练兵及与倭寇作战的经验，编写了《纪效新书》。"夫曰纪效，明非口耳空言；曰新书，所以明其出于法而不泥于法，合时措之宜也。"戚继光编写此书的精神是务实戒虚，创新求变。此书初编14卷，台州之捷后，又补入了新内容，扩充至18卷。卷首有两篇《公移》作总叙，并用问答的形式写了《纪效或问》，用以解除士兵疑问。正文有礼、乐、射、御、书、数六帙，共18篇。书中详细论述了从选拔兵士到训练战法等内容，条理清晰，通俗易懂，实用性强，是中国古代军事史上的经典名著。

嘉靖四十年（1561年），倭寇大举侵犯桃渚、圻头。戚继光迅速赶到宁海，扼守桃渚，在龙山击败倭寇，倭寇败逃，并乘虚袭击台州，戚继光亲手斩杀倭寇头目，将其残部逼进瓜陵江，全部淹死。在圻头的倭寇又赶往台州，戚继光在仙居中途伏击，倭寇全军覆没。前后九战九胜，俘虏斩敌计一千多人，烧死、淹死的不计其数。总兵官卢镗、参将牛天锡又在宁波、漫州大破倭寇。戚继光因此加俸禄三级。福建、广东倭寇流窜到江西。总督胡宗宪调戚继光前往救援。戚继光将倭寇打得逃窜至建宁。戚继光遂返回浙江。

第二年，倭寇大举进犯福建。浙江倭患连战告捷，福建的倭寇活动却愈来愈猖獗。嘉靖四十一年（1562年）七月，戚继光率领六千精兵，由温州渡海至平阳，再由平阳抄近路抵达福建。福建人民长期受倭寇侵扰，见戚家军来援以为又是倭寇，十分不安。后来，戚家军号令金石，秋毫无犯，人们才交口称赞："今日始见仁者之师矣。"所到之处受到当地人的盛情款待。当时，福建倭寇主力集中在横屿和牛田两地，加上其他小股倭寇，东南互为声援。戚继光分析了敌情后，决定先破横屿。横屿位于宁德城外的海中，四面都是水路险隘，既不利于步军跋涉推进，又不利于水师舟船泊岸。倭寇凭借坚固的防御工事和优越的地理条件，已占据横屿达三年之久。官军不敢轻易出击，就这样僵持了一年多。戚继光首先攻破了与横屿相呼应的张湾，随即于八月初八日直攻横屿，只用了半天时间就收复了横屿，歼敌数百，救出被掳男女八百多人，这是戚继光率军援闽后的第一个胜仗。

从广东南澳转来的倭寇，与福清、长乐的倭寇相会，攻陷玄钟所，延及龙岩、松溪、大田、古田、莆田。宁德附近的横屿岛，倭寇集中，明军不敢进攻。新来的倭寇结营于福清的牛田，为首的是兴化东南的倭寇，互为声援。福建明军连连告急。戚继光被调入闽。稍作休息后，在中秋节的第二天，戚继光率军开往牛田。牛田是倭寇在福建的最大巢穴，一些小据点散布在周围。戚继光在到达福清城的当晚，就悄悄带军潜入牛田。他让士兵各持柴草一束填平堑壕，突然杀入。倭寇由于毫无防备，在受到袭击后乱作一团，全部被歼。接着，在九月中旬的一个夜里，戚继光又智歼逃往林墩的残敌。兴华城的市民得知戚家军凯旋，于是大摆酒宴犒劳将士们。戚继光在兴化的平远台上立碑纪念这次大捷。戚家军入闽不到两个月，已将各处倭寇赶出其领地，取得了重大的胜利，一时名声大噪。各地将官纷纷仿效戚继光，练起兵来。于是，东南各省都到义乌去征兵，上至大将、偏裨，下至部曲都仿效戚继光的练兵方法。戚家军因在福建作战时略有伤亡，于是戚继光在十一月回到浙江稍作休整。十二月，戚继光因功绩卓著，升任为分守台州、温州、兴化、福宁中路等处的副总兵官。

可是，倭寇得知戚继光班师后，又有大批新倭来到福建，攻占兴化城，占据平海卫。福建倭患再起，明廷急调俞大猷前去剿倭。俞大猷在嘉靖三十七年（1558年）被捕入狱，明廷感到福建局势又严重起来，这才任命俞大猷为福建总兵官，再次派戚继光前去援闽，又任命谭纶为福建巡抚，协调各部行动。

嘉靖四十二年（1563年）三月，第三次在义乌募兵后，戚继光率兵到福建，四月抵达福清。谭纶会集戚继光、俞大猷、刘显共同商讨作战计划，最后决定由戚家军担任中路主攻，俞、刘军为左右两翼。四月二十日，在火铳猛烈轰击以及左右两翼配合下，戚家军突破平海卫，擒斩敌人2200名，救出被掳男女3000余人。随后又在倭患各地登陆，在一个月内打了12次胜仗，斩敌3000多人。六月，横屿之战后，戚继光升为都督金事。不久，又取得兴化、平海卫大捷，被誉为"用兵如神"。接着，戚继光又升为都督同知，并荫子正千户。十一月，戚继光被提拔为总兵官，镇守福建全省以及浙江的金华、温州二府，掌管水陆戎务。此时，又有两万多倭寇侵入福建，围攻仙游城。戚继光闻讯后率军前往援救，在十二月的一个大雾天，以各个歼灭的战术以少胜多，一举消灭倭寇，解救了被困50余天的仙游城。因此，谭纶指出，自从在东南沿海作战以来，从没有如此用兵神勇的将领。嘉靖四十年（1561年）春，戚家军又在王仓坪、漳浦蔡丕岭击败倭寇残余部队，至此，福建境内的倭患暂告平息。五月，戚继光会师镇压了"山寇"蓝松山，此后，戚家军一直驻守在福建境内。

广东倭患本来并不严重，但浙江、福建的倭患平息后，渐渐猖獗起来，尤其是潮州一带，倭寇与当地大盗吴平狼狈为奸，肆行杀掠，贻害匪浅。驻守在那里的俞大猷军尽管多次给予倭寇和吴平以沉重的打击，但都不能将其彻底铲除。嘉靖四十四年（1565年）春，戚继光出兵与俞大猷会合，共同讨伐吴平。戚家军水陆并进，大败吴平于梅岭。吴平退据南澳岛。九月，戚继光兵分三路，在一个风平浪静的日子亲自督军渡海，攻进南澳。俞大猷的援军前来增援，几乎全歼岛上敌人，只有吴平等七百余人夺得渔船逃往海外。戚继光、俞大猷率军追击，终于在嘉靖四十五年（1566年）四月将倭寇全部剿灭，吴平也投海自杀。这年春，戚继光由于仙游败倭有功，奉命兼管广东潮州、惠州两府及伸威等营的军务。至此，经过十几年的艰苦战斗，东南沿海严重的倭患终于平息了。

戚继光统兵号令严肃，铁面无私，士卒都听其指挥调遣，他与俞大猷均为名将，操行虽比不上俞大猷，但果敢刚毅超过俞大猷。俞大猷老成持重稳健，戚继光则如飙风闪电迅捷威猛，多次战败倭寇，名声大振。

12.葡萄牙侵占澳门

嘉靖三十二年（1553年），葡萄牙开始侵占澳门。

葡萄牙人于明正德九年（1514年）首次抵达广州沿海的屯门岛。第二年，葡驻满剌加总督派遣菲莱斯特罗正式出使中国，开始了两国之间的正式交往。

正德十二年（1517年），葡驻满剌加总督派安特拉德和皮莱资等人率船队驶抵广州，广州地方官员以葡萄牙从来不与中国建交为由，拒绝葡萄牙人登陆。于是他们强行驶入中国内河，进入广州城。广州总督陈金不知如何处理此事，于是奏请朝廷定夺。正德十五年，皮莱资到南京拜见了南巡的明武宗，提出与中国通商的请求，没有被批准。嘉靖初，世宗命葡国使者回广州等候消息，皮莱资在嘉靖三年（1524年）五月死于广州。

葡萄牙人来中国，主要是想发展和中国的贸易，而明朝却封闭自守，对私人海外贸易一概禁止，为以后的冲突埋下了种子。

正德十六年（1521年）在御史邱道隆、何鳌奏请下，明朝下令驱逐占据屯门的葡萄牙人。明军在汪铉的带领下，进占屯门，葡萄牙人乘夜退去。嘉靖二年（1523年）初，五只葡国船只驶入广州，请求通商，遭到拒绝。于是葡萄牙人转攻广东新会，又遭备倭指挥柯荣的打击，俘房42人，杀死35人，缴获船只两艘，并夺回被葡萄牙人掠去的中国男女十多人。这两次冲突后，葡萄牙人在广东无机可乘，于是转向闽、浙一带，并与沿海海商勾结。嘉靖二十七年，浙江巡抚朱纨派都指挥卢镗率兵进攻宁波，将周围的葡萄牙人全部驱逐出境。第二年，朱纨又和福建巡海道副使柯乔率兵进攻福建的浯屿，也大获全胜。

葡萄牙人虽然一再受挫，但他们始终没有放弃在中国沿海占据一个据点的打算。于是，位于珠江口边的澳门成了他们觊觎的目标。

澳门原属香山县，所以又称香山澳。嘉靖三十二年（1553年），葡商向海道副使汪柏借口说货船遇到大风浪，打湿了货物，请求在澳门晾晒。阴谋得逞后，便打算长期占据此处。他们在澳门修筑房屋，建造炮台，扩充居地，并且设置官兵管理。到万历时，葡人继续在澳门扩展势力，人数多达万余人。神宗即位后，即向澳门的葡萄牙商船抽取舶税。每年可得税银二万余两。葡萄牙人居住澳门，每年贿赠明朝官吏银五百两。明朝因有利可图，于是听之任之。但明廷对在澳门的葡萄牙人却一直戒备森严，所以至明朝灭亡之时，澳门也没有出现大的混乱局面。

13.嘉靖崇道求仙

嘉靖四十五年（1566年）十二月，明世宗因长期服用丹药，火发身虚慢性中毒而死，这是其崇信道教的恶果。

在登上皇位之前，曾任藩王的明世宗朱厚熜，在安陆生活了14年。

他的父亲朱祐杬，是明宪宗之子、孝宗之弟，被封为兴献王，居住在安陆。正德二年（1507年）八月的一天，兴献王唯一的宝贝儿子降生。兴献王欣喜万分，认为儿子降生得益于玄妙观道士纯一道人的"点化"，所以夫妇常到观中焚香还愿。世宗从小便受这样一个信奉道教的家庭的影响，以致于成了十足的信道狂。

如果说世宗之父以藩王身份信道没有对明朝政治产生什么影响的话，那么世宗本人崇信道教则对社会产生了很大的不利影响。

15岁的世宗皇帝，来到陌生的皇宫不久便原形毕露。嘉靖元年（1522年）七月，他在京城兴建道观，这只是一个开端。嘉靖二年四月，在暖殿太监崔文的引诱下，又在皇宫内各处建醮，与内监们日夜祈祷。闰四月，以"天时饥馑"而暂罢斋祀。但这也不过是暂时收敛一下而已，对道教的崇信却丝毫没有改变。

嘉靖三年（1524年），世宗召道士邵元节入京。邵元节，祖籍江西贵溪，早年出家，后来寄身于龙虎山上清宫。他是世宗宠信的第一个道士，嘉靖十五年（1536年），被封为"致一真人"。世宗命人在北京城西为其建真人府一座，发给邵禄米一百石，派奴仆40人，并赐田30顷。十二月，又封他为礼部尚书。嘉靖十八年（1539年）八月，邵元节死，世宗非常悲痛，下令按照伯爵的标准厚葬。

邵元节死后，世宗又重用方士陶仲文。陶仲文，又名典真，祖籍湖广黄冈，善长神仙方术，由邵元节推荐给世宗。嘉靖十八年（1539年）十一月，世宗封陶仲文为"忠孝秉一真人"，领道教事。其后又加封陶为少保、少傅、少师、礼部尚书，开了明代一人兼三种要职的先例。嘉靖二十五年（1546年），特封陶为光禄大夫、柱国，待遇和大学士等同。嘉靖二十九年（1550年）四月又晋封为恭诚伯。十年后陶仲文死去，世宗也以伯爵之礼厚葬他，赐他"荣康惠肃"称号。这在道士中是前所未有的。终嘉靖之世，陶是世宗最信任的人。

世宗晚年，曾一度宠信过方士蓝道行。世宗有什么事，都与方士商量。方法是，如有所问便写在纸上，然后由宦官拿到方士那里烧掉，由方士拿主意，代上天下旨。由于纸条已烧，方士们并不知道世宗问什么，自然解释不出什么名堂来。世宗非但不怪方士，反而责怪大臣们污秽。后来，宦官与方士合谋，先看世宗写的是什么，然后再焚烧。这样便可顺着世宗的心思回答。蓝道行从此得宠。有一次，世宗问道："天下为何治理不好？"道行回答道："贤士不得志，小人当道的缘故。"世宗又问大臣中谁贤谁不肖，又答道："贤者乃徐阶、杨溥，不肖之徒为严嵩。"世宗便对严嵩产生了怀疑。正在这时，御史邹应龙弹劾严嵩，世宗便令严嵩致仕。严嵩走后，世宗又念起了他支持自己崇信道教、祈求长生的好处。不久，严嵩又派人将蓝道行借着行道所做的不法之事秘密上奏世宗。世宗虽是崇信道教之人，但他对于方士的欺骗行为或不忠诚还是不能容忍的，于是下令将蓝道行以妖言罪处死。

他虽然处死了个别不忠诚、不谦虚的方士，但他对道教的忠信丝毫没有动摇，相反，他对道教的虔诚简直到了痴迷的地步，他曾给自己的父母各上道号，并给自己三加道号。这个九五之尊的天子仿佛成了道士。不仅如此，他所处理的事务，不论大小都要请教于道教。

他甚至认为道教有助于治国安邦。有一次大同边疆兵士捕获叛人王三，他认为这是鬼神之助，因而对方士陶仲文加官晋爵。他甚至称陶仲文为师，对他以礼相待。他在晚年曾用占卜的方式就国家大事向鬼神讨教，得到的答复无非是方士们的胡言乱语。

他还利用斋醮祈求子嗣。世宗继位后十多年没有儿子，这令他非常着急。大道士邵元节投其所好，多次为他祈祷求嗣，他本人也在宫中设醮祈嗣。嘉靖十五年（1536年）二月，皇子终于降生，世宗荒唐地认为是邵元节祈祷的结果。

在他统治期间，朝政腐败，他却用道教来掩饰。除此之外，还以各种"祥瑞"自欺欺人。嘉靖三十七年（1558年）四、五月，总督胡宗宪先后献白鹿两头，世宗认为这是上天保佑，一时高兴，将胡宗宪升官一级。胡尝到了甜头，又于嘉靖三十九年（1560年）献灵芝草五棵、白龟两只，世宗又赐他金银绸缎等物品。不久，白龟死掉，世宗又煞有介事地说："天上之物，我就怀疑在世间不可久留。"

他还常常利用道教祈求长生，甚至异想天开，想要修炼成仙。陶仲文曾经为他祈祷长寿，因此世宗很宠信他。在嘉靖时期，因献长生药而被赏赐的方士多得不计其数。嘉靖四十四年（1565年）八月，他在御几和被褥上各发现一枚药丸，这说不定是谁放在那儿的。可他认为这是上天赐给他的，甚至因此到太庙去烧香拜佛。

世宗崇信道教，不理政事，致使朝政腐败。首先，兴建道观，设立斋醮，赏赐道士，等等，要倾入大量的财物。早在嘉靖二年（1523年）便有大臣指出，自从祈祷数量的增加，宫中需求日渐增多。其次，世宗崇道教，不许大臣劝谏，所以许多大臣也随声附和。在斋醮过程中，需要写青词，所谓的青词即写给上天的祝文，因用朱笔写于青藤纸上而得名。许多大臣以写青词而得宠，严嵩就是其中之一。相反，不会写青词的人就要受惩罚，如嘉靖三十三年（1554年），驸马邬景和因不会写青词竟被削官为民。因此，迫于这种形势，许多文臣将很大一部分心思放在了写青词上。此外，世宗喜爱祥瑞，所以下臣争相献之。总之，世宗崇信道教，一意孤行，信任道士、权奸，打击忠正良臣，以致朝政日衰。

史料记载：世宗朝已出现了全面的社会危机。这与嘉靖帝政治衰败是分不开的。

他不但以道教误国，而且也因信道而害己。嘉靖四十五年（1566年）十二月，世宗因长期服用丹药中毒而死。弥留之际还执迷不悟，他想回到家乡，认为家乡是他的"受生之地"，在家乡祈祷并就近寻取药丸更能得到上天佑助。

14.徐阶致仕

隆庆二年（1568年）七月，大学士徐阶多次乞休，穆宗准其离去。徐阶由此结束了长达17年的阁臣生涯。

（1）踌躇满志

徐阶（1503~1583年），字子升，早年号少湖，后号存斋，祖籍松江华亭，祖上也是农民，到他父亲徐黼才补了个差事，后升为宣平、宁都县丞。徐阶5岁时父亲上任，他亲眼目睹父亲处理公务的辛劳和谨慎，这对他一生都有很大影响。16岁时，华亭知县聂豹见他聪慧过人，读书用功，十分欣赏他，并向其讲授王阳明的良知之学。王阳明的心学在当时很受推崇，在全国各地都很流行。徐阶深受其影响，他还常与王阳明弟子欧阳德一起切磋学问。徐阶的才学受到当地各界才士的一致称赞，在缙绅中小有名气。嘉靖元年（1522年）徐阶中式应天，第二年，也就是他21岁那年，又以第三名的成绩中了进士。

　　徐阶生得矮小白皙，眉清目秀，举止大方得体。在参见内阁首辅杨廷和时，因他风度翩翩，气度不凡，因而受到杨廷和的喜爱，让他担任翰林院编修一职，做讲授经书、修订《大明会典》以及祭祀礼仪等事。嘉靖三年丁父忧后，仍复原官。

　　嘉靖九年（1530年），世宗又开始更定大礼，准备黜孔子王号，易像为木主。首揆张璁为了讨好皇上假装和下臣们讨论此事。大臣们由于害怕，无不赞同，唯徐阶独持异议，据理反对。张璁很不高兴，反问道："你是反对我吗？"徐阶回答说："有赞成才有反对，我没有赞成你，何来反对。"说完行礼退出。世宗以不奉诏罪将徐阶贬为福建延平推官。

　　由京官贬为边远地方一个小小的七品刑狱官，徐阶并不以为然。他对人说："官无论大小都为朝廷效力，况且那种地方可以锻炼我的能力。"于是单车驰往福建。到任后，他平反冤狱，释放久系牢狱的囚徒300余人；严厉打击贪污的小吏和盗贼；针对当地风俗不淳的弊端，进行了一系列改革，并亲自讲授圣贤之学，受到了广泛的欢迎。但是延平这地方，山多，田少，因此百姓生活很艰苦。自邓茂七起义后，经过几次战争，官府的赋税又有增无减，作为一小小推官也无力改变那里的贫困面貌。至此，徐阶才深为自己当时逞一时之气结果流落到穷山僻壤，失去了更大作为的机会而后悔。

　　嘉靖十二年（1533年）徐阶迁任黄州同知，还没有到任，又擢浙江佥事，管理和监督省以下的地方学校。十五年（1536年）升任江西按察副使，仍督学政。在此期间，他忠于职守，体察民情。江西是王阳明的发祥地，他去后大推王阳明之学问，先后培养了许多进士，这些人当中有许多都成为朝廷有名的官员。

　　嘉靖十八年（1539年），皇太子出阁挑选宫寮，徐阶被选为司经局洗马兼翰林院侍讲，这次入选，对他来说是一个重大转折。不久，他又升为国家最高学府的主管官——国子监祭酒。当时官场中风气败坏，吏士中贿赂成风，不管百姓疾苦，纷纷称赞祥瑞。徐阶尽力摆脱这种不良风气对学校的影响。他将学生分为不同的层次，对症下药，发挥优势，删去不良，勉励他们不断向上。所以学生们"人人感激，相戒勉"。

　　嘉靖二十二年（1543年）徐阶擢为礼部右侍郎，两年后改吏部右侍郎，时年43岁。他这么年轻便身居要职，当时的人们认为太早了。徐阶踌躇满志，也更谨慎用事，曾经把告诫自己的话贴在厅堂内以自警。过去吏部大臣身居要职，对下属官员都傲慢无礼，以此来显示自己显赫的地位。徐阶认为，这样做是不能真正考察和识别人才的。他常亲自找庶官、下属交谈，向他们了解民情，以掌握各级官员的优劣。这种做法，博得庶官的一致好感，都愿与他倾心交往。徐府一时门庭若市。吏部先后几任尚书，如熊浃、唐龙、周用等也都敬重徐阶，遇到什么事都和他商量，尽诉肺腑之言。徐阶在缙绅中确立了威信。他曾多次代掌吏部，推荐任用了宋景、欧阳德等有政绩、有才干的优秀长者。二十六年（1547年）他受命兼翰林院学士，任教习庶吉士。虽说官阶不高，然而翰林院是精英汇集之处，朝廷遴选阁臣的重要场所。徐阶担负的实际是培养国家栋梁和一代储相的重要职责。他吸收和发展了王学中"知行并进"的主张，教授学生。因此他在旧的学习模式中，创立出新的方法。

　　徐阶以有关国计民生的策问为施教的重要内容，为国家培养了一批有真才实学的官员，"以致出现如张居正这样功名卓著的大臣。在施教中，他本人身体力行，以躬行为实际，以经济为真铨"，所以他的事业蒸蒸日上，光明俊伟，不是俗儒所能模仿得了的。这正是他不同于一般学者之处。

　　（2）徐严之争

　　嘉靖二十八年（1549年）二月，徐阶被任命为礼部尚书。世宗自二十一年遇宫婢之变后，移居西苑，潜心修炼以求长生不老，不仅到处建坛斋醮、滥兴土木，不知体恤百姓，大量搜刮民财，而且疏于朝政，长期不上朝视事，以致部院大臣也多年见不上他一面。为逢迎世宗崇信道教，朝臣竞相争上符瑞祥物、供奉青词，希望得到世宗的宠幸。世宗极为看重斋醮青词。许多人因此发迹，成为"青词宰相"。徐阶在皇帝左右服侍，也是其中一员，所献青词很得世宗赏识，不久即被召入无逸殿直庐，并得到飞鱼服、尚方珍馔等赏赐。有一次吏部的尚书职位缺人，大家议论后一致推荐徐阶，世宗没有允许，因为他不想徐阶离开自己。徐阶虽得到皇帝的宠幸，但对其一味修炼、不理朝政的做法也感到担忧。于是他在力所能及的范围内对世宗进行规劝。庄敬皇太子死后，照例应重新立储，徐阶奏请册立太子。世宗却有自己的打算。当时他有两个儿子裕王、景王，按理应该立裕王，但他内心偏爱景王，究竟立谁很难定夺。又因为自己正求长生之术，不想谈论继嗣，所以不听。徐阶深知他内心所想，仍接连五次上疏奏请，并在裕王、景王的当冠、婚礼及开讲等问题上，坚持先裕王后景王的原则，世宗因此有些不高兴。不久，世宗想把在宫变中对己有恩的方皇后祔入太庙，于是便把这件事交给礼部去办理。徐阶以"女后无先入庙者"为由，婉言提出反对意见，礼科给事中杨思忠也赞成其说法。世宗闻听大怒，狠狠地斥责了徐阶。其时，世宗又派他前往邯郸，为吕仙洞落成斋醮祈福，徐阶不想前往。为此，世宗欲除去其官职。徐阶见状，想起谪官延平的教训，于是改变主意，惶恐谢罪。世宗还不解气，将杨思忠贬为庶民，来警告徐阶。正在这时，权臣严嵩又趁机落井下石，在世宗面前诬陷徐阶，徐阶深知自己处境不妙，只得稍作收敛，一面谨事严嵩，一面更加精治斋词，以求宽容。这一时期，他的谕对及密疏，多是迎合世宗斋醮和服食秽褒之事。

徐阶为部臣时，也是严嵩权势达到顶峰之际。以致于天下人只知严嵩，而不知皇上是谁，群臣害怕严嵩胜过害怕皇上。徐阶由夏言荐举而被提升。严嵩与夏言争权，曾置夏言于死地并取代他的位置，自然对徐阶十分忌恨。徐阶受宠，严嵩心怀憎恨，时时设法排挤他。当时徐阶没有实力和他争斗，只得处处提防，想尽各种办法，甚至以附籍、结姻来保全自己。

嘉靖三十一年（1552年），徐阶加少保，进兼文渊阁大学士，入阁参机。后来因为办事很合皇上心意，而不断得到晋升。第二年进勋，为柱国，加太子太傅，兼武英殿大学士；三十五年（1556年）加少傅，录子为中书舍人；三十八年（1559年）以一品考满九载，皇上下令嘉奖他，赐宴礼部，并改兼吏部尚书。

当时，严嵩贪贿擅权一点都没有收敛，徐阶虽然受到皇上宠信，但自知不如严嵩，所以处处小心，不露锋芒。嘉靖三十四年（1555年），兵部员外郎杨继盛怒奏严嵩十大罪五大奸，震动朝廷，但被严嵩打入大狱。杨在疏中提到徐阶，说他遇事不敢主持正义，实为负国。徐阶并不记恨，反而暗中帮他说情，给严嵩施加压力，使严嵩有所收敛。之后御史锦宗茂、给事中张翀等又相继上疏弹劾严嵩，严嵩大怒准备狠狠报复，徐阶却将他们从轻发落，为此严嵩极为痛恨，怀疑是徐阶在背后指使，因此，几次想置徐阶于死地，于是徐阶被迫称病，闭门谢客。三十八年（1559年），严嵩又因为私人恩怨杀总督侍郎王忬，并欲加害其子王世贞。徐阶全力相救，王世贞对他感激不尽。徐阶以这样的方式与严嵩相抗，并保护了一大批朝廷直臣。此时，严嵩已年满八十，行动迟缓，办事也多数都不称皇上旨意。而徐阶却将朝中之事处理得井井有条，皇上暗中调查徐阶，知道他是忠廉之臣，因此有让他代替严嵩的想法，至此，徐阶终于取代了严嵩在世宗心目中的地位。四十年（1561年）徐阶兼任太子太师。这年春天，西苑永寿宫发生火灾。世宗徙居玉熙殿住，他嫌该殿条件太差，而想再建一座，和严嵩商量。严嵩却请皇上移往当年英宗被软禁的南城离宫。皇上心中很不高兴，又问徐阶。徐阶因猜到皇帝的意图，便回答说，昔日营建三殿时还有许多剩余材料，正可用来修建新殿，预计数月就可建成。他推荐工部尚书雷礼来主持此事。世宗准奏，并命徐阶之子徐璠"兼工部主事，督其役"。不到三月宫成，世宗大喜，赐名万寿宫，当天就搬了进去。世宗认为徐阶忠心，提升为少师，徐阶的儿子徐璠也因父亲的功劳被提升为太常寺少卿。而与此同时，严嵩子严世蕃贪横淫纵的恶行被揭发，朝廷上下弹劾严氏父子的声浪日高，严嵩的地位日益下降，徐阶与严嵩力量的对比起了根本性的变化。严嵩预感到情形不妙，便设酒宴请徐阶，希望徐阶能保护他。徐阶却不理睬他，认为铲除严嵩的时机已到。

嘉靖四十一年（1562年），徐阶串通方士蓝道行，借用神仙占术，说严嵩是当朝最大的奸臣，必须由皇帝亲自处置他。之后徐阶又策划让御史邹应龙上疏，将严氏父子的所作所为一一揭发。于是，世宗令严嵩致仕，将其子严世蕃交大理寺审理，后发配边疆。不久，世蕃逃回原籍，继续作恶乡里。徐阶又亲自上疏说严世蕃通倭谋反，皇帝大怒，于是将其斩首。严嵩也被判大逆罪而革职，抄家。

（3）重视吏治

晚年的世宗，仍然整日待在宫中，修仙炼道，不理国务，健康状况日趋下降。国家事务都由徐阶一人掌管。嘉靖四十一年（1562年），徐阶登首揆席后，想对国家进行些力所能及的改革。他在世宗赐给的原严嵩的直庐墙上写了三句话："以威福还主上，以政务还诸司，以用舍刑赏还公论"，表明了自己的政治态度和治国施政方针。在处理政务、行使权力的奏疏中，徐阶倡导凡事要与众臣商量，才能得到最好的解决方案，如果一个人独断专行，其结果只能是弊病百出。他常劝诫世宗，要集众臣论点之所长。每当世宗讨厌御史言论过激，正要发怒时，徐阶便在旁劝阻。他以严嵩为例，谏告世宗识人要审慎。他说，自古人心难测，常有奸人戴着假面具，很难识别，但这也不是绝对的，只要广泛采纳意见，即使是深藏不露的人也是可以发现的。他规劝世宗，凡有上疏者，大事应该经过认真调查，如果确实属实，则可实行，如不属实，则另行处置。这样就可使言路有所疏通。

徐阶十分重视吏治，认为纳贤才更要注意其才干，而不是资格。嘉靖末年兵事频繁，当时的社会风气却是阿谀奉迎的人得到重用，而骁勇耿直的人却受到冷落。徐阶推荐起用马芳、胡镇等人，说他们虽然是兵士出身，没有什么文化，但是他们骁勇善战，能带兵杀敌，应该重用。兵部尚书杨博在御房方面有所作为。一次俺答进兵通州，杨博因世宗忙于修炼，未敢奏请皇上。徐阶及时帮助杨博调兵遣将，作出周全安排，赶走了敌军，世宗对杨博不早报告朝廷，很是生气，想严惩他，徐阶极力为杨博辩解，保护了杨博。抗倭名将谭纶、戚继光等，在张居正当政时得到了充分的信赖和重用，其实在徐阶任首辅时他们已经初步显示出才能了。当俺答屡屡入犯，明军节节失利时，徐阶采纳门生、工科给事中吴时来的建议，请谭、戚二将，练兵蓟州。他又让已进入内阁的张居正主持整顿蓟辽宣大边政。徐阶还亲自与谭、戚细议杀敌办法，建议用训练南方士兵的方法来训练北方士兵，热情支持他们运用火器打击敌人，保卫边防。在徐阶掌权期间，北虏南倭虽没有完全平息，但也没有什么大的侵扰，这与徐阶任用一批优秀边将是分不开的。

（4）抱憾还乡

嘉靖四十四年（1565年），世宗的儿子景王朱载圳死，徐阶奏请皇上将景府的数万顷田地和湖陂分给农民，受到百姓的欢迎。第二年，他请求取消严嵩走狗鄢懋卿为巴结主子、邀功请赏所增加的盐税四十万金，恢复旧的赋税制度，减轻盐商的负担，并严厉惩处了鄢懋卿。徐阶掌权期间，实行了一系列改革，在某种程度上减轻了人民的负担，使经济有所发展。

同时，徐阶对世宗迷信方士、一意修真的做法，也提出了异议。方士胡大顺等劝帝服食金丹，徐阶揭露其险恶用心，后来胡大顺被判刑。方士熊显进长生药，徐阶极力劝阻皇上不要吃。世宗欲建雩坛、兴都宫殿，生了病还想到兴都巡游，徐阶都极力劝谏。

世宗死后，徐阶以硕德元老的身份与张居正密谋，草拟遗诏，遗诏的主要内容是：第一，祖宗旧典斟酌改正；第二，自世宗即位至今建言得罪的诸臣，生者再用，死者祭之，进监者释放；第三，方士等人查照情罪各正刑章；第四，斋醮、采买等对百姓无益的事全部停止。这份遗诏假托世宗的反省自责，也间接反映出徐阶否定了自己过去的一些做法，以及他重整纲纪、复兴社稷的决心。遗诏一出，朝野一片称颂，把它与杨廷和草拟的世宗登极诏相提并论，列为嘉靖年间的一桩大事。然而他草拟遗诏仅与尚未入阁的张居正密商，没有和职位相当的高拱、郭朴商议，尤其是高拱，是新朝君主的启蒙老师。因此招来了高、郭的不满，并引出了以后的纷争。

徐阶的故乡华亭，是江南富庶的大镇之一，嘉靖中叶后，那里工商业发达，特别是纺织业，几乎家家都织布，即使是士大夫家也不例外。作为一朝重臣的徐阶，自然成为乡里首屈一指的富户。但徐阶之子徐璠等却凭借其父的权力和威信，横行乡里，引起民愤。他们在苏松占夺土地24万余亩，并雇用众多织妇，日积月累，富贾一方，霸占市场，置产之多，令人瞠目结舌。当地百姓纷纷告状。

隆庆元年（1567年），早与徐阶结怨的高拱让御史齐康弹劾徐阶，将他两个儿子横行乡里的罪状一一罗列。郭朴也以徐阶草拟的遗诏"谤先帝"参劾。徐阶上疏极力申辩。身为先朝元老，徐阶的拥戴者甚多，九卿以下反而交章弹劾高，称誉并挽留徐，在强大的舆论压力下，高拱借病辞职，齐康被斥，郭朴也乞身而去。徐阶虽然取胜，毕竟受到打击。隆庆二年初，他曾几次称病请假。

在这次徐、高争斗后，穆宗并未有意冷落徐阶，不过，对大臣们如此着力为徐阶说话，都纷纷倒向他一边的现象，很是不满。他依赖内阁，却又不敢太信任他们，于是转而宠幸内侍。他命中官李用等分别监督管理团营，建立自己的小集团。徐阶极力劝阻，认为这样做不妥。由宦官督导的南京振武营兵屡次发生哗乱，徐阶命御史将他们遣散，并惩处了为首者，再一次得罪宦官势力。二年春，穆宗欲游南海子，徐阶又加劝阻，穆宗更为不满，徐阶感到自己处处受到牵制，欲干不能，颇为气馁。当给事中张齐以私怨参劾他时，徐阶再次乞休，穆宗早有意让他离去，于七月准其致仕。徐阶就此结束了自己作为7年首辅、17年阁臣的政治生涯。九月初回到原籍，他在自家堂上贴了"庭训尚存，老去敢忘佩服；国恩未报，归来犹抱惭惶"的对联，充满了事业未竟却身离政坛的遗憾之情。

15.俺答封贡

隆庆五年（1571年）三月，明穆宗封俺答为顺义王，把其居住的地方称为归化城。四月，授俺答子弟及各部酋长以不同的官职。

（1）独立求贡

洪武元年（1368年）明军北伐，蒙古贵族在大兵压境的情况下被迫北逃。从此，长城宛如一道鸿沟隔断了蒙、汉两族正常的经济联系。虽然以游牧经济为主的蒙古族非常需要与中原互通往来，但由于军事上的对峙和政治上的敌对，双方仅限于贡节式的往来，并且这一有限的经济联系也常常因为战争而中断。

弘治时期，达延汗统一了蒙古大漠南北，从而暂时结束了蒙古分裂的局面，为蒙古草原的兴旺奠定了基础。

嘉靖八年（1529年），达延汗之孙俺答汗和他的哥哥吉囊进攻明朝的榆林和宁夏，被明陕西三边总督王琼击退。

嘉靖十一年（1532年），蒙古"小王子"至延绥求贡，总制唐龙请皇帝答应他们的要求，嘉靖帝不听。小王子大怒，于是率兵数十万入侵。此次求贡虽是由小王子发起，但却是代表了俺答的心意。

嘉靖十三年（1534年）三四月间，吉囊、俺答先后两次派人向明朝乞求通贡，嘉靖帝断然拒绝。这下可惹恼了他们，于是，率兵十万攻入延绥，使明军受到重创。

嘉靖二十年（1541年）七月，俺答派石天爵、肯切向明朝请贡。石天爵说："以前入贡互市，互惠互利。自贡道不通之后，蒙古由于人、畜多疾、衣食紧迫，所以连年内犯。近来卜之神官，谓向天朝纳贡方是出路。如蒙允许，可留一人质，另一归返。今后双方两不相犯。"本来俺答是有诚意的，可嘉靖帝不但没有答应通贡，反而悬赏割取俺答首级。俺答听说这一消息后，一怒之下，与哥哥吉囊分兵两路入侵。其中俺答一路入塞以后，越过太原，南入石州，一路上烧杀抢掠。

自嘉靖二十年（1541年）起，俺答开始独立求贡，而且次数非常频繁。

嘉靖二十一年（1542年），俺答派石天爵等到大同镇边堡，再次向明朝请和。明大同巡抚龙大有竟将石天爵等人押送朝廷，并假称用计擒获。嘉靖帝不但不追究龙的责任，反而升他为兵部侍郎，同时还下令将石天爵在西市斩首示众。俺答得知后发动了空前的进攻，他带兵深入山西，转掠十卫、三十八州县，杀戮20多万人，京师一度处于高度戒备状态中。

虽然明廷杀了俺答的使者，但他从嘉靖二十五年五月至二十六年（1546至1547年）春，曾先后数十次遣使于明，但均被嘉靖帝无理拒绝。

本来明朝两次斩杀对方使者已是过分，而俺答在使者两次被杀后仍求贡如故，可见其诚心。谁知嘉靖帝一意孤行，拒不许贡。俺答在盛怒之下频频发动大规模的攻击，终于导致嘉靖二十九年（1550年）的庚戌之变。

俺答在求贡问题上很执著，即便在大掠京畿、与明对阵之际也念念不忘求和通贡。回师之后俺答又派义子前去求贡。当时任宣大山西总督的苏佑将情况上报朝廷后，咸宁侯仇鸾极力主张答应其求贡。嘉靖帝迫于俺答兵威，加之此时对仇鸾有好感，于是下令在大同、宣府、延绥等地开设马市。

（2）隆庆和议

嘉靖三十年（1551年）三月，明廷发银十万两，令兵部侍郎史道前往大同管理互市。刚开始时俺答十分高兴，亲自到马市交易，并向明朝进贡良马九匹。后来，俺答认为明朝所给的马价太低，颇有怨气，双方冲突渐起。为了贫穷牧民得以温饱，俺答曾向明朝请求无马牧民以牛羊换取粮食，明朝则予以拒绝。由于俺答的要求遭到拒绝，加之，从内地逃过去的白莲教徒萧芹等人从中挑拨，所以俺答对部下管教不严，在马市开始之后入掠之事仍时有发生。本来明开市的目的是想换取和平，抢掠之举发生之后，朝中个别的大臣，指责俺答无信、马市难恃。虽然俺答继献马之后又将萧芹等30余名叛明汉人缚献朝廷，但马市仍旧中断了。

嘉靖三十一年（1552年），嘉靖帝以俺答侵犯明境为由，诏罢马市，刚刚恢复的马市又中断了。这次互市明朝并无诚意，而俺答在其要求没有得到满足之后显得耐心不足，终于让明政府抓住了把柄。但总的说来，明朝的责任更大。

马市停罢之后，俺答对互通贡市已彻底失望。在以后的一段时间里，他多次进攻明朝，虽然没有再现庚戌之变那样严重的事件，但也给明朝不小的打击。

嘉靖四十五年（1566年），嘉靖帝死去，隆庆帝继位。不久双方关系出现了新的转机，终于在隆庆五年（1571年）双方达成和议。

双方最终言和，有着经济的和历史的原因。首先，这是双方经济交流的需要。中原的农业经济和蒙古族的游牧经济互相依赖，蒙古族牧民缺少粮食和铁锅等生活必需品，迫切需要与中原进行贸易。如果没有必要的贸易，便难免进行抢掠。贡市将很好地解决这一矛盾。其次，多年的战争给双方的人民带来了深重的灾难，大批蒙古族百姓死于入掠的征途中，如嘉靖二十年（1541年）俺答率兵深入山西石州，死伤数万人。不仅如此，入掠还将天花带到了游牧地区，天花以及瘟疫夺去了无数蒙古牧民的生命。为此，俺答令巫师占卜，请教神灵，结果是：与明通贡则大吉大利。俺答之所以多次诚心求贡，都是入掠所造成的人马减员以及巫师的解释坚定了他的决心。再次，明朝换了皇帝。老皇帝嘉靖是一个刚愎自用、独断专行的人，他对蒙古的态度一向强硬，反对互市。新继位的隆庆帝要开明得多，因此在隆庆五年（1571年）双方议和，俺答被封贡。

然而，促成议和的直接原因则是把汉那吉的降明。

隆庆四年（1570年）十月，把汉那吉至大同败胡堡请降。把汉那吉，俺答第三子铁背台吉的独生子，幼时即父母双亡，由祖母克哈屯抚养，长大以后娶大成比妓为妻，又聘了兔扯金之女为妾。当时俺答有一个外孙女三娘子长得十分漂亮，又很聪明，但已许嫁鄂尔多斯。而俺答竟将之夺为己有，将把汉那吉所聘之妾送给了鄂尔多斯作为补偿。把汉那吉认为俺答自娶外孙女，又夺孙子之妾送人，简直禽兽不如，发誓与俺答断绝关系，负气出走。把汉那吉一行来到大同后，宣大总督王崇古和大同巡抚方逢时对他十分友好，并将此事奏报朝廷。

把汉那吉走后，祖母爱孙心切，不断埋怨俺答。俺答也很后悔，想以武力迫使明交出孙子。由于高拱、张居正等人的内外努力，明朝决定送还把汉那吉，条件是换回赵全等叛贼。俺答得知爱孙无恙，喜出望外，答应了明朝的要求，并请求贡市。四年十二月，双方达成共识，作了交换。

隆庆五年（1571年）三月，明朝封俺答为顺义王，对其子弟也分别作了册封。稍后，根据王崇古的建议，明廷允许俺答遣使入京贡马，每年一次60人。自此，入贡贸易又恢复了。

此外，在沿边一带又设立了马市，每年一次，每次一个月，同时又允许开月市。

隆庆五年（1571年），明朝册封俺答，允许他入贡通市，这件事史称"俺答封贡"，也称为"隆庆和议"。

俺答封贡之后，战乱减少，双方的贸易往来不断增加，长城内外的社会经济也得到发展。万历九年（1581年），顺义王俺答死去，其后子孙继承其位，俺答妻三娘子继续主张尊奉明朝，所以自封贡之后，"四十余年再无用兵之患"，北边得以安宁。

16.高拱罢官

隆庆六年（1572年）六月，冯保对太后报高拱擅权，高拱被迫离去。

（1）受荐入阁

高拱（1513~1578年），字肃卿，号中玄，或中元。河南新郑人。祖籍山西洪洞，祖上由于逃避元末战乱而搬到新郑。出身官宦世家。祖父高魁，成化年间举人，官至工部虞衡司郎中。父亲高尚贤，正德十二年（1517年）进士，先后任山东按察司提学佥事、陕西按察司佥事等职务，官升至光禄寺少卿。高拱受到严格的家教，5岁即能对诗，8岁时即能作出千字文章。再大一些时，即攻读经义，深研学问。17岁以"礼经"在乡试中夺魁，以后却在科举道路上蹉跎了13个年头，才考中进士，选为庶吉士，嘉靖二十一年（1542年）被任命为翰林编修，9年考满，升翰林侍读。三十一年（1552年）裕王开创学府，讲学授经，高拱第一个被选中，进入国子监讲书。此时皇太子已死去两年，新的太子迟迟没有确立，裕王与其异母兄弟景王都居京城，论序当立裕王，而世宗却偏爱景王，想立景王为太子。太子之事迟迟没有定论，朝廷上下，猜测种种、议论纷纷。高拱出入王府，多方调护，给裕王很大宽慰。

当时，内阁首辅严嵩、次辅徐阶，双方正明争暗斗，高拱和他们相处时，没有丝毫偏倚之处。两人因高拱为裕王讲官，以后定能飞黄腾达，所以也颇器重他，有时甚至让他几分。当时正值严嵩独揽大权之时，朝臣们都不敢得罪他，高拱却不十分顾忌。一次他以韩愈"大鸡昂然来，小鸡悚而待"的诗句，讽刺严嵩对下臣的傲慢无礼的态度，严嵩听了不仅不怪罪，反而向他投之一笑。在严嵩、徐阶相与推荐下，嘉靖三十七年（1558年），高拱晋升为翰林侍讲学士。

高拱在裕王府邸度过九个春秋，于嘉靖三十九年（1560年）升太常寺卿，管国子监祭酒事。在这九年中，高拱讲授经筵，认真谨慎地做事，裕王深受他的影响，二人建立了深厚的王臣、师生关系。高拱离王府后，府中的事，无论大小，裕王都命人去请教他的意见，裕王还先后手书"启发弘多"、"怀贤"、"忠贞"等字赠赐。第二年景王入藩之国，裕王成为准太子，因而高拱与裕王的这层关系，不仅使高拱的上司、同僚对他刮目相看，而且也奠定了以后他在政治上大展宏图的基础。

嘉靖四十一年（1562年），高拱升礼部左侍郎兼学士。第二年改任吏部左侍郎仍兼学士，掌詹事府事。他多次担任会试的主考官和副主考官，他所提拔的人才所作文章得到了一致好评。但一次在进题中有违犯皇上之意的文字，几乎遭到了调遣。徐阶出面辩解，才使事情平息下来。四十四年，景王在藩死去，裕王地位确立。高拱升礼部尚书，召入直庐，由于他善写青词，更得皇上宠信，皇上赐他飞鱼服。四十五年（1566年）三月，由徐阶荐举，被任命为礼部尚书兼文渊阁大学士。

（2）首次下野

高拱相貌瑰奇，为人豪爽，有才略，又颇自负。刚一入阁，即想大展宏图，以显示自己的才干。当时世宗久居西苑，大臣都以召入直庐为荣，阁事有所不周。世宗于是下诏说："阁中由一人主持即可。"首辅徐阶及"青词宰相"袁炜以不能离开世宗为由，不去阁中办公，高拱对徐阶说："老，常直可矣。我与李（春芳）、郭（朴）两公愿每日轮流一人处理朝中事。"李春芳虽早入阁，但对徐阶向来十分恭谨，看到徐阶，毕恭毕敬地像一个下人一样。郭朴与高拱同时新入阁，且都由徐阶荐举，理应对徐阶谦恭有加。高拱却如此直言，徐阶很不高兴。高拱与郭朴又同为河南乡曲，两人很是投机，徐阶知道后也不高兴，因此有了隔膜。不多时，吏科给事中胡应嘉奏劾高拱。先是高拱因年过半百膝下无子焦虑万分，遂将家移至西华门附近，直庐时常偷偷回家与妻妾团圆。一次听说世宗病情危急，高拱急忙把自己直庐内的书籍、器物等统统取出来。胡应嘉因此奏劾："高拱辅助初期，常以直庐为借口偷偷回家看望家人"，"皇上违和，正值臣子吁天请代之时，而拱乃为归计，居心何在"。高拱知道后非常害怕，幸好世宗病了，未加深责。但高拱调查到胡应嘉为徐阶的同乡，其奏劾又是徐阶拟旨报世宗的，所以怀疑胡应嘉受徐阶指使，于是更加怨恨徐阶。四十五年（1566年）十二月世宗死，徐阶与自己的门生、刚充当裕王府讲官的张居正密草遗诏，却不和其他职位相当的大臣们商量。诏下，高拱、郭朴惘然若失。高拱自认是新帝的亲信，却对遗诏浑然不知，因而更加深了与徐阶的恩怨。穆宗即位后，徐阶以硕德元老仍居首辅位，随即又引张居正入阁，高拱心里很不服气，在论登极、赏军事、去留大臣是否请上裁决等问题上，多次反对徐阶的做法，矛盾日趋表面化。隆庆元年正月，胡应嘉被贬，大家都认为是高拱从中作祟，于是群起上奏攻击他。给事中欧阳一敬奏劾言辞激烈，将高拱比作蔡京。高拱大怒，请徐阶拟旨杖责奏劾者，被徐阶拒绝。高拱被迫求退，穆宗不允。徐阶屈于皇帝的意思，也拟旨挽留他，但并无处罚言官的意思，高拱越发生气，其中有一次竟然公开与徐阶发生口舌之争。高拱攻击说："先帝在时，你极尽阿谀献媚之能事，先帝一去，你又立即改变立场，勾结言路而逐藩国心腹之臣，你作何解释？"诘问之词相当严厉。徐阶徐徐辩答曰："言路心腹众多，我怎能一一结之，况且，我既能结之，你为何不能？"他又说，"我并非是背叛先帝，以遗诏让先帝自责是为先帝收人心……"至于斋词一事，徐阶承认是自己的过错。但他反问高拱："你难道不记得你在礼部任职时，先帝以密札问我：'拱有上疏说，愿得效力于斋事，可许否？'此札今尚在！"高拱顿时无言以对。但高拱并不甘心，他以徐阶子弟和家人在乡里横行不法事攻讦徐阶，并授意他的门生齐康劾徐阶。徐阶上疏请求辞职。当时徐阶正因遗诏重新起用世宗时被贬谪的官员而受到部院大臣、科道言官的感恩拥戴，正是炙手可热之时，所以言路交章请留徐阶，还集体去徐阶第敦劝视事。另外，极论齐康、高拱罪状，甚至聚在一起，唾骂齐康、高拱。三月之内弹劾高拱的奏疏竟多达30余份，高拱自知留不住了，于是连连上疏十二封，称病乞休。穆宗挽留无效，于是批准他以少傅兼太子太傅、尚书、大学士等职务回乡养病，派专人护送。齐康则调到别处，郭朴不久也请求辞职。

（3）重为台辅

隆庆二年（1568年）七月，徐阶致仕。第二年张居正与太监李芳等合谋，上疏朝廷重新起用高拱。十二月，被冷落了一年多的高拱接旨后，在严冬腊月里，日夜兼程，直奔京城，以大学士兼掌吏部重新掌权。言路以前与高拱不和，因此对拱这次复职，有些惶恐不安。胡应嘉听说高拱复出，受惊吓而死，欧阳一敬也在解官归田途中郁郁而死，一时人心惶惶。高拱通过门生心腹散布言论，安抚言路等人说："华亭有旧恩，后小相失，不足为怨"，"拱当洗心涤虑，与诸君共理朝政"。言之凿凿，颇为大度，于是人心稍安。

高拱再度上台后，雷厉风行，在吏治、筹边、行政等方面多有建树。当时高拱以内阁兼领吏部事，责任重大。他早上处理阁中之事，中午处理部内之事，十分忙碌勤勉。他认为吏部之位要找适当的人去做，但真要了解一个人，用其长处并非易事。当时官场士风颓败，为官只是为自己获得更大的利益，职位高的人们羡慕，职位低的人们歧视，全不以行为品德为准。因此造成官场"理不明，气亦不振"，官吏纷纷把工夫用在了献媚、奉承上。对此，高拱到任不久即在吏部建立了严格的官员考察制度：官员们的名单一一列出，建立档案。每月集一次，交吏部由高拱亲自过目。到年终将册籍全部汇总吏部，作为奖惩的依据。治理天下，必须广选人才，高拱看到天下科贡占七成，制科仅为三成，但朝廷重制科而轻科贡，他认为避重就轻是不正确的，应该进士、举人并用，依据个人的品德、才能录用他们。但举人就选，他又主张"其年貌五十以上者不得为州县之长"，因为州县之长是地方父母之官，责任重大，必须有充沛的精力才能担当此重任。他又认为，国家必须广揽人才，而不是到了要用时才去寻觅称职的人，于是提出备才之说："对于重要的官职，各预择其才宜于此者，每三二人置相近之地，随时待命。一旦有缺即有补缺之人。"他还公开招贤，明令选司，凡是有做错之处，告之众人，以示警戒，各有司可以荐举人选。过去吏部推荐官吏，人数非常少，十分隐秘，高拱尽反其道，说："堂有侍郎，司有员外，都列个名字在那，遇到事情不闻不问，不过欲行其私耳。吾改其是。"他叫人抱牍至后堂，命人当众揭牍，"即冢宰欲有所上下不能也"。对于被黜官员，高拱必定亲自告知其原因，黜者"无不慑服"。当时马政、盐政被视为闲局，朝廷也不重视，所以这两部就荒废了。高拱体察下情，知马盐二政官处远方贫薄苦寒之地，条件艰苦，于是提议改本省廉谨有才者任之，并减少其交纳金额。如遇优异，则提拔重用。被重视之后，马、盐二政当自修举，利于国家。高拱还制定和采取了旨在加强考察人才、选拔人才的许多制度和措施，"开王亲内转之例，复一甲读书之规，正抚按举劾之差，核京官考满之实，分进士讲律之会，定进官升授之条，议有司捕盗之格"。这些都得到穆宗的赞赏，得以实施。于是朝廷上下、各类官员中出现了生机勃勃的新气象。依照明朝旧例，内阁辅臣，如果让他兼管选拔录用，则实行宰相的权力，很严重地触犯了皇帝，但高拱先为阁臣、后掌管吏部之事三年之久，虽然也有不妥之处，但成绩斐然，利在社稷。

高拱励精图治，仅仅几年的时间，政绩卓然，独当一面。但他颇恃才自傲，盛气凌人，性子急，不能忍，一遇到事情容易动怒。每张目怒视，恶声继之，他身边的人都纷纷避开他，这是他专横跋扈的另一面。正是这一面，造成了他与同僚的仇隙不合，以致招来非议，造成以后被逐的结果。

先是隆庆四年（1570年）七月，曾经也是裕府旧僚的大学士陈以勤，因与高拱有小矛盾，又见高拱在内阁专横跋扈，恐终不为所容，便激流勇退，借病辞职。不久，掌都察院大学士赵贞吉因高拱在科考中营私舞弊上疏请止。高拱不悦，命其门生、给事中韩楫劾赵贞吉庸横。赵贞吉上疏弹劾高拱。穆宗因宠信高拱令赵贞吉致仕。赵贞吉曾因高拱以内阁掌吏部，实行宰相大权，并请掌都察院，谋于李春芳揭发高拱，李春芳答应了他。赵贞吉走后，李春芳很不安，李春芳又曾因徐阶而与高不和，遂于五年五月乞休归田。高拱接任首揆，越发趾高气扬。

恰在此时，殷士儋甫入阁辅政。殷士儋也是高拱裕府同僚，由于不向高拱献媚所以迟迟得不到提升。后取中旨入阁，高拱不悦。后来有人弹劾高拱心腹张四维，高拱怀疑是殷士儋所为，又命韩楫威胁他，殷士儋不能忍受，在内阁当面骂高拱："你先商逐陈公、赵公、李公，现在又要逐我，谁能在这长久下去？"说罢竟挥拳打高拱。五年十一月殷士儋也被驱出。这样，旧辅除张居正外，都被高拱排挤干净。高拱权高位重，颐指气使，专擅国柄。

（4）高徐之争

然而，高拱一直对当年轰他出京的徐阶及其诸言官耿耿于怀。隆庆四年四月，他为报海瑞当年弹劾他的旧怨，将海瑞从应天巡抚调南京一个闲置的官衔。不久，又并其职，逼海瑞借病辞职。他还反对徐阶的一切做法。四年冬，刑部、大理寺例谳狱，本与高拱无关，他却"毛遂自荐，请朝审主笔"，还说"上命我视吏部，部事也都是我的事，必须掌握情况"。其实是专为改王金一案。王金是世宗时方士，被徐阶下狱，法司论以子杀父律当刚。高拱极力为他辩解，所以减刑免死。原内阁有专办中书事的诰敕房，序班十人。高拱重新被起用后，十人经过多次考试合格，理应升迁，但因他们是徐阶下属，高拱不予理睬。十人求上门去，高拱诡笑说："我即使做过承诺，也不会让你们这些人存有念想。"于是下令将这十人都调至边疆，仅从这件事上，可以看出高拱的害人之巧。

虽然如此，高拱还是不解恨，专门和徐阶作对，只要是和徐阶有关的人，都被他治罪。徐阶致仕后，在乡里大治产业，还放任子弟横行乡里，引起当地百姓的憎恨。高拱亲自上疏："原任大学士徐阶，归乡后，应当静心休养，但他自从废退以来大治产业，越数千里开铺店于京师，纵其子横行霸道，财货将等于内帑，势焰薰灼于天下"，甚至还"故违明旨，潜往京师，强阻奏词，探听消息，各处打点，制造影响，迹其行事，亦何其无大体也"。接着高拱多次上疏谈论此事。隆庆五年，高拱起用原苏州知府蔡国熙为苏松兵备副使，因为蔡国熙与徐阶原先有小矛盾，所以重用他，治徐阶及子弟，徐阶的三个儿子都被整治，革其荫叙，没其粮田，用以充官。徐阶狼狈不堪，无奈之下，只得向高拱低头，在困境中上书高拱，言词充满哀求之情。此时，张居正也以阶事暗示高拱权衡利弊。高拱见徐阶大势已去，不无欣慰。既报一箭之仇，便豁然大度，修书徐阶，称以后愿不计前嫌，重修旧好，不要让一些心怀不轨之人从中挑拨。同时又接连给苏松官员去信，嘱咐对徐阶三子及家人从宽处理，稍存情面，并在蔡国熙的奏疏上批字："太重，重新改过。"高拱之所以愿对徐阶网开一面，本意在于：见徐阶惨状，不免想到自己的将来，与其修好，可安抚苏松乡绅，改善与徐阶旧僚的关系。高拱的出尔反尔，使蔡国熙很生气，骂高拱出卖他，让他去得罪人而自己充当大好人。

隆庆六年（1572年）正月，高拱为柱国，进中极殿大学士。于是他更加专横跋扈。加之其门生韩楫、程文等日夜拜访他家，狐假虎威，专以博戏为务，很多人都很厌恶他们。高拱刚开始做官时还算清廉，后来渐渐变得浮华奢侈，常对人曰"日用不给，奈何？"门生、下僚听说后，争相进献，金银珠宝、绫罗绸缎堆满了高府。因此遭致非议。御史汪文辉上疏论时事，讽刺高拱的现状，高拱召而骂之，将他调到宁夏任佥事。给事中曹大野则抗章劾拱不忠十事，其中陈述了高拱擅权报复、排斥异党、提拔自己的亲信，以及亲开贿赂之门，等等。尚宝卿、刘奋庸也上疏纠拱，穆宗不听，反倒将二人调任。

张居正与高拱为故交，张居正之谋往往为高拱所出，高拱也亟称居正才，两人尚称友善。高拱位高权重，张居正跟随其左右。高拱多次与同列发生冲突，张居正都不介入。对于老谋深算的张居正来说，他并不安于现状。他退而不与之争只是一种策略，高拱并没有察觉到。隆庆五年张居正为徐阶三子的事讽刺高拱。高拱下人传言张居正受徐阶三万金贿赂，高拱不辨真假，以此斥责张居正，张居正大怒，而高拱也怀疑曹大野之奏章受张居正指使。因此两人便产生隔膜，于是，张居正暗结太监冯保，以借中贵力量想除掉高拱。

隆庆六年五月，穆宗病危之时，召高拱、张居正等入内。穆宗握着高拱的手说："我走后，天下之事就烦劳先生了。"宣内阁接受顾命。当时司礼监授遗诏，有二札，一给皇太子；一授高拱，其中交待，遇事内阁与司礼监冯保商榷而行。高拱看出了其中的意思。不多时，穆宗崩，神宗即位。神宗年少无知，冯保倚仗太后势力，挟持幼帝。高拱要惩办太监干预朝政，上言五事，请求罢免司礼太监的权力，还之内阁，又指使门下言路疏劾冯保。高拱想拉张居正共谋此事，便托人给张居正带信说："当与公共立此不世功。"居正得到消息立即密报冯保。冯保游说太后及幼帝，诬高拱欺太子年幼，想谋反废了皇上而立河南周王，自己任国公爵等，冯保又买通两宫近侍，在皇后面前劾高拱，"皇后与贵妃都很害怕"，便决议逐高拱。第二天，即召群臣进见，宣读两宫及帝诏，列举高拱的罪状，指责他目中无人，贬为庶民，即日解甲归田。高拱原来满以为宣诏肯定是逐冯保，没想到是自己，这一晴天霹雳使他"面色如死灰"，"汗陡下如雨，伏不能起"。张居正在一旁将他扶起。第二天一早，高拱坐上柴车，颇为凄凉地踏上了归程。

回到老家，高拱着"角巾野服，俨然一个乡野农夫"，不言国事，但却"著书八十余卷"。不料冯保害高拱之心不死，又造王大臣事件，欲置高拱于死地。吏部尚书杨博、御史葛守礼等知道其中有诈，奋力为高拱求情，高拱才幸免一死。不过，他从此因受到惊吓而一病不起。万历六年（1578年）十二月，高拱死于家中，终年66岁。高拱家属以恤典请，只因冯保当权，只许以半葬。20多年后，高拱子嗣纷纷上疏圣上，神宗以"高某乃一代功臣，功不可没"，赠太师，谥"文襄"。

17.画坛奇才唐寅

唐寅，字伯虎、子畏，晚年号六如居士、鲁国唐生、桃花庵主、禅仙吏等，自己签名写有"南京解元"、"龙虎榜中名第一，烟花队里醉千场"等。苏州吴县皋桥吴趋里人。生于成化六年二月初四（1470年3月5日），死于嘉靖二年十二月初二（1523年1月7日）。祖籍晋昌，他们家世代以做生意为生。他的父亲追慕功名，希望唐寅能够有所作为。唐寅从小聪慧过人，少年时代即名声在外，然而他秉性疏旷、放荡不羁。父亲去世后，更是无拘无束，整日里饮酒作乐，既不生产也不埋头读书。又经儿子早夭、爱妻徐氏病故的一连串打击，唐寅一蹶不振，终日长歌当哭，甚至与同邑"狂生"张灵裸立学宫泮池中，毫不顾及颜面地激水相斗。好友祝允明不忍见他自暴自弃，于是好言相劝，让他用心读书。唐寅慨然说："闭户经年，取解首如反掌耳。"后来唐寅就听从祝允明的规劝，闭户苦读一年，以求取功名，果然于弘治十一年（1498年）考中江南乡试第一名举人。唐寅参加乡试时，主考官梁储看到他的试卷称赞不已。回到朝中又拿唐寅的试卷给詹事程敏政看，两人感叹道："唐生高居解首之位一点也不为过。"于是，程敏政将唐寅收纳门下。后来，梁储奉使南行，唐寅曾请求程敏政代写一文为他送行。

次年会试，唐寅与江阴考生徐经坐同一条船进京，入京后又居住在一起，没想到徐经竟贿赂主考官程敏政的书僮，将考题泄露。案发，唐寅受牵累下狱，饱受拷掠。尽管朝廷找不到唐寅与程敏政勾结的证据，但终因唐寅是程的门生，最后取消其考试的资格，被发配浙江为吏。

唐寅无辜受冤，痛感社会的黑暗，大呼"士可杀而不可辱"，拒绝为吏，返回吴县老家，从此不再追求功名。他的继室见丈夫功名断送，富贵荣华顿成泡影，总是报怨，夫妻感情不和，最后终于分手。

为了排遣胸中的烦闷，唐寅离家远游湖南、湖北、江西、福建、浙江等地，他在洞庭湖、祝融峰、武夷山、灵隐寺等山水清幽之处流连忘返，尽情享受优美的湖光山色。祖国秀丽雄奇的大好江山，大自然宁静无争的美丽风光，使唐寅襟怀为之舒畅。回到家乡后，他振作精神，在苏州金阊门外桃花坞筑"桃花庵"，以卖画为生，开始诗画创作。

唐寅最初是在"院派"画家周臣门下学习绘画的，山水、花鸟、人物，样样精通，笔墨精细，形象逼真。旅游归来后，他把在旅途中积蓄的灵感，悉数倾注于丹青笔墨之中。他所作的画除了画风自然外，还有宋元以来各个名家的风采，以诗画来表现自己的情感，寄托逸花吐云般的英气，并经常与师友沈周、祝允明、文徵明在一起切磋画艺，广采博取，使他的画作于清秀细纤之中，更添豪迈粗放的新意。

唐寅的山水画，立意高雅，大多数是表现隐遁林泉、超凡脱俗的高人雅士的境界，借以吐露自己对社会黑暗的痛恨与反抗，和纯粹陶情山水画相比，更富有思想性和豪迈旷逸之趣。由于唐寅画功深厚又有涵养，所以他的山水作品纤细而秀润，沉郁而奇峭，"刊落庸琐，务求浓厚，连江叠嶂，缊缊不穷"，给人以真实而具体的美感，让欣赏者思绪万千。如《太湖平远图》、《江南农事图》、《春山幽趣图》等，这些作品无论工笔、写意均为上乘，雅俗共赏。

唐寅最擅长画仕女、人物。他笔下的人物有唐朝名家张萱、周昉之神采，线条工细，衣裳劲简，色彩柔丽，但并不像唐朝画中女子那样丰腴，而是五官细小，表现出江南女子娇小纤丽、弱不禁风的情态，让人同情生怜。如《贵妃出浴图》、《簪花仕女图》、《秋风纨扇图》等，人物形象大多清秀端庄，婀娜娟丽，脉脉温情，十分含蓄、动人。他笔下的花鸟，不像学院派的画风过于刻板，却能得其纤细之妙，而且墨韵明净、真趣跃然；笔法清新自然、均匀有致、恰到好处。像《梅花图》、《春莺图》等，皆为高雅脱俗之作。

唐寅与江南文友聚集在桃花庵，以诗会友，专意创作，自诩为"桃花庵里桃花仙"，自由自在，颇得其乐。以后，他又娶沈氏为妻，两人十分恩爱，婚后育有一女，生活得美满幸福。"不炼金丹不坐禅，饥来吃饭倦来眠。生涯画笔兼诗笔，踪迹花边与柳边。"唐寅以卖画为生，问心无愧，襟怀坦荡。然而，宁静的生活并没有使他打消继续追求功名的想法，其心中总是耿耿于怀。

正德九年（1514年），唐寅45岁时，宁王朱宸濠聘他到南昌充任宾客。但他到了宁王府后，发现那些应召来的幕客，都是一些不学无术、靠阿谀奉迎来讨宁王欢心的小人；而宁王又残暴无道，居心叵测，有谋反之意。唐寅力图避免卷入不测之祸，于是经常假装喝醉装疯；宁王不堪忍受，以为唐寅这个江南才子只是徒有虚名，数月后便放他东归。"乞求无得束书归，依旧骑驴向翠微。满面风霜尘土色，山妻相对有牛衣。"南昌之行使唐寅进一步看清了官场的险恶、虚伪。因此，他彻底打消了追求功名的念头。唐寅认为："大丈夫虽然不能成就功名，但应当光明磊落、胸怀宽广，如果像楚囚那样活着又有什么意义！"因而他愈加放荡不羁、疏狂任性。

唐寅的诗歌，最初有唐朝名家之风，后又转向刘禹锡、白居易之风，"多凄怨之词"，"不计工拙，兴寄烂熳"，而风采斐然，照耀江表。在诗中，他常感叹人生如梦，如《叹世词》云："春去春来，白头空自挫。花落花开，红颜易改。世事等浮埃，光阴如流水。休慕云台，功名何在。休想蓬莱，神仙真浪猜。清闲两字难觅，枉把身拘碍。人生过百年，便是超三界。"又如《漫兴诗》云："人生七十古来有，处世谁能得长久。光阴真是过隙驹，转眼青丝变白头。积金到斗俱是闲，几人买断鬼门关。白日升天无此理，自古有生还有死。眼前富贵一枰棋，身后功名半张纸。古称彭祖寿最多，谁知今日身何在。请君听我歌且舞，穷通寿夭皆由他。"诗中流露出消极的思想，却饱含着辛酸的人生感受。他还经常出入酒馆娼寮，以尽量享受短暂的人生，并借以消却胸中的忧愁，在"半醒半醉"的生活中，冷眼世事，放荡不羁，"但愿在花天酒地中死去，也不愿对别人卑躬屈膝"。民间为此把他称为"江南第一风流才子"，还流传着许多如"三笑姻缘"等关于唐寅玩世不恭的故事。

"秋来纨扇合收藏，何事佳人重感伤。请托世情详细看，大都谁不逐炎凉！"晚年唐寅的诗文更为豪放，但也更加成熟，他自谓"我的这些作品定为后人所知"。唐寅还归心佛教，从色空观与人生梦幻说中寻求寄托；绘画笔墨老成练达，蓄有疏放之气。他沉溺酒色、生活潦倒，最后贫病交加，孤独地在世俗的社会中生活。尽管唐寅常以清闲自慰，但内心始终委屈不平。"生在阳间有散场，死归地府也何妨。阳间地府俱相似，只当漂流在异乡。"嘉靖二年（1523年），他在临终前含愤留下这首绝笔诗后死去，享年54岁。

唐寅的一生，怀才不遇，但他的诗画却广为人知、流传千古，后人把他与沈周、文徵明、仇英共推为"吴门画派"的四杰，视作重振和发展文人画的大家；同时又把他与文徵明、祝允明、徐祯卿共推为诗家"吴中四才子"，以其诗风独树一帜而红极一时。唐寅兼工书法，行楷秀劲；又善作曲，多才多艺。他的诗文收入《六如居士集》，绘画作品传世的有《落霞孤鹜图》、《簪花仕女图》等。

18. 心学天师王阳明

王守仁（1472~1529年），字伯安，祖籍浙江余姚。因以阳明洞为家，学者称阳明先生。有《王文成公全书》38卷传世。弘治十二年（1499年）王守仁中进士，在刑部和兵部任主事等职。因其在反对宦官刘瑾的斗争中失势，遭廷杖四十，由"赐二甲进士出身，兵部主事"而被贬谪为"贵州龙场驿丞"。不久，刘瑾东窗事发，被打入大牢，王守仁才得以复出。后以原官改升南京鸿胪寺卿，以左金都御史巡抚南赣，镇压农民起义。后平定朱宸濠之乱，升南京兵部尚书。嘉靖六年（1527年）兼左都御史，镇压思田少数民族起义的第二年王守仁在回来的路上去世。

王守仁生活的时代是政治、经济极其不稳定的时代。用他自己的话说，这种"天下事势如沉疴积痿"的局面："何异乎病危临绝之时！"王守仁认为，政治、经济动荡的原因是道德沦丧，而道德沦丧的原因是学术不明，学术不明的原因是朱学的流弊。于是，他以"正人心，息邪说"、"而后天下可得而治"为己任，从攻讦朱学入手，企图用此种方法，从思想上谋求解救明王朝的统治危机，为当时的社会探寻一条新的再生之路。在这种思想的引导下，王守仁潜心探索心学理论，最后完成了心学思想体系的建立。

王守仁的心学思想经过几个发展阶段之后，建立了完整的心学体系。他的这一心学体系集心学派中各家之大成，达到了很高的境界。王守仁的心学是明代中期理学史发展的主要内容，它标志着理学向心学的完全转变。朱熹哲学经过长期演变，到王守仁时终于自成一派。这既是理学演变的结果，也是时代发展的产物。明中期，社会矛盾复杂、尖锐，新的生产力开始萌芽，大批自耕农的破产和手工业商品经济的兴起，正冲击和破坏着传统的封建秩序；加上奸臣当道，宦官专权，使得明王朝危机四伏。在这种情况下，朱熹哲学的统治地位开始动摇。从形式上来说，"繁琐"的理学变为"简易"的心学，也顺应了社会思想观念的转变。

王守仁的心学主要有三个重点，一为心即理，二为知行合一，三为致良知。

（1）立足程朱理学

阳明心学是什么？

立场不同，看法不同。

从阳明心学主要是一种读书人的信仰这一点来看，它体现了一种读书人的人生态度。在自由受到限制、忠奸难辨的封建社会，这种人生态度教导以天下为己任的读书人怎么样充分发挥人的主观能动性，摆脱身外事物的影响，把握住自己，为社会为国家承担起责任，作出应有的贡献。用宋儒张载的名言就是：为天地立心，为生民立命，为往圣继绝学，为万世开太平。

当然，阳明学作为读书人的人生态度，并不是凭空捏造的东西，而是有所师承，有所创造，不仅顺应了时代思潮，而且起到了主导作用。

阳明学源于程朱理学。

程朱理学将伦理提高为本体、世界的本源。这个伦理在理学中称作"理"、"天理"，即封建的伦理道德。它是万事万物存在的根源，并超越万事万物。人作为万物之灵，当然也就有天理的禀赋。这种天理的禀赋就是人性中的"性"、"善"，是绝对的

"静"，是人性的一种未发的中正状态。因此，程朱理学中有个"性即理"的命题。人性一旦发动，就引发了"情"。情是已发、是动，所以这就是人经常误入歧途，向恶靠拢的原因。

会思维是人作为万物之灵的独特之处。所谓人性，多指这一特征。古代人一直认为思维是心的功能，而非大脑的功能。所以，人心就成了人性中善与恶、天理与人欲交斗的战场。而成为圣人是人们的普遍追求，所谓圣人是"纯乎天理"的，所以，做圣人就是一个"存天理、灭人欲"的过程。

怎样才能做到这一点呢？那就是"格物致知"。这个物不但指客观的存在物，也指社会事物，如人际关系。"格"就是至的意思，"格物"就是至于物。因为理存在于万事万物中，格物就是要将存在于万事万物中的理找出来，然后才能"致知"，人的心灵也就明白了如何去做才是合乎天理的行为，这就是"知所止"。只有首先做到了这一步，其次才能谈修身、齐家、治国、平天下，才能做圣人。

但是，事物是无穷尽的，人们格物致知的过程并没有尽头，如果要格遍世上的万事万物，那么做圣人就是一个不可企及的目标。这个问题正是程朱理学研究的问题之一。

问题之二，自然界的规律不受人类伦理道德的约束，从对自然物的考究中并不能得出一个"三纲五常"的天理来。据记载：王守仁一开始也是程朱理学的狂热信徒，一次，他依据格物致知的教导，和朋友一道去格自家门前的竹子，结果，朋友坚持了三天就病倒了，他到第七天也患了病，最后两人相互叹息："圣人是做不成了。"

问题之三，朱熹认为，人心是"为主而不为客者"，是能动的认识主体，而人与万物一样具有天理的禀赋，难道只靠一些浅薄的知识，就能够成就人的天理禀赋？

带着这些疑问，王守仁阅读佛教、道教的经典书籍。正德元年（1506年），他因触犯大宦官刘瑾，被贬为贵州龙场驿丞。这一重大的人生转折，使他的思想也起了变化，终于感悟"心即理"的道理，创立了阳明心学。王守仁的这场思想转变被称为"龙场顿悟"，那么究竟是怎么样的一个过程呢？其实，这场思想转变是由于以前的思想积累在遭贬的人生巨变催化下的结果。

正德皇帝是明朝历史上著名的昏君。他宠信宦官，喜好游玩，霸占民间女子，又放着皇帝名号不用，而自称总兵官、威武大将军。正德的所作所为，使皇威尽丧，皇权落入宦官之手，宫内奸人当道，正直之臣受排挤。王守仁与众多的读书人一起，凭着一腔热血，慷慨陈谏，却遭到囚禁、廷杖、贬官等一连串的厄运。

王守仁在龙场驿一方面要忍受巨大的精神折磨，另一方面得应付因水土不适而招致的巨大病痛。他对于功名的美好理想，甚至对生命的追求，都已成为泡影，剩下的只有自己坚强的意志和信念——"良知"。面对幽幽青山，他扪心自问：天理何在？不存在！在他心外只有君不君、臣不臣和善恶颠倒。所以，他翻然醒悟，高树起"心即理"的旗帜，宣传"致良知"、"知行合一"的学说。于是，王守仁在贵阳书院开始了传播心学的讲学活动。

（2）阳明心学

阳明心学的核心就是"心即理"，它是从认识论的角度来论证的。王守仁说："心不是一块血肉，凡知觉处便是心。如耳目之知视听，手足之知痛痒，此知觉便是心也。"又说："耳目口鼻四肢，身也。非心，安能视听言动？心欲视听言动，无耳目四肢亦不能。故无心则无身，无身则无心。但指其充塞处言之谓之身，指其主宰处言之谓之心。"

王守仁初步指出了感觉和知觉的关系。尽管王守仁并不知道什么神经系统和大脑的功能，也不知道他所说的心就是大脑，但他却确实指出了心和知觉功能、感觉器官间的密切联系和作用，即所谓心是身的主宰。

心不但主宰着身，而且主宰着天地万物。从心是身的主宰过渡到天地、万物的主宰，其依据之一是中国传统的"天人合一"、"人为万物之灵"的思想。另一个是认识主体的作用。

这里所谓的"灵明"就是"心"，即人的感知和思维。天的高、地的深、鬼神的吉凶灾祥，都要由人来判断。离开了人的思维和感知，就无法作出判断。天高地深、鬼神吉凶灾祥，都是人的感知与思维接受外界刺激后，形成的一种心理状态和认知模式。在这种心理状态或认知模式中，主体与客体密不可分。因此，王守仁又说："心即天，言心则天地万物皆举之矣。""心"又称为"良知"，他说："天地万物，俱在我良知的发现中，何尝又有一物超于良知之外？"这就是王守仁的"心外无物"论。

"心外无物"又可称为"心外无事"、"心外无理"。它们意思是相同的。

所谓"心即理"，在王守仁心学中，指的是人的思维对仁、义、理、智、信的伦理模式的认识，这种认识是自然而然的。虽然，王守仁没有说明人的伦理观念的形成过程，但是他对人的基本行为却凭直觉作出了准确的判断。他说："见父自然知孝，见兄自然知弟，见孺子入井自然知恻隐，此便是良知。"这里的"良知"指的正是人人具有的基本行为趋向。王守仁说："若体认得自己良知明白，即圣人气象不在圣人，而在我矣。"因此，"人皆可以为尧舜"，这句话意味着在道德上的人人平等，即使是帝王在这一点上也和百姓相同。

按照"心即理"这一论点，人性修养的方法就必然是"知行合一"与"致良知"。这种修养方法产生出坚定积极的行动主义，也就是"狂"的态度。《论语》里把不偏不倚、无过与不及的"中行"，看作完美人格的表现。但是，"中行"的尺度很难把握，因此就无法实现。所以孔子提倡，在不能做"中行"者的场合，"必也狂狷乎！狂者进取，狷者有所不为也"。所谓的狂者，就是反世俗执著于热诚信念的理想主义者，其次就是对污秽之事不屑一顾的狷者，再次是"乡愿"。他们流于世俗，与浊世同呼吸，态度似忠信，行为似廉洁，谁都喜欢他们，自己也相信自己正确。王守仁认为这样的人最应该受到摒弃。王守仁平定宁王叛乱后，声誉骤然提高，许多人都很嫉妒他并千方百计找他的漏洞。他说："我以前也曾经是乡愿，但现在信良知，是与非，照本心实践下去，没有丝毫装体面的想法。自己现在已经变成了狂者，天下人都因为言行不一致和理想的破灭纷纷指责我，我才不管这些。"

王守仁一生的所作所为充分表现了"狂者"的态度。他自己做主擅自移兵镇压了断藤峡瑶族人民的反抗斗争；朝廷还没有批准他的离职归家申请，他就擅自挂冠而去。

王守仁的弟子王畿（1498~1583年）提出，狂是做圣人必经之路。他说："狂者志太高，实行也许不那么容易。但是，照本心率直地行动。如果犯了错误，立即改正。这才是入圣的真正道路。"

所谓狂的态度有两方面的积极意义。一是强调主体实践的能动性，即知行合一，把一切道德归结为个体的自律自觉行动，这就使人们更积极地参与现实生活。王学中泰州学派的学者四处讲学、招摇过市，对百姓、对人生、对生活狂热的"宣教"热诚，便是知行合一的结果。与这一点相联系的就是强调主体认知的功能。从陆九渊那时起，就有"六经是吾心之注脚"的说法，十分强调"自作主宰"。经王守仁到王门后学，这一特征更加明显。"良知"既是本体，就无待乎外，最高权威是自己的理性认知，而不是其他任何神灵。王守仁说："六经不过是吾心的财产目录。"又说："反省吾心而不能领会时，即便是孔子之说也不从。"由此他的弟子中还发展出与孔子的是非观相悖的思想。

"心即理"中心的本体是至善，而"致良知"就是要把这个至善的良知体现在日常生活中，"任心之自然"、"放心"，所以，人的个体欲望的满足就变得很正常。王守仁的门人钱德洪（1496~1574年）就说："著衣吃饭，即是尽心至命之功。"泰州学派则认为，"百姓日用即道"，"穿衣吃饭，即是人伦物"。这样，以"存天理，灭人欲"为目的的理学便向反面发展，从否定人欲走向了肯定人欲。

王阳明的心学是理学逻辑的终结。虽然王阳明原意是为了"破心中贼"来巩固封建秩序，但事实上，王学在历史上起到了解放思想的作用，成为明中叶以来的浪漫主义人文思潮的哲学基础。

19.吴门四大家之———仇英

仇英（约1502~1552年），字实父、实甫，号十洲，原籍太仓，后移居苏州。仇英出身贫寒，年轻时为油漆工匠。那时他就非常喜爱绘画，常常绘山水、人物等漆画，以技艺精巧而备受关注。周臣发现仇英有超群的绘画才能，因而将他收为自己门下。从此，在良师的指导下，仇英绘画的技艺大增。

周臣的绘画学习宋人马远、夏圭，注重笔墨技法的基本功夫，被视为"院体中一高手"。受周臣的影响，仇英也特别注意笔墨基本功的训练，精于临摹，南宋名人字画，他几乎都临摹过；其临摹几可乱真，至于发翠毫金、丝丹缕素，并不比古人逊色。

仇英临摹古人的作品，如山水、花鸟、人物等无所不学，绘有《临宋人山水界画人物画册》、《临宋人花果翎毛画册》、《临贯休白描十六罗汉卷》、《摹李昭道海天落照图》、《摹松雪沙苑图》等。他在临摹古人作品的基础之上，汲取了院体画家的精细纤密，又学到文人画家的雅逸放纵，对于南北各画派的长处都有自己独到的见解。

仇英的绘画技法集名家所长，熔于一炉，形成自己的风格。如他所绘《湖上仙山图》，融山石师王维、林木师李成、人物师吴元瑜等各种精华于一身，博采众长。又如所绘《玉洞仙源图》，又有鸥波、摩诘、李龙眠等人之神韵。

后来，仇英又结识了"吴门画派"大师文徵明。文徵明一向追求笔墨雅致、作画要有内涵，仇英虚心向他学习，所绘作品工笔精细，生意盎然，得到文徵明的赞许。他虽然不能作诗文题跋，就连印鉴也盖在画面不显著的位置上，不像一般文人画家诗、印、书法无所不能；但是，他在绘画创作上却独具天赋，笔墨"自有沉着痛快处"，而没有刻意矫柔造作的感觉，风格"萧疏简远，以意涉笔"，与文徵明、唐寅等名家不相上下。

嘉靖初年，文徵明还为仇英绘《独乐园图》亲笔题词；祝允明也请仇英在自己所作长篇经文上补绘《赵文敏写经图》。一些文士，如陆安道、周幼海、许初等，也一改原先瞧不起画工的清高姿态，纷纷与仇英结交，为他的作品题诗赋文，对其赞不绝口。在苏州这个文人画中心，仇英以其秀雅纤丽的画风，赢得了人们的尊重，渐渐也赢得了自己的地位。

仇英的人物画中，仕女图是最优秀的。他笔下的仕女，自然传神、灵韵生动；落笔细精谨微，形态各具。如《胡笳十八拍图》、《西厢传奇图》、《昭君出塞图》等，继承了宋人行笔饱满、着色浓艳的传统，形神兼备，颇具功力。此外，如《春夜宴桃李园图》、《蕉荫结夏图》、《移居渡水图》、《临流诗意图》等，人物神采奕奕，每一幅都精心绘制，一丝不苟，有宋徽宗的精心之处，又有李公麟的粗犷豪放之态。他临摹宋人张择端《清明上河图》，笔力刚健，造型准确，极富神韵；无论是楼阁的细微精工，或者是人物姿态的千变万化，都有出神入化之妙。

仇英山水画的特点是着色浓烈，以青绿重彩著称，如《桐阴清话图》、《桃源高隐图》、《子虚上林图》、《仙山草庐图》等，金碧辉煌之中带有飘逸幽雅之气；在满目翠色之间，却有着淡然冷寂之美。虽然丹碧交映，林木掩然，峰峦重叠，殿阁纷纭，却给人留下幽雅、庄重的印象。

周臣去世后，仇英的绘画技艺更是无人能比，独领风骚。后来，他应嘉兴项元汴的邀请，充当他的画客。项氏收藏古人书法名绘富甲江南，仇英在他那里，得以饱览宋元名画千余幅，又因其天姿甚佳，因此仇英的画作被称为一绝。

仇英作画，神情十分专注，听不见鼓乐的声音，对他来说就像隔了一层墙壁，往来的美女也不看一眼。他所作无论是大幅中堂，还是册页扇面，无不竭尽心思，构图严谨，设色周到，几乎幅幅经典，很少有败笔。而一些长轴大卷，如《清明上河图》、《兰亭修禊图》等，往往需要数月功夫才能完成，有的甚至历时二三年才能完成。长期全身心的投入，耗去了仇英许多心血，导致他疾病缠身，年仅五十，便遽然去世。

仇英不像沈周、文徵明那样，从绘画中寻求乐趣，颐养精神，获得高寿。他的作品，笔墨流畅，风韵雅逸，精细中带有粗犷之美，画艺沿着文士画的方面不断得到提高，所以人们把他与沈周、文徵明、唐寅共同称作"吴门四大家"，被视为明代中叶文人画的巨子。

仇英的绘画作品在世间广为流传，有《临雀白竹鸥图》、《竹院逢僧图》、《摹宋元六景图册》、《白描观音像》等，其中不少作品流传海外，被人们视为珍宝，至今仍保存完好。

仇英之女仇珠、孙仇世祥也继承了他的衣钵，善于绘画。

20.吴门四大家之一——文徵明

文徵明，原名壁，字徵明，后改字徵仲，别号衡山居士，祖籍长洲。生于成化六年十一月初六，死于嘉靖三十八年二月二十日，出身于官宦家庭。父亲文林曾任温州知府，喜欢吟诗作画，为官清廉正直。文徵明少年时并不聪敏，八九岁时仍说不清楚话，可是他从不自暴自弃，刻苦学习；后从父执李应祯学书法，从沈周学绘画，从吴宽学诗文。这些前辈对他要求都很严格。有一次文徵明模仿苏轼行书，李应祯嫌他基本功还不够扎实，不宜过早弃楷学行，乃立即大声训斥道："要练好基本功，哪里还用模仿别人？"并且又说道："我学书四十年，今天才觉得有所得。"李应祯此番话是告诫文徵明要有踏实的学风。

（1）美名传天下

文徵明与唐寅、都穆、徐祯卿等私交甚好，常在一起切磋学问。在良师益友的帮助下，加上他自己的刻苦努力，文徵明20多岁时便能诗会画，广为人知。

弘治十二年，文徵明在温州做知府的父亲不幸得了重病。他闻讯立即请医生一同赶去探望家父，等赶到时，他的父亲已经去世三天。当地官绅士民凑了数千两黄金作为赙银送给文徵明，他婉言谢绝，并作书答谢道："我的父亲一世清廉，我怎么能在他死后有损他的清名呢？"温州士民非常佩服他的为人，因而建了一座"却金亭"以表彰文徵明的廉洁高风。

父亲去世后，文徵明学习愈加勤奋，他下苦功学习八股文，准备应科考，但每次都考不中，仅为秀才。而他的好友唐寅、祝允明、都穆，先后中举。命运多磨难不禁使文徵明感慨万分，他长叹道："我难道真的不能如愿吗？考中与否一切听天由命吧。但是如果让我去求别人的话，是万万不能的。"为了消除烦恼，他在寒窗苦读之际，在书画中寻找乐趣，常常陶醉其间。他埋首艺文，不慕利禄，因此家境较为清贫。但文徵明却甘于朴素，不愿意接受任何人的恩赐或怜悯。有次巡抚俞谏十分欣赏他的才学，准备送一些钱给他，就指着文徵明的衣服说："怎么可以穿这么破烂的衣服？"文徵明假装不懂说："这是遭雨淋的缘故。"使得俞谏不好再说送钱的事。

"舍舟即嵚崎，探策入窈窕。穷崖擘苍铁，直下千寻表。绝蹬悬飞梁，仰首心欲悼。阴壑多长风，六月更幽悄。秋声落井干，翠雨滴深筱。与君富闲怀，竟日恣幽讨。都将双足尘，濯向千年召。"文徵明喜欢游山玩水，创作间歇，常去苏州虎丘、天平山各名胜游览，于自然中，陶情冶性；有时还与友人结伴至南京、嘉兴、滁州、无锡等地，坐在小船上，欣赏奇文，怡然自得。

随着岁月的推移，文徵明的文名和清雅高风已广为海内人士所知，不少名流都来登门求教，因此他与唐寅、徐祯卿、祝允明有"吴中四才子"之誉。

正德九年（1514年），宁王朱宸濠很欣赏文徵明的才艺，派人送厚礼邀他去南昌。当时吴中一些文士，如唐寅等在宁王的盛情邀请下，纷纷应聘前往南昌。而文徵明却认为宁王如此广纳人才，必定有谋反之意，因而他借口自己身体不好，婉言谢绝了。许多人觉得文徵明太过敏感，都不以为然。数年后，宁王果然叛乱，大家才一致认同文徵明具有远见卓识。

文徵明54岁时，在苏州巡抚李克成的推荐下，以贡生资格到北京吏部，授为翰林院待诏，参与修改《武宗实录》。在翰林院中，文徵明结识了杨慎、黄佐、林俊等一些很有学识的人，他们谈论学问，谈得非常投机，成为挚友。文徵明以其渊博的知识而受到人们的敬重，一时间各地有许多名士慕名而来，以致于家里经常宾朋满座。

"月转苍龙阙角西，建章云敛玉绳低。碧箫双引鸾声细，彩扇平分雉尾齐。老幸缀行班石陛，谬惭通籍预金闺。日高归院词头下，满袖天香拆紫泥。"京城文人聚集，文徵明在这里增长了见识，开阔了胸襟。然而好景不长，第二年他的友人杨慎等因"大礼议"事件而被世宗发配到边疆。朝中奸臣当道，群小弹冠相庆。文徵明不是进士出身，因而遭到一些年轻进士的讥讽，被人视为画匠。《实录》修完后，由于他为人正直，始终得不到升迁。少傅张璁是文徵明的父亲在温州选拔的文士，他千方百计想拉拢文徵明，但性格耿直的文徵明并不买他的账，经常避开他。兵部尚书杨一清是文徵明之父的同窗好友，文徵明非但不因此去谋求升迁，反而指责杨一清的虚伪。

"天上楼台白玉堂，白头来作秘书郎。退朝每傍花枝入，傥直遥闻刻漏长。铃索萧闲青琐静，词头烂熳紫泥香。野人不识瀛州乐，清梦依然在故乡。"官场的尔虞我诈，常常使文徵明有误上贼船的感觉，他思念家乡，怀念昔日自由的生活，决定奏请圣上辞职还乡，终于在57岁时文徵明得以如愿，从此过着以诗画自娱、不受仕途干扰的生活。回到江南后，文徵明在长洲建造了一所"玉磬山房"，在院中种植梧桐树，整日吟诗作画，自由自在，了无遗憾。慕名登门讨教诗文书画者络绎不绝。他才思敏捷，技法娴熟，应付自如。

（2）江南艺坛功德之主

受沈周影响，文徵明认为诗文书画是抒发自己感情的重要手段，是高雅的文化活动；"文人画"与画匠的作品不能相提并论，后者只是机械的谋生之作。藩王、权贵、外国使者求字求画，他都婉言拒绝，认为这三种人不懂诗文书画的高雅情趣，为他们作画，容易被人认为是画匠，有失"文人"身份。一些外国使者经过吴门，只有远远地表示敬意，而得不到文徵明的作品，为此深感遗憾。

"苍山叠叠水斜斜，杨柳阴阴拂岸长。蜗名蝇利竟何益，争似青山卧白云。"文徵明从北京回来后，更加酷爱家乡如画的山水，寒山寺的晨钟暮鼓，天平山的参天怪石，灵岩的旧宫，虎丘的古塔，太湖的风帆，运河的小桥，都令他深深陶醉。长期居住在优美的湖光山色美景之中，文徵明思如泉涌，诗情画意，绵绵不绝。他的山水画，除继承沈周简朴浑厚的画风外，还广学元人赵孟頫、王蒙、倪瓒、吴镇、黄公望，笔意萧疏幽淡，渐渐形成自己简洁典雅的风格。文徵明笔下的山水，大多是描写他所熟悉的苏州景色，无论是淡淡的远山、平静的湖水，还是白墙黑瓦的村舍、曲径通幽的园林，无不表现江南风景的秀美，寄托着自己对大自然的赞美之情。

文徵明的作品，秀美中透着粗犷，疏放中又有翩翩文雅之韵味。他能够将粗疏与精细巧妙地结合起来，使笔下山水显得更加生趣盎然。文徵明在山水画的着色方面，不像李师道那样金碧辉煌，而学赵孟頫以青绿为主，充分显示出江南翠色浓郁及阴湿多晦的特征。

除山水之外，文徵明还会画人物、花卉、仕女、古贤等物，他秉承晋人顾恺之"高古游丝描"的技法，也博采各派名家的长处。在书法方面，他对篆、楷、隶、行、草各种字体都很擅长，尤其擅长于行、楷，字体遒劲有力，颇具宋人风采。小楷以精整见称，平稳融和。

文徵明的诗歌有苏轼和白居易的风采，作品直抒胸臆，吐词清丽明快，逸韵悠远，流露出悠游江南的闲适情感，歌风吟月，风流倜傥。但也有一些洋溢着慷慨豪情的作品，如《满江红拂·拭残碑》云："拂拭残碑，敕飞字依稀堪读。慨当初倚飞何重，后来何酷？岂是功成身合死？可怜事去言难赎。最无端堪恨又堪悲，风波狱。岂不念，封疆蹙？岂不惜，徽、钦辱？念徽、钦既返，此身何属？千古休谈南渡错，当时自怕中原复。笑区区一桧亦何能，逢其欲。"指责宋高宗偏安江南，冤杀岳飞，字字精练，发人深省，流露出一片爱国豪情。他善于把诗文书画融为一体，使"文人画"的书卷之气更为浓郁。

文徵明洁身自好，声名远播，四方文人骚客经过吴地，如果不去拜访他，就是枉来此一趟。晚年他的书画老成苍秀，更富逸韵。尤其可贵的是，他喜欢奖励后进的晚辈们，有人来请他写字画，他就说："我已经老了，技艺也减退了，不如周公瑕，你们为何不去找他，他年轻又有朝气，名气也不在我之下，你们认为如何？"因此周天球（公瑕）、钱谷（叔宝）等后学，皆能脱颖而出，在艺苑有了知名度。文徵明的其他门生弟子，如陈淳、陆治、文彭、文嘉、文淑等，也都非常有才华。他组织中吴风雅之盟有30多年，成为江南艺坛一代功德之主，影响深远。

文徵明还很精通史学典故，流风旧事，无所不知；他常常坐在窗下，抱着炉子取暖，一边向人们津津有味地讲述，大家听得入了迷。

嘉靖三十八年（1559年）春，文徵明安然逝于家中，享年90岁。临终前犹为严御史母书墓志铭。文徵明去世后，文人学者们赠送他"贞献先生"的称号。

文徵明的一生，十次应试，均落榜而归，但他从中吸取教训，看淡了名利，终于大器晚成。他谦虚自律，从未做过什么有损他人的事情，因而能够心胸开阔，知足常乐。他一生都不曾放弃学习创作，以诗文书画陶冶性情，颐养天年，把沈周复兴的"文人画"推向新的高度，不仅使"文人画"的诗、书、画一体结合得更为完美，而且还发扬以书画陶冶性情的士大夫精神，追求笔墨清润疏秀，和沈周、唐寅等统称"吴门画派"，成为明代最有影响的美术流派。

由于勤奋和高寿，文徵明是我国古代美术史上作品最多的艺术家，仅在著作笔录上记载的作品，就有五十多件，其中绘画作品如《洛神图》、《古木寒泉图》、《洞庭西山图》、《漪兰竹石图》、《真赏斋图》等，楷书《心经》、《千字文》、《洛神赋》等，成为东方美术的珍品而享誉世界。他的作品《莆田集》，后人编为《文徵明集》。

21.文学家归有光

隆庆五年（1571年）正月，文学家归有光病逝。

（1）屡试不中

归有光自幼聪慧过人，五六岁即能读紫阳先生的作品，9岁能做文章，精通"五经"、"三史"。后来师从同县名儒魏校，攻读《史记》、唐宋八大家之文，以及濂、洛、关、闽之说，吟诗作画颇有大家风范。20岁成秀才，以第一名的成绩考入苏州府学生员。后以贡生选入南京太学。他还与友人常常在昆山马鞍山畔的野鹤轩结社会文，谈文说史；或读书万峰山，翻阅《大藏经》。他主张写文章要真情流露，反对模仿剽窃，特别钦佩司马迁与欧阳修的文风，欣赏他们的笔法。虽然归有光伤叹自己不能像司马迁那样有所作为，写出感泣鬼神的篇章，但是他以自己的家世和身边琐事为题材，表达了丰富的生活感受。在《项脊轩志》、《女如兰圹志》、《寒花葬志》、《李南楼行状》等散文中，用朴实的笔调，将他儿时丧母、青年丧妻夭子的家庭不幸变故用朴实的笔调叙述出来，在记述中插入不经意的回忆细节，如泣如诉，使读者深深陷入其情境之中，产生共鸣。

归有光的这些散文，虽然写的尽是小事，笔法却神似司马迁，于不经意中流露出神采，风神疏淡，笔墨寥寥，却如"清庙之瑟，一唱三叹，无意于感人，而欢愉惨恻之思，溢于言语之外"。如《寒花葬志》，内容是作者回忆十年前逝去的婢女，仅用数十字的篇幅，勾勒三件小事，一个天真活泼的小女孩形象就生动地呈现在读者面前，真挚感人，使人们对她的不幸早逝表示悲叹。因而，归有光的散文问世后，以其简洁、清新的文风，真挚的情感，深深打动读者，使那些模仿剽窃、只重形式而不重内容的干涩之风，相形之下黯然失色。不少学子慕名前来拜他为师，虚心求教。

嘉靖十九年（1540年），35岁的归有光参加南京乡试，主考官张治极为欣赏他，视其为为国报效的人才，拔为第二名举人，期待归有光能更进一步，早日成为进士。但是归有光自由不拘的文风，在那些顽固守旧的秋试会考官眼中却并不出色，因此屡试不中；他跋涉数万里，先后共赴京考了九次，皆失意而归，以致想打消仕进的念头。科考的失利，既耗去了归有光的宝贵年华，又招致一些乡野势力小人的诋毁与嘲笑。归有光却在多次失败中发现了科举制度的不利之处，觉得它让人一生陷于追名逐利之中，使得为文服从制举八股，徒成僵化，而无情感可言。他还攻击、挑战那些莫辨猥杂，而唯以剽窃为能的文风，在嘉定安亭江畔筑庐读书谈道时，他以一个落寞老儒的身份，大谈八股文风的革新，向准备科考的人传授心得；编辑唐宋散文，来反对文坛上滥行的"复古派"运动。归有光总结经验教训，标新立异，在老屋荒江畔自成一统，四方来学者竟达数十百人。

（2）赞成"唐宋派"

归有光在《山舍示学者》一文中告诫学生，要大家写文章不要剽窃他人，而要有自己的想法，真情实感的流露。

自从弘治、正德年间李梦阳、何景明等"前七子"倡导"文必秦汉，诗必盛唐"以来，明初"台阁体"的死板、僵化的文风得到很大改观。但到嘉靖初年，李攀龙、王世贞等"后七子"继承复古衣钵，渐渐流于抄袭模拟的形式，文风出现华而不实、臃肿浮荡的倾向。面对这种情况，王慎中、唐顺之疾呼学习唐宋散文，强调文章的言之有物，重视真挚的感情，世称"唐宋派"。

归有光积极地投入改革运动，加入"唐宋派"的行列，反对王世贞等人认为文章愈古愈好的观点。归有光虽然不是进士，但是因为他早已声名远播，因此所言很有说服力。他用自己的创作实践同"复古派"抗衡，在授徒的同时，连续写了《亡儿翻孙圹志》、《见村楼记》、《筠溪翁传》、《张贞女狱事》、《书郭义官事》等多篇散文，唐宋散文的优良传统，得以继承和发展。

这些散文，文字清新流畅、生动自然，无论圹志、行状、传记、故事，都有《孟》、《荀》的神采，和《谷梁》的霸气，打破了"复古派"统治文坛近百年的混浊气氛，以清新和富有真挚感情的文字为文坛带来一股清新之风。

归有光除以创作实践大力推崇"唐宋派"外，他还提出了一些明确反对"复古派"王世贞的盲目崇古观点的文学主张。他在《项思尧文集序》中写道："盖今世之所谓文者难言矣！未始为古人文学，而苟得一二庸妄人为之巨子，争附合以诋诽前人。韩文公曰：'李杜文章在，光焰万丈长；不知群儿愚，那用故谤伤？蚍蜉撼大树，可笑不自量！'文章比宋元诸名家，其力足以上溯千载而与之颉颃，而世直以蚍蜉撼之，可悲也！"

王世贞不服其言，说："妄诚有之，庸则未敢闻命。"归有光又反驳道："唯妄故庸，未有妄而不庸者也。"

归有光还针对前、后七子"文必秦汉"的复古主张批驳道："天尚且崇尚字斟句酌，自谓欲追秦、汉，只不过是剽窃齐、梁之余，而海内宗之，翕然成风，可谓悼叹耳！"他认为学习古人固然不错，但要得神，而不是学其形，说："余尝谓观书，若画工之有画耳、目、口、鼻，大、小、肥、瘠，没有不模仿的，但在别人眼中，看不出相似之处。这就是形似而神不似的缘故。余之读书也，不敢谓得其神，乃有意于以神求之云。"归有光还认为作品的艺术标准在于质之美，他说："欲文之美，不如德之实；欲文之华，不如德之诚；以文为文，不如以质为文。"这些独到的见解，在抵制"复古派"专事模仿剽窃的流俗中，起到中流砥柱的作用，使司马迁与唐宋古文家的朴实文风得到发扬光大。特别是他在教授举子业的讲堂中贯穿自己的文风，力图改造八股文，这种勇气，使后人不得不把他称作为"彼时之豪杰"，不仅把他的散文举为"明文第一"，而且把他的八股制艺，与汉唐文学相提并论。以致唐宋八大家文选，在唐顺之、归有光的崇扬下，文风为之一变。

（3）关注民生

归有光虽然讲学于荒江老屋，但仍关心民间疾苦，他留意东南水利，关心家乡的农业与民生。怀着忧国忧民的赤子之心，他从各处长者百姓那里搜集历代有关治理长江下游、钱塘江下游与太湖流域水利的文献，编写了《三吴水利录》四卷。在这部书中，归有光绘图分析东南水利大势，举例说明历代治水经验，并结合自己多年考察的心得分析利弊，加以阐述。他认为治吴中之水关键在于松江，应当疏其湮塞，"开浚诸水"，"去两岸菱芦，自昆山漫水江迤东至嘉定、上海，使江水复由跄口入海"，使百姓免于水患，确保境内丰足富裕。他将这些建议和文献，呈给地方官府，以供他们治水参考。

归有光还在抗倭战争中积极地返回昆山城中参加防御，并写下《备倭事略》、《论御倭书》、《上总制书》等，根据敌情，具体问题具体对待，列举了几个方案，向当局献计献策。后来他还写下《昆山县倭寇始末书》、《海上纪事十四首》等，作品流露出同仇敌忾的爱国情感。此外，归有光又写了《鲤鱼山》、《郓州行寄友人》、《西王母图序》等诗文，有的记所见灾祸，表达对灾民的同情；有的是对官场丑态的讽刺，有的对劳动妇女所受的非人压迫鸣不平。他以独到精辟的见解，使自己的作品充满生命力，而享誉文坛。

嘉靖四十四年（1565年），归有光60岁时考中进士，被任命为浙江长兴县令。他决心以古代贤士为榜样，兴利革弊，干一番事业。归有光上任后，作了一系列明智的善举；每审理案件，他都详细调查，把和案情有关的人员召至案前，细细交谈，把案情审理得清清楚楚。凡鱼肉百姓者，一律严加惩处；即便是上司的命令只要不符合民意，他也敢于违背其意旨而不执行。在他任职的三年里，人民安居乐业。但是这却招来豪强、大吏的不满，隆庆二年（1568年），归有光终因得罪豪强和上官，而被调任顺德府通判，管理马政，名义上是调任，实际是被贬官。对这一不公平的降职，归有光愤慨陈词要求告老还乡，但被朝廷公卿扣压不能上达。

归有光调任后，为了表示自己的不满，筑土室一间，整日躲在其中，读书自娱。隆庆三年（1569年）冬，他赴京入贺万寿节，在大学士高拱、赵贞吉的推荐下，任南京太仆寺丞。后来又被李春芳留在内阁，负责敕房的工作，参修《世宗实录》，任文学侍从。他大器晚成，十分兴奋，期望自己能借机阅读内府秘藏，在学术上获得更深的造诣。但终因劳累过度，身染重病，在敕房仅任职一年，于隆庆五年正月十三日（1571年2月5日）去世，终年66岁。

归有光去世后，他的文学主张和散文成就愈来愈为社会所重视，连一向反对他观点的王世贞也对他表示赞赏，改变"复古派"的旧观点。王世贞晚年在给归有光的遗像题赞词道："千载有公，继韩欧阳；余岂异趋，久而自伤。"把归有光与韩愈、欧阳修相提并论，给予相当高的评价。

归有光的诗文后人辑有《震川先生集》，此外，还有《三吴水利录》、《易经渊旨》、《诸子汇函》、《文章指南》等。

22.吴承恩与《西游记》

吴承恩（约1504~1582年），字汝忠，号射阳居士、射阳山人。祖籍涟水，后迁淮安山阳。出身贫寒。父亲吴锐，原为儒生，喜好读书，遍读经史百家，但迫于生计，弃文从商，却不善经营，以致家境贫寒，被人视为迂阔的"痴人"。在父亲的影响下，吴承恩少年时就爱好文学，喜听奇闻异事；另一方面他又遭受势利小人的欺侮，被称做"痴人家儿"。受此刺激，他发愤学习，决心求得功名，以雪屈辱。

吴承恩10多岁时以文才出众而在淮上享有盛名。嘉靖八年（1529年），就读于淮安知府葛木所创办的龙溪书院，受到葛木的赏识，成为书院里的"法筵人"。然而他虽才华出众，但却迂疏浪漫，所以考了多次都没有考中。他时时与友人朱口藩把臂入酒垆，跌弛自放，诗酒寄趣，以渲泄怀才不遇的郁闷心情，将自己比作不合时宜的山公。特别是在父亲和恩师葛木相继去世之后，他更有寂寥之感，觉得岁月如梭，应及时行乐，厌倦孜孜经营的举子之业，放荡不羁。虽然每逢应举之年他都要怀着虔诚与鄙夷的矛盾心情去南京应试，但每次都名落孙山。

科场的失意，使不得志的吴承恩转而回复到自己所嗜好的小说上来；由于他本人风趣幽默的风格，使他对宋元话本《大唐三藏取经诗话》中猴行者、元杂剧《西游记》中猪八戒等形象发生浓烈的兴趣。于是他对唐太宗时，僧人玄奘西行取经的过程，以及终于从天竺取回佛经的有关民间传说、话本、杂剧等悉心搜集，汲取佛教故事、道教传说，约于嘉靖二十一年（1542年）前后完成小说的初稿。

这部融神话、传奇、演义、志怪、童话、谐于一炉的长篇小说，以神奇变幻的描写，浪漫多姿的色彩，塑造了孙悟空、猪八戒、唐僧、沙和尚、牛魔王等活生生的艺术形象，歌颂了孙悟空的机智、乐观、勇敢、幽默和野性不驯、蔑视困难，借神怪英雄的斩妖伏魔，以表达作者的本意和对理想与自由的追求，充分表现了在功名上失意的吴承恩玩世不恭的一面。

为了使小说的创作更为真实自然，吴承恩还游览了云台山等名胜，从大自然奇美无比的景色中获取灵感，并且向友人李春芳请教有关道教故事，使故事更加具有真实性和可看性。

《西游记》初稿完成后，吴承恩暂时停止小说创作，继续练习八股文，去走不得不走的科考之路。然而他仍然仕途坎坷，直到嘉靖二十九年（1550年），才补为岁贡生。此时吴承恩已过不惑之年，抱着一线希望赴京应试，千里迢迢满怀希望而去，却是败兴而归，而这时他的友人朱曰藩、李春芳皆先后中举，金榜题名。

他感叹自己怀才不遇，又不甘放弃，于是只好到了有着六朝繁华之称的南京，就读于国子监。

吴承恩在南京国子监度过了十余个春秋，与旧友朱曰藩以及秦淮河畔的四方文士何良俊、文嘉、黄姬水等往来甚密，他们经常以诗会友，作品风流不羁，乐观向上。当倭寇侵入江淮时，吴承恩怀着强烈的报国之志，返回淮安家乡，协助抗倭武装抗击敌寇，获得了胜利。

嘉靖四十五年（1566年），年逾六十的吴承恩终于以贡生的资格升为长兴县丞，步入盼望已久的官场。但是分派给他的职务却是管理马政粮政等琐事，使他十分失望。然而值得庆幸的是，在他任职期间，与知县归有光甚为投机。归有光是著名的文学家，他们两人常常饮酒作诗，谈文说史，兴味盎然。

可是好景不长，官场是非众多，纷繁复杂，吴承恩被人诬为贪污，在任仅两年就被投入监狱，释放后罢官而去。隆庆二年（1568年），得以平反昭雪，吴承恩又应召赴湖北，任荆王朱翊钜府第纪善。

隆庆四年（1570年），吴承恩已经年迈，官场亦让他绝望，于是他申请退职，回到了家乡。"性定果然知浪静，身安自是觉风微。"吴承恩回家后，回首自己数十年的经历，而今却落得了个无牵无挂，悠游家乡，荣辱皆忘，不禁百感交集。他似乎悟出了人生的道理，看破了社会的黑暗，觉得那些追求功名的，因此而丧生；抢夺利益的，因此而失去了自我；受到封爵的，像陪伴老虎，随时有危险发生；承受恩泽的，好像袖揣毒蛇行走；算起来奔波大半生，还不如现在，淡泊名利，一切随缘，山青水秀，逍遥自在。

饱经沧桑、深谙世态的吴承恩，决心总结自己多年来丰富的生活积累，修改充实《西游记》，为后人留下一份不朽的文学遗产。

《西游记》的定本为一百回，约80万字。前七回叙述孙悟空大闹龙宫、地府、天宫中的叛逆性格；此后叙述唐僧师徒西行取经，着重描写孙悟空不畏强暴、勇往直前的英雄气概。全书情节迭宕起伏，紧张而扣人心弦，出神入化而极尽奇恣；语言简练风趣，流畅通俗。尤其是书中寓意深刻，含括了许多人生道路上可能经历的艰难困苦，颂扬真善美，启迪人们的智慧与想象力，寓教于乐，在思想上和艺术上都达到很高的成就。

吴承恩晚年以吟诗作画自娱，还编订《花草新编》等。约于万历十年（1582年）去世，无后人。但他的《西游记》出版发行后被译为英、俄、日、法、德、意等十几种文字，为世界所称颂。

吴承恩还著有志怪小说《禹鼎记》，可惜原稿遗失，后人将他的诗文辑成《射阳先生存稿》四卷，《续稿》一卷。

第十章 万历荒政

万历年间，张居正跻身内阁，并取得首辅之位。之后便雷厉风行地开始了自己的改革，包括开垦土地，整顿财政、边防、吏治和学校，推行一条鞭法，治理黄河，使明朝有了复兴的势头。张居正死后，明神宗开始荒政。清官海瑞立志为国，声名万世。"万历三大征"无形中加剧了人民的负担。再加上他派出的矿监税吏的残酷掠夺，广大人民处于水深火热之中，反抗斗争此起彼伏。国本之争最后以立储朱常洛而结束。这一时期也发生了明末宫廷三大案之一——"梃击案"。与此同时，女真族领袖努尔哈赤率部迅速崛起，并与明廷多次争斗，明朝的时日不多了。

1.张居正辅政

万历十年（1582年）六月，政治家张居正去世。他在辅政期间尽心尽力，改革也卓有成效。谁知道明神宗却恩将仇报，使其子孙惨死。

（1）跻身内阁

张居正（1525~1582年），字叔大，号太岳，祖籍湖广江陵。少年时代即聪慧过人，被誉为"神童"。13岁时，他写过一首《题竹》诗："绿遍潇湘外，疏林玉露寒。凤毛丛径节，只上尽头竿。"反映了他远大的志向和抱负。

据说张居正诞生的前夕，他的祖父东湖公张镇梦见大水急涌入庭下，大惊失色，就问奴仆这股大水从那里来。奴仆说水自张少保纯地中流出。那晚他的曾祖父怀葛公张诚亦梦有月坠水瓮中，流光发色，化为白龟浮于水上。因此，张诚为他的曾孙起了个谐音的名字，叫白圭。

又据说嘉靖十五年（1536年），张居正参加荆州府的考试。当时李士翱为知府。前一天晚上他梦见上帝剖符封识玉玺，令授一童子。明日进所取士于庭下，居正名在第一。李公于是坐在居正升阶之位，观察童子是什么人，果真如梦中所见者，于是大喜。为他更名道："白圭不足为名，他日当为帝者师，余得闻命天皇上帝矣。"结果，神童改名为居正。不但如此，李士翱还竭力向省里来的督学称赞他，自此，张居正名扬全省。

还有传说，张居正成年时，眉清目秀，一表人才，胡须长至腹部，使人过目难忘。一日白天明神宗在东宫就寝时，梦见一位美髯大臣在身边，想要陈述什么。明神宗醒了，很是奇怪，就问内侍这是怎么回事，内侍回答就："陛下梦中之人就是将来的太平宰相。"看见张居正，长身玉立，髭髯修美。皇上忆起梦中事，对内侍说："这就是我梦中所见之人吧？"

这些不寻常的梦兆，即使全是捏造，至少也显示了这个人物的非同寻常。

嘉靖十六年（1537年），张居正至省城参加乡试，湖广巡抚顾璘认为他太年轻，建议考官不予录取。因而，直到嘉靖十九年（1540年），张居正才中举人。顾璘对他当初的做法有些后悔，对张居正说："张生比我幸运。我大器晚成，自是中材。我不应该因你年轻而轻视你，让你晚了三年才中举。"

嘉靖二十六年（1547年），张居正中进士。从第一次参加乡试，到中举整整十年时间。而当选庶吉士，读书中秘，使他再一次得到中年晋升的机会。他并不重视儒学经典和文字雕琢，而是潜心研究子史百家者言、国家典故和时务之切要者，不耻下问，这与"选也以诗文，用也以诗文"的翰林院传统相悖，反映出了张居正独到的见解。

嘉靖二十八年（1549年）解馆，张居正被任命为翰林院编修。在这一年，他上了一道很重要的奏疏，阐明对时政的看法："臣认为今日时事，有六处弊病，如果不及时解决，恐怕以后会酿成大祸。"这几处弊病之首是指世宗自壬寅宫变后，久不上朝，以下依次为：宗室骄恣、庶官瘝旷、吏治因循、边备未修、财用大匮。这篇《论时政疏》有两千多字，是张居正两年来从学习和观察时政中总结出来的。第二年发生的"庚戌之变"，证明"吏治因循"、"边备未修"已到了非常危险的地步。

当然，一个小小的翰林编修的奏疏，不会引起皇帝的重视。但是张居正初入仕途，机遇相当不错。第一个赏识他的官僚李士翱已升至七卿，虽然他只任职八个月就被罢免，却先后任工、刑、户三部尚书。嘉靖三十一年（1552年）入阁的大臣徐阶也对他格外赏识。在这种有利的条件下，他却在嘉靖三十三年上疏辞职回乡。据他的儿子张敬修说，是因为他体弱多病，对不安定的动荡生活已经厌倦的缘故。

张居正回到江陵老家，盖了几间小平房，养了几只癯鹤，过起隐居生活，不但拒见宾客，而且连亲戚朋友也不见。他开垦了几亩荒地，植竹种树，诛茆结庐，以栖息其中。每天穿行于阡陌间，与田父佣叟看土壤干湿情况，播种耕种，看天相，来测今年的收成。他看到农夫们整日风吹日晒，却连温暖问题也不能解决，而苛捐杂税日趋加重，人民生活日益困苦。如果遇上好年景，收成好了，百姓欣喜若狂，他也和百姓同疾苦、同欢乐，体会到其中之艰辛与欢乐。这一段生活，使张居正对农民生活的艰辛有了深切的体会，对他以后推行改革政策有很大影响。

张居正说，他先后在山中居住了六年，有就这样一直生活下去的想法，由于父亲的反对，才不得不复出。

嘉靖三十九年（1560年），张居正复出。当时，首辅严嵩和次辅徐阶的矛盾加剧。因畏惧严嵩的权势，以前徐阶的同党，都纷纷躲避他，而张居正却能在两位权贵之间处之自如。不久，张居正升右春坊右中允，掌管国子司业事，后又经推荐以副总裁身份主持修《承天大志》，他仅用了八个月的时间即脱稿。这给世宗留下了极其深刻的印象，于是命他以右谕德侍裕王朱载垕讲读。不久，又迁侍讲学士，掌翰林院事。张居正同裕王和裕王府中的人关系处得非常融洽，这就为他进入权力中心打下了坚实的基础。穆宗即位以后，张居正在一年内连升四级，先是升礼部右侍郎兼翰林院学士；接着升吏部左侍郎兼东阁大学士，参赞机务，着入内阁；隆庆元年（1567年）四月，再升礼部尚书、武英殿大学士；隆庆二年正月，加任少保兼太子太保。从官位等级上讲，侍讲学士是从五品，少保是从一品，因此，这样的升迁速度是惊人的。

（2）操纵内阁

隆庆元年二月以前，内阁有四名成员：徐阶、李春芳、郭朴、高拱。到二月，又加入陈以勤、张居正。张居正虽名列第六，但他的威望却比其他前五位要高许多。这不仅因为他"独引相体，倨见九卿，无所延纳"，更在于他每次提议都得到肯定和批准。

隆庆二年（1568年）八月，张居正上疏《陈六事疏》，集中反映了他的治国思想。疏中陈述的第一事是"省议论"。他提出考察事物、人才要："事无全利，亦无全害。人有所长，亦有所短。重要的是要权衡利害多寡，长短所宜。""欲为一事，须审之于初，务求停当。及计虑已审，即断而行之。"他执政以后之所以能取得显著的成绩，很得益于不求全人、不求全功的思想。第二事是"振纪纲"。张居正认为，人主太阿之柄不可一日倒挂。顺情与徇情、振作与操切不同。顺情的人以人们共同的意见为标准。徇情的人不论是非曲直，而唯人情为重。振作者，"整齐严肃，悬法以示民，而使之不敢犯"。操切者，"严刑峻法，强迫百姓同意其意见"。因此，"情可顺而不可徇，法宜严而不宜猛"。第三件事是"重诏令"。他主张下于各部院大小事务，数日之内必须给予答复；需要由抚按议处者，根据事情缓急，路途远近，严令限期奏报。吏部根据这一点考察官吏办事的态度。第四事是"核名实"。他认为世上怀才之人众多，就看你是否能用在正道上。所谓正道，就是要"严考课之法，审名实之归"，具体来说，不要听其虚名、拘于资格，也不要毁其声誉，评定一个人不要掺杂主观因素，不要以偏赅全，随便给人定义。严考课，审名实，和严令期限，以考勤惰，就是张居正后来推行考成法的基本内容。第五事是"固邦本"。关于理财，他指出两点：一是财用日匮的根源，包括风俗奢靡，官民服舍俱无限制；豪强兼并，赋役不均，偏累小民；官府造作侵欺冒破，等等。另一是要"慎选良吏，牧养小民"。他把守令分为三等：守己端洁，实心爱民，为最高一等；善事上官，干理簿书，而无实政，最多算作中等，这是核名实思想的具体体现；最下等是贪污显著者，应严限追赃，押发各边，自行输纳。第六事是"饬武备"。他认为兵少、粮缺、将帅不才，都不是重要的，重要的在于无奋发向上之志，因循怠玩，苟且偷安。只要"修举实证，不求近功，不忘有事"，那么不到五年，即可干出一番事业来。

这篇奏疏同嘉靖二十八年的《论时政疏》相比，张居正的治国思想更进了一步，不仅提出的问题更加贴切，而且解决问题的办法也一针见血。进入内阁以后，他的权力和地位发生了变化，因此特别强调"尊主权，一号令"。

这份奏疏于八月呈上。在前一个月，首辅徐阶致仕。张居正一直很敬重徐阶，至于其他阁臣，他都没有放在眼里。次辅李春芳比张居正早两年入阁，是张居正同科的状元。徐阶被论致仕，李春芳感到自己也将不保："徐公都落得如此下场，我又怎能长久。"张居正马上回答："既然这样，那你就解甲归田吧。"可见他的狂傲。在徐阶致仕不久，呈上《陈六事疏》，虽是一种巧合，但也可把它当做竞争首辅的纲领。

郭朴、高拱因为与徐阶不和，分别遭到罢免、致仕。隆庆三年（1569年）八月，赵贞吉入阁。赵贞吉也是年少有为，有前辈官僚称赞他的考卷："虽《治安策》弗能过矣。"张居正也被称为无人能及，两个精英凑在一起，内阁失去了以往的平静。赵贞吉视张居正为晚辈，议论朝政，动不动就说："这不是你们这些小孩子所能理解的。"这些，当然是张居正不能忍受的。

张居正联合原裕邸中官、后任司礼太监的冯保对付赵贞吉，于十二月将高拱召回掌管吏部事。赵贞吉通过李春芳的支持，也兼掌都察院事。两人形成公开敌对的态势。高拱以次辅身份兼掌吏部，力量要更大些。隆庆四年（1570年）十一月，赵贞吉被迫辞官。第二年，李春芳致仕，高拱转为首辅，张居正跃居次辅。

在一段时间里，张居正和高拱合作密切，如对于俺答封贡事，两人意见一致。但是没有过多长时间，高拱以傲慢的态度对待张居正，张居正不甘心被他操控，两人的冲突日渐显露。

冲突首先是从与徐阶的关系而引起的。高拱由于记恨徐阶，令亲信言官追论徐阶和他儿子的过失和疵漏。张居正受徐阶所托，欲加以庇护。在张居正的劝说下，高拱心有所动，却又听到传言，说张居正接受徐阶之子三万两银子的馈赠。于是高拱当面讥讽张居正。张居正向以"一切付之于大公"自诩，于是指天为誓，拒不承认。高拱虽然后来承认误听闲言、没有作调查，但两人已生芥蒂。

为了对付高拱，张居正与太监冯保结成了联盟。隆庆六年（1572年）五月，明穆宗朱载垕驾崩于乾清宫，他在临终之际，向大学士张居正、高拱等嘱托后事，谕令顾命，辅弼皇太子。司礼监太监冯保利用职务之便办了两件事情。一是密嘱张居正起草遗诏，在遗诏中私自加进"司礼监与阁臣同受顾命"的内容。二是串通穆宗后妃，将司礼掌印太监孟冲罢黜，取代其位。这样，局面完全变了。隆庆六年（1572年）六月，高拱被罢官。不久，另一个阁臣高仪病卒，张居正成了内阁中唯一的顾命大臣。六月初十日，年仅9岁的太子朱翊钧继承大统，颁诏天下，以第二年为万历元年，此人即是明朝在位时间最久的明神宗。从此，到万历十年（1582年）张居正去世，他一直稳坐首辅宝座，内阁之中无人与之匹敌。其间，虽有几个大臣入阁，但他们同张居正的关系，就像上级和下属一般。如张四维入阁，皇帝手批："随元辅入阁办事。"

神宗朱翊钧即位时只有9岁，他的生母李氏对他影响很大。李氏由宫女出身，封至贵妃。按照旧制，立新天子，尊前朝皇后为皇太后，生母称太后要加徽号。张居正和冯保商议，尊穆宗皇后陈氏为仁圣皇太后，尊李氏为慈圣皇太后，地位几乎平等，取消了称号差别。这很讨李氏欢心，于是她把辅佐、教导神宗的重任都交与张居正。

冯保兼任司礼掌印、提督东厂，由于得到李太后的信任，对神宗具有威慑力量，权势在前朝王振、刘瑾辈之上，但是并没有形成宦官专权的局面。张居正说他"宫中府中，事无大小，都由他一人掌管，没有一件事能逃过他的眼睛"，又说："宫府之事，无大无小，都由他作主，由仆人去办，没有人敢去干预。"应当说，在张居正执政期间，中官的确不干预外政，权贵太监如此受内阁牵制，在明中叶以后实为少见。

（3）任人唯贤

张居正执政以来最关心的就是"人得其位，官得其人"。他说得很恳切："自我任职以来，一切付之于大公，虚心鉴物，正己肃下。执法必严，铁面无私，广纳贤才，孤远不漏。"他又颇为自得地宣称，"平生无他长，但绝不做有损声誉之事。所提拔的人，或出于杯酒谈笑，或望其丰神意态，或平生未谋一面，都是从其行事当中选出的。皆虚心独鉴，匪得人言"。甚至有这种情况，用什么方式选中的，这个人本人一生都不知道。

张居正主张用人重在能力而非资格、名声。关于官员的出身，神宗和张居正就山东昌邑知县孙鸣凤贪贿事有过一番对话。神宗问："昨天看见奏疏，此人出身进士，他怎么敢如此大胆？"张居正回答："正是凭借进士出身，所以敢放肆。如果是举人岁贡，反倒会三思而行。以后用人，当视其功能，不必问其资格。"他建议恢复并实施三途并用。山东莱芜知县赵蛟、费县知县杨某，都是吏员出身，"干局开敏，能肩繁钜"。没有经过科举的官员，是士人看不起的。但杨某在其位上成绩显著，没有一个人敢道他长短。还有司狱黄清，张居正用为淮安府同知，以筑高宝诸河内堤，"甫岁余，成功者已半"，加两淮运司同知，以竣其役，"又匝岁功且报完"。张居正出身甲科，起家翰林，却此能客观地评价和任用非科举出身的官员，这是他比其他执政者精明的地方。

张居正注重官吏的真才实学，不计虚名。如张学颜，任山西参议时，被总督江东弹劾，后来得以平反。高拱曾称赞他"卓荦倜傥，人未之识也，置诸盘错，利器当见"。张居正以其工于心计，而重用他，万历六年（1578年）提升他为户部尚书。张学颜主持会计，实施清账，颇有成绩。又如殷正茂和凌云翼。殷正茂生性贪婪，每年收受下属贿金以万计，高拱曾对他有一番评价："我将百万金交于正茂，虽然他私吞一半，但事情仍旧能很快得以解决。"凌云翼喜好杀戮，成为当时人们谈论的对象。张居正看中他们的干济之才和事可立办的效率，把两广军事先后委托给两人。

张学颜、殷正茂等虽然曾受到高拱的赏识和重用，但张居正并不以为然。他认为，或议论"某为新郑之党，不宜留之"，或议论"某为新郑所进，不宜用之"，这些都是徒劳无用的。这些事件很好地证明了张居正"一切付之于大公"的论点。

史说张居正"能以智数驭下，人多乐为之尽"。他任用李成梁镇辽、戚继光镇蓟门，他们都不负众望，在边防上屡获奇功，发挥了重大的作用。

张居正一贯主张用人以能力而不以资格、名声，又认为要做到这一点还应当有制度上的保证。万历元年（1573年），张居正提出和推行考成法，就很好地证明了这一点。

考成法规定了办事的时效，建立了监督网络。规定各级部门都要建立自己的文簿，月末时注销。每件事都要规定在一个期限内完成，逐月逐季逐年检查，作为考核官员优劣的标准。并建立了层层监督网络，若某处抚按官奏行事理有延误，由该部揭发。各部院注销文册如果有隐欺蔽者，由科臣揭发。六科缴本具奏，有容隐欺蔽者，臣等科举揭发。如此，月有考，岁有稽，不唯使声必中实，事可量成，而参验综合之法严。即建言立法者，也将考虑到自身的利益，而不敢贸然触犯。把办事拖拉的官僚系统纳入讲求时效的轨道是非常困难的，张居正知难而上抓住这一点，加以整顿，说明他对官僚政治的弊端了如指掌。他基本上依靠这一点，在他的政治生涯中取得很大成就。数年之后，科道官说："自考成之法一立，数十年废弛丛积之政渐渐得到改善。"这当然不是虚妄之言。

再者，抚按负责一省之事而汇总于六部，六部根据文簿记录以检查各地职守，六科根据文簿记录以检查六部，内阁根据文簿记录以检查六科，使事权最后集中于内阁。内阁控制部院，自明中叶以后不断加强，第一次明确提出了内阁通过六科控制、监督部院。

作为考成法的辅助手段，万历二年（1574年）十二月，张居正命工匠制造御屏一座，中三扇绘天下疆域，左六扇列文官职名，右六扇列武官职名，将两京及内外文武府部以下，知府以上的官员的姓名、籍贯等一一列入其中，以浮帖的形式镶入，以便更换。每十日，二部将升迁调改官送内阁，由中书官写换。其屏设于文华殿后神宗讲读进学之所，以便朝夕省览。如某处缺某官，该部推举某人，即知某人情况；某地方有事，即知某人现任此地，今能办此事否。这项措施的实施带来两方面结果，一是使用人权最终集中于皇帝，二是让皇帝有所凭依，正确地行使使用人权。

行考成法，会引发另一些弊病。张居正说："近来由于行考成之法，有些官员习惯于处罚别人，于是不分缓急，一概严刑并追。"但总的说来，由于推行考成法，使"政体为肃"，得到了史学家的认可。

（4）关注边事

张居正一直关注北边形势，他说："我这十多年来一直关注蓟事，身心都感到十分疲惫。"他虽然说过，兵不多，粮不足，将帅不得其人，都不足为患，但他对于这三方面都十分重视，下大力气去解决。

张居正认为，当务之急，不是要减兵，而是要增兵。他说："天生五财，民并用之，谁能去兵？乃不务为足兵，而务为去兵，则唐之季世是矣。"但足兵不应当是盲目的，充足的食物是足兵的根本。张居正在给顺天巡抚的一封信中反对盲目增兵："贵镇查出虚饷有万余人，数十年宿蠹一朝剔去。要为国家着想，方且啧啧称羡，乃闻近日又欲募卒补伍，是又增加新的弊端。且南兵工食超出正常开支，方患无以给之，长期以往，怎么了得。"足食当然不能只靠清查虚饷，关键还在于恢复屯政。兴屯政就会食足，食足就会兵足，这是张居正解决足边足食的策略思想。"如欲足边，则应大力兴种农田，诚使边政之地，万亩皆兴，三时不害，让旷野无废置之地，切勿与小民争利，则远方失业的人都会带着家当来到这里。家自为战，人自为守，不用求兵兵就已经足够了。"他还认为，这些话在以前也许行不通，而用在今天则非常恰当。

再说选择边臣。万历五年（1577年），将顺天巡抚王一鹗调至宣府，以原应天巡抚陈道基抚顺天。张居正认为："宣蓟乃边疆要塞，两镇就像古时的秦越。蓟人遭到虏祸则宣人安枕，虽得虏情不以实告。今移公于宣者，所以为蓟也，乃陈公又长期任此职，其人达于事理，必获同心之济，故用陈公，则公虽去，犹未去也。"对于每一个人的调任，他都要躬亲，三思而行，可见其对边务的关注。

在西边，先后以"勋著边陲"的王崇古、"才略明谋"的方逢时以及高拱的门生吴兑为总督。王崇古首先提出封贡，得到高拱、张居正，尤其是张居正的支持。方逢时当时任大同巡抚，吴兑任宣府巡抚，委二人以重任，是因为他们都曾参与了封贡事，且能坚持封贡的方针。在很长一段时间里，宣、大一线得以安宁。

在蓟、辽一线，有两员著名的大将，一是深受张居正器重的名将戚继光，另一是镇辽22年的总兵官李成梁。李成梁英勇善战，有大将风度，由于屡获战功因此由参将升至总兵。万历七年（1579年），朝廷议加李成梁爵位，张居正说："李成梁屡立战功，忠勇大节为众将之魁。加以显秩，并不为过。而且他又是流爵，非世袭者，所以此举可以鼓舞将士敌忾之气，作人臣任事之风，亦振兴边事之一机也。"李成梁被封宁远伯。他感激张居正的知遇之恩，派人送礼以答谢，张居正拒绝接受，说："你是以自己的能力而受到提升的，我如果接受此礼，是对高皇帝的不忠。"

张居正不但善于提拔人才，而且亲自制定大的方略。例如，东部鞑靼土蛮因垂涎王号，屡次进犯，要挟明廷封其为王。辽东将士苦苦征战，听说此事，都有议和的愿望。张居正则坚决拒绝东部鞑靼款贡。他认为，他们不具备诚意，欲以此为借口"侵盗我内地，虏掠我人民"，如同意其要求，岂不是害怕他而委曲求全吗？他的话包含着两个要点：其一，面对要挟不惧怕，不作城下之盟；其二，对边关少数民族分而治之。万历五年（1577年），土蛮入犯锦州，督抚果然遵从张居正的意见，不与东部鞑靼通贡。

张居正在一首称赞辽东捷报的诗中写了这样两句："将军超距称雄略，制胜从来在庙谟。"他名义上是在称颂皇帝，实际上是为自己的判断暗暗得意。北边形势的稳定，在很大程度上的确应归功于他的筹划。

（5）捐上益下

张居正执政遇到的内部问题主要是财政匮乏，入不敷出。隆庆元年（1567年）户部题报：查得本部额派每年应入太仓钱粮等物折银共116万余两，各运司盐折银共130万余两，每年应发各边主客236万余两，在京各衙门各营卫所官员奉禄等项该银135万余两，就算常赋尽数完解，还欠银152万余两……通算本年入数比出数当少银345万，入不敷出，必须广泛征求意见以求其济。

捐上益下是张居正解决难题的方针。所谓捐上益下，即倡导宫中力行节俭，收入支出应仔细核算，则可不用加征赋税而扭转国用不足的局面。张居正比以前的执政者更坚决地提出和实施捐上而益下的方针，这全得益于他所处的地位。如太监请买金两珠石，张居正说："今户部钱粮十分缺乏，各边求讨月无虚日，实难支持。这一项支出暂且停止，以缓解百姓压力。"此事于是就此搁浅。神宗要铸钱供赏用，张居正说："臣等看得先朝铸造制钱，是为了通弊便民，用存一代之制……今若以赏用缺钱，径行铸造进用，则是以外府之储取充内府，大失旧制矣。"神宗要修慈庆、慈宁两宫以取悦太后，被张居正劝阻："治国之道，应当节俭，耗财之原，工作为大。慈庆、慈宁两宫都是在万历二年才动工，本年告完，落成之日，臣等恭诣阅视，巍崇彩绚，和天宫不相上下。今还不满三年，壮丽如故，乃欲坏其已成，更加藻饰，是岂规制未备乎？抑亦敝坏所当新乎？此事之可已者也。"神宗要征用光禄寺金，也被张居正劝阻："财赋有限，费用无穷，积蓄空虚，民不聊生。不幸有四方水旱之灾，疆场意外之变。此后望我皇上凡百费用痛加樽节，若再有取用，臣等只好拒绝奉诏了。"

万历四年（1576年）十二月，13岁的皇帝与张居正在文华殿有一段颇为感人的对话：

神宗举御袍问辅臣："此袍何色？"张居正说是青色。神宗说："是紫色，穿久了才变成青色的。"张居正说："此色既已退色，请皇上再做。世宗皇帝服不尚华靡，第取其宜久者而用之。每御一袍，不是太旧就不更换新的，故其享国久长，与这有一定的关系。窃闻先帝则不然，穿一次就换新的。愿皇上效仿皇祖的做法，能节一衣，则民间数十人因皇上节一衣而得温饱，若轻用一衣，则民即有数十人因此而受苦，不可不念也。"神宗深深赞同他的说法。

这一番对话就像父辈对子侄的谆谆教诲。从后来神宗热衷于"以外府之储取充内库"来看，张居正在位时的规劝和约束在当时所起的作用是很明显的。

张居正在规劝皇上的同时，也考虑到下民的实惠。隆庆六年（1572年）六月诏书，将嘉靖四十三年（1564年）至隆庆元年（1567年）拖欠钱粮，除金花银外，一律减免。隆庆二年至四年（1568~1570年）拖欠钱粮减免3/10。万历二年（1574年）拖欠七分之中，也只征三分。鉴于百姓疾苦，民不聊生，万历四年（1576年）七月，张居正提出："查各项钱粮，除当年应征者全部征收外，其先年拖欠待征者，除金花银遵诏书照例征收外，其余七分之中，通常年月久近，地方贫瘠之处，再行减免分数。如果实在贫困而不能交的，可以免除，以解民困。至于漕运粮米，以前也有减免的先例，今查京通仓米足够用七八年，而太仓银库库存很少。两项合之对照先例，将万历五年漕粮根据具体情况改折3/10，分派粮多及灾伤地方征纳。夫粮重折轻，既可以缓解百姓压力，又可以使银库得到较少的填充，是足国裕民，一举而两得矣。"户部开出一份很长的减免和改折的单子。减免主要包括：隆庆二年至四年（1568~1570年）解京折色钱粮拖欠者近55万余两；嘉靖四十三年至万历二年（1564~1574年）金花银拖欠者近66万两，嘉靖年间所欠全免；隆庆二年至四年（1568~1570年）边镇钱粮拖欠者5万多两；嘉靖四十三年到万历二年（1564~1574年）盐课拖欠者13万余两，只征收票税银。改折主要包括：万历四年所征五年起运者，除按照以往惯例数额改折外，其余部分改折3/10，计折米114万余石，按粮数多少和各地实情给予分配，无论正兑改兑每石粳米折银八钱，粟米每石七钱。这张单子可以让我们对细民受惠的情况有个大致的了解。

（6）治理黄河

张居正任内阁首辅期间，还经办过一件大事，即任命潘季驯治理黄河水患。

潘季驯，字时良，祖籍浙江乌程。嘉靖四十四年（1565年）由左少卿升至右佥都御史，总理河道事务。当时沛县飞云桥处黄河决口，东部运河一带全部被淹没。潘季驯与吏部侍郎朱衡受命率民夫九万，在南阳到留城这一段开凿新河，又将留城到境山的河段疏通修缮，从而使这一带的水患得以解决。潘季驯第一次治理黄河，即获大功，因此被升为右副都御史。

隆庆四年（1570年），黄河又在邳州、睢宁决口。于是朝廷又让潘季驯任原职，总理河道，堵塞决口，第二年竣工，但是后来潘季驯却遭到勘河给事中的弹劾而被罢免了。

潘季驯治河最为成功之时是在万历年间。万历四年（1576年），他又被征召，巡抚江西，次年改任刑部右侍郎。当时，淮、扬、高邮一带因为崔镇的黄河决口而被淹没，当时掌管时政的大学士张居正十分关心此事。朝臣纷纷上奏治河方案，有的认为应多开河道，将水引入大海；有的则认为应修理高家堰，用长堤将崔镇决口堵住，使老黄河开复。张居正不为所动，毅然决定再命潘季驯总理河道。万历六年（1578年），潘季驯走马上任，他不为各种议论所左右，注重考察实情，最后决定采用遥筑堤坝，填塞崔镇缺口，并维持现有河道的方式治理黄河。同时他根据黄、淮两河之特点，摒弃了在下游多开支河，将大水化小，急流化弱，开宽入海口，以便河水排放的旧办法，提出了"筑堤束水，以水攻沙"的原则。他认为，黄河夹带了大量泥沙流入平原地带，水流急时则沙随水流，缓时则沙停水漫，所以他提出在高家堰修筑堤坝，将淮河水位提高。然后让黄、淮并流，水急沙走，使河道畅通。他在上神宗的奏疏中，提出治河六条办法："塞决口以挽正河"、"筑堤防以杜溃决"、"复闸坝以防外河"、"创滚水坝以固堤岸"、"止浚海工程以省糜费"、"寝开老黄河之议以仍利涉"。在神宗的批示下，他逐步实现了自己的计划。

自万历六年（1578年）夏至次年十月，兴建了一系列水利工程，包括高家堰、归仁集、柳浦湾等堤，并将崔镇等130个缺口堵上，筑了徐、睢、邳、宿、桃、清两岸遥堤56000余丈，徐、沛、丰、砀缕堤140余里，还建了一系列大坝。这一束水防患工程既完整，又具系统化，缕堤的关键是"束水归漕"，距它两三里之外的遥堤是屏障，二堤之间又建格堤以作缓冲，这样就构成了三道防洪线。同时堤上栽柳种树，以加固堤防。从此以后多年，黄河没有发生过大的险情。万历八年，潘季驯由于治水有功被封为太子太保，提升为工部尚书兼左副都御史，同年秋，又升任南京兵部尚书。

由于张居正全力支持潘季驯的治河方案，使潘季驯能大刀阔斧地实施自己的计划。但在张居正死后不久，神宗便改变了以往对他的态度，不仅剥夺了他的官职，他的家属十余人也惨遭迫害致死。同时，对曾经支持过张居正改革的朝臣也不放过，统统予以打击，潘季驯被作为张居正的党羽，削职为民。

万历十六年（1588年），在给事中梅国楼的推荐下，潘季驯被再次任用为右都御史，总督河道，自此潘季驯已四任此职，第二年黄河水暴涨，冲入夏镇，毁坏田庐。当时潘季驯已年近七十，但依然亲临指挥，筑堤塞口，以消除水患。潘季驯在治黄工程上花了27年心血，直到万历二十年告老致仕之时，这位72岁的高龄老翁还对神宗说："去国之臣，心犹在河。"

潘季驯不仅实地组织领导了治河工程，取得了卓著的成绩，而且他根据自己多年来的治水经验，写成《河防一览》、《宸断两河大工录》等著作，成为值得借鉴的宝贵的治河史料。他采用束水攻沙的办法，"缮治堤防，俾无旁决"。这种做法具有非同寻常的优势：一方面水渗透到地表下，另一方面沙可随水流一涌而下。由于黄河之水"合则流急，急则荡涤而河澡，分则流缓，缓则停滞而沙积"，因此为了贯彻这一原则，潘季驯非常重视河堤的修建。修堤方法有："将堤坝筑得小点以便限制水流"，"加宽堤坝建设以增加它的气势"，"及时打开水坝闸门门以便使水能够排出"。缕堤筑于接近河滨的地段，平时用来将河水约束在河床之中。洪水到来后，因流量太大，河床往往不能容纳，所以须事先离河二三里另外筑堤一道以防洪水侵及陆地，这便是"遥堤"。滚水坝之所以选择地势低洼而坚实的地段，是因为当洪水涨到一定高度时，洪水会通过减水坝排去一部分，保证河床水量不会过多。由于减水坝用石头做成，因而不会被水冲溃造成洪灾。潘季驯这样总结他筑堤的方法：必须用真土建筑而不能掺杂浮沙，建得高大而不要怕浪费钱，建得尽量远，而不与百姓争地，堤坝定能坚固持久。潘季驯的这些理论，是多年的实际经验的总结，在当时是难能可贵的。

（7）推行"一条鞭法"

明代中期出现了"一条鞭法"，至万历九年（1581年）张居正在全国范围内加以推行。"一条鞭法"上承唐朝"两税法"，下启清朝"摊丁入亩"，在中国古代赋役制度上占有不可取代的重要地位。

明初的赋役制度基本上沿袭了唐、宋以来的两税法。赋和役截然分开。每年交纳"夏税"和"秋粮"两次田赋，夏税的交纳在八月之前，秋粮的交纳不能迟于第二年二月。田赋的数额因地而异，官田亩税五升三合五勺，民田减二升，重租四八升五合五勺，没官田一斗二升，芦地五合三勺，草场地三合一勺。洪武九年（1376年），明廷下令：天下税粮可以用银、钞、钱、绢代替交纳，不仅局限于交粮食，此后，称米、麦等税粮为本色，称折纳的钱钞等为折色。

此外，还有如鱼课、茶课等各项杂税，后来也并入两税征收。

明初的徭役主要分为"里甲"正役和杂役。"里甲"，作为一种基层组织制度正式实行于洪武十四年（1381年），这一制度以110户为一里，推丁多者十人为里长，其余百户分为十甲，每甲设甲首一人。里甲正役就是每年由一名里长、一名甲首负责某一甲的十户应役之事，负责本里内催办钱粮、勾摄公事等公共事务。每甲都是应役一年，歇九年，十年为一个周期。十年之后再以里甲为单位重新编订户口、田产等的清册，作为以后征收赋役的依据。

里甲正役开始只限于一里之内的事务，后来其职责扩展到其他行业，如官府祭祀、造作、供账、馈送、夫马，等等。

均徭仅次于里甲之下。均徭大多是为各级衙门服务的"杂泛差役"，如皂隶、工兵、膳夫、馆夫、柴薪，等等，它以户为单位进行指派。洪武十八年（1385年）明廷下令，以赋役册作为佥发徭役的标准，而这种赋役册是依上、中、下三种不同类型做成的。洪武二十六年（1393年）再次下令，除里甲正役依次充当外，其大小杂泛差役各照所分上、中、下三等人户点差。当时户等的划分以人丁、田亩、资产等为依据，基本上是"上重下轻"。

均徭分为银差和力差两种。银差折银代替服役，而力差必须由人服役。

除里甲和均徭两役外，当时普遍存在的还有驿传、民壮两项。后来有的地区将此四役合称"四差"。但是从广义上说，除里甲为正役外，均徭、驿传、民壮都属于杂役。

明代前期的赋役不但名目繁多，而且手续也十分庞杂。赋役的项目前面已经介绍了，很是繁琐，至于征收的环节，更是复杂。首先每隔十年都要造一次黄册，同时排定户等，以此作为十年内征收赋役的依据。在具体征收过程中，田赋分存留和起运两大类。存留是指将税粮存留本地，起运是指将税粮运往外地，由民间负责赋税的征收，如浙江、南直、湖广、福建等地设有粮长，其任务便是负责税粮的催征、解运和经收。至于徭役，各地方在征收时说法不一，如东南沿海等地的杂役有所谓额办、杂办、坐办等不同形式。额办一般是三年一办，有固定数额；杂办没有定额，随时征收；坐办，一年一办。此外，又有"正编"和"加编"，等等。各种负担简直是纷繁复杂，数不胜数。

除了上述问题外，明前期赋役制的最大弊端还是赋役不均。地主豪强占有多数土地，但却想少纳赋。缙绅地主本来享有免若干田赋、若干丁役等优免特权，但他们并不满足。缙绅地主和非缙绅势豪竞相隐瞒田产，想尽办法转嫁赋税，造成了有田者不纳税，纳税者没有田的不合理局面，国家掌握的纳赋田产也日渐减少。徭役的负担也很不合理，基层官员、胥吏与大地主们串通一气，在大造黄册和金派徭役上做手脚，各种徭役往往是"放富差贫"。如武宗正德时期，福州士大夫众多，拥有多数田产，致使百姓有地者无几，而徭役则全从百姓身上搜刮。

由于赋役不均，各种负担都转移到了不堪重负的贫民下户身上，致使许多人纷纷离家逃荒。这不但影响了国家的税收，也在很大程度上妨碍了王朝的长治久安。因此，赋役制度的改革成了人心所向。

早在正德时期，江苏武进县便实行过"十锦段法"，也就是说将一县土地、人口分为十部分，每年将全县徭役以一部分田亩、人户为对象进行敛派，这多少体现了将徭役分摊入田亩的精神。

进入嘉靖时期，赋役改革已势在必行。嘉靖二年（1523年）御史黎贯上疏朝廷请求区划税额。不久顾鼎臣和御史郭弘化提出了丈量土地的要求，但嘉靖帝担心阻力太大，拒绝了这一建议。

嘉靖九年（1530年），户部尚书梁材根据桂萼的审编徭役的奏疏，提出要进行赋役制度改革，根据一省丁、粮，均派一省徭役，其实这就是后来所说的"一条鞭法"。

嘉靖十年（1531年）三月，御史傅汉臣疏请实行"一条鞭法"，但没有得到批准。尽管桂萼和傅汉臣的建议都未被世宗采纳，但是一条鞭法还是在南方江西、南直隶、浙江等处得以推广，在北方河南、山东等处也在逐步试行。以后直到万历九年，一些地方官在个别地区也推行过，但都以失败告终。嘉靖一朝议论、推行"一条鞭法"的事例共36条，隆庆一朝55条，万历元年至八年（1573~1580年）有90多条。

从嘉靖九年至万历八年（1530至1580年），各地推行"一条鞭法"的具体事例有：

嘉靖十六年（1537年），应天巡抚欧阳铎与知府王仪、黄润在苏松二府实行"一条鞭法"，将徭役银按丁、田均派。

嘉靖四十四年（1565年），庞尚鹏巡按浙江，开始在浙江推行"一条鞭法"。他将夏税、秋粮根据丁、田统一征收，通通采用"一条鞭"征银。

隆庆三年（1569年）应天巡抚海瑞在所辖地区推行"一条鞭法"，实行不分银差、力差一律征银，将一省丁、粮均派给一省徭役。隆庆二年（1568年），巡抚刘光济继周如斗之后，在江西推行一条鞭法："将一年用银总数统计，按户编派征收，往年旧账一律革除。其有丁无粮者必为下户，只缴纳丁银，有丁有粮者按多少分为中户和大户，按照具体情况进行缴纳。"其条例周详，对后来影响很大。在浙江推行一条鞭法最出色的是庞尚鹏。嘉隆之际，庞尚鹏多次改革赋役制度，经过了里甲均平法和十段锦法，最后归结为一条鞭法。

隆庆四年（1570年），在巡按蔡克廉、巡抚刘光济等人的努力下，明廷正式批准在江西推行"一条鞭法"。

从总体上说，明代"一条鞭法"较早在南方实行，北方除个别地区外则实行较晚，所以在一条鞭法的早期事例中也以南方为多，北方为少。

万历六年至九年（1578年~1581年）首辅张居正在全国范围内丈量土地，推行"一条鞭法"。全国田地总数达到700多万顷，比弘治时多出300多万顷。清丈之举为推行"一条鞭法"的赋役改革打好了基础。

在清丈土地的基础上，张居正于万历九年（1581年）下令在全国推行"一条鞭法"，又称"条鞭法"。其具体内容大致如下：

第一，赋役合并。即将原来的田赋、徭役以及土贡方物合而为一。徭役取消力役，一律征银，"官为金募"。役银取消根据户、丁征收的方式，改为把丁役部分地摊到土地里征收。

第二，田赋一律征银。苏、松、嘉、湖地区除外。

第三，计算赋役数额以县为单位，即所谓"总括一州县之赋役，量地计丁"。

第四，赋役银由地方官直接征收。原来征收粮食，运输上很不便利，需要里长、粮长协助官府征收管理。改革之后，交纳方便，因此改由地方官直接征收。

清丈土地和"一条鞭法"的推行，使豪强漏税、赋役不均这些现象通通得到了缓解，同时，也扭转了国家财政的困难局面。嘉靖年间，太仓的储备，不足支撑一年，自从实行改革之后，粮储丰厚，足够九年的开销。此外，赋税折银，使部分农产品必须投入市场。徭役征银，也使政府对农民的人身控制相对松弛。这些都很好地促进了当时商品经济的进一步发展。

"一条鞭法"的推行，有着一定的积极意义。第一，赋役项目和征解手续得到简化，减少了人力财力，也减少了胥吏作弊的机会。第二，使赋役负担变得相对公平，它减轻了贫民下户的徭役负担，而将这一部分役银分派给了世室富人，无疑具有合理性。第三，赋役一律征银，摊丁入亩，减轻了无地的工商业者的负担，有利于商品经济的发展。第四，为清代将丁银完全摊入田亩奠定了基础。

不过"一条鞭法"也有一定的局限性。张居正等推行"一条鞭法"其出发点并不是要减轻农民的赋役，而是在赋役额不变的前提下，牺牲地主富豪的一小部分利益，以维持明王朝的统治。同时，赋役额不得减少，导致了加派合法化。此外，赋役一概征银也造成通货紧缩的局面，而农民在交纳赋役银时首先要用粮食等实物换成银两，这样也造成了不必要的损失。

史称："一条鞭法"行十余年后弊端渐渐显露出来，不能尽遵。本来从制度上说力差已经取消，可事实上粮长、里长等已是虚设，不起什么作用，况且丁银之外每年都额外加派杂役。

然而不管怎么说，"一条鞭法"的推行是有一定的积极影响的。自万历九年起，"一条鞭法"已成了占主导地位的赋役制度。至万历二十年，明代各省已普遍实行"一条鞭法"。清人刚刚入关时，也沿用这一制度，直至雍正二年（1724年）才正式实行摊丁入亩。这样，"一条鞭法"作为全国统一的赋役制度在中国历史上存在了144年。

（8）祸及身后

万历十年（1582年）六月，一代名相张居正病逝。明神宗满怀悲痛将他厚葬，赐祭十六坛，赠上柱国，谥"文忠"。明神宗在位十年，由最初一个少不更事的孩子长成了一个20岁的青年，从不懂朝政到从容地处理朝中各项事务，他早已不愿像傀儡一样，在大臣的制约下简单地履行公事、批红下诏，而一心想成为名副其实的明朝皇帝。张居正在世时，他的这一想法已经很强烈，由此对张居正的做法已产生了不满情绪。亲理朝政之后，他进一步认识到君权和相权之间难以调和的矛盾。现如今张居正虽已不在人世，但他辅政期间提拔重用的一大批官员，还都身居要职；与张居正甚为投缘的大太监冯保，照常控制着厂、卫特务机构，继续耀武扬威，骄横跋扈，使神宗无法忍受。而张居正、冯保掌权时目中无人的态度也令他十分憎恶。一次在经筵日讲时，明神宗读《论语》"色勃如也"，将"勃"误读为"背"，张居正立刻声色俱厉道："当读作'勃'。"神宗吓得站了起来，在场的朝臣无不大惊失色。同时冯保倚仗慈圣太后的势力，对明神宗的行为有很大限制。平日神宗与宦官戏耍之时，看到冯保走近，总要正襟危坐说"大太监来了"。宦官孙海等引导神宗外出作乐，又多次进献奇巧之物给神宗，冯保告知太后，致使神宗在太后面前长跪受教，又请张居正草拟了罪己手诏在朝中示臣。当时神宗年已十八，感到羞愧难当，不愿如此，但是"迫于太后，不得不下"。这种严加管束的方式势必引起明神宗日趋强烈的逆反情绪。

张居正去世后，冯保依旧盛气凌人，太监张鲸、张诚与冯保早生嫌隙，于是趁机向明神宗诉说冯保罪过，并揭发冯保与张居正的一些不可告人的权钱交易，请求神宗下诏革除冯保职务。这正好与明神宗的想法不谋而合。然而慑于冯保向来的威风，起初明神宗有所犹豫，说："如果他上殿来，怎么办？"张鲸答："他怎敢违抗圣旨？"神宗这才放心。于是当御史李植参劾太监冯保当诛十二罪状后，明神宗即下诏将冯保发落南京，同时派锦衣卫查抄其家，查抄家产数额巨大。随即又下诏罢免了冯保的党羽吏部尚书梁梦龙、工部尚书曾希诏、吏部侍郎王篆等人的官职。

张居正掌权期间，一方面大刀阔斧推行改革，一方面又滥用职权排斥异己势力，树立了很多的政敌。冯保被驱逐后，张居正也成了众矢之的。万历十年（1582年）十二月，御史杨四知论张居正欺君蔽主、揽权树党等十四大罪状。明神宋即刻传旨，说张居正恃宠自骄，不思尽忠报国，反而"怙宠行私"，辜负皇恩。万历十一年（1583年）三月，夺张居正上柱国、太师兼太子太师职位，张居正的儿子锦衣卫指挥张简修也被贬为庶民。同年八月，再夺张居正死后的封赠、谥号。这一时期内朝中揭发张居正和与其来往密切的官员的参劾源源不断。明神宗抓住这一时机，亲自进行人事调整，将与张居正关系密切的官员一一罢免，刑部尚书殷正茂、总督两广兵部尚书陈瑞，湖广巡抚、右都御史陈省都因与张居正有牵连而遭斥逐，张居正之子张懋修也被革去进士。张居正生前曾将辽王废为庶人，夺占了辽王府第，此时辽王次妃乘此机会，指控张居正为谋夺辽王府第，设计诬陷，将辽府及其私有财产占为己有。万历十二年（1584年）四月，明神宗命司礼张诚等人偕锦衣指挥、给事中，前往湖广荆州查封张居正家产，经过一番查找，并未找到什么巨宝。在张诚等人的严刑拷打之下，张居正长子张敬修自杀，张居正家族倾家荡产，凑足黄金万两，白银10万两上缴，才得以了结。刑部尚书潘季驯获悉张氏家族被抄惨状，特奏皇上对张居正年过八旬的老母予以恩典，谁料被江南道御史李植诬为张居正死党。明神宗大怒，将潘季驯削职为民。

八月，将张居正官职尽削。明神宗下令将张居正的罪行颁示天下：诬陷宗室藩王，侵占王府土地财产，控制言官，蒙蔽皇上，私自废掉辽王，假借丈量土地，扰乱天下，专权乱政，辜负皇恩，于国不忠。本当将其尸陈天下，以诏后人，念其在朝中效劳多年，所以网开一面，其弟都指挥居易、子编修、嗣修，孙张顺、张书，都发配边疆。至此，清算张居正影响的运动告一段落。

张居正在蒙受几十年不白之冤后，直到熹宗即位后的天启年间，朝野才开始对他重新评价，为他平反昭雪。

对于身后的毁誉荣辱，张居正不能说置之度外，但应当说他确有所悟。湖广巡按为了满足皇帝对首辅的眷恋之情，建议修建三诏亭，他不同意，说"不但一时之毁誉不关于虑，即万世之是非亦所弗计也"。又说，"盛衰荣瘁，理之常也；时异势殊，陵谷迁变，高台倾，曲池平，虽吾宅第且不能宁，何有于亭！数十年后，此不过十里铺前一接官亭耳，乌诸所谓三诏者乎"。这种豁达的态度，在那个时代的官僚中是很少见的。

用张居正自己的话来评价他的一生就是："宁有瑕而为玉，毋似玉而为石。"他的确是"有瑕而为玉"者。

2.清官海瑞

嘉靖、隆庆两朝，外战事不休，内民怨冲天，而皇上更是痴迷于道，朝野间大臣互相倾轧，就在这种腐败的环境中，却出现了一位名扬千古的清官——海瑞。

海瑞（1514~1587年），字汝贤，又字国开，号刚峰，世称刚峰先生。祖籍广东琼州琼山，经历嘉靖、隆庆、万历三朝。这时的明朝愈趋衰败，政治黑暗，世风日下。海瑞为官时期则能严于律己，恪守朝廷法令与封建道德规范，不畏权势，敢于直谏，兴利除弊；生活俭朴，不爱钱财。他的言行赢得了百姓的尊敬，有"海青天"之称，为历史上著名的"清官"。

（1）立志用世

海瑞生于正德九年十二月二十七日（1514年1月22日），出身于"海南望族"。祖父是历届知县，从伯父曾为监察御史。父瀚，为廪生，读书能明大义，安贫乐道。其母也略识书史，以身作则，言传身教。海瑞4岁时父亲去世，母亲节衣缩食，将他抚养成人。海瑞从小就有报效祖国的愿望，13岁到琼山县海口镇私塾读书，27岁在琼山郡学，常常与志趣相投的学者研究学问，谈古论今，他的《严师教戒》、《客位告辞》、《训诸子说》等文章，抒发了自己的远大抱负。在这些文章中，多次写道自己生于天地之间，不能虚度岁月，应当有所作为，他说：人生在世要学圣贤，不做乡愿；不追求荣华富贵，妻妾成群；不羡慕财帛世界，要做中流砥柱；要谦虚谨慎，不骄傲自满。这些腑肺之言充分表现了海瑞一生反对奢侈、主张节俭的高贵品德和刚正不阿、立志为民的思想与性格。这些思想在他青年时代已经形成，并一直伴随着他的一生。海瑞的同乡、门生梁云龙评论说："第以公之微而家食燕私，显而莅官立朝，质诸其所著《严师教戒》，毫无虚假，真乃孔子所谓强哉矫，孟子所谓大丈夫乎，真今世间真男子也！"

嘉靖二十八年（1549年），海瑞中举人，时年36岁，可谓大器晚成，就在这一年，他以琼州为黎族聚居之区，地处海疆要塞，但治理不当，乃上《治黎策》，认为治理琼州应该开道置县，以靖乡土。"自此之外，虽议之之尽其方，处之之尽其术，皆下策也"。这充分显示出了他的政治才能。

嘉靖二十九年（1550年）二月，海瑞进京参加会试，乘兴而去，却败兴而归。伏阙上《平黎疏》及《上兵部图说》，对于经略琼州的方针和措施陈述了自己的看法，说：琼州这要塞之地，治理此地包括"招民、置军、设里、建学、迁创县所、屯田、巡司、驿传诸事宜"。另外琼州离京师万里远，有事请皇帝批示，往往导致失误，请嘉靖皇帝"明敕群臣中知识事机、不贪富贵、力可大任、志在立功者，以之充兵备副使，以专治黎之任"。同时向皇上表明自己虽是一个"濡染翰墨之人"，"未尝手操矢刀"，但对于"某地某处的具体事项，都是道听途说得来的。如果专任其事，驰驱兵革之间，俾黎土尽为治地，黎人尽为良民，臣亦能之。如果不能奏效，甘愿负荆请罪，以谢欺罔虚费兵粮之罪"。奏疏呈上，识者壮之。但是没有通过兵部审核，因此迟迟得不到实行。

嘉靖三十二年（1553年）二月，海瑞第二次进京赶考，又是名落孙山。那时文人们皆以中进士为荣，从地方到朝廷各级的重要官员，绝大多数也由中进士者所担任，海瑞则是个例外。连续两次会试均落第败兴而归的结局，使他逐渐看清了科举取士的种种弊病；某些进士出身者的低能，也使他认识到这决不是衡量一个人能力的标准。他说："穷一生读书作文，对于国家来说毫无益处，这和宋人所谓的'一生用在五字上'又有什么两样呢？"于是放弃追求功名，听从吏部揭选派官。

（2）以礼为教

嘉靖三十二年（1553年）闰三月，海瑞被封为福建延平府南平县教谕。十二月二十日到任。教谕，即校长。为了使他的学生有所成就，他作《规士文》，上《申朱提学道教条》，立《教约》，重申县学的教育方式、内容、方法以及各种规章制度，加强纪律的整顿，严肃校纪校风。他强调教官要为人师表，要为学生树立榜样，尽心教好学生；学吏的职责是供写文案，如果收受学生的钱财，而为学生改洗文卷，一经发现，决不轻饶；学生作学问，应遵循朱熹倡导的"父子有亲，君臣有义，夫妇有别，长幼有序，朋友有信"的五教之目，学习应以博学、审问、慎思、明辨、笃行为标准，还要懂修身、处事、接物等要点。又立二簿，分别稽考学生之德、学。海瑞认为，学生只要依据这种方法学习，他日定能成为国家的栋梁之才。在封建礼仪的具体执行方面，他明确宣布：教官和学生于县学明伦堂见官，要遵从《会典》诸书所订立之礼节，无论在学习的哪个环节都不许行贿；严肃校风，禁止造谣中伤、搬弄是非；尤其反对借斯文之名，倡义气之说，结党营私、干扰法纪。这些教育主张，既反映了海瑞维护封建礼教的立场，也符合他"以礼为教"的思想。海瑞任校长期间，实行民主办学方针，他说："本职初至学中，某善可兴，某弊可革，尚未尽识，容与诸生会议，并参酌提学道教条别为更定。"这对当时士风败坏的整治作用十分巨大。

海瑞做事言行一致。他到校的当年，延平府督学官来学校进行视察，在明伦堂召见教官，诸教官皆左右跪拜参见督学官，只有海瑞一人立在中间，拒不跪拜，只鞠了一躬而已，于是得了个"笔架博士"的雅号。为此督学官对他心生嫉恨，对其百般刁难。海瑞志在行道，说道："这样荒唐的世界，还有救吗？"于是愤然乞休。后经福建按察司提学副使朱衡再三劝留，才复教谕之职。

海瑞在担任教谕之职时，对地方政事也十分关心。在南平县学任上，他又写了一些著作重申自己在《治黎策》和《平黎疏》中所提出的思想和建议。当他得知福建驿递困苦，当即写下了《驿传申文》与《驿传议》，上报有关衙门。说道：驿递的贫困情况十分严重，只有恢复国初之法，兴利除弊，才是上策。否则，驿递将无法挽救。

到嘉靖三十七年（1558年）春，海瑞担任教谕已四年多了。由于他一贯实行实事求是的办事作风，治学有方、成绩显著，巡抚监司交章论荐，被任命为浙江严州府淳安县知县。从此开始了他的政治生涯。

（3）兴利除弊

知县掌管一县大小事务。一事不得其理，一民不安其生，无一事不属于知县的管辖范围之内。如果因害怕报复，惹祸上身，而敷衍了事，放纵恶势力，不顾朝廷利益，做个乡愿，"窃取官爵，浮沉取名，这都不是知县所为"。海瑞抱着兴利除弊的思想和决心，于嘉靖三十七年（1558年）五月初到达淳安任上。

淳安，土地稀少，人民生活困苦，所产只有茶、竹、杉、柏。田亩悉归豪右，贫苦的百姓一年都吃不上粮食，因此百姓苦不堪言，纷纷逃离家乡。海瑞深入民间调查，发现问题很多，如赋役不均，浮粮数多，大户转嫁。富豪享三四百亩之产，而不缴任何赋税。贫者产无一粒之收，却要交很高的赋税。没有比这更不公平的事了。赔贴则困苦不堪，相继逃亡，都是因为虚税太高的缘故。还有另一点淳安位于新安江下游，诸官舫每天要进行五六次的请客送客，花费很大。他于是定《兴革条例》三十六项，悉心规划，认真清丈土地，按照田地的多少进行征税。同时，海瑞雷厉风行清查积弊，将一切陈规陋习一律革除，将冗杂的费用和劳役废除，息词讼、惩贪官、肃吏治，民困渐渐得到缓解。

海瑞从政期间恪尽职守，不畏强权。这一年，浙直总督胡宗宪之子过淳安，竟然因为驿吏为他出行物品供应不足，而将其吊起来毒打。海瑞知道后，当即下令将其拘禁，并将其所带数千银子如数没收充公。然后向胡宗宪通信报告，说此人胡作非为，还冒充总督公子，真不敢相信。胡宗宪气得七窍生烟，但又不好发作，于是只好就此作罢。嘉靖三十九年（1560年）三月，严嵩党羽、总理盐政都御史鄢懋卿奉命巡查盐务，经过淳安县境。鄢贪婪成性，依仗权势收受贿赂。如果依了他，势必扰民。海瑞以"邑小不足奉迎，愿取他道往"，去信挡之。鄢不得不怀恨绕道而去。这两件事使百姓拍手称快，一时传为佳话。

海瑞一心为民除弊兴利，而他自己却生活贫苦，衣服破旧单薄。淳安百姓称颂他道："爱民如子，视钱如仇。"海瑞罢官之时，人人放声痛哭，比父母死去还要伤心。

嘉靖四十一年（1562年）五月初，朝廷以海瑞在淳安政绩卓著，升他为浙江嘉兴府通判。因其得罪鄢懋卿，而受其党羽弹劾，于是被取消任命。不久，严嵩垮台后，鄢、袁相继被罢官，海瑞于是调任江西赣州府兴国县知县。

四十二年（1563年）春，海瑞到任。兴国县地少，百姓生活贫苦，故逃亡人数众多，每年征收粮食不过半。针对当地的实际情况，海瑞在深入调查研究的基础上，制定《兴国八议》，发展生产，厘清宿弊。"八议"中有五点最重要：一曰屯田，恢复明初拨军下屯、军民各有定分的办法，清退军队所侵吞之民田，"以补民田为之虚贩"，使"下之小民无军人之扰，上之屯粮无亏欠之累"。二曰地利，积极动员农民开垦"无主山地荒田"，使荒地变良田，百姓再也不用挨饿了。三曰均赋役，这是"八议"中最重要的一项，重点是清丈土地，稽查丁粮虚实，按照贫富差距进行分发。四曰招抚逃民，废除赋粮重役，使百姓回到家乡。五曰精兵简政，凡军政各衙门一切人浮于事者，皆裁革之。"八议"上请奏南赣巡抚吴百朋，次第施行，官吏"畏法听令"，"民间用度十分中减去三四"。海瑞任兴国知县一年多的时间，因功被荐，应召入京，但由于母亲不适应北国严寒的天气，留居兴国。

（4）冒死上疏

嘉靖四十三年（1564年）十月，海瑞被封为户部云南清吏司主事。中年以后的嘉靖皇帝，崇信道教，一意修仙，大兴土木，劳民伤财；刚愎自用，拒绝廷臣劝谏，使得国势渐衰，人民生活困苦，怨声载道。四十四年（1565年）十月，海瑞对当时的种种弊端非常愤怒，为维护封建皇朝的统治，冒着触怒龙颜的危险，上疏直谏，严厉抨击嘉靖皇帝，名曰《治安疏》。因该疏主旨为"直言天下第一事，以正君道，明臣职，求万世治安"，故又称为《直言天下第一疏》。这就是当时震惊朝野、被后人所称颂的"海瑞骂皇帝"，也是海瑞一生在政治上影响较大的两件事之一。

此疏一出，海瑞名声大噪，人尽皆知。海瑞想呈上此疏，必触怒皇帝，将其处死。因此买好棺材，遣散僮仆，告别妻子，托人料理后事，毫不畏惧，从容处之，等待着灾难降临。果然不出海瑞所料，皇帝大为震怒，当场将奏疏扔在地上，命令左右：赶快把海瑞抓起来，不要让他逃跑了。宦官黄锦说：海瑞素有痴名，听说上疏时知道自己将是何下场，所以已安排好后事，在朝中听候处置。皇帝听后沉默了片刻，然后又将奏疏看了一遍，被其内容所打动，因此将其留在宫中数月。至次年二月，皇帝余怒未消，还是以"骂主毁君，悖道不臣"之罪，下旨逮捕海瑞，打他六十大板，投入锦衣卫狱，后转刑部狱。户部司务何以尚上疏朝廷请求将海瑞释放，皇帝命锦衣卫打他一百大板也关进监狱，昼夜审讯。

同年十二月，世宗病逝，第三子朱载垕继位，即穆宗。次年改元隆庆，颁布遗诏，大赦天下，海瑞、何以尚因此获释。海瑞被复官后任户部主事。不久，改为兵部武库司主事。隆庆元年（1567年）二月，升为尚宝司丞。海瑞上疏请求归家养母，遭到了拒绝。四月，升为大理寺右侍丞。时内阁首辅徐阶与高拱之间的矛盾日益加深，高拱欲夺徐阶之权，命他的学生、广东道试监察御史齐康奏劾徐阶。海瑞则上疏支持徐阶，说：

徐阶为首相，朝政渐渐有了转机，有他的功劳，而且他"不招权，不纳贿"；高拱为人狡猾凶狠，不可信任；齐康捏造无影虚词，颠倒是非黑白。请求罢斥高拱，重治齐康。结果九卿科道合疏挽留徐阶，齐康被发配边疆，高拱也被削职为民。为此，高拱心里一直记恨海瑞。这年冬天，海瑞改调为南京通政司右通政，第二年二月初至南京任上。七月，徐阶致仕还乡，次辅李春芳为内阁首辅。隆庆三年（1569年）春，海瑞升任通政司右通政。六月二十四日，晋升都察院右佥都御史总管粮储军务大事，巡抚应天十府，于是离开京师，南下任江南巡抚。这是海瑞一生在政治上影响较大的另一件事。

（5）挫抑豪强

应天十府是明代经济、文化的中心，但又是出了名的"繁剧难治"之地。为了巩固明皇朝在江南的统治地位，海瑞根据江南的具体特点，遵照朝廷的法令与条例，并参照他在南平、淳安、兴国的施政经验，慨然以澄清天下为己任，尽心竭力，挫豪强，抚贫弱，为社会生产的发展作出了杰出的贡献。重要的事情有三件：

一曰整饬吏治。自明初以来，江南地区不法官吏常与当地豪绅大户串通一气，贪赃枉法，谋财害命，敲榨勒索，百姓深受其害。根据这一情况，海瑞先后颁布《督抚条约》、《续行条约册式》、《考语册式》等，提出搏击豪强，斥黜贪墨，厘正宿弊，矫革浮淫。具体内容有：禁迎送、禁请客送礼、禁请托、禁苛派银粮包揽侵欺、禁官吏敷衍塞责、禁私役民壮、禁假公济私、禁苛派差役、禁滥取民财民物、禁官吏奸利侵吞、禁差遣人役骚扰乡里、禁贿赂书吏、正军法、革募兵、定抚按出使车马，等等。严令各府、州、县大小官吏一律遵照执行，不许违抗。令既下，各郡邑吏都很害怕，一改往日的嚣张气焰。贪污受贿之人则闻风而逃，权豪势宦，皆敛手屏息，逃到别的省暂避风头。

二曰勒令退田。应天十府州强宗巨室众多，土地高度集中，造成了当地阶级矛盾日趋尖锐。嘉靖以来，兼并之风盛行，各地乡官豪绅无不采取各种卑劣手段大肆掠夺田产，其中通过"投献"侵占农民的土地是最普遍的一种。由于该地赋役繁重，"每一役出，辄破数大家。以故富者辄籍其产于士大夫，宁以身为佣而输之租，用避大役，名曰投献"。至于其他小民之田产，皆为奸民用来献给朝中有势之人，更是"不知凡几矣"。松江府华亭县，乡官田宅之多，奴仆之众，人民对他的怨恨，举国上下也是少有的。其余府县也都如此。江南乡官的代表人物徐阶家所拥有的二十多万亩土地，有相当一部分就是通过这种办法夺来的。在海瑞巡视各地之时，这样的控诉不计其数，仅松江一地即有几万起。海瑞对此十分气愤，为了缓和阶级矛盾，对土地关系加以适当调整，使乡官豪绅"百年后得安静"，维护地主阶级的长远利益，他坚决勒令受献者必须将白夺之田如数退还或由被献者赎回。即使是势力最大的徐阶也不例外。此令一下，四方震动。受到百姓热烈拥护；触动了豪强缙绅的利益，谤议纷起，伺机报复。由于官绅势力的反抗和抑制，这项改革没有彻底实行即半途而废。

三曰兴修水利。江南河流众多，湖泊交错。境内吴淞江水道，是国家的重要水道，纵贯苏、松两府，穿越吴县、吴江、昆山、青浦、嘉定五县，由于长期得不到修治而堵塞，多次疏通，都不奏效。民间流传道：只有海龙王才可将堵塞打开。河道湮塞为陆，使农业生产受到严重破坏，海瑞巡抚江南时，恰遇暴雨不断，吴淞江泛滥成灾，农民们生活无依无靠，纷纷离家逃荒。海瑞通过民间私访和实地勘量河道，提出用"以工代赈"的办法，在赈灾的同时兴修水利。隆庆四年（1570年）正月初三日，召集饥民正式动工修吴淞江，至二月二十日告成，全长八十余里。又以三吴入海之道，北止白茆河，南止吴淞江，如果只开吴淞而不开挑白茆，工程还不算完工，水患还会发生，于二月初九日集众兴工开挑白茆河，至三月底完工。仅用银五六万两就救济灾民数十万，所用钱粮皆来自于贪官污吏之赃银或部分"赈济谷"，"不取之民，不捐之官"。官"借饥民之力而故道可通，民借银米之需而荒歉有济，一举两利"。吴淞江旁垦田40万亩皆为海瑞劝民所垦。两河开通，太湖之水直入于海，滨海诸渠皆得以引流灌溉，不仅可除水患，而且旱涝有备。"吴民永赖，乐利无穷。公之开河之功，乃三吴之首创"。就是当地曾竭力反对海瑞的官绅们也被他的能力折服。说："隆庆四年、五年皆有大水，不至病农，即开吴淞江之力也。若不是海公亲力治水，怎能完成此大事。"又说：开河仅用很少的银两，都是因为"海公清白，不乱用，执法如山"。根除水患，是海瑞担任应天巡抚时所作出的最杰出的贡献。

此外，针对江南官户多、优免户多，转嫁赋役十分严重的现象，海瑞注重平均赋役，推行"一条鞭法"，制定《钱粮册式》、《均徭册式》，减轻农民负担。同时严惩恶吏，平反冤狱。当时人们评价他说：海瑞抚江南阅九月，"而天下财赋之原，肃然一清"。

海瑞巡抚期间虽然只是局部实行了改革，但江南官绅的利益已受到触动，因此遭到他们大肆攻击和极力反对，纷纷指责他"第一不知体"、"不近人情"、"不识时务"、"管闲事"，甚至投匿名信，进行威胁。除此之外，他们还勾结朝廷官员，想共同除掉海瑞，以便改变他所实行的政策。

隆庆四年（1570年）正月，当大批饥民在海瑞的领导下破土修浚吴淞江，江南百姓渐渐看到希望的时候，刑科给事中舒化上疏指责海瑞在巡抚任上"迂滞不谙事体"，所立条例"非人情"、"创新奇之法"、"出寻常之外"，提出只宜与两京清秩处之，而不可重用。遭到穆宗拒绝。接着吏科给事中、嘉兴人戴凤翔受徐阶指使，劾论海瑞"不谙吏事"，"庇奸民"，"不可一日居地方"。海瑞向来刚正不阿，清政廉明，对于戴凤翔之流的无耻攻击，他用大量的事实予以驳斥。指出戴凤翔疏中所言，"无一字是臣本心，无一事是臣所行事迹"，纯属"诬妄"，都是为了满足私欲。

此时，与海瑞有夙怨的高拱东山再起，以吏部尚书入阁秉政，从而给海瑞的前途造成了严重的阻碍。吏部见到戴凤翔的奏疏以后，以海瑞"志大才疏"为由，将其应天巡抚的职务罢免。消息传出，江南小民纷纷哭泣哀号，为海瑞鸣不平。隆庆四年（1570年）二月十五日，改为以原官总督南京粮储。当海瑞将赴南京任职之际，高拱又从中作梗。三月二十五日，穆宗诏令罢除南京粮储都御史职务，以其事归南京户部侍郎兼管。海瑞被迫上《告养病疏》，表示自己的主张，并提出希望，曰："臣经过二次弹劾，虽然他们矛头都纷纷指向我，但我仍然相信我所见，坚持我的观点"；"臣任巡抚，光明磊落，问心无愧，确为民做实事，请皇上勿以臣受到诽谤而轻易将臣罢免"。同时，恳乞"赐臣回籍，永终田里"。皇帝同意了他的请求。

四月，海瑞离开南京回琼山老家。他自40岁出入仕途，到现在已有17年了。俸禄所余，仅值一百二十金；租田十亩，仅此而已。如此的清苦，在当时的官僚中是罕见的。

3.复古派王世贞

（1）身世和宦历

王世贞，字元美，号凤洲，又号弇州山人，苏州太仓人。出生在官宦家族，他祖父王倬曾任职南京兵部右侍郎，父亲曾担任过蓟辽总督、右都御史等职。他少年时有才名，史籍说他天赋异禀，任何书只要看过一眼，便可终身不忘。"年十五，咏宝刀诗，师为之避席"。嘉靖二十六年（1547年）即他22岁时中了进士，第二年被授予刑部主事之职。因为爱好诗和古文的缘故，他加入了王宗林、李先芳、吴维岳等人组成的诗社，又经常同李攀龙、宗臣、梁有誉、徐中行、吴国伦等人唱和往来，"介绍叙述何、李"，"名籍公卿间"，很快升为刑部员外郎、郎中。

王世贞是一位尽职尽责、精于吏事的合格官员。有人说他"日坐公署，剖决案版。所谳狱，度得情，辄手录付吏趣书之。各以轻重决遣，不三日而毕"。"有阎姓的奸人犯了法，藏匿在锦衣卫都督陆炳家，王世贞到陆家搜查抓住了他，陆炳通过严嵩向王世贞求情，王世贞也没有答应"。在当时，严嵩、陆炳都是一些有权有势的人物，但王世贞不畏权贵，伸张正义，的确是难能可贵。

嘉靖三十二年（1553年），兵部郎中杨继盛上疏揭发严嵩十大罪、五大奸，被下狱处死，王世贞挺身而出为之发丧。王世贞不时地给杨继盛送食物和药品；杨的妻子要为丈夫讼冤，他为之代写状书；杨死后，他又为之装殓。王因此与严嵩结仇。严嵩于是便找借口将他调离刑部，贬为山东青州兵备副使。

青州当时治安不好，有许多的强盗劫匪，他们杀人越货，扰乱治安，地方当局也无可奈何。王世贞到任后，集结当地的壮丁，教他们射箭。对保甲等地方官员加以整饬，提高对捕获盗贼的人的奖赏。又在州邑之间画地为界，设立义官对之进行管理。又规定，如果案件发生，当时就将作案者缉捕归案，是为一等，如不能当时就缉捕归案，在本地之内缉获也可以，但比前者要差一等，而不能将之捕获归案的则为最差。申令："凡盗从其所起而不觉察者，经其所过而夜巡不传捕者，罚。释盗而党者立杖死。"这一系列的措施推行后，取得了很好的效果，仅仅一年的时间，"盗尽解散"。

嘉靖三十八年（1559年）五月，鞑靼辛爱等人潘家口，侵扰掳掠迁安、蓟州、玉田等地，在边墙以南停留了五天，京师为之震动。王世贞的父亲、蓟辽总督王忬因滦河作战失利而被下狱问死。王世贞知道后，立即从青州赶回北京，和弟弟世懋"日蒲伏嵩门，涕泣求贷"。然而没有结果。"又日囚服踞道旁，遮诸贵人舆"，叩头求救，但这些也都是白费气力。嘉靖三十九年（1560年）十月，王忬被杀。"兄弟哀号欲绝，持丧归，蔬食三年，不入内寝"。

隆庆元年（1567年）八月，王世贞兄弟上书为父亲讼冤，在大学士徐阶的帮助下，王忬的冤屈得到了昭雪。王世贞也被重新起用为大名副使。父亲的悲惨遭遇，使他受到了极大的伤害，"不堪追往昔，醉语亦伤神"，但到了任上后，他还是一如既往地尽职尽责。大名一带的风俗，遇到有红白喜事，戚友亲朋之间常会大肆操办酒席，"多者匝月不止"。置办一次，"而中人之亏去半矣"。王世贞到任后，规定当地的人在婚丧嫁娶方面要尽量节约开支，不可奢靡浪费，礼数也不可以太繁杂，"其俗至今守之"。大名府下属的州县只有11个，而真定府却有30多个，但"以军兴论供输，则大名与真定等"，这一状况非常不公平。王世贞对此据理力争，"乃不果增"。

隆庆二年（1568年），王世贞先后担任浙江参政、山西按察使等职。其间王一度因母病而辞官，后又补为湖广按察使，不久又改任广西布政使。万历二年（1574）一月，王世贞升任太仆卿。同年九月时，他又以右副都御史的身份前往郧阳出任当地的地方行政长官。在任期间，他"纠劾贪纵，咨访将才，刷军政，清屯田，郧遂隐然为重镇"。

这时明朝廷的大权掌握在张居正的手里。对于张居正的改革，王世贞是支持的，"江陵相业，吾始终不谓其非"。但对张居正的骄横跋扈，他又极为反感，"臣道太盛，坤维不宁"。张居正的妻弟倚势欺辱江陵令，王世贞上书要求对张居正的妻弟从严追究责任。张居正因此十分忌恨他。万历四年（1576年），王世贞调任南京大理寺卿，被给事中杨节弹劾，张居正于是便借机"取旨罢之"。万历六年，王又被起用为应天府尹，但没多久就又因被人弹劾而罢官。十二年，他又被起用为南京刑部右侍郎，这一次王世贞借口有病没有上任。万历十五年（1587年），王锡爵主政，起用他为南京兵部右侍郎、南京刑部尚书。但又遭御史疏劾。王世贞没有办法，被迫在万历十八年（1590年）辞官回到家乡，同年冬天去世，终年65岁。

（2）文学理论

王世贞学识广博，才华横溢，著有很多的著作，如《弇山堂别集》、《弇州山人四部稿》、《弇州山人续稿》、《觚不觚录》等，在文学和史学上均有很高的造诣。

自明中叶发端的文学复古运动，到王世贞生活的时代已持续了近百年。以李梦阳、何景明为首的"前七子"的出现，是该运动的第一个高潮。而以王世贞为首的"后七子"，则更是将这一复古运动推向了第二个高峰，尤其是王世贞，他以自己在理论上的卓越成就，成为了这一运动的最大最有成就的人物。

王世贞曾回顾过自己走上文学复古道路的历程："王氏世以政求显，余龀时，业好闻名卿大夫之业云。弱冠举进士京师，且十载，所目睹乃大谬不然者。夫武吏以力进而文吏由经治，此其其然：独身与世致赫赫也，殆以数会尔。"这无疑是对当时官场的腐败现象的深深感慨。他出身于世代"以政求显"的官宦人家，从小渴望干一番"名卿大夫"的事业，然而现实中的官场却有"大谬不然者"。官场的腐败使他失望，也使得他不得不另找出路。他不屑与那些独身与世致赫赫的庸官俗吏同流合污，又不能够到战场上去征战杀敌，于是他便只得收敛起自己的经世致用之心，转向从事学术研究，将幼时的理想都转而寄托在文学上了。

王世贞对明中叶以来文学复古运动的发展历程进行了一番总结，发现复古思潮自"前七子"以来，尽管也是延绵不断，并曾两度勃兴，但文学复古的目的却没有真正达到。有鉴于此，他便将自己的文学主张提了出来，即实现"有物有则"与"无声无息"的统一。法则内含于事物本身，离开事物，就学不到法则。这就是所谓的"有物有则"。但是学习法则，又应当达到超越事物的本身，任其自然，浑然一体又不着痕迹的程度，这就是所谓的"无声无息"。为了实现这二者的统一，王世贞提出了三种方法：

其一，"分途策驭、默受指挥"。王世贞要求把古人的作品当做平时的修养，而不是创作时的蓝本。平时"熟读涵咏"，"令其渐渍汪洋"，而当到了创作的时候则"一师匠心"，要从自己的心情意境出发，这样写出来的作品，既完全是自己的创作，又完全合乎于古人要求的高深境界。这便是所谓的"分途策驭"而"默受指挥"的意义。他强调从自身的心情境界出发去进行创作，这样就把自李东阳以来，包含在整个文学复古思潮之中的追求求真艺术的倾向推到了巅峰。

其二，"法不累气，才不累法"。王世贞称："吾于诗文，不作专家，亦不杂调。夫意在笔先，笔随意到。法不累气，才不累法。"他认识到：如果局限于前人的创作风格和方法，就会影响自己才情的发挥，使作品仅具形貌而无生气，"前七子"的毛病就在这里；但是如果太放任自己的才华情志去发挥，又会叛离前人的创作风格和方法，从而导致格调卑劣的错失产生，以前那些反对"前七子"的主张的人物往往就是这样。因此，他要求从自己的意出发，"来自意而往之法"，同时又要求意要出乎自然，且合于法，即所谓"意至而法偕至"，以便达到一种意与法互相为用，两不相扰的境界。"法不累气，才不累法"是对"前七子"格调说所作的发展与修正。它沿袭了格调说的本来意思，纠正了为迁就格调而损抑作者才华的弊端，从而在更高层次上坚持了"前七子"格调说的基本思想。

其三，"师匠宜高，捃拾宜博"。师匠不高不能成高格，因此前后七子都强调以李、杜为师，以盛唐为法。但只注意师匠之高就不能广泛吸取各家之长，因此王世贞又提出"师匠宜高，掇拾宜博"。他说："代不能废人，人不能废篇，篇不能废句"。"骨格既定，宋诗亦不妨看"。这里值得注意的是，王世贞放宽了学习古人的范围，但并不意味着复古基本思想有改变，就诗来说，诗的格调还是在古体诗方面推崇汉魏的风格，而近体诗方面则更贴近盛唐。对宋诗也加以学习只是"语于格之外者"，那只是要博取众家之长罢了。因而，在一定程度上这种变化仅仅是说明了在王世贞那里复古思想更加成熟。

王世贞的"有物有则"和"无声无息"相统一的文学主张，既深入地贯彻了文学复古运动的基本原则，又对复古运动以来的弊端加以全面的纠正，同时又将明中叶的文学复古理论发展到了一个最成熟、最完美的境界。

（3）史学理论

王世贞在史学上的主张与其在文学上的复古思想一致，在史学上他的主张也是古非今。他对汉以前的史书十分推崇，其中尤其推崇的又是司马迁的《史记》。他说："呜呼，子长不绝也，其书绝矣。千古而有子长也，亦不能成《史记》。"从这一认识出发，对秦以后的史书他采取的是一概抹杀的态度，"《晋书》、《南（史）》、《北史》、《旧唐书》，稗官小说也；《新唐书》，赝古书也；《五代史》，学究史论也；《宋（史）》、《元史》，烂朝报也"。与此同时，王世贞也对明人所修的史书进行了非常严厉的批评："国史之失职者未有甚于我朝者也。故事有不讳始命内阁翰臣纂修实录，六科取故奏，部院咨陈牍而已，其于左右史记言动阙如也。是故无所考而不得书，国恤衮阙则有所避而不敢书。而其甚者，当笔之士或有私好恶焉，则有所考、无所避而不欲书，即书，故无当也。"

不过在史学上，与文学上的纯粹复古相比起来，王世贞的治史态度还是有所不同的，他主张博古通今，而反对食古不化。也正是因为这一原因，他才以修撰国史为己任，立志要撰写当代史。

著述史书贵在强调事实，而作为史书的修撰者则贵在笔直，不为人讳，不用春张笔法。王世贞继承了中国史学的这一优良传统，在搜集大量的史料的同时对史实进行了严肃的鉴别。他指出："国史人恣而善蔽真，其叙章典、述文献不可废也；野史人臆而善失真，其征是非、削讳忌不可废也；家史人谀而善溢真，其选宗阀、表官绩不可废也。"认为人们只有将每一类史籍的优劣都弄清楚，并对之加以综合，如此才能将历史的真相弄清。在《弇山堂别集》中，为揭发"国史"的讳笔，恢复事实真相，在被朱元璋诛杀的诸臣传记中，王世贞勇敢地将其中的隐讳指示了出来。如在该书卷二十《史乘考误》中对傅友德、王弼、冯胜等人的"暴卒"作了详细的考证，指出所谓"暴卒"，其实就是赐死。这一类的例子还有很多，在这里就不一一例举了。总之，他以实际行动实践了自己的史学主张。

王世贞生活于嘉靖至万历年间。在这段时间里，官场黑暗，政治腐败，党争剧烈，忠于职守的官员很少。对此，王世贞尽管深感失望，并且他的家庭和他本人都曾因此而遭受过巨大的灾难，但他还是全心全意地尽职尽责，竭尽全力地工作，努力奉行着"达则兼济天下"的那一古老信念。

虽然在文学和史学上，王世贞有其复古的一面（并且是主要的一面），但他在文学上的强调从自身的心情意境出发进行创作的追求真艺术的文学倾向，在史学上的主张博古通今、反对食古不化的进步的史学思想，又自觉不自觉地与嘉靖、万历年间兴起的市民文学及思想界中处于萌芽状态的启蒙思潮遥相呼应，隐隐透出了一些新时代的曙光。

4.平定哱拜之乱

万历二十年（1592年）九月，哱拜仓惶自缢，哱承恩被俘，十一月在京师伏诛。宁夏得平。

哱拜，原为蒙古鞑靼人。嘉靖中，因得罪酋长，父亲和兄长都被杀。哱拜因躲在水草中才幸免于难，因此投靠明边将守备郑印。后因为骁勇善战，屡立战功，他被逐步提升为都指挥。万历十七年（1589年）其以副总兵官致仕，其职由其子承恩承袭。致仕之后，哱拜平时仍在身边蓄养苍头军，驻扎在宁夏一带。

万历十八年（1590年），驻牧于青海的蒙古火落赤、真相部骑兵进攻洮州，副总兵李联芳战死。接着，蒙古的骑兵又进入了临洮、河北、渭源等地区。总兵刘承嗣迎战落败。当时，顺义王撦力克以赴青海礼佛为名，去到仰华，结果被火落赤、真相部将挟持，这在当时引起了很大的震动。河套一带的卜失兔也想率部奔赴青海，好与火落赤遥相呼应。万历十九年（1591年），临洮、河州蒙古部落也起兵造反。

明朝廷得知洮河警报后，便派郑洛为七镇经略，并停止了撦力克的贡市。同时明神宗还派科臣巡视九边。尚宝丞周弘禴以御史身份巡宁夏，"举承恩及指挥土文秀，并拜义子哱云等"。二月份，经略郑洛用檄文传调宁夏的部队参加平叛，巡抚党馨便派土文秀率千名骑兵向西赶去支援。哱拜得知后，吃惊地说："文秀虽经战阵，恐不能独将。"于是他找到郑洛，表示愿意和儿子哱承恩一起率自己的三千名部属随同郑洛一起出征。"洛壮而许之"。巡抚党馨对这事却极为不满意，故意刁难他，哱拜部卒所骑的羸马不给他调换，马匹有富余也同样不给他。这令哱拜颇为不快。

哱拜率部至金城（今甘肃兰州市），认为各镇明军都不如自己。洮河战事结束，哱拜率部取道塞外回宁夏，沿途蒙古骑兵亦不敢逼近他。哱拜遂有轻视敌手、不将明军放在眼里的心思，日渐骄横，目空一切。党馨则遇事总压制他，哱拜西援甘肃回到宁夏后，党馨不但不为他记功，还想弹劾其冒领军粮罪。哱承恩强娶民女为妾，被鞭杖二十。"哱云、文秀又以升授事怨馨"。正在这时，宁夏镇的士兵因过冬的棉衣以及每月的军粮老被拖欠，找党馨申诉却遭到了拒绝，"群哄不可制"。哱拜等于是便乘机唆使军锋刘东旸率众作乱。

万历二十年（1592年）二月，刘东旸率兵杀死巡抚党馨和副使石继芳，哱云、土文秀杀死游击梁琦和守备马承光，"纵火焚公署，收符印，释囚，掠城中"。总兵官张维忠被逼自缢而死。之后，刘东旸自称总兵，分别授予哱承恩、许朝左、右副总兵的职位，又分别封土文秀、哱云为左、右参将，"听拜主谋，据城刑牲而盟"。誓师后，他们便举兵向东发动进攻，先后攻占了玉泉营、中卫、广武等地，并联络河套蒙古部落，打算渡河攻取灵州，整个陕西为之震动。事发后，总督魏学曾立即就派部将张云、鄗宠前去招降，刘东旸称："必欲我降，依我所自署授官，世守宁夏。不者，与套骑驰潼关也。"

见劝降无效，魏学曾就一面驰告朝廷，一面令副总兵李呵率军赶赴灵州，游击赵武赶赴鸣沙洲，沿河堵截，不让叛军南渡。而自己则率领军队驻扎在花马池，从而隔断叛军与套部的联络。明军于是便展开了平叛活动，先后收复了河西营、堡47个，到三月下旬时，河西只有镇城一镇仍为叛军占领，河套地区的蒙古贵族著力兔率三千骑兵前来接应，声称自己与哱王子是一家人，哱拜与土文秀联军向玉泉营发动进攻，哱云则带领著力兔进攻平虏堡，最后哱云被参将肖如薰设伏射杀，而著力兔则率部出塞。三月底明军分六路进军，包围了宁夏镇。

　　四月，明军向宁夏镇发动了猛烈的进攻。延绥副总兵王通率领三千名家丁从北门攻进了城内，但因为援兵未至，王通的家丁全都战死，王通本人也受了伤，攻城则以失败告终。叛军许朝、土文秀胁迫明藩室庆王上楼，要求明军停止进攻，明军没有同意。不久，城中粮绝，叛军便在劫夺了庆王的财物及其宫人后逃离。而明军攻城月余仍未能将宁夏城收复。

　　明廷见宁夏城久攻不下来，便从全国征调了大批军队和武器。六月份，都御史叶梦熊，从甘州携带了四百车神炮火器来到灵州，浙江巡抚常居敬也带了千余浙江人赶到了这里。六月下旬，御史梅国桢、提督李如松统领辽东、宣大、山西军队在宁夏会师，明军声威大振。梅国桢将受降旗树起在宁夏城的南边，允许叛军归降。同时，明军又尽力攻城，攻城半月，竟仍未能破城。七月，给事中许子传弹劾魏学曾的平叛策略过于偏重招抚，魏于是便被罢职，总督职务由叶梦熊代行。

　　叶梦熊上任后，便开始采用新的攻城策略，决定用水攻，他先在宁夏周围筑堤，堤建成之后就凿破黄河河堤引黄河水灌城。哱拜数次想向河套之著力兔求援，但都被挫败。此时，他又派养子克力盖前往求援，但克力盖最后被李如松击斩。不久，河套部庄秃赖与卜失兔集合部落三万人前来救援，但被明军击斩三千，只得又退往河套。后来，明兵又杀死了著力兔八百骑兵。

　　八月底，城墙由于被水浸透而坍塌，明军杀进了城内，叛军仍然顽固抵抗，叶梦熊便使用离间计，派人挑拨哱拜与刘东旸、许朝之间的关系，引起他们内讧，结果刘东旸、许朝便杀了土文秀。而哱承恩又与他的同党周国柱诱杀了刘东旸和许朝，并把他们的首级悬挂在城上，打开城门向明军投降。哱拜则自缢而死。叶梦熊下令将哱拜党徒及投降的二千余人全部杀死，将哱承恩等人缚送京师，哱等人后于十一月被处死。此次围城从三月开始包围，一直到九月份才攻下来，时间长达半年，城中粮食早绝，就连树皮都被人吃尽了。决河灌城，百姓大受其害。经过这一战乱后，宁夏城残破不堪，竟至鸡犬不闻。

5.援朝抗倭

　　万历二十七年（1599年）闰四月，明神宗诏告天下，宣布援朝抗倭大捷。

（1）增援朝鲜

　　日本在16世纪中叶，除时常寇掠明朝沿海外，还不断地侵扰朝鲜。朝鲜迫不得已，乃派兵将其根据地对马岛肃清。嗣后日本又要求与朝鲜通商，但受到了严格限制。万历初年，丰臣秀吉在平定各部诸侯，统一日本后，便开始积极整顿内政，准备侵略朝鲜。万历二十年（1592年）一月，丰臣秀吉正式发布命令出征朝鲜。四月，小西行长、加藤清正率18万日军在朝鲜釜山登陆。五月，日军十数万大军挥师越过对马岛，进犯朝鲜。朝鲜由于久不经战争，国王李昖又沉湎于酒色，武备废弛，日军长驱直入，如入无人之境。李昖带领群臣弃离王京，北奔鸭绿江边义州，王京由王子及部分陪臣主政。很快日军攻占了王京，俘虏了王子、陪臣，并抢掠府库。此后，日军继续北犯，仅仅两个月的时间，朝鲜八道几乎全部落到了日军手中。朝鲜急派使者向明政府求援。明政府得到告急后，决定立即派兵援朝。随即又派人安慰李昖，向他表明已准备发兵10万前往救援，并鼓励其君臣振作起来，收复国土。随后，明神宗先命镇守辽东的部队发精兵二支应援朝鲜，并拨银二十万两供辽东使用。在史儒等率领下，援朝先头部队于七月进抵平壤，由于不熟悉地形，且遭遇连绵的阴雨天气，初战受挫，史儒战死。副总兵祖承训统兵三千救援，也惨遭失败，三千兵仅数十人生还，祖承训只身逃回。消息传至北京，举朝震动。由于当时宁夏正发生哱拜叛乱，以兵部尚书石星为首的官员便对继续抗倭援朝提出了异议，他们认为应该先集中兵力解决内乱。但大多数朝臣认为中朝毗邻，唇亡齿寒，朝鲜现在有难，岂能坐视？万历帝也倾向援朝，于是明廷便坚持既定策略，派大军增援朝鲜。明廷任命兵部右侍郎宋应昌为经略，派他赶赴辽东主持抗倭事宜。随后户部发马价银二十万两备办战马，并急速征调士兵。未久，平定完宁夏叛乱的李如松也奉命率兵援朝，并被任命为征倭提督，与在这之前由各地征调而来的兵士一起分置三军。十二月二十五日，李如松率4万余人，誓师东渡，开赴朝鲜。

明朝各路大军渡鸭绿江后，于次年一月六日，抵达平壤城外，并对被日军行长部占据的平壤发动了进攻。八日，明军攻城，日军炮矢如雨，明兵无法靠近，李如松手斩退缩不前的前锋士兵，招募敢死队架梯攻城。与此同时，别的几处攻城的明兵也强行攻入。双方进行了激烈的战斗，激战中，明将吴惟忠胸部中弹，仍奋呼督战；李如松的坐骑被枪炮击毙，旋即换马再战，指挥士兵猛攻。将帅身先士卒，士兵无不以一当十。经过一昼夜血战，明军收复平壤。此战役共歼灭日军1600多人，溺死、烧死不计其数，而明军也付出了伤亡一千多人的惨重代价。数日后，明军又乘胜攻下开城。"所失黄海、平安、京畿、江源四道并复"。日军被迫退守汉城。据守咸境道的日军得知平壤、开城失守，弃阵而逃，奔入王京。至此，朝鲜北部全部光复。明军连克二城，便有了轻敌之心。当时有人报告倭兵将要弃王京而逃，李如松听说后，为了能一举拿下王京，率领家丁以及精兵三千余人轻装前往突袭。当到达离王京三十里处的碧蹄馆时，遭到了日军的突然包围。当时日兵围困数重，攻击猛烈，明军将士殊死突围，前后激战了两个时辰。明兵弓箭用尽后，便与日兵展开了肉搏战。李如松被围困，裨将李有昇以身遮挡，杀死倭兵数人，终因寡不敌众，被倭兵砍死。此时，明兵援军赶到，杀入重围，击溃日军。这一场战斗，明军战士伤亡惨重。二月份，为犒劳援朝将士，鼓舞士兵的士气，明神宗发银二十万两，同时命令户部发国库银购买军粮，运往朝鲜。三月，李如松探知日军有数十万军粮屯于龙山，便命部将查大受募敢死之士乘夜潜入龙山，将日军粮焚毁。这一阶段，朝鲜各道民众也纷纷组织义军，到处袭击日军；著名水军将领李舜臣，多次在沿海重创日方水军；陆战军民也在朝鲜将领的带领下，幸州一役大败倭兵。在中朝军队的联合打击下，日军已由攻势转入守势。

日军军粮被焚，并且军中流行瘟疫，这些都严重影响了日军的战斗力，日军军心涣散，形势已对日军不利。明廷主和派的兵部尚书石星，在这之前就想以和谈来使日军退出朝鲜。明廷大兵赴朝后，他仍不放弃，曾派沈惟敬去日方议和。此时，在不利的情况下，日军主动提出了停战议和，并且为了表示求和的诚意，在四月中旬时主动撤出王京。而明军这一边自碧蹄馆失败之后，士气受挫；此外，由于粮草供应不足，马匹损失严重；而更为严重的是明军因军队中瘟疫蔓延，因而不断减员，战斗力大减。山东巡按周维翰曾奉命去朝鲜前线察访，见到当时"湿暑交侵，疫瘟大作，亡殁多人，军中泣声震野。一经物故，尸辄烧焚，诸军悲且怨矣"，他还向朝廷反映："即今途中，臣所目击枕藉道旁者，气息奄奄；伛偻而行者，癯然鬼面"，已很难组成有战斗力的部队。正是在这种情况下，主和派占了优势，明神宗也倾向于议和，想息兵罢战。于是宋应昌在经朝廷批准后，派人与日军议和。此时，日军撤到朝鲜半岛南端的釜山，汉江以南千余里的朝鲜国土也已收复。随后，日方又将被俘的王子、宫眷、大臣等送还给朝鲜。从此，就和谈事宜进行的长达数年的谈判开始了。鉴于日军尚盘据在朝鲜南部沿海一带，倭患尚未完全解除，明朝将援朝部队的一部分兵力继续留驻在朝鲜境内，只将李如松等主力部队撤回。

十月，日方谈判代表小西飞入京和谈。明神宗给和议定出了原则：第一，勒令日军完全退出朝鲜；第二，日本必须立誓永不再犯朝鲜。对此，小西飞表面上表示了接受。于是，明廷派遣使者前往日本对日本进行册封。明神宗在使者临出发前，特别下旨叮嘱使团成员沈惟敬等人，如果日本不接受或不履行已达成的条约，就"严辞罢封"。

（2）大败日军

日军当初之所以肯南撤，就是怀着缓兵再犯的企图，因而在得知明朝提出的条件后，便也假意应允，但却一直以种种借口，拖延从朝鲜南部撤兵的期限。而明使李宗诚等在到达日本对马岛后，又为日方的各种假象所迷惑。沈惟敬则更为之甚，他本来就是个无赖，竟接受日本的贿赂，向朝廷谎报丰臣秀吉对明王朝是怎样的恭敬。而日本也借此机会加快备战，终于再次发动了对朝鲜的侵略战争。

万历二十五年（1597年）一月，赖在朝鲜南端不走的日军已是蠢蠢欲动，朝鲜国王李昖得知后，迅即向明廷报告"倭情紧急"，请明廷派大兵救援。不久，日军就出动数万大兵北犯。二月初，朝鲜陪臣郑期远又奔至北京泣请求援。此时，明神宗才知道了使臣的欺骗行为。为了给自己开脱罪责，使团副使杨方亨将沈惟敬与日方秘密勾结的情况，以及石星指示他以妥协促成册封事早完的信件呈给明神宗看。神宗看完后大发雷霆，命令严惩石、沈二人，同时商讨发兵援朝事宜。尽管明王朝当时因平定宁夏哱拜叛乱及第一次抗倭而"国用大匮"、"府藏殚竭"，且蒙古诸部多次在边界进行侵扰，但神宗仍尽力筹措军饷，抽调边镇精锐部队前往抗倭援朝，任命边镇将领麻贵为抗倭大将军，统领大军入朝，并升任兵部侍郎邢玠为兵部尚书，总督抗倭事宜。

六月，日军先后派遣数千艘战船渡海，向梁山、熊川、三浪等地发动进攻，随后，又在闲山岛击败朝鲜元均之水军。八月，日军又攻陷由麻贵部将杨元、陈愚衷据守的南原、全州。十一月，邢玠率领数路大军发动反攻，主攻目标为东南的庆州、蔚山。十二月，麻贵集重兵向蔚山发动猛攻，先锋部队冲破了日军的几层阵地，将日军重重包围。日军防守顽强，明兵没能取得进展，于是就采用断其粮草打长久战的办法。在被包围十天以后，日军粮草断绝，眼看就要崩溃，守城的日军将领就用诈降的计策来拖延时间，以等待援兵的到来。明军久战未果，军心也开始变得懈怠起来。此时日军援兵已至，并且采取虚张声势的计策，使得明军误以为日方有数路大军来增援。在此情形下，明军急速撤退，结果被困日军乘势反攻，明军大败，死伤近两万人，且损失大批辎重。蔚山一战，明军损失惨重，在邢玠的奏请下，明廷又从内地征调军队增援。万历二十六年（1598年）二月，陈璘、刘綎、邓子龙分率广东、四川、浙江等处部队入朝。九月，明军再次分四路大军发起进攻。麻贵攻蔚山，刘綎攻顺天，两路大军尽管斩获日军多人，但自身付出了一定的代价。中路的董一元先时一举攻克晋州，但继而移兵泗州之后，却因久攻不下伤亡惨重之故，只得重又退回晋州。正在此时，明廷得知日本国内因丰臣秀吉去世，政局混乱，侵朝诸倭将因为想争夺权位，都有了回国之心，于是邢玠乘机命令明军全线发动反攻。

十一月，中朝两国军队联合对日军进行全面阻击。十一月后，西路集结于松岛的日军，被中朝联军阻击，在多次突围未果后，只得向中路石曼子部求援。得知此部增援的消息后，联军决定设伏围歼。十九日，日军数百艘战船通过露津海峡，进入联军伏击圈，中朝水军火炮齐发，敌兵船队大乱，忙逃向观音浦港口而去，但这里也有联军，日军船只得重又掉转头来，拼死突围。双方展开激烈的交战，陈璘指挥兵士，跳到敌人的船上，与他们展开了肉搏。敌人的船队立刻向西突围，向朝鲜水军李舜臣部发动攻击，陈璘下令命水军紧急追赶。激战中，陈璘突然鸣金收兵，敌兵开始怀疑，将船队后撤，陈璘乘势下令全力施放火器，敌船大部分起火，熊熊燃烧起来，海面都给火光映得通红。李舜臣部也随即突入战团，明军老将邓子龙也率领300名勇士踏上朝鲜水军船只冲入日本船队之中。激战中，邓子龙的战船不幸起火，在敌兵的围攻下，邓子龙壮烈战死。联军兵船聚在一起发动围攻，敌兵不支，向南溃逃。在对日本的追击过程中，李舜臣因胸部中弹牺牲，临死还叮嘱部下不要公布其死讯，以免影响士气。战斗从夜间一直进行到第二天中午，敌兵大败，500只战船仅50只漏网，万余名日兵葬身大海。这就是著名的露梁大捷。露梁海战消灭了日军的中路船队，日军仅余西路的残兵败将得以逃归国内。至二十七年（1599年）二月，朝鲜国土全部光复。

同年闰四月，明廷正式宣告援朝抗倭大捷，神宗在午门举行献俘仪式，对平秀政、平正成等倭兵头领多人处以枭磔之刑，并传首九边。七月，对东征将士加以犒赏，对邢玠、陈璘、刘綎、麻贵、董一元等人给予了加官晋爵的奖励。而与此同时，前兵部尚书石星瘐死狱中。弃城而逃的杨元，通敌卖国的沈惟敬则被斩首弃市。

援朝抗倭之战，最终以日军惨败、中朝胜利而结束。这场战争前后共计七年，当中朝鲜饱尝战祸之苦，百姓惨遭日军凌辱屠戮，朝鲜山河破碎，人口流离，经济凋敝。战后，明朝帮助朝鲜练兵，制造武器、修固险要，以加强武备。为感谢明王朝的疆域再造之恩，朝鲜国王上表谢恩，贡献财物，并对为援朝抗倭而牺牲的中国将士加以祭奠，还特为英勇献身的老将邓子龙设立祠庙，岁时加以祭祀。

6.平播之役

万历二十八年（1600年）六月，播州之役得平。杨应龙自缢而死，结束了杨氏在播州长达八百余年的统治。

杨应龙系四川播州（今贵州遵义地区）宣慰使。

播州从唐朝时起就被杨氏世代占据，元末时被农民起义军明玉珍占据，归由他建立的夏政权管辖。洪武四年（1371年）朱元璋派大军平定明氏夏政权，此后明廷袭用元朝的土司制度，仍任命土官杨铿为播州宣慰使，并且规定，这一职务由杨氏世袭，杨氏每年向明廷进贡地方土特产。播州地域广阔，播州宣慰司下面有草塘、黄平两个安抚司，真州、余庆、播州、容山、白泥、重安六个长官司，其各级土司又分别由田、张、袁、卢、谭、罗、吴七姓世代相袭，这七姓大部分都和杨氏是姻亲，他们互相依存，一旦有难，就互相援助。

隆庆五年（1571年）杨应龙世袭为播州宣慰使。刚开始时，杨应龙多次帮助明朝统治者对其他各土司的反叛加以镇压，并进贡大木给明廷，由此取得了明朝政府的信任，被授以都指挥使衔。但随着其势力的日益增长，杨应龙开始日渐骄横起来，对明廷也不再驯服，公开声称"例得生杀其属"。且擅自用宦官，并结生苗为助，肆行劫掠。对于杨应龙的所作所为，四川省长官向来采取宽容的态度。而播州和贵州紧邻，贵州省的长官则对之十分警惕，万历十八年（1590年），巡抚叶梦熊上疏对"应龙凶暴诸事"进行弹劾，巡按陈效则"历数应龙二十四大罪"。这时，明朝政府为了防止松潘地区少数民族的反抗，征调播州的部队前往帮助守卫，四川巡按李化龙上书奏请朝廷，先不要追究杨应龙的罪过，给杨应龙一个戴罪立功的机会。黔、蜀双方各自坚持自己的或剿除或安抚的意见，两派互相争执不下。正在这时，杨应龙的妻妾之间又发生了冲突，杨应龙宠爱的一名叫做田雌凤的小妾将杨的嫡妻张氏杀死，张氏叔父张归照遂与部属宋世臣、何恩上奏朝廷，告杨应龙谋反。贵州巡抚叶梦熊主张立刻派兵前往征剿，但是四川的官僚与杨应龙关系密切，他们认为杨应龙屡次对朝廷的用兵计划给予支持还是有功劳的，除掉他并不是个好办法，四川巡抚、巡按都主张采用安抚政策。明朝廷于是便命黔、蜀两省共同对此事进行调查。杨应龙知道四川方面偏袒他，就前往重庆。

万历二十年（1592年），杨应龙到重庆接受审讯。按当时法律，杨是要被处以斩首之刑，杨应龙便请以两万金赎罪。正好在这时，日本侵略朝鲜，明廷向全国征兵援朝。杨应龙当即上奏，请求自率五千名兵士赴朝征倭，以此来赎罪。明朝政府便释放了杨应龙，杨于是便领兵前往。不久，朝廷又令其不要出兵，杨应龙遂按兵不动。后来巡抚王继光对他的罪责严加追究，而杨应龙竟然采取抗拒态度，对之不理不睬，王继光大为光火，于是决定征剿杨应龙。

万历二十一年（1593年），王继光与总兵刘承嗣、参将郭成等兵分三路，逼向播州的重镇娄山关，杨应龙以诈降麻痹王继光，可同时又率领苗兵进行攻击，刘承嗣一路伤亡过半，明军只得撤退。之后，王继光被革职，四川巡抚一职由谭希思接任。

万历二十二年（1594年）三月，明廷派兵部侍郎邢玠总督贵州。第二年，邢到达四川，他察知播州的张、田、卢、袁、谭、罗、吴七姓均与杨姓关系密切，并且大部分都是姻亲，要用武力征服，一时难以成功，于是便再次采用招抚的办法，准许杨应龙"输四万金以助采木"赎罪，并将他的职务革除，由其子杨朝栋代理，并扣押其次子杨可栋为人质。明廷当时正忙于抗倭援朝，无力顾及播州，就同意了邢的处置方法。邢同时又任命重庆知府王士琦为川东兵备副使，以对杨应龙加以防备。

杨应龙表面上接受招抚，暗中却大肆积蓄力量，一心想割据称王，"令州人称己为千岁，子朝栋为后主"。派土酋把守关隘，同时施恩于苗人，将略为富裕一点的百姓的家资全都搜刮出来，以供养苗人，苗人都愿为他效力，被称为"硬手"，这是杨应龙的精锐部队之一。不久，被扣押在重庆的杨可栋死掉了，这又激起了杨应龙的愤恨。万历二十四年（1596年），经过近两年的准备，杨应龙的势力更加强大，于是再次起兵反叛。其先后攻掠余庆、兴隆、都匀各卫。第二年，攻掠贵州洪头、高坪、新村等屯，侵掠湖广四十八屯，骚扰驿站。当时，兵备副使王士琦被调去朝鲜参加抗倭战斗，贵州巡抚江东之便率明军与杨应龙作战。万历二十七年（1599年）二月，江东之被杨应龙大败，都指挥使杨国柱也遇害。明朝廷知道消息后大为震惊，决定进剿杨应龙，便任命都御史李化龙兼任兵部侍郎，规定四川、湖北、贵州三个省份军机大事均要交其管理和过问。朝鲜战事在这时已经结束，明朝廷于是调集东征诸将麻贵、刘綎、陈璘、董一元等南征，并调福建、浙江、云南、广东等地部队前往与之会师。这些部队全部由总督李化龙统一调度。

万历二十七年（1599年）六月，杨应龙乘明兵尚未会师之际，率领军队攻陷了綦江。綦江是重庆的南大门，一时整个四川为之震动。明神宗得知情况后，也很是为之震惊，当即将四川巡抚谭希思、贵州巡抚江东之的官职罢免，并命令总督李化龙速速前往四川。幸好杨应龙无意进攻重庆，他只是想把势力范围扩展到綦江一带。于是杨将军队退到三溪屯驻下来，以綦江之三溪、母渡、南川东乡坝，设立石碑标志为播界。

李化龙刚到四川时，各路军队尚未到达，他对杨应龙作出要招抚的姿态，杨应龙当时认为自己的罪过也会像过去一样得到赦免，于是就不再进攻明军，局势因之渐趋缓和。万历二十八年（1600年）的春天，明朝的各路军队陆续抵达四川、贵州两省，李化龙决定分八路进军，四川那边四路：总兵刘綎从綦江出发，总兵马孔英从南川出发，总兵吴广从合江出发，副将曹希彬从永宁出发；贵州方面共三路：总兵童元镇从乌江出发，参将朱鹤岑从沙溪出发，总兵李应祥从兴隆出发；湖广方面一路，分为两翼，总兵陈璘从偏桥出发，副总兵陈良玭从龙泉出发。每路部队均为三万人，其中三成是官军，七成是土司兵。

杨应龙认为八路明军中，以刘綎所部最为强大，想先将他击败，就派他儿子杨朝栋率精兵前往迎击，结果大败，杨朝栋只身逃归。各路明军乘势发动了猛烈的攻击，战争势如破竹，四川方面的明军很快就从北面将地势险要的娄山关攻占。从湖广、贵州出发的明军，也很快就攻陷了乌江一线，包围圈被逐渐缩小了。五月十八日，八路明军在遵义北的杨应龙老巢海龙囤下会师，并分批发动猛攻，杨应龙负隅顽抗。六月四日，刘綎首先率兵杀上土城，杨应龙知道末日已至，遂同他的爱妾一起自缢而死。其子杨朝栋、弟杨兆龙等被俘，后被解往京师处死。这次明军从出师到平定杨应龙，前后费时114天，共斩获叛军两万。

在平定杨应龙叛乱后，明朝政府就在播州地区实行"改土归流"的政策，由中央政府派遣的"流官"对之进行管理，从而结束了杨氏在播州长达七百余年的世袭统治。同时，明政府还在行政区的划分上也作了调整，在播州设置遵义、平越二府，分属贵州和四川，遵义府下又设有真安州及遵义、绥阳、桐梓、仁怀四县；平越府下又辖有黄州及瓮安、余庆、湄潭等三县。

7.苏州民变

万历二十九年（1601年）六月，苏州人民杀织造官孙隆恶役六人，孙隆逃往杭州。这是诸多民变中组织程度最高的。

万历十年（1582年），张居正去世。明神宗时年已20岁，于是亲掌国政，但他宠信宦官，宠爱郑贵妃，深居后宫，不理朝政。他生活上日益腐败，且好色贪财，从万历二十四年（1596年）起，他开始派出大批的亲信宦官，分赴全国各地充当矿盐税使，肆意搜刮老百姓的财富。当时著名的手工业和商业发达的苏州城，自然也是在劫难逃。

当时的苏州，西城是商业区，店铺林立，十分繁华；东城是丝织业集中的地区，设有许多的工场，每日均有数以千计的手工业者聚集于这里，他们有的有固定工作，有的则每天早晨聚集在桥头，等待雇主的临时雇佣。城市的繁华更加引发了税使的贪婪。万历二十九年（1601年），秉承神宗的旨意，苏杭织造太监孙隆来到苏州征收赋税，从此开始了对苏州人民的搜刮、勒索。

原来当时的税制规定，征税的对象只限于从事贩运的商人，但税署的吏卒和当地的棍痞勾结，他们要求机户每张织机交三钱税银，新织的缯帛，要在每匹纳银三分之后，才允许出售。又分别在水陆枢纽设置关卡，向过往的商旅滥征赋税。甚至于"只鸡束菜"皆不能免税，致使商贩数目日渐减少，机户则被迫歇业关门，许多机工因而失业，贫民无以为生，竟有饿殍者。又加上这年苏州发生水灾，农业歉收，百姓失业，往日繁华的苏州城竟是一片凄凉。一首当时流传的民谣是这样唱的："四月水杀麦，五月水杀禾，茫茫阡陌弹为河。杀禾杀麦犹自可，更有税官来杀我。"可见，与天灾比起来，税吏更为可怕。

六月三日，靠以织缯为生的葛成，不甘饿死，被无以为生的织工推为领袖，发动民变。葛成首先聚众在织工和机户经常集会的玄妙观内"誓神"，要求大家听其指挥，视其手中"芭蕉扇所指"。参加者分为六队，每队由一小队长手摇芭蕉扇为号，走在前面担任指挥，后面的人手持棍棒随之而行。斗争矛头直指孙隆及其爪牙。见民变队伍逼近衙署，孙隆赶紧连夜逃往杭州躲藏起来。但民变队伍纪律严明，既不动刀枪，也不抢掠财物，甚至也不反对官府，只是对地痞税使加以打击，迫使官府拘捕地痞汤莘以平民愤。这次民变共持续了三天。第四天由于地痞税官或死或逃，或被拘捕，民变者于是便贴出榜文，声称：危害百姓之税使既已清除，事情已定，百姓就应各安生理，不得藉口为乱。第五天，道府下令对领导民变的人进行追查，葛成挺身而出，说："倡义者我也，以我正法足矣。若株连平民，株连则必生乱。"葛成于是便被捕入狱。他先是被判处死刑，后又因遇到特赦被释放出来。因感念葛成舍己为人的精神，苏州人将他的名字改为葛贤，在他死后，又将他葬在风景优美的虎丘山畔。后来被苏州人称为"葛将军"、"义士"，迄今香火不绝。

第二年五月，苏州又一次发生了民变。当时的税务已改由太监刘成掌管，由于地方官采取了逮捕惩治"首恶"，解散余党的措施，这次民变很快便被镇压下去了。苏州的织工暴动，反映了出现在中国封建社会晚期的阶级斗争的新动向，这是一次城市市民的斗争，它预示着一种新的社会力量正在逐步孕育和发展起来。

除此之外，因矿监税使而造成的民变还有临清民变、湖广民变、武昌民变、辽东民变等，辽东甚至还发生了兵变。

万历时期各地反对矿监税使的民变和兵变，参加阶层广泛，有商人、作坊主、手工业者、小商贩，也有生员、乡官，乃至部分宗室成员和地方官员，还有士兵和军官。有些民变是由商人、作坊主、手工业者和小商贩为主发起的。这种情况表明，当时商品经济的繁荣与发展已开始给明代政治生活带来了某种程度的影响。

8.国本之争

万历二十九年（1601年）十月，立皇长子朱常洛为皇太子，国本之争结束。

（1）子以母贵

皇长子朱常洛的生母是王恭妃。朱常洛出生后，曾深受明神宗喜爱，不久又有皇次子出生，但这个皇次子年仅一岁就夭折了。万历十四年（1586年），皇三子朱常洵出世，朱常洛在明神宗心中的地位开始发生了动摇。

朱常洵的生母是明神宗所最为宠爱的郑贵妃，子以母贵，故明神宗对这个皇三子十分看重。郑氏原是淑嫔，容貌美艳，且性情乖巧机敏，喜读书，通音律，善吹笛箫，因此在入宫后很是受宠。明神宗特意命冯保在宫中专修一座名叫翠华园的花园，好每日与一帮妃子在园中丝竹箫管，歌弦酒宴，寻欢作乐。酒至半酣时明神宗常常令郑贵妃吹笛助兴，宛转悠扬的笛声，使他心旷神怡，直喝到天昏地暗、烂醉如泥方休。夏日，明神宗嫌玉楼金屋中太热，便携郑贵妃及仆从登上翠华楼楼顶的琴台避暑，此台的装饰十分奢华，登高远望，四面来风，甚是凉爽，暑气尽消。明神宗与郑贵妃恩爱异常，如胶似漆。

万历十一年（1583年），郑氏被晋为贵妃。万历十四年（1586年），郑氏生下朱常洵，随即便由贵妃册封为皇贵妃。皇贵妃的封号在等级上仅次于皇后，要比恭妃高出两级。明神宗对郑氏的破格晋升，让满朝文武颇有微词，因为按照礼法，"母以子贵"，王恭妃的地位应该是居于众嫔妃之上，只比皇后略低一点，然而王恭妃生朱常洛已有五年，却得不到晋封，而郑贵妃刚生朱常洵就后来者居上，这岂非是有违常规。正当群臣纷纷上疏劝止皇上不要做出什么有违祖宗礼法的事情来时，又有流言说：郑贵妃既身受神宗的特殊宠爱，又生有一皇儿，便想将朱常洵立为太子，这样她以后便可以做太后。神宗宠爱郑贵妃，不敢对之有所忤逆，自然满口答应，并在大高元殿谒神盟誓，将立朱常洵为皇太子的誓词装入玉匣之中，交由郑贵妃妥善保存，这便是所谓的"玉盒密约"之说。此说不胫而走，一时搞得满城风雨，人们于是领悟到神宗册封郑贵妃为皇贵妃，其实是为废长立幼作准备，既然可以"母以子贵"，那么"子以母贵"当然也是合情合理的。皇后生的儿子被称为"嫡子"，是当然的太子，皇贵妃仅次于皇后，地位高出恭妃许多，她生的儿子，将来被立为太子也是有根据的。明神宗的用意可想而知。群臣于是深感郑贵妃乃非等闲之辈。

郑氏是京南大兴人。父亲名叫郑承宪，家境贫寒。郑氏从小便处事谨慎且有权谋，聪慧过人。据说，在入宫前，郑氏曾被许配给某孝廉为妾。出嫁那天，父女相对，不胜哀恸。孝廉是个忠厚人，见此情景不禁生出恻隐之心，情愿毁婚，不责原聘。郑氏感激万分，脱下一只绣鞋赠与孝廉，发誓以后再报答这位孝廉。郑氏后来入宫大得宠幸，想起过去难免怀念起这位孝廉来，但是事情过去已久，这位孝廉的姓名都已想不起来了，她于是心生一计，命小太监将另一只绣鞋拿到集市去卖。一年过去了，无人问津，不过此事却在京城成了奇闻，并且很快便传开了。消息终于传到那位孝廉耳中，他将那只珍藏多年的绣鞋拿到京城，找到了卖鞋的小太监，把鞋拿出来一看，果然是一对。小太监问明姓名，将他留在驿馆，自己急忙入宫回报郑贵妃。郑贵妃向神宗泣诉前事，曰："若非此孝廉，妾安得侍陛下。"神宗也很动情，授这位孝廉以县令之职。此事真实与否已经很难考证，不过郑贵妃是一位很有心计的女人则是真的。

当朝大臣大部分都为王恭妃深感不平，纷纷联名上疏，敦请皇上早册立太子，以打消郑贵妃的非分之想。

大学士申时行等以皇长子朱常洛年已5岁，上疏请求神宗册立其为太子曰：臣等闻早立太子，所以尊宗庙，重社稷也。自元子诞生，五年于兹矣，即今麟趾螽斯，方兴未艾，正名定分，宜在于兹。祖宗朝立皇太子，英宗以二岁，孝宗以六岁，武宗以一岁，成宪具在。惟陛下以今春月吉，敕下礼部早建储位，以慰亿兆人之望，则不胜幸甚！

明神宗看到这一奏章后，反应只是淡淡一笑，接着便批示道："元子婴弱，少待二三年，册立未迟。"

朝臣们感到了问题的严重性：为郑皇贵妃神魂颠倒的神宗，很可能会做出不顾宗法的事情来。事关社稷，哪怕是掉脑袋也要顶住。于是，一场长达15年的立储之争便开始了。

（2）姜应麟罢官

在皇位继承问题上，中国封建社会的传统作法是有嫡立嫡，无嫡立长。嫡就是正妻皇后所生的皇子，别的嫔妃所生的皇子，都被认为是庶出。朱元璋在其制定的《皇明祖训》中明确规定："兄终弟及，须立嫡母所生者。庶母所生，虽长不得立。"如果皇后没有生儿子，那么便采取"无嫡立长"的办法。神宗的皇后没有生育，王恭妃所生之子朱常洛便是庶出长子，而郑贵妃所生之子朱常洵是庶出次子，按照明朝祖制立朱常洛为太子是天经地义的。

在是否立朱常洛为太子的问题上，朝中的众位大臣大致可以分为三派：一派坚持祖宗礼法，站在为皇长子争取合法地位的立场，力劝神宗早日册封常洛为太子，这一派的人数最多，堪称为正统派；第二派多是支持郑贵妃的皇亲国戚，他们讨好皇帝和贵妃，想方设法想对明朝的祖制加以修改，从而达到立朱常洵为太子的目的。这一派人数不多，但影响却不小，可以左右皇帝，是地道的投机家；第三派人数更少，但也很有影响力，他们大多数是握有实权的重臣，其态度随神宗的好恶而转变，貌似正统派，可有时又会出来为郑贵妃说话，使人对他们的立场捉摸不定，身为首辅的申时行是这类人中的一个典型。

立储涉及到国本。在这样的一个大是大非的问题上，每个人都要选择自己的立场和态度，终于一场争国本的斗争爆发了。户科给事中姜应麟首先发难，他不仅请求"册立元嗣为东宫，以定天下之本"，且疏请圣上收回成命"先进恭妃为贵妃，次及郑妃"。

神宗将姜应麟的疏文仔细看过后，大发雷霆，亲自拟旨，对姜应麟加以痛斥，曰："贵妃敬奉勤劳，特加殊封，初非为东宫起见。立储自有长幼，姜应麟疑君卖直，可降极边杂职。"御旨一出，姜应麟便被贬到大同境内，降职做了一个地位低微的典史。但在离京时姜应麟并不感到后悔，反之他还觉得自己是做了一件很了不起的大事，情愿受罚。因为神宗的御旨有一点失误，让姜应麟等钻了空子。神宗只注意到了姜应麟等臣子对晋封郑贵妃一事的不满，而忽略了其请立皇长子为太子的真实用意，竟说出了一句"立储自有长幼"的话来，这样神宗等于是在实际上对立长不立幼的立储问题作出了正面回答，从而给姜应麟等正统派抓着了小辫子。难怪姜应麟高兴异常，他冒死上谏不就是为的这句话吗？

御旨传开，正统派拍手相庆，于是请立皇长子为太子的奏疏如雪片一般飞来。神宗开始时还不以为然，后来看到越来越多的奏疏都对"立储自有长幼"这句话加以引用，并要求神宗立即兑现诺言，早日将诺言付诸实践，直至此时他才恍然大悟，大呼失策。但话已出是覆水难收，只得硬着头皮顶住。神宗从此恨透了使他有此一失的姜应麟，直至多年以后，每每吏部在推举谏言诸臣提到姜应麟时，必会遭到神宗的重责，以至姜应麟竟被废达20年之久。

请立皇长子为太子的呼声越来越高，这使神宗大为恼火。招架不住之下，神宗便开始进行严厉的镇压。继姜应麟之后，吏部员外郎沈璟、刑部主事孙如法等也都获罪被贬。神宗以为这样做一定会把大臣们镇住，然而事与愿违，奏疏仍如雪片般纷至沓来，有增无减，并且朝中还形成了一边倒的态势，以立储之事划忠奸，以致九卿、阁臣等人，为了表明自己也是顺乎舆论便不得不也上疏劝皇上早立东宫。而站在郑贵妃立场的人，也不敢站出来正面与朝臣对峙，只得转入地下，使得明神宗非常孤立。孤身与众人对抗，令明神宗苦不堪言。朝事终于传到了深宫内院，慈圣太后发现儿子有"废长立爱"之心后，便将神宗召来，问为何不从众臣之议册立皇长子为太子。神宗推诿不过，把心里话说出来了，说："他是个都人子，不便册立。"太后听后勃然大怒，拍案而起对神宗责斥道："你不也是都人之子吗？"神宗慌忙跪伏在地，直至太后怒气消退后才敢起身。原来在宫中，宫人被统称为都人，李太后也是由宫人的身份得宠，因此才会说出这句话来。这事过后，神宗越发地感到皇长子在母亲心中的地位，再不敢轻意提起"废长立爱"的事情来了。

（3）内阁换班

万历十八年（1590年）初，按足岁计算皇长子朱常洛年仅7岁半，但按虚岁来算，他已经9岁了。他到这时都还没有出阁讲学，这使得很多廷臣感到不安，担心他长大后不能和文官作正常的交往。但是出阁讲学又必须是以太子的名义，不然的话就名不正言不顺。问题相当紧急，当神宗皇帝于万历十八年（1590年）正月初一日在毓德宫召见申时行等阁臣时，申时行再次提起册立太子的事情，他希望能说服神宗，早立长子为储。于是，在询问了神宗身体状况以后，他说："皇长子现在已经九岁了，内宫外廷都以为早就应该册立他为太子，希望皇上早定大计。"神宗说："我知道了，我没有嫡子，长幼自有定序。为怕外廷生疑，郑妃也再三陈请。但长子年纪太小，经不起各种典礼的折磨，我想等他长大健壮后再行册立，如此我才能放心。"听皇上这样说，申时行不得不再用他法，以退为进："皇长子已经九岁，应该让他出阁读书。"出阁读书是一种形式，但这种形式一旦被实行，就等于是在事实上承认长子是太子。神宗不耐烦了，说："我已经知道了，你们请回阁去吧！"

申时行认为这次召见神宗似乎有预教长子的意思，于是便在正月底上疏请神宗亲自选定长子出阁讲学的日期。其实神宗并无此意，他当然不愿意让长子定期出阁。

册立太子是"国本"大事，朝廷众臣都不敢懈怠。全体京官一起向文渊阁的四个大学士施压，要求他们借自己的声望促使神宗册立朱常洛为太子。于是，以申时行为首的四个大学士便以他们无法向百官交代为理由向神宗提出了辞呈。神宗当然也不能接受他们的辞呈，因为如果他们真的辞职，那么在这种关键时刻还有谁敢接受这一首当其冲的职位呢！

就在神宗坐卧不宁之际，国舅郑国泰——郑贵妃的兄弟出来为神宗解围了。郑国泰是个依靠裙带关系飞黄腾达的锦衣卫指挥使，论资历，论官位，他都没有权力与阁部大臣一起就册立之事进行讨论。但他毕竟是贵妃的兄弟，因此有必要出面表一下态。他上疏奏请册立太子，装腔作势地说郑贵妃曾跪在地上争着要神宗册立皇长子，但神宗执意不肯。他千方百计为贵妃娘娘说好话，意在使外廷君臣知道，册立太子的事与郑贵妃不相干。

如此情况之下，神宗很难再置之不理，于是他便宣布，他无意废长立幼，但是他不能接受臣下的要挟。他说如果廷臣在一年之内不再以此纠缠于他，他可以在万历二十年（1592年）立朱常洛为太子。但如果再有人以此来扰乱他，那么立储之事，就要延后。在得到了这一妥协条件下，各位大学士才回到文渊阁继续办公。

十月，工部的一位官员因为神宗允诺的册立太子的期限在即，立储大典的各项开支理应由他负责，他便编造预算，呈请神宗批示。不料，神宗却说，他早已声明不准臣下在一年之内催他立储，这一工部官员违反了他的命令，以编造预算之名对他进行催促，他于是便要按声明中所说的那样，将立储之事延后。

神宗的这种言而无信、近乎要赖撒泼的做法激起了廷臣的极大反对。几天后，申时行、王家屏、许国三名阁臣联名上疏，奏请明春册立太子。草拟这道奏疏的是次辅许国，但署名时申时行的名字却被放在了首位，这是因为考虑到申时行是元辅。

这一大规模的抗议使得神宗为之震怒。申时行得知神宗的反应后，马上便呈上一道揭帖，谓虽然他的名字是列在内阁的联名奏事上，但他本人事先并不知情。本来密揭与一般公奏不同，他人不得私加拆阅，只在君臣之间就重大事务秘密交换意见时才会被使用。不料由于神宗的一个疏忽，将密揭和其他奏本一起转给内阁。许国将密揭截获后，毫不客气地将它送交给事中办公室抄录公布。一时舆论为之哗然，说申时行是个地道的两面派和卖友误君的小人，即便皇帝对之不加处罚，洪武皇帝的神灵也会诛戮他的。

其实申时行也有他的苦衷，他生性柔和，多次奏请册立东宫，都未得皇上允准，就听其自然，不再力争。他抱着息事宁人、明哲保身的态度，想对皇上和群臣在册立之事上的矛盾加以调和，但由于周旋太过，遭到群臣的非议和猜忌。此时则更是有口难辩，威信扫地，再也无法取得同僚的信任，在这种情况下，他只得辞官回乡，哪怕皇帝的挽留也是无用。神宗于是便给了他路费银一百两和一些新钞、彩缎等，并派人护送他回苏州老家。

而迫于舆论，次辅许国也上书乞休，对此神宗同意他"回籍调理"。

册立太子之争导致了内阁的大换班。既然这样，一方面，哪怕是态度最激烈的人也不便立即再提此事；另一方面，神宗也清楚地看到如果再公开坚持废长立幼，势必会引起更大规模的纷争。如此一来，尽管廷臣与神宗在国本问题上的意见仍然是尖锐对立，但却暂时形成了僵持的局面。

（4）三王并封

在为立储一事和廷臣争辩往来之际，神宗又突然别出心裁，即在同一天将三个儿子册封为王，而不册封太子。

持续数年的册立太子之争，导致了两名内阁元辅辞官，这使得神宗感到了外廷的压力。继此之后出任内阁元辅的赵志皋年过古稀，老迈无能，不能为他排忧解难，他需要一位得力的元辅来为他分担压力。万历十九年（1591年）六月，因母老乞归太仓老家的王锡爵敢作敢当，是个难得的人才。神宗亟需这样的人出来稳定局面，于是便在万历二十一年（1593年）正月将他召回，入阁出任元辅职务。

王锡爵一赶回北京，面对的棘手问题就是皇上亲自允准于万历二十一年（1593年）举行册立太子的大典。王锡爵写了一道密揭给皇上，敦请皇上尽快决定大计，无论如何都不可再拖延下去了。

看了密揭后，神宗立刻就派文书官李文辅带着他的亲笔手谕赶到王锡爵私邸。手谕上写道："虽然我去年有旨，谓会在今年春天举行册立太子的大典。但我读祖训内有一条立嫡子不立庶子的教训。何况皇后现今年纪尚轻，倘若以后她生下儿子，是册立东宫，还是封王？要是封嫡子为王，是惊祖训；要是册立为太子，不就出现了两位太子吗。我所以才迟疑不决，难以将决定作出来。既然你写密帖来奏，我现在就想暂且将三位皇子都一起册封为王。稍等几年，如果皇后真的不能生育，再行册立大典，这样既上不违祖训，又下于事体两便。你可以作一道谕旨给我送来。"

神宗费尽心机想出来的暂将长子、三子、五子一并封王的对策，真是让王锡爵大感意外。可是鉴于前两任首辅都栽在了这件事情上面，所以尽管王锡爵素有刚直敢言的美誉，到了这时也显得前怕狼后怕虎，畏葸不前了。他既不能得罪神宗，也不敢惹怒朝臣，只得遵旨代皇上草拟了两道谕旨，一是让皇长子先拜皇后为嫡母，再举行册立大典；二是三王并封。但同时要求神宗立嫡立长的时间要明确说定。

王锡爵的表明将来立嫡立长的时间的建议并未被神宗采纳。神宗在正月二十六日向礼部发出的"三王并封"的谕旨中是这样写道的："祖训有立嫡之说，因此册立大典稍迟以后再举行，以等待皇后生子。现在皇长子及皇第三子都已长大，皇第五子尽管年幼，想暂一并封王，等待将来有嫡子立嫡子，无嫡子便立长子。"

对这一社稷大计，廷臣们丝毫不肯让步，纷纷冒着风险挺身上言表示反对三王并封，批评皇上出尔反尔，言而无信。

由于做了一个错误的抉择，首辅王锡爵被卷入了一个难以自拔的是非漩涡之中。从正月底到二月初，王锡爵一直都承受着众人的责难，日子很是难过。在感受到舆论的压力和身后的功过是非后，王锡爵幡然悔悟，决定破釜沉舟，迫使皇上收回成命。

王锡爵表示要承认"三王并封"的错误，这将神宗置诸到了一个非常尴尬的境地。经过两天的思前想后，神宗不得不收回成命，向廷臣让步。至此，出笼不过十天的"三王并封"之议寿终正寝。

神宗因宠爱郑贵妃，想立她所生的皇三子为国储，结果遭到皇太后和廷臣反对，因此而迟迟不愿册立太子。在情势所逼之下，才会端出一个"三王并封"之议来。其实神宗如果一定要废长立幼，理论上的依据他也并不是找不到的。立长而不立幼，只是传统习惯，而不是一成不变的法规，永乐称帝，就是以皇第四子的身份将皇位从侄子手中夺过来，而未对他二哥和三哥的优先继承权加以考虑。再者子以母贵，朱常洛之母为恭妃，朱常洵之母则为皇贵妃，皇子的地位取决于母亲的地位，神宗如果一定要立三子朱常洵的话，单是凭此一条也就够了。

"三王并封"之议既表明了神宗没有信用，同时也暴露了他缺乏当机立断的气魄。

（5）立储朱常洛

神宗一心想废长立爱，但迫于朝野压力又不敢将自己的想法付诸实施，于是就采取拖延策略，"三王并封"之所以会产生出来，其思想根源就在这里。在反对"三王并封"的斗争中，朝臣上疏的人越来越多，其中最为剀切者当数吏部员外郎顾宪成的奏疏，疏曰：皇上因《祖训》立嫡之条，欲暂令三皇子并封王，以待有嫡立嫡，无嫡立长，臣等伏而思之，"待"之一言，有大不可也。太子，天下本，预定太子，所以固本。是故有嫡立嫡，无嫡立长，就见在论是也，待将来则非也。我朝建储家法，东宫不待嫡，元子不并封……有天下者称天子，天子之元子称太子。天子系乎天，君与天一体也；太子系乎父，父子一体也……元子为太子，诸子为藩王，于理顺，于分称，于情安，有何不得已而然乎……皇上以《祖训》为法，子孙以皇上为法。皇上不难创其所无，后世讵难袭其所有。自是而往，幸皆有嫡可也，不然，是无东宫也。又幸而如皇上之英明可也，不然，凡皇子皆东宫也，无乃启万世之大患乎？况始者奉旨，少待：三年而已，俄改二十年，又改二十一年，然犹可以岁月期也。今曰"待嫡"是未可以岁月期也……伏乞令皇元子早正储位，皇第三子、皇第五子各就王爵，父父子子，君君臣臣，兄兄弟弟，宗庙之福，社稷之庆，悉在是矣。

顾宪成的奏疏对立储的宗法制度进行了较为全面的剖析，指出了神宗待嫡的真正意图，切中要害，在朝中反响很大。群臣所上的奏疏一时间堆积如山，神宗无以招架，一怒之下将顾宪成削职，遣归故里。顾宪成回到无锡老家，在东林书院讲学，后来成为东林党人的首领。

万历二十一年（1593年）八月，彗星入紫微垣，这在当时被认为是一种十分不吉利的征兆，首辅王锡爵于是便趁着这一星变向神宗密奏说："天以皇上为子，皇上以太子为子，天子之象帝星，太子之象前星，亦今禳彗第一义，莫如册立。"又上疏曰："外廷以固宠阴谋，归之皇贵妃，恐郑氏举族不得安，惟陛下深省。"看到奏疏后，神宗"心益动"，考虑到形势的变化，他不得不稍作让步。

万历二十二年（1594年）二月四日，皇长子正式出阁讲学，并且神宗还为朱常洛举行了预教之典，这就将朱常洛最终被立为国储一事向前推进了一大步。

万历二十九年（1601年），按照廷臣的意见，首辅再次将立储之事提了出来。这时，朱常洛年已弱冠，朱常洵也年已16岁，二人均无冠婚，明朝举国上下都觉得这是一件怪事。15年来，神宗为立储之事心力交瘁，也实在是熬不下去了，而且事情也确实不能再拖下去了，无奈之下，神宗只得勉强同意众廷臣之议，于是册立皇长子朱常洛为皇太子，并于同日册封朱常洵为福王，朱常浩为瑞王，朱常润为惠王，朱常瀛为桂王。

而神宗之所以会下定决心册立朱常洛为皇太子，除了上述的朝臣压力等因素之外，还与他在这段时间里与郑贵妃产生了矛盾，从而造成了他的感情冲动有关。据史书载："神庙（指神宗）始专宠郑贵妃而疏孝端（指中宫王氏），辛丑年（万历二十九年即1601年），圣躬抱病甚笃，瞑眩逾时而醒，则所枕者孝端手肱也，且面有戚容，泪痕犹湿。及侦郑贵妃，则窃密有所指挥……神宗由此蕴怒贵妃。明日，遂传旨礼部：'速议册立仪制来看。'光庙遂于是冬正东宫之位。"

9.梃击案

万历四十三年（1615年）五月初四晚，天刚擦黑，只见一人手持枣木棍棒，行踪诡秘地潜入皇太子居住的慈庆宫，一棒将守宫门的太监李监击倒，接着闯到殿檐下，朝太子朱常洛的居室奔去。这时侍卫们一拥而上将其降伏，交与驻守东华门的守卫指挥朱雄等关押起来。

第二天正是五月初五端午节，朱常洛忙把头天晚上发生的事奏明神宗，神宗并未将之当回事，便命将凶犯交法司审问。但是这一突发事件却很快就传遍了宫内外，一时舆论纷纷。首先审理此案的是巡皇城御史刘廷元，他很快就向神宗奏报了审讯的情况，犯人是蓟州人，名叫张差，他只称吃斋讨封，言语混乱，像个疯子，但察看其相貌，又很狡猾，最好再付法司对之加以严厉审问。于是此案又被交往刑部，由郎中胡士相、员外郎劳永嘉和赵会桢三人会同审理。这三个人都是官场老手，虽然他们预感到了此事一定有其政治背景，但由于怕案子与郑贵妃欲废太子之事有关联，搞不好自己也会受牵累，于是便认为在初审的基础上顺水推舟，就说张差是个疯子是最好不过了，这样做可以将案子早日了结。在这样的一个想法推动下，他们便进行串讯，说张差是个卖柴人，由于柴草被人焚毁，一气之下发疯，于四月间即入京诉冤。在路上，有两个不知名姓的人与他同路，骗他说，没有状子而又要诉冤的话，可以拿一根木棒代替。张差信以为真，又加上一时疯迷，因而便手持木棍，从东华门潜入大内，直达慈庆宫门，见人就打，因此将守卫击伤。按明朝律例，手持凶器，潜入宫门，当处斩刑，三人便上疏呈请神宗早作批复。这一处理很显然是想杀人灭口，以庇护幕后真凶。但奏疏批好后，还没来得及呈上去，朝野便早已是议论纷纷，有很多人认定是郑贵妃等人在暗中指使。这使郑贵妃很恐慌，神宗也觉得很烦恼，很棘手。迫于舆论的压力，神宗于是便命令暂且将案子押一押，对张差严加看管，不准任何外边的人对之加以探望。而事情越神秘就越让人关注，有很多人都想将实际情况侦讯出来，其中刑部主事王之寀便是最活跃者之一。

王之寀，字心一，朝邑人，担任过知县等职，断案经验颇丰。他决定利用管理牢饭的机会，去接近张差询问真相。五月十一日，他亲自去牢房给犯人挨个送饭，而单单将张差留在最后，使他饥饿难忍。而当最后张差终于被轮到时，王之寀却让人把饭摆在一边，要张差供出实情之后，才可以吃饭。张差饥饿难当，只得开始吐露出一些真相。但这时说出的话便与过去的口供大不一样了，情况大致是这样的：张差小名叫张五儿，是蓟州人。他这一次来京，是受乡里的马三舅和李外父的唆使，叫他随一个不知名姓的老公（民间对内监的称呼）来的。他们叫他听从老公的吩咐做事，说事成之后可以给几亩地给他。抵京后，他进了一条不知街名的大宅院，有个老公拿来饭来他吃，吃过饭对他说："我带你去一个地方闯一下，见人就把他打死，死了人，我们会去救你。"说完，给了他一根枣木棍，然后就把他带进了后宰门，一直带到宫门口。在那里，他将一个看门人打倒了，但随后来了许多老公，抓住了他。

王之寀知道在张差的供词中不实之处还有许多，但却可以看出确有阴谋在其中，他于是便将张差的供词整理好，请刑部尚书张问达代为入奏，还尤其强调"张差不癫不狂，而且很有心计和胆量，其中必有奥妙，请准许将其缚于文华殿朝审，或交三法司会审"。如此一来，幕后指使者自然难以遁形。

见到奏疏后，神宗感到此事或者真的如外面传说的那样跟郑贵妃有牵连，因此想将事情先拖一拖再说。朝臣见奏疏迟迟没有回音，便纷纷上书，请求从速作出处理，而且还有人在文中提到"奸戚"，矛头直指郑承宪、郑国泰等人。神宗对此非常反感，只是将这些奏章一概"留中"，不闻不问。

五月二十一日，刑部再次会集十三司进行会审，这一次张差的供词引起了更大的轰动，供词中交代了一些以前没有说过的人名和地名。原来马三舅名叫马三道，李外父名叫李守才，原说不知名姓的老公是去修瓦厂的内侍庞保，那所他去过的大宅院，是内侍刘成位于朝阳门外的住宅。他还明白说出叫他去打宫门的是庞保和刘成。他们告诉他，"打了小爷，你就吃穿不愁了！"所谓小爷，就是指的皇太子。张差把他的同伙也供出来了，原来他们一行共五人，他姐夫孔道也是其中的一个。

刑部马上便发公文到蓟州，将马三道、李守才、孔道等人逮捕，并押送到北京与张差对质，然后上疏奏请将刘成和庞保关押候审。郑贵妃感到形势不妙，因为刘成和庞保都是她左右的执事太监，一旦提审她岂非就会被端出来了。她几次向神宗哭诉，希望神宗替她做主，对此神宗也莫可奈何，最后他对贵妃说："事已至此，朕不便直接出面替你说话，你可速去找皇太子，让他为你解脱吧！"无奈之下，郑贵妃只得赶往慈庆宫，跪拜在太子面前，哭诉自己冤枉。常洛生性怯弱，同时也怕事情闹大对他不利，于是便赶忙回拜劝慰郑贵妃，命内侍王安代他起草一道命旨，同时启奏父皇，要诸位朝臣不要再纠缠此事，并命法司速速结案，不要再行株连。

几日后，在朝臣的压力之下，已经25年没有临朝的明神宗，破例前往慈宁宫，召见了首辅方从哲、阁臣吴道南以及文武官员，并特意将太子、三个皇孙也召来了。当群臣行过叩拜礼之后，神宗拉着太子的手对众人说："这孩子非常孝顺，朕也是很爱他的。"接着严肃地环视众臣道："听说有人怀疑朕有别的意图，如果真是这样，太子不是早就被换了吗？现在有人想离间我们父子，今天你们都见到了，太子在朕的身边，而福王远在千里之外，没有宣召，他插翅也难回来。"说罢又将几个皇孙叫到跟前，给在场的朝臣们看，说："朕的几个孙子也都长大了，太子有功于朕和社稷，朕哪里还能有什么其他的想法？"最后又望着太子，要他不要有任何顾虑，只管将自己的想法说给在场的大臣们听。皇太子慌忙接话，他先说张差是个疯子，只需尽快把他处死就可以了，用不着对此事小题大作纠缠不休。接着又责备诸臣说："诸臣想已亲见，我们父子是何等亲爱，而有人却对此说长道短，你们这样做就是无君之臣，并使得我也成了不孝之子了。"神宗对此很满意，对群臣道："太子的话你们都听到了吧！"诸臣应诺，叩辞而去。

五月二十九日，张差被捆赴刑场，处以极刑。张差死后，庞保和刘成翻案，把一切都推得一干二净，但很多朝臣并不就此罢休，上疏要求一定要将元凶追查出来，神宗被奏疏搞得烦躁不安，大为光火，又加上怕夜长梦多，另生枝节，于是传谕司礼监，下令将刘成和庞保秘密处死。这样在张差死后十几天，刘成、庞保也在内廷被司礼监拷打而死。马三道、李守才、孔道等人，则因只是从犯，而仅被处以流放之刑。至此，神宗和郑贵妃终于松了口气。不久，参与审理此案的官员相继被降职或革职，郑贵妃不肯放过他们，最后，何士晋被调外，王之寀被削籍，陆大受被罢官，斗争仍在继续。

在明神宗的导演下，这场围绕"梃击案"掀起的轩然大波终于平息下去了。但是这一切并未就此结束，它的续篇在泰昌、天启年间更深入地展开了。

10.努尔哈赤创建八旗

万历四十三年（1615年），努尔哈赤终创八旗制度。

（1）努尔哈赤出世

金朝灭亡后，女真族一直处于分裂的状态之中。留在东北的女真人，其主要部族被元统治者分为桃温、斡朵怜、胡里改、脱斡怜和孛苦江等五个万户府，行政上隶属于辽阳行省的合兰府水达达路。东北地区的女真人在明朝初年时，又分为建州女真、野人女真（又称东海女真）和海西女真三大部。建州女真分布在长白山以北的绥芬河、牡丹江流域；野人女真分布于库页岛、黑龙江等地；而海西女真则分布于松花江流域一带。其中又以建州女真的生产力发展水平最高。

建州女真是女真三部的核心，而建州女真的核心又是建州三卫。

建州三卫即建州卫、建州左卫、建州右卫。建州卫始设于永乐元年（1403年）。

这一年元胡里改万户的世袭万户阿哈出等人前往南京朝贡，明朝于是便设立了建州卫，并封阿哈出为指挥使。由于阿哈出的推荐，明朝于是又派人去招谕斡朵怜万户猛哥帖木儿。永乐二年（1404年）猛哥帖木儿来到南京，明朝廷授予其建州卫都指挥使之职。永乐十四年（1416年），明朝又为其设立建州左卫，称"建州左卫指挥"。宣德八年（1433年），猛哥帖木儿及其长子阿古在迁徙途中遭到忽剌温（属海西女真）的袭击而亡。到了正统七年（1442年），猛哥帖木儿的儿子董山和猛哥帖木儿的同母异父兄弟凡察（宣德八年升都指挥使），争夺卫印，明廷只得又增设建州右卫，下令左卫由董山掌管，而右卫则由凡察掌管，于是最终形成了建州三卫。几经迁徙之后，到了明正统年间，三卫定居在了浑河上源苏子河流域（今辽宁省新宾一带）。

一百多年后，到嘉靖三十八年（1559年），建州左卫的一个奴隶主家中诞生了一个"凤眼大耳，面如冠玉"的婴儿，这就是努尔哈赤。其祖父名叫觉昌安（明人称为叫场），父亲名为塔克世（明人称为塔失），按辈分算他该是猛哥帖木儿的六世孙。努尔哈赤是家中的长子，在他的下面还有四个弟弟。在他10岁时，他生母不幸去世，"继母护之，父惑于继母言，遂分居，年十九矣，所得家产独薄"。为维持生计，他只好挖人参、采松子到抚顺马市上交易，因此能够经常接触到汉人。他喜欢看《水浒传》、《三国演义》等书，受汉文化的影响较深。

早年家庭的不幸，曲折的经历，生活的艰辛，不但未能击倒努尔哈赤，反而使他增长了见识，磨炼了意志，积累了经验，提高了能力，为他以后成就事业打下了很好的基础。

（2）八旗概说

八旗包括满洲八旗、蒙古八旗和汉军八旗，其中设立最早、也最为典型的是满洲八旗。

八旗起源于牛录，牛录起源于女真人（主要指建州女真）在氏族部落时期的狩猎、出师组织。当时女真人不论人数多少，出师行猎都以家族、村寨为单位进行。出猎开围之际，每人出一枝箭，十个人为一个小组，每个小组设一名头领，指挥另外九人各寻方向，不许出现错乱。这十人小组的头领叫做牛录额真。这里的牛录额真只是临时性的出师狩猎小组的头领，在这个小组中，人们是以地域（寨）和血缘（族）为基础自愿结合的，以箭为凭证，没有专职的将官，并且事情结束后便各自散去。

牛录额真成为固定的官爵名称则是努尔哈赤起兵之后的事情。万历十一年（1583年），努尔哈赤刚刚起兵，苏克素护河部沾河寨长常书和弟杨书归附努尔哈赤，弟兄二人"事太祖，分领其故部，为牛录额真"。万历十二年，在攻克栋鄂部的翁鄂洛城后，努尔哈赤不记前仇，授予城中曾射伤过自己的洛科、鄂尔果尼二勇士为统辖三百人的牛录额真。这是较早的两个牛录额真成为官爵名称的例子。

后来，在统一女真各部的过程中努尔哈赤也陆续地设立了一些牛录，但并不普遍，并且编制也大小不一。到了万历二十九年（1601年），努尔哈赤的力量得到了进一步发展强大。这时努尔哈赤已统一了建州女真各部，并将矛头指向了海西女真，同时东海女真中也不断有人归降于他，努尔哈赤的土地和人口增长得很快。在消灭哈达，从而将海西四部打开了一个缺口后，他便开始着手对牛录制度进行改革，并加以推广和整编。他针对以前牛录制不整齐、不普遍的弊端，决定将牛录制在其辖区内加以普遍推广，并且在大体上统一编制，以每一牛录辖员三百人为标准，每一牛录都设长官牛录额真一人。努尔哈赤对牛录的整编，奠定了八旗制度的基础，牛录额真从此正式成了后金的基层官员。

在八旗制度建立起来之前,女真还有过一个前四旗的时期。

努尔哈赤起兵后,手下部众日增,先后涌现出其弟舒尔哈齐、子褚英和代善等实权人物。除了本人亲自统辖部分军队和属民外,努尔哈赤让另外三人也分别统领一部分部众和军队。到17世纪初(约1601~1610年)时,努尔哈赤在原来的四大势力的基础上设立四固山,即四旗,四旗的专主分别由他本人、舒尔哈齐、褚英、代善来担任。这就是所谓的前四旗。

到了万历四十三年(1615年)时,八旗制度最终被确立起来了。

这时,继统一建州女真后努尔哈赤又兼并了海西四部中的哈达、辉发、乌拉三部,并征服了大量的东海女真部民。此时,原来的四旗已不能适应形势的需要,于是在这一年十一月,努尔哈赤创立了八旗制度,即在原来四旗的基础上又增设了四旗,共为八旗。八旗起初分为四个画龙的旗和四个不画龙的旗,不久之后又演变为四正(源于不画龙的四色旗)、四镶(源于画龙的四色旗)制。四正即正黄旗、正白旗、正红旗、正蓝旗,此四旗均不镶边;四镶则是指镶黄旗、镶白旗、镶红旗、镶蓝旗,其中镶红旗是红色旗帜镶白边,镶黄、镶蓝、镶白三旗则是在相应颜色旗帜的基础上镶红边。

八旗中每一旗的组织形式如下:五牛录设一甲喇额真,五甲喇设一固山额真,每固山额真左右设两梅勒额真(即固山额真的副手)。固山就是后来所说的"八旗"的"旗"。从牛录到甲喇,再从甲喇到旗均以五为进制,即每旗下辖五甲喇,每甲喇下则辖五牛录,即每旗共计二十五牛录7500人。此后随着人众的增加,每旗所属甲喇的数目也不时有所增多,但旗的总数则维持不变,一直都是八个。

八旗制刚刚建立时,旗主一职由努尔哈赤的子侄等人担任,他们被称为八"和硕贝勒"。另外还设有"固山额真"作为旗主之下各旗的管理者。

在设立八旗的同时,八旗的基层组织——牛录制度也逐渐完善起来,其主要编制是每一牛录辖员为三百人,设牛录额真一人。牛录额真以下设岱子(牛录额真的副职)两名,章京(办事员)四名,村拨什库(村领催,后称领催)四名,领导全牛录的三百名成员的职位由章京担任,四名章京分班轮值。后来岱子一职及分班轮值之制又被取消了。

八旗各级官员的名称前后变动过几次。后金天命五年(1620年,明万历四十八年),努尔哈赤效仿明制,改称牛录额真为备御,甲喇额真为参将,固山额真为总兵官。而到了皇太极继位,为防止满人汉化,他又于天聪八年(1634年,明崇祯七年)对各级官名的满语称呼予以恢复。政备御(原牛录额真)为牛录章京,政参将(原甲喇额真)为甲喇章京,改总兵官(原固山额真)为昂邦章京。清军入关后,又再次将各级组织及官员的名称译成汉语,牛录的长官称佐领,甲喇的长官称参领,固山的长官称都统。这样,入关前后八旗中各级长官的名称前后一共经历了四次变更,以牛录一级的长官为例,经历了牛录额真——备御——牛录章京——佐领的这样一个演变过程。

(3)满族的根本制度

在入关前,八旗制度是兵民一体、军政合一的社会组织形式,是女真族(满族)的一个包括军事、经济、行政等各项职能在内的根本制度。

八旗制度首先是军事制度。八旗中每一名适龄男子(通常为15~60岁)都具有双重身份,既是民,又是兵,在平时是平民,要从事耕猎,而到了战争时则要披甲从戎。每牛录披甲的数目并不一定,有时是五十甲,有时又是一百甲,这样就组成了一支骁勇善战的八旗劲旅。在行军时八旗兵根据道路的宽狭,或是八路并进,或是兵合一路。在作战时,八旗基本上是分为前锋、骁骑和护军三个部分。前锋军队身穿牢固的甲衣,手持长矛大刀冲锋在前；骁骑军队身披轻甲，从后发动冲击；护军则是精兵，又叫做巴牙喇，均系从各牛录中挑选出来的精锐组成，战斗进行时他们横刀立马，见机行事，以备攻杀。在入关前八旗士兵都没有军饷，武器马匹都由士兵自己准备，其战争所得的报酬便是战胜后分配的战利品，而这也是他们的收入之一。因此每到出兵之时，八旗士兵的家人都欢呼雀跃，希望能够得到一些财物。

八旗制度同时也是经济制度。当时的各种行政费用是以八旗下牛录为单位分摊的。努尔哈赤早在整编牛录后、八旗制度建立起来前的万历四十一年，就命令部众以牛录为单位交税（实际上是一种劳役型赋役）。每牛录出牛4头、男丁10人，在空地耕田，所得收成缴入公共粮库。

在八旗中生产和作战并重。牛录额真既是军事将领，又是生产劳动的组织者，他的职责之一就是督促本牛录搞好生产。天命六年时，努尔哈赤还曾亲自过问各牛录庄稼收割的情况。

最后，八旗制度又是一种行政制度。大小各级官员，在身为军事将领的同时，又是行政官员。天命四年（1619年），努尔哈赤曾对牛录章京以上官员谆谆告诫，要求汗所任命的诸大臣以下等各级官员，"坚守法令，努力管辖"。统治后金人民的官僚队伍就是这样由牛录额真、甲喇额真和固山额真等各级官员组成的。

在当时情况下，八旗制度是努尔哈赤所能找到的最行之有效、最有利于统治的一种制度。八旗制度的建立使得女真统一事业的成果得到了巩固，促进了满族的形成。这之后，后金的社会经济不断得到发展，军队战斗力也得到了很大的提高。所以说，八旗制度是后金能够立国的根本原因所在。

满洲八旗制度建立以后，在相当长的一段时间内，汉人和蒙古人也隶属于其中。皇太极继位后，蒙古八旗和汉军八旗也相继建立起来了。

蒙古八旗的建立时间介于满洲八旗和汉军八旗之间，比满洲八旗晚但又早于汉军八旗。归降满洲贵族的蒙古人早在努尔哈赤时期就有了八旗。天命六年（1621年），蒙古喀尔喀部古尔布什台吉率645人来归，从这一年开始，努尔哈赤开始设立蒙古牛录，并将之归属于满洲八旗之下。天命七年（1622年），蒙古旗开始设立。到天聪三年（1629年）时已有蒙古两旗，这两旗分别被称为"蒙古右营"和"蒙古左营"。天聪八年（1634年），蒙古二旗又被分别改名为"右翼兵"和"左翼兵"。天聪九年（1635年），在打败蒙古林丹汗后，皇太极将满洲八旗下的旧蒙古壮丁中的很大一部分分离出来，同时又对新来的内、外喀喇沁蒙古壮丁加以编审，规定除盲人和四肢残疾者外，凡在18岁以上、60岁以下者，都正式编入蒙古八旗。原先的蒙古两旗也编入到新建的八旗之中，并在八旗中起重要作用。这样，由满洲八旗下的蒙古壮丁、新来的喀喇沁蒙古壮丁、原来的蒙古二旗等三个部分组成的蒙古八旗就在天聪九年正式建立起来了。此外，皇太极又编制了喀喇沁左翼旗、喀喇沁右翼旗、土默特旗三旗，加上八旗，共计十一旗，后三旗隶属于外藩蒙古。蒙古八旗的旗色及建置与满洲八旗一样，只是牛录的规模较小，最少的一百名壮丁便可编为一牛录。蒙古人在划分八旗成分时以地域划分为主，而不重视血缘，当时的蒙古八旗主要是由18个地方的蒙古人组成，不过这种地域的划分并不是很严格。

蒙古八旗建立后，满洲八旗中仍有蒙古牛录成分存在。这些牛录的原主都是依附蒙古各部的台吉、贝勒，他们出身高贵，旗属众多，只是由于某种机缘才归降满洲，以求庇护。

设立时间最晚的是汉军八旗。天聪五年（1631年），皇太极命佟养性总理汉人军民诸政，由此建立了汉军一旗，旗帜为黑色。汉军，满语作"乌真超哈"，是重兵的意思，之所以这样称呼，是因为这一旗多使用大炮等重型武器。此后汉军的每一次扩编，都是对汉作战获胜（入关之役、松锦大战等）、掳掠众多汉族军民的结果。崇德二年（1637年），一旗汉军又被分作左右翼两旗，左翼固山额真由汉官石廷柱担任，右翼固山额真则由马光远出任，旗帜都是黑色。崇德四年，此两旗又被分作四旗，四旗的固山额真分别由汉官马光远、石廷柱、王世选、巴颜担任，四旗各辖十八牛录。崇德七年六月，汉军被最后扩充为八旗，分别由祖泽润、刘之源、吴守进、佟图赖、金砺、巴颜、石廷柱、墨尔根侍卫李国翰八人统领。

同年八年，降金明将孔有德、尚可喜、耿仲明、沈志祥四人奏请"以所部兵随汉军旗下行走，上允其请"。这就是说，四人统辖的军队编制可以不作变动，但作战时他们要对汉军八旗的行动予以配合。后来，沈志祥的军队加入了汉军正白旗。而孔、耿、尚三人所统辖军队则一直到平定三藩之乱后才完全编入汉军八旗。

汉军八旗在旗色、编制、官员名称等方面与满洲八旗的制度是一样的。早在汉军八旗建立之初，便处在皇太极的有效控制之中，而他对满洲八旗的牢牢掌握则是在经过了一段斗争之后才实现的。

皇太级设立蒙古八旗和汉军八旗的举动是有其深意的，可谓一举多得：第一，有利于同明军作战，建立满洲八旗和汉军八旗可以扩大兵源；第二，建立独立的蒙古八旗与汉军八旗，可以相对地提高蒙古人和汉人的社会地位，缓解民族不平等的现象，并且这一举动也更能调动蒙古人和汉人的积极性，从而有利于清政权的整体利益。从明万历四十三年（1615年）满洲建立八旗，一直到清崇德七年（1642年）汉军八旗的最后组建，二十四旗并存的局面终于形成了。

11.努尔哈赤统一女真

万历四十七年（1619年），努尔哈赤完成了女真各部的统一事业。

（1）统一建州女真

明万历十一年（1583年），建州女真部猛哥帖木儿的后代努尔哈赤，以十三副其祖父遗留下来的盔甲起兵，向仇人尼堪外兰发动进攻，从此揭开了统一女真的帷幕。

在女真人历史上，万历初年是一个极为动荡的时期。由于内战以及与明的战争，女真各部极度分裂，形成了若干割据自立的集团。建州女真包括"长白山三部"和"建州五部"。"长白山三部"包括鸭绿江部、朱舍里部、讷殷部；"建州五部"包括苏克素护河部、浑河部、栋鄂部、哲陈部、完颜部。海西女真则分裂为四部，分别为哈达、叶赫、乌拉、辉发，号称扈伦四部。野人女真分为窝集、虎尔哈和瓦尔喀等三部。当时"各部烽起，皆称王争长，互相战杀。甚至骨肉相残，强凌弱，众暴寡"。各部蜂起，群龙无首，这就给了努尔哈赤崛起的机会。并且互相战杀兼并，可以说是所有北方少数民族走向统一都要经过的必要方式。正是在这样的一个历史条件下努尔哈赤开始了统一女真各部的历程。

万历十一年（1583年）二月，在苏克素护河部图伦城主尼堪外兰的引导下，明辽东总兵李成梁出兵对建州首领王杲之子阿台进行镇压。努尔哈赤祖父觉昌安的孙女是阿台的妻子。为救孙女，又加上想劝说阿台投降，觉昌安便来到了阿台的驻地古勒寨（今辽宁省新宾境内），因驻留时间较长，塔克世也进寨探视，父子两人因此被围困在寨中。李成梁指挥军士连攻数日，最后尼堪外兰用计将寨门骗开，阿台被部下杀死，整寨都向明军投降。李成梁将所有投降的寨众全都杀死。混乱之中，连忠于明朝的觉昌安和塔克世也被误杀。惊闻父祖罹难的噩耗后，努尔哈赤悲痛欲绝，便前去向明朝边吏责问。为了偿报努尔哈赤父祖的冤死，明朝封努尔哈赤为指挥使。由于当时努尔哈赤还没有兴兵攻明的实力，努尔哈赤便将满腔的仇恨都倾泻到尼堪外兰身上。万历十一年（1583年）五月，努尔哈赤含恨以十三副父祖遗留下来的盔甲起兵，向尼堪外兰所在的图伦城（今辽宁省新宾汤图附近）发动进攻，尼堪外兰弃城逃走。

不久，努尔哈赤用计将苏克素护河部的萨尔浒灭掉。该城城主诺米纳本来曾与努尔哈赤立盟，约定在攻打尼堪外兰时双方一致行动，但是后来诺米纳见明廷有意扶植尼堪外兰，便背盟失约，将起兵的计划密告尼堪外兰，从而使得尼堪外兰得以逃脱。努尔哈赤因此非常恼恨诺米纳。正好，诺米纳派使者来约努尔哈赤共同攻打巴尔达城。但诺米纳为保存实力，不愿打头阵，努尔哈赤便提出要他们将盔甲借给他，由他去打头阵。诺米纳不知是计，欣然同意。得到诺米纳的器械、盔甲之后，努尔哈赤一声令下，杀死了诺米纳及其弟弟，并很快便将萨尔浒城夺取过来了，从而为控制苏克素护河部乃至统一建州女真奠定了基础。

万历十二年（1584年），努尔哈赤开始向栋鄂部发动进攻。在进攻该部的翁科洛城时，战斗进行得非常激烈。首次攻城时，努尔哈赤数次被城中的勇士洛科、鄂尔果尼射伤，但他仍坚持战斗，后因流血过多昏死过去，才不得不停止攻城。伤好后，他又再次进攻该城。破城后，洛科、鄂尔果尼二人都被俘，部下建议将他们二人杀死以解前日箭射之恨，但是努尔哈赤非但没有将这两人杀死，反而亲自为他们松绑，并封他们为牛录额真。

万历十三年（1585年），努尔哈赤与五城联军在浑河畔大战。他跃马弯弓，身先士卒，冲锋在前，威震敌胆，终于以少胜多，将界凡、巴尔达、萨尔浒、加哈、托漠河五城八百多人的联军打败。第二年又乘胜统一了浑河部。

至此，努尔哈赤已起兵三年，尽管他攻城夺寨，接连取胜，但大仇人尼堪外兰仍未捕获，万历十四年（1586年）七月，努尔哈赤听说尼堪外兰已处在明军的保护之下，便向明朝边吏索要。明朝看到努尔哈赤势力日益壮大，而尼堪外兰则正是日薄西山，留着反而累赘，便决定抛弃他。于是努尔哈赤便派斋萨率四十人前去索取尼堪外兰，这四十人将尼堪外兰的头颅割了下来，带回去献给了努尔哈赤。从此，苏克素护河部便完全被努尔哈赤控制了。

万历十五年（1587年）正月，当统一建州女真取得了决定性胜利时，努尔哈赤在费阿拉（今辽宁省新宾永陵镇）修建城垣，建造宫室，严申律令，自称淑勒贝勒（贝勒，汉译为"王"）。此后，努尔哈赤就加快了统一建州女真的步伐。这一年下半年哲陈部被灭；万历十六年（1588年）四月，栋鄂部完全归附；到九月时努尔哈赤又将完颜部消灭。万历十九年（1591年）正月，鸭绿江部被努尔哈赤消灭，万历二十一年（1593年），他又征服了朱舍里和讷殷部。这样从万历十一年（1583年）到十六年努尔哈赤统一了建州五部。到万历二十一年（1593年）时，包括长白山三部在内的整个建州女真都被纳入到了努尔哈赤的麾下。

（2）消灭哈达

统一建州女真后，努尔哈赤的势力进一步壮大，这样一来他就必然与同样强大的海西女真发生冲突。叶赫是海西四部中最为强大的一部，尽管其多次遭到明军的打击，实力仍很强大，辉发、乌拉等部都是它的盟友。叶赫贝勒纳林布禄，野心勃勃而又刚愎自用，他不愿意看到努尔哈赤的势力日益强大，因此便千方百计地想对努尔哈赤加以压制。

万历十九年（1591年），纳林布禄派遣使者来到费阿拉，对努尔哈赤说："乌拉、哈达、叶赫、辉发、建州，语言相通，就像是一个国家一样，怎么可以分建五部呢？现在你们的国土多，我们的国土少，希望能将额尔敏、扎库木两地选一地给我们。"努尔哈赤听了之后很生气，对使者说："我们是建州，你们是扈伦。你们的国土虽大，我们又怎么能随便夺取呢？即便我们的国土很广，你们又怎么能任意瓜分呢？况且土地跟马牛牲畜是不一样的，不可以分割送人。你们使臣都是叶赫的执政大臣，不去对你们的主子加以劝谏，要其断绝奢念，反而厚着脸皮来无端索地。"

一计未成，纳林布禄又生一计。他将叶赫、哈达、辉发三部贝勒召集在一起举行会议，会上三方决定共同派遣使臣对努尔哈赤进行恐吓。努尔哈赤对三方来使以礼相待。席间，叶赫使臣图尔德首先发言，他说："我主有话，想转告您，又怕您生气责怪，不知您是否肯见谅？"努尔哈赤说："你只是来传达你们主子的意思，如果话中没有恶意，我洗耳恭听；如果有恶意，我也会遣派使者前往，以恶言回报，我又怎么会责怪您呢？"图尔德说："我家主人说，向你索地你不给，要你归附你又不听，如果发生战争，我们轻而易举地就能进入你们的国土，我们的地界你们又怎能进入呢？"努尔哈赤听完后大发雷霆，举刀将桌子劈成两半，对图尔德等人说："你们的主子何时打过硬仗，不过是到处侥幸捡便宜罢了。你们的国土又不是铜墙铁壁，我如果要杀进去时就会如入无人之境，况且明军杀了我的先辈，我还有胆量向明问罪，明朝对我赏赐有加。明军也杀了你家主子的父亲，你们甚至连尸骨也没见到，还在我面前大言不惭，真是岂有此理！"随后，努尔哈赤吩咐部下将自己刚才所说的话写成回帖，又派人将回帖送给叶赫，并指示要当着纳林布禄兄弟的面宣读。

纳林布禄见恐吓无效，便决定诉诸武力。万历二十一年（1593年）九月，叶赫贝勒布斋、纳林布禄兄弟将扈伦四部，蒙古科尔沁、锡伯、卦尔察三部，长白山朱舍里、讷殷二部共九部人马纠集起来，组成联军，浩浩荡荡开向建州。

在这一紧急关头，努尔哈赤沉着冷静，巧妙布置，积极设防，鼓励士气。当九部联军进犯到古勒山（今辽宁省新宾上夹乡境内）时，双方展开了一场血战。努尔哈赤命大将额亦都率领百名精骑出马向联军挑战，联军"悉众来犯"，额亦都等杀死了对方九人。叶赫贝勒布斋见状大怒，扬刀策马，冲了上来，但由于坐骑被木墩绊倒，他本人也滚下马来，建州甲士武谈一个箭步冲上去，一刀杀死了他。纳林布禄见兄长被杀，惊叫一声昏倒过去。联军见统帅一死一昏，一时间军心大溃，于是不战自败。他们慌忙救起纳林布禄，又将布斋的尸首抢回来，然后各自望风而逃。努尔哈赤见布斋已死，联军大乱，便指挥埋伏的精锐骑兵以排山倒海之势冲杀下去，一时间只见战场上尸横遍野，山谷殷红。这一战，努尔哈赤指挥士兵将乌拉部贝勒满泰之弟布占泰活捉，歼敌4000余名，获得马匹3000余匹。

古勒山之战是女真统一进程的转折点，从此建州女真和海西女真的力量对比彻底改变了，努尔哈赤军威大振。同时向海西女真和东海女真进军的号角也吹响了。

然而统一海西四部的进程仍不容易，努尔哈赤只能选择时机将四部各个击破。古勒山之战后，叶赫与哈达发生了冲突，叶赫向哈达出兵，哈达无力抵抗，其首领孟格布禄将三个儿子送到费阿拉为人质，求建州出兵相助。叶赫不愿看到哈达倒向建州一边，因而设法对建州与哈达的关系加以离间，孟格布禄居然动摇了，准备背叛建州而亲近叶赫。努尔哈赤得知消息后，便于万历二十七年（1599年）九月出兵哈达，经过六昼夜的激战，终于将哈达城攻占，并俘获孟格布禄。这时哈达实际上已经灭亡了。后来明朝对此事进行干预，在这种情况下努尔哈赤表面上又将哈达恢复了，并立孟格布禄的儿子武尔古代为哈达首领，自己在幕后控制。但到了万历二十九年（1601年）他又再次灭掉哈达。努尔哈赤"自此益强，遂不可制"。灭亡哈达，是努尔哈赤统一进程上的一个里程碑。

（3）终灭叶赫

辉发部夹在建州与叶赫两强之间，加之内部政局不稳，哈达灭亡后，它的日子便不好过了。辉发部当时的首领叫拜音答里，最初他向建州求援以平定叛变的辉发村庄。后来，他受到叶赫纳林布禄的诱骗，又将自己的儿子送往叶赫为人质。没多久，叶赫背信弃义（并未送还叛投叶赫的辉发部众），拜音答里又转而依靠努尔哈赤，并向努尔哈赤的女儿求婚。为了争取辉发，孤立叶赫，努尔哈赤便将女儿许给了拜音答里，但拜音答里又怕与建州联姻会得罪叶赫，因此又背弃了婚约。

努尔哈赤恨透了拜音答里这个反复无常、首鼠两端的人，万历三十五年（1607年）九月，他亲率大军向辉发城发动进攻，最后拜音答里战死，辉发部被灭。

海西四部中两个实力较弱的部已灭，剩下的只有两强，而两强之中又以乌拉实力较弱。乌拉在建州北面，是和建州距离最近的一部。古勒山之战中，乌拉贝勒满泰之弟布占泰被建州军队俘获，努尔哈赤没有杀他，而是将之留养三年，然后送回本部。这时其兄满泰已死，在建州的支持下他控制了乌拉部，继承其兄之位为乌拉部首领。为了笼络布占泰，努尔哈赤曾五次与他联姻，七次盟誓。布占泰这个人武艺高强而又颇具才略，他不甘位居人下，尽管他很感激努尔哈赤的不杀之恩，但他不愿充当附庸。他表面上与建州和好，但私下里南结叶赫，西联蒙古，无时不忘积蓄自己的力量，而当实力大增以后便不惜与建州决裂。万历三十五年（1607年），在建州与乌拉之间爆发了乌碣岩之战。当时，努尔哈赤派自己的弟弟舒尔哈齐、长子褚英等率兵三千，到东海瓦尔喀部邻近朝鲜的斐优城护送新归附的部众回建州。布占泰派出一万名士兵在图们江畔钟城附近的乌碣岩对他们进行拦截，一场大战在双方之间展开了。最后，建州兵以少胜多，大败乌拉军，斩获甚多，就连乌拉主将博克多也被代善擒杀。从此，乌拉部实力受损，锐气大减，再也不敢轻易与建州交锋。自此，通向东海诸部的大门被努尔哈赤打开了。

万历四十年（1612年）九月，努尔哈赤指责布占泰多次背盟，又对建州嫁给他的三女（努尔哈赤的女儿、侄女等）施虐，因此向其兴师问罪。努尔哈赤亲率三万大军出征乌拉，一路上不断攻克城寨，并放火将其房屋和存粮焚毁，从而将乌拉城置于一个孤立的境况之中。布占泰大为恐惧，乘船来到乌拉河中，叩首向河对岸的努尔哈赤请罪。努尔哈赤严厉斥责了布占泰，命其送人质到建州来，随后便班师回建州。但是，布占泰并未依约送人质到建州。于是努尔哈赤便在万历四十一年（1613年）正月再次领军进攻乌拉，布占泰亦率三万大军迎战。建州军队奋勇冲杀，大败乌拉兵，安费扬右一马当先，率先攻入乌拉城，最后布占泰只好投奔叶赫。于是乌拉部灭亡。

乌拉灭亡后，剩下来的就只有叶赫一部了。这时，叶赫的首领纳林布禄已死，叶赫贝勒之位已由布斋之弟金台石和纳林布禄之子布扬古继承，他们两个一住东城，一住西城。万历四十一年（1613年）九月，努尔哈赤统率四万大军前往攻打叶赫，一路上连下19座城寨。万历四十七年（1619年）正月，他再次向叶赫发起进攻，最后由于明军前往救助叶赫这才回师。万历四十七年（1619年）八月，萨尔浒大战之后，建州军队向叶赫发起了总攻，努尔哈赤及额亦都等攻打东城，代善率军攻打西城。建州兵马围城攻坚，叶赫军队背城死战。东城首先被攻陷，金台石欲自焚自尽但没有成功，后被俘自杀。东城失陷后，西城开门投降，布扬古后被努尔哈赤缢杀。两都失陷，叶赫别的城寨无不望风归降。海西四部中实力最强的一部，也终于被努尔哈赤灭掉了。这样，努尔哈赤下一步要做的便是进一步征服野人女真。

努尔哈赤统一海西女真的过程极为艰难，而征服东海女真的过程则相对容易一些。早在万历二十四年（1596年），努尔哈赤便派费英东率兵初征东海瓦尔喀部，统一东海女真的序幕由此揭开。此后，对东海女真的争夺在他与海西四部的斗争中一直都是个焦点。努尔哈赤将主要精力放在了统一海西四部上，但为了增加实力，努尔哈赤也加快了对东海女真的征伐和招抚的步伐。万历三十七年（1609年），他发兵攻占兴凯湖以东瑚叶河畔（今俄罗斯海滨地区刀毕河）的滹野路。万历三十八年（1610年），他又将渥集部之宁古塔、绥芬、那木都鲁、尼马察四路（在绥芬河流域及乌苏里江上游，明双城卫及速平江卫）招抚下来。到了万历四十四年（1616年），即后金天命元年，临近建州女真、海西女真的松花江、乌苏里江流域及以东大部分地区的东海女真都已被努尔哈赤收服。万历四十年（1612年）以后，他又进一步出兵攻打黑龙江中下游及库页岛等地。万历四十五年，努尔哈赤的军队又攻克了库页岛及附近岛屿。

以上种种战事中，努尔哈赤充分施展其才略，纵横捭阖，看准时机，各个击破。同时又巧妙地与明朝周旋，在其羽翼未丰之时尽量迷惑明廷，因而不断受到明朝廷的敕封和赏赐——万历十七年授都督佥事，万历十九年（1591年）为左都督，万历二十三年（1595年）又被晋升为龙虎将军，从而为他的统一大业减小了许多不必要的阻力，并终于在三四十年的时间内先后将建州、海西和野人女真平定下来。

努尔哈赤统一女真，标志着一个独立统一的满族形成了。这不但有利于满族的发展，而且对整个中华民族也产生了深远的影响。它不但是满族发展史上的一件大事，也是中华民族发展史上的一件大事。

12.萨尔浒之战

万历四十七年（1619年，后金天命四年），著名的萨尔浒之战在明与后金之间爆发了。其直接导火索是努尔哈赤在此前一年里对抚顺发动的进攻。

（1）七大恨

万历四十六年（1618年）四月十三日，后金大汗努尔哈赤宣布与明朝有"七大恨"，无数小恨，因而大誓三军，决定兴师伐明。他首先派人装扮成商队，假装说是要进行互市交易，而实际上是卧底做内应。接着，他亲率两万八旗主力，随后进发。后金军队里应外合，攻其不备，一举便将明朝的抚顺城攻占了。明军守将李永芳归顺，其属下的将士非死即降。与此同时，明朝的东州、马根丹二堡（均在抚顺附近）也被另一支八旗军队攻下。获悉战败的消息以后，明辽东总兵张承荫率领一万明军前往援救，结果被后金军队回师反攻打得落花流水，张承荫阵亡，所带领的部队全军覆没。

抚顺之战是努尔哈赤自起兵以来首次公然与明朝决裂，并向明朝发起了正面进攻。从此，明与后金（清）长达二三十年之久的战争开始了。

那么，努尔哈赤为什么要选择在万历四十六年（1618年）公开向明朝挑战呢？显然，这不是他心血来潮的一时冲动。从表面上看，努尔哈赤之所以要向抚顺发动进攻是因为他与明廷有"七大恨"。所谓"七大恨"，主要内容是：明廷无故杀死努尔哈赤的父、祖。明廷出兵保卫叶赫。双方曾立有不许私越边界的盟约。努尔哈赤将明朝出境的军民杀死，明廷指责他擅杀，并令他将凶手交出来。明支持叶赫，使得叶赫将原许给努尔哈赤的老女改嫁蒙古。明朝不许努尔哈赤收获耕种在三岔、柴河、抚安一带的庄稼。明廷偏听叶赫一面之词，遣使对努尔哈赤进行斥责。哈达被努尔哈赤吞并后，明朝令他将哈达原地恢复；叶赫与建州之间的战争是由于叶赫率先向努尔哈赤发动攻击引发的，但明廷却偏向叶赫。明朝不分是非，偏袒哈达、叶赫，唯独处处为难建州。

"七大恨"在一定程度上反映了明朝自努尔哈赤出生以来与女真的关系，即女真接受明朝的敕封，时服时叛；而明对女真则赏攻结合，分而治之，这也是女真对明朝廷的民族压迫和边吏无端欺侮的控诉。但努尔哈赤之所以会发布"七大恨"，主要的还是出于一种政治策略的考虑。对外，它是对明朝的宣战书，打着报仇雪恨的旗号，从而表明后金师出有名；对内，"七大恨"誓文是发兵的动员令，号召女真人同仇敌忾，对抗明朝。其实，努尔哈赤之所以会率兵进犯抚顺还别有原因。

第一，努尔哈赤羽翼已丰，这为他发动对明的进攻提供了可能性。这时他已将海西女真四部的三部统一，仅有叶赫还在明朝的支持下苦苦支撑，但也是有招架之功而无还手之力，不能对后金构成什么大的威胁。随着政权的建立、实力的增长，努尔哈赤已无意再像以前那样对明朝虚与委蛇。业已基本统一的女真族的强大生机和女真贵族的贪欲，促使他兴兵攻明。

第二，他目睹了明朝的边备废弛和政治腐败，认为对明发动进攻有很大的可行性。他曾同明朝多次打交道，深知明廷大部分臣僚软弱无能。他从万历十八年起曾多次入京朝贡，因之对明朝的政治腐败有了更深的了解。明王朝的边防十分松懈，他灭了哈达，明廷出面对之予以制止，上一次他还是在名义上将哈达恢复了，但仅一年之后就又将哈达灭了，而这次明廷未采取任何实际行动。

第三，辽东从万历四十四年起就发生了严重的水灾，后金所在地区是受灾程度最重的区域之一，粮食匮乏，路有饿殍塞途。因此，在努尔哈赤看来，发兵攻明，夺取粮食、财物便有了其必要性和迫切性。

（2）大战临近

没多久，抚顺被努尔哈赤攻占，明军大败的消息便传到了北京，明廷"举朝震骇"，就连平日久居深宫、不理政事的神宗也深感这一问题的严重性。尽管这时明朝国力已大不如前，但两百年来向来都是不成"气候"的"小小女真"竟敢兴兵进犯明朝，并且还大败明军，面对这一惊人现实，明廷君臣上下惊恐之余又岂能容忍得下。经过臣子们的讨论，最后由皇帝圣裁：调兵遣将，犁庭扫穴。于是兵部侍郎杨镐被明廷任命为辽东经略，而原宁夏总兵李如柏则被任命为辽东总兵，原任总兵官杜松则被调派驻扎山海关，还乡总兵刘綎被命赴京听遣。明廷还征集甘肃、福建等地兵马赴辽参战。由于兵将"不愿出关"，各地兵马的征集工作进度很慢，一直经过九个多月的准备后，辽东伐金的兵马才粗具规模。在这期间，努尔哈赤多次出兵，于万历四十六年（1618年）五月将抚安、三岔儿、花豹冲等大小十一堡（均在辽宁省铁岭附近）攻占下来，七月又攻占明辽东的又一重镇——清河（今辽宁省本溪县清河城），第二年正月又向叶赫发动进攻。由于努尔哈赤不断用兵，加之明朝唯恐时间拖延下去会使将士军心涣散，财政不支，因此朝廷便一再催促杨镐出兵。万历四十七年（1619年）二月十一日，经略杨镐在辽阳演武场大誓诸军，严申军纪，制订方略，布置兵马。四月二十五日，他手持尚方宝剑，坐镇沈阳，命令麾下的大军兵分四路限期向赫图阿拉（今辽宁省新宾老城）发动进攻并将之包围，这四路是：

西路，又称左翼中路，主将为山海关总兵杜松，从沈阳统兵近三万人出抚顺关，沿浑河左岸进入苏子河谷。这是四路明军中的主力。

南路，又称右翼中路，主将为辽东总兵官李如柏，从清河率25000人出兵鸦鹘关（今辽宁省新宾县西南三道关）。

东路，又称右翼南路，主将为总兵官刘綎，其统率一万明军，13000名朝鲜援军，经亮马甸（今辽宁省宽甸到桓仁一带）由宽甸出关。

北路，又称左翼北路，主将为原任总兵马林，其率明军一万多人，又有叶赫派来协助明军的两千人。该路军马由开原出三岔口（今辽宁省铁岭东南），沿苏子河流域向前挺进。

四路兵马总数将近10万，号称47万，从西、南、东、北四个方向向赫图阿拉挺进。尽管出师仓促，但主帅杨镐仍以为优势在己一方，他派人向后金投下战书，并告知后金己方出师日期。针对明军的部署，努尔哈赤提出了"凭尔几路来，我只一路去"。他的战略方针就是集中优势兵力，将来犯明军各个歼灭。于是辽沈以东的战争阴云密布，一场大战一触即发。

（3）明军溃败

万历四十七年（1619年）三月一日，在杜松的率领下西路军开到了萨尔浒（赫图阿拉西一百二十里处，今辽宁省大伙房水库附近）。杜松，陕西榆林人，从戎多年，久经沙场，出生入死，曾数次立有战功，但是勇武有余，谋略不足。他一路率兵疾进到萨尔浒后，得知后金正在派人修筑界凡城（今辽宁省抚顺东界藩山上），便将所率明军分为两个部分，一部分结阵于萨尔浒山冈，另一部分由他亲自率领向界凡发动进攻。努尔哈赤先命代善、皇太极率两旗兵马向界凡增援，自己则率另外六旗的人马直扑萨尔浒。尽管明军居高临下，又不断施放火器，然而终究还是挡不住八旗铁骑的冲击。努尔哈赤指挥大军猛烈攻击后一举将萨尔浒明军大营攻下来。然后，六旗铁军又与另两旗会师，八旗军众以占绝对优势的兵力将杜松率领的明军逼迫在吉林崖（界凡城所在的山峰）下。杜松这时已是腹背受敌，上有界凡城守军（原有四百骑兵，后又新增甲士一千人），下有八旗军的全部精锐。在萨尔浒大营已失、增援无望的情况下，杜松只得率众突围。可惜寡不敌众，地形不利，且明军士气低落，当他且战且退，最后来到硕钦山（今辽宁省抚顺营盘西，在萨尔浒西北）时，不幸被一枝冷箭射中面额，落马而死。该役杜松所部全军覆没。据史书记载，该部明军死伤枕藉漫山遍野，血流成河，甲积如丘；掉入浑河的尸首和武器像解冻的冰块一样浮在水面上，翻滚奔腾，顺流而下。尽管这一记载之中不无夸张的成分在内，但还是在一定程度上反映了明军所遭到的惨败情状。

在将西线明军主力全歼以后，努尔哈赤随即挥师北上，迎击马林的北路军。马林尽管是总兵，但懦弱无能，没有什么军事才能，一路上退缩不前，贻误军机。三月二日，杜松的西路军惨败的消息传到了北路军中，其所部明军顿时大哗。马林忙转攻为守，将北路军分作三处扎营，只求自保：马林率一万名明军集结于尚间崖（今辽宁省抚顺东北之白石山）；游击龚念燧率少数兵力屯据斡辉鄂模（在尚间崖西）；北路监军潘宗颜率数千兵马驻营于斐芬山（在尚间崖东）。三营鼎足列阵，互为犄角。尽管在兵力上后金军队占绝对优势，但针对明军的部署，他们并没有采取全线出击的战术，而是采取分割包围、一隅突破、各个歼灭的战略方针。由于龚念燧营最为薄弱，于是其便成了八旗军发动攻击时的首选目标。在八旗军队的冲击下，龚念燧营破战死，全军溃败。在斡辉鄂模得手之后，八旗军队又直奔马林所在的尚间崖而去。这里是明北路军的主力，马林依山布阵，围着营地挖了三道战壕，内布精兵，外布火器。两军相接之后一场大战便开始了。激战刚开始，前锋稍一失利，马林便率先鼠窜逃命，其所部明军顿时溃散。副将麻岩等人率少数士兵经过艰苦抵抗，最后全部战死。拿下尚间崖大营后，努尔哈赤又转而向斐芬山的潘宗颜营发动进攻。潘宗颜以开原兵备道佥事的身份担任北路监军，此人为人耿直，颇有胆识。在八旗军队的勇猛攻击下，他视死如归，冲杀在前，因此所部明军人数虽少，但斗志旺盛。该明军凭借山势施放火器，重创八旗军，但八旗军攻势凌厉，明军终因寡不敌众全军败亡。北路的叶赫军队并未与马林等同行，他们在来到开原中固城，听说了明军大败的消息后，马上便调转马头，逃回了本部。

四路明军两路已败没，接着噩运又降临到了东路的刘綎军身上。刘綎，力大无比，号称忠勇，是一名虎将，这时尽管已经上了年纪，但余威仍存。他善用大刀，能将一把120余斤的镔铁大刀轮转如飞，挥舞自如，人称"刘大刀"。他在四川任职多年，手下有川、贵精兵数万名。刘綎奉旨入京后，想调川军出关，但还没来得及调动便被催上了征程。因此，此路明军在四路军中是军力较弱的一路，二万多名中朝联合军队，大部分都是被临时调凑起来的，装备很差。由宽甸到赫图阿拉，一路上山高水深，道路险远，刘綎指挥军队艰难前进，行速较慢，当三月初四来到距赫图阿拉五十里处时，西、北两路已经败没，而刘綎对此却全不知情。在结束了西、北战事以后，努尔哈赤便留四千人守卫都城，以得胜之兵全力迎击刘綎的东路军，并逐渐形成了对刘綎部的包围之势。努尔哈赤派归降汉人扮成杜松军卒，手持令箭，诈称杜松已旗开得胜，顺利进抵赫图阿拉，诱刘綎加快进军速度。刘綎不知是计，又怕头功被杜松抢去，竟亲自率领精锐为前锋，催马来到阿布达里冈（在赫图阿拉南，今辽宁省新宾榆树乡境内），因此完全陷入了后金的埋伏圈。这时后金军队伏兵四出，向明军发起了进攻。老将刘綎尽管身陷重围，身受数十创，连面颊都被削去了一半，但仍奋力拼杀，并手刃数十名敌人，最后坠马身亡。击败刘綎所部明军后，代善等又移师向南，向朝鲜军队所在的富察（今辽宁省桓仁县西北）挺进。这里还驻有由明监军康应乾统领的明军余部，该部明军在八旗军队的攻击下一触即溃。协助明军作战的朝鲜军队迫于后金军威，走投无路，自都元帅姜弘立、副元帅金景瑞以下，不战而降，归顺后金。明朝监军乔一琦情知无力回天，自投悬崖而死。至此，东路明军完全落败。

还在东路刘綎所部明军未败之前，经略杨镐见出师四路，两路已败，便知大势不妙，急忙发出令箭通知南（李如柏）、东（刘綎）两路回师，但令箭还没送到，东路刘綎部已经与后金军队交战并且败亡。怯懦无能的李如柏原本就不愿意出师，军队启程后他就一直观望不前，接到杨镐令箭后，觉得正中下怀，慌忙领军回师沈阳。在这四路明军之中，仅南路一路得以全师而返。

这场大战前后历时五天，在三个战场上进行了三次大战，因为主战场是在萨尔浒，故史称萨尔浒之战。萨尔浒之战最后以明朝失败、后金胜利而告终。

（4）溃败的原因与影响

当时的明王朝政治腐败、武备废弛、危机四伏、日薄西山，和当时后金的金戈铁马、励精图治、众志成城、方兴未艾正好形成鲜明对比。战争从一定意义上讲，是敌对双方的实力较量和素质的检验。明军在萨尔浒之战中的失败是明王朝江河日下、腐败透顶的必然结果。

具体而论，其中最主要的一点，是双方统帅的素质。杨镐是世袭制下腐朽朝廷选中的平庸将领，这也是错误和不幸选择的必然结果；而努尔哈赤则是女真各部经大浪淘沙之后涌现出来的英雄，是经历过磨炼和考验的。杨镐根本就不是努尔哈赤的对手。努尔哈赤的军事天才在萨尔浒之战中得到了充分地体现，他的每道命令都下得十分英明而果断。在他的领导下，后金军队上下一心，奋勇杀敌，每一步都能赢得主动，从而最终取得了这一战争的空前胜利。

此战的影响非同一般。

首先，它是两个政权的较量。对这场大战，双方都不敢等闲视之。以明神宗为首的明廷，调兵遣将，筹械措饷，起用了当时著名的勇将杜松和刘綎，惊动了全国的许多省份。对于明朝来说，如果得胜的话，女真对明王朝的威胁将可以被解除或得到缓解；反之，如果失败的话，将会后患无穷。而对于后金来说，此战关系更大，后金倾全力抗击明军；如若抗击不果，后金政权很可能就会被扼杀在摇篮之中，而若能战胜明军，则以后的发展前景会一片光明。

明朝要消灭后金，后金想战胜明朝，不管对他们中哪一个来说，都是成败在此一举。

其次，萨尔浒之战是双方关系的转折。这场大战以后金胜利，明朝失败而告终。在这一场大战中，明朝损失将领310多名，阵亡兵士45870多名，战后"人心不固，兵气不扬"。而与明朝相反的是，在这场大战中后金军队损失无几，而收获却是极大；它从明朝军队手中缴获了大量的盔甲、武器，装备了各个部落，后金自此兵数倍增，同时也获得了大量的财富。从此后金上下士气高涨，信心百倍，对明的战略也由防御转入到了进攻，而明朝则由战略进攻转为战略防御。

再次，这场大战震撼了明朝两百多年的基业。尽管战场远在后金的都城附近，但三路明军败没，不仅一时间"京师震动"，而且对整个明王朝来说这也是一个很大的打击。从此明王朝一直为致命的辽事问题困扰着，且局势日益严重。而对于后金来讲这场大战与其说是保卫政权的防卫战，不如说是后金进军辽沈的军事大演习。而两年之后努尔哈赤就将辽沈地区攻下了。

13.万历矿监税使

万历四十八年（1620年）七月，神宗死，遗诏停止矿税、榷税，撤回监税宦官，持续三十年的矿课悲剧终告结束。

（1）神宗贪婪敛财

明朝开国后，规定民间任何人均不得私自采矿，要采矿必须是在政府的监督与管理之下进行，违犯者处以极刑。明初期的主要矿产区分布在浙江、福建、云南、四川等地。所课矿税有银课、铁课、铜课、水银课、矾课等，这当中又尤其以银课为大头。课税一般为承包制，即规定每年应纳税额，而对矿场产矿量多少并不过问。明太祖对政府开矿的行为所持的态度十分审慎，而且采取轻赋政策，立额甚为宽大。永乐时期明对外贸易日趋活跃，货币需求量不断增加，矿课和矿冶也随之兴起。除增加矿坑数目外，明廷还派遣监生和御史等权办浙江、福建银课。成祖之后明廷再次采取收缩政策，封闭矿坑，禁止民间私自开采，这一政策导致明英宗正统九年（1444年）处州发生叶宗留反封矿暴动。此后明朝廷在采矿业方面的政策不时反复，矿坑时开时闭。隆庆年间，由于看到嘉靖时期广泛开矿，以致政府与民众均追求采矿业的利润，明朝野由此生出许多事端，因此便又采取罢采的政策，将蓟镇、南中等地矿场关闭，并树碑以禁。这一政策一直延续到明神宗万历中期，此后明廷在这一方面的政策又生变端，为牟取暴利，明神宗开始指派宦官分赴各地，大规模地采矿征税，这一政策在后来便渐渐演变成为危害民间的一大弊政。

在历史上明神宗朱翊钧便以贪婪奢侈而出名。他登基之后，随着明朝商品经济的空前发展，物质供应日益丰富，整个皇室奢侈成风，神宗本人更是挥金如土。神宗不仅锦衣玉食，奢华无比，并且对金珠宝石的需求量也日渐增加，并且还不时求新求异，挥霍浪费得非常厉害。宫廷中凡举行婚、丧、册封等各项典礼，都会耗费大量的社会财富。神宗前后共在位四十八年，这期间营建工程始终不断，仅修建定陵一项，就耗银八百万两之多。挥霍浪费到这样的程度，必然就会导致内库亏空，难以为继。为解决财政困难，满足自己的贪欲奢求，明神宗一方面设法勒索国库，窃国家财富为己有；另一方面又直接派遣矿监督领开矿、派宦官税使（征收商税的宦官）为皇室敛财。

神宗亲政后，不断有人献计开放采矿业，以榨取社会财富。万历十二年（1584年），房山平民史锦，万历十八年（1590年），易州平民周言等先后上疏奏请开采阜平、房山等地的矿砂。大学士申时行等人认为如果开矿，就会有民众大量集中的现象出现，如此一来政府就要费时费力防止一些事端发生，且"差官诸费，得不偿失"，因此对之极力反对，神宗因而作罢。此后上疏申请开放采矿业的人仍是络绎不绝。万历二十四年（1596年）六月，府军前卫千户仲春等奏言开采矿砂。同年七月二十日，神宗正式派出承运库太监王虎同锦衣卫金书张懋忠、户部郎中戴绍科前往真州、蓟镇、保定、永州等地督领开矿。此后大批矿监走马上任，宦官四出，凡计有王忠往昌平、鲁坤往河南、曲进往昌黎、陈增赴山东、张忠赴山西、曹金赴浙江、陈奉赴湖广、赵鉴、赵钦赴陕西、丘乘云赴四川、李敬趋广东、高维趋辽东、沈永寿趋广西、潘相趋江西、高寀趋福建、杨荣趋云南等等。说得夸张一点，可以说是凡矿必采。

随着矿监分赴各地，税使也被相继派往当时各商品经济繁荣的地方。当时广州有珠榷，天津有店租，两淮有余盐，湖口有船税，京口有供用，浙江有市舶，成都有盐茶，重庆有名木，荆州有店税和门摊商税等定期征榷的税收。万历二十四年（1596年）十月，太监张晔和王朝作为首批税使，分别被选往通州湾和天津。这之后的两三年里，税使更是被大批派往全国各地。万历二十七年（1599年），命高寀榷税京口；暨禄榷税仪真（今江苏仪征）；刘成榷税浙江；李凤采珠广州，同时还兼往征市舶司税课；陈增征山东店税；陈奉征荆州店税；潘相督理江西瓷厂；王忠征税密云；马堂征税临清，并增税东昌等地。另外矿监孙隆、鲁坤、孙朝、丘乘云、梁永等又被授权代征苏杭、河南、山西、四川、陕西等地税务，作为"兼摄"。万历二十八年，明神宗又派内监鲁坤增开彰德、卫辉、怀庆、开封等铜矿。当时的情形可以说是只要有人说某处可以课税，在该处可以求利，马上矿监税使就会被派往该地。"征榷之使，急如星火；搜刮之令，密如牛毛"。当时的明朝朝野可以说形成了一种"寸寸张罗，层层陷阱"式的肆意掠夺网。

（2）矿监税使恣肆

矿监税使仗着自己是奉旨行事，于是搜刮钱财时便肆无忌惮，不择手段。矿监一般都挑选当地比较富裕的居民为矿头，又召集私自开矿的"盗矿"为矿夫，自己则监督民众开采，坐地分成。但由于根据原奏官的上奏开采的矿洞，大部分都是贫矿，矿监在督领上所花费用很大，而所课的利润却很小，得不偿失，于是他们便改用包矿手法，将预收的税款或"掊克大户"，令"富户包赔"；或向平民老百姓布置任务，将税款散摊于民间，而自己则只要坐享其成就可以了；或干脆向地主勒索税收，"充矿代解"。除此而外，矿监还明火执仗进行掠夺，往往随心所欲地指地为矿，动辄就说那些有钱人家的田园房宅下藏有矿脉，以此来勒索钱财。如果对方反抗，就命令手下拆毁这些人家的房屋，抢掠他们的家财，有时还会侮辱这些人家的女眷，甚而还会将所指定的人家逼得家毁人亡，酷虐之状，惨不忍睹。

为了攫取巨额利润，税使还常常会任意设置关卡，同一商品往往会被征税几次，"水行数十里，即树旗建厂"。如乘船在长江上顺流而下，一日的行程大约为三四百里的样子，而这一航程之中，拦江堵截的税卡往往就会有五六处之多。税使还肆意将征收的名目和对象的范围扩大，凡庐舍、舟车、鸡犬牛羊、米稻菽麦全都被他们列入征税的名单之内，都要交税。顺天府所属各州县，被迫增收"落地"、"过路"之税银。宝坻有地方特产银鱼，这种鱼被明廷定为贡品，万历二十八年（1600年）神宗开始派宦官在此地就银鱼进行征税，不久这一税种的征收范围就扩大到了武清等非产鱼之地。有的地方商贩较少，在这样的地方税使就会"责以包收"，常常导致"大者破产，小者倾囊"。另外，公开掠夺的事情也时常发生，如内监陈增放任手下参随程守训募人告密，专门对江淮一带有钱的人家加以堪定，只要人家家里稍微有点钱，就罗织罪名，将其带上枷锁游街，使旁观者为之颤抖，而后又将之关入水牢，不给其饮食，非法用刑，被囚者都求生不能，求死不得，不堪酷刑之下只得"倾家鬻产，跪献乞命，多则万金，少亦不下数千"。十年之间，仅仅真一地遭其抄掠毒刑者即达百余家之多。

矿监税使唯利是图，为了达到搜求金银财富的目的，甚至不惜挖掘古墓。先是万历二十七年（1599年），兴国州人漆有光奏称居民徐鼎等人发掘唐代宰相李林甫之妻杨氏墓，从而得巨万黄金，明神宗命税使陈奉将黄金收入皇宫。其实墓主为元卫国公夫人，徐鼎等人挖墓所得的钱财实际上和漆有光所奏的数目相差很远，"百不及一"。但陈奉志在搜刮钱财，便对掘墓者百般拷打到令人发指的程度。随后陈奉将湖广一地境内的所有古墓都发掘了一遍，地方官吏请求神宗下令禁止，神宗却不予理睬。同样，梁永也在陕西对历代帝王的陵墓进行发掘，甚至发展到"沿途掘坟，得财方止"的程度。

矿监税使肆逞威虐，竭泽而渔的做法首先是喂肥了皇室成员及他们自己，仅白银一项，矿监税使每年向皇室进奉的数目，就超过了宫廷内原来每年花银一二十万两。至于金银宝玩，貂皮名马，更是难以计数。矿监税使本来便是"罔上营私"的那种人，如今更是如鱼得水，乘机截留私分，中饱私囊，"所得进上者十之一二，暗入私囊者十之八九"。但是这种敲骨吸髓的剥削，使广大民众惧矿监税使更甚于兵火，正如礼部侍郎冯琦所言："矿使出，而天下苦甚于兵；税使出，而天下苦更甚于矿。"全国各地"如沸鼎同煎，无一片安乐之地"，百姓流离迁徙，"三家之村，鸡犬咸空"，城镇都市，均十分萧条。山东临清本来有32座缎店，到了后来关门歇业的达21家；布店73座，到后来歇业的也达45家。苏州向以机织闻名，由于税使及其爪牙肆虐，到最后，苏州城中甚至都到了商旅绝迹的地步，织机的数目也为之锐减。矿监税使的出现，造成贫富皆怨、商农交困的严重后果。

（3）朝官的对抗

从矿监税使被神宗派出之初，便有许多的朝廷和地方官吏不断上疏神宗，慷慨陈词，对这一政策提出反对，要求停止执行这一政策。其中广为人知的有户部给事中程绍、山西巡抚魏允贞、河南巡按姚恩仁、吏科给事中戴士衡、户科给事中包见捷、大学士沈鲤、凤阳巡抚李三才、户部尚书赵世等人。他们的奏疏，或是不避忌讳地指斥明神宗的奢侈贪婪，或是反映人民惨遭浩劫的痛苦生活，或是引经据典，讽喻时政，指明纵容矿监税使胡作非为，必将会导致不利于江山社稷的严重后果。在所有的这些奏疏中最为有名的是户科给事中田大益"极陈六害"疏、凤阳巡抚李三才"请停矿税"疏等，其中所言字字血泪，发人深省。但明神宗对之所采取的态度是：凡矿监税使的进言，只要接到奏疏，马上就会作出批示；而对朝臣的态度却是"奏章但系矿税，即束高阁"，根本不屑一顾。

万历三十年（1602年），神宗有一回生了一次大病，以为自己会死去，便决定停收矿税，将所派内监撤回，并随即下达了正式的谕旨。但是仅过了一天，神宗便病愈，随即反悔，将谕旨追回，让朝臣们空欢喜了一场。

许多地方官吏在上疏劝谏之外，同时与矿监税使进行了正面斗争。在这一斗争中他们主要采取裁抑、对抗的手段，因此不时受到矿监税使的打击和诬陷，双方冲突日益剧烈。由于明神宗抱定不听从矿监税使之言，就无以获得巨额财富的宗旨，因此冲突发生时总是无保留地站在矿监税使一方，对地方官吏中反对者动辄加以逮捕囚禁。据万历二十九年（1601年）刑部统计，因反抗矿监税使而被捕的生员举人、藩司守令等达150余人。从万历二十四年（1596年）到万历三十六年（1608年）的12年间，先后被捕入狱的地方官有，辽东参将梁心、山东福山知县韦国贤、山东益都知县吴宗尧、广东新会在籍通判吴应鸿、江西南康知府吴宝秀、山东临清守备王炀、云南寻甸知府蔡如川、湖广按察金事冯应京、赵州知州甘学书、襄阳通判邸宅、枣阳知县王之翰、推官何栋如、武昌同知卜孔时、江西通判陈奇可、陕西咸阳知县宋时际、咸宁知县满朝荐、辽东海防同知王邦才、参将李获阳等。这些人都被打入天牢，关押时间有的长达十余年之久。此外还有大批官吏被削籍、贬官。如陈奉出任荆州税使后，先后弹劾荆州府推官华钰、黄州经历车任，将他们投入狱中，后又将黄州知府赵文焕、襄阳知府李商耕、荆门知州高则巽等与自己抗衡的官吏各降一级。之后，陈奉又先后对与自己抗衡的地方官冯应京、邸宅、王之翰、何栋如、卜孔时进行弹劾，并把他们扭送进京。这些人当中王之翰瘐死狱中，冯、邸、何三人最后在万历三十二年（1604年）出狱，而卜孔时则一直到万历四十一年（1613年）才重获自由。

（4）民众的反抗

矿监税使在各地狐假虎威，为非作歹，对人民残酷地进行敲骨吸髓般的压榨，深深地激怒了广大城乡人民。万历二十七年（1599年），反抗税使的民变首先在山东临清发生了，这一民变的矛头所指就是神宗派去的税使马堂。马堂当时是天津税使，并兼辖临清。他纵容手下爪牙对民户肆意进行敲诈抄掠、籍没田产等非法活动，致使临清有中等以上家产的人家大半破产，商旅小贩不入临清城，平民百姓无力维持生计。终于在四月的一天，在商贩王朝佐带领下，万余名愤怒的民众纵火焚烧马堂的衙署，打死其爪牙30余人。虽然事后王朝佐被处死，但马堂的嚣张气焰也因此受到了打击。万历二十九年（1601年），在湖广士民中享有威望的金事冯应京因反对税使陈奉的强征暴敛而被捕入狱，当时士民"相率痛哭"，陈奉却贴出历数冯的罪过的布告，被激怒的数万民众将陈奉的官衙包围并焚烧，陈奉仓皇出逃，民众将其平日为虎作伥的爪牙陈文登等16人，抓住绑起来扔入了长江。同年江西上饶、景德出现反抗税使潘相的民变，苏州发生反抗苏杭织造孙隆、刘成的民变。万历三十六年（1608年），辽东掀起反对矿监高淮的民变和兵变，参加的士兵达万人之多。万历四十二年（1614年），福建爆发了有近万名手工业工人参加的反对税使高寀的民变。除了上述大规模反税使矿监的民变和兵变外，小规模斗争更是数不胜数，先后有万历二十七年（1599年）仪真税使因抽税激起民变；二十八年（1600年）广东新会民变；山西蔚州平民毕犷等殴伤太监王虎的参随；三十一年（1603年）北京西山窑户之变；三十二年（1604年）易州矿徒之变，等等。这些斗争所涉及的人员范围遍及城镇中的工商业者和由诸生、举人、乡官组成的乡绅以及士兵等，其中在多次民变中，工商业者起到了较大的作用，这是商品经济在当时又取得了相当发展的具体反映。

各地人民此伏彼起的反矿监税使的斗争和朝野官员的强烈反对，使得刚愎自用的神宗受到了很大的震动，为了自己的江山社稷，他不得不对自己的政策加以调整。自万历三十三年（1605年）开始，他逐渐对开矿收税政策进行改变。首先在这一年的十二月，以"得不偿费"为由，正式下达了停止开矿的谕旨。同时规定税务的征收工作由地方有司负责，征收的税款分为两个部分，一份归宫廷内库，一份归工、户两部主管的国库。税银的解送由税监负责。税额和这之前比起来也有所减轻，间或也会被用在赈济等公益事业上。对于税使，如其死去或被撤回北京后，原由其负责的事宜一般都交与附近的矿监代管，而不再另派宦官接任，湖广、仪真、陕西、辽东、山西等地区的税使就先后被撤职，这使得被派往全国各地的税使的总数呈下降趋势。

万历四十八年（1620年），明神宗驾崩。遗诏将一切矿税，以及新增的烧造、织造等名目都予以罢除；对那些因进言停罢矿税而遭罢黜的官员，酌量起用；同时将张晔、胡滨、马堂、潘相、丘乘云等税使即行撤回北京。而到这时，这场流毒全国的矿课悲剧已持续了近30年，"斯当时也，瓦解土崩，民流政散"，社会经济日渐凋敝，吏治败坏，政局紊乱，暴乱迭生，大危机正在被酝酿之中。可以说，万历年间矿监税使政策的实施及其产生的影响，是导致朱明王朝最终灭亡的重要原因之一。

14.红丸案

泰昌元年（1620年）八月二十九日，明光宗在乾清宫召见辅臣方从哲等13名朝臣。在众臣向皇帝问安后，皇帝询问册立皇贵妃之事。方从哲答非所问地说："应当提前册立皇太子，贺礼完成，皇上也就心安理得了。"光宗又命皇长子出来与众臣见面，看着他对大家说："日后你们辅佐他成为尧舜那样贤明的君主，这样朕也就能瞑目了！"方从哲等人还想说什么，光宗打断了他们，问寿宫（神祠墓地）是否已修好。辅臣回答说："先帝陵寝已修造完毕，请皇帝放心！"光宗用手指着自己说："那就是朕的寿宫吗？"方从哲等人齐声回答："祝皇帝万寿无疆，皇上何必如此担心？"光宗仍反反复复、语无伦次地叮咛不止，最后还喘息着哭道："朕已自知病重，难以痊愈，或者不久于人世"。说到这里，光宗已是气息奄奄，勉强将手颤抖地一挥，饬令众臣退朝，只将方从哲一个人留了下来。

光宗问："有鸿胪寺官（掌礼仪之官）要进药吗？人在什么地方呀？"方从哲回答说："鸿胪寺丞李可灼，自言有神丹妙药，但臣下不敢轻信。"光宗听后，立即命宫中侍人将李可灼传唤过来给自己诊脉看病。李可灼在诊脉后将光宗之所以发病的原因以及医治的办法讲给光宗听，很合光宗的心意。光宗听了之后很高兴，命令进药诸臣出去，令李可灼和御医们研究怎样用药。事情还没定下来时，辅臣刘一燝说："这种药丸我们家乡曾有两个人服用过，服用后一个无效，一个有效，这药并不十分安全。"礼部官员孙如游说："这药可用与否，关系极大，不可轻举妄动。"不久，又有一位乳妪（老奶妈）来到御前，向光宗问安。光宗催促配药，群臣又回到御前，李可灼将药丸调配好，送到光宗面前。光宗过去就连喝汤都会喘不过气，但现在服了李可灼的药，已经不再气喘了。光宗因此反复地夸奖李可灼是忠臣。群臣在宫门外等候服药后的消息。约摸过了一个时辰，有宫中内侍急忙走出来说："圣上服药后，四肢和暖，想进饮食。"群臣听后，欢呼雀跃，退出了宫外，而李可灼及御医官们则留在了宫内。到了傍晚，方从哲放心不下，又到宫门边候安，正遇见可灼出来，方从哲忙向其打听消息，李可灼回答说："光宗在服过红丸药后感觉很舒畅，只是怕药力持续不了很长时间，故中间的间歇不能相隔太久，想再给光宗服一丸，如果丸药能再像开始那样有效，光宗的身体就可以痊愈了。"而众医官的意见是不宜吃得太急。但光宗不久就又传命催促进药，并且催得很急，因此就又给光宗服了一粒药丸。阁臣当即便问光宗服药后的效果如何？李可灼说："皇上服药后，和从前一样安稳舒适。"方从哲等人这才放心离开。谁曾想到第二天的早晨，宫中却传出圣旨，飞速召集群臣进宫。朝臣忙匆匆动身赶往宫中，但是还没等众朝臣进入宫中，宫中就已经传出了一片悲痛哭号之声。明光宗已于凌晨驾崩了。这时正是大明泰昌元年（1620年）九月初一日。

这就是明史上最为轰动的三大案之一——"红丸案"。宫廷内后来围绕光宗之死，进行了许多的斗争，史家也为此大做文章，使之成为明史上最大的疑案之一。

15.移宫案

泰昌元年（1620年）九月明光宗驾崩后，本应立年仅16岁的皇长子朱由校为皇帝，但抚育他的李选侍与心腹太监李进忠（即魏忠贤）密谋，企图继续盘据乾清宫，以挟皇长了自重，操纵朝政。给事中杨涟、御史左光斗等人知道了他们的阴谋后，便入宫拥皇太子登舆，先是到文华殿，然后又转移到慈庆宫。在光宗驾崩两天之后又迫使李选侍从乾清宫搬到哕鸾宫，拥立朱由校继皇帝位。这便是所谓的"移宫案"，并由此引发了种种轩然大波。

李选侍号西李，是明光宗泰昌皇帝的宠妃，色艺双绝。朱由校的生母王才人，是东宫中地位最为尊贵的一个，但其与西李有隙，而光宗宠爱李选侍，王才人因此忧伤成疾，临终前留下遗言："我与西李有仇，负恨难伸。"而对这些，年幼的由校并不知道。李选侍怕他知道前嫌，便对消息进行封锁，不准王才人身边的侍从与他接触。光宗即皇帝位后，朱由校与李选侍一起由慈庆宫（太子宫）入居乾清宫。当时李选侍是所有后宫妃子中最为光宗宠爱者，光宗死后，她便控制了乾清宫，并和心腹太监李进忠密谋挟皇长子以自重。本来，按明朝宫廷制度，乾清宫只有皇帝和皇后才配住，光宗死后，照规矩她必须搬出去，将乾清宫腾给继承皇帝居住，但是，当朝臣入宫请见皇长子时，朱由校却被李选侍扣在了暖阁里面。

见皇长子不出来，朝臣们不禁议论纷纷。内阁大学士刘一燝联想到光宗去世前，李选侍请求光宗册封其为皇后的事情，于是便大声喊道："谁敢藏匿新天子？"这声音将乾清宫内的一名老太监王安惊动了。王安是河北雄县人，万历初入宫，万历二十二年（1594年）担任东宫伴读，当时光宗处境艰难，多亏其对光宗照顾有加，并为之斡旋。神宗去世后，其被升为司礼监秉笔太监。王安早就对李选侍恃宠欺凌王才人（熹宗生母）一事忿忿不平，现在听到刘一燝等朝臣的呼声，便入内廷假装对李选侍说："皇长子出见大臣后即可回来。"说完便飞快地护送朱由校走出了暖阁，但又被选侍派来的几个太监追上，将朱由校揽衣请回。给事中杨涟忙上前厉声喝斥，几个太监无奈，这才退了回去。这时刘一燝与英国公张惟贤忙护卫朱由校登车，将他带到附近的文华殿接受群臣的朝见，然后又与群臣一起簇拥朱由校入住慈庆宫。

未久，吏部尚书周嘉谟等便联名上疏，要李选侍移居哕鸾宫（宫妃养老的地方）。李选侍听到消息后，非常气愤，她从住进乾清宫以来，便梦寐以求有朝一日能够登上皇后的宝座。光宗死后，她想挟持皇长子，迫令群臣先册封自己为后，然后才让朱由校即皇帝位。现在不仅朱由校已被王安和朝臣夺去，而且自己还被迫令移宫。气极败坏之下，她决心赖在乾清宫不走。得知选侍拒绝移宫，御史左光斗便愤然上疏："内廷之有乾清宫，便如外廷之有皇极殿，能在这里面居住的，只有皇帝和皇后。别的妃嫔们，虽然以次进御，但也不能常住，这不但是为了避嫌疑，也是为了别尊卑。今日选侍既不是嫡母，也不是生母，却俨然以正宫娘娘自居，而皇长子却退居慈庆宫，不能行大礼，为光宗守灵。名分倒置，臣实在是迷惑不解。而且殿下仅有十六岁，内廷有忠直老成的大臣辅佐，外廷有各级地方官维护，哪里用得着担心没有辅臣？难道还要奶妈子总背着抱着不成？现在还不早下决心，将来必会借着抚养之名，行专制之实，那么历史上武则天祸国的罪恶，就会重新在今天出现，这正是臣下所不愿意说出的。臣等诚恳地请殿下速作裁断，再不能拖延时间了！"

奏疏被送入了宫中，李选侍得知此事后，便派李进忠前去邀皇长子来乾清宫议事。

李进忠奉命前往，但刚出宫门，就在慈庆宫门外被杨涟挡回。杨涟当即就问李选侍到底哪一天移宫，李进忠回答说："李娘娘正在那里发脾气哩，令我邀请皇长子去乾清宫议事，研究处理左光斗御史所说的武氏（武则天）一说，究竟是什么意思？"杨涟故作惊讶地说道："错了错了！幸亏遇见我。皇长子如今已经比不得从前了，李娘娘如果移宫，他日自会有其封号。你想皇长子年纪越来越大，他难道还没有自己的见解吗？你们应该转告李娘娘，凡事要三思而后行啊，以免将来后悔。"李进忠听后默然退去，但还是没有李选侍移宫的消息传来，一直到新天子登基的前一日，李选侍还是赖在乾清宫没有离开。

杨涟忍耐不住，便当即挺身上疏说："先帝驾崩后，朝野都人心不安，人人都说李选侍是要外托保护之名，内行专擅之实，所以臣力请让皇长子（光宗即位不久即死，来不及册立朱由校为太子，故称皇长子）暂在慈庆宫居住，想先拨一座另外的宫室，让李选侍先搬到那里去住，然后再奉驾还宫。最重要的是祖宗的宗庙社稷，宫帏的恩宠又何足道哉？这是臣下的想法。登基大典明天就要举行，岂有天子偏处东宫之礼？臣等坚决请选侍移宫。臣在今日提出这一建议，殿下将之付诸实行，也必须是在今日，时不可殆，请殿下速行！"

杨涟一面封写奏疏，一面催促内阁首辅方从哲，要其速请选侍移宫。方从哲为人老成持重，对此他说："稍缓几日，亦无妨。"杨涟忙道："天子明日登极，不应再回慈庆宫，选侍今日不移，也就没了移居的日子了，这事怎么可以稍缓！"阁臣刘一燝、韩爌当时在旁边，便从中插话说："明日是登基日，选侍必须马上移宫。不如我们同去请旨为好。"迫于舆论，方从哲只得同大家一起前往慈庆宫。一内侍出来，在问明情况后，问："难道不念先帝旧情吗？"杨涟紧跟在后面，忙上前厉声说："国家大事，怎能徇私？你们敢来多嘴，想干什么？"杨涟声音很响亮，又加上这时心下焦虑，吵闹声于是便更加激烈，一直传到了宫中，皇长子命令中官出来传旨，说他已经请选侍移宫，在场的大臣官员们这才逐渐安定下来。于是众人拭目以待，直等到司礼监王安急急忙忙地走出来告诉大家说："选侍娘娘已移居仁寿殿了，改日再搬到哕鸾宫。"

不久，朱由校登基，诏告天下，改元"天启"，他便是明朝的第十五位皇帝，庙号熹宗。皇帝即位，选侍移宫，这件事情并没就此了结，没过多久之后，便又风云再起。随着宫廷斗争的激化，这件事情一直持续到天启朝结束，才算是告一段落。

16.朋党之争

天启元年（1621年）十月，叶向高再度出任首辅，此后朝廷内出现了"东林方盛，众正盈朝"的局面。

（1）党派林立

万历二十年（1592年），明王朝边境内外多次发生战争，神宗独揽大权，却又不勤政事，一门心思全都用在了搜刮民脂民膏上面，朝中的大臣们都互相结党争斗，于是朝政一片混乱。明朝末年的国子监祭酒倪元璐对此是这样评论的："其始天子静摄，听臣工群类之自战而不为之理，所谓鼠斗穴中，将勇者胜耳。故其时其血玄黄，时胜时败。"大臣官僚互相争斗，胜败都不一定，因为他们之间多是权力或意气之争，这种争斗发展得厉害时，便会表现为勾结同党，排除异己，结为朋党。而在这当中又根本没有什么原则性的是非可言，只在对矿监税使进行斗争时，朝臣们曾经几乎取得过一致，但大多数时候他们互相之间的争端都不是因为国计民生的大事而起，而往往是为了一些小事，小题大作，无事生非。臣僚间相互攻击，互相报复，明廷朝政于是渐渐陷入了混乱之中。

　　明太祖时就有官员考察制度。这种考核开始是每三年一次，后来又改为十年一次。孝宗弘治十四年（1501年），又改为每六年考核一次。自武宗正德四年己巳年（1509年）起，这一政策又被进一步改革，从这一年起，明廷规定每逢巳年与亥年为考察之年。朝廷京官的考察，简称为京察，又称内计；外官考察称为外察，又称外计。明制，官员考察由吏部尚书和都察院的都御史负责，此外又有吏部考功司的郎中及都察院的河南道监察御史对之加以协助；朝官四品以上的官员经京察之后，或升职或降职，罢职，由皇帝亲自裁决；五品以下则由主管官员确定其是否"致仕、降调、闲住"，并造册奏请皇帝作批示。神宗懒于政事，对官员的升迁和黜免，不免受朝廷官员的意见影响，或者只是凭一时的心情好坏决定，随意作出裁处。由于考核最终要确定升迁，于是往往便成为官僚间相互斗争的重要场合，臣僚们乘机徇私毁誉，平时积累的恩怨便都在京察中暴露出来。互相对立的官员，则在京察中，结为援党，与对手一决雌雄。万历二十一年（1593年），癸巳京察以后的四次京察，最后大多演变成群臣的大火拼，一批又一批的大臣被罢免，接连掀起轩然大波。

　　万历二十一年（1593年）的京察（即癸巳京察）是党争初期的一个重要事件。主持万历二十一年（1593年）京察的是吏部尚书孙鑨、考功郎中赵南星和左都御史李世达，他们"秉公澄汰，无所徇私"，一时朝廷内政绩不佳的官员，全部被贬黜殆尽。当时大学士王锡爵被神宗召回到朝中担任首辅一职，看到自己想要庇护的人也被列入察疏，很不高兴，就让刑科给事中刘道隆出面，上疏对吏部的官员进行攻击，说他们在这次京察中黜陟不当。王锡爵自己则根据这道奏疏拟出一道圣旨，指责吏部专权结党。孙鑨上疏争辩，结果被明神宗下令罚俸，赵南星也被处以降三级外调的惩罚。左都御史李世达、礼部郎中于孔兼、员外郎陈泰来等相继上疏，为赵南星鸣冤，并对王锡爵进行弹劾，王锡爵便设法激怒神宗，最后致使孙鑨被免职，赵南星削籍，于孔兼、陈泰来被降职外调。这次京察的影响十分深远，明末门户之祸坚不可摧，前后持续了50年之久，即是由这次京察发端的。

　　万历二十二年（1594年），朝廷推举内阁大学士。吏部尚书陈有年、文选郎中顾宪成等人上疏推荐了原大学士王家屏等七人。王家屏曾因在万历二十年（1592年）上疏诤谏神宗册立朱常洛为太子一事而被辞官回乡，这次明神宗不愿起用他，因而"严旨责让"，陈有年以乞休向神宗发起抗争，这一事件的最终结果是：大学士一职由沈一贯、陈于陛出任，陈有年之职由孙丕扬取代，顾宪成被降调杂职。给事中卢明邮、逯中立等相继上疏为陈、顾两人求情，结果更加激怒神宗，事件最终以顾宪成被削籍告终。

　　顾宪成，字叔时，无锡人，曾于万历四年（1576年）中应天乡试第一名。其于万历八年（1580年）考中进士后，被吏部选送入本部任职。他关心时事，直谏敢言，当时神宗想先不立太子，而下诏要将皇长子朱常洛、三子朱常洵、五子朱常浩同时一起封王时，顾宪成上疏力谏，又写信给首辅王锡爵，与之反复辩论，对明神宗被迫最终将诏书收回起到了一定的作用。他本人在朝野之间也很有影响，这次被削籍回乡的事件，使得他知名度得到更大的提高，一时朝廷和地方官员纷纷上疏神宗为他求情，或是再次推荐他，这些奏疏"无虑百十疏"。无锡原有东林学院旧址，是宋代杨时讲道之所，顾宪成回乡后与其弟顾允成倡导重修，偕同另外一些失意仕途的黜职官员钱一本、高攀龙、薛敷教、于孔兼等人在其中讲学，不久很多"退处林野"的士大夫也纷纷慕名前来。这些人在东林书院，除了进行讲习之外，还经常"讽议朝政，裁量人物"，他们的影响日益加强，到后来便逐渐成了一支可与朝中阿附投机势力相抗衡的政治派系。朱常洛最终在万历二十八年（1600年）被册立为太子，便是这一派系的重大胜利。因为顾宪成等人是在东林讲学，因此，这一政治派系便被政敌称为东林党。

与此同时，朝中依附大学士沈一贯的大小官员，则分别形成了宣、昆、齐、楚、浙等党。宣党的首领是汤宾尹，他是宣城人，万历二十三年（1595年）中进士，被派做翰林院编修，后来官至祭酒一职。他文笔很好，当时明政府的很多重要文书、圣旨、诏书都是由其撰写的。昆党首领是顾天峻，他是昆山人，万历二十年（1592年）中进士，其开始是担任编修一职，后累迁至左谕德一职。汤宾尹和顾天峻都喜欢谈论天下安危大计，玩弄权术，他们又各自吸纳羽翼，干预时政。齐、楚、浙三党则是科道官员以籍贯形成的集团，齐党（山东一带）以亓诗教、韩浚、周永春、张延登为魁首，当时燕人赵兴邦等人就是依附的这一派；浙党以刘廷元、姚宗文为首，中原人士周祚、毛一鹭、过庭训等依附之；楚党（湖南一带）则以官应震、田生金、吴亮嗣为首，四川人田一甲、徐绍吉等人跟随的就是这一派。齐、楚、浙三党与宣、昆二党互为声援，守望相助，他们都以攻击东林党、排除异己为己任。皇长子朱常洛册立为太子后，长达十五年的国本之争终于告一段落，但因此而产生的党派冲突却并没有就此结束，反而变本加厉，愈演愈烈。

（2）二沈相争

万历二十九年（1601年），赵志皋去世，首辅一职由沈一贯升任。明神宗担心朝内大臣结党营私，打算起用那些隐居以及被贬很久的人。于是，本来赋闲在家的原礼部尚书沈鲤与朱赓，便同时被任命为礼部尚书兼东阁大学士，参与决策大事。沈鲤为人正直，遇事秉正不挠，在士人中颇有威望，因此，便逐渐与沈一贯产生了矛盾。万历三十一年（1603年），楚王朱华奎与宗人朱华越发生争执，朱华越上疏神宗奏告朱华奎不是已故楚恭王朱英㷘的遗腹子，而是恭王妃之兄王如言侧室所出，不应立为楚王，其还在诉状中称自己妻子是王如言的女儿，可以作证。明神宗诏谕礼部看议，礼部侍郎郭正域在沈鲤的支持下，力主立案调查，但并未找到朱华奎是伪王的充分证据。接受朱华奎贿赂的沈一贯便指使给事中杨应文、御史康丕杨上疏弹劾礼部，说礼部阻挠朝臣说出自己意见，不据实上报，郭正域则随即上疏揭发沈一贯阻止公勘以及接受朱华奎贿赂的事情。同时，沈一贯又授意给事中钱梦皋、杨应文等人上疏弹劾郭正域，同时言辞之间矛头还指向大学士沈鲤，一时间阁、部互相龃龉。最后明神宗断"夫讦妻证，不足为凭"，朱华越坐诬告罪，降为庶人。在接连遭到弹劾的情况下，郭正域四次上疏乞休，幸得给事中张向达上疏为之开脱，才避免了被查究获罪的后果。

同年十一月十一日，从朝房一直到勋臣大臣门口，都发现有《续忧危竑议》一书。书中托辞为"郑福成"问答，其"郑福成"一名寓意为郑贵妃所生的福王朱常洵应立为太子。此案发生后，神宗大为震怒，命令锦衣卫在北京城中大加搜索，要将撰写这一"妖书"的人查出来。这一案件后来以"妖人"皦生光的糊涂被杀告终。沈一贯认为郭正域与这一案件有关，便借机指使御史钱梦皋上疏弹劾郭正域，指责其为"乱楚（即楚宗案）首恶"，并请明神宗勒令沈鲤辞官。万历三十二年（1604年），明神宗下诏令郭正域回乡，听候调查。

万历三十三年（1605年）为京察之年（称乙巳京察），负责这次京察的吏部侍郎杨时乔、左都御史温纯等都和首辅沈一贯有矛盾，温纯在妖书案发生后，力为沈鲤、郭正域辩护，因此与沈一贯的矛盾尤其深。在此次京察中，杨、温二人"力锄"沈一贯的心腹，给事中钱梦皋、钟兆斗以及御史于永清、张似渠等均被列入被察、被转的官员名单之中。对此，沈一贯非常恼怒。在沈一贯的大力活动下，明神宗扣住杨时乔、温纯等所呈关于京察的奏疏，不予批示下发，并以科道乏人为借口，批评杨、温两人将很多科道官员定为不称职者，这当中必有徇私舞弊的行为。迫于压力，杨时乔和温纯要求免职。钱梦皋、钟兆斗仍不依不饶，继续上疏对温、杨二人进行弹劾，最终温纯被迫"连疏求退"，致仕而去。这之后，候补南京兵部职方司郎中刘元珍、南京御史朱吾弼、兵部主事庞时雍等人也因接连上疏对首辅沈一贯进行参劾而分别受到革职和罚俸的惩处。但在他们的奋力抗争下，神宗最后终于发下察疏，"诸被留者皆自免去"。万历三十四年（1606年），南京吏科给事中陈嘉训及南京御史孙居相接连上书神宗弹劾沈一贯为官奸诈贪婪，收受贿赂之事，沈一贯自知不为公论所容，便上书神宗请求致仕，但他同时担心沈鲤在朝对自己不利，便秘密上疏神宗要求罢免沈鲤，明神宗也嫌沈鲤太过耿直，刚好沈鲤自己也提出了致仕的要求，神宗于是就让他们二人一同离朝而去。

万历三十七年（1609年），御史郑继芳上疏弹劾工科右给事中王元翰贪赃数十万。王元翰曾上疏对首辅申时行、王锡爵、沈一贯等人加以弹劾，并对顾宪成等十余名被黜官吏予以大力举荐，这使得沈一贯派不满，于是招致弹劾。王元翰见到参劾自己的奏本后上疏为自己辩解。但郑继芳的同党刘文炳、王绍徽、刘国缙等一连上奏十多道奏折攻击王元翰。并且不等明神宗下令，就擅自将王元翰的家包围起来。王元翰不堪忍受他们的侮辱，便将家中的所有箱笼之类都搬了出来，任由他们搜检，自己则痛哭着离开，后来被以擅离职守的罪名降职。明神宗对此事所持的两不相帮的态度，使得朝臣们不知孰胜孰输，从这之后树党相攻的现象就更加严重了。

（3）李三才之争

这一年，还发生了淮抚李三才之争。李三才是顺天通州人，其于万历二年（1574年）考中进士，二十七年（1599年）以右佥都御史的身份总督漕运、巡抚凤阳诸府，曾与当地的矿监税使作过坚决的斗争。李三才很有才干并且喜欢运用权术，其交往遍布天下，且与顾宪成来往颇为密切。万历三十七年（1609年）至三十八年（1610年），由于李三才治理两淮一带多年，有关方面数次提名其出任都御史以掌管都察院，并且朝廷还有意让他入内阁。在朝的浙党推测：如果向李三才发动攻击，则东林党人必然会受牵连，"可布一网打尽之局"。万历三十七年（1609年）十二月，工部郎中邵辅忠参劾李三才"大奸似忠，大诈似直"，说他为人狡诈贪险，邵的同伙浙江道御史徐兆魁随后也上疏对李三才进行弹劾。李三才四次上疏力辩，给事中马从龙、御史董兆舒等也相继上疏为李三才辩解。大学士叶向高上疏神宗说李三才已是杜门待罪，应当迅速对其去留作出决定。但对这些奏疏明神宗都置之不理，不作回答。不久，御史刘国缙、乔应甲，给事中王绍徽、徐绍吉等人又连章对李三才进行弹劾，而与之抗衡的给事中胡忻、曹于汴等则接连上书为李三才辩解求情，身在家乡的顾宪成也致信给叶向高和吏部尚书孙丕扬，力称李三才为人正直廉洁。双方"朝端聚讼"，一直延续数月都没有停止。李三才多次请求辞职，接连上疏十五次，但都没有被允许，于是便自行离去了。

万历三十九年（1611年）京察（辛亥京察），主持这次京察的是吏部尚书孙丕扬，侍郎萧云举及副都御史许弘纲、考功郎中王宗贤、吏科给事中曹于汴、河南道御史汤兆京等，他们大部分都是东林党人。孙丕扬等不顾齐、浙党人的阻挠，将许多官僚列入察疏，这些人包括有原御史康丕扬、徐大化，原给事中钟兆斗、陈治则、宋一韩、姚文蔚，主事郑振先、张嘉言以及汤宾伊、顾天峻。

此外，给事中王绍徽、乔应甲也被以年例为由转调出京。这样，在这次京察中，北京的齐、楚、浙、宣、昆诸党多遭驱逐，一时间朝野议论纷纷。许弘纲知道后感到害怕，认为孙丕扬察核太过。礼部主事丁荐元任职时间不长，他担心察疏之事中途失败，于是抗章对许弘纲加以责备，同时又对昆、宣两党相互勾结的事情加以揭露，结果遭到朱一桂、郑继芳、周永春、徐兆魁等人的群起攻击，丁元荐最后竟被迫回乡。五月，神宗将察疏发下，南京国子监祭酒汤宾伊、郎中张嘉言、主事徐大化、御史刘国缙、王绍徽、乔应甲、岳和声，分别被降调。

察疏发下后，孙丕扬仍不断受到抨击，他向神宗奏请的起用原被废官员沈鲤、郭正域、顾宪成等人的请求也因为神宗不想使用旧人而未能如愿，他因之只得多次上疏请求离去，并最终于万历四十年（1612年）离职回乡。继他之后主持吏部的是山东人赵焕，该人与东林人士有隙，这导致齐、楚、浙三党势力在此之后与日俱增，其科道官气焰尤盛，如果有谁敢与之持不同政见，哪怕只是略微表示，这三党党人就会"群噪逐之"。万历四十一年（1613年）十二月，户部郎中李朴上疏明神宗，猛烈抨击三党官僚，称其"百人合为一心，以挤排善类"，同时他还为东林党人打抱不平，要求明神宗将诸位罪魁祸首处以斩首之刑以谢罪天下，结果被齐、楚、浙三党恨之入骨，到第二年时竟被谪降为州同知。

万历四十二年（1614年）八月，叶向高致仕，首辅之职由大学士方从哲接任。齐党首领亓诗教是方从哲的门生，二人过从甚密，因而方从哲秉政后，在很多事情上都依亓诗教的意思行事。万历四十三年（1615年），"梃击案"发生，这使得朝廷党争益发趋于白热化。另外，"红丸案"、"移宫案"也是党争的焦点。

万历四十五年（1617年）为京察之年（称丁巳京察）。这次京察由楚党吏部尚书郑继之、给事中徐绍吉、御史韩浚和浙党刑部尚书李铉、考功郎中赵士谔主持。为报复辛亥京察，在他们的把持下，东林党人及其支持者纷纷被斥黜。万历三十九年（1611年）京察后被迫居家的礼部主事丁荐元，以"不谨"被削籍；上疏对齐、楚、浙党进行猛烈抨击的原户部郎中李朴，也被定为"不谨"而落职；刑部主事王之寀，由于在"梃击案"中得罪了对立派，遭到徐绍吉、韩浚等人的弹劾，被以"贪酷例"的罪名削籍；曾经力攻汤宾伊的御史王时熙、荆养乔也都被列入察疏；御史孙居相，因先后弹劾过沈一贯、汤宾伊，此次也以年例为籍口被调外职。当时明神宗对于廷臣的奏章全部留中，不作批示，因此被科道官弹劾的官员便不等神宗下旨，就自动离职而去。经过这次京察，齐、楚、浙三党气焰更加嚣张，而东林党势力则被严重摧毁，几近"靡有孑遗"焉。

万历四十六年（1618年），属于浙党派系的工部主事邹之麟，依附齐党的亓诗教、韩浚，想转到吏部任职，没能如愿，因此心存芥蒂，一有机会就对齐党大肆攻击，并扬言齐党将借年例之机排斥浙党官员，齐、浙两党因此分裂了。万历四十七年（1619年），与邹之麟相友善的礼部主事夏嘉遇因事接连上疏对亓诗教等人发动猛动攻击，御史唐世济和董元儒也推波助澜，对齐党加以排挤，齐党的势力自此之后顿衰。

万历四十八年（1620年）七月，明神宗驾崩，光宗继位。明光宗下诏对在神宗年间因建言被废的诸臣邹元标、冯从吾、王德完、孟养浩、钟羽正、满朝荐等重新加以启用，同时又将已经致仕的首辅叶向高重新召回入阁。光宗即位未及一月而崩，在御史杨涟、左光斗、礼部尚书刘一燝、吏部尚书周嘉谟以及太监王安的帮助下，明熹宗朱由校顺利登基。天启前期，许多在万历时期被排斥的正直派官吏陆续返回了朝廷，其中邹元标任刑部右侍郎；赵南星升为太常寺添注少卿；著名的东林党人高攀龙，位至光禄少卿；王之寀也官复原职，并在不久后便一再升迁，至刑部右侍郎。大学士叶向高也于天启元年（1621年）十月出任首辅之职，入阁参政。与此同时，浙、齐、楚三党官员以及"朋奸乱政"者，被逐渐驱离出朝廷中枢。天启二年外察，天启三年京察，吏部尚书张问达、左都御史邹元标、赵南星"去留惟公"；毫不留情地将"结党乱政"的亓诗教、赵兴邦、官应震、吴亮嗣等齐、浙党人列入察疏。首辅方从哲自红丸、移宫案发生后不久就接连遭到弹劾，最终也致仕而去。这样，从天启初年开始，朝廷内逐渐形成了"东林万盛，众正盈朝"的局面。

17.徐鸿儒起义

天启二年（1622年）十一月，徐鸿儒等18人在京师被杀，起义失败。

（1）起义爆发

明神宗万历年间，朝政黑暗腐败，连年灾荒，土地兼并严重，民不聊生，全国各地怨声载道。

万历二十五年（1597年），山东参政吕坤在上疏中谈道，长期在外为官，知道百姓的疾苦，见天下百姓食不果腹，衣不蔽体，屋不遮雨，饥民迁徙流离，农田大片荒芜。现在天下的形势，已经显出了大乱的征兆，只是还未成气候而已。他明确地指出：白莲教的教徒遍及全国，如果有发难，这些人都会响应跟从。元末的农民起义中，白莲教就是首倡者。鉴于历史教训，明政府曾屡次明令严禁白莲教，并将之载入明律。于是白莲教便转入地下。当时蓟州人王森倡导白莲，自称闻香教主，其教徒有大、小传头及会主等职称名号，北直隶、山东、山西、河南、陕西、四川六省都有他的教徒。万历二十三年和二十四年（1595年和1596年），王森两次被捕入狱，后死于狱中。其子王好贤与山东巨野人徐鸿儒、景州人于弘志继续推行白莲教，并且教众还越来越多，仅山东一地，就有200多万徐鸿儒的法门弟子。

万历末年，由于连年灾荒，山东巨野一带出现了"民相食，骨肉不相保聚"的悲惨景象，滕县、兖州等地，也是饿殍遍野，死者盈道。这时，由于后金贵族大肆向关内扩张，明政府一再向农民加派征辽饷银等赋税，万历四十六年（1618年）九月到万历四十八年（1620年）三月间，短短18个月，明政府便先后三次增加田赋；明熹宗天启元年（1621年），明廷又加派关税、盐课及各种杂税，这就更加将山东饥民推向了绝路。

天启二年（1622年）五月，山东徐鸿儒正式率领白莲教徒发动起义。

徐鸿儒，原名徐诵，山东巨野人，后移居郓城。师从于闻香教主王森，是山东白莲教的领袖，从事传教工作有20多年。天启二年，蓟州闻香教首领王好贤看到明政府在与后金的作战中连连战败，而下层百姓则处于水火之中，盼望有人能够发动推翻明朝的起义，便与徐鸿儒秘密约定，联络各地的白莲教徒在该年的中秋节同时发难。徐鸿儒针对山东农民饥寒交迫民不聊生的凄惨情况，提出了如果皈依白莲教，可以安保终身不贫，能够见到金银山、米面山、油泉酒井，使他们的温饱要求得到满足。于是，一时之间巨野、郓城一带饥民趋之若鹜，携子领妻前来相投，这样，徐鸿儒很快就汇集起来了几万大军。农民军声势浩大，官府都不能遏制。由于起义计划泄露，徐鸿儒便"以事相激"，率先发难。他以印传旗，命令各地白莲教徒同时以头裹红巾为号起事，将起义旗帜公开亮出来，并占据了郓城的梁家楼。徐鸿儒自号"中兴福烈帝"，改年号为大乘兴胜元年。起义爆发之后，四方响应云集。郓城县令余子翼忙拼凑兵丁乡勇前去对之进行征讨，但兵丁们大多寻机逃跑。

五月十三日，起义军突袭郓城，里应外合之下，不久便将郓州城攻陷下来。余子翼只身潜逃。十四日，起义军回师向巨野城发动猛攻。因巨野事先有备，且巨野城城墙厚重，明军众多，故起义军一时未能将之攻克下来。起义爆发后，曹州（山东菏泽）、濮州（山东濮县）为之震动，兖西兵巡道阎调羹忙从各县乡调兵，连夜赶往郓城、巨野；巡抚都御史赵彦、总河侍郎陈道亨、巡抚都御史王一中等人自五月二十日开始，合兵向侣家楼、武安集等地的起义军加以围剿，并先后杀死义军六千人，但义军仍坚守其主要据点梁家楼。

（2）起义失败

当徐鸿儒在梁家楼与官军奋战之时，隶属于他的另一名闻香教首领张东白，也在邹县杨徐镇聚集起数万之众揭竿起义。此时官军乡勇大都被调往郓城、巨野一带，兖东一带防守空虚，因之这支义军发展顺利。五月十七日，张东白攻下郓城，署印通判郑一杰冒雨出逃。与此同时，另一支义军在兰陵人沈智率领下围攻滕县，当地的百姓绝大部分都参加了义军，守城的壮丁纷纷溃逃而去。知县姬文允上任才三日，却不得不亲自前往各街巷"遍打门户，催呼守城"，然而应者寥寥无几，姬文允急得呕血数碗。他站在城墙上，询问义军为什么要起义？义军回答：祸由董二。董二，滕县乡绅，前延绥巡抚董国光之子，长期鱼肉百姓，为祸乡里。不多时，滕县城池被攻破，姬文允被活捉，董国光逃走，其女儿、女婿均被义军杀死。六月七日，起义军又在峄县城外大败兖东道王从义，随即便攻克了峄县城。

六月十一日，徐鸿儒起义军向邹、滕一线转移。由于当时明军结集于巨野、郓城一带，虽经徐鸿儒的多次进攻，但仍未攻下巨野，接着义军又在梁家楼、武安集接连受挫，义军于是便放弃郓城、巨野的营地。十二日，明军的防线被起义军突破。十七日，起义军渡过运河向东而行，沿途官军大多紧闭城门，不敢应战。

六月下旬，徐鸿儒与沈智、张东白三方会师。此时，起义军已是拥军10余万，声势浩大，淮河、济南一带为之震动，明政府也大为震惊。当时都司杨国栋已调回邹县，都司廖栋也尾随徐鸿儒折回兖东。杨、廖汇合后，明军开始进攻邹县。双方一经交锋，徐鸿儒便出奇兵，突袭明军两翼，明军溃败，退守兖州。起义军随即夜袭官营，杀死游击张榜，获得大量兵器、粮草。邹县是孟轲的故乡，城外有孟庙和孟子嫡系子孙居住的"亚圣府"，在占领邹县期间，起义军把亚圣府包围，杀死了世袭翰林院五经博士孟承光的长子孟宏略，随即又活捉孟承光及其母亲，并将之就地处死。义军最后还把孟庙捣毁，将亚圣府夷为平地。

七月，于弘志率白莲教徒在阜阳起义，因为是孤军奋战，因此很快便遭到官军围剿，于弘志本人被斩于马下。艾山白莲教首领刘永明自称安民王，令手下二十八将分别涂面，号"二十八星宿"，也聚集了两万多人发难，他们同样被官军镇压下去，在就刑时刘永明还自称"寡人"。

七月十四日，徐鸿儒、张东白率起义军攻占了沛县与滕县交界处的夏镇，截获粮船40多艘，漕运河道也被阻断。后把总姚文庆等人集合乡勇军壮，又将粮船夺了回来。接着义军又奔至沛县，斯时拥至沛县城下的义军几有万余名之多。知县孔闻扎拼命率将士浴血奋战，这才保城池不失。后官军援抵达，起义军拔营而去。

义军迅速发展，到这时又占领了十多个据点，人数也达十几万之多。他们先后进攻沛县，包围曲阜，袭击郯城。山东巡抚赵彦一面火速檄令所部乡勇，增派兵力前往各主要城堡加强守卫，将郓城和峄县收复回来，一面十万火急地向明政府请求援军。当时内地承平日久，山东所驻的军队不多，眼见起义军发展壮大，明政府迅速调集了四五省的兵力，包括两广支援东北对后金作战的军队，天津、登莱的海防部队，以及沂州、真定（河北正定）、保定的地方武装势力在内，一起前往山东，此外还集中了各地义勇乡兵数万人。明熹宗起用休致在家的原大同总兵杨肇基为山东总兵，与巡抚赵彦一道坐镇兖州。张东白等人趁杨肇基尚未抵达兖州之机，组织起18万义军兵分三路向兖州发起进攻，准备先取兖州，然后再进攻济南，但计划未能成功。此时，义军除将主力布置在邹、滕一线外，还分兵在两县之间的峄山周围，连结数营，与邹、滕相为犄角。这样，在兖州的战场上，双方展开了生死决战。

兖州是鲁南的军事重镇，兖州府的所在地。起义军向兖州发动进攻，总兵杨肇政派军队出城对义军进行掩杀，义军支撑不住，于是便又撤回到滕县。官军于是又向邹县发动进攻，但前后经历大小激战数十次，仍未能将之攻克下来，赵彦于是指挥官军"偃旗息鼓，暗袭各营"，偷袭峄山外围据点。起义军撤到峄山，凭险固守，但旋即又遭到邹县、汶阳的乡勇的攻击，峄山终告失守。这时，官军又围困邹县，将邹、滕两地之间起义军的联系切断。直到此时，白莲军在邹、滕两地的兵力仍有近10万人。

九月二十日，滕县义军出城打粮。由于官军长时间的围困，滕县城内的粮食供给已经断绝，并且还瘟疫流行，每日亡故者以百计。乘义军出城之机，官军攻占了滕县县城。一万多义军撤出城后，便向南进击，淮兵闻风而散，徐淮一带为之震动。但由于黄河天险难渡，这支义军只好又折向西北，计划返回郓城巨野一带，打算在那里再重建根据地。十一月十一日，起义军行至巨野县康家集时，起义军误中官军的埋伏，最后全军覆没。

十月，官军收复锡山。徐鸿儒、张东白等孤军奋战，被围困在邹县城中。这时，邹县城中粮食断绝，又爆发了瘟疫。义军都督侯五、总兵魏七等人将义军旗帜拔去，据城乞降。官军看准了时机发动火攻，但城中徐鸿儒等三百人仍苦苦支撑，拒不投降。十月十九日，邹县城失守，徐鸿儒落入官军之手，旋即被押往京城，十二月，被车裂于市。临刑时徐鸿儒叹道："倘能延迟数日，就能横扫海内，锋芒所至，无人能够阻挡。"至此徐鸿儒起义宣告失败。

18.千古神医——李时珍

（1）立志治病救人

李时珍（1518~1593年），字东璧，号濒湖，湖广蕲州（今湖北蕲春县）人。他出生在一个医生世家。父亲在当地是一个很有名的医生，著有《医学八脉法》、《四诊发明》等著作。李时珍自幼就因家学渊源，对医学有着浓厚的兴趣，但由于医生的社会地位很低，他父亲很想让他走读书致仕的道路，以光耀门庭。14岁那年，他承父命考中了州学秀才。无奈他对八股文没有丝毫兴趣，在三次乡试都告落第后，他坚决不再应试，父亲也只得改变初衷，转而支持他从事悬壶济世的事业。

李时珍从24岁起，便跟随父亲正式行医。在治病时他注重"辨证施治"，对病人的脉象与病症结合加以分析，在用药上注重药理，应用灵活变通，不死板。医书上记载，巴豆是一种泻药，但是根据试验后他知道：巴豆在分量用得大的情况下，会引起严重腹泻，但如果用量适当，配方巧妙，反而可以起到止泻的作用。他将这一认识应用到医疗实践之中，治好了许多的腹泻病患者。他还根据从实践中得出的真知，对方士荒诞不稽的邪说加以驳斥。方士把灵芝视为神物，胡说服用灵芝可以长生不老，他据实指出，灵芝不过是由"腐朽余气"生出来的食用菌类，没有丝毫神奇之处可言。方士提炼丹砂，制作所谓的长生不老药，毒害人命，骗取金钱。李时珍指出，人的躯体是由血肉生成，靠食五谷、蔬菜、水果而活，丹砂不能被胃肠消化，其毒性于人体有害而无益，历史上不知有多少贪生怕死的人，因迷信方士，服食丹药，而导致终身残疾，甚至死于非命。

嘉靖三十一年（1552年），35岁的李时珍，将楚王朱英燨患有气厥病的儿子治好了，他因此被任命为楚王府的奉祠正，并且还兼管良医所事。几年后，他又被举荐到京师太医院任职。当时的嘉靖皇帝迷信方士，祈求长生，为迎合皇帝的心意，太医院的人员和方士竞相进献仙丹不老药，一片乌烟瘴气。李时珍不愿同流合污，便在一年后托病辞职返乡。不过，在楚王府和太医院的任职经历，却使他得以有机会翻阅典藏的医药书籍，学会辨识许多的珍贵药材以及外国进贡的药物，从而增长了见识，这对他日后编撰《本草纲目》有很大帮助。

我国药物学的历史悠久，源远流长，历代以来有许多的药物学著作传世。由于中药是以草木类药物为主，因此古代的药物学著作就以"本草"为名，如汉代的《神农本草经》，内中记载有365种药物；又如南朝名医陶弘景撰写的《本草经集注》，内中记载有药物近700种，比前增加了300余种。在唐朝的《新修本草》中，药物的品种又得到了增加，并且还增绘有药物的图形。到了宋神宗元丰年间（1078~1085年），名医唐慎微著写《证类本草》时，药物的种类增加到了1558种，并且书中还记载有药方2935个。李时珍富于求实与钻研的精神，在医疗实践中，他发现传世的《本草》都有许多的遗漏、谬误，而对于行医治病来说，正确地鉴别药物品种类别，认识药性，又有着至关重要的作用。因此，他立志要编写出一本新的《本草》来。

为了把理想变为现实，李时珍认真阅读了大量的文献，不仅是医药专著，"凡子、史、经、传、声韵、农圃、医卜、星相、乐府诸家"，无不遍览，史称"阅书八百余家"，他由此积累了大量可供参考的资料。同时，他还非常重视随时将从自己的医疗实践中得来的经验、心得记录下来。而更为他所注重的则是野外采集药物和实地调查。他不辞辛苦，带领儿子和门徒，踏遍了蕲州城北的龙峰山、江西的庐山、湖北的太和山（即武当山）以及安徽、江苏、河南等盛产药材的山林，"远穷僻壤之产，险探仙麓之华"。通过实地考察，他解决了不少书本上的疑难问题。如《证类本草》将虎草、白南星说成是两种不同的植物，而通过实地考察，李时珍弄明白原来是同物异名；又如陶弘景在《本草经集注》中说远志的叶小，而宋《开宝本草》却说远志叶大。而经过实物考察后，李时珍得知，原来远志有大叶、小叶两种。为了将前人的"只根据纸上药方进行猜度"的主观臆断出现的错误纠正过来。他不辞辛苦劳累，耐心细致地对各类草药一一采集察看，对之认真鉴别，详加记录。而为了将植物的药性弄清楚，他甚至不惜冒着生命的危险，亲口尝试。

在野外考察中，李时珍还虚心向各种不同身份的人求教。从药农那里他知道，女菱和菱蕤是两种不同的药用植物；他又向渔民请教有关鱼繁殖过程的问题；从猎人那里他又了解到了各类动物的生活习性和药用价值；还向老百姓们征集了许多治病的验方，等等。

（2）著《本草纲目》

嘉靖四十年（1561年），44岁的李时珍从北方回到了故乡。此后他就开始了《本草纲目》的编写工作，后三易其稿，历时近20年，一直到万历六年（1578年）才最后完成。

《本草纲目》的编写，是以唐慎微的《证类本草》为基础，结合李时珍通过访问、野外考察、查阅图籍得来的新材料，根据新的分类标准，重新进行创作的。全书一共有50卷，190多万字。全书又将药物分为16部，62类。收载有1892种药物，比以前增加了374种，又载入药方11091个，这比以前医书多了4倍，与此同时，书中还附有动植物插图1110幅。

《本草纲目》具有极高的医学价值。对前人的医学成果，它既有修正，也有补充，从而使得我国的医药学水平迈上了一个新台阶。它还确立了新的按药物的自然属性进行分类的方法。如将矿物性药物分为水、火、土、金四部，动物性药物分为虫、鳞、介、禽、兽、人六部，植物性药物分为草、谷、菜、果、木五部，部之下分有不同的类，类之下又细分为不同的种，做到了"物以类从，目随纲举"，"博而不繁，详而有要"。同时，对药物性能的说明，也做到了纲目有序、条理清楚。

由于《本草纲目》对药物的分类是按药物的自然属性来进行划分的，并且记载了许多动植物和矿物，因此它同时也是一本植物学、动物学和矿物学著作。李时珍以植物的特征、形态、性能和生长环境等为标准进行分类的方法，比西方植物分类学创始人林耐在《自然系统》一书中提出的分类法，要早了150年。

在《本草纲目》中，李时珍还提出："脑为元神之府。"他是我国历史上最早指出人脑是人体全身主宰的人。

万历二十四年（1596年），《本草纲目》在南京第一次出版。万历三十四年（1606年）流传到了日本，日文译本就先后出版有两种。后来又传入朝鲜以及欧洲各国，被译为各种语言，对世界药物学和植物学的发展产生了重大的影响。

19.明长城

明朝推翻元统治之后，为了防御蒙古的南下侵扰，从明太祖在位起，一直到明神宗万历间止，修筑长城前后费时200余年。明长城的修筑是在对秦、北魏、北齐、隋和金修筑的长城加以利用的基础上，前后进行18次加修才完成的。明长城全长5660公里，西起祁连山下，东抵鸭绿江畔，将之称为万里长城，可以说一点也不夸张。在历代王朝修筑的长城中，明长城的建筑水平是最高的。

长城一般分为城墙、墙台、敌台、烽火台、关隘等几个主要组成部分。

城墙是长城的主体，明以前城墙的建筑材料大多用的是土，而明代所筑的长城则因地制宜采取不同的材料，这些材料各有其特色。按筑城材料和构造来分，有砖墙、块石墙、条石墙、夯土墙及木板墙等数种。也有随山就势的劈山墙；对险峻峭壁加以利用筑成的山险墙；在黄河突口冬季还有冰墙等。而在众多的城墙建筑类型中，又以砖石墙、夯土墙为最多。城墙的高度也视险要程度和地形起伏而有所不同。这其中又以居庸关和八达岭附近及慕田峪、古北口等处的长城最具代表性。这些地段城墙坚实高大，城墙表面下部以条石砌成，上部以砖包砌，城墙内部则填以碎石和土，顶面则铺以方砖，墙基平均宽约6.5米，墙高平均约7~8米，顶部高5.8米，净宽4.5米，可容十人并行或五马并驰。城墙的顶面一般都是随地势斜铺，险要地段则改为台阶，墙顶靠里一面用砖砌筑1米多高的女墙，而向外一面砌成高约2米的垛口，每一垛口均设有瞭望孔和射击孔，每隔一段又有排水口，这些排水口可以将墙顶雨水排出墙外。墙身上每隔一定距离就会设有券门，券门内有石或砖砌的可以一直通到城墙顶上的阶梯，券门的作用就是供士兵由此上下城墙。

在长城上每隔30~100米都会建有一个突出墙外的台子，其中实心而与城高相同的台子就是墙台（也叫马面）；空心而高出城墙者则是敌台。墙台在实践中有很大的效用，它使守城者可以从上部和左右三个方向对攻城者交叉进行射击，从而使城墙的安全可以得到有效的保护。墙台平时也是士兵巡哨之处，为躲避雨雪，有的墙台上还建有小屋。敌台一般要比墙体高出一到三层，其下部可存储弹药武器，驻扎士兵，并开有箭窗，顶层可作瞭望之用。这种骑墙敌台是明代名将戚继光在总结前代经验的基础上创造出来的，其规模小者可驻兵十几人，大者可驻上百人。

烽火台又称烟墩、烽堠、烽燧等，其功用是报警和传递军情，台上一般都贮有柴草，如果发现有敌情，则白日焚烟，夜间举火，以作报警之用。烽火台通常的修筑方式是每隔15公里修建一独立的高台，如此连绵不断。台址一般都是选在方便互相眺望的峰巅或高岗，其大部分都是建筑在长城两侧，也有伸展到长城以外很远处的，此外还有向关隘州府乃至首都联系的烽火台。烽火台的构造和材料与长城一样。

关隘为险要交通孔道的防御组群，其组成部分包括出入的关城、驻兵的城堡、密集的烽堠、敌台以及多道城墙等。其中关城是主体，内中又包括有瓮城、敌楼、角楼、城楼、铺房等，其两侧与长城相连。现存著名关城有嘉峪关、山海关、居庸关、雁门关等，这些关城所处地段一般都地形险要，建筑都很雄伟，是中国建筑艺术中独具风格的杰作。其中有很多段落具有很强的观赏价值，如北京延庆县八达岭段、密云县司马台段、怀柔县慕田峪段、河北省滦平县金山岭段等。

明长城沿线共分有九镇，自东向西分别为辽东、蓟镇、宣府、大同、山西、延绥、宁夏、固原、甘肃，每镇均驻有重兵。长城沿线建有很多的关口，关口是进出长城的孔道，九镇的每一镇均辖有很多这种关口，多者甚至有数百个，长城全线则有1000个以上，其中著名的有数十座，如居庸关、山海关、雁门关等。这几处都是拱围京都北京的战略要地，其建筑也是最为坚固的。

明长城中从居庸关向西至山西偏关一段又被分为南北两线，世称作里、外长城。

除了北部的万里长城之外，明朝还曾经在贵州一带修筑长城380余里。

明代在长城的建筑上，是既集前代之大成，又具自己的特色。首先，强调点线集合，对城墙所经重要关隘予以加固，将其修建为坚固的关城，与城墙紧密结合，从而形成一个以点护线的筑城体系。其次，注重对长城的纵深防御能力予以加强，构筑专门用于防守的墩台，在重要的防御点层层设立营垒和城塞；在重点防区构筑外濠、外墙和内濠、内墙；又在城墙上增设敌台，在城墙的外围修筑烽堠、关堡，以增加防御层次，从而形成了一个三关筑城体系，使得防御能力更为纵深。再次，工程设施的砌筑技术有很大创新和发展，明长城的墙高和墙厚匀度均较前代有新增加，并且在明后期还出现了具有观察、射击、掩蔽并贮藏物资、装备等作用的空心敌台，使得城墙的防御能力得以进一步加强。

明长城是其北部边疆防御体系的主干，其修建目的虽是为了进行军事防御，但其建筑之宏伟壮观，令人叹为观止，是世界历史上最为伟大的工程之一。

20.利玛窦在中国

万历三十八年（1610年）五月三日，利玛窦一病不起，于五月十一日病逝。

明神宗万历十年（1582年）八月，奉耶稣会远东巡视员范礼安的召请，意大利教士利玛窦抵达澳门，这是利氏来华的开始。

（1）"崇禧塔"之案

利玛窦于嘉靖三十一年（1552年）十月六日出生在意大利马切拉塔城。马切拉塔是意大利中部的一座名城，城中驻有教皇国马尔凯区的行政长官，设有教皇国造币厂、高等法院，以及一座创建于1290年的大学，城内宗教事业十分发达。

利玛窦的父亲乔万尼·里奇是一名医生，曾一度出任教皇国的市长和省长等职。母亲乔万娜·安乔莱利生有八子四女，利玛窦为长子。利玛窦本名玛泰奥·利奇，天资聪颖，17岁时前往罗马求学，20岁进入罗马学院，开始在著名数学家克拉维乌斯的指导下，系统地接受西方科学教育。利氏涉猎的学科非常广泛，包括应用数学、天文学、欧几里德几何、地理学、音乐理论以及透视学。此外，他还专门学习了怎样演讲。隆庆五年（1571年），利玛窦加入了耶稣会，在经耶稣会批准后，于万历五年（1577年）赴东方传教。当时与利玛窦同行的还有罗明坚等三人。

到达果阿后，利玛窦身体虚弱，在修道院中休息了几个月后才恢复了健康。此后他又继续修习在罗马学院未学完的神学。一年后，他奉命在果阿修道院教授希腊文和拉丁文。几个月后，又被派往交趾从事了半年时间的教学工作。万历八年（1580年）七月，利玛窦在交趾晋升为神甫，九月调回果阿，继续攻读神学达两年之久。

万历七年（1579年）六月，罗明坚抵澳门，专门学习中国语言，学习读写中国文字。由于他当时已年近不惑，记忆力不太好，因此进度很慢。在万历八年（1580年）至万历十一年（1583年）间，他曾到广州及两广总督驻地肇庆活动，寻求到中国内地传教的机会。久居中国，罗明坚感到一个人过于孤单，中文也说得不是很好，于是请求范礼安神甫将利玛窦从果阿调来澳门做助手。万历十年（1582年）四月十五日范礼安的调令到了利玛窦的手中，11天后利玛窦便与巴范济一道由水路前往澳门。海上风浪很大，在船上利玛窦生了一场重病，但终于在八月七日抵达澳门。他努力学习中文，了解中国的风俗习惯、国家制度和行政机构。第二年夏，利玛窦与罗明坚一起，为争取能得到官府的许可在广东修建房屋和教堂，往返奔波于广州和香山两地，他们反复与香山知县冯生虞、县丞姚鸿等当地官员交涉，但均未获得许可。当时在任的两广总督陈端由于攀附已故首辅张居正而被革去官职，总督一职由广西巡抚郭应聘接任。郭应聘对耶稣会来华传教十分反感，并对利氏等人入居广州之事极力反对，并且还指出让外国人定居决不是什么求福之道，其结果只能是对国家有害。就在利玛窦等人深感失望之际，肇庆知府王泮送来了一封由郭应聘批准的信件，邀请耶稣会士前往肇庆接受一笔由官府赐与的用来修建住所和教堂的财产。在经过一番商量之后，利玛窦和罗明坚决定动身前往肇庆。

九月，利玛窦等人乘船到达肇庆，受到了知府王泮的接见。王泮答应由他们自己在城内挑选建房的地址。肇庆地区当时正在修建崇禧塔，利氏等人便索要了一块位于该塔附近的地皮，修建起简单的住房。这一举动使得当地居民惊恐不安。尽管已经有一份由总督签署的布告对教士的来华缘由作了说明，并且告示还声明禁止当地人民以任何方式欺负凌辱他们，违反的人一经查获，就会予以重惩，并且决不姑息；知府王泮还赠给他们两块题有"仙花寺"与"西来净土"字样的匾额。但当地百姓士绅还是与他们有隔阂，称他们为"番僧"，并不时与他们有一些冲突和矛盾发生；百姓们认为教会的房屋冲了崇禧塔的风水，便想方设法要将教士从该地区驱逐出去，以至每天都有人从塔上向教会投掷石块，从而酿成了袭击教会的"崇禧塔之案"。最后由官府出面，双方的冲突才得以缓解。

利玛窦在肇庆住下后，知府王泮经常前去拜访他。王泮不仅公开保护传教士，还与利玛窦多有交往，这也影响并带动了别的缙绅与教会交往。在这一期间与利氏往来的人有知县谭君谕、继任的肇庆知府郑一麟、岭西道黄时雨、巡按御史蔡梦说、肇庆同知方应时、参议徐大任、布政使滕伯纶、潮州知府郭子章、瞿汝夔、后任山东临清道的钟万禄等。而为了避免当地百姓对他们的敌对情绪，利玛窦等人也采取了一些措施。为使自己的形象易于为当地人们所接受，他们穿着中国式的大褂长袍；他们还决定暂时不谈宗教，并用高薪礼聘当地德高望重的学者讲解经书，介绍中国情况，以便与中国知识分子有更多的共同语言；又用西方科学技术、新奇的西洋方物等吸引中国人，博取当地民众的好感。利玛窦努力学习汉语，还把自己的姓名改作姓"利"名"玛窦"，此后中国士人都呼他为"利先生"或者"利子"。利玛窦在熟练掌握中国文化的同时，又用自己掌握的西方文化知识指导中国人。利氏在教会接待室的墙上挂了一幅用拉丁文标注的世界地图，这立即引起了很多人的兴趣。当时的中国人，对整个世界的了解非常少，因此王泮要求利玛窦照此图制作一幅标有中文名称的世界地图。利氏马上全力以赴，并绘制出了《山海舆地图》。为赢得中国人的好感，在绘制此图时他迎合中国士人的传统观念，有意将中国绘在图的正中央，由此而受到了士人的欢迎。当时王泮就自掏腰包，多绘制了几幅地图分赠给自己的朋友，万历十二年又将其重新翻刻。后来这个版本的地图在经过校订、修缮后，应明神宗之命被送入皇宫。这是第一幅传入中国的较为完整的、吸收了欧洲地理新发现成果的世界地图。

除了绘制世界地图，利玛窦还用铁和铜制作了地球仪和天球仪，以之来指示地球的形状和表明天文。利氏还在家中绘制日晷，还将日晷刻在铜板上，分赠给包括两广总督郭应聘在内的官员。并且利玛窦还公开展出这些仪器，并将制作它们的目的和作用讲解给前来参观的人们听，还为他们指出星球的轨道、太阳的位置和地球所处的中心位置。见过这些仪器的人，都纷纷称赞利氏是一个伟大的天文学家。此外，利玛窦还开放了肇庆教会图书馆以供民众参观。这是中国境内第一座西文图书馆，所藏书籍之精美令士人为之叹赞不已。同时，利玛窦还制造自鸣钟，并把它送给王泮等官员。这样，利玛窦在肇庆就渐渐有了朋友，有了保护他的中国官员，有了立足点。

万历十七年，广西巡抚刘继文继任两广总督一职。刘继文在一封写给岭西道黄时雨的信中，称外国传教士在肇庆的目的是为葡萄牙人搜集情报，一直到现在还不断玩弄新的手段和花招来迷惑无知民众。他要求岭西道尽快将传教士遣返回澳门或拘禁在韶州城内。虽经岭西道同知方应时的多方努力，刘继文仍不同意传教士在肇庆居留。在这种情况下，利玛窦等人被迫迁至韶州。

（2）接纳信徒

在韶州，利玛窦等受到了友好的接待，韶州同知吕良佐还答应他们可在当地光孝寺旁的一块空地上修建天主教堂。1590年秋，教堂建成，利玛窦在这里安顿下来，一时未再提起去南雄之事。这是利玛窦在中国传教的第二个立足点。利玛窦开始接纳华人信徒，利用华人教徒为自己的传教工作服务。最早接受洗礼、信奉基督教的华人有黄鸣沙、钟鸣仁。他们自觉自愿、不辞辛苦地帮助利玛窦等人进行传教布道，得到了利氏的依赖和信任，成为中国的第一批耶稣会士。

在当时韶州缙绅阶层中信奉基督教的人，当首推瞿汝夔，他是利玛窦在韶州招收的第一个学生。瞿氏字太素，父亲瞿景淳曾任礼部尚书。瞿氏将父亲留下的家产挥霍一空，在四处飘泊之时，慕名拜访了利玛窦。他本想学习西方炼金术以发财致富，但是在与利氏的交往与接触中，却逐渐为其丰富的学识所吸引，于是拜利玛窦为师，对西方的天文、数学、几何等科学知识加以学习和研究，前后历时两年。利玛窦以克拉维斯的著作为教材，先教给他欧洲的实用算术，最后教欧几里得几何学。在这期间，瞿太素将欧几里得几何翻译成了通畅流利的汉语本，并运用所学的知识对之加以准确、严谨的注释。瞿氏是明代最早翻译欧几里得著作的中国人，利玛窦曾将他的中文译本拿来作教材使用。此外，他还学会制造地球仪、象限仪、星盘、日晷、罗盘等，制造这些仪器所采用的材料有木、铜、银等。瞿氏还利用父亲旧有的关系，不断地将利玛窦介绍给韶州当地的官员。这当中与利氏保持友谊的有韶州通判吕良佐、继任韶州知府谢台卿、兵备道邓美政、曲江知县刘文芳、县丞张鼎、南雄知府黄门、英德知县苏大用、南雄同知王应麟、韶州推官黄华秀等。瞿太素曾对利玛窦谈起，穿僧服称僧名在中国并不受人尊敬，且易引起误会，利玛窦也有这种感受，于是在万历二十二年（1594年）十一月，经范礼安批准，利玛窦决定按中国儒家的礼仪和传统行事。他取消了"僧"和"寺"的教会称呼，留起胡须，并将头发留长，就像当地的儒生一样，身着丝服，并且见客时执秀才礼。同时他更加努力地对中文书籍进行钻研，还勤练中国书法。他认为，在中国读书人十分受尊重，这样穿戴非常有利于传教。

万历二十三年（1595年）五月，通过给兵部侍郎石拱辰的儿子治病的机会，利玛窦随石拱辰到南京。当时朝廷对私通外国人之事十分敏感，利玛窦满怀希望地前去拜见南京工部侍郎徐大任，徐却因担心受怀疑而将他逐出南京。利玛窦于是不得不暂时前往南昌。

南昌是江西的省会，在南昌，利玛窦遇见了一个曾在韶州当过官的友人（德礼贤认为可能是韶州同知李春和），并在这个友人的帮助下在南昌城外租房居住。在那里，利玛窦受到了江西巡抚陆万垓的热情招待，并得到了长期逗留的许可。利玛窦深入缙绅阶层，结识了许多新友，与建安王朱多㸀、乐安王朱多㷒、南昌知府王佐、理学名儒章潢、文学家李日华等人建立了密切的关系。在建安王府，利玛窦受到建安王非常隆重的招待，利氏送给王爷卧式时钟、天文仪器、玻璃镜、书籍等礼物，其中利氏本人所撰《交友论》和《世界图志》最为建安王欢迎。在利玛窦居留南昌的三年多时间里，与他来往的士人已遍布明朝15个省份中的10个。应巡抚陆万垓的要求，利玛窦写作了有关记忆训练法的说明——《西国记法》一书，此书后来传遍了整个中国。为了传播教义，利玛窦曾向这些文人学者出示《天主实义》一书手稿。人们劝他刻板刊行，但利玛窦觉得时机还不够成熟，此书最后直到万历三十一年（1603年）才于北京付诸刻印。万历二十四年（1596年）冬，利玛窦被范礼安神甫任命为耶稣会中国传教团监督，并被赋予处理中国事务的全权。并且范氏还要他尽一切努力在北京开辟居留点，以便接近皇帝，争取得到中国皇帝的支持。甚至预计要赠送给皇帝及大臣的礼物也被范礼安运到了江西，其中包括有圣母像、天主像、自鸣钟等。

接到范礼安的指示后，利玛窦便马上开始寻找可以接近明神宗的途径。

万历二十六年，在南京礼部尚书王弘海陪同下，利玛窦首次前往明朝的首都——北京。当时，日本军队入侵朝鲜，而且还打过了中国与朝鲜的边界，整个朝廷的注意力都集中在了援朝战争上，外国人皆被视为间谍。因此虽然利玛窦带了大批贵重的礼品准备进贡给明神宗，以求能够在北京立足，但在这种形势下，也只在北京住了两个月，就又踏上了归程。沿途他经过临清、苏州、镇江等地，饱览江南美景，也进一步了解到了中国的经济、政治状况，最后于万历二十七年（1599年）二月再次抵达南京。

南京是六朝古都，还是明朝的陪都，除六部官宦外，还有许多公侯勋爵、名流显贵也居住在南京城中。此时利玛窦已被看作是奇才，受到越来越多人的尊重和欢迎。在南京经常与他来往的有魏国公徐弘基，南京右军都督、丰城侯李环，原司礼监太监冯保，刑部尚书赵参鲁，侍郎王汝训、王樵，礼部侍郎叶向高、杨道宾、郭正域，户部尚书张孟男，工部员外郎刘冠南，翰林名宿王肯堂，理学名儒焦竑、李心斋、祝世禄、李贽等人。在全面传播基督教义的同时，利玛窦也致力于对西方科技文化的传播，在中国学生的帮助下，他制作了多种日晷、大圆环的浑天仪、能将整个地球表面都标明出来的地球仪以及别的一些天文仪器。利氏还曾经参观过南京鸡鸣山上的观象台，并对其中的四大天文仪器作了详细的记载。但和这些比起来，他更关心的是教会在整个中国的发展。万历二十八年，利玛窦与郭居静、庞迪我、李心斋、瞿太素等人商量再次去北京进贡的事，并请南京礼部给事中祝石林签发去北京的路票，由庞迪我陪同利玛窦一起前往。

五月，利玛窦等人准备好了去觐见明神宗的礼物，再次由水路北上前往京城。此时利氏在中国的知名度已经很高，他与各地官员的交往也日渐增多，因此一路上都受到了当地官员的友好款待。到达山东济宁时，利玛窦与好友李贽盘桓数日。因漕运总督刘东星特地下令，使利氏的船在极短的时间内就通过了几条有许多漕船等候通过的狭窄河道，利氏的旅程因之得以大大缩短。七月，利氏一行人等到达临清，在这里他们遇到了明神宗的税使马堂。为了能摆脱马堂的纠缠，及时赶到北京，刘太监便告知马堂利玛窦一事，说这些人随身带有许多贵重新奇的西洋物品。这当然是一种诱惑。到船上看了贡品后，马堂表示很满意，答应马上就上奏朝廷，实际上却是想设法将之攫为己有。最终由于临清道钟万禄等当地官员的干预，马堂的贪欲才未能得逞。

利玛窦等人乘坐马堂的船到了天津，等候圣旨。几天之后，皇帝指令马堂办理进贡的事。此后利玛窦等人又几经周折，在天津等了半年。一直到十二月，明神宗才下旨由利玛窦护送贡物进京，为此朝廷还特地派出一名官员负责他们路上的安全事宜。当时是冬天，河道封冻，天津官府派出30名马夫、8匹马带领他们上路。而到此时，利玛窦等人从南京出发时所带的新奇物品，除贡物之外，几乎都被马堂抢掠一空。十二月二十一日，利玛窦一行抵达北京。

（3）定居北京，广交友人

十二月二十二日，利玛窦向明神宗上了奏折信件，并献上了由他们带来的西方礼物。这批贡物计十九物31件，包括天主圣像一幅、天主圣母像二幅、镶嵌十字架一座、天主经一部、万国地图一册、自鸣钟大小两座、大西洋琴一张、玻璃瓶及玻璃镜大小八个、犀角一个、乾罗经一个、沙漏刻两个、大西洋各色锁袱共四匹、大西洋布五匹、大西洋银钱四枚。此外，利氏还进献了三幅西洋画给神宗，包括西班牙皇宫画、罗马圣·马克教堂画、威尼斯广场画。这是西洋美术作品第一次进入中国，这对清代画家接受并运用西洋画法原理产生了很大影响。

明神宗对所有的贡物都感到很新奇，其中对自鸣钟更是喜欢到了着迷的地步，他下令专门为那座较大的钟修建了一座合适的木阁楼，还派出四名太监跟随神父学习怎样管理大钟。神宗很想召见西方传教士，但由于自己已多年不上朝，不接见大臣，不好找出理由，因此只得仅仅谕令礼部对之很好地加以款待。神宗对欧洲的风俗习惯、土地肥瘠、建筑风格、服装款式、婚丧事宜等，也都非常感兴趣，还特地派太监一次又一次地向神父讨教，直到得到答案后再由太监告诉他。

当时，朝廷内部正在为皇储一事争执不休。神宗本人属意三皇子朱常洵（系明神宗宠妃郑氏所生），而拥护大皇子朱常洛为太子的官员，遭到了神宗排斥。在北京，利玛窦最开始是住在宫门附近，后又住钦天监，以便随时候命进宫修理自鸣钟和洋琴。而当时的礼部侍郎朱国祚对利玛窦一行在未经礼部的同意下，自行到京一事十分不满，于是便着手进行干预，将利氏一行扣留，转迁至四夷馆，并接连四次上疏，以大明会典中的有关规定为由，提出不应允许利氏在京滞留。由于朱国祚属于拥立常洛的"太子派"，神宗对其早就不满，因此四次上疏均未得到批准。由于没有其他办法，朱国祚只好改变最初做法，在第五次上疏中提出：由利玛窦自行在城内选择适当地点，租屋定居，官府每隔五天派四名差役给其运送粮食、肉类、蔬菜以及柴米油盐等生活必需品，另外再配一名佣仆供其使唤。这道奏疏马上便得到了批复，明神宗下令赐利玛窦等人在顺天府定居，并对所有提议将他们遣送南方或大西洋的建议都予以禁绝。其实利玛窦得以定居北京的真实原因是神宗很喜欢自鸣钟，担心利玛窦离开北京后无人修理，故其对礼部侍郎朱国祚的四次上疏要求遣送利玛窦出京的奏折均未作出批复。

定居北京后，利玛窦又获得了宣讲福音的自由。在定居北京近六年的时间里，为了避免引起疑忌，利玛窦不敢建造天主教堂，只是租用平房，开展传教活动，并吸收信徒入教。而此时，利玛窦之名在中国已是家喻户晓。许多达官显贵、士林名流都盼着与他结识见面，从朝廷内官居首辅之职的大学士沈一贯，直到各部官员，"咸与晋接"。利玛窦曾经拜访了沈一贯，赠给他一些西洋物品作为见面礼，其中有一件乌木精制的凹形日晷仪，沈一贯更是不时把玩，爱不释手。沈一贯邀请利玛窦出席宫廷宴会，席间利氏就大家感兴趣的基督教义等问题作了讲解。当他谈到基督教徒严格奉行一夫一妻的婚姻制度，哪怕是国王也必须遵守时，沈一贯深有感触地说：仅就这一点来看，就可以知道这种国家在别的方面的秩序也会非常有条理。吏部尚书更是经常邀请利玛窦去自己府中做客，与之就来世的希望与恐惧之事进行讨论。他对利玛窦讲的教义非常佩服，而对利氏渊博的学识更是佩服得五体投地。此外，在京城与利氏交往甚深的名卿巨儒还有大学士叶向高、礼部尚书冯琦、刑部尚书肖大亨、翰林院庶吉士徐光启，以及各科道衙门的官员曹如汴、龚道立、李之藻、郑以传、彭惟成、王家植、周炳谟、杨廷筠、熊明遇、彭端吾、冯应京、崔温、陈亮采、刘胤昌等人。与此同时，利氏还与南京的官员保持着友谊，南京礼部尚书王忠和户部尚书张孟男到北京后，也曾拜访过利玛窦。在这些人中，与利氏交往最为密切的有徐光启、冯应京、李之藻等。冯应京原任湖广金事，因为上疏给明神宗弹劾神宗派往湖广地区的税使陈奉，结果被陈奉诬陷，因而被革职关在狱中三年多。冯应京多次在狱中与利玛窦交往，并将利氏所著《交友论》和《天主实义》重新印制出版，他还是第一个以"儒学博士"头衔称呼利氏的人。冯氏接受了基督教义，但出狱后还未来得及接受洗礼，就去世了。李之藻虚心向利玛窦学习地理知识，曾完成过《坤舆万国全图》的复制工作。他还潜心研究数学和几何，学会并制作了一具星盘，他绘制的数学图形与任何欧洲人所绘制的数学图形相比毫不逊色。李之藻还在利玛窦的指导下，撰写了两卷本的《浑盖通宪图说》，这是第一部由中国人撰写的论述星盘的著作。后来，在翻译《同文算指》一书时，利氏得到了李之藻的很多帮助，而李之藻也逐渐接受了利氏的信仰，并最终加入了基督教会，两人的友谊一直持续到利氏去世为止。

（4）终居中国

在这一时期，利玛窦除了为中国人讲授天文学和地理学原理外，还开始研究中国文学。他写作了谈论道德的《二十五言》，这本书在中国产生了很大的影响。他还编写了《四元行论》，并重新修订了《天主实义》一书。

直到万历三十三年（1605年）八月间，利玛窦才在顺承门（今宣武门）附近购得一所大宅。这之后他才开始修建礼拜堂，作为北京会所。从此，天主教开始在中国得以立足，并打开了局面。此后利氏接待的客人越来越多，平均每天不少于20批，而到了节日时来访的人则更多，川流不息，甚至达100人之多。这些人中，有些是想学习西方的科学技术，如将汞转化为银的秘诀，学习数学及视觉记忆的方法，等等；有些是对西方传教士及其携带的物品感到新奇，前来观赏的；最后一部分人才是真正信奉基督，为接受洗礼而来的。利玛窦充分利用自己身处京城这一有利条件，广泛散播福音，宣传讲授基督教义。至此，他吸收的基督教徒已超过两千余人。其中最著名的人物是翰林院庶吉士徐光启，他全力协助利玛窦宣扬基督教，不仅自己信奉基督教，还将年逾古稀的老父接到北京，动员父亲在去世的前一年接受了洗礼。在利玛窦的指导下，徐光启花费了数年时间，将欧几里得《几何原本》一书的前六卷翻译成中文并予以出版，这受到士大夫阶层的极大欢迎。这本书对于中国历法的修订产生了重要的影响。

万历三十八年（1610年），由于过度劳累，利玛窦患了周期性偏头痛，他的身体健康状况越来越糟，但要负担的日常事务却不见少，每日络绎不绝的访客和礼节性的回访活动使他应接不暇。此外，他还要回复无数从四面八方寄来的信。这些都耗去了他大量的精力，但他总能有条不紊地安排自己的日程，并想方设法挤出时间来从事一些额外的工作。这一年正是大比之年，从各地进京赶考的举子有五千多人，另外由各省进京朝见明神宗的官员又有五千多人。来访的人接连不断，这使得利玛窦忙乱不堪，甚至有一天都忘记了作晚祷。五月的一天，在与朝廷的来客交谈回到寓所后，利玛窦感到精疲力竭，他告诉同伴自己病将不起。神父们把北京当时最好的中医请来为他诊治，但最终还是不见起色。五月十一日，利玛窦安然去世。在大学士叶向高和李之藻的帮助下，应利氏同伴庞迪我的请求，明神宗破例将阜城门外二里沟的一块墓地赐给教会，用来安葬利玛窦。

利玛窦还向欧洲介绍了中国的科技文化。利玛窦在中国共居留28年，撰写译著16种。其中流传最广、史料价值最大的是《中国札记》，这本书共二十五万字，是他在死前几年用意大利文字写成的。利玛窦死后，此书手稿于万历四十二年（1614年）由法国耶稣会士金尼阁带回罗马。金尼阁在旅途中，将手稿翻译成了拉丁文，并对手稿加以润色，此外还增加了一些内容。万历四十三年（1615年），该书的拉丁文本在德国首次出版，书名为《耶稣会士利玛窦神甫的基督教远征史，会务记录》，共五卷。这以后，世界各个国家又陆续出版了数种文字的译本。在这本书中，利玛窦记录下了他在中国所见所闻，内容从政治、经济、文化科学直到风俗民情，都很详细。他对中国丰富的物产作了介绍，说茶这种饮料"是要品啜而不要大饮的，并且总是趁热喝。它的味道不很好，略带苦涩，但经常饮用却被认为是有益健康的"。又介绍了中国的漆，说上漆后，木器"光泽如镜，华采夺目，并且摸上去非常光滑"。最早把中国漆和茶叶介绍到欧洲的人就是他。

利玛窦的《中国札记》是一部研究中国明代历史和中外文化科技交流史的珍贵文献。他还把"四书"也介绍到了欧洲。他从万历十九年（1591年）开始，花了四年的时间，将"四书"译成拉丁文寄回意大利。他对中国的天文学、数学和机械工艺的进步和发达评价很高。他还通过自己实地测量并参考中国地理历史资料，绘制出首幅标有经纬度的中国地图并将此图寄回欧洲。利玛窦为促进中西科学文化交流起到了重要的桥梁作用，作出了不可磨灭的贡献。

第十一章　王朝末日

经过明末宫廷三大案后，明朝朝政更加混乱。天启年间，熹宗宠信魏、客，使得魏忠贤权倾朝野，形成阉党。阉党残酷地迫害东林党人。思宗即位后，一心图治，首先计杀魏忠贤，尽诛阉党。明思宗自身的缺陷以及明朝的内忧外患使其不可能真正挽救明朝，他性格孤僻褊狭，且刚愎自用，袁崇焕冤死即是一例。因此，在和后金的争斗中，明廷丝毫也占不到上风，同时又爆发了张献忠、李自成等摧枯拉朽式的农民大起义，万般无奈之下，崇祯帝自缢煤山。在吴三桂的帮助下，清军在山海关之战后顺利入关，宣告了明王朝的灭亡。

1.熊廷弼之死

（1）巡按辽东

天启五年（1625年）八月二十六日，熊廷弼被处死，传首九边，弃尸荒野。接着熊家财产被查抄，全家均受株连，其妻被系辱县庭，长子熊兆琏被迫自杀，女儿熊瑚吐血而死。然而，熊廷弼之所以被杀却不是因为其失守辽东，而是为阉党所陷害。天启初年东林党人掌握了明廷的一部分权力，但与此同时，阉党势力也在逐步扩张。天启四年（1624年）六月，东林党人左副使御史杨涟上疏弹劾阉党头目魏忠贤24条罪状，一次反阉党的高潮由此掀起。魏忠贤对弹劾他的东林党人恨之入骨，便密谋罗织罪名对东林党人大下毒手。为了罗织东林党人的罪名，魏忠贤诬陷东林党人收受熊廷弼贿赂，强加东林党人败坏封疆的罪名，然后，又杀害熊廷弼，借之打击东林党。

熊廷弼（1569~1625年），字飞百，号芝冈，湖广江夏人。先世为南昌世家望族，曾祖时迁居江夏，后世代务农。其从小便聪颖好学，但由于家境窘困，因此只能边读书边劳作。20岁时乡乡连续三年闹饥荒，全家几乎都没法活了，多亏一对卖油皮的夫妇不时给以接济，全家人这才度过饥荒。这段极其艰苦的经历对熊廷弼此后的人生产生了深刻的影响。

万历二十五年（1597年），29岁的熊廷弼中乡试头名，第二年又考中进士。二十七年（1599年），其被授为保定推官。先后在保定任职六年，其中有一年半的时间为负责代掌府印。作为推官，熊廷弼为官正直，明判是非，处理了很多冤案。当时明廷为了搜刮钱财，派矿监到保定，熊廷弼勇敢机智地与之进行斗争，在一定程度上使得百姓的负担有所减轻。万历二十八年（1600年），保定府因一场大旱爆发饥荒。在熊廷弼的建议下，巡抚汪应蛟率先捐款，最后共募集了数千两白银，以赈济灾民。在此期间，熊廷弼还亲往各地督查分发募金。万历三十二年（1604年），保定又闹水灾，到处汪洋一片，全靠官府储备的二万余石粮食，才使众多的灾民得以生存。当时，虽然熊廷弼政绩累累，但并没有受到重用。万历三十三年（1605年），熊廷弼被升任工部屯田司主事一职，负责管理营造事宜。万历三十六年（1608年），又被改授浙江道御史，而刚到任便又被改为辽东巡按。

辽东是明朝的九边之一，地理位置十分重要，负山阻海，是明首都北京的屏障。万历年间，明在辽东设有总兵、巡抚、参将、兵备等官吏，并布署重兵，以防范土蛮、朵颜三卫和建州等卫内犯。万历三十四年（1606年）八月，辽东镇守总兵官李成梁和巡抚赵楫放弃宽甸等六堡八百里地域，将之拱手让给建州女真，并强逼世代居住在那里的六万四千户居民迁往内地，事后，竟以召回逃人有功之理由向朝廷邀功。万历三十六年（1608年）六月，兵科都给事中宋一韩，认为弃地不是什么功劳，上疏弹疏李成梁，要求对弃地一事进行勘查，熊廷弼于是被授为巡按御史。

到任后，熊廷弼马上便展开了实地调查，在经过调查之后，熊廷弼上书朝廷，揭露赵楫、李成梁的罪行，指出他们的罪行不"可胜诛"。此后，熊廷弼又到辽东各地察看，"北抵黄龙，东抵鸭绿，南极于海，西至山海、锦义一带，间闻险阻，虽逼近房穴、人迹罕至之处，无所不遍历，无所不相度"。他走遍了辽东各地，实地考察了辽东的地理形势和敌我情况，从而对之有了深刻的了解。在此基础上，他提出采取一系列的保卫辽东的战略方针，并且还采取了一系列的相应措施。

（2）独具慧眼

对当时的形势，熊廷弼认为："西边的蒙古族，虽强盛，然所欲不过抢掠财物，无远志"，而东边的建州女真"城郭田庐饮食性情与辽同，所志在我土地也"。因此，要巩固对辽东的战略防御，那么防御的重点就要放在对努尔哈赤所领导的建州的防范上。基于此，熊廷弼专门制定了"实内固外"、"以夷制夷"的方略来对建州女真加以防范。"实内之事非一，而屯田积储为大；固外之事非一，而修边并堡为大"。"屯田积储"和"修边并堡"这两个措施是紧密相联而又互相依存的。"壕墙修然后台军有恃而烽火明，烽火明然后趋避得早而屯寨固，屯寨固然后守御有赖而人民聚，人民聚然后耕种有主而田野辟，田野辟然后收获得利而财赋足，财赋足而后军食赡、馈饷省也"。要屯田就必须先修边，通过高城深池来对屯田积储的成军加以保卫，而屯田积储所取得的成果又可以用来赡养军队，从而使明军的防卫能力得以提高。房来则拒，去则勿追，而一以生聚教训为主，即以守为攻。

"以夷攻夷"就是挑动女真族的其他部落和蒙古族与努尔哈赤之间的关系，使他们与努尔哈赤为敌。其基本点是"亲北关以树其仇，抚西人以伐其羽翼，召南关、灰扒诸部携其腹心，间速儿答靼断其手足"。北关叶赫部势力较强，长久以来就和建州有仇，同时努尔哈赤又想吞并它，因而要达到扼制努尔哈赤发展的目的就可以采取对北关予以支持和扶植的政策；保持与虎敦兔憨等西人的和好关系，不给努尔哈赤以可乘之机；哈达部（南关）和辉发（灰扒）部的民众，有来投奔的，就授以官职，安置在近边，好号召其他部众也来投奔，从而分化瓦解努尔哈赤的势力；挑拨努尔哈赤和他的弟弟速儿哈赤之间的关系，使其统治集团内部形成矛盾。如此一来，就会使努尔哈赤穷于应付，自顾尚不暇，也就无力向明发动进攻了。

"实内固外"、"以夷制夷"是一个完整的保卫辽东的战略方针。"实内固外"可使自己立于不败之地，而"以夷攻夷"则可以使努尔哈赤无法扩张自己的势力。

熊廷弼在任巡按期间，一直都致力于将这一方略付诸实践。他修建了自海州卫、盖州卫、三岔河起，经辽阳、沈阳一直到开原、针岭、北关处的长达700余里的边墙；又增修了清河、暖阳、长奠、大奠、宽奠、草河、熊岳等7座城池，并修筑墩台100多座。还兴建了17所粮仓，这些粮仓每所均有三五十间屋宇，三年之内储存粮食30万石。与此同时，他还整顿军队，充实军营，革去军队中贪污、隐占等弊端。此外，他还与蒙古族各部、北关叶赫部搞好关系。这使努尔哈赤深感不利，不得不采取退缩方针，退还故地，以求和好。

　　还在努尔哈赤刚兴起之时，熊廷弼就指出他是辽东的主要威胁，并制定了相应的
扼制其发展的方略，同时也做了大量的实际工作，这是很有远见的。这一战略倘真能实
现，将使努尔哈赤"终身老死于穴中而不敢动"。

　　但是，当时明廷尚未意识到这一点，有人认为努尔哈赤还不如普通的一个江南富
室，其与朝廷对抗的一系列行为，只不过是某些武臣的诬陷，并且还有人主张疏远北关，
亲近努尔哈赤的方略。随着熊廷弼的离任，这一卫辽方略也就无人再将之继续实行了。

（3）督守沈阳

　　万历三十九年（1611年）六月，熊廷弼改任南直隶督学御史。万历四十一年（1613
年）因杖死生员芮永缙而被弹劾，回到故乡，听候调查处理。

　　熊廷弼一归就是七年。万历四十七年（1619年）三月，萨尔浒之战爆发，经略杨
镐督四路大军进攻后金，三路丧师。这时朝廷任命熊廷弼为大理寺丞兼河南道御史，宣
慰辽东。熊廷弼火速赶往北京，但明廷迟迟不发关防文书给他，直到六月，努尔哈赤攻
占开原，明廷这才任命其为兵部右侍郎兼右佥都御史，统领辽东军政事务。七月，熊廷
弼离京赴辽东。到十三站（今辽宁凌海市西北）时，他得知铁岭失守。当他进到辽阳城
时，辽阳已半是空城，人心惶惶，一些官绅已都离去，道员和将领也已备好快马，准备
出逃。熊廷弼果断地采取了一系列措施：以送走家眷、动摇人心的罪名将知州李尚皓逮
捕下狱；斩逃将刘遇节、王文鼎、王捷，震慑欲逃者；对在开原和铁岭战斗中的殉难者
举行公奠，鼓舞士气，从而使得军队和民心得以初步安定下来。但当时辽东的形势并不
容乐观，辽东当时所部明军虽有数万，但"辽之军器一空如洗"，辽之"兵又皆无人统
领"，战马不足且都很羸弱，民心军心都不稳定，同时探子又来报告说努尔哈赤要乘胜
在攻破北关后向辽阳进军。形势危急，困难重重，面对这种形势，熊廷弼一再上疏，要
求明廷补充兵源，调选将领，并发给军器和战马，同时处死犯有贪污罪的将领陈伦，并
将其赃银没收，撤销了无能的纨绔子弟总兵李如桢，将他的职务由李怀信代替。他还适
当收缩战线，将绝大部分原来防守沈阳的兵力调到辽阳，并大飨军士，准备行具干粮，
假装出要出兵的样子。后金果然中了他的疑兵之计，没有立即出兵进攻辽阳。熊廷弼趁
机抓紧时间对辽阳城的城防予以加固，在城外挖掘三道阔三丈、深二丈的濠沟并往其中
灌入沙水，以阻止敌军前进。在这一基础上，熊廷弼又进一步采取措施，他与总兵贺世
贤率领一干精兵，踏着冰雪，突然出现在已为努尔哈赤所占领的抚顺关，坐在马上，以
马鞭对地形加以指点，大声地说什么地方可以扎营，什么地方可作埋伏，什么地方可以
作战，还故意把这些说给后金的探子听，然后才取道返回，导致努尔哈赤以为熊廷弼要
袭击他，便砍倒树来堵住山口，又搬运石头对山城、关隘等加以整修。这样，熊廷弼便
赢得了时间对辽阳城大加整修。他将薄的地方加厚，低的地方加高，并在城西、北、东
壕外增筑大堤，潴水。这样，两三个月之后，辽阳城的城防能力大为加强，整个辽阳城
变成了一座空前高厚牢固的雄关险隘。这之后熊廷弼又进一步对辽阳城的防御纵深能力
予以加强。在对辽东的地形加以分析之后，他认为努尔哈赤如要进攻辽阳其出师之地
必为抚顺关，奉集、沈阳和抚顺之间的距离都是六七十里的样子，互为犄角，完全可以
控制抚顺。熊廷弼于是便于万历四十八年（1620年）四五月间，亲自督修沈阳、奉集城
防，然后又部署兵力，命总兵官贺世贤率三万人守沈阳，柴国柱率兵二万守奉集。熊廷
弼刚刚部署完毕，六月十二日，努尔哈赤就分兵两路分别向沈阳和奉集发动进攻，结果
被贺、柴二部击退。八月，努尔哈赤再次以五六万的兵力向沈阳发起进攻，这次熊廷弼
亲自督阵，后金的进攻再次失败。

（4）三方前进

在巩固了辽阳的防御后，熊廷弼希图进一步进取。他早在万历四十七年（1619年）十一月，就提出对努尔哈赤实行"坐困转蹙"的战略设想，即把自己的军队分成四路，每路三万人，分别部署在瑷阳、抚顺、柴河三岔河间，使每路均自成为一个能攻能守的战区，而各路之间又可以互相照应。各路组织机动部队，后金如有零星兵马南下扰边，就可以由这些机动部队将之消灭。而到了农忙季节时，各路则实行迭进互扰的战法，使后金的农耕工作无法进行，然后再相机或四路同时、或三路牵制一路进征。到泰昌元年（1620年）九月，熊廷弼已集结兵力13万，重100公斤以上的大炮数百门，重40公斤的大炮三千余门，百子炮以千计，战车4200余辆，火箭、铁箭42万余支，准备在冬季率军前往抚顺关呈威，而到第二年春天时，则会亲自率大军驻扎在抚顺，并逐渐向后金逼进。如果后金出兵，但是不与熊廷弼的大军正面交锋的话，那么便派兵从清河、瑷阳、宽奠等地出击，迭进互扰，疲惫对方，并软硬兼施，同时还采取招抚的办法，争取得到后金内部的响应。

但是，就在这种形势下，给事中姚宗文在朝廷散布谣言，怂恿一些人对熊廷弼进行弹劾，一定要将熊廷弼除之才后快。御史顾慥、冯三元、张修德，给事中魏应嘉先后上疏弹劾熊廷弼。泰昌元年九月，熊廷弼被罢职，听候处理。十月，明廷任命袁应泰接替熊廷弼的职务经略辽东。天启元年（1621年）闰二月，朱童蒙视察熊廷弼经略保卫辽东的情况之后，向明廷作了奏报，奏疏中很多地方都提到了熊廷弼守辽的功劳。对此，熹宗虽然回答说"熊廷弼力保危城，功不可泯"，但最终并没有将熊廷弼职务恢复。天启元年（1621年）三月，沈阳、辽阳相继被后金攻占，袁应泰自杀身亡，明朝野为之震动。这时，人们才认识到"使廷弼在辽，当不至此"。熹宗决定再次起用熊廷弼，在敕谕中，其对熊廷弼守辽的功劳予以了充分的肯定，表示懊恨罢了他的官，并在最后诚恳地提出"勉为朕一出，筹画安攘"。接到敕谕后，熊廷弼十分感动。他当时身体有病，但在这种情况下，他还是拜过祖坊，告别官吏、乡亲，再次踏上了前往辽东的征程。

此时，辽东的形势比过去任何时候都更严峻。三岔河以东均被后金侵占，辽东军民，除部分结寨建堡自卫之外，其余死的死，降的降，逃的逃。五万多残兵败卒集结在宁前一带，四万人逃到了海岛或渡海到了登、莱，还有两万多人沦落朝鲜成为难民。河西人心惶惶，民众争相逃向关内。此外，兵源匮乏，广宁仅有残弱士兵千余人。四月，右参议王化贞被任命为辽东巡抚，他四方收集流亡人员，仅得万余人，且因战马匮乏，装备奇缺，根本不能与后金的猛烈进攻相抵抗。

在这种艰难的形势下，熊廷弼提出了"三方并进"策，以期收复辽东，这一策略又称"三方布置"策，即部署重兵，以广宁为基地，抗击后金，使其全部兵力受牵制；在天津、登、莱等地设置水军，以备将来向金、复、海、盖等地发起进攻；在辽东、天津、登、莱等地各设巡抚、总兵，经略驻山海关"节制三方，以一事权"。这个方略得到了熹宗的同意。接着，熊廷弼又提出，三方并进策要联络朝鲜，需派遣有谋略的大臣到朝鲜，组织流落到朝鲜的辽东军民，与朝鲜军合势，同登、莱等地的明军保持联系，构成复辽的又一方。这样，三方并进策实际上是四方并进。要实现这一方略，其基本要求是各方积极备战，"必使兵马、甲仗、炮车、刍粮等项一一齐备，正对者成一正对，策应者成一策应，然后约期并举，进足以战，退亦足以守"。这个复辽方略是积极而稳妥的，倘使这一战略能获得全面实施，即便明军不获大胜，但也不至于落得大败，而这一战略的实行的关键在于准备。

就当时的形势来说，熊廷弼是有时间进行准备的，这主要是后金自身也遇到了麻烦：首先，占领辽、沈后的后金内部矛盾不断激化，既有女真人对连年战争的不满，也有女真人和汉人的矛盾，对这些后金都需要进行重新调整和安置；其次，疆土扩大之后，就须分兵四下把守，想要对河西发动大规模的进攻，必须先征集兵员，做进一步的准备。

双方都在为进一步的较量做准备，关键是谁的准备工作做得更好。

（5）兵败遭斩

天启元年（1621年）六月初六，明廷升熊廷弼"兵部尚书兼都察院右副都御史驻扎山海经略辽东等处军务"，同时，还升任登州道按察使陶朗先为登、莱巡抚，与早已任命的天津巡抚毕自严、广宁巡抚王化贞一起，构成了三方并进策的领导中枢。任职后，为实现其"三方并进"战略，熊廷弼进行了精心的准备，这些准备工作主要包括以下四步：首先，请求兵部负责抽选各镇精兵20余万，工、户二部筹措器械、粮饷；其次，请求对在辽有一定威望的刘国缙、佟卜年、洪敷教等人予以任用，以收归辽人之心；再次，调遣工匠，购买钢铁，砍伐树木，制造战车、大炮等；最后，天津，尤其是登、莱两地巡抚积极进行准备，同时，出使朝鲜的使者也已准备就绪。

但是，熊廷弼的三方并进策，执行伊始就不顺利：请调之兵迟迟不至，更严重的是广宁巡抚王化贞轻敌，并未将熊的计划付诸实行。

王化贞不懂军事，不为进攻做实际的准备工作，不整顿军队，而是将收复辽、沈的希望寄托在叛将李永芳的内应和蒙古虎敦兔憨的出兵上，认为努尔哈赤的防御力量薄弱，并无久居辽阳的打算，若在此时潜师讨伐，必能战胜他。他于是便一再地向后金发动进攻。他派毛文龙袭取镇江，过早地将三方并进的战略意图暴露了出来，使辽南四卫反努尔哈赤的势力遭受重大损失。熊廷弼对王化贞的这种做法表示反对，这样便导致经抚之间的矛盾。而当时的兵部尚书张鹤鸣和首辅叶向高却大力支持王化贞，甚至到了对其言听计从的地步。熊廷弼无法节制王化贞，从各地调来的援军，张鹤鸣不通过经略便自行调遣，熊廷弼询问情况，张鹤鸣竟对之不予理睬。王化贞手下兵将多达十四万之众，而作为经略的熊廷弼身边却只有兵士五千名。熊廷弼要权无权，要兵无兵，因此非常恼火，动辄言语激愤，朝中的官僚大多反对熊廷弼，而支持王化贞，甚至还想将熊廷弼的经略之职撤除掉。这样，三方并进之策的想法便落空了。

这样，明与后金在准备战争上所作的较量便以明的失败告终了，接踵而来的便必然是战场上的失败了。

天启二年（1622年）正月，努尔哈赤调遣兵马五万，分三路进攻河西。二十日，后金军队渡过了辽河。接着，努尔哈赤向西平堡发起了总攻，明守将罗一贵顽强抵抗，重创后金军队，但终因寡不敌众，没有援兵而落败，最后罗一贵以身殉职，西平堡则被后金攻陷。

当后金军围攻西平堡时，熊廷弼令守卫镇武堡的刘渠对之增援，但王化贞却在听说西平被围的消息后，轻率地采纳了游击孙得功的撤掉广宁、闾阳的守兵的建议，以孙得功为先锋，会合刘渠部的明军前往增援。努尔哈赤分兵一部在平洋桥对明军的援军予以迎击。孙得功实际早已投降后金，两军甫一交锋，他便在阵脚大喊："兵败了！"并率先打马逃跑。明军因此阵后大乱，刘渠、祁秉忠先后被杀，三万明军全军覆没。

逃回广宁后，孙得功马上便将府库及火药库封起来，并扬言要捉住王化贞，并投降后金。王化贞狼狈逃出广宁，在大陵河遇到了熊廷弼，王化贞还想前往宁远、前屯进行防守，熊廷弼说："晚了，你要是不撤广宁的守兵，不会有今天这个样子。"他把自己所部的五千明军交给王化贞殿后，然后便撤向了山海关。而实际上，努尔哈赤是在两天之后才进抵广宁的。

正月二十六日，熊廷弼入山海关，接着王化贞等也退入关内。这样，山海关外的整个辽东便都落到了后金的手中。辽东的失守主要责任在于王化贞，支持王化贞的叶向高和张鹤鸣也难逃罪责，但身为经略的熊廷弼在辽西危难之际，竟意气用事，匆忙后退，他对辽东的失陷也是有责任的。

天启二年（1622年）二月，明廷罢免熊廷弼的职务，要其听候处理。四月，熊廷弼被判处死刑。

2.魏忠贤乱政

天启六年（1626年）闰六月，开始建造魏忠贤生祠，各地争相效仿。魏忠贤的权势已直逼皇权。

（1）魏客勾结

魏忠贤（1568~1627年），河间府肃宁县人，初名进忠，号完吾。天启二年（1622年），熹宗给其赐名"忠贤"。魏忠贤从小就为人奸诈无赖，他没有读过书，是一个文盲，但"有胆力，能决断，顾猜狠自用，喜事尚谀"。其妻姓冯，并曾为其生有一女。后来其在一次赌博中赌输，被别的赌徒羞辱，一气之下自宫，并把自己的姓名也改为李进忠。

万历十七年（1589年），其投身司礼秉笔太监孙暹门下，负责管理甲字库。后又巴结太监魏朝，并在魏朝的引荐下得到王安的赏识，不久就做了熹宗生母王才人的典膳。魏忠贤曾与魏朝结拜为兄弟，当时皇宫中人们管他们叫"大魏"、"二魏"。

明光宗朱由校自幼失慈，当时年仅18岁的客氏就成了他的乳母，客氏本是定兴人侯二的妻子，入宫后，她对朱由校照顾得很用心，可说是无微不至，甚至就连朱由校梳头时掉下来的头发，剪掉的指甲，她都予以精心收藏。朱由校的饮食由其亲自负责。入宫两年后，她的丈夫侯二去世了，身处禁宫的客氏奈不住寂寞，便暗中与魏朝结为对食。所谓的对食，就是宫娥与太监结为相好。对食的关系便如民间的夫妻一样，而且亦决不容第三者插足。明万历以后，明宫中的对食现象非常普遍。魏朝经常要外出办事，难以陪客氏度夜，客氏便与魏忠贤勾搭了一起。熹宗即位后不久的一天夜里，为争夺客氏，魏朝与魏忠贤在乾清宫暖阁打了起来，吵闹声传到了熹宗那里，熹宗便下令将两人传到榻前，在弄清楚事情的原委之后，熹宗便下令要客氏自己选择，客氏喜欢魏忠贤的强悍个性，熹宗于是便下令将魏朝斥退，从此客氏就与魏忠贤成了固定的"夫妻"，而魏朝则被遣往凤阳，不久魏忠贤便矫旨将其杀死。客氏与魏忠贤用尽心机，一味地博取熹宗的欢心，不久，客氏便被封为奉圣夫人，而魏忠贤则被升职为司礼监秉笔太监。而当到了天启二年（1622年），熹宗更是亲赐其"忠贤"之名。

进入司礼监后，魏忠贤马上便开始设法夺权。当时司礼监的掌印太监王安为人刚直不屈，是光宗朱常洛做太子时的内侍，熹宗刚刚继位不久，他和诸大臣同受顾命。王安很不满意魏忠贤挤走魏朝的行为，并多次责备他，魏忠贤与客氏于是对王安大为痛恨，就唆使给事中霍维华弹劾王安专权，客氏又从中附和，令在移宫时因盗宝罪而被惩的太监刘朝等上疏自辩，诬陷王安。熹宗不究真假，便于天启元年（1621年）七月十二日，下诏将王安降作净军，发去南海子，看守墙铺。魏忠贤又任命太监刘朝为南海子提督，并借机杀死王安。这样，魏忠贤面前的两个障碍都被清除了。从此，魏忠贤不断攫取权力，并最终逐渐掌握朝政大权。天启三年（1623年）十二月，东厂也由魏忠贤掌管，他的权力就更大了，加上又有客氏做内援，魏忠贤的权势于是日益显赫。不久，京师就流传着一首歌谣："委鬼当朝立，茄花遍地红。""委鬼"，魏也，即魏忠贤；"茄花"所指的就是客氏。

（2）阉党形成

熹宗初年，明廷朝政由东林党人掌握。东林党多是些正统的封建士大夫，他们对客氏和魏忠贤的阴谋早就有所觉察。天启元年九月，光宗的葬礼举行完毕后，阁臣刘一燝就请熹宗遵循遗诏，将客氏从宫中遣出去，不得已之下，熹宗只得照办。但不几日，熹宗竟因思念客氏过度而泪流满面，不思茶饭，无奈之下只得又将客氏宣入宫中，以陪伴熹宗。魏忠贤曾企图拉拢东林党人赵南星，但赵南星未予理睬。十二月，给事中霍维华被吏部尚书周嘉谟遣出京师，魏忠贤知道东林党人这样做是想拆他的台，他于是便又唆使另一给事中孙杰弹劾周嘉谟是受刘一燝指使，要为王安报仇，周嘉谟最后被迫辞职。最初的几次较量，赢家都是魏忠贤与客氏，他们于是便更加肆无忌惮了。

熹宗是个贪玩的皇帝，他不读书，经筵也极少开，整日只是玩一些稀奇古怪的游戏。为了讨好熹宗，魏忠贤便投其所好，"日导帝为倡优声伎，狗马射猎"。他又劝熹宗挑选宦官300人，手持龙旗，列队在左，令宫女300人，手持凤旗，列队在右，大搞内操。熹宗喜欢油漆木工，还常常自己动手，做一些家具木器，其制造之精美，就连一些能工巧匠也只能自叹弗如。他整日沉溺于营造房屋，盖了拆，拆了又盖，玩得十分投入，丝毫也不觉得厌烦。他有时还玩机巧水戏，就是将盛满水的大铜缸放在高处，然后将铜缸的底部钻空放置机关，利用水的压力，形成各种形态的水喷，或在喷水口上放上一些核桃般大小的金色木球，木球随水柱上下旋转，以此为戏。每当熹宗玩得正高兴的时候，魏忠贤就将一大堆奏章拿出来请他审批，或向他请示问题，熹宗对此十分厌烦，往往就会随口说道："我都知道了，你们拿下去，好好处理吧。"于是魏忠贤就通过代皇帝批答奏章，逐步将朝政大权抓在手里。与此同时，魏忠贤又在内廷广泛培植心腹太监，王体乾、王朝辅、李永贞、李朝钦等三十余人都先后成了他的党徒，并都窃居内廷高位。

魏忠贤在熹宗面前小心谨慎，又加上有客氏从旁为之美言，内廷之中又有其广植的心腹，因此就越发地横行无忌，如果有后妃敢于对其表示不满，他就会对之大加迫害。熹宗的皇后张氏，秉性刚正，经常在熹宗面前数说客、魏的过失。一次，张后在读书，熹宗问张后看的是什么书，张后答说是《赵高传》，以之提醒熹宗，魏忠贤因此恨她入骨。天启三年（1623年），张后怀有身孕，客、魏竟使手段使之流产，并且他们还买通死囚孙二，要他自称自己是张皇后的生身父亲，以期熹宗相信孙二的话，从而疏远皇后。张裕妃不买客、魏的账，二人便矫旨将之幽禁于冷宫之中，断绝其饮食，将其活活饿死。还有李成妃、范惠妃等都受尽了二人的迫害。

在把持内廷的同时，魏忠贤又把手伸向了外廷，并渐渐地形成了一批死党——阉党。内阁中最早与魏忠贤勾结的是沈潅。沈潅任内书堂教习，因此魏忠贤可以说是沈潅的弟子。天启元年（1621年）七月，沈潅入阁，之后便与魏忠贤勾结，二人狼狈为奸，力攻阁臣刘一燝。结果天启二年（1622年）三月，刘一燝被迫去职。魏忠贤尚不罢休，此后又多次发动党羽对之进行诬陷，致使其被削职，并被追夺诰命。天启三年（1623年）正月，经魏忠贤的接引，顾秉谦、魏广微进入内阁。顾秉谦，昆山人，为人庸劣无耻，为了巴结魏忠贤，曾带着儿子去拜见魏，并说：他本来想做魏忠贤膝下的儿子，但又怕魏忠贤不喜欢他这个胡子花白的儿子，因此就让他的儿子做魏忠贤的孙子。魏忠贤点头表示答应，并当即就封他的儿子为尚宝卿。魏广微，南乐人，和魏是同乡，其开始时自称自己是魏的宗弟，而到了后来，竟自称自己是魏的侄儿，时人于是便将之称作

"外魏公"。

随着魏忠贤的权势的不断扩张、强大，万历以来的东林党、邪党斗争的形势逐渐发生了变化。那些被东林党罢职的人都纷纷投靠魏忠贤，与之同流合污，于此阉党便逐渐形成了。

当时最著名的阉党党徒有"五虎"、"五彪"、"十狗"、"四十孙"等人。"五虎"指文臣崔呈秀、吴淳夫、李夔龙、倪文焕、田吉；"五彪"指武臣田尔耕、许显纯、杨寰、崔应元、孙云鹤；"十狗"指周应秋、曹钦程等人。当时，从朝廷内阁、六部直至各地的总督、巡抚，无不遍布阉党党徒，阉党对魏忠贤极尽拍马溜须之能事，有人甚至呼他为"九千岁"，朝廷大小事宜，都要派人向魏忠贤请示，并且只有在得到了他的认可之后才会加以处理，这种情况发展到最后，朝政之事竟无人向熹宗请示，举朝上下，竟只知有魏阉，而不知有皇帝。

魏忠贤一人得势，鸡犬升天，其弟侄亲朋，个个都得到晋封，他的侄儿魏良卿、魏良栋，侄孙魏鹏翼分别被封为公、侯、伯，而后又分别被加封为太师、太子太保和少师等职。而这时，魏良栋、魏鹏翼还是几个月大的尚在襁褓之中的婴儿。

（3）阉党为害

魏忠贤及其阉党的胡作非为，引起了满朝正直官员的不满。天启四年六月，左副都御史杨涟上弹劾魏忠贤二十四罪疏。在疏中，杨涟历数魏忠贤的罪行，计有：自行拟旨，擅权乱政；斥逐直臣，重用私党；亲属滥加恩荫；利用东厂，陷害忠良；生活穷奢极欲等。此疏一上，举朝为之响应，一时之间参劾魏忠贤的奏疏竟达数十份之多。魏忠贤为之惊恐，忙跑到熹宗面前泣诉辩白，并要求将东厂提督的职务辞去。熹宗让宦官王体乾把杨涟的奏疏念给他听，但王体乾在念的时候将疏中要紧的地方都略过不念，听完后，熹宗竟稀里糊涂地降旨对魏忠贤表示慰问，并令阁臣魏广微传旨对杨涟予以严厉斥责。杨涟不服，想在熹宗上朝时再当面对魏忠贤进行弹劾。魏忠贤获知后，竟设法让熹宗接连三天都没有上朝，等到第四天熹宗终于上朝时，熹宗的身边又环绕有数百名带甲的宦官，并且还下敕左班官不得奏事，致使杨涟的计划落空。首辅叶向高和礼部尚书翁正春请求将魏忠贤斥归私第，以平朝臣不满之情，对此，熹宗也表示不同意。熹宗的这一旨意一下，举朝为之哗然，魏大中及给事中陈良训、许誉卿等70余人便接连上疏对魏忠贤进行弹劾，但熹宗对此均不予理睬。既有熹宗做靠山，于是魏忠贤的气势就更加嚣张，并不久便伺机对群臣发动反扑。工部营缮主事万燝见杨涟的奏疏竟不为熹宗所采纳，感到十分气愤，于是便上疏揭露魏忠贤不肯将内官监的废铜器拿出来协助修建光宗陵墓，却在香山碧云寺大肆营造自己的坟墓。见到奏疏，魏忠贤更是勃然大怒，他决定要杀一儆百，于是便矫旨对万燝处以廷杖一百、削职为民的处罚。接到命令后，其爪牙便蜂拥闯入万燝住的地方，对之一顿拳打脚踢，而到被拖到午门时，万燝已是气息奄奄，又加上被施以廷杖一百，不久万燝就死去了。之后，为排挤内阁首辅叶向高，魏忠贤又制造了逮杖林汝翥事件。林是叶向高的同乡，当时正担任巡城御史一职，在此前不久曾因事杖责过两个太监。万燝被杖责后，魏忠贤又忽然矫旨对林汝翥予以杖责。林得知这一消息后秘密逃出京城，投奔遵化巡抚去了。阉人缇骑声称林藏在叶向高寓邸，便以此借口包围叶的府邸，并径直闯了进去，大肆搜查，翻箱倒柜，甚至还侮辱叶室中的女眷。叶向高忍无可忍之下，只得上疏乞休。七月中旬，叶向高解官归田。不久，许多东林党人便都被罢职，如吏部尚书赵南星、侍郎陈于廷、御史高攀龙及杨涟、左光斗、魏大中等。一时间，"正人去国，纷纷若振槁"。与此同时，魏忠贤又对同党大力加以提拔和任用，如任命郭允厚、朱童蒙为太仆少卿，吕鹏云、孙杰为大理寺卿，恢复郭兴治、霍维华的给事中一职，徐景濂、贾继春、杨维垣等人的御史之职，起用徐兆魁、阮大铖等为爪牙。至此，几乎朝中所有主要职位都为魏忠贤的党徒所盘踞，朝政大权几乎是尽归于魏忠贤之手了。

天启五年（1625年）正月，顾秉谦被任命为内阁首辅，这之后进入内阁的冯铨、黄立极、张瑞图、施凤来、李国㯳、来宗道等都是魏忠贤的党徒，这一内阁在当时被人们称为"魏家阁老"。与此同时，阉党还把持了六部。

（4）镇压东林党人

在控制了朝政大权之后，以魏忠贤为首的阉党便开始了对政治上的反对派更大规模的迫害。顾秉谦、魏广微编撰《缙绅便览》一书。在这本书中，叶向高、赵南星、杨涟、左光斗、高攀龙等百余人被视为邪党，而黄克缵、贾继春、霍维华、崔呈秀等都被统称为正人。顾、魏二人将此书进呈给魏忠贤，以作为官员升迁谪降的依据。其他阉党则进有《点将录》、《天鉴录》、《同志录》等黑名单，不阿附于魏忠贤的官员都被统称为东林党人列入其中，并且阉党还罗织罪名，对之逐个进行打击和迫害。与此同时，他们还数兴大狱，其中规模较大者有两次。

第一次是发生在天启五年（1625年），这一年干支论年为乙丑，故被称为"乙丑诏狱"。汪文言曾因得罪魏忠贤而被处以廷杖削职的处罚，虽然如此魏忠贤仍不肯放过他。后阉党御史梁梦环再次对汪进行弹劾，三月，汪文言再次被捕。当时的北镇抚司许显纯在魏忠贤的示意下，对汪文言严刑逼供，以致汪最后被折磨致死，并且其还伪造供状，诬陷杨涟、左光斗等人各受杨镐、熊廷弼贿银二万，周朝瑞一万，袁化中六千，魏大中三千，顾大章四万。魏忠贤当即便矫诏将这六人逮捕，并且还罗织罪名，诬陷赵南星、缪昌期、王之寀等15个正派人士有"受赃"的罪状，最后15个人中除已经被削籍的，其余全都被处以削籍的处罚。魏忠贤还下令巡按和巡抚向这十五个人追回赃款，并要求将有关情形上奏朝廷。而杨涟、左光斗等六人则被下狱镇抚司，在受尽酷刑之后，先后被折磨致死。时称这六位正直之士为"六君子"。

第二次发生在天启六年（1626年）。这一年的二月，魏忠贤指使其党羽李永贞伪造浙江太监李实奏本，将前应天巡抚周起元和在江苏、浙江家中的高攀龙、周宗建、缪昌期、周顺昌、黄尊素、李应升七人逮捕下狱。后高攀龙投水自尽，周顺昌等六人均死于酷刑。对这七人史称"七君子"。因这一年的干支为丙寅，故该大狱也被称为"丙寅诏狱"。

在魏忠贤的爪牙逮捕东林党的同时，各地民变四起，其中最为激烈的又要数苏州民变。天启六年（1626年）三月，旗尉来到苏州逮捕周顺昌，苏州市民得知这一消息后全都拥挤在巡抚公署前，齐声为周顺昌喊冤。数日后正式宣读捕人的圣旨时，又有好几万人聚集起来，当地的士人文震亨等请巡抚毛一鹭代为上疏，将民意奏达上听，为周顺昌辩解求情。毛一鹭对此拒不答应，而急不可奈的东厂缇骑却把刑具掷于地上，大呼："今天的事与你秀才何干！"并想打人。这时有五个人从群中跳了出来，他们是颜佩韦、马杰、沈扬、杨念如及舆夫周文元，抓住缇骑问："这是谁下的谕旨！"缇骑回答说："实际上是魏公（忠贤）命我们来的。"在场的民众于是大哗："原以为是天子的诏令，却是东厂魏忠贤抓人。"民众于是一齐动手，殴击缇骑，当将缇骑中的一名打死，其他缇骑吓得抱头鼠窜，到处躲藏。最后在得民心的苏州知府和知县的劝说下，民众们才散去。这就是历史上有名的"开读之变"。事变发生后，苏州市民为抗议魏阉专横，机匠"不行机织"，市民全都罢市，各府州县也纷纷响应，事情接连持续了好几个月。得知消息后，魏忠贤令毛一鹭等对民变参与者予以惩处，颜佩韦等五人挺身投案，英勇就义。后人把他们合葬在于虎丘旁边，立碑为"五人之墓"。

尤其值得一说的是"六君子"和"七君子"在阉党的淫威面前所表现出来的宁折不屈的气节。杨涟下诏狱后，被阉党铁钉贯耳，土囊压身，临终前他写下血书："大笑，大笑，还大笑，刀砍东风与我何有哉？"魏大中在刑讯之日，怒斥"明心堂"是"昧心堂"。周顺昌每次受刑，都会大骂魏忠贤，有一次许显纯将他的牙齿打落，问他："还能骂魏上公（魏忠贤）吗？"他把碎牙及血污全都吐到许显纯的脸上，反而骂得更凶了。其他如左光斗、黄尊素、缪昌期等也无不表现出了视死如归的大无畏精神。

在残酷镇压东林党的同时，阉党又对"梃击"、"红丸"、"移宫"三案全面翻案，严厉惩处了曾在三案发生时与阉党官僚争执过的官员。为求师出有名，他们又在奏请熹宗同意后，仿照嘉靖大礼议《明论大典》的体裁纂修《三朝要典》，按照自己态度、立场和观点重新对三案的是非加以勘定。

《三朝要典》一书的编纂过程是这样的：五月，在礼科给事中杨所修的提议下，有关方面专门将有关三事的奏疏收集起来，按阉党的旨意编辑成书。第二年正月，这件事情得到了正式的批准，并且顾秉谦还被任命为总裁，六月的时候，这本书最终编纂成书，并被命名为《三朝要典》。书中对东林党人肆意进行诋毁，其邪派官僚关于三案的观点被完全体现了出来。

当时，阉党势力遍及朝野，奸佞之徒无不向魏忠贤溜须拍马。天启六年（1626年），浙江巡抚潘汝祯竟上疏奏请为魏忠贤建生祠，而对此，熹宗竟予以了同意。从此，各地纷纷效仿，不到一年的时间，全国各地的魏忠贤生祠总数竟超过40个。这些生祠大多修建得很奢华，雕像材料大多采用的是沉香木，并且像上有的还装饰了金玉珠宝等。每建造一座生祠，都要劳民伤财，如开封为建魏忠贤生祠，竟拆毁民房二千多间。疏词中对魏忠贤的称颂之辞则更是无所不用其极，甚至有称"尧天帝德，至圣至神"者，其中有一封建祠奏疏中，监生陆万龄竟将魏忠贤比作孔子，说："孔子作《春秋》，忠贤作《要典》。孔子诛少正卯，忠贤诛东林。宜建祠国学西，与先圣并尊。"

魏忠贤本人在名义上除了担任司礼太监和提督东厂太监的职务以外，还进上公，加恩三等。另外还有熹宗所赐的印鉴，上面的鉴文曰"顾命元臣"。而实际上，他的权势远不止这些。他本人被人呼为"九千岁"，别人对他的雕像所行的礼是五拜三稽首之礼。魏忠贤的权势展示得最为轰动的一次便是魏忠贤去涿州进香一事，当时一路上"铁骑之拥簇如云，蟒玉之追随耀日，登跸传呼，清尘垫道，人人以为驾幸涿州。及其归也，以舆夫为迟，改驾四马，羽幢青盖，夹护双遮，则已俨然乘舆矣"。所有朝中的奏章、疏草，李永贞都会派人快马加鞭前去禀告魏忠贤，哪怕魏忠贤本人当时是在百里之外，来回往返的时间也不会超过一天。而李永贞一定要等到魏忠贤的意旨被传到后，才敢对奏章疏草作出处理。

可见，魏忠贤当时在明廷的权势已是登峰造极，甚至到了威胁皇权的程度。

3. 努尔哈赤去世

天启六年（1626年）八月，后金汗父努尔哈赤死，皇太极继承汗位。

（1）建立后金

在对女真各部进行统一的同时，努尔哈赤也开始着手建立自己的根据地和政权机构。还在万历十五年（1587年），建州五部大致上被统一之后，他便在呼兰哈达山（即烟筒山）下的南冈"筑城三层，启建楼台"，修建费阿拉城（俗称旧老城）以之作为自己的根据地。他第一次在建州女真各部中确立法制，建立政权，并在费阿拉"自立称王"。这在当时有着划时代的意义，尽管这只是一个政权雏形。第一，筑费阿拉城，表明努尔哈赤已开始重视建设统治中心，费阿拉也就成了他的基地，在这一基地上，他将他的统一大业继续推向前进并使之最终得以完成。费阿拉时期，努尔哈赤将建州女真完全统一，大胜叶赫等九部联军，并将海西四部中的哈达部纳入到自己的麾下，从此势力大大发展，成为女真部中最强者。不仅这样，在这一时期中，他对明的政策也很成功，得到了明朝廷的信任，从建州左卫都督佥事，一直升为龙将将军。随着实力的增加，他还整编牛录，设立了此后为八旗之基础的四旗。第二，尽管努尔哈赤在万历十五年（1587年）所采取的各项措施尚嫌相对简单，但这却是女真各旗混战、群龙无首的局面即将结束的一个征兆，表明新的社会秩序即将确立，为以后后金政权的建立打下了良好的基础。

万历三十一年（1603年），努尔哈赤将统治中心由费阿拉迁到赫图阿拉。该城俗称老城，后又改名为兴京。万历四十三年（1615年），努尔哈赤在这里创立起了八旗制度，同时设置五名理政听诉大臣，十名扎尔固齐。次年努尔哈赤即位称汗，建国号"金"史称后金，建元天命。这样，后金政权就建立起来了，赫图阿拉也就正式成为后金的都城。

在基本上将女真各部统一并完成政权的建设之后，后金又开始了与明朝的长达26年的战争，并且连连得胜。

（2）得获开铁

天命四年（1619年）三月，萨尔浒一战中，后金大胜明军，杨镐的四路明军被后金击败消灭三路，此战后金歼敌数万人。六月，努尔哈赤移驻界凡城，修立行宫，建立衙门，以此作为临时都城。天命五年（1620年）九月，努尔哈赤又由界凡移驻萨尔浒。这时，辽沈之战的爆发已是迫在眉睫，努尔哈赤对明采取蚕食政策，后金的统治中心逐渐西移。

为扩大战果，在迁驻界凡前后，努尔哈赤挥师西进，先后将开原和铁岭攻了下来。

开原东邻建州，西接蒙古，北临叶赫，自古以来便是辽北的一座重镇。这里是明朝同女真和蒙古进行经济文化交流的重要场所，也是明朝廷在辽东防范女真贵族和蒙古贵族南进的前沿堡垒之一。开原一战的成败关系到整个辽东的成败。

天命四年（1619年）六月初十，努尔哈赤率大军四万开向开原。为迷惑明军，他派小股兵力经抚顺去沈阳一带抢掠，造成进攻沈阳的假象，而大部队则很快就开到了开原城下。当时，城中主将开原道韩原善还没有到任，开原的城防由推官郑之范暂领。郑氏其人"赃私巨万"，异常贪暴，根本就没想到要去加固城防。萨尔浒一战败归的总兵马林则将希望寄托在西部蒙古煖兔、宰赛等二十四营的援助之上，而未能抓住时机积极设防。八旗兵进抵开原城下后，马林、郑之范等仓促应战。在这一关键时刻，蒙古的二十四营兵非但没有助明，反而被努尔哈赤拉了过去，配合后金从开原以西向明军发动进攻。八旗军队从西、北、南三面向开原城发动了进攻，又在东面组织重兵进攻城门，城上守城的明军士气低落，一战即溃。这时，后金派来的奸细又从内部响应，乘机将城门打开。不久，开原城便落到后金手中。马林等战死城外，郑之范则临阵出逃，全城十万多军民得以逃出的仅一千多人。听到开原被围的警报后，辽东总兵李如桢等率领部队前往增援，兵还没到，开原城便已被后金攻破。

攻下开原后后金军队在开原城中大掠三日，然后将开原城纵火焚毁，最后满载"子女财帛"而归。

开原一失，辽东门户顿开，而铁岭更是首当其冲。在万历初年时曾繁华无比的铁岭，这时财物人口均已被转移，只剩下守城的军人还在城中。在攻占开原一个多月后，努尔哈赤亲统大军向铁岭发动了进攻。进攻首先是从北面开始的，八旗士兵架起云梯连续发起攻击，城上守军顽强抵抗，矢石枪炮齐发重创八旗军，但最终铁岭还是被后金攻占了。是役，明朝守军全部阵亡，城中居民被杀、被俘者达几万人。

（3）占领沈阳

开原、铁岭失守后，辽左诸城均为之自危。正在这时，熊廷弼受命主持辽东军务。熊廷弼虽然是文官出身，但文武双全，胆识过人，勇武有谋，有很高的军事才能，并且弓马娴熟，是一代将才。当萨尔浒一战明军大败的消息传到京师以后，朝廷决定起用熊廷弼。七月，熊廷弼离开北京，以兵部右侍郎、右佥都御史的身份统领辽东的军政事务。当时开原已失，熊廷弼刚到山海关，铁岭失守的消息又传了过来。他身肩重任，慷慨赴险，很快到了沈阳。原经略杨镐留给他的是一片残局：士气低落，缺兵少将，"人人要逃"，且武器匮乏，粮饷不足。基于这一情况，熊廷弼认为新败之余不宜对后金采取攻势，而应积蓄力量，专心防守，等元气恢复之后再徐图反攻。基于这一认识，他采取"坚守渐逼"之策，招集流亡的军民，安定人心，申饬纪律，整顿防务。经过一年的努力，终于将辽东的局面扭转了过来，使得努尔哈赤不敢贸然发动大的进攻。

自熊廷弼经略辽东以后，后金统治者经过一番权衡利弊决定将主要精力放在解决后顾之忧上。后金在这一年，即天命四年（1619年）中抚蒙古，灭叶赫，抑朝鲜，从而使得外患问题得到大大缓解。但外患虽然有所缓解，内忧仍非常严重。当时，由于辽东大旱，粮食奇缺，后金迫切需要兴兵进攻明辽河流域，以解燃眉之急。努尔哈赤于是便等待时机。不久，明朝帝位两易其主，熊廷弼被撤去辽东经略之职，他终于等到了机会。

说到底，明朝实在是太腐败了，尽管熊廷弼鞠躬尽瘁，防守辽东，并取得了相当的成效，但仍招致无数非难。朝中的言官不懂军事，不了解实情，无端地对其加以指责，说他劳师糜饷，不敢出击。朝中倒熊的声音越来越烈。熊廷弼为人刚直耿介，对此，自然是很不服气，他不断上疏自辩，并且力求罢斥指责者。

万历四十八年（1620年）是明廷政局变化较为热闹的一年。七月二十一日，明神宗驾崩，太子朱常洛继位，这便是光宗。光宗继位后沉溺女色，希图长生，最终因误食红丸而暴卒于是年九月初一日。接着继位的是熹宗。短短一个多月时间内"梓宫两哭"，先后有三个皇帝在位，朝廷政局十分混乱。当时既无明君，又无贤相，大臣们只知道利用边乱争夺权势。终于，熊廷弼被腐败的明廷逼得被迫离职。他悲愤地说："让我杀敌容易，调众口难也。"

代替熊廷弼统领辽东军政大权的是袁应泰。袁曾经担任过知县、按察使等职，颇有政绩。他虽然颇具政治才能，但"兵事非所长"，其上任以后，对熊此前所采取的以守为攻的策略作了很大的调整。其在时机尚不成熟的情况下，便布署对后金进行反攻，致使辽东的防御体系被削弱。同时，他还轻率地接纳大批蒙古难民到沈阳和辽阳城内，从而使得很多的后金奸细也得以乘机混入。他的这些措施正中努尔哈赤下怀。

后金天命六年（1621年）春，努尔哈赤认为发动辽沈之战的时机已经成熟，于是便于三月十日，亲统大军从萨尔浒出发，浩浩荡荡，直指沈阳。为保卫沈阳，明军当时在沈阳城设下了坚固的防线。在城外修筑围墙，这道围墙和原来的城墙比起来向外拓展了八丈多。又在城外掘深沟一道，上盖秫秸，铺以浮土，内插尖木桩，以为陷阱，沟内侧又修有内壕，壕上放置一二十人才能抬动的大木。内壕以内再设以五丈宽，二丈许深的沟涧，涧底插以尖木。涧的内侧每隔一丈五尺有战车一辆，战车与战车之间架小炮四门，大炮两门，各个车、炮的周围还设有机动兵员作为守卫。守城将领是总兵贺世贤和尤世功，城中守军约有七八万人。

进抵沈阳城下以后，后金军队并没有急于攻城，而是采取了"诱敌出城、围而歼之"的战术。努尔哈赤先派少量士兵隔着壕沟对沈阳城进行侦察。武举出身的明总兵尤世功率家丁冲出，杀敌四人，也算是小有斩获。而总兵贺世贤却因此生出了轻敌之心。贺世贤出身低微，以战功升至总兵。在当时他是辽东首屈一指的勇将，但是这个人有勇而少谋，且喜贪杯。他见努尔哈赤没来攻城，并且明军有小胜之战绩，便以为后金军没什么了不起，却不知道这是对方的诱兵之计。三月十三日，贺世贤举杯壮行，率亲丁一千余人出城对阵，发誓说："不痛杀敌军决不回城。"贺世贤统兵出城这一行为正合努尔哈赤的心意，他于是便令一小股骑兵佯败，贺世贤不知是计，便乘着得胜的势头赶了上去。忽然间后金骑兵四出，贺世贤顿时被杀得只有招架之功而无还手之力。他且战且退，当他从东门直杀到西门时，身上已中箭四处。部下劝他投往辽阳，他拒绝了，他说："身为大将不能守住城池，又有何脸面去见经略呢？"他挥动铁鞭，连续杀敌数十名，最后因多处中箭，坠马而死。

这时努尔哈赤一面命精兵追击贺世贤，一面指挥八旗主力向沈阳城发动总攻。八旗兵在沈阳城的东北角挖土填壕，向前推进。城上明军奋勇守御，接连发炮，但炮身却因发炮次数太多而变得红热起来，弹药一装进去就喷了出来，无法继续发炮。而此时后金军队又将壕沟填满，纷纷蜂拥过壕，向东门发起猛攻。此时，贺世贤兵败、尤世功战死的消息已经传到城中，军队因之士气低落，民心也为之不安。见明军大势已去，城中的蒙古人便砍断桥索，将吊桥放下，迎接后金军队入城。就这样，努尔哈赤攻占了沈阳城。

（4）占领辽阳

当沈阳被围时，经略袁应泰、巡按张铨已经布置了各路援兵，前往沈阳对之加以增援。川、浙兵是这其中的一路，当他们走到辽、沈之间的浑河岸时，沈阳失守的消息传了过来，总兵陈策下令回师，但游击周敦吉等坚决决战。于是，这路明军后来便分成了两部：周敦吉等率川兵渡河，在桥北扎营，而总兵童仲揆与陈策等则率浙兵于桥南驻扎。得知明军前来增援后，努尔哈赤便火速发兵向正在渡河的明军发起猛扑。周敦吉等人刚刚过桥，尚未站稳脚跟，便投入了顽强的战斗之中。这支明军尽管在人数上远少于后金军队，但他们上下一心，同仇敌忾，终于将后金军队发起的三次进攻都击退了，并歼敌三千余人。最后，由于寡不敌众，在后金军队的迅猛攻击下，该部明军大部阵亡，只有为数不多的一部分退到了河南岸的浙兵营。后金军队乘胜进击，很快就把桥南的浙兵营包围了起来。当时明靖武堡总兵朱万良、奉集堡总兵李秉诚等刚好赶到，这两部明军开始时观望不前，到后来见浙兵被围才上前与后金军队交战，结果被皇太极率兵打得狼狈逃窜。击退这两部明军后，后金军队便全力向浙兵营发动猛攻。开始时明军施放火器，重创后金军队。但不久，明军火药用罄，两军于是便开始了肉搏战，战斗进行得十分惨烈。后金军发起猛攻，明将陈策、童仲揆等先后战死，所率明军全部覆没。

此战是辽东明军抗击后金军的最悲壮、最勇敢的一次战斗。川、浙军队面对数倍于己的八旗铁骑，毫不畏惧，奋勇抗击，死而后已，这种精神确实是难能可贵。尽管他们最后还是因寡不敌众而全部阵亡，但也给对方造成了较大的伤亡。

三月十八日，攻占沈阳后的第五天，努尔哈赤决定进军辽阳。

辽阳是当时辽东的经济、政治、军事中心，辽东的经略和巡按都驻在这里。当时的辽阳城高墙厚，城外设有数道围壕，壕上又列布火器。当得知后金来犯的消息后，袁应泰便将各路守军撤还，以集中兵力守御辽阳城，并引太子河水注壕。三月十九日，后金军队进抵辽阳城下，袁应泰命五位总兵出城五里与金军对阵。后金军队向明营发起冲击，经过激烈厮杀，明军败退，后金军队对败退的明军进行追击，一直追到六十里外的鞍山才乘胜回营。

三月二十日，后金军队在东门和小西门处向辽阳城发动了进攻。袁应泰亲自统兵冲出东门，在辽阳的东山上扎营，分三层布列火器，严阵以待。努尔哈赤指挥右翼四旗将城东的水口堵住，又命令左翼四旗将小西门的闸口挖开，从而将壕中的河水排出。当水口被堵住后，努尔哈赤命令绵甲兵推楯车向守卫东门的明军发动攻击。在八旗军队的反复冲击下，此部明军大败，袁应泰于是退入城内，与巡按张铨分守东西两门。

在右翼兵向城东门发起进攻的同时，左翼四旗兵也向辽阳城的小西门发动了进攻。城上明军奋力守御，不断施放火器。八旗兵推动楯车，架起云梯，拼死攻城，并终于在傍晚时分登上了西城的城墙，并曾一度将两个角楼占据住。明军顽强反击，双方打得难解难分，战斗一直进行到天亮。

三月二十一日，努尔哈赤对辽阳城发起了总攻，明军进行了艰苦的抵抗。傍晚，混入城内的后金奸细在城中纵火，小西门处的弹药库起火，明军的草场、窝铺全都被付之一炬，城中于是大乱。后金军首先从西门攻入。见大势已去，袁应泰便在城东北镇远楼上自缢而死。而张铨则被后金军生俘，被俘后其宁死不屈，也被缢死。至此，后金军攻占辽阳。

两战得捷之后，努尔哈赤又乘胜指挥军队南下，不几天的工夫，辽河以东地区"悉传檄而陷"。此战，后金军队一共占领了大小七十余城堡。

四月，努尔哈赤将都城迁往辽阳。当时，贝勒大臣们都想回故都，努尔哈赤认为，要想巩固胜利成果，就必须迁都辽阳，否则大军一旦班师，辽东就肯定会被明军恢复，这样，以后还得劳师征伐。另外，辽阳地理位置优越，便于与明朝对抗，并可控制蒙古和朝鲜。努尔哈赤的话有理有据，自己又是汗王，部下接受了他的意见。第二年三月，由于旧辽阳城年代久远、不够坚固，后金又在太子河的对岸、辽阳城东八里许的地方修建新城，并称之为东京。

迁都辽阳之举，表明了努尔哈赤的锐意进取之心。在此之前，后金的习惯做法一般都是在攻占某城之后，便将该城中的人口、财物抢掠一空，并将之运回后金旧都。但在攻克辽阳之后，努尔哈赤却一改以往的做法，将都城迁到了新征服的地区，与以往不同，现在的后金不仅把人口和财物，而且把土地和城市也当成了战利品。

（5）广宁之役

得知辽沈失守的消息后，明廷举朝为之震动，京师为之戒严。震惊之余，人们逐渐认识到当初撤除熊廷弼职务之举是一个大大的失策，明廷于是再次起用熊廷弼为辽东经略，将收拾辽东残局的重任又一次放在了熊廷弼的肩上。他主张以守为攻，多方协作，固守辽西，等到时机成熟时再收复辽、沈，因而提出了"三方布置策"。这一战略方针的基本内容是：以广宁为中心设重兵屯守，互为犄角，守望相助，以阻击后金主力；在天津、登、莱布置水军以对辽东半岛沿岸进行骚扰；经略驻山海关，指挥全局，节制三方。当时，辽东残破，明军守且不足，进击就更不用说了，所以熊的以守为攻的策略是对的。然而他的下属王化贞却另有主张。王在升任辽东巡抚以后，提出了与熊廷弼的战略方针完全不同的构想：外借察哈尔林丹汗四十万兵之助，内凭投降后金的李永芳为内应，然后由他亲统六万明军，"一举荡平"后金。这一战略构想的核心是以攻为守。因此，王化贞一面将两万明军分散布置在三岔河（辽河下游，浑河、太子河、辽河合流于此）沿岸，一面派毛文龙率三百名士兵由三岔河入海，于六月袭取镇江（今辽宁省丹东），表现出了一种力图进攻、要打硬仗的姿态。

本来，熊廷弼的官职为兵部尚书兼右佥都御史，并佩有尚方宝剑，是王化贞的上司。可是巡抚王化贞在明廷中有靠山，首辅叶向高与兵部尚书张鹤鸣都很支持他，因此有什么事情的话，王化贞往往不经熊就直接与明廷联系。当时，王化贞在广宁拥兵十二万，而在山海关的熊廷弼其部下仅五千人，经略之名只是个空壳子。这样，经略、巡抚意见不一，不但不能互相配合，反而互相指责，不时发生争执。为了解决"经抚不合"的僵局，天启二年（1622年），在调解无效的情况下，天启帝委托兵部召集朝中九卿科道官员举行会议，以决定经、抚孰去孰留，而在经过一番商议后，大部分人主张去熊而留王，升王为辽东经略。

为什么会有这种局面出现呢？究其原因，倒不是王的战略及其构想做法有多高明，主要是：首先，王化贞朝中有人，有靠山，而熊廷弼则比较自负，敢于据理与朝中要员力争，不怎么得人缘；其次，明廷当时便如一个赌徒，输了后急于将本钱捞回来，王的策略正好与朝中大部分人的愿望一致，而熊的策略倾向保守，仅仅是确保不再继续输下去了，故人们对此不愿接受。

正当明廷对王、熊的去留问题争辩不休的时候，已探知明朝"经抚不和"的努尔哈赤决定挥兵渡过辽河，向广宁（今辽宁省北镇县城）发动进攻。天命七年（1622年）正月，努尔哈赤亲率后金八旗军，直扑辽西大地。尽管广宁一带驻有明的精兵，但辽西之战的战场并不在此，而在西平堡（在今辽宁省盘山县境内）。

西平堡所处地势，是辽西前沿的要塞，明军在此驻守的是副将罗一贵，所部明军为三千人。渡过辽河以后，后金军队便如入无人之地，很快就进抵西平堡城下。参将黑云鹤出城迎战，所部被全歼。罗一贵凭着城防设施顽固守御，对攻城的后金军队用炮火予以猛击。投降后金的李永芳派出使者，举旗来到城下，要罗一贵投降。罗毅然拒绝，并对李永芳大加责骂。后金军队遂加紧进攻，明军坚守两昼夜，打退了金军的三次进攻，杀敌数千人。激战中，罗一贵被流箭射中眼睛，无力再战。这样，在火药用尽、外援无望的情况下，他自刎而死，西平堡由此失守。

西平堡失陷以后，广宁便受到了威胁。本来，广宁一带屯有明军的主力，可是当西平堡被围时，王化贞采纳了心腹将领——游击孙得功的建议，将防守广宁一带的明军都撤了下来，让他们前往西平堡增援。王令孙统领广宁一带的明军，会合总兵祁秉忠统领的闾阳驿（今辽宁省北镇县南闾阳）明军和总兵刘渠统领的镇武堡（今辽宁省盘山县东北）明军，一同前往西平堡救援。这是王化贞的重大失误。因为后金军队所擅长的是野战，而明军所擅长的正是守城，这样一来就等于是放弃自己的长处，而将自己的弱点全部暴露给了对方。进此建议的孙得功早就与后金暗自勾结。当广宁等三部明军与八旗军队相遇时，孙得功让祁秉忠、刘渠两部率先出战。两军甫一交锋，孙得功等便故意上前一冲，随即又退去，明军因而大乱。祁、刘二将力战不敌，先后战死。

逃回广宁后，孙得功故意制造混乱，在广宁城中散布谣言，说金兵马上就会进抵广宁，对广宁发动进攻，一时城中军民一片慌乱，纷纷逃亡。孙得功等人将广宁城门控制住，又将银库及火药库封存起来，准备迎接后金军入城。而王化贞此时还被蒙在鼓里，幸得参将江朝栋及时入告，王化贞才得以逃脱。当王、江等人逃到大凌河（今辽宁省凌海市东）时，正好与熊廷弼相遇。一见到熊，王化贞便哭了起来，将明军大败、孙得功投降后金、谋献广宁、自己差点回不来的情况讲给了熊廷弼听。熊听后，便将自己的五千部下交给了王化贞，令他殿后，护送溃散的十万辽西军民入关。

王化贞出逃后，广宁城便为孙得功等所控制，孙派人前往西平堡迎请努尔哈赤，努尔哈赤不战而胜，占领了广宁。此后，辽西40余城堡望风归降后金。

（6）宁远受挫

广宁一役之后，后金将广宁等地的物资、粮食等运回辽阳，并将辽河以西的人口都赶到辽东，后金的势力得到了进一步的增强。

自天命六年（1621年）迁都辽阳以后，努尔哈赤在辽阳共住了四年。在此期间，除攻占广宁之外，他还推行了"计丁授田"的政策（天启元年七月），实施"八大贝勒共治国政"的制度（天启二年三月），并继续对蒙古用兵。在这一段时间内，努尔哈赤的文治武功达到了其一生的巅峰。

天命十年（1625年）三月，经过慎重考虑之后，努尔哈赤决定迁都沈阳，他认为迁都沈阳有利于征明，也便于控制蒙古和朝鲜，与此同时还可以兼收山林河泽之利。沈阳后来被改称盛京。沈阳由此逐渐成为了东北的经济、政治、文化和交通中心。

晚年，努尔哈赤在对待辽东汉人的政策上连连犯错，并且这种错误还愈演愈烈，直至走上极端。天命十年（1625年）十月，努尔哈赤指责汉人向明，不断叛逃，命令八旗将官分路巡查，辨别奸忠，将明朝的乡官、秀才，以及"不该豢养之独身者及拒不从命者"统统处死，剩下的人，则编入拖克索（即农庄）。拖克索是后金的一种基层社会组织形式，每一拖克索由十三丁、七头牛组成，分田百垧，二十垧为公赋，八十垧供庄丁自己食用。十三丁中设庄头两名，庄头住在沈阳，轮流回庄督促庄丁进行生产。

攻下广宁后，努尔哈赤与明休战了四年。不久，又一次进攻明朝的机会出现在了他的面前。

广宁失守以后，整个辽境全都归到后金之手，明廷任命王在晋为兵部尚书，兼都察院右副都御史，统领辽东、天津、蓟镇、登、莱等处军务事宜。王到任以后悲观失望，消极防守山海关。不久，天启帝将王调离，而改命大学士孙承宗督师山海关，专门负责对辽事宜。孙承宗督师四年，成就很大，他指挥将士官吏修建宁远、穆州等城堡，练兵十一万，开拓关外四百里，安置辽民，实行垦地政策，大有所获。这样，他不但巩固了山海关的防务，而且修筑了锦宁防线，为明末的安边靖国立下了汗马功劳。可惜，他本人因被魏忠贤排挤而于天启五年（1625年）十月去官。此后接任孙承宗经略蓟辽的是高第。高不懂军事，胆小如鼠，自撤藩篱，败坏边防。到任后，他下令将锦州、右屯卫（今辽宁省凌海市东南）、大凌河诸城防务全都撤走，把城中的守军、器械全部移到关内，将关外四百里的地区全都放弃，丢掉米粟十余万石，军民"死亡载途，哭声震野"。在这关键时刻，明末历史上又一位堪负重任的人物站出来了，他便是宁前道袁崇焕。当高第命他从宁远与前屯（今辽宁省绥中县前卫）两城撤出来时，他斩钉截铁地说："我是宁前道，在这里为官，就要与这里共存亡。我决不入关！"高第见其志难移，便只得由他去了，而将宁远前屯以外诸城守具、军民全都撤入关内。袁将所部人马全部撤入宁远城内。当时，宁远已是一座孤城，袁率一万多人在这里驻守，誓与宁远城共存亡，表现出了超人的毅力和大无畏的精神。尽管他未能阻止高第入关，但却在此后不久抵住了后金发起的攻击。

当后金得知孙承宗被庸懦的高第取代、宁远孤悬关外这一消息后，努尔哈赤决定抓住战机，向明用兵。天命十一年（1626年）正月，他亲统十三万大军，号称二十万，出兵沈阳，直扑宁远。显然他没有将小小的宁远放在眼里，进抵宁远城下后便派人向袁崇焕劝降，被袁拒绝了。后金军队对宁远发动了猛攻，就连宁远的城墙都差点被后金军队挖开。在这千钧一发之际，袁崇焕从容不迫，指挥有方，安定军民，鼓励将士，明军士气大振，多次击退金军的进攻，并用火器重创对方，就连努尔哈赤本人也被红衣大炮击伤。后金军队被迫班师。努尔哈赤自起兵以来一向是所向披靡，战无不胜，攻无不克，没想到竟会在宁远受挫，当下心情十分不好。

四月，努尔哈赤向喀尔喀蒙古诸部用兵，巴林部的囊努克被皇太极射死。随后，所有沿途蒙古各部的人口、财产和牲畜等，均被后金军队尽数掠回。

尽管出兵蒙古后金大胜，但宁远受挫的阴影仍在。八月十一日，努尔哈赤在由清河返回沈阳途中，行至瑷鸡堡（沈阳东四十里）处时，因年老体衰、疽发于背而死，享年68岁。他留给后金的是整个东北的基业、八大贝勒共治国政的格局，以及尚未最终完成的入关大业。

如此，在入关前，后金（清）的都城经历了费阿拉（后金政权这时尚未建立）——赫图阿拉——界凡——萨尔浒——辽阳——沈阳这样一个变迁过程。后金都城变迁的历史，在一定意义上说，就是后金势力不断强大的历史，同时也是后金接连挫败明朝的历史。努尔哈赤最后将都城定于沈阳，他本人并未受益太多，但却给他的子孙们提供了一个进攻明朝、逐鹿中原的大本营。从天命十年（1625年）一直到清顺治元年（1644年），沈阳一直是后金（清）的国都。哪怕是清军已经入关，定都北京之后，沈阳仍被当做是清王朝的第二国都（留都），称为盛京。

4.计杀魏忠贤

天启七年（1627年）十一月，魏忠贤自缢，一代权阉结束了可耻的一生。

（1）清除阉党

崇祯帝刚刚登基时，朝政大权为权阉魏忠贤所把持，其手下"五虎"、"五彪"、"十狗"、"四十孙"之流遍布朝野，正直的官员连遭杀戮、贬斥，甚至连崇祯皇帝自己也为之自危。刚入宫时，崇祯帝甚至不敢吃宫中的食物，入夜不敢熄灭烛光。魏忠贤的专横、宦官的肆无忌惮，是崇祯帝即位后所面临的亟需解决的问题之一。同时，党争也愈演愈烈，整个官僚集团的日趋腐化，即将崩溃的国家财政，以及土地高度集中，百姓在苛捐杂税之下陷入赤贫境界，并由此导致的日益尖锐的阶级矛盾，等等，都让这个政权岌岌可危。与此同时，日渐强大的后金也严重威胁着明的安危。在这种内忧外患、积弊已久的形势下，怎样将执政后的第一步棋走出去，对崇祯帝来说是非常重要的。

崇祯帝执政后的第一步棋下得非常稳准：清除魏忠贤及其阉党。

在清除阉党的问题上，崇祯帝表现出罕见的忍耐力和相当的谋略。当时，朝廷大臣们都在观望之中，对这位新皇帝揣摩不透，同时也是拭目以待，看他会采取怎样的治国方略，对群臣的这种观望，崇祯帝不动声色，也不作什么大的表示。面对崇祯帝的这种表现，魏忠贤忐忑不安，就想试探一下崇祯帝，于是面见崇祯帝，请求辞职。崇祯帝不冷不热地挽留了一番，没有批准他的要求。但对客氏，崇祯帝却毅然决然地下令将其驱逐出宫。

客氏当即心灰意冷地奉旨出宫。她穿着丧服，在天快亮的时候来到熹宗灵前，将一黄色的小包裹打开，这个小包裹里面包的是熹宗胎发、痘痂，以及历年来积存的熹宗剃下的头发、换落的牙齿、剪下的指甲等。在流着泪火化了这些遗物后，客氏大哭着离开了。

崇祯帝很有心计，对魏忠贤，他是一如既往，但对魏的党羽，则采取了逐步剪除的办法。对李朝钦、裴有声、王秉躬、吴光承、谈敬、裴芳等人的请辞要求，他一概予以应允，让他们罢职回乡。对太监李永贞也准其所请，让其回原籍治病。

魏忠贤有权有势时，势利小人争相对其溜须拍马，其中在熹宗时就有监生陆万龄、曹代等上疏请求为魏忠贤在国学旁边建造生祠。崇祯帝即位后，国子监司业（国子监学府副长官）朱三俊上疏弹劾陆万龄和曹代，崇祯帝便下令将这两人逮捕入狱。受此触动，魏忠贤恐惧不安，忙去拜见崇祯帝，主动提出停止为他建生祠。对此，崇祯帝不动声色地批准了他的请求，并夸赞他识大体顾大局，并在此后给其的待遇也和以前一样。

然而，直到此时，还有一些不识时务者，一看新帝没有动魏忠贤一根毫毛，误认为魏忠贤仍然得宠，于是企图向他人学习抱魏忠贤的大腿。有个姓张的监生，意欲上疏请求在国学中为魏忠贤树像，让其和孔子一样，受人们的供奉。但他心里有鬼，以致因在梦中梦见被子路重打，从此一病不起，不久便死了。另外还有一个叫李映日的监生，平时就有劣迹。有一天，他异想天开，想趋炎附势，借魏忠贤之势，混个一官半职，便冒然上疏，在疏中把魏忠贤比作周公，对魏忠贤的所谓"辅弼之功"加以称颂，竟说他便如周公辅佐周成王一般。看到奏疏后崇祯帝大怒，下令将其逮捕问罪。还有一个江西官吏，想为魏忠贤建隆德祠，以歌颂其功德。魏忠贤知道后，急忙进宫向皇帝奏请，停止建筑该祠，而将建筑该祠的财物报到辽东边防上去。对此，崇祯帝自然是欣然允许了。对这一件件事，魏忠贤大伤脑筋，他反感在这个时候还有人给他添乱子。

（2）崇祯不近女色

为了拉拢崇祯帝，以便自己能够继续专权擅政，魏忠贤故伎重使，他向崇祯帝进献美女，意图陷崇祯帝于美色之中。然而崇祯帝已是有独立行事能力的成年人，在早年为王时，他就曾亲眼目睹了父、兄因贪图女色而误了朝政，导致失权、丧命的悲惨结局，所以他上台后，便自励一定要致力于国家大事，勤于朝政，而不近声色。

开始，崇祯帝想不接受魏忠贤所献的美女。但他转念一想，这样做的话，魏忠贤等人一定会生疑，那样的话逐步去除阉党的计划就会难以实现，他便改变了当初的想法，决定接受美女。崇祯帝害怕其会有什么阴谋，便在美女进宫时，命手下对美女进行搜身，结果果然从美女身上搜出了一种名叫"迷魂香"的香丸。这种香丸尽管体积只有黍粒大小，但配制独特，作用很大，如果有人触到它，它的香味就会直扑入鼻，使人心神荡漾，无限迷恋女色。这香丸实际上是魏忠贤藏在美女身上的。他心想，只要皇上纳了这些美女，必宠幸她们，那时定会被香丸所迷惑，如此便不愁皇上不中其计，不愁大权不落己手。不料，迷魂香被搜出后，崇祯帝识破了魏忠贤的阴谋，便顺势表示不满，下令要其不要再进献美女了。

此后，崇祯帝就更加注意防止女色的诱惑了。一日，崇祯帝于便殿批阅奏章，忽然有香气传了过来，闻到香味后，崇祯帝只觉自己欲心顿生，觉察到不对，崇祯帝便起身问身边的太监香气是从哪里传来的。太监回答说："按照先朝的惯例，皇上临奉的地方，都要燃烧这种香。"崇祯听到一惊，心想，这肯定又是魏忠贤的阴谋，他企图诱惑朕去沉迷女色，而不专心于朝政。于是便大声叱责太监，命其把香撤去。崇祯帝叹息道："皇考、皇兄原就是这样为其所害丧命的呀！"

又一日晚上，崇祯帝同有识大臣讨论治理国家的政事，当时时间已经是深夜，崇祯突然起身，命太监拿着蜡烛巡视大殿，将周围四壁都察看了一遍，但是没有发现什么。群臣不明白他这样做的用意何在，也不敢询问。过了一会儿，崇祯帝远远看到殿角有微弱的火星，并有一缕缕的香烟飘散出来。走近一看，发现火光是从殿壁里透出来的，崇祯帝当即命人将墙壁捣毁进去查看，一看，众人才知道原来壁内有一方洞，一个正在焚香的小太监正端坐于其中。经询问小太监后，人们才得知，是魏忠贤命他到此焚香的，他也不知作何用。崇祯帝命小太监退下，见大臣们还是满脸疑惑不解的样子，便对他们说："刚才，朕刚刚静下心来和你们谈论朝廷大事，忽然闻到香气，顿时就觉得心动，不得安分。之所以会这样，实际上是因为魏忠贤所焚的'迷魂香'所致。朕即位以来，国家多事，百业待兴，怎能为其所惑，迷恋于女色呢？我现在只希望能把精力全都用在国事上，希望国家能在我的治理下再次强大起来。"

确实，执政期间，崇祯帝专心于国家大事，不近女色。为了处理政事，他起早摸黑，真的是十分劳累。有一次，崇祯帝谒拜刘太妃（神宗妃），两人坐着对谈，说着说着，崇祯帝竟不知不觉地睡了过去。刘太妃知道崇祯是因为操劳国事而困倦，因此不但没有怪他，反而拿起衣衫给他盖上，并示意他人退下，不要惊动崇祯。可左右人还没退下，崇祯帝就醒了过来，一时之间觉得自己很失礼。崇祯帝平常十分敬重刘太妃，在她面前十分恭敬，因此，崇祯便连忙整理衣冠，道歉道："神宗时天下太平。如今国家多难，不得不日夜焦虑。我已两夜阅览文奏未睡，现在竟在太妃前昏然不能自持到这种地步。"刘太妃听了既感动又疼爱，不觉热泪盈眶，左右人等也都为皇上劳累之苦而赞叹。由于要一心操劳政务，崇祯帝很少宠幸妃嫔。那时有位姓陈的妃子因崇祯帝只临幸一次就再未能见其面，所以整日愁坐于宫中，盼着崇祯帝能够再来。她常对身边太监说："不知皇上整天忙于何事？为妃不得宠幸，又有什么快乐呢？"

为取悦崇祯帝，崇祯帝岳父田弘遇曾带人马下江南抢劫美女进献。他在苏州抢买"声甲天下之声，色甲天下之色"的名妓陈圆圆，想带回北京后，把她献给崇祯帝。孰料，却被崇祯帝拒绝了。田弘遇只好灰溜溜地将陈圆圆领回自己府中做歌伎。崇祯帝确是明代一位罕见的"不近女色"的皇帝。

（3）魏忠贤被迫辞职

天启七年（1627年）十月，当宣州（河北宣化）对蒙古作战获胜的消息传来后，崇祯帝照常论功行赏，并对熹宗所荫封的魏忠贤的从子魏良卿为宁国公、从孙魏鹏翼为安平侯，及加赐的免死铁券等事均持认可的态度；并且铁券制成后，崇祯帝顺水推舟，下令也赏赐给他们。

对崇祯帝的态度，魏忠贤百思而不得其解。从目前的形势看来，自己的封官未动，财产也未被剥夺，封赐给儿孙的铁券也已经到手了，这些都让他感到宽慰，他因此才稍微放下心来。不料，这时"五虎"之首崔呈秀却连遭弹劾。崔呈秀是魏忠贤得力的帮凶和干将，明熹宗时曾被任命为兵部尚书，兼职少傅、太子太傅、左都御史。近来，工部主事陆源、御史贾继春等人接连上疏崇祯帝，弹劾崔呈秀身居要职，目无国法，贪赃受贿，卖官鬻爵，婬媟淫乱，父丧不归，人伦败坏，三纲废弛。接到奏章后，崇祯帝作出批示，命令崔呈秀立刻回家守丧，魏忠贤因此在朝中失去了一个得力助手。

崔呈秀被弹劾、勒令回老家的消息轰动了整个朝廷。五虎之首恶被搬倒，动摇了魏党的根基，人们的胆子也大了起来，于是弹劾魏忠贤的奏章便纷至沓来，其中有很多人原来还是阉党党羽，他们之所以这样做主要是为了将功赎罪，或掩饰自己的魏党党徒身份。当时先后交章弹劾的还有吏部主事钱元悫、员外史躬盛、贡生钱嘉征以及工部主事陆源等。

其中，钱元悫弹劾魏忠贤道："称功颂德，生祠遍于天下；列爵封赏，及于自己乳臭儿孙；遍插私党，分置于各要害部门；所乘轿舆，奢同于帝辇；动则以圣旨为名，钳制百官；迫害忠良直臣，大伤元气；偷养死士，陈兵自卫；广开告讦，堵塞人口。罪恶种种，千刀万剐不足以抵其罪。如念其是先朝遗奴，饶他不死，可勒令其归里。其子魏良卿等速罢其官，其罪大恶极的党羽张体乾、张凌云、陈大用、田尔耕、白太始、龚翼明等，或诛杀或流放，肃清朝廷奸孽，以正视听，平服天下人心。"

这一奏章被呈给了崇祯帝，魏忠贤得知这件事后感到十分恐惧。此后，其党羽吴淳夫、李夔龙、田吉、阮大铖、田尔耕、许显纯、崔应元、杨寰等人都纷纷上疏要求罢职解甲回乡，对他们的这些请求，崇祯帝都一概应允。

而在所有这些弹劾魏忠贤的奏本中，最为重要的一本当属嘉兴贡生钱嘉征在该年十月二十六日所上的一本，在奏章中，他历数了魏忠贤的十大罪状：其一，与帝并尊。朝廷大臣官吏上奏的奏折，必须先由其过目，并且常以功德自居，奉旨传谕时，言必称"朕与厂臣"之类的话；其二，蔑视皇后。张皇后之父张国纪并没有犯什么不可饶恕的罪过，其却罗织罪名，欲将之置于死地；其三，操纵兵权。明朝素无宦官操兵的规定，而魏忠贤却内逼宫闱，外胁臣民，在皇宫禁地耍刀练兵；其四，目无君上。按照明朝向来的规定，内官不得干预朝政，但魏忠贤却不仅参政，还只手遮天，权倾朝野；其五，克削封王。先帝所封三王，赐田甚薄，而魏忠贤自己却攫取肥沃膏腴之田达几万顷；其六，不尊圣贤。孔子为万世之先师，而魏忠贤竟然敢在太学的旁边修建自己的生祠；其七，滥赐爵位。以前，明朝规定，不是军功不得封侯，而魏忠贤身在宫内，竟公然袭上公之封爵；其八，滥冒边功。辽东全境都落入后金手中，寸圭均未收复，而其子孙却封侯封伯，冒领赏赐；其九，劳民伤财。忠贤在天下到处修建生祠，以致所建之处，民穷财竭，靡费的钱物不可估算；其十，营私舞弊。科举取士是国家的大事，而魏忠贤却为崔呈秀打通关节，对崔的文章大加赞赏，说是好文章。凡此种种，罄竹难书。

魏忠贤的罪行被钱嘉征揭露得淋漓尽致。魏忠贤得知此事后又恨又怕，赶忙入宫，扑倒在崇祯帝面前。崇祯帝怒火中烧，便命内侍将奏疏大声朗读一遍，令魏忠贤跪在地上仔细听着。奏疏上的字字句句，所列举的桩桩件件罪名，把魏忠贤吓得不得了，他涕泪齐下地跪在崇祯帝面前不住磕头并口口声声地自称"死罪"。崇祯帝厌恶他的丑相，便把他怒斥了一顿，令其退去。

魏忠贤回到家后，为求自救，便带上珍宝前往信邸太监总管徐应元处，对之进行贿赂，低三下四地要徐应元在崇祯帝面前为自己求情，徐应元答应了。当徐应元面陈崇祯帝时，被气不打一处来的崇祯帝怒叱为与奸竖相通，为此还把他笞打一百棍，贬往南京守陵。

魏忠贤知道大势已去，无法挽回。在穷途末路之下，他向崇祯帝提出辞职。对魏忠贤的这一请求，崇祯表示同意，并将其司礼监及东厂印信收回，命他到白虎殿去为明熹宗守灵。接着，魏忠贤又将其子孙的封爵辞退，并将所赐的田宅、铁券也都一并交回。

（4）魏忠贤自缢

打倒了罪魁祸首魏忠贤，一时民心为之大快，揭露魏忠贤及其党羽罪行的奏章也都蜂拥而至。崇祯帝虽然对他的罪行知道得一清二楚，也十分恼怒，但看在明熹宗的分上，崇祯帝还是网开一面，给了他一条生路。在思考了很久之后，崇祯帝才对这些奏章作出了批示："崔呈秀着九卿会审；魏忠贤着内官刘应选、郑康升押发凤阳看守皇陵。"这是一个试探性的决定，在当时，并未引起大的骚动。

得旨后，魏忠贤松了一口气，庆幸自己保住了性命。于是便收拾家资，带上财物珍宝四十余车、马千余匹、随从八百人动身上路了。他一路上车水马龙，声势浩大，哪像是发配的罪犯，简直就是将领出征。通政使杨绍震将这一情况奏报给了崇祯帝。接到奏疏后，崇祯帝立刻便下旨给兵部："朕临御以来，深思治理。乃有逆党魏忠贤，擅窃国柄，奸盗国库财物，诬陷忠良，草菅人命，狠如虎狼，本当弃市以雪众冤，姑从轻发落凤阳。但其巨恶不思悔改，乃带素蓄亡命之徒，身配兵刃，护拥而行，其势如叛，其心甚恶。着锦衣卫派员扭解；令沿途地方抚、按等官，拨兵押送。所有跟随群奸，也要擒拿归案。"

兵部收到崇祯的圣旨后，当即派出千户吴国安日夜兼程前往追赶。这时魏忠贤已经到了新店，并秘密地从李永贞派来的使者处得知了这一消息。他知道自己的罪行不可能得到饶恕，当天夜里他留宿在阜城县，因为恐惧而吃不下饭，睡不着觉。当时魏忠贤所住的地方的外厢，住有一个从京城来的姓白的书生，这人看到魏忠贤最终得到这样一个下场后，即兴作了一首《挂枝儿》，边饮边唱道："随行的是寒月影，吆喝的是马声嘶。似这般荒凉也，真个不如死。"

魏忠贤当夜夜不能眠，自然便将这些都听到了耳里。最后当其听到"不如死"一句时，其突然间大彻大悟，长叹一声"不如死了，死了！"在和李朝钦对哭一场后，两人一起解带上吊而死。

清晨刘应选起床，发现魏忠贤已死，害怕起来，不知该如何交差，于是便同心腹一起，在拿了魏忠贤的一些金宝之后，假装大喊："魏忠贤跑了，我去追！"然后便向南逃走了。

郑康升等人惊起，了解到情况以后，便将事情上报给当地县令，当地县令又派使者前去向上司呈报，并将车辆财物等就地封存，魏忠贤的随行人员也全都被有关方面收押了起来。

崇祯帝在得知魏忠贤畏罪自尽的消息后，当即便下令将魏的家产查封并没收，同时还将魏良卿也逮捕起来，魏良卿后被处死。

崔呈秀在回到蓟州（今天津蓟县）后，因自己曾犯下许多罪行而感到不安，并生出幻觉，只要一闭起眼睛，就会看到以前被自己陷害并逼供的东林党人。当他知道崇祯帝下旨要收押审讯他后，便与宠妾肖灵犀痛饮一番之后自缢身亡。

不久，田尔耕和许显纯二人也被捕入狱，交由大理寺审讯。审讯完后，姚士慎向崇祯帝奏报道："田尔耕掌锦衣卫，许显纯掌镇抚司，逆党草菅人命，皆出两人之手。"崇祯帝于是批示将二人处决。

在揭发魏忠贤罪行的奏章中，有很多地方都涉及到了客氏。崇祯帝于是便令太监王文政对客氏严加审问，并抄客氏的家，结果却从客氏家中搜出了八名怀有身孕的宫女来。原来熹宗没有子女，迫切希望能有宫妃为他生下一男半女来。面对这一情况，客氏于是便同魏忠贤勾结，采取偷梁换柱的方法，把宫女从宫中带到自己的私第，令宫女同私家子弟过夜，使之怀孕，再将之送入宫中待产。王文政在对有关人犯进行讯问之后，发现证据确凿，便将这一情况上奏给了崇祯帝。

得知这一情况后，崇祯帝勃然大怒，当即下令将客氏交给浣衣局，由浣衣局的宫人将之掠杀。浣衣局的老宫人平日备受客氏虐待凌辱，至此便操杖用力狠打，直将客氏打得皮开肉绽，鲜血染衣，顿时毙命。

魏忠贤和客氏二人先后伏法，他们的家产也被查抄没收，各地所建的魏忠贤的生祠均被拆毁。崇祯帝对魏忠贤恨之入骨，甚至在魏忠贤死后，还下诏磔其尸体，将其首级悬于河间。

5.奢安之乱

崇祯三年（1630年）春，持续九年的奢安之乱最后平定。奢安之乱是指四川永宁宣抚司奢崇明、贵州水西宣慰司安邦彦先后发动的叛乱。

（1）奢崇明之叛

四川永宁宣抚司和贵州水西宣慰司两司所辖之地均为彝、苗等少数民族聚居区，坐落于四川和贵州两省交界的地方。旧制，彝族奢姓世袭永宁宣抚司一职。洪武初年汤和、傅友德率兵平定四川后，仍沿用元朝制度，在这里设置永宁宣抚司，后又将之升迁为宣慰使司，同时，明朝政府接受奢氏家族定期贡献的马匹及其交纳的赋税和粮草。

万历初年，永宁宣慰使奢效忠去世，他的妻子奢世统没有儿子，而他的妾侍奢世续则生有一子奢崇周。按照彝族习惯，遇到这样的情况时，妻子和儿子均有继承权。于是为了争夺土司职位，双方发生了一场混战，后经明廷调解，规定奢世统、奢世续分地管辖，宣抚司的印符等奢崇周长大之后再由其继承。但奢世统不服，她花费重金请得水西安国亨相助，而奢世续也不甘示弱，请得播州杨应龙出兵，结果双方又是一场混战。万历十八年（1590年），明廷正式下令任命奢崇周为永宁宣慰使。但时间不长，五年之后，奢崇周就被奢世统派人毒死了。明廷于是命令奢世统抚养长大的奢效忠的侄儿奢崇明继承宣抚使一职。在明政府的支持下，奢崇明得以在当地立稳脚跟，但他不思图报，反而与儿子奢寅生出异心，图谋反叛。

当时，辽沈一战，明军大败，辽阳、沈阳尽失。为了充实辽东兵源，明廷于是向全国各地征兵。奢崇明认为有机可乘，便上疏请求率兵三万赴援，并派其部将樊龙、樊虎率兵抵达重庆。樊龙要求发给每一士兵安家费二十两，明政府将之减至十七两，三万多兵力，饷银就要54万两之多，明廷当时财政已极度困难，无力筹措这笔兵饷，四川巡抚徐可求于是便对其兵力进行核点，认为这当中许多年老体弱的士兵可予以裁汰而不必付饷，结果到最后给其的兵饷只有四万两。

樊龙等于是便在九月十七日以兵饷不继为由发动叛乱，杀死包括巡抚、道府、总兵在内的20多名官员，控制了重庆。这之后，奢崇明自号"大梁"，并设置"丞相五府等官"，遵义、泸州、新都、内江等几十个州县卫所都先后被他领兵攻陷。十月，叛军进逼成都，整个四川为之震动。

天启元年（1621年）十月，奢崇明进逼成都，打着大梁的旗号，从四面向成都发起了围攻。当时，成都城内守城的明军仅两千多人。在这种情况下，布政使朱燮元、周著和按察使林宰分门固守，死守城池，多次指挥士兵，将奢崇明的进攻打退。十二月，各道援兵相继抵达，安岳、乐至两县也先后被明军收复。与此同时，叛军也先后多次派出援军到成都，双方接战多次，互有胜负。到十二月底，双方已相持80多天。天启二年（1622年）正月，奢崇明部将罗乾象暗中与朱燮元勾通，表示愿意做明军的内应，这使得明军得以知晓叛军的全部动向。几日后，朱燮元令牙将周斯盛诈降，设下埋伏等待奢崇明，但被奢崇明逃脱。不久，奢崇明准备撤走。二十八日夜，罗乾象在叛军营中四处纵火，朱燮元率明军对奢崇明部发动夹攻，奢崇明父子奔往泸州，罗乾象则归顺朱燮元。这样，在被困102天后，成都之围终于被解。明军乘胜追击，三月，收复江安、新都、遵义。五月，明军进抵重庆附近，并对重庆发起了围攻。二十七日，叛军头目樊龙、张彤、何若海等31人被明军设计擒获，重庆被收复。六月，明军又收复了泸州。

（2）安邦彦之叛

就在奢崇明节节败退时，水西安邦彦又发起了叛乱，并且还非常嚣张。安邦彦是贵州水西宣慰司宣慰使安位的叔父。水西宣慰司辖地东起威清、平坝，西至乌撒，南抵安顺，北达赤水，介于川黔两省之间。从明初洪武初年起，安氏便世袭水西宣慰司宣慰使一职，管理当地苗民。

洪武十四年（1381年），安霭翠死，宣慰使之职由其妻奢香代袭。奢香死后，宣慰使一职由她的儿子继承。奢香曾前往南京觐见朱元璋，安氏每年都会向明廷贡献马匹及其他地方土产。万历末年，年幼的安位继承了水西宣慰职之职，并由其母奢社辉代管，但实际上实权都是由安位的叔父安邦彦掌握着。安邦彦颇具野心，一心想割据称王，得知奢崇明在重庆叛乱的消息后，他便也开始积极筹划起来。

天启二年（1622年）二月，安邦彦挟持安位起兵，并自称"罗甸王"。当地的48支苗民的头目安邦俊、鲁莲等人也蜂拥而起，予以附和。

起事后，安邦彦首先攻陷毕节，接着又分兵攻陷安顺。洪边土司宋万化又纠合苗仲九股攻陷龙里。安邦彦自己则渡过陆广河直趋贵阳，并于二月七日以10余万的兵力围困贵阳城。贵阳城中当时的明军守兵还不到三千人，于是紧急招募新兵四千人。不久，总兵官张彦芳又率援军抵达，使城中兵力达二万余人。抚臣李枟、按臣史永安与总兵张彦芳合力抗敌，多次将安邦彦的进攻击退。当时贵阳城内的粮食供应日渐紧张，仓库所储备的米本来仅二万石，而从围城开始城外居民就大量涌入城内，城内人口急增，米价猛涨，最后城内的居民只得以树皮草叶充饥。天启二年（1622年）十二月初，巡抚都御史王三善率两万明军进抵贵阳城下，安邦彦错误地估计了王三善的兵力，以为其所率兵力达10万以上，担心己部会被王三善打败，于是便率军撤走，明军趁势掩杀，结果大胜安邦彦，安邦彦则率军退往陆广河外。贵阳城之围，从二月份城被围到十二月解围，历时十个月，城中的居民大部分被饿死，活下来的仅千余人。

王三善以两万兵力打败十万叛军，在当时威震中外，但王也因此生出轻敌之心。天启三年（1623年）正月，王三善命总兵刘超渡过陆广河，直捣安位老巢。同时，又命总兵官张彦芳渡鸭池，向安邦彦总部所在地发起进攻。这两路明军共有汉兵、土兵六万，结果均遭惨败。而直到这时，王三善仍不接受教训，还要会师对之进讨。其他将领认为泽溪以西，林密山高，不利于进军，但王三善未接受这些建议，并于该年闰十月，率六万人渡乌江，进驻大方（今贵州大方县），但由于是孤军深入，援军没有跟至，并且粮食供应断绝，只得又于天启四年（1624年）正月退兵，而安邦彦则乘机派兵紧随明军进行袭击，中军主将王建中、副总兵秦民屏等人先后战死。王三善本人也误中安邦彦属将陈其愚的诈降计，遭到安邦彦的伏击，被俘后遭杀害。

四川方面，天启三年（1623年）四月，明军收复遵义。不久，奢崇明的老巢永宁也被朱燮元率军攻克，叛军降者达两万余人。明军乘胜追击，连下红岩、天台二寨，接着又攻克旧蔺州城（今四川古蔺县）。奢崇明、奢寅父子走投无路，于是便投奔贵州水西的奢社辉。奢社辉既是奢崇明之妹，同时又是安位之母。六月，川兵入贵州龙场，捕获奢崇明的妻子安氏及奢崇辉、蔡金贵等人。之后，安邦彦与奢崇明合兵一处，尤其是天启四年（1624年）三月王三善被杀之后，奢安联军又猖獗一时，继任的总督张鹤鸣龟缩在贵阳城内不敢出兵，安邦彦气焰十分嚣张，甚至还自称"四夷大长老，号崇明大梁王"。

朱燮元采取了劝降的计策，并给那些下层土目发放金银财帛，以作招抚。天启六年，奢寅的部下阿引及水西苗老虎将凶悍残忍的奢寅杀死，不久便率部向朱燮元投降。二月，总督朱燮元因父丧必须回家守孝，巡抚闵梦得继任总督。他只是调度诸省明军与叛军周旋，而一直都没有将之彻底制服。

崇祯元年（1628年）六月，明政府再次起用朱燮元。为便于统一指挥，协调行动，明廷又让他总督贵、湖、川、云、广五省军务，朱燮元便作出统一部署，令云南诸兵下乌撒；四川诸兵从永宁出发，下毕节；他自己则亲率大军进军陆广，逼进大方。崇祯二年（1629年）八月，安邦彦和奢崇明合兵十余万进犯赤水，向北路四川兵发起迎击，朱燮元命令赤水守将许成名假装战败，以诱敌深入，随后，他便紧急下令明军从三岔、陆广、遵义分头出击，结果一举将奢安联军击败，并杀死了安邦彦和奢崇明。

朱燮元认为奢安叛军已基本剿灭，于是便采取招抚的政策，发文告知安位，允许他投降，但安位由于受部属的挟持而继续与明廷对抗。朱燮元认为水西多山，地势险要，孤军深入，难以取胜，于是下令将水西包围起来，断绝其粮草供应，逼其投降。最后，水西在被围一百多天后粮尽。崇祯三年（1630年）春，安位向朱燮元投降。至此，持续近九年的奢安之乱被最后平定了。

6.冤杀袁崇焕

崇祯三年（1630年）八月，崇祯帝中后金反间计，冤杀名将袁崇焕。

袁崇焕（1584~1630年），字自如，又字元素，祖籍广东东莞，自幼就喜欢读兵书，学习用兵之道。中进士后，他被任命为福建邵武知县。当时，袁崇焕虽然人在福建为官，却非常关心辽东的战况，常常和一些曾经在辽东当过兵的退役明军将士一起讨论辽东的地理情况和防御状况，希望自己有朝一日能够亲往辽东抗敌。

天启二年（1622年）正月，袁崇焕入京朝觐，被御史侯恂荐为兵部职方主事，负责镇守山海关。不久，他又先后升任山东按察司佥事和山海监军，成为明末安边靖国的一名勇将。

不久，在兵部尚书孙承宗的大力支持下，袁崇焕在辽东修筑宁远城，恢复锦州、右屯等军事重镇，使明边防向前推进两百里，基本上收复了天启初年的失地。在此期间，他又采取以辽土养辽人，以辽人守辽土的政策，鼓励百姓重建家园，恢复生产。同时还注意整肃军队，号令严明，从而大大提高了军队的战斗力。由于治边有度，天启三年（1623年），袁崇焕被升任兵备副使，不久又被升为右参政。

天启五年（1625年）十月，孙承宗因被魏忠贤推挤而离职，继任者高第实行收缩战略，将明在山海关以外的人众、器械等都撤入山海关，并要袁崇焕也退出宁远和前屯城，袁崇焕对此予以拒绝。

后金得知这一消息后，认为宁远孤悬一线于山海关外，有机可乘，于是便于明天启六年（1626年）和七年（1627年）两次向宁远发动进攻。但袁崇焕坚守宁远，将后金的两次进攻都打退了。袁崇焕本人因此成为晚明的中流砥柱，而后金军队的锐气却受到了严重的挫折。从此，锦宁防线巍然矗立在山海关外，牢不可破，令后金军队望而止步。为避免这一局面长久持续下去，皇太极决定避实击虚，绕开锦、宁，从山海关以西挥师入关，然后再见机行事。

明崇祯二年（1629年）十月，皇太极亲统大军向明朝发动进攻，并由此揭开了五次入关之役的序幕。由于崇祯二年干支纪年是己巳年，因此这一役在后金又被称为己巳之役，而明朝则将之称为"己巳虏变"。

十月二日，皇太极率大军从沈阳出发，在向导喀喇沁部布尔噶都台吉的指引下，经由已经降明的内蒙科尔沁、喀喇沁部向西行去，战争的矛头直指明边。十月二十日，当后金军队大军行至喀喇沁的青城时，大贝勒代善、三贝勒莽古尔泰面见皇太极，力主回师。但后来在岳托、阿济格等一批年轻贝勒的支持下，皇太极终于说服了代善和莽古尔泰，继续向明进兵。

十月底，皇太极指挥军队从蓟镇分三路突入明边，接连攻克汉儿庄、马兰营等边城，直扑遵化。十一月三日，遵化城陷，明巡抚王元雅自缢而死。此后金军一路疾进，经蓟州、三河、顺义、通州等地，直逼北京近郊。

这时袁崇焕已被升任为蓟辽督师，当得知后金军队的动向后，他便亲率大军入关勤王。十一月十六日，他和祖大寿率精骑进抵北京城下。十七日，后金军队到达距北京二十里处的牧马厂。二十日后，后金军队多次发起进攻，但均被袁崇焕率军击退，皇太极于是下令还营。在这千钧一发的时刻，袁崇焕千里驰援，率兵勤王，护卫北京，确实是忠心可鉴，但北京当时是京师重地，骤然被围，人心慌乱，于是谣言四起。由于袁崇焕早年曾假意与皇太极言和，再加上他这一次入关只想尽快赶到北京城下以保卫京城，因此尽管一路上都尾随金兵，但并没有寻找机会与后金军队接战。有人因此散布谣言说袁试图勾结后金，图谋不轨。崇祯帝听后也很是起疑，因此当袁崇焕以兵马疲顿为由请求让大军入城休息时，崇祯帝当即便表示了拒绝。

在这种情况下，皇太极又采取了反间计，而正是由于这一反间计的成功推行，最终导致崇祯帝自毁长城，处死袁崇焕。

后金军在刚刚到达北京城郊时曾俘获过两个明朝的太监：杨春和王德成。皇太极知道崇祯帝宠信宦官，便决定借助杨、王二个宦官来实行自己的反间计。从袁军阵前还营之后，皇太极便将副将高鸿中和参将鲍承先找了过来，并对他们面授机宜，这两人于是领命而去。回到营中后，他们故意坐在杨、王二太监睡觉的地方煞有介事地耳语说："今天撤兵是大汗的计策。在撤兵前曾见大汗一个人骑着马向前行去，敌营中则有两个人前来面见大汗，他们商量了许久之后才离开，看来袁巡抚与大汗有密约，事情马上就会大功告成了。"太监杨春本来就醒着，高、鲍二人的谈话他自然都听到了耳朵里，并且还自以为是得到了重要情报。天聪三年（1629年）十一月二十九日，高、鲍二人又故意将杨春放走。杨回到北京后，便将"偷听"到的话密告崇祯帝，崇祯帝便于同年十二月一日，以"议饷"为由将袁崇焕、祖大寿等人召入皇宫，并当面就擅杀毛文龙和进京逗留不战两大"罪过"对袁崇焕进行指责，接着就将他逮捕下狱。不久之后，袁崇焕便被处以磔刑，冤死于西市。而祖大寿则在袁被捕以后惊惧异常，率辽兵溃逃出关。

皇太极并未在放走杨春后就马上向北京发动进攻，而是亲统军队向西行去，攻占了良乡（今北京房山境内）。当得知反间计已得手后他便又回到了北京城下，于十七日与明军在永定门外展开大战，该战中明大将满桂在阵前被斩，明总兵黑云龙和麻云也被生擒。不久，皇太极移师向东，一路上接连攻克永平、滦州、迁安等处，并分别派兵驻守。天聪四年（1630年）三月，皇太极率军出关北归。五月，明军收复遵、永等四城。

皇太极这次入关围京，挥师往来如入无人之境。尽管其原来想在北京东面建立根据地从而打开局面的设想未能实现，但袁崇焕却因其所设的反间计而冤死，对后金来讲，这无疑是一次重大胜利。

崇祯帝轻率疑臣，自毁长城，致使袁崇焕忠心报国却含恨九泉，明朝最终的灭亡，这不能不说是一个重要原因。

7.汗位之争

崇祯九年（1636年），皇太极建国号清，宣告了八和硕贝勒共治局面的结束。

（1）处死褚英

努尔哈赤起兵之后，所向披靡，战无不胜，然而岁月不饶人，随着岁月的流逝，对于年近花甲的努尔哈赤来说，选立储嗣，为身后之事设计，已经是越来越急迫的事了。受汉文化影响，他一开始想按嫡长继承的原则选立储嗣，所以先后立了长子褚英、次子代善为储嗣，结果却引起了数次朝中争论。

褚英，万历八年（1580年）生，生母佟佳氏（努尔哈赤的第一个大福晋），实际上他是努尔哈赤的嫡长子。褚英打仗很勇猛，立过很多军功。万历二十六年（1598年），努尔哈赤命巴雅喇、褚英和大将费英东、噶盖等率领一千兵马，征讨安褚拉库（今松花江上游二道江一带）。褚英和他的叔父率领兵马日夜兼程，很快到达安褚拉库，先后攻取屯寨20余个，俘获人畜一万多，大胜回朝。由于他年少无畏，旗开得胜，因此努尔哈赤赐给他"洪巴图鲁"的封号。褚英这一年才19岁，从此他受到努尔哈赤的喜爱，成了努尔哈赤南征北战时不可缺少的助手。

万历三十五年（1607年），努尔哈赤派弟舒尔哈齐、长子褚英、次子代善、大臣费英东、将领扬古利和侍卫扈尔汉等率领军队三千人，前往东海瓦尔部的斐优城（今吉林省珲春附近），从那里护送新近归附的部众去建州。在图们江畔钟城附近的乌碣岩，他们遭到了海西乌拉部的一万军队的拦截。当时，兵力悬殊，士气不振，情况十分危急。褚英、代善兄弟二人在这关键时刻挺身而出，激励三军，他们说："我们曾经俘虏过乌拉部的布占泰。后来不但赦免他的死罪，还支持他回去做首领。这种人根本没什么了不起。虽然敌众我寡，但仰仗上天的保佑、我父皇的威名，这次也一样会胜利。"这席话讲完，士气顿时大振。褚英首先率五百士兵奋勇冲杀，在代善等人的配合下，终于把乌拉军队打败。战后回朝，努尔哈赤赐予褚英"阿尔哈图图们"的称号。

万历三十六年（1608年）三月，努尔哈赤令褚英和阿敏（努尔哈赤侄子）率领五千军队，去攻取乌拉部的宜罕山城，褚英等率兵大败乌拉军，杀死敌人一千有余，获得铠甲300件。这一年，褚英29岁，已经很成熟了。虽然他也有缺点，但对于这位长子，努尔哈赤还是寄予了厚望。

不久之后，努尔哈赤决定让褚英掌管政事，以锻炼其能力，提高其威信，以便在自己去世之后其能将治国的重任承担起来。褚英执政期间有很大的权力，不但裁决国事，而且还秉持政务。但好景不长，万历四十年（1612年），褚英遭到了努尔哈赤的斥责，同时也被剥夺了部分牧群和属民，事实上的执政身份也失去了。关于他的罪名，是由努尔哈赤亲自举用恩养的五大臣（额亦都、费英东、扈尔汉、安费扬古、何和里）和爱如心肝的四个儿子（阿敏、代善、皇太极、莽古尔泰）联合告发的，主要内容是：第一，离间五大臣，使其苦恼不堪；第二，折磨阿敏、代善、皇太极、莽古尔泰等四弟，让他们立誓效忠，而且不许上告"汗父"；第三，威胁五大臣、四弟，声称："我即位之后，要杀掉与我作对的诸位兄弟和大臣。"褚英看了努尔哈赤给他的九人各自写来的弹劾文书，对此供认不讳。努尔哈赤对他说："像你这样，我怎能让你执政？"

同年九月，努尔哈赤亲自率领第五子莽古尔泰、第八子皇太极等统兵前往征伐乌拉，褚英既没能随努尔哈赤出征，也没有被任命守城。第二年，努尔哈赤率领三万军队再征乌拉，这次褚英还是没能出征，守城的是莽古尔泰和皇太极，而不是褚英。在当时，随父出征建立军功可以使威望提高，非常荣耀，而只有努尔哈赤十分信任的人才能在家守城。但褚英既没有出征，也没有守城，而是闲在家中。在他看来，这不啻是父亲对他的一种惩罚。失落之余，顿生怨怒，于是他暗中作书诅咒出征的汗父、诸弟和五大臣，"祝于天地而焚之"。而且他还对亲信说："我倒希望乌拉把建州军队打败，然后不许父亲和诸弟进城。"事后褚英的亲信把褚英的这些话秘密上告，于是努尔哈赤将褚英监禁于高墙之中。万历四十三年（1615年），努尔哈赤将时年36岁的褚英处死。

（2）代善失储位

褚英被杀之后，努尔哈赤并没有把立储的念头打消，接班的第二个人选是代善。

代善是努尔哈赤的第二个儿子，与褚英都是佟佳氏所生。褚英死后，他成为了事实上的嫡长子。他曾经为建立和发展后金立下汗马功劳。在乌碣岩战争当中，他的英勇并不在褚英之下，阵斩敌方主将博克多，为建州军队的胜利立下大功，努尔哈赤赐予"古英巴图鲁"的称号。

万历四十一年（1613年），努尔哈赤征战乌拉，接连攻克三个城池后，乌拉首领布占泰率领三万军队迎击。面对如此强敌，努尔哈赤的态度十分谨慎，是决一死战，还是继续采取蚕食的政策，好像还不能作出决定。诸贝勒、大臣纷纷请战，代善特别坚决，他说：我们就怕布占泰不迎战，今天既然已经引他出城，又怎能错失良机呢？我们秣马厉兵是为了什么呢？如今已经兴兵到了这里，当然要决一死战。在代善等众将的一再请求下，努尔哈赤下令出击，将乌拉部一举攻灭。

天命三年（1618年）四月，努尔哈赤以"七大恨"誓师进攻明军，率兵直往明辽东重镇抚顺。部队出发之后，天气阴晴不定，努尔哈赤认为阴雨天气不便进兵，有点想班师回朝的意思。代善极力劝阻，他说：既已率兵进攻明军，如果突然班师回朝，那么与明朝的关系是和还是战呢？势必骑虎难下。眼下虽然下了大雨，但是我们的士兵都有雨具，况且雨天明军防守松懈，我们突发奇兵，进攻更为顺利。努尔哈赤认为他说得很有道理，于是决定进兵。不久，天气转晴，后金军队到达抚顺城下，将抚顺城一举攻占。

天命四年（1619年），著名的萨尔浒之战爆发了。在这次争战当中，后金大汗努尔哈赤只是运筹帷幄，制定策略，而让代善直接指挥八旗军队。所以说，后金此战是在努尔哈赤领导和代善的直接指挥下取得的胜利。

在努尔哈赤的诸多儿子当中，代善为人宽厚，战功卓著，身为长兄，有很高的威望。因此，努尔哈赤决定让代善协理政务，并且说："等我去世之后，我的诸位幼子和大福晋交给大阿哥（指代善）收养。"当时，后金上下都认为努尔哈赤去世之后，必定是代善继承汗位。

但是代善并没有摆脱褚英的命运，很快代善的太子之位也被废除了，然而贝勒的地位和性命还是保住了。努尔哈赤为什么会对代善立而又废呢？其起因主要有三件事。第一件事发生在天命五年（1620年）三月，努尔哈赤的小福晋德因泽向努尔哈赤告发说，大福晋阿巴亥曾经有两次送饭给大贝勒代善，代善收下并吃了，又送饭给四贝勒皇太极，皇太极收下却没有吃；大福晋一天数次派人去大贝勒家，大约是有要事相商。努尔哈赤派扈尔汉等四大臣负责把此事调查清楚，调查的结果是：大福晋对大贝勒代善有意，当诸大臣、贝勒在大汗家里参加宴会、集议国事的时候，大福晋常常打扮得非常漂亮，并且她的眼睛老是盯着大贝勒。为此诸贝勒、大臣一直很生气，但因为对大贝勒、大福晋有惧怕之情，所以不敢向大汗告发。努尔哈赤知道这件事以后非常生气，以大福晋窃藏金帛为名将她休弃。对代善努尔哈赤虽然也是耿耿于怀，但他还是以国家大局为重，克制了自己，没有使代善为难。有人认为德因泽告奸之谋是皇太极指使的。不管怎么说，大福晋对大贝勒代善有意只是她单相思，代善并没有什么过分之举，这件事对代善的地位并没有太大的影响。

天命五年（1620年），后金迁都至萨尔浒。在迁都之前，后金征发夫役为努尔哈赤和各位贝勒建造宫府。完工之后，人们发现汗的宫室还没有大贝勒代善及其子岳托的府邸好，众贝勒便建议努尔哈赤去大贝勒的府宅居住。因此，努尔哈赤决定，让大贝勒迁往汗宫，汗迁居岳托的府邸，以大贝勒的新居作为众贝勒集会、欢宴的大衙门。大贝勒代善嫌汗宫太狭窄，不愿在汗宫居住，暗示二贝勒阿敏向努尔哈赤报告此事，请求居住新宅。努尔哈赤又从岳托的住宅搬出，回到了狭窄的汗宫，将岳托的住宅赐给代善。努尔哈赤这样做当然表明了他在容忍大贝勒代善，但至少还含有赌气的成分。这是第二件事。不久，第三件事也发生了。

硕托是代善的第二个儿子。代善听信继妻的话，对硕托百般刁难，甚至以硕托与庶母（代善之妾）通奸之名诬陷硕托，欲置其于死地。代善被继妻迷惑，虐待硕托，使得努尔哈赤对代善非常反感。其实，代善在前两件事情上已经得罪了汗父，即使他没有错，汗父也有可能随时找他的麻烦，当他确实有错时汗父更不会放过他。努尔哈赤因他的虐子惧妻之过而把他严厉地斥责了一顿，并废除了他的太子之位，剥夺了他的所属部众，代善赶忙悔过自新，杀死继妻，向汗父请罪，如此才把他的大贝勒的地位保住。

（3）皇太极胜出

褚英、代善的废立绝不是出于偶然。努尔哈赤不管立哪个成年儿子做继承人，这个儿子都不会有好结果，除非努尔哈赤今日立下太子第二天就死了。这主要是因为：第一，立嫡长的传统女真从来就没有过，所以立长子做继承人，其他诸子并不会罢休，汗父一日不死，诸子争夺汗位便一日不休。第二，女真当时还没有完备的继承人制度。继承人确定以后，在继承汗位的前后他的地位有什么不同，在他当太子期间与汗父及诸大臣的关系该是怎样的等一系列问题都没有明确的习惯或制度加以约束，往往只是凭借各人的实力、权力进行碰撞。因此，政治危机也就成了在所难免的了。中原王朝有完备的储位制度，夺嫡的变故尚且难免发生，何况女真还没有完备的储位制度，其继承人的命运也就可想而知了。

代善被废以后，其他的贝勒自然都是暗自庆幸。当时，代善、阿敏、皇太极、莽古尔泰并称为四大贝勒。代善被废之后，地位最高的贝勒却仍然是他，但如果没有特殊的机遇，太子的地位是很难恢复的。由于努尔哈赤所钟爱的幼子年纪还太小，所以以继代善之后另外三大贝勒最有可能被选为接班人。这三大贝勒中，二贝勒阿敏是努尔哈赤的侄子，并且不能善待其子弟，而努尔哈赤又最不愿意他的继承人是这样的，所以阿敏不会是继承人。三贝勒第五子莽古尔泰暴躁鲁莽，所以努尔哈赤也不会看中他。四贝勒第八子皇太极文武全才，后来居上，努尔哈赤对他比较喜欢，所以他最有可能被选为继承人。皇太极本来就对权术很热衷，代善被贬之后他的联络活动更加紧了。他自认近来有功无过，因而举止十分傲慢，凌越诸兄。后金天命六年（1621年），皇太极遭到了努尔哈赤的斥责，说他目无诸兄，不能互敬宽厚，又指责济尔哈朗（阿敏弟）、德格类（莽古尔泰弟）、岳托（代善长子）亲近于皇太极。努尔哈赤明告皇太极说："我岂能全不顾其他贝勒，而立你为汗位继承人。"这样，皇太极的太子梦也破灭了。

尝试了两次选立继承人都失败以后，经过思考，努尔哈赤决定在他去世以后并不沿袭自己国主独尊的旧制，而采取八和硕贝勒共治国政的制度，以便使政局稳定和权力平衡得以维持。

天命七年（1622年）三月初三，努尔哈赤发布汗谕，汗谕的内容就是对八和硕贝勒共治国政这一设想所作出的纲领性指示。所谓八和硕贝勒，即八旗旗主，他们都是努尔哈赤的子侄；所谓共治国政，即废除君主专制集权政体，削弱汗王的权力，而提高八和硕贝勒的权力，八大贝勒权力平等并联合执政。努尔哈赤给八和硕贝勒规定了较大的权力，其中主要有：

第一，推举新汗。努尔哈赤死后，新汗由八和硕贝勒共同选定，被他们选定继承汗位的人必须是"能受谏而有德者"。

第二，继任的汗和八和硕贝勒"并肩共坐"，共同接受子民的朝拜。这样在礼仪上规定了八和硕贝勒和新汗地位平等。

第三，议处军国大政的最大权力由八和硕贝勒掌握。努尔哈赤规定，在他去世后，后金所有的军国大事都要由八和硕贝勒与新汗共同议处，集体裁决，新汗要听从八大贝勒的集体意见，不得独断专行。

第四，八和硕贝勒有权对各级官员予以奖励、惩罚和任免。凡牛录额真以上职位的官员，其奖惩和任免均要经由八和硕贝勒磋商决定，不许新汗一人独自做主。

第五，八和硕贝勒有权对发生在八旗之间的争执加以裁处，并可对个别凶暴、无能的和硕贝勒予以惩治甚或更换。如果各旗之间发生争执，需经过众贝勒审议后才能入告新汗，各旗不得直接单独入告新汗。八贝勒中如有人不能胜任其职，则其职可交由其子弟担任。若不听汗父教谕，不听从另外贝勒的劝告，行为悖逆，第一次出现这种情况则处以罚金的惩罚，第二次则罚牛录，如果还不服气就将之逮捕下狱。

第六，八和硕贝勒享有同等特权。后金军队掠获的财物、牲畜等，归八和硕贝勒所共有，这些财物、牲畜要在八旗之间平均分配。如果有敢于额外贪取、隐匿财物者，发现一次则取消一次分配资格，发现三次则永远不分给其财物。

第七，八和硕贝勒对新汗有废黜权。若新汗"不能受谏，所行非善"，那么八和硕贝勒有权将该汗罢免，而另行选择继承汗位的人选。

八旗制度是八和硕贝勒共治国政的基础。努尔哈赤是八旗的统治者，在他的下面，八旗旗主之职分别由他的子侄担任，这八个旗主每一个都拥有相当的实力和权力。在选择接班人失败的情况下，努尔哈赤便想出了这样一个八和硕贝勒共治国政的办法。在一定程度上来说，这一办法与当时后金的社会基础是相符合的，它能使后金社会在努尔哈赤生前及死后的一段时间内保持了暂时的政治稳定。但是，当时的后金政权，对内社会矛盾重重，对外强敌环伺，如果没有一个有才干又具实权的大汗出任领袖，那么便不可能得到发展。况且八和硕贝勒之间的权力平衡迟早会被破坏，如果没有强大的汗权对之加以干预，那么骨肉相残的局面迟早有一日会发生，甚或会比后金以往的斗争更为惨烈。

天命七年（1622年）七月以后，八和硕贝勒的权力较之以前又得到了进一步扩大，而这时努尔哈赤已是一个64岁的老人了，为准备自己的后事，他开始逐渐将权力下放，进行权力过渡。

天命十一年（1626年）八月十一日，68岁的努尔哈赤离开了人世，八和硕贝勒共治国政的阶段正式出现。

就在努尔哈赤去世的当天，代善的长子、三子就对代善说："国家不可一日无君。四贝勒皇太极才德冠世，深合先汗（指努尔哈赤）圣心，并且大家都对他很心悦诚服，应该让他尽快继承汗位。"对此，代善当即表示赞同，说："这个想法我很早就有了，你们二人的意见与我不谋而合。"他先去找二贝勒阿敏、三贝勒莽古尔泰，在与他们取得一致意见后，又将结果向诸弟子侄作了通告。次日，在代善的倡议下，他们共同起草了一份劝进书，请求皇太极继承汗位。在此期间，诸贝勒唯恐努尔哈赤的第三个大福晋乌拉纳喇氏会为她的几个幼子争夺权力（阿济格、多尔衮、多铎都是她生的），便宣称努尔哈赤死前留有遗言：她心术不正，我死后她必会扰乱政局，令她给我殉葬。诸贝勒于是逼她自殉，从而减少了皇太极继承汗位的阻力。至此，努尔哈赤时代的汗位之争告一段落。

天命十一年（1626年）九月，皇太极正式继汗位，第二年又改元为天聪元年，并且根据八和硕贝勒共治国政的精神与代善等贝勒对天盟誓。此后皇太极凭其卓越的才能，使得自己的权力和威望不断得到加强，囚禁了阿敏，打击了代善、莽古尔泰。到天聪六年（1632年）时，他又将与大贝勒共坐的朝仪取消，自己南面独尊。至此，八和硕贝勒共治国政的制度已是名存实亡。天聪十年（1636年），皇太极又被拥戴为皇帝。至此，八和硕贝勒共治国政的制度便完全退出了后金的历史舞台。

8.皇太极巩固汗位

从天启七年（1627年）到崇祯九年（1636年）四月，皇太极为巩固汗位，进行了不懈的努力。

（1）内忧外患

天命十一年（1626年）九月一日，后金的汗位正式由努尔哈赤的第八子、第四大贝勒皇太极接任。皇太极在位期间可分为两个阶段，前一阶段称天聪时期，后一阶段称崇德时期。其中天聪时期开始于明天启七年（1627年），即天聪元年，结束于明崇祯九年（1636年）四月，即天聪十年四月。

继位以后，皇太极马上就发现大汗的这一位子并不是那么好坐的：后金自努尔哈赤晚年以后就潜伏着深刻的矛盾，内忧外患，日益严重。从内部来说，最高统治阶层矛盾重重，民族矛盾异常尖锐，"邦国未固"，危机四伏。首先，努尔哈赤从进入辽东以后，尤其是在其晚年，采取了一系列的民族歧视与压迫政策，这激起了汉人的反抗，他们采取投毒、逃亡乃至于起义的方式对后金进行反抗，而在这些反抗面前，努尔哈赤非但没有对其民族政策进行调整，反而变本加厉，对辽东的汉民滥施杀戮。结果不但广大汉民反对后金，就连一度忠于后金的汉官们也为之十分不满，有的甚至再次背叛了后金。其次，由于后金的大屠杀政策，使得辽东的经济情况接近崩溃边缘，当时辽东市场上米价昂贵如金，甚至有的地方还出现了"人相食"的惨象。再次，皇太极初登大位，诸贝勒对他并不是完全地心悦诚服，加之他与另外三大贝勒的关系并未最后定型，因此，怎样确立自己的地位，提高自己的权势与威望，也就成了摆在皇太极面前的一个不小的难题。

从后金的外部来说，"四临逼处，素皆不协"，东、南、西三面受敌，后金孤立无助。当时的后金东有朝鲜，朝鲜与明朝的关系十分密切，尽管在萨尔浒之战后努尔哈赤多次对朝鲜进行恐吓和拉拢，但朝鲜始终站在明廷一边，并给毛文龙所部明军提供粮食和基地，对从辽东出逃出来的难民也大多来之不拒，起到了帮助明朝牵制后金的作用。后金最主要的对手当然要数南面的明朝。尽管从与明开战之后，辽东的大部分地区都被后金攻占，但明朝倾全国之力以守一隅之地，实力仍不可小觑。天启六年（1626年），袁崇焕誓死守卫宁远，努尔哈赤的13万大军都为其所败，此战后金的锐气受到了很大挫伤，此后的十多年里，以宁远、锦州为中心的锦宁防线成了阻止后金南下的铜墙铁壁。况且当时明廷上下无不力图收复辽东，甚至消灭后金。而当时位于后金西南部的蒙古也是后金的一大威胁，蒙古当时各部虽已分裂，没有了往日的雄风，但对后金来说，其向背仍至关重要。蒙古与后金的矛盾在后金攻占广宁以后，尤其是皇太极继位以后变得更加尖锐了。喀尔喀诸部虽然曾于万历四十七年（1619年，后金天命四年）与后金会盟，但在这时他们却背盟接受明朝的赏金，多次向后金发动袭击，掠夺后金的财物和牲畜。察哈尔林丹汗向来与后金不和，并不断接受明廷的赏金，为了壮大自己的实力，他还挥兵西向，力图将蒙古各部统一。在蒙古诸部中对后金压力最大的就要数察哈尔了。

（2）巩固汗位

针对以上的种种危机与矛盾，皇太极审时度势，采取了一系列的明智并且可行的政策。

解决内部危机，皇太极主要是从以下两个方面着手的：一方面是调整满汉关系，对汉民、汉官的地位予以改善和提高；另一方面是实行政治改革，将三大贝勒的权势削弱，而对汗权则加以巩固和提高。

第一，调整满汉关系。

尖锐的民族矛盾及其引起的恶果说明调整满汉关系已迫在眉睫。继位伊始，皇太极便下令，以往有私欲潜逃者，或与明朝暗中往来者，事情已经过去，就算被人揭发，也都一概不予追究；今后只有在逃亡途中被缉获者才会被处以死刑，想逃但没有付诸实际行动的，哪怕有人告发也不对之加以查究。

天聪元年（1627年），皇太极实行了满汉分居、将汉人编为民户的政策。早在天命时期，努尔哈赤就曾经下令将汉人全部编入一种叫做"拖克索"的农庄。努尔哈赤按满官的品级大小把汉人整庄整庄地赐给满族官吏做奴隶，备御官各赐一庄。那时，满人、汉人"同处一屯，汉人每被侵扰，多致逃亡"。皇太极决定对这一编汉人为奴的政策进行改革，他下令每庄的13名汉人壮丁中只留八人，其余五名壮丁编为民户，与满人分屯别居，并选择清正的汉官对之加以管辖。这样一来，便使得相当一部分的汉人摆脱了奴隶的地位，恢复了编户齐民的身份。从此，一度紧张的满汉关系得到了一定缓和，同时，这一改革也解放了生产力，提高了后金的生产发展水平。

天聪三年（1629年），后金重新颁布了《离主条例》。所谓离主条例，就是指奴隶可以控告主人，如果审讯得实，主人将被按有关规定治罪，而奴隶则可以离开主人。新议定的《离主条例》一共六款，其规定除八旗旗主外，满族贵族及各级官吏如犯有擅杀人命、私行采猎、奸污属下妇女、隐瞒部下战功不报等罪状，属下均可向有关方面告发。《离主条例》中所指的奴仆或奴隶当然也包括汉人在内，包括留在原田庄中的八名汉人壮丁在内。如果说满汉分屯别居的政策是使得部分汉人奴隶得以获得解放的话，那么《离主条例》主旨就是要对包括汉人在内的奴隶的生命财物安全加以保护。这两者都有利于满汉关系的改善。

第二，巩固和提高汗权。

努尔哈赤死后，留给后金的是八大贝勒共治国政的格局，在这一格局下，新汗皇太极并没有什么很大的实权。刚刚继汗位时，皇太极是和代善、阿敏、莽古尔泰三大贝勒按月分值，轮流执政的。这三位贝勒对皇太极处处施以掣肘，在这样的情况下，皇太极虽然名义上是大汗，"实无异于整（正）黄旗一贝勒也"。这种群龙无首的状况是非常不利的，而且以皇太极的个性，他也是不会容忍这一局面继续下去的。一场围绕权力进行的争夺是必然会发生在大汗与诸贝勒之间的。天命十一年（1626年），一项决议被皇太极与诸贝勒通过，即每旗设总管旗务大臣一名，该大臣直接掌管旗务，他们可以与旗主贝勒一道参与国政。不久，他又让所有贝勒都参加议政会议，并让每旗增派三人议政。这样，就在一定意义上使得各旗主贝勒的权力和势力受到分散和牵制。而在对八旗大臣重新进行任命的同时，皇太极又将自己在继汗位之前所领的正白旗改为正黄旗，镶白旗改为镶黄旗；而阿济格、多尔衮、多铎三人直接从努尔哈赤手里继承下来的镶黄旗则被改为正白旗，正黄旗则被改为镶白旗。到这时，皇太极便和努尔哈赤一样，也直接拥有两黄旗了，后金国的大汗再度与两黄旗旗主合二为一。

天聪三年（1629年）正月，皇太极与三大贝勒议定，对四大贝勒按月分掌政事的惯例予以取消，将值月之事改由诸弟侄贝勒代理。这一决定的作出名义上是怕代善、阿敏、莽古尔泰三大贝勒操劳过度，实际上是皇太极借此来削弱他们的权力。四月，皇太极又命文馆文臣分为两班，一班专门翻译汉文书籍，以便对历朝的治国经验加以借鉴，另一班对本朝政事加以记注，以利对政治得失加以总结。文馆是清后来内阁的雏形，在当时实际上是汗的辅政班子。

在此之后，皇太极在提高汗权的道路上走得更快更远了。

天聪四年（1630年），二贝勒阿敏弃守滦州、迁安、永平、遵化四城，败回沈阳，皇太极借此机会大做文章。他与诸贝勒集议，定阿敏十六大罪状，将其所属人口、奴隶和财产尽数剥夺，并将其本人幽禁。从此，这位专横跋扈、实力雄厚的二贝勒就再也不能试图与国汗平起平坐了。

天聪五年（1631年）七月，皇太极仿照明朝官制设立六部，每部由一名贝勒主管，下设承政、参政、启心郎等官位。六部分理政事，直接对国汗负责，从而使得汗权得到很大提高。八月，正蓝旗主三贝勒莽古尔泰与皇太极发生争执，两人越吵越烈，莽古尔泰一气之下握住佩刀柄，对皇太极怒目相向，对此，皇太极自然是衔恨在心。两个月以后，经诸贝勒议定，莽古尔泰被革除大贝勒身份，降为一般和硕贝勒，并罚银万两，夺五牛录。十二月，后金召开会议对朝贺仪制一事进行讨论，在皇太极的示意下，诸贝勒决定取消大贝勒与国汗并坐的旧例，由皇太极一人南面独尊。南面独尊对皇太极来说，是其汗权取得极大发展的重要标志之一。

（3）宁锦受阻

天聪元年（1627年）五月初，皇太极亲率精锐，挥师西向。当时，大凌河、小凌河、右屯卫诸城的修筑工程尚未最后完工，因此，当后金军队大兵压境之际，这几个城堡的明守军被迫弃城而逃。所以，这场大战的战场主要还是在宁远以及刚刚修完的锦州城下。五月十一日，后金军队对锦州形成包围之势，并向城中劝降，结果被明总兵赵率教等拒绝。十二日，后金军发起猛烈的进攻，明朝赵率教等守城将领冒着枪林弹雨，指挥将士顽强守卫锦州。城上炮火矢石交下如雨，后金军队受到重创，被迫后撤。在这场大战中，两军首次交锋便以后金的失败告终。皇太极当然不甘心失败，他一面指挥军队继续向锦州城发动进攻，一面派人前往沈阳搬取援兵。

锦州被围以后，袁崇焕便派总兵满桂及尤世禄率军出援，该部和后金军队在锦州南边的笊篱山相遇，并展开了激烈的战斗。这一战双方互有死伤，最后明军退归宁远。二十五日，从沈阳出发的后金援军开到。二十八日，皇太极亲率大军转向宁远发动进攻。袁崇焕坐镇在宁远城中指挥，满桂、尤世禄、祖大寿等率军背城列阵，严阵以待。皇太极明知对方离城太近，不便对之发起冲击，但受挫于锦州的事实又着着实实令他怒火难消，他说："昔皇考（指努尔哈赤）取宁远不克，今我攻锦州又未克，似此野战之兵尚不能胜，其何以张我国威耶！"在皇太极的鼓动下，诸贝勒率军对宁远发起了进攻。面对强敌，城下的明军英勇迎战，城上的明军则连连发射火炮，后金士兵伤亡惨重，就连贝勒济尔哈朗和萨哈廉都受了重伤，皇太极因此被迫撤围。在这之后，他引军北上，并再次组织围攻锦州。锦州的明军仍守卫森严，金军于六月四日连续发起进攻，均无结果，并且伤亡也越来越大。当时已经是夏天了，天气渐渐炎热，士兵的体力和士气都受到了很大影响。这样，在气候炎热、士兵伤亡较大的情况下，皇太极被迫退兵。退兵途中，当从小凌河城与大凌河城经过时，他下令将两城的城墙全都拆毁。

这场大战前后历时二十五日，后金攻城未果，且自身损失惨重，这证明宁锦防线确实防守顽强，很难攻破。这场大战后来被明朝称为"宁锦大捷"。这一战中，袁崇焕不仅守住了宁远，还守住了宁远以北的锦州，对延续晚明王朝起到了中流砥柱的作用。

（4）与明议和

受挫宁锦的事实，使皇太极清醒过来了，他开始认识到击败明朝并不是一朝一夕可以做到的事情，大举伐明的时机尚未成熟。在此后的日子里，皇太极和他的谋臣们审时度势，逐渐总结形成了一套比较明确的策略，那就是对明朝采取议和与军事掠夺相结合的原则。

宁锦之战后，皇太极并未放弃与明讲和。天聪元年（1627年）十月，皇太极直接致信明朝皇帝，希望双方早日议和，但此举没有得到任何结果。两年后，他又于天聪三年

（1629年）正月主动致书袁崇焕，提出了恢复和谈的愿望，并且为表示议和诚意，未在信中使用天聪年号。这之后他又先后七次致书明朝求和。

那么皇太极为什么会对议和这样热心呢？究其原因，并不是他诚心议和，而是在无力一举击败明朝的情况下所采取的一种策略。他的议和条件主要有两个：一是要保住所占领的辽东地盘；二是索要相当数量的财物。如果和议能够达成，那么后金将一下子得到巨额财富，这将可使后金财物匮乏的状况得到缓解，从而使后金国力得到增强；如果议和不成，那么他也就有了深入明境抢掠的借口。皇太极与明的议和，就跟一只猫戏弄一只大老鼠有点像，因为不能马上就把它吃下去，所以只对它加以戏弄，然后把它吃下去。

从一开始，皇太极就从未停止过对明用兵。天聪三年（1629年）十月，皇太极亲统大军，取道蒙古，由喜峰口突入明境，一举攻陷遵化城，并于十一月十七日兵临北京城下。后金军队突入长城时，袁崇焕正在广宁。他得知这一消息后，急忙率祖大寿等挥师入关，赴京勤王。北京城下一战，后金军队被袁崇焕与祖大寿杀退。但由于皇太极施行反间计，使明朝廷杀了袁崇焕，祖大寿因而非常害怕，率军溃逃出关。于是皇太极与没有了袁崇焕的明军在北京城下展开大战。这一战，后金军队阵前斩杀了明将满桂，生擒总兵黑云龙和麻云等。不久，他又引兵东行，一路连下遵化、永平、滦州、迁安四城，并分别留兵驻守，自己则率军由冷口关北返。五月，明军向永平等四城发动猛攻，四城守将阿敏、硕托等弃城而逃。

天聪六年（1632年）七月，皇太极在得知明朝修大凌河城的消息后，亲率大军由沈阳出发并最终于八月六日进抵大凌河城，把大凌河城围了个水泄不通。明将祖大寿粮草断绝，坐困城中，被迫献城归降。后来祖大寿将自己的儿子留在后金充当人质，假意说如放其回锦州，将为后金赚取该城。皇太极信以为真，准许祖大寿返回锦州。后来祖大寿又为明朝效力了10年，才真正投降皇太极。通过大凌河一战，后金军队缴获了大量的鸟枪和火炮，又成功地招降了张存仁等30余名明朝在辽东的战将。从此，明朝在辽东的前沿再也无力向前推进了。天聪八年（1634年），皇太极再次挥师入关，向明朝的宣、大两镇发动进攻，并掠取了大量的人口和财物。

后金的以上军事行动不仅打击了明朝政治和统治，又壮大了后金的国力，同时也摸清了明朝的虚实。

（5）征服蒙古

明末清初之际，蒙古分裂为漠南、漠北和漠西三大部。其中漠南蒙古（今内蒙古）处于明与后金之间，其内部又分为察哈尔、喀尔喀等许多部，对明与后金来说它们的向背都至关重要。皇太极针对各部对后金的不同态度，分别采取了不同的政策。科尔沁部早在努尔哈赤时期便已归附后金，皇太极继位后便继续采取笼络政策。喀尔喀部又包括札鲁特、巴林、敖汉、奈曼等五小部，它们对后金的态度不时反复，时服时叛，皇太极对它们采取又打又拉的政策。天命十一年（1626年）十月，皇太极继位不到两个月，就派代善等人率一万精骑前往该部对札鲁特部进行讨伐，并遣副将楞格哩率兵袭击巴林，两军攻敌不备，因而均大获全胜。不久，因受到察哈尔部的进攻，札鲁特与巴林部举部北投科尔沁。第二年，又分别从科尔沁部出来归附后金。天聪元年（1627年）五月，迫于察哈尔兵威，喀尔喀五部中的敖汉与奈曼西部又举部归附了后金。这样，由于蒙古诸部的内部纷争和后金的军事压力，喀尔喀部大部分都投降了后金。

在征服蒙古过程中，横亘在皇太极面前的最大障碍便是察哈尔林丹汗。林丹汗是成吉思汗的嫡系子孙，名义上他是蒙古各部的共主，但实际上他只是察哈尔部的首领。

察哈尔是当时漠南蒙古中实力最为强大的一部，林丹汗本人也野心十足，想效法祖辈，统一漠南蒙古，并与后金争雄。他虽表面上结好于明王朝，这既是为了对付后金，也因为明朝每年都给林丹汗巨额赏金。对于后金来说，一日不除林丹汗，则后金一日不宁。皇太极于是决定大举征伐察哈尔。天聪二年（1628年）二月中旬，皇太极率精骑在敖木伦地方向察哈尔所属多罗特部落发动袭击，并俘获人口11200余人。后金第一次出兵，便大获全胜。天聪六年（1632年），皇太极率领十万联军向察哈尔发动进攻，林丹汗得知后向西逃跑，一直逃到青海大草滩，并于天聪八年（1634年）病死。林丹汗西逃及死后，其部众便陆续归附后金。天聪九年（1635年），皇太极派多尔衮等人统率一万精兵，西渡黄河，专程找寻林丹汗的儿子额哲，迫于后金军威，额哲与其母苏泰太后只得率部众归降后金，并将元朝的传国玉玺也交了出来。这样，通过前后三次对察哈尔的用兵，强大的察哈尔部被后金打败了，漠南蒙古由此宣告统一。从此，西面的威胁解除了，昔日的敌人成了共同抗明的盟友。后金不但获得了大量兵源，而且打开了由山海关以西向明发动进攻的通道。

随着势力的不断强大，又加上得到了元朝的传国玉玺"制诰之宝"，后金的统治者和蒙古贵族都认为后金应当兴起，这是天意，要顺应天命皇太极就必须即位称帝。于是，天聪十年（1636年）四月十一日，在群臣的拥戴下，皇太极正式登基为皇帝，改"金"为"大清"，改"女真"为"满洲"，改元崇德。

从天命十一年（1626年）八月努尔哈赤去世，到天聪十年（1636年）四月皇太极称帝改元的十年时间里，皇太极通过采取一系列政策，对内缓和了满汉民族矛盾，逐步消除了后金内部的政治危机，并极大地提高了汗权，直到他南面独尊，登上帝位；对外压制朝鲜，臣服蒙古，将左右两翼的威胁解除，同时在与明的战争中也更加赢得了主动权。天聪时期是后金（清）发展史上承前启后的阶段，努尔哈赤开创的伟业在皇太极手中又向前推进了一步。

9.孙承宗稳固辽西

崇祯十一年（1638年）十一月，为稳固辽西立下赫赫功劳的孙承宗被俘而死。

（1）部署宁锦防线

天启二年（1622年）八月，孙承宗被任命为辽东经略。他随后便开始着手实行他的战略计划。孙承宗认为要想保住山海关，就必须先巩固辽西；要想恢复辽东也必须先巩固辽西。于是，他开始对宁锦防线积极进行部署。

孙承宗（1563~1638年），字稚绳，号恺阳，北直隶保定高阳人。他青年时就对军事有着非常浓厚的兴趣。还在边境教书期间，他"杖剑游塞下，从飞狐（河北涞源北飞狐关）、拒马间直走白登（山西大同东）。又从纥干（山西大同东纥真山）、青波（河北清河）故道南下，结纳豪杰戍将老卒，周行边垒，访问要塞险塞，相与解裘马，贳酒高歌。用是以晓畅虏情，通知边事本末"。

万历三十二年（1604年），孙承宗中进士，并被授以翰林院编修之职。天启元年（1621年），他以左庶子的身份充任日讲官，不久，又被升任为少詹事。当时，辽沈之战明军大败，孙承宗因深悉用兵之道而被任命为兵部尚书，东阁大学士。上任以后，他上疏对当时明廷在军事体制与战场指挥上的弊端予以例举，并希望能够对之进行改革，该奏疏的主要内容为：第一，军队疏于训练，后勤供应混乱。第二，"以将用兵，而以文官招练；以将临阵，而以文官发指；以武略边，而增置文官于幕府"。指出当时"以文制武"指挥策略的失误。"以边任经、抚，而日问战守于朝"，指出"将从中御"的不妥。因此，他主张"今天下当重将权。择一沉雄有主略者，授之节钺，得自辟置偏裨以下，勿使小吏用小见沾沾陵其上"。此外，还要抚辽西、恤辽民、简京军等，都得到了明熹宗的批准。

努尔哈赤攻占沈阳、辽阳以后，明军实际上面临着一个如何进行军事防御的战略性问题，即是主守关防，作积极的防御，还是固守关门，作消极防御。对此，明前线军事将领意见不一。

为了听取各方面的意见，孙承宗召集将吏讨论如何防守。监军阎鸣泰主守觉华岛（辽宁兴城东三十里海中，今称菊花岛），袁崇焕主守宁远卫，王在晋则主守中前所。监司邢慎言、张应吾等附和王在晋的意见。孙承宗在全面考虑了各方意见，权衡利弊得失后，表示支持袁崇焕主守宁远的意见。

宁远，位于辽西走廊中部，"内拱岩关，南临大海，居表里之间，屹为形胜"。守住宁远，也就等于扼住了这条走廊的咽喉，能确保二百里外的山海关的安全。因此，孙承宗决计守卫宁远，是颇具战略眼光的。

孙承宗回到北京，向熹宗详细上奏了其坚守宁远，以与觉华岛守军互为犄角、遥相呼应的战略计划，正式提出了"以辽人守辽土，以辽土养辽人"的战略方针，并建议解除王在晋的兵部尚书及辽东经略之职。熹宗接受了孙承宗的意见，将王在晋调任南京兵部尚书。自此，八里铺筑城之议遂息。

王在晋调走后，山海关的防务采取并贯彻了孙承宗与袁崇焕主守关外的战略。此后，经数年艰辛的努力，一道坚固的宁（远）锦（州）防线被布置成功，并且最终成为一道后金骑兵不可逾越的障碍。从努尔哈赤到皇太极，始终都没能完全打破这道防线，在屡次碰壁之后，他们被迫望宁远而却步。这道防线不仅确保了山海关免受攻击，而且在此后的20余年间，基本上稳定了辽西走廊的战局。

天启二年（1622年）八月，孙承宗被任命为辽东经略。他开始积极部署宁锦防线。

他首先大力整顿了关门防务。经过几个月的整顿，他稳定了关门局势，从而为恢复辽西失地稳固了根基。

与此同时，他还开始着手修筑宁远城。天启三年（1623年）九月，孙承宗命祖大寿修复宁远，并令驻军尽速恢复山海关至宁远沿线被焚弃各城。召辽人回故居，垦荒屯田，重建家园。又发展采煤、煮盐、海运等事业，以充实民力，确保军需。宁远城竣工后，又调袁崇焕镇守。孙承宗自己则亲自镇守山海关。在袁崇焕的精心治理下，宁远"商旅辐辏，流移骈集，远近望为乐土"，成为一座进可攻、退可守的军事重镇。

随着宁远城守的日渐牢固，明军的防线不断向外拓展。天启五年（1625年）夏，孙承宗派遣将领分别镇守锦州、松山、杏山、石屯及大小凌河各个城镇。这样，明边防又自宁远向前推进二百里，自此形成了以宁远为中心的宁锦防线。

（2）视死如归

四年中，孙承宗提拔选用了袁崇焕等一大批忠正耿直的文武人才，使得明军的边防更加完备。"自承宗出镇，关门息警，中朝宴然，不复以边事为虑矣"。不但扭转了原先的那种颓败之势，且整个形势变得越来越好。正当孙承宗坚定意志想要振兴明朝的时候，却受到了来自魏忠贤的打击。

孙承宗功高权重，誉满朝野。魏忠贤为长久把持朝柄，一心想把孙承宗也拉到自己一边，故多次对其进行试探，但均遭到拒绝，魏因此而怀恨在心。天启四年（1624年）十一月，孙承宗西巡至蓟、昌，上奏皇上请求在十一月十四入朝庆贺万寿节，并面禀一些机密大事。魏忠贤听到这个消息，害怕孙承宗会以"清君侧"的名议，带领士兵诛杀自己，特别恐惧，"一边痛哭着一边绕着皇帝的床跑动，使得皇帝也被他感动了"，当即命内阁拟旨，以"无旨擅离，非祖宗法"为名，令其返关。孙承宗无奈，只好返回。事后，阉党利用这件事攻击孙承宗"拥兵向阙，叛逆显然"，但熹宗没予理会。

天启五年（1625年）八月，柳河之败，导致了孙承宗的去职。山海关总兵马世龙，误信自后金逃归的"降虏生员"刘伯漒的话，派遣军队渡过柳河，偷袭耀州，但不幸中了敌军的埋伏，大败而归。阉党借机小题大作，围攻马世龙，并参劾孙承宗。孙承宗一怒之下，接连向皇上呈上两份奏折，请求罢免自己的官职，并于九月份辞官成功后回到了家乡。

孙承宗辞官以后，兵部尚书高第出任辽东经略。高第是文人，既不懂军事，也没打过仗。高第一开始上任，就完全背离孙承宗的军事部署，下令将宁锦防线拆除并撤销。在边关驻防的将领除镇守宁远城的袁崇焕坚持不听从他们命令外，其他的各个城镇的防守统统都被撤销，因而使得孙承宗的数年心血毁于一旦，明朝在山海关及其关外的军事形势也于顷刻间陷入了一场新的危机。只是由于以袁崇焕为首的广大将士的浴血奋战，才使明军在天启六年正月、天启七年五月相继取得"宁远大捷"和"宁锦大捷"，挡住了后金的凶猛进攻，从而不仅使宁锦防线经受住战争的考验，且使明朝避免了由于高第的错误军事决策而导致的军事大溃败。

崇祯二年（1629年）时，皇太极率领大军避开宁锦防线，假装想要从内蒙古进攻，却突然从喜峰口突入关内，并相继攻克了遵化、迁安、滦州、永平，目标直指北京。此外，皇太极还成功地实施了一个反间计，使崇祯帝囚禁并最终杀害了袁崇焕。此即所谓的"己巳虏变"。明朝廷一时乱作一团。而袁崇焕的下狱，又导致军心涣散，将士东归。在此危难之际，明廷再次起用孙承宗，"诏以原官兼兵部尚书守通州"，统筹全局。孙承宗首先晓以大义，安定了军心。然后调整各路军队的关系，统一行动，经历了几个月的艰苦作战之后，取得了"遵永大捷"，并在崇祯三年（1630年）五月份，将后金的军队驱逐出了明朝的领域。

孙承宗再任辽东经略后，仍坚持以积极防御为主的方针，继续加强宁锦防线，决心重筑被高第毁弃的大凌河、右屯二城。崇祯四年（1631年）七月，孙承宗令祖大寿等率兵四千守大凌河，又征发一万四千人筑城。在八月六日，开始筑城不过20天左右，大凌河的城墙刚刚才修完，雉堞也只修完了一半，后金的部队突然重新来到城下，并于当天开始围城，明军仓促闭门拒战。"承宗闻，驰赴锦州，遣吴襄、宗传往救"。但宁远巡抚邱禾嘉"屡易师期，传与襄又不相能，遂大败于长山"。到十月份，大凌河已经被整整围困了三个月，守城的士兵到了弹尽粮绝而又没有支持的恶劣境地，祖大寿假借投降之机，逃回了锦州，大凌河再一次被敌人摧毁。大凌河失守，引起了明廷内部的互相倾轧，"廷臣追咎筑城非策，交章论禾嘉及承宗"。孙承宗连疏，引疾求退。崇祯帝为平息朝议，准其归籍，孙承宗第二次被排挤下台。

崇祯十一年（1638年），清兵深入内地，并于十一月九日围攻高阳。赋闲在家的孙承宗率全城军民与之血战。三天后，高阳城破，孙承宗被俘，他因为坚持气节拒不肯投降，最后被活活勒死。其死后被赐谥号"文正"，有《高阳集》传世。

10.入关之战

在后金军进行第一次入关之战后，在崇祯七年（1634年）至崇祯十五年（1642年）之间，后金（清）又进行了四次入关战役，从而从军事上和经济上削弱了明朝的实力，壮大了自己的力量。

（1）"入口之战"和"丙子之役"

天聪八年（1634年），皇太极决定向明朝的宣府、大同一带用兵，同时接收蒙古察哈尔部的余下部众。

天聪八年（1634年）五月二日，皇太极亲统大军由沈阳出发西行，一路上所遇到的察哈尔余众纷纷望风归附。后金军队在大约经过一个多月的行军后，进抵到了宣、大边外。明军开始时对后金的这一进军全然不知，直到对方兵临边境时才知道问题的严重性，但已经迟了。皇太极指挥后金军队分四路突入明境，对明朝的宣府、大同、应州（今山西省应县）、朔州（今山西省朔州市）等地肆行掳掠。在这一次入关之战中，皇太极吸取了上次的教训，没有把主要精力放在攻城掠地上，因为夺城攻坚必须付出较大代价，而且攻下了也难以守住。因此，这一次他便采取了转战驱驰、灵活机动，旨在消灭对方有生力量的战略方针，同时大肆抢掠财物。此次入关，后金军队一共在宣、大一带肆虐了50余日，杀戮军民，毁坏庄稼，攻城占地，俘掠人畜，种种暴行，不一而足。明朝廷见宣、大一带的边防守军不堪一击，便连忙从山海关和宁远调来两万精兵分道驰援，但也没有用。天聪八年闰八月，在目的已经达到的情况下，皇太极从容率军出塞。同年九月，后金军队返抵沈阳。

此战又被称为"入口之战"。此战役是皇太极假道蒙古打击明朝的又一次成功的尝试。崇祯九年（1636年），皇太极称帝。在称帝的一个月之后，他再次派军入关伐明。

崇祯九年（1636年）五月二十七日，皇太极下令武英郡王阿济格、饶余贝勒阿巴泰率军大举攻明，并指示他们向防守不严、城防残破的城池发动进攻，反之，则不要强攻。五月三十日，阿济格率大军从沈阳出发。六月二十七日，清军分三路经由独石口（在今河北省赤城北）进入明边境。

八天后，三路清军在延庆州（今北京延庆县）会师，然后再一路突入居庸关，攻占昌平，纵火焚毁明德陵（明熹宗陵）后，战旗直指北京城。崇祯帝为之大惊，忙令各路大军勤王。其实，清军这次进关并无向北京发动进攻的意思，只是想虚张声势地进行一番抢掠，以打击明朝并制造恐慌。接着，清军由西山（在北京之西）向南进抵良乡，在北京近郊的清河、沙河等地虚晃一枪后，又在京南一带大肆抢掠，然后又先后攻占宝坻、定兴、房山、固安、文安、永清等地。接着，大军又转头指向北京东北的怀柔、密云、平谷一带。在返回沈阳之前，阿济格又再次指挥清军往畿南一带行进，并且矛头直指雄县。这样，在最后过了一次抢掠之瘾后，清军才满载而归地于同年的九月一日从冷口关（今河北省迁安北）出边北返。明军一路尾追清军却不敢近前，只是眼睁睁地看着清军出关回师。清军非常得意，为嘲弄明军，在回师所经的路旁扔下写有"各官免送"字样的木牌。明朝各路援军的总督高起潜一直等到清军远去之后才装模作样地率军出关，然后以斩敌首级三颗的战绩向崇祯帝报捷。

由于这一年的干支纪年是丙子年，故该役又被称为"丙子之役"。该役清军从北京的西北一直打到东北，几乎把北京附近一带都绕了一圈，甚至连明帝诸陵所在的昌平都曾被他们攻占，并且他们还在这两个多月的时间里在北京附近大肆抢掠，俘获人口73000多人，并掠得牲畜12万余头。

（2）"戊寅之役"与"壬午之役"

两年后，清军发动了一次更大规模的入侵。

崇祯十一年（1638年），皇太极以明廷拒绝议和为由，第四次兴兵南犯。崇德三年（1638年）八月二十三日，他命令多尔衮、阿巴泰、豪格统率左翼军，岳托、杜度统率右翼军，两路同时出发，向明朝大举发动进攻。九月二十二日，岳托率右翼军由密云东北的墙子岭口（属蓟镇西协）进入明境，并不久便大败明军，还杀死了明的蓟辽总督吴阿衡。而左翼军则于九月二十八日在多尔衮的带领下由蓟镇中协（蓟镇共分三协）获家口东青山关一带拆毁边墙入边。最后两路清军于通州河西会师，又从北边绕过北京，在良乡、涿州一带大肆抢掠，并一度曾抵达山西边境。最后，清军又分为八路，大举南进，这八路中，一路沿太行山南下，一路则沿运河前进，另外六路则在黄河与太行山之间运动。

清军入境后，明朝廷马上宣布京师戒严，并调集各路兵马护王。然而，在这一大敌当前、国家危亡的紧要关头，明廷却对战守没有丝毫打算。宣大总督卢象升主战，兵部尚书杨嗣昌、监军太监高起潜主和，主战派与主和派互相争执，但是没有得出任何结果。开始时，崇祯帝倾向于主和派，但后来为了顾全脸面，又主张抗战，然而又没有什么实际的抗战行动付诸实践，反之，杨、高等主和派大臣仍为其重用。十一月，清军攻占高阳，并杀害原兵部尚书、内阁大学士孙承宗全家。十二月，徒有督师虚名的卢象升带领明军迎战清军，然而其所部明军，兵力尚不足万人。在巨鹿（今河北省邢台东北）贾庄之战中，他陷入清军重围，当时虽身受重伤，但仍拼死苦战，拒不突围，最后因马被绊倒而被杀，其所部明军也全军覆没。

崇德四年（1639年）正月，清军进抵山东，并乘济南城当时城防空虚之际攻占济南，俘获明德王朱由枢。随后，清军大军直抵兖州、济宁等地，并先后对这一带的十六处州县发动进攻。明督师大学士刘宇亮尾随清军而行，却不敢向前与之接战。三月，多尔衮率军北上，经天津由青山口出塞。第四次入关之役也就随之结束。此役又被称为"戊寅之役"。

在这一战中，清军扩大了其攻掠的范围，绕过了北京一带，前后转战两千余里，横扫中原大部分地区，在五个多月的时间里，先后进行了数十次规模各异的战斗，并取得了斩杀百余名明军总督以下级别的主要将官，攻占78座城池，俘获47万人口，掠得数千万计的金银的战果。而与清军的累累战果成鲜明对照的，则是明朝的惨重损失。不过在此役中清军左翼统帅岳托病逝于济南。对清廷来说，这也是一个沉重的打击。

崇祯十三年至十五年（1640~1642年），皇太极又向明发起了松锦之战。松锦之战后，明朝在北方的主力几乎被清军消灭殆尽。此后，皇太极发动了第五次入关之役，以进一步削弱明朝的实力。该役又被称为"壬午之役"。

崇祯十五年（1642年），皇太极任命贝勒阿巴泰为奉命大将军，令他统率约有十万人之多的满、蒙、汉军向明发动进攻。十一月初，阿巴泰兵分两路，分别从黄崖口（古北口西段）和界岭口（今河北省迁安与抚宁交界处）进入长城。

鉴于以往四次被掠的教训，明朝廷加强对蓟镇、山海关一带的防务，并分设关内、关外两总督，又在昌平、保定置总督。此外，还在顺天、永平、宁远、保定、密云、天津等地设立六巡抚，又在宁远、山海、蓟镇中协、西协、通州、昌平、天津、保定等地设八总兵。千里之内设四督、六抚、八总兵，在明代，这还是第一次。明朝廷的防守不可谓不周密，但是由于清军常常以大军数万从一线进行突破，防守得再严也没有用。

闯入长城后，两路清军便长驱直入，并很快就在蓟州会师。随后，清军又分兵南下，将霸州、河间、永清、衡水等地先后攻克下来。崇祯十五年（1642年）闰十一月，清军又由畿南转入山东，兵锋直指临清，不久又分兵为五路，并同时前进。十二月初八日，兖州也被清军攻占，明鲁王朱以派被俘自杀。这样，在肆意大掠了一番之后，清军又分两翼返回，其中左翼经青州、德州、沧州、天津卫等地抵达密云，右翼则由东昌出发经太行山以东进抵密云与左翼会师。崇祯十六年（1643年）五月，清军陆续由墙子岭出关。

该役前后历时半年，八旗铁骑转战于直隶、山东、河南等地，先后攻占88座城池，掠获37万人口，金银财物之类则更是不计其数。

这五次入关之役是皇太极在宁锦阻隔、山海关不通的情况下对明朝进行的旁敲侧击。虽然这五次战争并未能使清的疆城有所扩展，但清军却通过该五役掠夺了大量的财物，从而从军事上、经济上削弱了明朝的实力，并壮大了自己的力量。并且这五次入关之役每一次都给明朝廷造成了极大的恐慌，使得明朝廷君臣上下越来越灰心丧气。而清军的八旗将士则得到了一次又一次的实战锻炼，增强了士气和信心，从而为以后的入关进京作了必要的准备和铺垫。

11.松锦之战

明崇祯十三年（1640年）至崇祯十五年（1642年），明、清进行了第二次决战，这次决战前后历时两年，由于这一场战争的战场在关外的松山双方、锦州等地，故史称"松锦之战"，或"松锦决战"。

（1）剪枝之术

自从进攻宁锦防线受挫之后，皇太极改变了对明的作战方略：绕开锦、宁，从山海关以西突入明境，肆行掳掠。并先后在这一战略思想的指导下发动了五次入关之役。但尽管清军在五次入关之役中掠获了大量人口和财物，但却未能在内地立驻足。之所以如此，其主要原因是清与内地的往来通道被锦、宁明军挡住了。锦、宁成了清人主中原的最大障碍。因此，皇太极决定寻找机会攻破锦、宁防线。

早在崇祯十一年（1638年）第三次入关之役期间，皇太极便乘明朝廷调派锦、宁明军入援内地的机会亲自率领多铎、济尔哈朗等进攻山海关，而当多铎所部清军走到中后所时，被祖大寿打得大败。崇德四年（1639年），多尔衮率军出关，皇太极率代善、孔有德等满、汉军队向锦州的侧翼——松山发动猛攻，以配合多尔衮入关。该战中，清军动用了红衣大炮，并挖地道攻城，但是都没有用，最后在围城二十多日之后，无功而返。这说明锦宁防线着实坚固，但清军如想顺利挥师南下，就必须先突破锦宁防线。于此，一场大战便是不可避免的了。

崇祯十三年（1640年）正月，清都察院参政张存仁、祖可法、理事官马国柱等人联名向皇太极提出了三种打败明朝的方案：第一种是"刺心之术"，首先就进攻北京，然后攻占河北；第二种为"断喉之术"，先攻破山海关，将军队屯驻在广宁一带中原；第三种是"剪枝之术"，"逼临宁、锦门户"，迫使明军无法从事屯耕工作，从而导致明军立足不稳，而后清军则由锦州向宁远，再由宁远向山海关步步进逼。在这三种方案中，张存仁等汉官们认为第一种最可行，并将之称为上策。

但是皇太极早有打算，他更倾向于第三种方案。此外，为了"逼临宁、锦门户"，皇太极对张存仁等提出的在广宁屯种的方案予以了修正，他选择了离锦州更近的义州。该地位于锦州城城北九十里处，地势险要，也很适宜屯种。崇德五年（1640年）三月，皇太极任命济尔哈朗为右翼主帅，多铎为左翼主帅，命二人率军在义州筑城、屯田，并对驻扎在锦州宁远一带的明军进行骚扰，让他们的屯垦工作无法正常进行。之后，皇太极又源源不断地将粮食和人马输送到义州。

张存仁见最后被皇太极采纳的是"剪枝之术"，便于崇德五年（1640年）四月十一日向皇太极上奏攻克锦州的计策。其要点为：第一，以屯种为根本，长期（数月至一年）、有效地围困锦州，并随时伺机对之发动进攻；第二，设法招降祖大寿，并策反锦州城内的蒙古军。皇太极基本上采纳了张存仁的建议。

（2）贸然出击

五月初，皇太极亲自前往义州对清军的屯垦工作进行视察，并很快便来到了锦州城下。他派人将明军和明朝百姓在锦州城的北、西、东三面耕种的庄稼全都收割掉，同时又写信给城中的蒙古族士兵进行劝降。经过这次巡视后，皇太极决定实行轮番屯驻、步步紧逼的办法对锦州进行围困。他将清军分为两班，每班值班三个月，命令他们轮流围困锦州，并逐渐将对锦州的包围圈缩小。

济尔哈朗之后，奉命换防的是多尔衮、豪格等人，他们继续率兵围困锦州，并接连攻克锦州周围的一些墩台、哨所，明锦州城的形势非常危急。

清军的这一举动使得明朝廷为之震惊。崇祯十三年（1640年）五月，蓟辽总督洪承畴承崇祯帝之命出关督师。洪承畴是进士出身，曾担任陕西三边总督之职，颇有韬略，并有丰富的镇压农民起义的经验。出关后，他一路来到前线城市——锦州东南的杏山城。崇祯十三年（1640年）七月二十一日，他率刘肇基（前屯卫署分练总兵）、吴三桂（宁远团练总兵）、马科（山海总兵）、曹变蛟（蓟镇东协总兵）等部明军在杏山城一带对清军予以阻击，从而扼止了清军继续南扰的势头。这样，双方在松、杏一带形成了僵持局面。

明军要解锦州之围，首要问题就是要保证对松、锦、杏诸城的军粮供应。没有粮食，不仅锦州守军无法支持，解围部队也难于久驻。鉴于这一情况，洪承畴便利用清军有一段时间围城较为松懈的机会，大批从宁远向锦、松、杏等城输送粮食。当时，清军是由多尔衮统率的，他下令大军移驻郊外，在和锦州的距离稍为远一点的国王碑（锦州东北二十里左右）一带扎营，同时允许士兵轮流回家探亲。由于清军移营后撤，锦州所受的压力大为缓解。洪承畴便乘机命令曹变蛟、左光先、马科、刘肇基等将粮食从杏山运到松山，再由吴三桂等人从松山运到锦州，从而一步一步地将大批粮食由宁远运到了锦州、松山等前沿城市，使得锦州、松山等地的军粮问题在一段时间内得到了缓解。而此时，多尔衮则被皇太极认为是围城不严，被贬为郡王，并还被罚银一万两，夺两牛录。同时别的围锦将领也先后受到处罚。

崇祯十三年（1640年）十二月，见围困锦州这一招不灵，张存仁便上奏皇太极，建议第二年春天再围困锦州时环城挖壕，以严密围困锦州，并先将锦州的羽翼——松山、杏山、塔山诸城破除。崇祯十四年（1641年）三月，换班的时间又到了，多尔衮之职由济尔哈朗接任。上任后，济尔哈朗继续率军围困锦州。他来到锦州后，在城的四面每面设立八营，并绕城挖掘深壕，沿壕修筑垛口，派兵在靠近城墙的一带巡逻，把锦州几乎是围了个水泄不通。三月底，守卫锦州东关外城的蒙古兵发动叛乱，清军乘机攻陷外城。一时间，锦州的形势十分危急。

由于洪承畴的奏请，明援辽大军陆续于崇祯十四年（1641年）出关。四月十六日，七位总兵（王朴、曹变蛟、马科、杨国柱、吴三桂、白广恩、王廷臣）集结于宁远。四月下旬，洪承畴挥师北上，率七镇兵马与清兵在锦州城南的东、西石门展开了激战。明军分两路向清军的驻地发起猛攻，尽管也有伤亡的现象发生，却不肯退缩，表现了无畏敢战的精神。这一次战斗中，清军也小有伤亡。六年（1641年）六月，洪承畴指挥明军与清军在松山西北展开大战。这一场战斗中，明军向清军营地发起猛攻，夺取了三个旗的营地，并大创清军。经过这一战，明军士气颇高，并逐渐取得了在松山一带的主动权。

崇祯十四年（1641年）七月，明朝廷下达了大举出击的命令。结果这一命令不但使明军在松锦战场的优势全部丧失，而且还最终导致了洪承畴所部明军全军覆没。本来，洪承畴的主张是打持久战，稳扎稳打，长期坚持，再相机解除锦州之围，理由是"久持松、杏，以资转饷；且锦守颇坚，未易撼动"。但当时的兵部尚书陈新甲担心相持下去，军饷会花费太多，而且又怕清兵再次绕过锦、宁入关抢掠，因而主张速战解围。他写信给洪承畴，激洪出兵，又上疏崇祯帝请求速战。开始时，崇祯帝是支持洪承畴的，但在听了陈新甲等人的话后又改变了主意，下密旨要洪承畴定好日子出兵。无奈之下，洪承畴只得硬着头皮出战了。七月二十六日，洪在宁远誓师，决定出兵。他将粮饷留在塔山近海一带的笔架山，然后率领八名总兵和13万大军向松山进军。二十八日，大军来到松山城，他分出部分军力抢占乳峰山西侧高地，从而对驻扎在山的东边的清军形成了居高临下之势；其他部队则在乳峰山与松山城之间扎营。如此一来，围困锦州的清军便陷入了腹背受敌的境地。

八月二日以后，双方多次发生激战，在这些战斗中，明军尽管稍占优势，但是大的进展还是没有，锦州之围仍未被打破。这时，轮到多尔衮当值。多尔衮见明军兵力众多，并且攻势凌厉，便被迫采取守势以等待援军的到来。在清军援兵还没赶到之前，明军筹划军务的绥德知县马绍愉曾向洪承畴建议乘机进击，但对此洪未予理睬；大同监军张斗主张派一部分明军驻守松山城南的长山岭，以防后路被抄，结果却遭到洪的奚落。

洪承畴刚愎自用，拒绝接受下属的建议，这也是导致明军后来惨败的一个重要原因。

（3）攻破松锦

尽管洪承畴并没有大举向清军发动攻击，但明军的锐气和阵势却足以使多尔衮感到不安。八月六日，清军使者赶到了沈阳，将前线敌军甚众的情况报告给了皇太极。皇太极接到报告后便指示多尔衮相机攻取，不可轻举妄动。八月十一日，清军使者再次来到沈阳，请求紧急增援。皇太极认为兹事体大，遂决定自己亲征。当时，皇太极尚在病中，鼻子流血不止，清军的出兵日期不得不向后拖了几天。十四日，皇太极按捺不下焦虑之情，强自起程，途中以碗盛血，血流了三天才止住。八月十九日，皇太极一行来到了松山附近的戚家堡。

皇太极率领清军主力开到前线后边，决定实行围锦打援之策，与明军决战。早在洪承畴未进抵松山之前的七月二十三日，汉军固山额真石廷柱便已估计到明朝大军肯定会来为锦州解围，他建议清军在松、杏与塔山之间的高桥边设置埋伏，挖掘长壕，以断绝明军的粮道。所以皇太极来到前线后便想在高桥扎营。多尔衮认为，高桥与他率领的围锦清军相距甚远，难以守望相助，因而建议皇太极还是将军队驻扎在距离锦州稍近的松山与杏山之间。皇太极认为他的建议有理，便接纳了。清军于是便一字排开，绵亘驻营，横截大路，将松山与杏山之间的联系切断了，从而也就将明军的退路和粮道也切断了。八月二十日，明军见清军突然开到，后路被抄，大为恐慌，忙回师向南，对清军主力主动发起进攻，但是两军未能分出胜负。当日，皇太极下令全军在松、杏之间的要路挖出三道深八尺、宽一丈二的壕沟，登时一道"天堑"出现在了狭长的辽西走廊之上。同时他还派兵攻取明军在笔架山的军粮十二堆。明援军被困在松山一线。二十一日，明军试图突围，于是便大举向清军主力发动进攻，但被壕沟阻住。明军两次突围未果，军中粮食仅够三天的食用，困守松山便等于坐以待毙。皇太极估计明军严重缺粮，可能会在当天夜里溃逃，作出这一估计后，他便在松山以南的杏山、塔山、小凌河口等明军必经之地布下了重兵埋伏。

就当皇太极在紧张地布置伏兵时，洪承畴也在试图找寻出路。当第二次突围无效后，洪承畴马上便在二十一日夜间召集部下将领开会研讨对策。开始时，洪主张以战图存，趁粮食未尽之前与清军决一死战。但是其手下将领的意见却发生了分歧，并且大部分人都主张回宁远取粮。在这一关键时刻，陈新甲的同党、监军张鹿麒写信给洪承畴，表示支持回宁远就食的意见。最后，迫于众议，洪承畴不得不改变原来的想法，决定有计划地强行突围，他命令白广恩、王朴、唐通三总兵为左路，吴三桂、马科、李辅明（宣府总兵杨国柱死后其职由李取代）三总兵为右路，两路并进，强行突围，等回宁远拿到粮饷之后携粮再战。洪承畴自己则和曹变蛟、王廷臣两位总兵留守松山，以待援兵。但是他的命令并没有得到执行。会议刚完大同总兵王朴便率本部出逃，于是另外五个总兵也就各自带领自己的部下一窝蜂似地奔向了杏山、塔山等地。

果然如皇太极所预料，明军钻进了清军的伏击网中。六部明军兵马从松山出发一路南逃，清军沿途对之围追堵截，使之伤亡惨重。明军还曾试图经海岸逃走，但由于当时是夜里，很难辨识方向，又加上正赶上海水涨潮，许多士兵被海水淹死，"自杏山迤南沿海至塔山一路，赴海死者，不可胜计"。在士兵的护卫下，八位总兵辗转逃回了宁远，性命虽然未失，但也非常狼狈。此战，共约三万明军突围生还。六部明军突围后，皇太极便于二十二日指挥大军将松山城包围起来并进而发动了攻击。当晚，曹变蛟指挥军队分路突围，连续数次闯入清营，并曾一度攻入皇太极的御营，但均被清军击退。

松锦之战前后持续了很长时间，但真正的会战却只是六部明军突围的那几天。从八月二十一日夜明军从松山发动突围，到二十六日王朴、吴三桂率残部逃回宁远，短短几天内明军便损失了兵力53783人之多，同时还丢失了许多的马匹和甲胄。

此后，松、锦、杏、塔诸城便处在清军的团团包围之中。九月十三日，皇太极因宠妃病危匆忙赶回沈阳，前线军务便被他交给了手下的诸位将领。

经过松山之败后，明廷已无力再对松、锦诸城加以救援了。洪承畴困守松山，内无粮草，外无援兵。崇德七年（1642年）二月，守卫松山的明副将夏成德降清，于是松山落到了清军手中，洪承畴等人也被俘。皇太极下令除将洪承畴和祖大寿之弟送往沈阳外，对其余官吏将士（除了夏成德所部外）均尽行诛杀。该次杀戮，罹难的明朝将官士兵达三千余人。三月，守卫着"饥民相食"的锦州城的大将祖大寿，见松山城破，大势已去，也只得向皇太极献城归降。此后，清军对锦州采用了与松山相同的政策，将所有的不属于祖大寿系统的军卒全都杀戮殆尽。

松、锦被清军攻占后，松、锦之战也就临近了结束。四月九日，济尔哈朗等指挥军队以红衣大炮攻占了塔山。该役，明军阵亡七千余人。二十二日，清军炮轰杏山城，杏山城城墙被毁达二十五丈之长，清军随后便准备攻入城去。在这种情况下，该部明军被迫乞降。至此，松、锦之战全部结束。

松锦之战从锦州围城到杏山迫降，前后共历时两年多。松锦之战后，明朝在北方的主力基本上被消灭，关外诸城被占。此后明朝凭关（山海关）、宁（宁远）而守，在与清的对抗中越来越吃力了。而对于清军来说，明军主力的被歼为日后清军的入关进京奠定了坚实的基础。

（4）顺治继统

松锦之战后，清太宗皇太极积极布置，正准备挥师入关、进军中原之际，于明崇祯十六年（1643年）突然驾崩。他生前并未指定皇位继承人，选立新君的重任便落到了他手下八旗诸王的肩上。

由于此前后金并未确立明确的继承人制度，因此，八旗诸王既是推举嗣君的重臣，又是竞争皇位的候选人。众王之中，努尔哈赤第十四子多尔衮与皇太极长子豪格实力最强，帝位之争因而在两人之间展开。

睿亲王多尔衮文武双全，军功卓著，极有才干，在当时的清王朝中具有举足轻重的地位。肃亲王豪格作为皇长子，也屡建战功，实力不可轻视。皇太极死后，以两人为首的两个集团为争帝位互不相让，大有一触即发之势。

八月十四日，诸王大臣们举行会议，准备选立新君。会上，以肃亲王为首的拥皇长子继位一派与以睿亲王为首的拥多尔衮继位一派针锋相对，剑拔弩张。为了打破僵局，多尔衮提议立皇太极第九子福临为帝，他与郑亲王济尔哈朗辅政。这个主张得到了大多数大臣的赞同而被议立新君大会通过，肃亲王豪格无奈屈从众议。至此，皇太极死后的帝位之争以"福临继统"、二王（多尔衮和济尔哈朗）辅政的结局告终。这一方案使清最高统治层避免了骨肉相残的悲剧，令清统治层得以摆脱困境，结束了内部纷争，继续其入主中原，一统天下，建立清帝国的大业。

八月二十六日，6岁的福临在沈阳登基为大清国新帝，改次年为顺治元年。

12.张献忠称王

崇祯十六年（1643年）五月，张献忠在武昌正式建立大西政权，称西王。

张献忠，字秉吾，号敬轩，陕西延安柳树涧人，出生于万历三十四年（1606年），父亲是农民，偶尔做些小生意，家境十分清贫。幼年时，他曾读过书，青年时落魄无依，常受欺压。有一段时间他曾在延绥镇总兵王威的手下当兵戍边。他打仗很英勇，但有一次由于他和另外17人犯有"淫掠"罪，按律当全部处死。行刑的时候，在场的总兵陈洪范见他年纪轻轻，却相貌奇伟，便建议王威对另外的17个人处以斩刑，而对张献忠只鞭笞一百。张献忠便借机逃回了家。崇祯三年（1630年），陕西各地农民纷纷发动起义。四月，张献忠也自称"八大王"，率领米脂县十八寨的贫苦农民举起了起义的大旗。他身材魁梧，孔武有力，脸色微黄，长着长须，非常威武，因此义军们又称呼他为"黄虎"。

（1）"黄虎"扬威

崇祯四年（1631年），紫金梁王自用联合农民起义军三十六营，张献忠便是其领导人之一。作战时他总是身先士卒，异常英勇。崇祯六年（1633年）正月，他在山西一带转战，先后攻克榆杜、和顺，后来又攻下了寿阳、榆次、平定，就连当时山西的省府太原也曾一度受到他的威胁。二月，他又南下四川，接着又东下湖广竹山县。第二年，他又再次从河南进入四川，与四川地方武装及明朝官兵进行了激战，前后历时达半年之久，不仅打乱了四川封建统治的秩序，而且还将义军的种子散播在了四川。

崇祯八年（1635年）正月，13支起义军的领袖在河南荥阳召开会议，商讨今后如何作战，作为主要领导人之一，张献忠参加并与闯王高迎祥共同主持了这次会议。会后，他与闯王高迎祥、闯将李自成联合统兵向东进军，并一路攻下河南许多州县。不久，又进军安徽，并一举攻破了明中都凤阳，烧毁了明的皇陵，挖了朱明皇帝的祖坟，从而从精神和心理上给了崇祯帝和明朝廷很大的打击。

崇祯九年（1636年），张献忠在陕西、河南、湖广一带活动，继续与明官兵周旋。这一年七月，闯王高迎祥被俘牺牲，李自成也一再失利。在这种情况下，张献忠部于是便成了明廷围剿的重点对象。崇祯十年，张献忠联合"老回回"马守应等从河南进入湖广，并进攻襄阳，令湖广为之震动。

当时的兵部尚书是杨嗣昌，对义军进行镇压围剿一事便是由其负责。杨嗣昌提出来了一个名为"四正六隅十面张网"的围剿策略，并且他还推荐熊文灿担任六省军务总理一职。熊在以往镇压农民起义时，习惯于剿抚并施，上任后他就故伎重施，推行以"抚"代"剿"的策略，这在当时也产生了一些效果，农民起义军内部的一些将领如刘国能、马士秀、杜应金等相继投降了明朝。同年八月，张献忠在河南南阳地区与官军左良玉部遭遇，并进行了一场战斗，结果被左良玉击败，自己也在战斗中负了伤，于是他将队伍转移到湖北麻城、蕲州一带。十二月，熊文灿派遣一度卷入农民军中的生员卢鼎进入张献忠营内招降，张献忠经过考虑表示愿意接受招安。第二年正月，张献忠率领部队进驻湖北谷城。在当时自已孤立无援，而明军势力又很强大的形势下，张献忠决定诈降。他知道熊文灿贪财好货，就派孙可望拿了两块尺多长的碧玉和两枚直径达一寸多的珍珠献给熊文灿。熊为之大喜，当即便上奏明廷请求招降张献忠部，崇祯亲自批准了他的奏疏。张献忠于是在谷城接受招抚。这一年的十一月，罗汝才也在湖北的房县接受招抚。此时，李自成也因屡遭挫败，率军隐伏在商洛山中。至此，农民起义进入低潮。

张献忠受抚本来就是权宜之计，因此，受抚期间他既不接受明军改编，也不将军队遣散，对明廷调他去镇压别的起义军的命令则更是不服从，并始终保持相对的独立性。他用驻兵谷城的机会，积极筹集粮饷，将部分军队调出去屯耕，还在沔水、汉水交汇处设立关卡，征收赋税。同时还加紧操练，积蓄力量。张献忠本人也潜心研读孙吴兵法，并创造出了团营方阵，左、右营作战等战法；还制造出狼牙棒、三眼枪、埋伏连弩等兵器。同样，罗汝才也对熊文灿下达的解散部队的命令不予理睬，并加紧操练士卒，囤积粮草，与张献忠遥相呼应。不过，这同时也给了明廷一个暂时喘息、调整的机会。

（2）再举义旗

崇祯十二年（1639年）四月，杨嗣昌认为消灭起义军的时机已经成熟，于是就与总理五省军务的熊文灿秘密谋划，调集了陕西、四川的兵力，企图一举将张献忠部消灭。而此时，在经过将近一年半的休整之后，张献忠的部队在装备上有了很大改善，数量也得到了扩充，并且军队的士气也十分旺盛。在这种情况下，张先发制人，于五月份在谷城再次举起了义旗，他杀死谷城知县阮之钿，烧毁县衙，打开监狱，释放囚徒，推倒城墙。几天后，罗汝才也在房县发难，两军联合作战，攻破了房县县城。至此，熊文灿苦心经营的"招抚"之策落空了。而别的被招抚的农民起义军也全都再次举起了义旗。这样，便又掀起了一次农民起义的高潮。

崇祯十二年（1639年）七月，张献忠、罗汝才联军在房县罗猴山设下埋伏，一举将明军主力左良玉部击败，歼灭明军上万人。左良玉也在这一战役中被农民军打得狼狈不堪，甚至连军府印信也弄丢了。崇祯帝得知此事后气急败坏，马上下令处死熊文灿，将左良玉革职，并令其戴罪立功。在这样情况下，杨嗣昌被授命督师，"专剿"张献忠。十月初一，杨嗣昌抵达襄阳，与总兵左良玉、陈洪范等人开会商讨如何对张献忠所率的义军进行镇压。他命令河南、四川、陕西、郧阳各巡抚各自将地理位置重要的地方守好，然后集中优势兵力，先对付张献忠、罗汝才。崇祯十三年（1640年）二月，张献忠与左良玉部在四川太平（今万源县）玛瑙山遭遇。结果，左良玉大败张献忠部，并消灭张献忠部士兵3500余名。七月，罗汝才部在兴山县丰邑坪被湖广官兵和京营官兵打败。不久，罗汝才又与张献忠合兵，两部联合起来挺进四川。

崇祯十三年（1640年）秋，为了摆脱困境，张献忠、罗汝才两部起义军联合突入四川，并直抵四川省北部的剑阁、广元，然后又掉头向南挺进。随即，杨嗣昌也尾随而来，并调来了许多明军精锐部队，他自己则驻扎在重庆。战争的主动权落到了张献忠和罗汝才手中，他们转战南北，连夺数十座城池，而明军则处处失利，唯有疲于奔命。张献忠见明军主力全都蜂拥进入四川，便指挥联军突然折向东行去，明军东面防守空虚，义军于是便顺利地通过了夔门、巫山，再次甩掉杨嗣昌所部的明军，进入了湖广地区。

崇祯十四年（1641年）正月底，张献忠在统军向当阳杀进的途中，得知襄阳城内防守单薄，于是便定下计策对之进行奇袭。他亲率轻骑一日一夜驰骋三百里，到达襄阳附近，命令部将李定国和二十几名骑兵佯装成官军，拿着缴获来的杨嗣昌调兵文书混入了城内。二月初四日半夜，埋伏在城内的义军将士放火为号，并趁机对城内守军发动袭击，城中顿时大乱。天明，义军主力赶到，占领襄阳。占领襄阳后，张献忠将襄阳城中的襄王朱翊铭和贵阳王朱常法杀死，又打开仓库，"发银五十万以赈饥民"，并将其余的库银没收以之作为义军的给养。

而在此不到一个月前，洛阳曾为李自成所攻克，当时在洛阳城中的福王被李自成处死。现在又发生襄阳这件事，在这样的情况下，杨嗣昌被迫于三月初一日自杀身亡。杨嗣昌死后，明朝廷再无可以镇压义军的得力督师了。

之后，张献忠又率部于河南、湖广、安徽一带转战。罗汝才部后来则与李自成会合。崇祯十六年（1643年）初，孝感、汉川和汉阳府等地区被李自成部义军占领，并且其兵锋直指武昌，但这时李自成忙于处理贺一龙和罗汝才的问题，部队需要重新整编，一时间无暇东顾。在这种情况下，张献忠就率军从安徽攻入湖广。五月，在攻克武昌后，张献忠把贪婪而又吝啬的楚王朱华奎装进笼里投入长江，并下令将楚王府库打开。当看到库中积金百万时，张不禁叹道："有如此多金钱，竟还是守不住武昌城，朱胡子（指楚王）真是个蠢东西。"

占领武昌后，张献忠称西王，正式建立大西政权，规定武昌为大西政权的首都，并铸西王之宝，将武昌府改名为天授府，又将江夏县改名为上江县。在中央设立六部、五府，京城设五城兵马司，还任命了21个州县的官员，并分别发给他们官印，此外，还分别赏赐银两给他们，数量从几十两到一百两不等。同时，还开科举，建立学校，选拔读书人做官，还拿出银两来赈济饥民。在这种情况下，武昌附近的蕲州（今湖北蕲春县）、黄州（今湖北黄冈县）等二十几个州县闻风而投。

13.李自成建大顺政权

崇祯十七年（1644年）正月，李自成在西安建国号大顺，建元永昌。

明朝从明神宗万历年以后，豪强大地主疯狂进行土地兼并，明神宗一次就送给他儿子福王朱常洵两万顷良田。而农民失去土地，负担越来越重。为了筹措与后金作战的巨额费用，明政府又向农民摊派"辽饷"，人民的生活一天比一天困难。天启、崇祯两朝，天灾不止，旱灾、水灾不时发生，蝗灾也常常发生，可官吏们却对老百姓压榨得更加厉害，如受灾很重的陕西澄城县，当地知县张斗耀不思赈济，反而勒逼租赋，终于把当地的灾民逼上梁山，揭竿起义。天启七年（1627年）三月，饥民冲入县衙，杀死张斗耀。第二年，不沾泥、王嘉胤、杨六郎又在府谷县揭竿而起，杀富济贫，由此揭开了明末农民起义的序幕。

（1）闯将李自成

崇祯元年（1628年）十一月，高迎祥在安塞聚集饥民造反。没过多久，陕西各地区的饥民纷纷响应，杀死县官，举行起义，先后有苗美、飞山虎、大红狼在宣川起事；王虎、黑煞神在洛川发难；王和尚、混天王于延川揭竿而起。崇祯二年，后金军队打到北京城下，陕西调动部队到北京勤王，走到中途，士兵发生兵变，也加入到了起义的队伍中来。为了筹集军费，崇祯三年明政府大幅裁减驿站经费，因之失业的李自成无法维持生计，又因还不起艾举人的高利贷，几乎被折磨得死掉，于是便杀死艾举人，投奔到不沾泥张存孟的部下为兵。

李自成，陕西米脂人，出身农民，小时候曾当过和尚，做过牧羊奴。成年后，其充当驿卒，有勇有谋，"能得众"，并有一身好武艺，善于骑射。崇祯三年（1630年），李自成在义军中担任了队长一职。崇祯四年（1631年），不沾泥兵败降明，李自成则率领部分起义军离开，独自在群山中活动，不久又投身为高迎祥的部下。高迎祥自称闯王，李自成骁勇善战，被义军称为闯将。

明朝廷对起义军的策略大体上是剿抚并重。当时的陕西三边总督杨鹤力主招抚，对此，崇祯皇帝也支持，但是不少起义军被招抚后又背叛，这使得招抚的效果不大，其中影响最大的一支是神一魁。神一魁受抚后，杨鹤觉得神一魁的部下茹成名桀骜不驯，难以控制，怕日后会闹出事端，便逼使神一魁处死茹成名，因之引起神的部下黄友才等的猜忌，于是他们挟持神一魁再次叛变。在官军的进攻下，他们又杀死神一魁，再次投降。但过不久，又背叛官军，再次起义。崇祯四年（1631年）九月，杨鹤因主抚失败被逮捕，其三边总督一职则由洪承畴继任。洪上任后改变了策略，采取了围剿残余起义军的措施，有几支农民起义军曾一度被其镇压下去。不沾泥部，黄友才部，红军友、杜三、杨老柴部，郝临庵、刘道江、可天飞部等均先后被镇压。

但义军中的李自成部与张献忠部却在这种情况下日渐活跃。

明末的农民起义军最初在陕西兴起，但从崇祯三年开始进入山西，从崇祯四年到六年（1631~1633年），山西是起义军的中心活动地区。当时的几支比较重要的义军队伍是马守应、王嘉胤、王子顺、八金刚、张献忠、李自成、罗汝才等，其中王嘉胤部实力最强。崇祯四年（1631年）六月，王嘉胤被其部将王国忠杀死，王的另一个部将王自用则率领余下的起义军逃跑。不久，王自用联合了山西境内的三十六营义军共20万人，这其中有"闯王"高迎祥、"闯将"李自成、"八大王"张献忠、"曹操"罗汝才、马守应等诸部。崇祯六年五月，王自用因病死于河南。此时闯将李自成开始在义军中崭露头角，并深受义军的爱戴。

崇祯六年（1633年）冬天，明军队屯集在山西、河南、河北三个省的交界地区，对起义军进行围剿。起义军能够活动的范围越来越小，并且粮食补给也很困难。为摆脱困境，闯将李自成等向京营总兵王朴伪称愿意受抚，王朴和监军太监贞九德、杨进朝不知是计，竟对此表示同意。当时诈降的首领包括闯王高迎祥、闯将李自成、八大王张献忠等一共61名。起义军用假投降做掩护，迷惑明军部队，同时积极筹措粮食给养等。十一月二十四日，义军突然从黄河冰面上疾驰南下，一直进抵河南渑池县内的马蹄窝、野猪鼻，从而突破了明军的围剿，将起义推到了一个新的阶段。

进入河南后，起义军部队分作了两个部分，其中一部分由横行狼、一斗谷、扫地王、满天星等八营组成，这部分的兵马有18万人，他们向西进入武关，然后又向西安挺进；另一部分则在高迎祥、李自成、张献忠、马守应等的率领下，进入了卢氏山区，并横扫湖广郧阳、襄阳地区。

（2）继任闯王

崇祯七年（1634年），明朝特地设立山西、陕西、湖广、河南、四川五省总督一职，并任命陈奇瑜出任总督，专门负责"围剿"起义军的事情。陈奇瑜调集各路官军在河南陕州（今陕县）集结，然后指挥部队向南前进，向湖北均县、竹山一带起义军发起围剿。七月，李自成、张献忠向陕南撤退，不幸误入兴安县（今陕西安康县）的车箱峡中。车箱峡山势陡峭，峡口又被官军封死，再加上当时连降40天的大雨，连弓箭的箭头都因为潮湿而脱落，有的马也饿死了，士兵又伤亡超过一半，局势非常危险。为了摆脱这一困境，李自成便用财物贿赂陈奇瑜的左右，表示愿意投降。在兵部尚书张凤翼的支持下，又加上得到了崇祯帝的亲自批准，陈遂表示接受李自成和张献忠的投降。

但义军一等出了车箱峡，士气得到完全恢复后，便马上又与明军展开厮杀，并迅速攻占了西安附近地区以及甘肃庆阳一带。对此，崇祯很是恼怒，他于是下令将陈奇瑜革职，并逮捕下狱。为了围剿起义军，他又任洪承畴为兵部尚书，总督山西、陕西、湖广、四川、河南等地军务。

崇祯七年（1634年）年底，各路农民军迅速向河南荥阳地区集结。第二年正月，13支七十二营的起义军首领在荥阳开会对以后的作战和义军发展的战略问题进行讨论。这十三家首领是："闯王"高迎祥、"八大王"张献忠、马守应、"革里眼"贺一龙、"曹操"罗汝才、"左金王"蔺养成、"射塌天"李万庆、"改世王"许可变、横天王、"混十万"马进忠、"过天星"惠登相、顺天王、九条龙。闯将李自成作为高迎祥的裨将也参加了会议。会上大家意见不统一，讨论进行得非常激烈，并且相持不下，不能作出最终统一的决定。李自成提出：我军军力是官军的十倍，应当对部队进行分散并各自选定一个方向发动进攻。李自成的这一提议得到了大家的一致赞同。会上决定，革里眼、左金王、横天王、混十万等联合进攻四川、湖广、陕西；高迎祥、李自成、张献忠引兵东进安徽。这样做的结果便是，使得南面到湖广，北面到黄河，东面到安徽，西面到陕西、四川的广大地区都成为了农民起义军战区。荥阳大会改变了农民军分兵作战的局面，此后起义军便开始互相协同作战了。

崇祯八年（1635年）正月上旬，高迎祥、李自成、张献忠等率军经河南汝宁府向东并进入安徽。十一日，起义军攻下颍州，处死了原明朝廷的兵部尚书张鹤鸣，接着起义军又向凤阳进发。

凤阳是朱明王朝的"龙兴"之地，朱元璋的父母都葬在这里，它被称为皇陵，并被定为中都，在政治上享有特殊地位。崇祯八年（1635年）正月十五日清晨，扫地王、太平王等部义军突抵凤阳。由于凤阳是"龙兴"之地，因此没有城墙。起义军进攻到鼓楼，明官军还不知道，还对通报消息的人重重予以惩罚，直到义军出现在面前，才仓促应战，但是为时已晚。很快，义军就占领了凤阳，打开监狱，释放囚徒，并放火烧毁了皇陵，且挖了皇帝的祖坟。三天后，义军才从容离去。中都沦陷，祖坟被挖，在精神上来讲对朱明王朝是一个极大的打击。对此，崇祯帝大为震怒，因此下令处死凤阳巡抚杨一鹏，并将巡按凤阳御史吴振缨遣戍。

这之后，崇祯帝加强了对农民起义军的镇压，他令洪承畴率领中原各省官军共七万多人一起对义军进行夹击围剿，又发军饷一百多万两，规定要在半年之内将起义军全部消灭。但义军却发展得更为壮大，他们又从安徽杀回陕西、河南。李自成率部于汉中、西安、延安一带转战，同洪承畴厮杀周旋。

崇祯九年（1636年），高迎祥率领部队在江淮河南一带进行战斗，陕西巡抚孙传庭和三边总督洪承畴跟在后面进行围剿。七月，在战斗中，高迎祥不幸被俘。高迎祥是当时极为重要的一位农民领袖，他的被俘对当时农民起义军影响颇大，因此崇祯得知后大喜。后来，高迎祥在北京被处死。不久，李自成被义军们推举继任为闯王。

（3）大顺政权的建立

崇祯十年（1637年），崇祯帝命令在家中为父亲服丧的杨嗣昌为兵部尚书，专门负责围剿起义军。

杨嗣昌（1588~1641年），字文弱，武陵人，陕西三边总督杨鹤之子，万历三十八年进士。崇祯初年曾任永平，山海诸处巡抚。崇祯七年，以兵部右侍郎兼右金都御史总督宣、大、山西军务。他"博涉文籍，工笔札，有口辩"，并深得事君之道。崇祯十年三月，杨嗣昌抵京上任。上任后，杨嗣昌便提出了一个"四正六隅十面张网"的围剿策略，以对付日益壮大的农民起义军。

崇祯年间，明王朝内忧外患，兵员、财力处处捉襟见肘，杨嗣昌制定的战略部署，是建立在"安内方才攘外"这一基础上的，他认为农民起义军是腹心之患，清兵的军事进攻为肩臂之患，应集中力量对付农民军。因此，他十面张网，进行了全面围剿农民军的战略部署：

他以陕西、湖广、河南、江北这四个省区作为围剿农民军的主要战场，将之称为"四正"；又以延绥、山东、山西、江西、江南、四川六个省区为辅助作战的战场，称之为"六隅"；在这十个省区设立十个巡抚负责指挥"专讨"农民军的主力，称之为"十面张网"。为实施这一部署，杨嗣昌在十个防区内增兵增饷，他建议共增兵12万，具体方案是：凤阳和泗州祖陵官兵五千，承天祖陵官兵五千，该部官兵坚守不动。陕西三边总督统兵三万，总理军门统兵三万，为机动兵力，专门追剿义军。凤阳、陕西二巡抚各统兵一万；湖广、河南二巡抚各增兵15000名。

同时，增饷280万两，而所采取的筹饷的办法"曰因粮，曰溢地，曰事例，曰驿递"。因粮就是加派，计加派192万余两，是为剿饷。溢地，就是将农民新开垦的田地计亩征税。执行时，户部尚书程国祥竟援引唐例，向城市居民征收门面税，每户税银一钱，额定40余万两。事例，富民输资为监生，期限为一年。驿递，就是把以前裁减省下来的20万两拿来充当军饷。

在明军的强大攻势下，李自成率部在四川、甘肃、陕西一带活动，处处遭到官军的打击，屡战屡败。崇祯十一年（1638年）十月，在潼关南原李自成部遭遇到洪承畴和陕西巡抚孙传庭优势兵力的合击，经过浴血奋战，最后仅李自成和刘宗敏等18人突围。突围后，他们隐伏在陕西商洛（商县——洛南）山中，一直到崇祯十三年（1640年）秋天。李自成在商洛山中，一边收集流失的老部下，整顿人马，一面准备随时伺机再度出山。

崇祯十三年（1640年）十一月，李自成率领部队从商洛山出来，向河南发起进攻。那个时候河南正是饥荒的年份，饥民遍地都是，这些饥民纷纷加入李自成的队伍，使得义军的实力迅速壮大。还有一些失意的地主阶级知识分子如牛金星、李岩、宋献策等也参加了起义军。他们的加入，使李自成如虎添翼。李自成在河南一带转战，不久就攻下了豫西宜阳、永宁、新安等县。崇祯十四年（1641年）正月，李自成农民军攻克了洛阳，活捉并杀死了福王朱常洵，没收福王府中的金银财货和粮食物资，发布告示大赈饥民。由是"远近饥民荷旗而往应之者如流水，日夜不绝，一呼百万，而其势燎原不可扑"。这之后不久，张献忠部也攻克杨嗣昌的大本营襄阳，并处死襄阳城中的襄王。杨嗣昌眼见自己督师以来各地转战，疲于奔命，现在又两藩被杀，崇祯必会对己作出惩处，在这种情况下，他自杀而死。

在取得胜利的同时，李自成还听从李岩、牛金星等人的建议，提出了一些纲领性的口号。针对当时赋苛税重和土地高度集中的现状，李岩提出了"均田免粮"的纲领。每到一地，义军都宣布"三年免征"或"五年不征"，还提出"平买平卖"、"割富济贫"的口号，由此，义军愈发深得百姓的拥护。

同时，义军自身也申严纪律，宣布"不淫妇女，不杀无辜，不掠资财"和"杀一人如杀我父，淫一人如淫我母"的口号。义军还严禁骚扰民宅，严禁行军时毁坏百姓庄稼。由于义军纪律严明，并且经常开官仓赈济饥民，故深得百姓拥戴，队伍也越来越壮大。

崇祯十四年（1641年）二月，李自成率军向开封发动围攻。二月十七日，当在城下观察敌情时，李自成被射中左目，伤口深达二寸。第二天，李自成便率义军向西转移，并攻克密县，此后，他又转向登封。七月，他与罗汝才部联合，实力得到进一步增强。九月，李自成攻破项城，打得明军大败。十二月，李自成再一次围攻开封，攻城达20多日然而未果，最后于崇祯十五年（1642年）正月撤走，二月，攻克襄城。之后到五月初，他又接连攻克县城十多座。五月他又第三次向开封发动进攻，一直围攻到九月中旬。九月十五日，黄河忽然决口，开封于是不战自破。同年十一月，其部与"革里眼"贺一龙、"左金王"蔺养成、"争世王"贺锦、"老回回"、马守应、"治世王"刘希尧等合营，这使其实力更加壮大，并从此形成了只有李自成和张献忠为首的两支起义军并存，张献忠在四川、湖广与明军作战，李自成则在河南、湖广、陕西三省战斗的局面。

崇祯十五年（1642年）闰十一月，李自成攻克河南汝宁，从此河南省黄河以南地区便为其所控制。十二月，他又进军湖广，并先后攻克襄阳、荆州、孝感、常德等地。崇祯十六年（1643年）正月，李自成正式即位，称"新顺王"，而在同年二月攻克襄阳后，他又改襄阳为襄京，设立了一套较为完整的从中央到地方的行政机构，李自成自称"奉天倡义大元帅"，设丞相一人，由牛金星担任。下设吏、户、礼、兵、刑、工六政府，分理政务。在地方上，在要地设防御史，以下府设府尹，州设州牧，县设县令。在军事上，最高领导为元帅，元帅之下设有将军，依次为：权将军、制将军、果毅将军、威武将军。当时征战各地的主力部队分中权亲军、左、右、前、后五营，以正副权将军提督五营军事，五营共有将军22名。

崇祯十六年（1643年）五月，李自成召开会议讨论下一步的战略进攻方向。会上，牛金星建议将河北攻取下来，然后再向北京发动进攻；而杨永裕却主张顺流东下，先攻取金陵，以断绝北京的粮道，再挥师北伐。而顾君恩则分析：直捣北京，如果不果，则将后退无路；进攻金陵，又很难成大事，不如先攻西安，建基立业，然后再进攻北京。最后，顾君恩的建议被李自成采纳，他指挥义军直逼西安。

这时的陕西三边总督是孙传庭。崇祯十六年（1643年）五月，其又被升任为兵部尚书，改称督师，督领河南、四川、山西、湖广、贵州及长江南北的军务。九月，李自成与孙传庭在河南郏县展开大战。该役，李自成大胜孙传庭，并消灭了孙之主力。孙传庭退往陕西，起义军乘胜追击，并在潼关杀死了孙传庭。十月十一日，义军攻占西安，西安附近的许多州县望风归附。之后，李自成又亲率大军，夺取陕北。此后其又分别分兵南下汉中，打通了南下四川的通道，向西攻取宁夏、甘肃、西宁等地，一路势如破竹。这样，整个西北地区便都落到了起义军的手里。

崇祯十七年（1644年）正月初一日，李自成在西安建立大顺政权，改元永昌，造甲申历。封刘宗敏、田见秀等以下功臣为五等爵。又改革官制，改内阁为天佑殿，设大学士平章军国事一职，并由牛金星担任。任命宋献策为军师，以下设六部政府尚书、侍郎，以分理政务。地方上又增设省节度使和巡按直指使以及道防御史、府尹、州牧、县令等。

14.崇祯求治

从天启七年（1627年）八月朱由检即位，到崇祯十七年（1644年）自缢煤山止，崇祯帝一直都想复兴朱明王朝，然而性格上的缺陷使其愿望不断落空，甚至到了国破身亡的境地。

（1）孤独的勤政者

崇祯帝继位时，接手的是一个由明神宗、明光宗、明熹宗等人留下的烂摊子。明朝当时内忧外患，对内，政治腐败，阉党专政，天灾不断，民不聊生，农民起义的爆发只是早晚的事情。对外，后金兴起，不断伐明。

在这种情况下，即位后，崇祯帝首先清除了阉奸魏忠贤。天启七年（1627年）十一月，魏忠贤于流放途中上吊自杀，全国民心为之大快。

魏忠贤死后，崇祯帝对遗留在朝中的阉党势力予以了打击。监生胡焕猷上疏请求对那些为魏忠贤建生祠的总督、巡抚论罪，翰林院编修倪元璐上疏弹劾阉党，并提出为东林党翻案，对此，崇祯帝均予以赞同。崇祯元年（1628年）上半年，杨维垣、李恒茂、杨所修、孙之獬、阮大铖等阉党党徒相继被罢职。同年四月，倪元璐上疏请求将旨在攻击东林党人的《三朝要典》焚毁，对此崇祯帝表示同意。五月，《要典》被焚。《要典》被焚，对阉党党徒来说是一个致命的打击，当时的传讲孙之獬更是为之如丧考妣，痛哭失声。崇祯二年正月，崇祯帝开始对阉党进行总清算，他指令大学士韩爌、李标、钱龙锡等确定从逆名单，韩爌等为人宽厚，不想扩大事态，只呈给崇祯帝一个四五十个人的名单。崇祯对此很不悦，下令再议，韩爌等于是便又报上了几十个人。但崇祯仍不满，并再次下令韩爌等人再议此事。崇祯坚决的态度，终于使得阉党成员绝大部分都被列入了逆案名单。同年三月，《钦定逆案》颁示天下，阉党党徒自魏忠贤起，所处罪行分别为六等：首逆凌迟者魏忠贤、客氏二人，首逆同谋立即斩首者崔呈秀等6人，结交近侍秋后处决者刘志选等19人，此外还有充军者11人，论徒三年输赎为民者129人，革职闲住者44人，以及魏忠贤亲属及宦官党附者50余人，共260余人。崇祯的这一举措显示了自己果敢的作风，赢得了朝野人士的一致拥护，令朝臣上下为之刮目相看，一时间他被称为"明主"。

刚刚继位时，崇祯还下令将镇守全国各地的宦官全部都撤回北京，边政由各地督抚专理。崇祯元年（1628年）正月，崇祯又对宦官的行动加以严格限制，不给他们以可乘之机，大大地削弱了宦官的影响力。

惩治了阉党，撤回了镇守宦官，就需要对有识有才有能之士加以重用。刚开始时，崇祯很重视对官吏的选用。崇祯元年正月，他对天下官吏进行考核。二月，会试举行。在这年四月举行的廷试上他对参试的士子提问，问他们怎样才能将天下治理好，力图能够起用那些精明强干、有真才实学的人。在罢去阉党阁臣黄立极、李国楢后，被崇祯亲自先后征点为东阁大学士，参赞机务的官员有南京吏部侍郎钱龙锡、礼部尚书来宗道、礼部侍郎李标、杨景辰、周道登、少詹事刘鸿训。后来，他又征点韩爌、成基命、周延儒、钱象坤等人入阁。在这些人当中，虽然也有与阉党有瓜葛的，但这些人大部分都是东林党人，他们办事一般都还是很谨慎的。崇祯元年（1628年）二月，首次开经筵，经筵讲官大多由大学士担任，他们都对崇祯尽力劝讲，而崇祯也尽力听之，还向讲官提出不少有关治国的问题。他还常常破格提拔人才，如四川人刘之伦曾被他一下子由庶吉士提拔为兵部右侍郎；游方僧人申甫因人推荐，被超擢为副总兵。为了整饬边政，他起用袁崇焕，任用其为兵部尚书，督师蓟辽。崇祯元年七月，他亲自在平台召见袁崇焕，询问采取何种战略方针才能安定辽东。袁崇焕向崇祯细述自己的策略，并说如果工部给予足够的器械，户部提供充足的兵饷，吏部不干涉其用人，兵部不限制其调兵遣将，朝廷也能委以其全权经略辽东事务，那么五年之内他就可以恢复辽东。听后崇祯很高兴，对袁的要求全都予以了满足，并赐他尚方剑一把，以专事权。此后，袁崇焕本着"以辽人守辽土，以辽土养辽人，守为正著，战为奇著，和为旁著"的策略，积极布防，并很快就取得了明显的成效。同时，崇祯帝又任命杨鹤为兵部右侍郎，总督陕西三边军务。由于采取了一系列措施，崇祯初年，明廷的内政外交有了新的转机。

崇祯为了国事苦心操劳，煞费苦心，不知疲倦，不仅白天要处理政务，晚上也经常办公直到深夜，一心想将国家治理好。并且在生活作风上，他也严于律己，崇尚节俭，衣食简朴，不贪女色。

（2）性情误国

尽管崇祯为求中兴，励精图治，但其性格暴躁，在处理政务上操之过急，急于求成，常采用头痛医头、脚痛医脚的急功近利的做法，再加上他为人刚愎自用，很要面子，且性情多疑，常迁怒于文武百官，责备他们不能尽职尽责，从而使得国事日非，其在继位之初时所取得的政绩也渐渐地被丧失掉了。而这一情形早在崇祯元年（1628年），就已初露端倪。当时正好碰到推举阁臣之事，礼部侍郎钱谦益等11人被列入推举的名单，而礼部尚书温体仁、侍郎周延儒则不在其中，温、周二人因此暗中勾结，弹劾钱谦益等人"结党受贿"。崇祯素来痛恨廷臣结党，其廷臣一旦被贯以"结党"的罪名，当下便会被严惩，于是，钱谦益被罢免，吏科给事中瞿式耜等人因反对温体仁诬陷钱谦益，便上疏弹劾温体仁，也被说成是钱氏一党而受处罚。而温、周二人则日渐获得崇祯帝的信任。崇祯在这一事件中被温、周二人蒙骗了，而且他深深感到群臣容易结党营私，不可信任。温体仁其实是阉党的落网分子，不久他与周延儒都陆续入阁，他们一味迎合崇祯，陷害忠臣，而崇祯却对他们颇为赏识，竟让他俩在内阁中待了八年之久。

还有崇祯即位不久，由他亲点入阁的大学士刘鸿训公然声称"主上毕竟是冲主"，言辞中含有轻视的意思，这对于向来刚愎自用、要面子的崇祯帝来说，哪里能够忍受，他甚至想要将刘处死。后来，由于群臣大力为刘求情，他这才只是在崇祯二年（1629年）春天，借故将刘充军代州（今山西代县），才解心头之恨。从此，他感到不能依赖这样的辅臣。

本来他赐袁崇焕尚方宝剑，就是想让他经略辽东事务时可以自由行使职权。但崇祯二年（1629年）十月，皇太极率十万精兵绕开由袁崇焕把守的锦州、宁远、山海关，经由蒙古突入明境，并攻占遵化。袁崇焕得知后，急忙率军入京勤王，并沿途分兵防守抚宁、永平、丘安、丰润、玉田、蓟州，并赶到后金的前面到达通州。后金军队见此，便避开袁崇焕西犯京师。袁崇焕不顾兵马劳顿，又迅速驰抵京师，在广渠门外与后金交战，并击败后金军，保住了北京。皇太极为除去袁崇焕，便使用反间计，说袁崇焕与自己有勾结。而对此，崇祯竟信以为真，以"叛变投敌"、"谋反朝廷"之罪处死了袁崇焕，并且还慨叹：边臣不足任矣。这样，其褊狭与多疑的性格，终于使他自毁长城。

并且这几件事，使他形成了一个错误的观念，就是认为朝臣和边臣都不可靠，不敢对之加以重用。同时，朝臣一旦有所过失，或是忤逆了自己的意思，都会对之严惩不贷。而宦官则又再次受崇祯重用，严重时甚至有取代朝臣的势头。

（3）倚重宦官

崇祯二年（1629年）十一月，清兵再次南下，崇祯帝派乾清宫太监王应朝监军。十二月，其又任命司礼太监沈良佐、内官监太监吕直提督九门及皇城门，另外还任命司礼太监李凤翔总督忠勇营，提督京营。从此，他开始重用宦官。崇祯四年（1631年）九月，其命太监唐文征提督京营戎政，又分别派王坤、刘文忠、刘允中前往宣府、大同和山西，监视兵饷。十月，又下令由太监监军，其中王应朝往关宁，张国元往蓟镇东协，王之心往中协，邵希诏往西协。宦官除被派去监军督饷外，还被派去督促察办钱粮税务、茶叶马匹、司法等政务。不论内还是外，其都视宦官为心腹。更有甚者，他还于崇祯四年（1631年）九月，任命太监张彝宪对户、工两部的财政收入和支出进行监视，并设立凌驾于户、工二部之上的户工总理衙门。堂堂户、工两部的政事竟然由一名宦官督察，对此，朝臣们都极力反对。首先是给事中宋可久、冯元飙等十余人上疏谏阻，而崇祯对此不予理睬。崇祯五年（1632年），工部右侍郎高弘图又上疏弹劾，说这事有辱朝廷并有伤国体，然而崇祯仍我行我素，对之置若罔闻。南京礼部主事周镳再次上疏，并在奏疏中历数以前任用宦官所带来的弊政，恳请崇祯帝作出决定，但崇祯对此不但不加采纳，反而将其削职。群臣于是都对崇祯的蛮横与固执，感到无可奈何。

尽管崇祯轻视文臣，偏袒宦官，但他对宦官也并不是完全信而不疑，有魏忠贤乱政的前车之鉴，他对宦官总是很提防。他认为自己之所以会重用宦官也是迫不得已，他还觉得，皇上是完全可以重用宦官的，只要皇上英明，就能重用宦官而不让他们扰乱朝政。为了防范宦官，他也费尽了心机，其手段之一就是不时地大规模地将在外的宦官撤回。崇祯七年（1634年）六月撤回了总理、监视各道太监，并说他此前之所以派宦官监理，只是因为诸臣或迂腐无用，或假公济私，所以他才会裁汰朝臣，而将政事委任给宦官的。事实上，崇祯这样说不过是自欺欺人而已。在辽东，自袁崇焕遇害后，军纪涣散，人人自危；在陕西，尽管农民起义军一时处于低潮，但并没有全部被消灭，他预期的目的并不曾因太监监军而达到。因此，他在内心深处也对宦官产生了失望之情，因此便又将政事委任给朝臣。此后，一直到崇祯九年（1636年）六月，他都没有再派太监出镇。

崇祯九年（1636年）七月，清兵再次南下，崇祯见形势严重，马上便又再次起用宦官，他任命太监李国辅守紫荆关，许进忠守倒马关，张元亨守龙门关，崔良用守固关，命太监卢维宁总督通州、天津、临清、德州军务，兼理漕运河道，又命太监邓希诏监视中、西二协，杜勋监视东协。自此，太监监视又被提上了日程。而当到了崇祯十三年（1640年）他又再次将在外的宦官撤回：在这一年三月他下令将高起潜、陈贵、马云程、卢维宁、许进忠等诸总监或分守太监全都撤了回来。第二年十二月，他又下令宦官不得干预外政。十五年正月，他又将提督京营的内臣也都罢职。但到了十五年的七月，宦官又再次被派出，他命太监王承恩提督勇卫营。这之后直到明亡，宦官一直都有被派出，或为总监，或为监宫，或督漕运，或征茶马。

实际上，对是否重用宦官的问题，崇祯时常处于一种矛盾心态之中，罢了又用，用后又撤，但最终还是倚为心腹。反复无常，这正体现了他性格中多疑反复的一面。对朝臣他固然已失去信任，而重用宦官，国事又日非，他于是便在这样一种反复、忙碌而又焦躁不安中度日。

他刚继位时，明朝廷内忧外患就很严重。几年过后，情况更是日益恶化，崇祯三年（1630年）前后，陕西的农民起义军实力日益壮大。崇祯八年（1635年），凤阳被起义军攻占，皇陵和龙兴寺被焚，祖坟也被挖，对崇祯来说，这是一个很大的打击。而辽东的后金实力也日渐增强，袁崇焕被杀后，一直都找不到一个得力的可以抗击后金侵扰的边将。崇祯九年（1636年），皇太极称帝，改后金为"清"。其兵强马壮，随时都可攻入内地，长驱直入。这两大忧患，令崇祯寝食不安，而又无可奈何。

（4）迁怒朝臣

面对国事日非、境况愈加不妙的局面，崇祯越发想将国家治理好，可是朝臣却都不能使他满意，他于是便动不动就迁怒朝臣，"以重典绳下"，动辄对之加以杀戮。早在崇祯三年（1630年），就有刘宗周上疏对崇祯指责说：逆党中有被杀的，封疆失事者有被杀的，凡是有过错的人，轻则贬斥，重则杖死，一朝之中受处罚者竟达半数以上。崇祯在位17年，所戮大臣无数。在这种战事频繁、将才奇缺的形势下，包括误中后金反间计而杀的袁崇焕在内，他一共杀了七名总督，计先后有：崇祯八年因凤阳失守、远救不及而被杀的漕运总督杨一鹏；崇祯十二年（1639年），因杨嗣昌推卸在四川战败责任受牵连而被杀的三边总督郑崇俭；崇祯十三年（1640年），因招抚张献忠等农民起义军失败而被杀的总督熊文灿。此外还有刘策、范志完、赵光抃。还杀了11位巡抚：蓟镇王应豸、山西耿如杞、登莱孙元化、宣府李养冲、大同张翼明、保定张其平、顺天陈祖苞、山东颜继祖、四川邵捷春、永平马成名、顺天潘永图。此外，还有在逮捕时自缢而死的河南李仙风，甚至还杀死了薛国观和周延儒两位内阁大学士。此外，兵部尚书陈新甲等也惨遭毒手。这些被杀的人，大多数都是含冤而死，只有少数是罪有应得，他们中有的是因崇祯帝由于褊狭、刻薄的性格，意气用事、量刑失当而致。总之，臣下有错，他便只管杀掉了事。

随意撤换大臣之事则更多。其在位的17年中，刑部尚书十七易其人，兵部尚书也换了14个。大臣们若意见稍有忤逆或不同，轻的被贬，重的甚至要入狱，乃至于处死。百官都没有长期就职的。内阁大学士，明代也只有160余人，而崇祯一朝就占了50人之多，首辅先后就有十几人。群臣撤换频频，但阉党落网分子温体仁却在阁达八年之久，他暗中与宦官勾结，国事日非之际，不进一言，只一味阿谀奉承，唯崇祯之意是从，暗中推波助澜，文过饰非，致使朝政愈来愈坏。而当有人上疏弹劾温体仁时，崇祯却对之屡屡加以庇护，并反而从重惩罚上疏之人。在温体仁辅政期间，比较正直的官员倪元璐、黄景抃、刘宗周及大学士文震孟、何吾驺等因得罪了温或被贬官，或被削籍。对此事，朝中许多官员都非常不满。当时王应熊与吴崇达、温体仁一起在内阁中担任职务，他们三人狼狈为奸。温籍贯乌程，是归安人，王是巴县人，而吴则一无用处，只会按照温、王二人的意旨行事，时人都称他为"笺片"。而正好当时的礼部尚书黄士俊是丁未状元，左右侍郎孔贞运、陈子壮是己未榜眼、探花。于是京城的人便对他们进行嘲讽，说："礼部重开天榜，状元、榜眼、探花，有些惶恐；内阁成妓馆，乌归、王巴、笺片，总是遭瘟。"

崇祯无法容忍正直的朝臣，对他们或杀或贬，赶尽杀绝，而欣赏器重的又都是些奸佞之人，如此朝政怎么会不坏呢？而为崇祯所倚重的宦官也多非良善之辈。因此尽管崇祯在位的17年中一直勤于政事，毫不懈怠，事必躬亲，但国事却因其之多疑任性与刚愎自用的性格而被弄得愈来愈糟糕。他先后任命杨鹤、曹文诏、陈奇瑜、洪承畴、熊文灿、杨嗣昌等专门负责围剿镇压农民起义军，但农民军却日益壮大；委任袁崇焕、孙承宗、洪承畴经略辽东，但京城的安全仍不时为清军所威胁。还有财政拮据问题也一直令他感到头痛，他一再向百姓摊派，又采纳内臣的建议，号召朝廷百官将他们的薪俸拿出来捐助军饷，乃至变卖万历时宫中保存下来的人参，甚至还向皇亲借款，然而这些办法最终都还是以失败告终。

15.崇祯之死

崇祯十七年（1644年）三月，崇祯皇帝于煤山（今北京景山公园）自缢而死。

崇祯十七年（1644年）三月十六日，当时明廷的形势十分危急，李自成所率的义军打到了昌平，无奈之下，崇祯召集群臣，商讨对策，然而在场没人说话，人们所能做的唯有相对大哭而已。未久，昌平失守的消息便传来了，一时君臣相顾大惊失色。

十七日，北京城被围。而此时，负责北京城防的明军对起义军的围攻已无抵御之力。在这种情况下，崇祯只是："仰天长号，绕殿环走，拊胸顿足，叹息通宵，大呼：'内外诸臣误我！误我！'"

崇祯十七年（1644年）三月十八日，将近中午时分，北京城上空忽然狂风骤起，黑云密布，一时间天昏地暗，就连太阳也惨淡无光。一瞬间，电闪雷鸣，大雨夹着冰雹瓢泼而下。守城的明军被这突如其来的雹雨打得个个心惊肉跳，缩着脑袋，蹲在城墙上。起义军则个个精神抖擞，趁势猛攻京城。不久，彰仪门便被起义军攻陷，北京城外城告破，接着起义军又转而向北京的内城发动进攻。

天色刚黑，便有一个太监神色紧张地跑来向崇祯报告：内城也被攻破。崇祯帝忙问："守城的官兵到什么地方去了？守城提督李国祯又在哪里？为什么会守不住？"太监回答道："守城的官兵早已逃散。"接着又说："皇上您还是赶紧设法逃走吧！"崇祯还想再问一些情况，但这名太监转身便逃，崇祯连喊几声，可那太监却连头都不回便径自走了。

崇祯于是只得亲自带着太监王承恩，来到紫禁城的最高点——煤山上，他放眼一看，只见京城内外，火光冲天，红艳似血。四周喊杀声阵阵传来，炮声也隆隆作响。见此，崇祯帝不禁仰天长叹，泪如雨下，很久才下山回乾清宫。

回到乾清宫后，崇祯决定准备后事。他于是提笔亲手写下给内阁的谕旨：命成国公朱纯臣辅佐东宫太子，提督内外军务。然后命太监将谕旨送往内阁，然而这时内阁中早已空空如也。撂下笔，崇祯感慨万分，不禁痛哭失声。苦闷到了极点的时候，崇祯帝愤然地站了起来，大声叫喊要左右进酒给他，身边的太监连忙给他把酒送了上来。此时的崇祯已是精疲力竭，感情由愤恨、失望转向了疯狂，他把周皇后和袁贵妃叫来，连呼左右倒酒，一口气饮了几十杯，然后又泪流满面地长叹道："朕上对不住列祖列宗，下苦了我百姓！"周皇后、袁贵妃等人也陪着流泪不止。

喝完这番悲怅失意的酒后，他又将太子朱慈烺、永王朱慈炤、定王朱慈炯召来，准备将他们托嘱给各自的外祖父，只希望能够给自己留下一点血脉。那时定王才13岁、永王才12岁，都还是孩子，对当时的险境还全不知情，身上穿的还是平时的华衣美服。见此，崇祯说道："皇儿啊！现在是什么时候了，还不赶快将绸缎绵衣脱掉，这会给你们招来杀头的危险的！"说完忙命左右寻来破衣，并亲自为他们将寻来的破衣换上身。一边为他们系上衣带，崇祯一边心情沉重地对他们说："大明社稷就要完结了，致使天地祖宗都大为震怒，这实在是父皇的罪责和过失，但我已经尽力了。皇儿们今天还是皇子，明日就是百姓了。在战乱离别的时候，千万要记得隐姓埋名，不要出头露面，见到年纪大的人要称呼他们长辈老翁，见到年纪轻的要喊他们伯伯叔叔。万一保全了性命，一定要给父母报仇雪恨呀，千万不要把父皇今天的告诫给忘掉了。"说罢，他将他们紧紧地搂在怀中。对此，太子和二王子含泪应诺。周皇后上前搂住自己亲生儿子太子和定王，又将田贵妃的儿子永王扯来，四人哭成一团，最后三人在被周皇后连连叮咛再三之后才由太监领出。见状，左右无不痛哭失声。

托孤的事情完了之后，崇祯帝转头对周皇后道："大势已去，你作为皇后国母，也应当自尽了。"周皇后听后，痛哭了起来，说："为妾侍奉陛下十八年了，最后，连劝你南迁的一句话你都不肯听，以致于到今日这步田地。可这也是天命啊！今日能为大明社稷殉身，对我来说也就没有什么遗憾了！"说完，周皇后径直跑回坤宁宫自尽身亡。

这时，崇祯又赐白带给袁贵妃以及西宫众嫔妃，对她们说："皇宫马上就会被敌人攻破，嫔妃一定不能落到闯贼的手里。你们应当小心谨慎地守住贞节，以保全祖宗的礼制。"崇祯帝挥挥手示意：自尽吧！

接着，崇祯又想到了公主。崇祯心想：闯贼打进宫内，也不能让他们污辱了公主。于是他狠下心，提剑直奔宁寿宫长平公主住的地方。公主见满脸杀气的崇祯闯进来，便知道不妙，她扯着崇祯的衣襟哭了起来。崇祯拔剑用袖子遮住面孔道："你为什么要生到我的家中！"一剑砍去，公主举起胳膊挡，结果被砍断右臂，昏倒在地。接着，崇祯又杀了幼女昭仁公主及几个嫔妃。

杀完公主后，崇祯又前往察看后妃们自尽的情况。他先来坤宁宫，刚进大殿，便有一个宫女向他报告说："周皇后自缢了。"崇祯摸摸周皇后的尸体，已经凉了，他哽咽着说："好……好……"接着又转身来到了西宫。这时，袁贵妃自缢的绳子断了，人跌倒在地上，刚刚苏醒过来。崇祯见状，拔剑连砍三下，袁贵妃也倒地身亡。

这时来了一个太监向他报告说：郭宁妃、庄妃割脉而亡；李淑妃、吴康妃跳水而死；王贤妃、郑裕妃等五人准备出逃，已经被擒。崇祯听后大怒，命令将这五妃带到自己面前，然后持剑，一剑一个，全部杀死。这时他又想到熹宗的张皇后不知道怎么样了，于是忙又命一太监送帛过去让其自尽。过了一会儿后，太监来报："张皇后也自尽了！"崇祯又喃喃地说："好！好！"此时，崇祯的精神已完全崩溃，杀完亲人，他茫然地坐在地上，呆呆地望着沾满鲜血的长剑和衣襟，整个人都痴了过去。

这时，"轰"的一声炮响，惊醒崇祯，他这才发觉已经是半夜了，崇祯不愿就死，也想逃出去。他于是便叫来太监王承恩为其准备行装，接着他便换上便装，准备出城。他混在了太监中出了东华门，到朝阳门，假说王太监奉命出城，但守门的人请他到天亮时验明身份再出城。太监夺门又不成，他便忙派人到负责守城的戚国公朱纯臣家，朱的家人说朱出门赴宴还没回来。无奈之下，崇祯只得由胡同绕出紫禁城，奔向正阳门，却只见三盏白灯高悬在城门之上，于是知道正阳门已被义军攻占，只得返回，转而奔向安定门，但安定门城门紧闭，开启不了。这时天色已亮，崇祯知道已不可能逃出城外，在这种情况下，只得返回宫中。

回宫前，崇祯亲自来到皇极殿前敲响景阳大钟，想召集群臣，再商出逃之计。但到这时，他们早就都逃走了。大钟响了好久，也没一个人来，崇祯气得大骂百官该杀。

走投无路之下，崇祯想到了自尽。他踉跄着同王承恩来到了煤山。经过一夜的奔波，这时的崇祯已是狼狈不堪：身上只穿着一袭白色内衣，长发披散，右脚光着，只有左脚脚上还穿着一只朱鞋。来到山顶寿皇亭，崇祯回首望去，此时天色已经大亮，原来响彻北京城内的喊杀声现在已经渐趋零落。崇祯知道北京已完全陷落，感到万分沮丧、心灰意冷，他用手扶着寿皇亭的柱子，不禁悲伤怨恨了起来：平时对大臣们都不错，可现在却没有一个人跟随在左右。真的是可怜可悲到极点了。想不到当年祖宗出于镇守江山、表示江山永固的目的而堆筑的万寿山竟然成了自己的葬身之地，两百多年的大明天下竟要在自己手里失去，还有什么脸面去见列祖列宗呢？想到这里，崇祯帝停了下来，伸手解下衣带，又用手颤抖地将它搭在寿皇宫下的一棵枯树的树枝上，然后自缢而死。死前吩咐王承恩，等自己死后，要将自己的脸部遮覆起来，以示无面目见列祖列宗于地下之意。

16.吴三桂借清兵

李自成认为江山已经打下来了，开始骄傲起来，成天躲在皇宫里，他手下的将士们四处抢掠，想多带点钱回老家当大财主，斗志渐渐被磨灭了。他们把明朝的官员们拉出来拷问，逼他们把钱财交出来。其中有个大官叫吴襄，他也被抓起来打了个半死，家产全部被没收了。有人告诉李自成，吴襄有个叫吴三桂的儿子，现任山海关总兵，手下还有数万人马，战斗力很强，对大顺政权是个威胁。如果把他招降了，那么就少了个威胁，而且也壮大了自己的力量。于是李自成命令吴襄给吴三桂写信，让他投降。

吴三桂本来是被派到宁远驻守的，起义军快打到北京的时候，崇祯帝让他赶快回来支援。等他走到山海关，传来北京城被攻占的消息，于是就停了下来。这次收到父亲的信，他很犹豫，他内心里是瞧不起那些农民出身的起义军的，投降他们自己心里肯定不乐意，可不投降的话，大顺军有上百万人，自己一个小小总兵是肯定抵挡不住的，再说还有那么多的家产在北京，所以他决定先去北京看看情况再说。

他正要出发，一个留在北京的家人找上门来，向他哭诉崇祯帝惨死，国破家亡，吴三桂面不改色，口头上敷衍了几句。那家人看他没什么反应，又说："家里全被贼兵抢光了，老爷被他们拉出去打，还关了起来，少爷您看怎么办？"吴三桂这才问道："陈夫人呢？"陈夫人就是陈圆圆，本来是个名妓，被崇祯帝皇后的父亲周奎买了下来，想献给皇帝。但崇祯帝并不好色，没有看上陈圆圆。后来周奎请吴三桂吃饭，在酒席上，吴三桂见到陈圆圆后被她迷得神魂颠倒，干脆厚着脸皮向周奎索要陈圆圆。陈圆圆就这样当上了吴三桂的小妾，吴三桂非常宠爱她，这次他想回北京，多半也是为了能和陈圆圆重新团聚。

那个家人告诉吴三桂，陈圆圆在抄家的时候被李自成的大将刘宗敏抢走了。这下可把吴三桂气疯了，他咬牙切齿地说："此仇不报，誓不为人！"

他也顾不得回北京打听情况了，马上下令紧守山海关，所有将士全部换上白衣白甲，宣称要为死去的崇祯帝报仇。他也知道自己的兵力不是大顺军的对手，在这个时候他也不管什么民族气节了，马上派人给关外的清政府写信，说自己愿意投降，只求派兵帮助他对付李自成。

当时清政府掌权的是睿亲王多尔衮，他接到吴三桂的信后非常高兴，认为这是进兵中原、夺取江山的好机会，马上就同意接受吴三桂的投降，并率领大军开赴山海关。吴三桂亲自迎接，并和多尔衮歃血为盟，并剃掉头发，改成清朝人的发型。

李自成听说吴三桂不肯投降，把吴三桂留在北京的亲人都杀了，然后率领20多万大军杀向山海关。多尔衮知道李自成的军队很厉害，于是命令吴三桂打先锋，他带领清兵埋伏起来，想等他们打得两败俱伤再出击，捡个大便宜。

战斗开始时，吴三桂带领大军向李自成的部队冲去。李自成兵多，采用两翼冲锋的方式将吴三桂的人马包围起来，吴三桂的部下不愧是久经沙场的精兵，虽然人数上处于劣势，但并没有慌乱，而是拼死突围。双方僵持不下，喊杀声惊天动地。

正在这时，突然刮起一阵狂风，漫天飞沙，顿时天昏地暗。多尔衮抓住时机，下令清兵出击，大顺军受到突然袭击，乱了阵脚，直到风停了之后才发现周围都是留着辫子的清兵。大顺军在吴三桂和清兵两面夹击下死伤惨重，回到北京后已经没多少士兵了。李自成见北京守不住了，可他还想过过皇帝瘾，于是抓紧时间举行了登基大礼，第二天就逃出了北京城，不久起义军失败。

17.史可法战死扬州

崇祯十七年四月，史可法听说李自成进犯京城，他马上发动将士准备北上。在浦口渡江的时候，北京沦陷的消息传了过来。史可法号啕大哭，换上孝服为皇帝发丧。这个时候，南京的大臣都在商量立谁为皇帝，张慎言等人认为按血缘关系排列的话，应该拥立福王朱由崧。但福王只在吃喝玩乐方面有天赋，而潞王比较贤明，所以主张立潞王，史可法也同意这个意见。凤阳总督马士英却和阉党余孽阮大铖勾结起来拥立福王，询问史可法的时候，史可法把不能拥立福王的理由告诉了他们。但马士英和高杰等人已经把福王送了过来，史可法等人只好去迎接福王。

福王正式监国后，选举内阁大臣，大家推举了史可法、高弘图和姜曰广3人。刘孔昭非要争着入阁，大家以明朝没有勋臣入阁的先例而制止了。刘孔昭大怒："就算我不行，那马士英又为什么不能入阁？"结果又把奸贼马士英弄进了内阁。两天后，史可法被任命为礼部尚书兼东阁大学士，和马士英等人一起入阁。史可法掌管兵部事宜，马士英仍然主管凤阳军务。

马士英日夜盼望能当宰相，看到史可法位于自己之上，就把当初史可法写给他的、列举了不能立福王的理由的信给了福王，并带兵入朝，请福王即帝位。史可法不想和小人作对，便请求到淮扬一带监督军事。马士英把江北地区分成4个镇，由刘泽清、高杰、刘良佐和黄得功4人管辖。这4个人互相之间不服气，经常爆发冲突。他们都想进驻扬州，高杰捷足先登，其他3个人也都学他的样子在江淮一带大肆抢劫。朝廷命令史可法去调解，除了高杰之外，其他3人都听从命令。高杰是四镇中最骄横跋扈的一个，他和黄得功交战，错在高杰，史可法负责调停，事情才得以解决。高杰驻守在扬州，非常凶暴，但史可法对他开诚布公，用君臣大义来开导他。高杰逐渐被史可法所感动，接受了他的管束。

史可法作为督师，权力很大，但他从不敢奢侈浪费。他没有儿子，妻子劝他娶妾，他说："公事那么忙，哪里有空管这事？"除夕夜他还在批阅文件，实在太累了，他就让厨师给他拿点酒菜来。厨师说肉食都分给将士们过年了，他就拿了点调料来下酒。史可法本来酒量很好，但在军中他就戒酒了,这天晚上他一口气喝了几十杯酒，想起先帝的恩德，不禁黯然泪下，很快就趴在桌子上睡着了。天亮后，将士们都聚集在辕门外，有人告诉了他们不开门的原因。知府任民育说："督师平时很难得休息，这天晚上他能睡得这么好，不容易啊。"命令打更的人仍旧打晚上的更，并告诫左右不要吵醒他。

清军打到宿迁后，史可法派人向朝廷告急，马士英却说："他不过是想给将士们请功罢了。"不久，高杰被许定国杀死，他的部队全部溃逃。史可法听到这个消息后流着眼泪说："不能再在中原有所作为了。"

几天后，清兵来到城下，将扬州团团围住。第二天，总兵李栖凤和监军副使高岐凤两人率部投降，城里的防守力量更加薄弱了。史可法让文武官员分别驻守在城墙上，自己亲自驻守地势最为险要的西门。他写信给家人说："请将我埋在孝陵附近。"已抱了必死的决心。两天后，清兵开始攻城。史可法组织军队拼死抵抗，杀死大批清兵。清兵很快就发现西北角是明军的防守重点，于是用大炮猛轰该处，将城墙轰塌。史可法见城已被攻破，想拔剑自刎，但被一个参将救了下来，并将他送到小东门，想让他逃命。但史可法见清军大肆杀戮百姓，于是大叫："我是史督师！"最后被清兵抓住，惨遭杀害。

当时天气很热，10天后史可法的义子史德威入城找他的遗体，城中尸体都腐烂了，根本无法辨认。一年后，他的家人将他的衣服埋在了扬州城外的梅花岭下，后人在此立祠纪念他。

18.徐光启与《农政全书》

明中叶以后，随着资本主义萌芽的出现和发展，与生产发展密切相关的科学技术的发展也有了较大提高。在这一时期，涌现出了一大批科技人物，他们在把欧洲自然科学介绍到中国的同时，自己也取得了杰出的成就，这当中最著名的就是徐光启。

（1）身世与人品

徐光启（1562~1633年），字子先，号玄扈，南直隶松江府上海县人，出身于商人兼小地主家庭。其父徐思诚曾经从事商业，但随即转向学习农艺以自给自足。徐光启出生那年，上海县遭到了倭寇的抢劫，并且松江府又发生了灾荒，徐家的生活十分窘困。为了生活，祖母、母亲只得从事农业、手工业的生产，无论寒暑，每天都起早摸黑地纺棉织布，十分辛苦。在这样的家庭环境下，年幼的徐光启得以常常接触到具体的生产知识。同时，这也使他在后来萌发了"富国强兵"的思想和旺盛的求知欲，并养成了俭朴勤劳的习惯。

万历九年（1581年），20岁的徐光启考中了秀才，开始在家乡教书，并参加一些农业生产劳动。万历十六年（1588年），27岁的徐光启又前往太平府参加乡试，但没有考中。万历二十四年（1576年），35岁的他在赵凤宇家当私塾教师，不久之后随赵凤宇从韶州到了广西浔州。通过这次长途跋涉，徐光启俯仰于"崇山峻岭间"，所作文章"益奇益富"。在韶州时，他遇到了耶稣会传教士郭居静，并在郭居静处首次听到了有关西洋的自然科学学说。万历二十五年（1597年）春，徐光启36岁，在这一年里，他从广西返回广东并前往北京，参加顺天乡试。当时，他的试卷本已被阅卷官摈斥，幸亏主考官焦竑是个有实学的人，他从"落卷"中看到了徐光启的试卷，"击节称赏，阅至三场，复拍案叹曰：此名世大儒无疑也，拔置第一"。但此后徐光启分别于万历二十六、二十八年两次前往北京参加会试，却都空手而归。

在第二次前往北京途中，徐光启从南京路过，在那里他结识了意大利传教士利玛窦。他从利玛窦那儿了解到天主教能对儒学的知识加以补充，而且可以"格物穷理"，这就使他为之神往，于是他加入了天主教。万历三十年（1602年），43岁的徐光启再次前往北京应礼部试，以第八十八名中进士。后来参加殿试他又名列第五十二名，被授予翰林院庶吉士一职。而在此时，利玛窦也在北京，从此，徐光启开始向利玛窦学习西方的天文学、地理学和水利工程等方面的知识，同时致力于学习数学。万历三十四年（1606年），由利玛窦口述，他笔译，两人合作对《几何原本》进行翻译，经过两年的努力，将该书的前六卷翻译了出来。以后，他又与利玛窦合作翻译了《测量法义》。此外，他还和熊三拔合译了《泰西水法》等书。

万历四十六年（1618年），抚顺关被后金攻占，辽东全军为之紧张，徐光启积极上疏讨论国防措施。九月，他被升任为詹事府少詹事兼河南道监察御史，负责练兵事务。在此期间，他制订了详细的《选练条格》和计划，但由于各方面的阻碍，该练兵计划最后并未能完成。他便因此托病告假回到上海家乡，开始编撰其原来就已计划要编撰的"农业大百科"性质的"种艺书"，也就是后来的《农政全书》。实际上，徐光启这次之所以会告假回乡，除了以上的原因外，也是因为在当时的朝廷中阉党开始专政，正直之士被排挤，他不愿与这些小人同流合污，因此便激流勇退。

崇祯元年（1628年）七月，徐光启再次被明廷起用，担任的仍是其原来的官职，这一年他已经67岁了。第二年，他被升任为礼部左侍郎。同年七月，他奉旨对当时的历法加以修正。69岁时，他又被升任为礼部尚书兼翰林院学士、协理詹事府事。崇祯五年（1632年），他71岁时，又得以以礼部尚书兼东阁大学士的身份，入阁参赞机务，知制诰。崇祯六年（1633年），72岁的徐光启，又被加封为太子太保、礼部尚书兼文渊阁大学士。这时，由于身体已经非常衰弱，他多次上疏要求告老还乡，但均未被批准。该年十月初七日（11月24日），徐光启逝世，后被赐谥"文定"。

在徐光启的一生中，他的政治倾向颇为鲜明，并且对国计民生非常关心。从青年时代起，他就"以天下为己任"。基于这一信念，他曾学习兵书，后来又亲自负责练兵、制造火器，参加保卫北京的战役。鉴于历年来水旱灾害严重影响群众生活，他从21岁起就开始留意"水法"，对农田水利不断"周咨博访"。在科学上他虽有诸多成就，但其最主要的还是致力于农业科学，想以此来达到使天下的老百姓丰衣足食、不受饥寒的目的。几乎可以这样说，他把一生的精力都放在了农业试验和经验总结上面。他曾多次在天津做试验，开辟水田，想实行军屯，以应付后金在长城东段的侵扰，并想将此法向全国推行，从而达到兴建西北水利设施，为国家打下坚实基础，并省下每年东南部兴办漕运费用的目的。由于明朝政治腐败，国势垂危，这一增强国防、安定群众生活的重要措施并未得到实行。明末时，明朝的统治深受明末农民起义的威胁。徐光启片面地认为，引起这一现象的重要原因之一就是连年的灾荒。因此，为了稳定人民生活，巩固明朝的统治，他在其所撰写的《农政全书》一书中对"荒政"一章尤为重视，该目占全书的三分之一以上，收集了许多历代常平仓、赈济和备荒的材料，并载录了朱棣《救荒本草》和王磐《野菜谱》两本书中提到的植物，作为万不得已时的粮食代用品。父亲死后，他回到上海守孝，期间仍不忘不辞劳苦地为地方的政事出谋划策，诸如建闸、蓄水、浚通吴淞江恢复大禹旧迹以及百姓交纳的赋税、布匹的运输问题等。直至其逝世的那一天，他仍"临殁了了，只以疆圉多故为念，一语不及于私"。

徐光启一生生活俭朴，刻苦耐劳，廉洁自好。他当官以后，对乡亲邻居仍旧是以前的样子，温和平易，整日没有倦色，从不显出什么骄傲的样子来，也从不对人徇私；参加庆祝、吊丧，从不随众追求奢靡，而是尽量做到朴素，衣、食节俭的程度就跟贫寒的士人一样。他一生中未纳过妾。教育子孙，无论是褒是贬，他都很有尺度。一直到病危不能起时，他还"力疾倚榻，犹矻矻捉管了历书"。可见，由于他一生中习惯了勤奋用功，直到此时，仍在习惯的推动下奋力工作而忘了自己是重病之身，已支撑不起这样强度的工作。他逝世后，他的家人检视他的卧榻，发现褥子上破了一个洞。这原来是他生前暖脚用的汤壶有些漏水，年深月久，就使得褥子烂了个洞。"自戊辰奉召，至癸酉谢世，未尝携家自随。邸舍之内，一榻萧然，苎帷布褥……祁寒独宿夜用汤壶暖足"。《明史》中《徐光启传》评论说：徐光启年轻时便有经世济用之才，并且很想为国出力，但是等到朝廷终于重用他时，他已经是年老而力不从心了。而且当时朝政掌握在周延儒、温体仁手中，如此一来，他就很难在政绩上有所建树。这可以说是对徐光启晚年政治遭遇所作的简明扼要的说明。

（2）科技成就

徐光启是中国近代科学的前沿人物，他的科学技术水平表现在很多方面。

在数学方面，他最大的一项贡献就是将《几何原本》的前六卷翻译为中文。《几何原本》的翻译是从万历三十一年（1603年）开始计划，万历三十四年（1606年）秋进行的。次年，利玛窦在向罗马的报告中写道："现在只好用数学来笼络中国的人心。"由此我们可以看出利玛窦当时真正的用心了。当时徐光启译出的前六卷所依据的版本是原书的拉丁文译文，至于克拉维斯的注解以及其他欧几里得《原本》研究者的工作，几乎全都被删去。尽管这样，当时《几何原本》的传入仍对中国数学界起了一定的影响。在《几何原本杂议》中徐光启对该书给了很高的评价，说："这本书很好，能使学习这一学说的人去除杂念，专心于学习。学习此书的人可以凭借这本书上的原理，开发自己的新的奇思妙想，所以世界上每个人都应当对它加以学习研究。"在翻译完《测量法义》之后，接着徐光启又自著《测量异同》和《勾股义》这两本书。在《测量异同》中，他对中西方的测量方法加以比较，并用《几何原本》的定理对中西方的测量方法和理论根据的一致性进行了解释。《勾股义》则是试图模仿《几何原本》的方法对中国古代的勾股算术予以重新论述，它表明徐光启已经在一定程度上接受了《几何原本》的逻辑推理思想。在对数学的认识和数学研究的方法上，徐光启都有自己的一套独特见解，他认为当时中国数学之所以不发达，其基本原因在于：第一，当时一般的儒学学者都鄙视作为实用之学的数学；第二，在当时的中国，数学研究常常陷入神秘主义之中，人们总是拿数学去算命，而不是真正做研究。而在许光启看来，讲究数学原理的《几何原本》是一切数学应用的基础。

徐光启也是明代天文学工作者的重要代表。欧洲天文学的特点是运用严格证明的逻辑方法去对天体运动现象的原理作出解释，并力求解释得合情合理。而徐光启在掌握了欧洲的天文学知识后，每次预报天象都要比其他人预报得准确。崇祯二年（1629年），由于钦天监在一次推算日食时发生了错误，徐光启这才受诏而出主持明代唯一一次具有重大意义的历法改革工作。这次历法改革是以西方天文学做基础，工作量本来就很大，同时还遭到了保守势力的反对。徐光启对这些反对意见进行了坚决地抵制，并为整个工作作出了精细的安排和规划，使得整个工作进展较快，一部130多卷的《崇祯历书》仅用四年就编成了。这本书虽属集体创作，但大部分是由徐光启修改审阅的。《崇祯历书》已开始接受近代天文学和数学的知识，使中国的传统天文学向近代天文学的入口处迈进了一大步，如采用了丹麦天文学家第谷所创立的宇宙体系；采用本轮、均轮等一整套小轮系统来对天体运动的速度变化加以解释；引用了明确的地球概念，引进了经、纬度及其有关的测定、计算方法，等等。

（3）《农政全书》

除数学、天文历法外，徐光启一生花费精力最大、收集资料最全面的就要算农业科学这一方面了。他一生中先后就这一学科撰写了《农遗杂疏》、《种棉花法》、《甘薯疏》、《种竹图说》、《北耕录》、《宜垦令》、《农辑》、《农政全书》等书。其中《农政全书》又是所有这些书中的重要的代表作品，它是徐光启几十年心血的结晶，也是一部集中国古代农学研究之大成的著作。

《农政全书》全书共50多万字，60卷，分12大项。这十二大项分别为农本、田制、农事、水利、农器、树艺、蚕桑、蚕桑广类、种植（林木）、牧养、制造和荒政等。《农政全书》虽在徐光启生前就已基本编撰完成，但当时尚未最后定稿，现行的《农政全书》版本是崇祯十二年（1639年）刊行的版本。这一版《农政全书》刊行前，徐光启的门生陈子龙等曾对原书进行增删，他们将原书的内容去掉了三成左右，然后又在删后的基础上增加了大约二成的内容。因此，此书中有时存在一些自相矛盾的错误，很可能是由于这一增删造成的。

《农政全书》转载了很多古代和那个时候的农业科学作品，这一部分可以说是对前人工作成果的选择编修，这样做非常方便后人参考和使用。徐光启自己撰写的部分约有六万多字，虽然这一部分只占全书的八分之一，但这些都是根据他自己试验和观察之后所取得的第一手资料写成的，因此具有较强的科学性。并且他对前人的著述，也不仅仅是单纯选录，而往往都附有意见和评论在其后面。

《农政全书》写作的根本出发点是为了农政，因此此书的内容也就偏重于能够保障农业生产的措施，像田制、水利等项，这与中国过去的农书不同。如在酿造项目中，《农政全书》只收了酱、醋、豉，而将酒删除了；烹调一章也只收入简单的几条农家用得上的知识。王祯的《农书》中有"农器图谱"一章，而到了徐光启撰写《农政全书》时，本着工欲善其事、必先利其器这一原则，他对《农书》中的"农器图谱"章节进行了大量的摘编，同时还对之进行了增补。在江南，蚕桑是重要的农业经营项目，因此徐光启对后起的新经验加以记录和总结后收入书中。江南又一向是栽培、加工苎麻和棉花的先进地区，徐光启的家乡松江府还是江南纺织染业最为先进的地区之一，因此除对种棉和棉田管理的新经验作了介绍之外，他又特别对河北肃宁群众稳定纺织环境湿度的好办法加以推荐。对当时刚刚传入的甘薯，他也根据自己的试种实践，写出详细的生产指导《甘薯疏》，并在对之进行整理之后，收入《农政全书》，提倡各地种植，用来应付荒年。此外，所有当时新引入、新驯化栽培的作物，不论是粮、油作物还是纤维作物，他都细致详尽地搜集了有关的栽种、加工的技术知识。《农政全书》还对《救荒本草》等书中的植物也加以辑录，以作灾荒来临时的补充食物和粮食替代品。

（4）近代科学先驱

与明代别的读书人不同，徐光启很重视科学技术，认为它是一种"经世致用"之学。他的家乡上海一带曾遭受倭寇的蹂躏，他对此愤怒不已，因此在读书闲暇时，稍微攻读了一些兵书；又常因念及明代的国力比宋代还要衰弱，而常常跟人讨论富国强兵之道，认为要想使国家富强就必须先搞好农业，而要想使国家强盛必须先搞好军队。张溥在《农政全书·序》中说："公初仕进入馆职，即身任天下，讲求治道，博极群书，要诸体用。诗赋书法，素所善也，既谓雕虫不足学，悉屏不为，专以神明治历律兵农，穷天人旨趣。"《启祯野乘》一书中也说他曾经学过音乐，楷体、隶体字都写得很好，但为了经世致用，他还是将这些东西放弃了，转而致力于学习天文知识、兵法农事、屯田、制盐、水利工程等事情，此外还捎带涉及到工艺、数学等。总之，学习一切能够在实际生活中起作用的学说和技术成了他追求的目标。哪怕是十分抽象的数学，他认为研究它也是为了实用，并在"度数旁通十事"的十事中指出，数学在历法、水利、测量、国防、音乐、建筑、地图、机械、财政、医学、统计等方面都有重要的实际作用，又概括说凡是有形状实体数量大小的事物，都可以运用数学去对之加以研究。

重视实践、重视科学实验是徐光启在治学上的特点。他利用当时天主教会教士们介绍的天文知识，对日、月食发生的时间加以推算，又改订了历法。他认为，一切用数学推算出来的结论都应该用实践来对之进行检验。崇祯元年（1628年）农历五月初一日日食，徐光启说："论救护可以例免通行，论历法正宜详加测验，盖不差不改，不验不用。"这就是说，数学理论应当在实践中不断改善，从而求得发展，如经实践证明是错误的理论，那么就不应该被应用。徐光启这一重视试验和实践的科学精神同样也反映在《农政全书》一书之中。他在上海、天津建立开辟试验园地，为种植水稻做了多次试验，并计划在京东兴修水利和开辟水田；还有引种甘薯、种植棉花、提倡种乌桕树、放养白蜡等，在这些事上，他都曾经亲自研究试验，从而获得经验，然后才把它们记录下来，编撰到书中，加以推广。徐光启非常重视对农业文献的研究，仅《农政全书》一书中，其征引的文献就达225种之多。在《除蝗疏》中，他对我国历史上从春秋到元代所记载的110次蝗灾所发生的地点和时间进行了分析，发现蝗灾最常发生的时间是夏秋之间，并从而得出蝗灾之所以发生是因旱灾而导致这一结论。他还对蝗虫的生活史进行了细致观测和勘察，在掌握了蝗虫的生活规律的情况下，提出了正确的治蝗方法。这些方法，至今仍有很大的参考价值。他还经常进行实地访问调查，从而取得第一手资料，他的儿子徐骥说他广泛地进行咨询，每到一个地方，见人就问，而且问了就把所得到的回答记录下来，对每件事情都追根寻源，直到完全弄明白为止。这种重实践、调查和实验的方法也是他之所以能够在科学上提出自己的创见的重要原因之一。

在科学研究工作之中，徐光启还有一个很大的特点，那就是热心追求新事物，反对保守思想，敢于冲破旧传统。在明代封建理学占绝对统治地位时，要学习欧洲的科学知识是一件非常需要勇气的事情。因为这件事情徐光启还曾遭受过理学家们的政治压力，但他没有因此而退缩。在领导改历工作中，他巧妙地引用明初朱元璋命人翻译的先例作为自己搞翻译、吸取欧洲科学知识的根据。此后，他还在工作中和一些固守旧传统的学者进行了学术争论。中国天文学界之所以最终吸收了欧洲的天文学知识，主要是因为徐光启的工作起了很大作用。在农业中，他积极地对新引进来的农作物进行引种等试验，并在试验之后将之推广，从而丰富人们的生活。而有些思想保守的人，往往会以"风土不宜"的理由拒绝接受新作物。对这种"风土说"，徐光启多次进行了批判。如谈到"占城稻"问题时，他说："宋真宗从占城引进占城稻，将之移植到江西、浙江，而江翱又把占城稻从建安移植到中州，稍经推广，就使当时的粮食生产大为提高，从而使得当时百姓的温饱问题得到解决。因此土地不宜的理由使人打消主意不移植它，这是不可能的。"又说："余谓风土不宜，或百中间有一二，其他美种不能彼此相通者，正坐懒慢耳……余故深排风土之论，且多方购得诸种，即手自树艺，试有成效，乃广播之。"在"木棉"一节中他又说："有人说：'种植什么东西时，一定要用本地产的种子，如果用的是外地的，则会因土地不宜而产生变异。'我坚定地认为这种说法是错误。""唉，如果真的像那些人说的那样的话，吉贝的原产地是南海，那么我们家乡又会是从哪里得到它的呢？"又说："《农桑辑要》是元初的作品。当时就说：'木棉的原产地是陕石，想把它移植到其他地方，人们常常以土地不宜作为遁辞而拒绝。'只有孟祺、苗好谦、畅师文、王祯这些人能够不听从这些学说。却不知那个时代的人，是当真认为这几个人的话是对的吗，抑或还是认为他们是错误的？到今天，全国都享受到这一好处，才相信这几个人并没有欺骗我们。哎，受到这种待遇的不仅仅是木棉啊！后代人看今天，便如今天看古代一样呀。"由此可见，徐光启真不愧是我国近代科学的先驱者。

19.绘画大师董其昌

（1）崭露头角

董其昌（1555~1636年），字玄宰，号思白，别号香光居士，松江府上海县董家汇人，当官后迁至松江府华亭县。他出身于一个穷秀才家庭，家产仅薄田20亩，家境很是贫寒。年轻时，董其昌潜心研究经史著作，学习写作八股文，一心走科举入仕的道路，但他却屡试不中。为了糊口，他曾在平湖任教私塾，后来为逃避差役，他又将自己的籍贯改为华亭县，此后他就一直自称"华亭人"。

董其昌虽然在科场上运气不佳，但却在一次会试失利之后，产生了对书法艺术的追求。那是他17岁时参加松江府会考的事情，当时他写了一篇很不错的八股文，他自以为一定可以拿到这场考试的第一名，谁知张榜公布时他的成绩反而不如他的堂侄董原正，只得了第二名。原来是当时的知府衷贞吉嫌他在试卷上的字写得太难看，而将他降到第二名的位置上，把文章比他差的董原正拔为第一名。此事使董其昌受了很大的刺激，从此以后他开始发愤学习书法，决心将这一落笔不工的耻辱洗去。他最初是以唐人颜真卿的《多宝塔帖》为楷模，后来又改学魏、晋，对钟繇、王羲之的字体加以临摹。此外，他还向华亭陆树声、莫如忠等书法家求教，并且一有机会就前往南京、嘉兴、杭州等地访问当地的书画收藏家，从而得以鉴赏历代名家作品，又与莫是龙、顾正谊、丁云鹏等擅长丹青的人结交，并因此对绘画也产生了浓厚的兴趣。

23岁时，董其昌以元末黄公望为师，学习黄的技法风格，开始练习画山水画。他没有钱买画纸，有时竟脱下白布袍在上面写字，或在白布床褥及帐子上练字，以致家中所有的屏帏床帐上都有其留下的笔迹。他还典当衣服，质押财产，以弄到名家真迹来加以摹仿。经过十多年的刻苦努力，董其昌在书法上取得了很大的进步，并且对山水画也渐渐有了心得。

万历十七年（1589年），35岁的董其昌终于考中进士，并被选为庶吉士，入翰林院。北京是当时明朝的文化中心，翰林院更是文人、学士云集的地方，董其昌的同窗陶望龄、焦竑、朱国桢、袁宗道等，都是各地的丹青名士和文章高手，尤其是董其昌的老师，当时的翰林院学士韩世能，更是爱好书法与绘画成癖，同时还是当时著名的书画收藏家和鉴赏家。在对经史等学术进行研究之余，董其昌与诸位同僚朋友切磋书画技艺，对古往今来的各个名家尽情讨论，并对其作出品评，究竟孰优孰劣，孰高孰下。他又从韩世能那里借阅晋唐法帖，用心揣摩，努力描摹，甚至到了废寝忘食的地步。随着学识的增长，他在北京城中开始小有名气。

（2）"南北宗"说

不久，翰林院学士田一儁因病去世，其家中一贫如洗。为尽师生之谊，董其昌挺身而出，不辞劳苦地护送田一儁的灵枢回到田氏家乡福建大田县。一路上，他先是登临镇江北固山甘露寺，在那里他饱览了大江空濛、浩荡东去的雄浑景色；然后又游览了武夷山，观赏了在朝霞夕阳中缥缈虚幻的武夷群峰。大自然的千姿百态，使他感受到山川的灵秀和泉林的清幽，他将这些感受付诸于笔墨，使他的作品显得特别有灵气。在返回北京时，他路过松江，又竭力搜寻以画山水见长的"元四家"的遗墨，并从这些自然生动、水墨淋漓的优秀作品中，得到了许多有益的启示。

三年庶吉士的生活结束后，他被任命为翰林院的编修。

在翰林院编修的任上，董其昌曾三次因为公务离开北京出外远游，并因之得以饱览了数千里以外的中原和长江中下游的美丽风光。

其中第一次是在万历二十年（1592年）的夏天，这一年，他作为奉皇帝旨意出行的持节使臣，前往武昌对楚王朱华奎予以封赏，还游览了惊涛拍岸的嘉鱼县赤壁，最后才取道黄州返回北京。

第二次是在万历二十四年（1596年）的秋天，这一年他又一次作为持节使臣出使长沙封吉藩朱翊鋘。在这一段时间里，他先后在洞庭湖划船；在潇湘水道上慢慢游览，欣赏两岸的草木、茅草屋和小路；又欢快地游览了黄冈赤壁；并乘兴攀登庐山，观看白莲盛开之山；远远观望鄱阳湖上的滚滚长江之水；还一度在石钟山避风，对水与石头相搏击的乐音进行了探究。

第三次则是在万历二十五年（1597年）秋，他奉旨前往江西主持考试。这一次，他一路上取道水舟生烟、山岭葱茏的富春江和兰溪；还前去攀登了众峰竞秀、天上烟云变幻不息的九华山。

美丽的河山，秀丽的风光，万千的气象，这使得董其昌心胸大为开阔，也增长了他的见识，为他的艺术创作提供了许多鲜明的素材。

董其昌不但注意观察真山真水，同时还努力从前人的绘画中汲取丰富的营养。无论在北京，还是在旅途，他都尽力搜集名人书画真迹，并对历代山水画的各种流派的风格和艺术渊源加以揣摩。他对王维、董源、米芾、高克恭和"元四家"的绘画尤为推崇，他认为他们的作品富有诗意，不拘泥于形似，有文人的浪漫色彩。这一时期，由于受李贽的影响，北京的士大夫常常三五成群地以谈禅为乐，董其昌有时也会参加这一类的聚会，加入到了这一提倡"性灵"、"顿悟"的行列之中。他还前往通县拜访李贽，结果两人一见如故，成了好朋友。

受禅宗南北两派的影响，董其昌巧妙地用禅宗的派别来比喻历代山水画风的分化，提出了在中国美术史上，有在文人与非文人的两种创作思想和审美情趣影响下形成出来的两大山水画派别的学术观点。佛家"北宗"的"渐修"与"南宗"的"顿悟"被他引入到了山水画派的区分之中。他认为文人画如"南宗",讲求天趣,是"顿悟"的表现,这派绘画是天赋的,非只懂技法的艺匠可比;而"北宗"是"作家"之画,只重苦练,却无天趣可言,是"渐修"的表现,人们对这一流派的绘画,不应作为学习范本。董其昌主张画家要通过"读万卷书,行万里路"的手段来加强自己的修养。他心目中的文人画派,即画家"南宗",有王维、张璪、关仝、荆浩、董源、巨然、郭忠恕、米芾父子、"元四家"等。在山水绘画中,这些人运用的技法,用"写"来代替绘,对这一派他持的是肯定态度。而对"作家"画派,即画家"北宗",如李思训父子、赵干、赵伯骕、马远、夏圭等,他持的是否定的态度,认为他们在山水绘画上太过重视技法、技巧和布局构图,因此技法虽然精致,但没有什么逸趣,让人感到乏味和无聊。南派画家注重随意,强调自我表现,追求一种纯自然的天真幽淡;而北派画家则特别善于模拟,画得精细认真却没有什么生机和趣味。

董其昌的"南北宗"的主张对画家的主观能动性和自己的个性予以了充分发挥,其旨在努力追求图画之外的意境。在重视模拟的刻板画风盛行的当时,这就犹如一个响雷,惊动了全国,对当时书画界产生了很大的影响,在士大夫和文人之中更是引起了强烈的共鸣。这一学说随即便风靡画坛。

(3)解绶还乡

从万历二十二年(1594年)起,董其昌被任命为皇太子朱常洛的讲官,他尽力以"治国平天下"启发这位失宠的太子,结果遭到郑贵妃的嫉恨,最终因"失执政意",于万历二十六年(1598年)被排挤出京,调任湖广副使。有感于宫廷中权力斗争的是非莫测,董其昌以生病为由没有前去上任,并请假回松江养病。此后六年,他都住在松江。

由于身份的改变,董其昌家乡的那些胥吏再也不敢对他进行欺侮,并且还时常有地方官吏与士绅一起登门拜访,期望能够巴结董其昌这位京官。这时的他虽说不上志得意满,但既有官僚的身份,又有山林的逸趣,环境舒适而清闲,这些都十分有利于他的书画创作。

董其昌常常和友人陈继儒在春申之浦(即黄浦江)上泛舟,一起饮酒并吟咏诗章,"随风东西"。他们有时还会观赏名人书画真迹,在上面题上几行跋语,悠哉游哉,自得其乐;有时则会乘着兴致,即景泼墨创作数幅山水画作品。他还不时前往宜兴、南京、无锡、苏州、扬州、嘉兴、杭州等地游览,这些地方的优美景色无不让他陶醉、眷恋,并在一定程度上激发了他创作的热情。

江浙一带不仅风光优美,而且历来是中国的文化发达之地,那里有许多书画收藏家和文物商人。于是除了游山玩水之外,董其昌还常访问友人,品评字画,鉴赏真伪。秀水汪氏"韵石斋"琳琅满目的图籍法帖,槜李"天籁阁"驰名遐迩的珍秘妙绘,苏州王氏私蓄的黄公望的山水长卷的岚气清润,扬州吴氏皮藏的赵孟頫的碑拓墨迹的端庄潇洒,都曾使他感到赏心悦目,爱不释手。

此外,董其昌还在松江城内修筑"来仲楼"、"戏鸿堂"、"宝鼎斋"、"画禅室"、"香光室"等建筑,在其中收藏图书,著书立说,进行创作,对古今的书画艺术加以评述。他还不遗余力地搜集王羲之、王献之、谢安、桓温、赵佶、米芾等名家的真迹,并在万历三十一年(1603年)刻有《戏鸿堂法帖》行世。

"风吹明月堕鱼梁,读罢残书依绿杨。湖上藕花楼上月,踏歌惊起睡鸳鸯。"这时董其昌正是四十余岁的大好年华,见多识广,吸收名家之长,悠居于静谧的林泉之中,可谓心闲手熟。在这段期间内，他先后创作了《浮岚暖翠图》、《神楼图》、《枫泾仿古图》、《鹤林春社图》、《西湖八景图》、《溪回路转图》等著名的描绘江南风光的山水画，这些画的风格运笔遒劲爽利，灵秀含蓄，并且墨色苍润，传神地反映出了江南烟云流动，送翠接黛的优美景色。

正当董其昌在江南游目骋怀、纵情山水时，他又被朝廷任命为湖广提学副使。于是在万历三十三年（1605年），他又前往衡州（今湖南衡阳）、荆州、蕲州（今湖北蕲春）等地视察学政。重游潇湘的他，注意到了那时晴忽雨的泽国变幻，觉得妙趣横生，便不时将随身携带的董源、米芾、郭熙等人的作品打开来加以观赏，就着眼前的大自然风光对古人的绘画意境加以领略和揣摩，并由此悟出如郭熙画石如云的奥妙、米氏山水的墨沉淋漓。于是便情不自禁地在舟中挥毫作画，以此表现水乡的那种时而晴朗灿媚，时而浓云密布的怪奇景色。他的画艺在这个时候变得更加奇巧多变，并深得超凡脱俗之意味。不过，跟醉心于绘画比起来，董其昌却不怎么关心纷纭多变的政局，在学使任上，他因不愿折腰顺应权势，而遭到地方权势的反对。第二年秋天，在乡绅的怂恿下，数百名应试的生徒群起哄逐董其昌，并捣坏其署衙。他当即便上疏请求离去，并解除官职返回故乡，每天早晚仍以书画诗文为乐，在松江过着悠游林泉、疏旷萧闲的士大夫生活。

（4）"松江派"泰斗

董其昌的诗以朴实明快、清丽自然著称，其内容大多为对自然景色和寻幽探胜之趣的描写，字里行间往往流露出对祖国河山的热爱之情和向往林泉的志向，这些都与他的品行一致。这些诗是基于一时的灵感和情感而创作的，但都词句正整，韵律陡险，并且直抒胸臆，隽永、婉约，耐人寻味。他的散文也潇洒平淡，精灵温厚，曾有人不远数百里来请他为先人写墓志铭。董其昌最擅长的是题写跋词，他有时候洋洋洒洒，风流蕴藉，真是恰到好处；有时候又很简短，三言五言，但是每每却妙趣横生，犹如天外飞来之笔，耐人追寻，引人入胜。他精于鉴赏，尽管有时作出的判断会出人意料，但往往又是有理有据，让人不得不心悦诚服。同时，他的行楷烂漫天真，又结构俨然，有人认为他得赵孟𫖯之秀而去其媚，兼苏东坡之刚而去其犷。因此，董其昌的"片楮单牍，人争宝之"，"名闻外国"。他的艺术作品，往往是诗歌、书法、绘画等相得益彰，互相补充，互相促进。这样，继"吴门派别"之后，董其昌被誉为是"松江派"的一代泰斗人物，并在艺坛上独树一帜。

后来他又被朝廷任命为福建副使，但他上任仅45天，便辞职回乡。此后他又先后将朝廷任命给他的山东副使、登莱兵备、河南参政等职辞去，专心在江南写字作画，鉴赏文物。由于他在鉴赏字画上很有造诣，因此往往一些字画在经过他的品题之后而身价倍增，而董其昌本人因此所得的利益也相当可观。再加上董家的子弟们平时就依仗他的权势盘剥乡里，垄断利津，这样，在短短的十年内，董其昌就成了一个拥有良田千顷、游船百艘的大地主。

万历四十三年（1615年）九月，董其昌的二儿子董祖常强抢生员陆兆芳家的使女，打砸抢夺陆的财产，因而引起公愤。第二年春，松江府娄县、上海、华亭三县的生员首先发难，当地百姓对此纷纷响应，他们把董家的住处围了起来。万余名上海、青浦、金山三县的百姓也都赶到华亭对那些包围董家的人表示声援，他们放火焚烧了董家位于松江白龙潭的住宅。董其昌惊恐万分，避处苏州、吴兴，如丧家之犬，直到秋天事情平息以后，才敢回家。历史上称这次轰动江南的民变为"民抄董宦"。

天启初年，董其昌应皇帝的命令担任太常寺卿兼侍读大学士一职，前往北京参与编撰《神宗实录》、《光宗实录》。编撰工作完成后，他又被升任为南京礼部尚书，时人称之为"董宗伯"。由于当时阉党气焰嚣张，董其昌为免遭不测，便主动乞骸骨，告老还乡。崇祯四年（1631年），他再次被起用，重又担任礼部尚书一职。这时董其昌已经78岁了，但他对书画的喜欢之情，仍未改变，并且还更加浓厚了，他常常不亦乐乎地忙着为内府收藏的名迹题写跋词，品评高下。向董其昌索求字画者也是人数众多，甚至朝鲜、琉球的使臣也慕名而来，向他索要。有时候他不得不拿自己弟子的作品去应付。得到书画者更是将其作品奉如瑰宝。

但随着年龄的增长，董其昌总觉得京城的玉宇琼楼及不上松江的五湖三柳，京中的荣华比不了家乡的清闲，况且此时他已经是功成名就，还是退隐为安。于是在经过多次上疏请求退休之后，在崇祯七年（1634年），董其昌被特别准予致仕，并被封为太子太保。崇祯九年（1636年）秋天，他因年老而在松江病逝，时年82岁。南明弘光政权时曾赐其谥号"文敏"。

董其昌的书画作品传世很多，有的还流传到了美国、欧洲、日本等地，至今仍为人们所喜爱。